Wolfgang Schild
Richard Wagner *recht* betrachtet

Juristische Zeitgeschichte
Abteilung 6, Band 54

Juristische Zeitgeschichte
Hrsg. von Prof. Dr. Dr. Dr. h.c. Thomas Vormbaum
(FernUniversität in Hagen, Institut für Juristische Zeitgeschichte)

Abteilung 6:
Recht in der Kunst – Kunst im Recht
Mithrsg.
Prof. Dr. Gunter Reiß
(Universität Münster)
Prof. Dr. Anja Schiemann
(Deutsche Hochschule der Polizei, Münster-Hilttup)

Band 54

Redaktion: Simone Walkowiak

De Gruyter

Wolfgang Schild

Richard Wagner *recht* betrachtet

Vierzehn Beiträge

De Gruyter

Prof. Dr. Wolfgang Schild war bis zum Eintritt in den Ruhestand Inhaber des Lehrstuhl für Strafrecht, Strafprozeßrecht, Rechtsphilosophie und Strafrechtsgeschichte an der Universität Bielefeld.

ISBN 978-3-11-068937-2
e-ISBN (PDF) 978-3-11-068939-6
e-ISBN (EPUB) 978-3-11-068942-6

Library of Congress Control Number: 2020935459

Bibliografische Information der Deutschen Nationalbibliothek

Die Deutsche Nationalbibliothek verzeichnet diese Publikation in der Deutschen Nationalbibliografie; detaillierte bibliografische Daten sind im Internet über http://dnb.dnb.de abrufbar.

Druck und Bindung: CPI books GmbH, Leck

www.degruyter.com

Vorwort

Dieses Buch enthält 14 Beiträge über Themen, die Richard Wagner in seinen Kunstwerken, aber auch in seinen theoretischen Schriften behandelt hat. Mit einer Ausnahme werden sie in der ursprünglichen Fassung veröffentlicht, sind also nicht bearbeitet und auf neuesten Stand gebracht; ein Beitrag ist ein unveröffentlichter Vortrag. Den Verlagen danke ich für die Genehmigung der Neuveröffentlichung.

Der Titel weist diese Sammlung von Beiträgen als „*rechte* Betrachtung" Wagners aus. Dabei soll dieses kursiv geschriebene „recht" in dreifacher Hinsicht verstanden werden. Zunächst soll damit angezeigt werden, dass es in den Beiträgen meist um rechtliche Fragen geht, also um Probleme des Rechts und des Staates in der Darstellung bei Richard Wagner. Eine Lektüre seiner Schriften macht deutlich, wie sehr ihm diese im weitesten Sinne politischen Themen am Herzen lagen. Ich habe darüber zwei kleinere Schriften verfasst - „Staat und Recht im Denken Richard Wagners" (Stuttgart 1994) und „Staatsdämmerung. Zu Richard Wagners „Der Ring des Nibelungen" (Berlin 2007) – die hier nicht aufgenommen wurden (vgl. aber den neunten Beitrag zum „Ring"). Zweitens soll dieses „recht" darauf hinweisen, dass die Beiträge von einem Rechtswissenschaftler geschrieben wurden, der zwar auch rechtsphilosophische und rechtshistorische Untersuchungen vorgelegt hat, der aber doch in seinem Denken und in der Art und Weise, wie an ein Thema herangegangen wird, von der juristischen Methode geprägt ist. Dies bedeutet, dass ein zu interpretierender Text in seiner sprachlichen Gestalt sehr ernst genommen wird (grammatikalische Methode), dass sein Entstehungsprozess so gut als möglich nachvollzogen und damit in einen historischen Kontext (auch seiner eigenen Geschichtlichkeit und damit Veränderbarkeit) gestellt wird (historische Methode) und dass eine systematische Bearbeitung, also eine Abstimmung und Konfrontation mit anderen Texten versucht wird (systematische Methode). Und drittens möchte diese „rechtliche" Betrachtung von dem Anspruch des Interpreten her verstanden werden, mit seinen Versuchen eine „richtige", jedenfalls von den Quellen getragene, gut begründete und in den Ergebnissen gut vertretbare Darstellung vorgelegt zu haben.

Man hätte für diese Zusammenstellung von Beiträgen auch den Titel „*Wagner-Erinnerungen*" wählen können, nicht im Sinne einer Darstellung meiner biographischen Erlebnisse von Aufführungen seiner Werke. Gemeint wären Erinnerungen an *Texte*, damit an einen Wagner, der nicht nur großartige

https://doi.org/10.1515/9783110689396-001

Kunstwerke schuf, sondern ein „denkender Künstler“ war, der stets seine Werke theoretisch reflektierte, sie dadurch immer neu interpretierte, der aber auch ihre Entstehung theoretisch vorbereitete, begleitete, den künstlerischen Prozess aufarbeitete. An diesen theoretisch-reflexiven Wagner soll in den hier gesammelten Beiträgen erinnert werden. Auch aus einem biographischen Grund: mein eigener Zugang zu Wagner erfolgte über diese theoretischen Schriften. Im Zuge meiner Beschäftigung mit Hegels Ästhetik fand ich einen Hinweis auf Wagners bedeutende Schrift „Oper und Drama“, deren Lektüre mich faszinierte, weshalb ich mich anschließend mit seinen weiteren Kunstschriften (wozu eigentlich auch die sog. „Revolutionsschriften“ gehören) beschäftigte. Von vornherein hatte ich ein Interesse an einem Wagner, der in seltsamer Weise – ohne wirklich Philosoph zu sein – systematisch dachte und argumentierte; vielleicht ein Vorurteil, das von meinen Hegelstudien her kam. Wagners Schriften waren eindeutig an den „klassischen“ philosophischen Themen orientiert, freilich in einer seltsamen Verarbeitung und sprachlichen Gestalt; nicht immer waren die Thesen durchdacht und widerspruchsfrei, aber voller Elan und sprachlicher Kraft. Fasziniert von dem Theoretiker Wagner, wandte ich mich dann seinen Textbüchern zu; ich erinnere mich an die erste Lektüre des „Siegfried“. Ich war überrascht von der Dichtung, von dem Humor, von der Spannung, die er in seine Geschichte legte. Zusammen mit den theoretischen Schriften glaubte ich, diese Werke in den Themen, die sie künstlerisch bearbeiteten, begreifen zu können, wissen zu können, worum es ihrem Schöpfer „eigentlich“ gegangen war. Von diesem „geistigen“ Ansatz aus erlebte ich dann die Musik, die diese erkannten Inhalte umfloss, vertiefte, aber auch differenziert (sogar manchmal widersprüchlich) gestaltete: in einer spannungsreichen Einheit von Ton, Text und Bühnenpräsenz (durch die Regieanweisungen Wagners).

An diesen Wagner wollen die hier abgedruckten Beiträge erinnern. Denn viele seiner in den Kunstwerken verarbeiteten Themen finden heute zunehmend weniger Interesse, vielleicht zu Recht, weil die moderne Zeit mit ihnen und ihrer Darstellung in diesen Werken nichts mehr anzufangen weiß. Deutliches Zeichen dafür sind die vielfältigen Versuche der Regisseure, diese Themen in neuen Gestalten auf die Bühne zu bringen, die den Zeitgenossen vielleicht etwas aufzeigen können, das aber mit dem von Wagner Gemeinten nicht viel zu tun haben (was manche Inszenierungen auch durchaus beabsichtigen, um sich von Wagner distanzieren zu können). Dass diese Themen zahlreiche Menschen zu Wagners Zeit und auch noch später angesprochen und beeinflusst haben, die in ihnen noch wesentliche Fragen der menschlichen Existenz sahen: daran soll erinnert werden, in einer geistesgeschichtlichen Aufarbeitung!

Inhaltsverzeichnis

1.

Das Recht des Menschen bei Richard Wagner

> Erkennt das Recht, das von Gott verliehene *Menschenrecht*, [denn] wir sind in die Rechte freier Menschenwürde vollständig eingetreten[1].

> *Des Menschen Recht ist, durch immer höhere Vervollkommnung seiner geistigen, sittlichen und körperlichen Fähigkeiten zum Genusse eines stets wachsenden, reineren Glückes zu gelangen. [...] Bestimmung und Recht sind eins, und das Recht des Menschen ist einfach: seine Bestimmung zu erreichen*[2].

> Nur die Not, welche zum Äußersten treibt, ist die wahre Not; nur diese Not ist aber die Kraft des wahren Bedürfnisses; nur ein gemeinsames Bedürfnis ist aber das wahre Bedürfnis; nur wer ein wahres Bedürfnis empfindet, hat aber ein Recht auf Befriedigung desselben[3].

Das erste Zitat stammt aus dem Manuskript eines Vortrages, den Richard Wagner am 14. Juni 1848 abends in der Hauptversammlung des Sächsischen Vaterlandsvereins (Tagesordnungspunkt: „Fortsetzung der Vorträge und Besprechung über das Wesen der const.-monarchischen und der republikanischen Staatsverfassung") vor 3000 Menschen im Garten des polnischen Brauhauses hielt und den er am 15. Juni 1848 als Extra-Beilage (zu Nr.191) des Dresdner Anzeigers und Tageblatts veröffentlichte, zwar anonym, aber für jeden in Dresden – wo er seit dem 2. Februar 1843 als Königlich-Sächsischer Hofkapellmeister tätig war – erkennbar aus seiner Feder (weshalb seine Autorschaft unbezweifelbar ist); also zu der damals (noch) heiß diskutierten Frage (daher der Titel): „Wie verhalten sich republikanische Bestrebungen dem Königthum gegenüber?"[4] Das zweite Zitat findet sich in einem Beitrag in der

---

1 *Richard Wagner*. Wie verhalten sich republikanische Bestrebungen dem Königtum gegenüber? In: ders., Dichtungen und Schriften. Jubiläumsausgabe in zehn Bänden. Hg. Dieter Borchmeyer. Frankfurt a. M. Insel 1983, V, S. 211-221, 215. – Die im Folgenden zitierten Briefe Wagners finden sich (leicht auffindbar und deshalb nicht gesondert ausgewiesen) in der zeitlich geordneten Gesamtausgabe: Richard Wagner. Sämtliche Briefe in 35 Bänden, anfangs herausgegeben von Gertrud Strobel und Werner Wolf, ab dem Bd.10 in einer Neukonzeption von Werner Breig.

2 *Richard Wagner*. Der Mensch und die bestehende Gesellschaft. In: ders., Dichtungen (wie Anm. 1), V, S. 229-233, 230 f.

3 *Richard Wagner*. Das Kunstwerk der Zukunft. In: ders., Dichtungen (wie Anm. 1), VI, S. 9-157, 15.

4 Die Einladung zu dieser Hauptversammlung und die erste Seite dieser Extra-Beilage sind abgebildet in: *Eckart Kröplin*. Richard Wagner. Theatralisches Leben und lebendiges Theater. Leipzig. Deutscher Verlag für Musik 1989, Abbildung 6 und 7. Von daher

https://doi.org/10.1515/9783110689396-002

Nummer 6 der von August Röckel seit dem 26. August 1848 herausgegebenen „Volksblätter" vom 10. Februar 1849 mit dem Titel „Der Mensch und die bestehende Gesellschaft", anonym erschienen, aber heute überwiegend Richard Wagner zugeschrieben (worauf noch einzugehen sein wird). Diese beiden Zitate[5] werden also Arbeiten zugeordnet, die als seine „Revolutionsschriften" bezeichnet werden. Das dritte Zitat stammt aus der von Wagner 1849 unter seinem Namen veröffentlichten Schrift „Das Kunstwerk der Zukunft", die herkömmlich zu den „Reformschriften" (1849 bis 1852) gezählt werden. Im Hauptteil (unter II.) werden diese drei Schriften im Rahmen aller „Revolutions-„ und „Reformschriften" vorgestellt; dabei wird auch die Frage der Autorenschaft der anonymen Beiträge in den „Volksblättern" angesprochen. Überdies wird damit das Verhältnis der „Revolutionsschriften" zu den „Reformschriften" kurz angesprochen. Unter I. ist mit einer kurzen Darstellung der historischen Situation in Sachsen zu dieser Zeit zu beginnen. Als Ausblick unter III. wird kurz schließlich der weitere Bogen zu dem eigentlichen Thema der „Reformschriften" gezogen.

I. Die revolutionäre Zeit in Sachsen

Zu erinnern ist, dass es schon in der Revolutionswelle – die im Juli 1830 in Frankreich zur Absetzung von Karl X. und zur Einsetzung des „Bürgerkönigs" Louis Philippe von Orleans geführt, darüber hinaus auch Unruhen in Italien, Polen, den Niederlanden und einigen deutschen Staaten (darunter auch Sachsen) provoziert hatte – zu umfassenden gesellschaftlichen und vorsichtigen politischen Reformen im Königreich Sachsen gekommen war. Am 4. September 1831 wurde die erste sächsische Verfassung erlassen, Sachsen somit eine konstitutionelle Monarchie. Es war eine Aufbruchsstimmung entstanden – im Übrigen auch für den 17jährigen Richard Wagner, damals Student in Leipzig – , insbesondere wegen der neuen Allgemeinen Städteordnung und der Landgemeindeordnung unter der bürgerlichen Bevölkerung. Ein neues stadtbürgerliches Selbstbewusstsein kam etwa in den Kommunalgarden (also den

---

ist die These, dass Wagner zuerst das Manuskript anonym veröffentlicht und es dann in der späteren Versammlung auf Bitten von August Röckel vorgetragen hat, eindeutig widerlegt. Zu dieser Arbeit von Wagner vgl. *Friedrich Dieckmann*. Ein Komponist im Aufstand. Richard Wagner und die deutsche Revolution. In: Hermann Danuser / Herfried Münkler (Hrsg.), Zukunftsbilder. Richard Wagners Revolution und ihre Folgen in Kunst und Politik. Schliengen (Edition Argus) 2002, S. 19-46, 28; *Eckart Kröplin*. Richard Wagner und der Kommunismus. Würzburg (Königshausen & Neumann) 2013, S. 53 ff.

5 Selbstverständlich finden sich auch in anderen Schriften Wagners manche Erwähnung eines „Rechtes", deren Interpretation aber nichts Bemerkenswertes herausbringen kann.

städtischen Bürgerwehren) zum Ausdruck. In Sachsen[6] wurden die überkommenen Feudalverhältnisse größtenteils aufgelöst. Weitere Reformschritte erfolgten durch Beratung und Verabschiedung von Gesetzen in den konstitutionellen Landtagen. Doch gelang es nicht, die unterschiedlichen Interessen der Stände wirklich auszugleichen.

Weitere politische Reformen wurden vor allem im Bildungsbürgertum befürwortet. Ein reger Gedankenaustausch fand in den 1830er und 40er Jahren in einer Öffentlichkeit statt, die durch Bücher, Zeitungen, Zeitschriften, eine Vielzahl von Vereinen und überlokale Festivitäten bald auch über die Einzelstaaten hinauswirkte, zugleich aber von den staatlichen Polizei- und Zensurbehörden unterdrückt wurde. Dabei waren Liberalismus und Nationalbewegung (auch in Sachsen) zwei Seiten derselben (oppositionellen) Medaille. Die Quintessenz im liberalen Weltbild der Gebildeten lautete: „politischer Fortschritt [ist] dringend notwendig, um die Probleme der Gegenwart zu lösen. Die ständischen Wurzeln der Gesellschaft hatten ihre bindende Kraft verloren, daher [ist] für die dynamischen Kräfte in Stadt und Land ein neuer politischer Rahmen zu schaffen, der nicht mehr auf patriarchalisch-obrigkeitlicher Fürsorge und Bevormundung aufbaute, sondern auf staatsrechtlicher Gleichheit, gesellschaftlicher Selbstverwaltung und politischer Mitbestimmung basierte" (16). Doch gab es keinen einheitlichen Plan, erst recht keinen, der eine Revolution einkalkulierte oder sie gar vorbereitete; die Vorstellungen gingen selbst unter den Anhängern der liberalen Opposition auseinander.

Dies zeigte sich in Sachsen bei einer der größten vormärzlichen Unruhen, der Demonstration gegen den Prinzen Johann, den Bruder des Königs Friedrich August, am 12. August 1845 in Leipzig. Johann galt als Exponent papsttreuer katholischer Frömmelei – die Königsfamilie war katholisch (während die Bevölkerung überwiegend protestantisch war) –, was der neuen Bewegung der „Deutschkatholiken" ein Dorn im Auge war[7]. In Leipzig jedenfalls kam es damals zu Demonstrationen gegen den Prinzen, weshalb Militär herbeigerufen

6 Die folgenden Ausführungen stützen sich in vielem mit wörtlichen Zitaten auf: *Jörg Ludwig/Andreas Neumann,* Revolution in Sachsen 1848/49. Darstellung und Dokumente. Sächsische Landeszentrale für politische Bildung und sächsisches Hauptstaatsarchiv Dresden. (Eigenverlag Dresden) 1999. Die Seitenzahlen im Text beziehen sich auf diese Schrift.

7 Es darf angemerkt werden, dass in diesen religiösen Spannungen Wagners „Tannhäuser" viel Unruhe erzeugen musste. Vgl. *James Garratt.* Music, Culture and Social Reform in the Age of Wagner. Cambridge University Press 2010, S. 44 ff.; *Helmut Kirchmeyer*, Situationsgeschichte der Musikkritik und des musikalischen Pressewesens in Deutschland. Das zeitgenössische Wagner-Bild. Bd.I. Regensburg (Gustav Bosse) 1972, S. 333 ff.

wurde, das dann wahllos in die Menge schoss, wodurch wegen der zahlreichen Todesopfern ein echter Tumult entstand. Die sächsische Regierung vermied es, die verlangte Untersuchung dieser Vorgänge durchzuführen. 1846 wurde wenigstens eine gemäßigte neue Regierung eingesetzt. Doch entstand, auch durch Missernten und eine Wirtschaftskrise in Sachsen, die die materielle Lage der Bevölkerung sehr verschlechterte, eine große Unzufriedenheit unter der Bevölkerung.

Im März 1848 kam es – initiiert von einem Aufstand im Januar in Palermo und dann der französischen Februarrevolution, die zur Einführung der zweiten Republik führte – in vielen deutschen Einzelstaaten zu den sog. „Märzforderungen“: nach Verfassungseid des Heeres, Presse-, Vereins- und Versammlungsfreiheit, Reform des Wahlrechts, Abbau verbliebener Feudallasten, Volksvertretung beim Deutschen Bund, Geschworenengerichte nach englischem Vorbild. Manche waren erfolgreich. Angesichts des Autoritätsschwundes seiner Regierung und unter dem Eindruck der erfolgreichen Wiener Revolution (13. März 1848) – die im Übrigen Richard Wagner zu seinem unter II. angesprochenen Gedicht „Gruß aus Sachsen an die Wiener“, das mit Namensnennung am 1. Juni in der Allgemeinen Österreichischen Zeitung erschien[8], inspirierte – entließ Sachsens König sämtliche Minister und berief ein liberales Kabinett ein, das am 16. März 1848 die Arbeit aufnahm. Die Minister verstanden sich als rechtmäßige königlich-sächsische Regierung, leiteten Maßnahmen ein und begannen, Reformen durchzusetzen. Doch war dies der zunehmend unzufriedenen Bevölkerung zu wenig, der es vor allem um Besserung ihrer materiellen und sozialen Lage ging („soziale Frage“), welches Anliegen sie mit einem kämpferischen, gegen das Privateigentum der Besitzenden gewaltbereiten Antikapitalismus und der Forderung nach einem „gerechten Auskommen“ verband. Ende März stürmten Handwerker im erzgebirgischen Elterlein und Mittweida zwei Nagelfabriken, die sie zerstörten; am 5. April 1848 kam es in Waldenburg zu einem Aufstand, in dem das Schloss des dortigen Fürsten in Brand gesteckt wurde. Zudem hatten sich nach dem März 1848 und der Einführung der Vereins- und Versammlungsfreiheit politische Vereine (mit eigenen Presseorganen) gebildet, in Sachsen die liberalen „Deutschen Vereine“ (mit dem Schwerpunkt in Leipzig) und die demokratischen „Vaterlandsvereine“, die sich (vor allem von der Popularität des Robert Blum profitierend) zur mitgliederstärksten politischen Organisation in Sachsen entwickelten (denen sich – unter dem Einfluss von August Röckel, auf den noch einzugehen ist – auch Richard Wagner anschloss). Im Mai 1848

---

8 Vgl. *Richard Kröplin*. Richard Wagner-Chronik. Stuttgart (Metzler) 2016, S. 140.

kam es zur Gründung auch des Arbeitervereins (in Leipzig). Inhaltlich unterschieden sie sich anfangs nicht in den politischen Forderungen (auch nach der Einheit Deutschlands), auch nicht in der Anerkennung der notwendigen Lösung der sozialen Frage, sondern nur in den unterschiedlichen Vorstellungen, wie die betroffenen (armen) Bevölkerungskreise an dem politischen Veränderungsprozess zu beteiligen waren. Diese Differenz zeigte sich im April 1848 bereits bei den Wahlen zur deutschen Nationalversammlung, die eine Verfassung für den zu gründenden deutschen Nationalstaat ausarbeiten sollte. Die liberale sächsische Regierung schloss „Unselbständige" vom Wahlrecht aus, offensichtlich auch, weil sie in den unteren Bevölkerungsschichten die Anhänger der Demokraten vermuteten. Erstaunt musste sie zur Kenntnis nehmen, dass aus den Wahlen dennoch knapp 70 Prozent demokratische Abgeordnete hervorgingen. Dies musste zu einer intensiven Auseinandersetzung um die demokratische Ausgestaltung des politischen Systems führen, die auch ein Kampf verschiedener Zukunftsvisionen war, der bisweilen den Charakter eines (durchaus wörtlich zu verstehenden) Glaubenskrieges annahm. Hinzu kam eine Distanz in Lebenswelt und Alltag. Liberalismus und Demokratie in Sachsen hatten verschiedene soziale Einzugsbereiche und unterschiedliche politische Stile; vor allem verfügten die demokratischen Führer über rednerisches Talent und die Gabe bzw. Bereitschaft, für ihre Ziele öffentlich zu werben und die „Volksleidenschaft" zu erwecken.

Die politischen Lager drifteten im Sommer und Frühherbst 1848 immer weiter auseinander, wozu auch die Entwicklung in der Nationalversammlung in der Frankfurter Paulskirche das Ihrige beitrug. Zwar schuf die Versammlung mit der provisorischen Zentralgewalt und dem Reichsverweser eine Regierung, doch diese hatte kaum Einfluss auf die Einzelstaaten, in denen sich immer noch die politische Macht konzentrierte. Als der König von Preußen im Krieg gegen Dänemark (wegen Schleswig-Holstein) einen Waffenstillstand ohne Informierung der Nationalversammlung oder des Reichsverwesers schloss, kam es in Frankfurt und einigen anderen Städten zu den „Septemberunruhen", also Demonstrationen, die teils in Barrikadenkämpfe mündeten. Die Demokraten fürchteten nun eine sich verstärkende Reaktion; Robert Blum zog im Oktober 1848 mit einer Abordnung nach Wien, wo ein neuer Barrikadenkampf ausgebrochen war, um den Kämpfern die Unterstützung der linken Fraktionen der Nationalversammlung zu überbringen. Der Aufstand wurde niedergeschlagen, Blum am 9. November 1848 standrechtlich erschossen. Auch in Preußen etablierte Friedrich Wilhelm IV. seine Macht, ließ wieder Truppen in Berlin einrücken und schränkte per Notverordnung Vereins- und Pressefreiheit ein.

In Sachsen entbrannte im Dezember 1848 wegen der Wahl für einen neuen Landtag der erste moderne Wahlkampf in der sächsischen Geschichte. Die Vaterlandsvereine, die sich bereits in einen republikanischen und einen konstitutionellen (also auch eine konstitutionelle Monarchie anerkennenden) Flügel gespalten hatten, schlossen sich unter dem Motto „Durch Freiheit zur Einheit" zusammen; die Märzregierung ergriff Partei für die liberalen Deutschen Vereine, die für die Bewahrung der monarchischen Rechte eintraten. Die Wahl brachte einen Erdrutschsieg der Demokraten. So setzte der im Januar 1849 eröffnete Landtag die Regierung durch politische Forderung zunehmend unter Druck, auch wenn im politischen Alltag durchaus Kompromisse gelangen. Doch kam es im Februar 1849 zu einer Vermengung der sächsischen und der nationalen Verfassungsfrage. Die Nationalversammlung hatte als ersten Teil des von ihr in Angriff genommenen Verfassungswerkes die „Grundrechte des deutschen Volkes" verabschiedet. Nach längerer Diskussion um deren Umsetzung in Sachsen, in deren Verlauf die Minister am 24. Februar 1849 zurücktraten, ließ die neuernannte Regierung diese Grundrechte im königlich-sächsischen „Gesetz- und Verordnungsblatt" publizieren, wodurch diese Gesetzeskraft erlangten. Doch brach zwei Monate später erneut die Regierungskrise aus, als die Nationalversammlung die Reichsverfassung fertigstellte, die die Schaffung eines Österreich ausschließenden Nationalstaates mit monarchischer Spitze und einem demokratischen Männerwahlrecht vorsah. Der als Monarch vorgesehene preußische König schlug diese Wahl brüsk ab und forderte die anderen deutschen Fürsten auf, seinem Beispiel zu folgen. Doch wurde in vielen Staaten die Reichsverfassung rasch anerkannt; so auch in Sachsen, wo der Landtag für die Annahme votierte. Der sächsische König aber weigerte sich; seine Regierung löste am 28. April 1849 den Landtag auf, wobei allerdings drei der fünf Minister die Bitte nach Annahme der Verfassung einbrachten (und dann zurücktraten).

Am 3. Mai 1849 ging die Demonstration der Dresdner Kommunalgarde für die Reichsverfassung in einen Barrikadenkampf über. Die beiden im Amt verbliebenen Minister flüchteten in der Nacht zum 4. Mai mit dem Monarchen auf die Festung Königstein. Als dies bekannt wurde, nutzten einige der in Dresden verbliebenen Mitglieder des aufgelösten Landtages die Situation, um per Akklamation eine „Provisorische Regierung" einzusetzen, wodurch der Barrikadenkampf in einen republikanischen Aufstand übergegangen war. Bekannt ist, dass sich auch der königliche Hofkapellmeister Richard Wagner in diese Aktionen einband; strittig ist allerdings, worin seine Unterstützungshandlungen im Einzelnen bestanden[9]. Als die königlichen Minister am Abend des 4. Mai vom Königstein zurückkehrten, leisteten sie mit dem in Dresden verbliebenen Militär – wegen des Dänemarkkrieges nur 1800 Mann – hartnäckige Gegenwehr. Der König hatte schon vor seiner Flucht seinen preußischen Vetter um Truppenhilfe gebeten. Die provisorische Regierung sandte ihrerseits durchaus erfolgreiche Aufrufe ins Land und rief Städte und Gemeinden zu bewaffneter Unterstützung auf. Je mehr der Kampf in Dresden eskalierte, wo auf Seiten der Aufständischen vor allem proletarisierte Handwerksgesellen und Arbeiter, darunter viele Jugendliche, kämpften, desto erschrockener distanzierten sich bürgerliche Liberale oder gemäßigte Demokraten von den Vorgängen. Zudem war bald klar, dass der Kampf verloren gehen musste. Schon am 5. Mai waren preußische Truppen in Sachsen eingetroffen, am 6. Mai griffen sie in die Dresdner Kämpfe ein, am 9. Mai war der Aufstand blutig niedergeschlagen. Dem später steckbrieflich gesuchten Richard Wagner gelang die Flucht, die ihn nach Weimar, weiter nach Zürich, von dort nach Paris und schließlich wieder nach Zürich führte, wo er im Exil als freischaffender Komponist und Dirigent für lange Zeit lebte (und in seinen sog. „Zürcher Reformschriften" seine Revolutionsbegeisterung in der Konzeption des Kunstwerks der Zukunft bzw. einer Gesellschaft als eines solchen Kunstwerks weiterentwickelte [worauf noch unter III. einzugehen ist]). Für Dresden wurde der Belagerungs-

---

9 Dazu vgl. *Hans-Joachim Bauer*. Richard Wagner. Sein Leben und Wirken oder Die Gefühlswerdung der Vernunft. Berlin (Propyläen) 1995, S. 152-190; *Udo Bermbach*. Persona non grata. Der Revolutionär Richard Wagner im Spiegel zweier Biographen. In: Ders. / Hans Rudolf Vaget (Hrsg.), Getauft auf Musik. Festschrift für Dieter Borchmeyer. Würzburg (Königshausen & Neumann) 2006, S. 325-340; *Hugo Dinger*, Richard Wagners geistige Entwickelung. Versuch einer Darstellung der Weltanschauung Richard Wagners. I. Leipzig (E. W. Fritzsch) 1892, S. 152 ff.; *Der Dresdner Maiaufstand von 1849*. (Dresdner Hefte 13 (1995), H.34. Hrsg vom Dresdner Geschichtsverein e.V.); *William Ashton Ellis*. 1849. Der Aufstand in Dresden. Ein geschichtlicher Rückblick zur Rechtfertigung Richard Wagner's. Leipzig (Feodor Reinboth) 1894; *Forschungsinstitut der Friedrich-Ebert-Stiftung* (Hrsg.), Michael Bakunin, Gottfried Semper, Richard Wagner und der Dresdner Mai-Aufstand 1849. Bonn 1995; *Bernd Kramer*. Michael Bakunin, Richard Wagner und andere während der Dresdner Mai-Revolution 1849. Berlin (Kramer) 1999; *Rüdiger Krohn*. Richard Wagner und die Revolution von 1848/49. In: Richard-Wagner-Handbuch. Hrsg. Von Ulrich Müller / Peter Wapnewski. Stuttgart (Alfred Kröner) 1986, S. 86-99; *Jürgen Lotz*. Richard Wagner auf den Barrikaden. In: Damals. Das Magazin für Geschichte 10 (1978), S. 415-438, 495-518; *Hermann Müller*. Richard Wagner in der Mai-Revolution 1849. Dresden (Oscar Laube) 1919; *Dieter David Scholz*. Ein deutsches Mißverständnis. Richard Wagner zwischen Barrikade und Walhalla. Berlin (Parthas) 1997, S. 27-41; *Kerstin Stüssel*, Punkt, Punkt, Komma, Strich … - Revolution(en) und die Geschichte von „Gegenwartsliteratur". In: 1848 und das Versprechen der Moderne. Hrsg. von Jürgen Fohrmann / Helmut J. Schneider. Würzburg (Königshausen & Neumann) 2003, S. 33-48, 36 ff.

zustand erklärt, der jedoch nicht durchgesetzt wurde. Opfer waren auf Seite der Aufständischen 197 Tote und 114 Verletzte, auf Seiten der sächsischen und preußischen Truppen 31 Tote und 94 Verwundete.

Die Revolution war gescheitert, endgültig mit der Kapitulation der Festung Rastatt am 23. Juli 1849. Das Verfassungswerk der Paulskirche trat nicht in Kraft, die nationsweite Geltung der Grundrechte wurde aufgehoben. Auch die in den Einzelstaaten bereits durchgeführten Verfassungsänderungen wurden wieder rückgängig gemacht. Im Königreich Sachsen setzte die Reaktion heftig ein. Im Juli 1850 hob ein Staatsstreich das Wahlrecht von 1848 auf und berief die vormärzlichen Stände wieder ein. Ein rigides Presse- und Vereinsrecht sorgte für öffentliche Ruhe. Doch unterschwellig prägte die Erfahrung der vorangegangenen Revolution das Handeln der Reaktionsregierungen. Wie fast überall in Deutschland setzte auch die sächsische Regierung der 1850er Jahre Forderungen um, die vor und während der Revolution artikuliert worden waren: in einem Reformprozess der kleinen Schritte.

II. Die theoretischen Schriften Wagners

In der von Dieter Borchmeyer 1983 herausgegebenen Jubiläumsausgabe sind fünf „Revolutionstraktate“ abgedruckt: der Text der Rede vom 14. Juni 1848 („Wie verhalten sich republikanische Bestrebungen dem Königtum gegenüber?“), der unbestritten von Wagner stammt, dann drei Beiträge in den Dresdner „Volksblättern“ 1848 und 1849 („Deutschland und seine Fürsten“, „Der Mensch und die bestehende Gesellschaft“, „Die Revolution“), die anonym erschienen sind (weshalb die Zuschreibung vor allem des als zweiten Beitrag genannten Artikels zu Wagner nicht unbestritten ist) und schließlich das 1849 unter Namensnennung veröffentlichte Buch „Die Kunst und die Revolution“ (das meistens bereits zu den sog. „Zürcher Reformschriften“ gestellt wird, wie auch die Arbeit „Das Kunstwerk der Zukunft“, aus dem das dritte Eingangszitat stammt). In jüngerer Zeit wird vereinzelt ein weiterer anonym erschienener Beitrag in den „Volksblätter“ (mit dem Titel „Was ist Communismus?“) Wagner zugeschrieben. Wagner selbst hat diese Arbeiten in den „Volksblättern“ in der von ihm verantworteten Gesamtausgabe – „Gesammelte Schriften und Dichtungen“ (1871) – nicht aufgenommen. Da das dritte Eingangszitat aus den „Reformschriften“ stammt, werden kurz auch diese vorgestellt.

Strittig ist, ob auch manche Kunstwerke Wagners in einem Zusammenhang mit revolutionären Bestrebungen stehen. Darauf ist zunächst unter 1. kurz einzugehen; als 3. werden die Schriften im Einzelnen vorgestellt. Unter 2. sind einige theoretische Einflüsse auf Wagner aufzuzeigen.

II.1. Revolutionäres in den Kunstwerken dieser Zeit

Dabei kommen vor allem drei frühe Opernprojekte in Betracht: „Das Liebesverbot", „Die hohe Braut" und „Rienzi"[10].

II.1.1. „Das Liebesverbot oder Die Novize von Palermo":

Zunächst ist die große komische Oper in drei Akten mit dem Titel „Das Liebesverbot oder Die Novize von Palermo" zu nennen, die als Text August 1834[11], als Partitur Frühjahr 1836 fertiggestellt und am 29. März 1836 in Magdeburg uraufgeführt wurde. Mit diesem Werk kehrte Wagner sich von der deutsch-romantischen Oper – die er noch in seiner Oper „Die Feen" (fertiggestellt Januar 1834) verherrlicht hatte – als Flucht vor der Realität in eine mystische Scheinwelt ab und wandte sich unter dem Einfluss des „Jungen Deutschland", wie es vor allem in den Schriften von Heinrich Laube (1806-1884) zum Ausdruck kam, der historisch-gesellschaftlichen Realität zu. Wagner übernahm die

> Polemik gegen Obskurantismus, reaktionäre kirchliche Orthodoxie, verstockt sinnenfeindliche Moral und rückständig-partikularistische Politik, die Begeisterung für die Rebellionen der letzten Jahre [den griechischen Freiheitskampf, die Pariser Juli-Revolution und den polnischen Aufstand] […], den Lobpreis des von allen konventionellen Schranken befreiten sinnlich-schönen Lebens, die Utopie einer die Grenzen überschreitenden Universalpolitik"; und auch das in Wilhelm Heinses Roman „Ardinghello und die glücklichen Inseln" (1787) gepriesene „Ideal sinnlichen Lebensgenusses und freier Liebe […] in einem Staat ohne Eigentum"[12].

---

10 Nicht eingegangen wird auf folgende Projekte Wagners: „Männerlist größer als Frauenlist oder Die glückliche Bärenfamilie" (1837, abgedruckt in: Wagner. Dichtungen [wie Anm. 1], I, S. 103 ff.); „Die Sarazenin" (1843, abgedruckt: ebenda, S. 197 ff.); „Die Bergwerke zu Falun" (1841/42, abgedruckt: ebenda, S. 229 ff.); „Wieland der Schmied als Drama entworfen" (1849/50, abgedruckt in: Wagner. Dichtungen [wie Anm. 1], VI, S. 158 ff.).

11 Abgedruckt in: *Wagner,* Dichtungen (wie Anm. 1), I, S. 53 ff. – Vgl. dazu *Sebastian Werr.* „Das Liebesverbot oder Die Novize von Palermo (WWW 38)". In: Wagner-Lexikon. Hrsg. von Daniel Brandenburg. Laaber 2012, S. 398-402); *Inge Mai Groote,* „Das Liebesverbot odere Die Novize von Palermo". In: Wagner Handbuch. Hrsg. von Laurenz Lütteken. Kassel. Bärenreiter 2012, S. 291-196.

12 So *Dieter Borchmeyer.* Revolution der Lust. Richard Wagners *Liebesverbot.* In: ders. Die Götter tanzen Cancan. Richard Wagners Liebesrevoluten. Heidelberg (Manutius) 1992, S. 28 ff.; *ders.* Richard Wagner. Ahasvers Wandlungen. Frankfurt a.M. (Insel) 2002, S. 46 ff.; *Werner Wolf,* Richard Wagners geistige und künstlerische Entwicklung bis zum Jahre 1848. Dissertation Leipzig 1965, S. 41 ff. – Zum „Jungen Deutschland"

Wagner behandelte in diesem, sehr frei nach Shakespeares „Maß für Maß" gedichteten Stück zwar eine Revolte, die darin gipfelt, dass das Volk verkündet: „Das Gesetz ist aufgehoben"; aber dieses Gesetz ist nur das Verbot freier Liebe (und eines orgiastisch zelebrierten Karnevals), der Aufruhr nur eine Liebesrevolte und sein Ende die Errichtung einer „Karnevalsrepublik". „Allgemeine Heiratslust ersetzt den Willen zur politischen Veränderung"; „die Liebesrevolution [begibt] sich in die Bahn einer saturnalistisch aufgelockerten Monarchie zurück"[13].

Von einer „Revolutionsoper" kann man wohl nur schwerlich sprechen[14], sondern das Werk ist eher ein frivoles Stück im Geiste des sinnenfreudigen „Jungen Deutschland" (auch wenn diese Bewegung 1835 von der Bundesversammlung als staatsgefährdend eingestuft wurde[15]).

II.1.2. „Die hohe Braut oder Bianca und Guiseppe":

Das zweite für einen revolutionären Hintergrund herangezogene Werk ist ein Libretto für eine Oper mit dem Titel „Die hohe Braut oder Bianca und Guiseppe"[16], zunächst 1836 nach dem im „Jungen Deutschland" hoch geschätzten gleichnamigen Roman von Heinrich Koenig (1833) entworfen, in der Absicht, es in französischer Übersetzung dem berühmtem Textdichter der französischen

---

vgl. *Udo Bermbach*. Der Wahn des Gesamtkunstwerks. Richard Wagners politisch-ästhetische Utopie. 2. Aufl. Stuttgart (Metzler) 2004, S. 8 ff.; *Udo Köster*. Literarischer Radikalismus. Zeitbewußtsein und Geschichtsphilosophie in der Entwicklung vom jungen Deutschland zur Hegelschen Linken. Frankfurt a. M. (Athenäum) 1972; *Helmut Koopmann,* Das Junge Deutschland. Analyse seines Selbstverständnisses. Darmstadt (Wbg Academic) 1993;*Eckart Kröplin*. Musik aus Licht. II. Würzburg (Königshausen & Neumann) 2011, S. 497 ff.; *Wolf*, Entwicklung (wie oben), S. 29 ff.

13 So *Borchmeyer*. Götter (wie Anm. 12), S. 40; *ders*. Ahasvers Wandlungen (wie Anm. 12), S. 55.

14 So aber *Udo Bermbach*. „Blühendes Leid". Politik und Gesellschaft in Richard Wagners Musikdramen. Stuttgart (Metzler) 2003, S. 36 ff. (der von „frühen Motiven politisch-ästhetischer Kritik" [auch in den „Feen" und in der „Hohen Braut"] spricht). Vgl. auch *Bermbach*. Wahn (wie Anm.12), S. 12 f.

15 So *Borchmeyer*. Ahasvers Wandlungen (wie Anm.12), S. 56.

16 Vgl. dazu *Frank Piontek*. „Die hohe Braut (WWW 40)". In: Wagner-Lexikon (wie Anm. 11), S. 314-318. Hinzuweisen ist auch auf: *Dieter Borchmeyer,* Die Franzosen vor Nizza oder Revolution aus Liebe. In: ders. Götter (wie Anm.12), S. 45-90; *ders*. Ahasvers Wandlungen (wie Anm. 12), S. 56 ff.; *Isolde Vetter*. Wagnerforschung – literarisch. Richard Wagner als Librettist von Johann Friedrich Kittls Oper Bianca und Guiseppe, oder die Franzosen vor Nizza (1848). In: Wagnerliteratur – Wagnerforschung. Bericht über das Wagner-Symposium München 1983. Hrsg. von Carl Dahlhaus / Egon Voss. Mainz (Schott) 1983, S. 163 ff.; *Wolf*. Entwicklung (wie Anm.12), S. 46 ff.

Grand Opéra, Eugène Scribe (1791-1861), zuzusenden, in der Hoffnung, dass dieser bzw. das von ihm geleitete „Team" den Entwurf zu einem Libretto für Wagner ausarbeiten und ihm dafür dann auch den Kompositionsauftrag vermitteln werde; da er damit die Auftragsgepflogenheiten der Opéra völlig verkannte, blieb dies ohne Erfolg. Am 4. Februar 1837 verständigte Wagner Giacomo Meyerbeer, der aber ebenfalls den hochfliegenden Plan des Provinzmusikers – Wagner lebte damals als Musikdirektor in Magdeburg – ignorierte. Im November 1838 erhoffte Wagner sich die Unterstützung August Lewalds, des Herausgebers der Zeitschrift „Europa", doch auch dieser Versuch schlug fehl. 1840 – Wagner war nach Paris gezogen – versuchte er wiederum vergeblich, das Projekt in Paris zu realisieren; aus diesem Grunde schrieb er selbst einen französischen Prosaentwurf. Doch sah er offensichtlich ein, dass das Projekt nicht zu verwirklichen sei, weshalb er sich dem „Rienzi" zuwandte. Doch kam er nach dessen Fertigstellung wieder auf sein altes Projekt zurück: er schrieb ein deutsches Libretto, das er im Juli 1842 dem Dresdner Dirigenten der Uraufführung des „Rienzi", Carl Gottlieb Reißiger (1789-1859), schenkte. Nach dessen Ablehnung bot er den Text dem ihm befreundeten Komponisten Ferdinand Hiller (1811-1885) , schließlich gegen 200 Gulden seinem Jugendfreund Johann Friedrich Kittl (1806-1868) an, der den Stoff – allerdings in einer „entschärften" Umarbeitung – dann auch vertonte und die Oper in Prag unter dem Titel „Bianca und Giuseppe oder Die Franzosen vor Nizza" zur erfolgreichen Uraufführung brachte (wobei Wagner gebeten hatte, seinen Namen nicht zu veröffentlichten). Interessant ist, dass Wagner Hiller wie auch Kittl vorgeschlagen hatte, die Geschichte in die Zeit des deutschen Bauernkrieges zu verlegen. Erhalten haben sich die Erstschrift und die Reinschrift des Prosaentwurfs Wagners aus dem Jahr 1838[17], der Prosaentwurf in französischer Übersetzung (1840) und das Textbuch des von Kittl vertonten Textes (1842).

Geschildert wird ein Geschehen in dem Jahr 1793 unmittelbar vor der drohenden Einnahme von Nizza (damals noch Königreich Piemont) durch die französische Revolutionsarmee. Guiseppe, der Sohn des Schulzen auf dem Gut des Marchese Malvi, der als Repräsentant der Herrschaft gezeichnet wird, liebt dessen Tochter Bianka, die beide von derselben Amme genährt worden waren. Doch will ihr Vater sie standesgemäß mit einem Grafen verheiraten; zudem verdächtigt er Guiseppe der Komplizenschaft mit den „Neuerern", die im Gebirge gemeinsame Sache mit den Franzosen machen würden. Trotz dieses gestörten Verhältnisses warnt Guiseppe Malvi vor einem Anschlag; zum Dank

17 Abgedruckt in: Wagner. Zeitschrift der englischen Wagner-Society 1989, Vol.10, Number 2, S. 50 ff.

– so verspricht es der Marchese – dürfe er beim bevorstehenden Fest den Ehrentanz mi Bianka durchführen. Da er aber dieses Recht provozierend einklagt, nimmt Malvi sein Wort zurück. Wutentbrannt schließt Guiseppe sich den Neuerern an: da diese die Gleichheit einführen wollen, glaubt er an die dadurch eröffnete Möglichkeit einer Verbindung mit der Geliebten. Die Verschwörer feiern den Aufgang der Sonne, die sie mit einem Gebet begrüßen; von Ferne ist die französische Feldmusik mit den Freiheitsliedern zu hören. Doch der Angriff der Neuerer scheitert; die Verschwörer werden besiegt und gefangen genommen. Bianka erklärt sich zur Hochzeit mit dem Grafen bereit, wenn Guiseppe freigelassen wird, was schließlich nach einigen Umwegen auch gelingt. Als der Brautzug aus der Kirche kommt, stürzt Guiseppe sich auf den Grafen und ersticht ihn. Bianka liegt leblos in Guiseppes Armen. „In demselben Moment hört man von der Zitadelle einen Kanonschuß es verbreitet sich schnell der Ruf: 'Die Franzosen! Die Franzosen!' - Die französische Armee zieht unter dem Gesang der Marsellaise und mit geschwenkten Fahnen ein, in der Ferne sieht man auf [dem Schloß des Marchese] die dreifarbige Fahne wehen".

Ein großartiges Finale mit einer eindeutig positiven Darstellung des Sieges der Revolution(sarmee) über die Adelsherrschaft in Nizza! Interessant ist, dass bereits Wagner selbst in der Erstschrift vorsah, dass Bianka überlebt und Guiseppe sie als die Seine preist, dass also – wie im „Liebesverbot" – eine erfolgreiche Liebesrevolte gezeigt wird. In der Reinschrift änderte Wagner den Schluss: Bianka stirbt, weil sie geschworen und dann den Schwur verwirklicht hat, sich unmittelbar nach der Hochzeit zu vergiften. Auch Guiseppe bricht tot zusammen. D.h. der revolutionäre Schluss wurde mit dem Tod der beiden Protagonisten verbunden. Wagner verschränkte nun das Schicksal einer privaten Liebesbeziehung mit der politischen Situation und machte jene von dieser abhängig. Dabei vermengte Wagner die Französische Revolution von 1789, die er wegen der schrecklichen Ereignisse in der späteren Entwicklung abgelehnt hatte, mit der ihn stark berührenden Juli-Revolution von 1830, der er positiv gegenüberstand. Jedenfalls ist anzunehmen, dass Wagner hier an die Tradition der Revolutionsopern[18], vor allem an das maßgebende Vorbild der französischen Grande Opéra anschließen wollte, die 1828 mit der von Eugene Scribe geschriebenen und von Daniel-Francois-Esprit Auber vertonten „La

18 Dazu vgl. *Stephan Aufenangel,* Die Oper während der Französischen Revolution. Tutzing (Hans Schneider) 2006; *Bermbach,* Leid (wie Anm.14), S. 43; *ders*., Wahn (wie Anm.12), S. 14 ff.; *Maria Birbili.* Die Politisierung der Oper im 19. Jahrhundert. Frankfurt a.M. (Peter Lang) 2014, S. 7 ff.; *Stefan Bodo Würffel,* Französische Revolution im Spiegel der Oper. In: Der schöne Abglanz. Stationen der Operngeschichte. Hrsg. von Udo Bermbach / Wulf Konold. Berlin, Hamburg (Reimer) 1992, S. 83 ff.

Muette de Portici" („Die Stumme von Portici") ihren Siegeszug begann[19] (welche Oper im Übrigen trotz des keineswegs revolutionsfreundlichen Endes[20] bei der Brüsseler Erstaufführung 1830 durch die mitreißenden, von der leidenschaftlichen Musik untermalten Massenszenen den belgischen Volksaufstand auslöste[21]). Doch war der Zeitgeist seit der Etablierung der Juli-Monarchie in Frankreich einem Revolutionspessimismus gewichen, weshalb Wagners Entwurf bei Scribe, aber auch sonst in Paris keine Chance (mehr) hatte. Dies sah Wagner offenbar selbst nach seiner Ankunft in Paris ein, da er in dem französischen Entwurf die politischen Aspekte (wie eine aufrührerische Rede einer Person und auch den Schluss) strich; Guiseppe handelt nun nur aus privat-emotionalen Gründen (also als „Revolutionär aus Eifersucht"). Von daher ist verständlich, warum Wagner die „entschärfte" Fassung in der Oper Kittls letztlich akzeptierte (was auch sein Vorschlag, die Handlung im Bauernkrieg spielen zu lassen, zeigt)(auch wenn er seinen Namen damit nicht verbunden sehen wollte). Insgesamt wird deutlich, wie schwierig es ist, die politische Einstellung Wagners in dieser frühen (Magdeburger und Pariser) Zeit herauszubringen, die immer auch im Zusammenhang mit der Planung seiner künstlerischen Karriere zu sehen ist.

Interessant ist der Brief an Kittl vom 4. Januar 1848 zu diesem von diesem stark veränderten, nämlich völlig entpolitisierten) Schluss:

> Weißt Du, was der Schluß einer Oper ist? *Alles*! ... Ich hatte auf das heftig Ergreifende, Sturmschnelle des Schlusses sehr gerechnet: die schreckliche Katastrophe beim Gange aus der Kirche darf mit nichts mehr versüßt werden, – das einzige furchtbar Erhebende ist das Daherschreiten eines großen Weltgeschickes, hier personifizirt in der französischen Revolutions—Armee, welches in fürchterlicher Glorie über die zertrümmerten alten Verhältnisse (der Familien) dahinzieht. Diese Beziehung darf meiner Ansicht in nichts geschwächt werden [...]; wird er so fest-

---

19 Vgl. dazu *Birbili,* Politisierung (wie Anm.18) (die auch die Oper „La Siège de Corinthe" [„Die Belagerung von Korinth",1826] von Gioachino Rossini nennt und als weitere prominente Vertreter „Guillaume Tell" [ebenfalls von Rossini, 1829] und „La Prophéte" [Eugene Scribe, Giacomo Meyerbeer, 1849] bespricht). Dazu vgl. auch *Anselm Gerhard,* Die Verstädterung der Oper. Paris und das Musiktheater des 19. Jahrhunderts. Stuttgart, Weimar (Metzler) 1992. Zur Oper von Scribe / Auber vgl. *Dietmar Rieger*. La Muette de Portici von Auber / Scribe. Eine Revolutionsoper mit antirevolutionärem Libretto. In: Romanistische Zeitschr .f. Literaturgesch. 10 (1986), S. 349-359.

20 In der Schlussszene stürzt das Gewölbe mit den dort versammelten Korinthern und Osmanen ein, wodurch der Blick auf das brennende Korinth im Hintergrund ermöglicht wird: im Sinne einer „Katastrophenoper".

21 Dazu vgl. *Borchmeyer,* Ahasvers Wandlungen (wie Anm. 12), S. 58 ff.; *Gerhart von Graevenitz*. Mythos. Zur Geschichte einer Denkgewohnheit. Stuttgart (Metzler) 1987, S. 261 ff. (wobei als zweites Vorbild die Oper „Guillaume Tell" von Rossini genannt wird.

gehalten, wie ich ihn mir dachte, so liegt die große Versöhnung im Erscheinen der Franzosen *darin*, daß wir hier mit offenen Augen ersichtlich eine neue Weltordnung eintreten sehen, deren Geburtswehen jene Schmerzen waren, die bis dahin die Bewegung des Dramas bildeten.

Diese Briefstelle passt zu dem Teilnehmer am Revolutionsgeschehen der Jahre 1848/49, gehört also eindeutig zu unserem Thema. Hinzuweisen ist auf die hier verwendeten Worte für die Revolution: es gehe um ein in der Revolutionsarmee personifiziertes „Weltgeschick", um die „Geburt[swehen]" einer „neuen Weltordnung", so als würde die Französische Revolution ein Naturereignis (gewesen) sein. Auch ist bemerkenswert, dass die Bande der Natur zwischen Guiseppe und Bianka, begründet durch die Milchbrüderschaft, für stärker gehalten werden als die durch die Gesetze gestiftete Ständeordnung; in den Worten von Guiseppe: „Trennt uns die Natur? Tranken wir nicht in der Muttermilch an ein und derselben Brust Brüderschaft für diese Welt? Sollen uns die Mißstände eurer erbärmlichen Einrichtungen trennen, die der Natur frech zuwider laufen? – Ich will sie zertrümmern, und euch mir gleichmachen"[22].

II.1.3. „Rienzi, der letzte der Tribunen":

Schließlich verstehen manche auch die große tragische Oper in fünf Akten mit dem Titel „Rienzi der letzte der Tribunen" als von revolutionärer Stimmung getragenes Werk, das als Prosaentwurf , dann als Textbuch nach dem Roman von Edward Bulwer-Lytton (London 1835) (vielleicht auch beeinflusst durch die 1828 in London aufgeführte Tragödie „Rienzi" von Mary Russell Mitford) im August 1838 in Riga (wo er Musikdirektor war) niedergeschrieben wurde[23]. Bis Frühjahr 1839 hatte Wagner die Partitur des ersten Aktes geschrieben, musste dann aber aus Riga die Flucht nach Paris antreten, wo er das Libretto mit Hilfe eines Sprachlehrers in das Französische übersetzte: offensichtlich wollte er versuchen, mit diesem Projekt einer Grande opéra erfolgreich zu sein. Von September 1839 bis Februar 1840 vollendete er die Komposition. Doch dürfte er bereits im Frühjahr 1840 seinen Versuch, diese Oper in Paris aufzuführen, aufgegeben haben, da er sich dem „Fliegenden Holländer" zuwandte. Durch Vermittlung von Meyerbeer und den berühmten Dresdner Sängern Wilhelmine Schröder-Devrient und Joseph Tichatschek nahm das Dresdner Hoftheater die Oper an; sie wurde am 20. Oktober 1842 in Dresden uraufge-

---

22 Vgl. *Borchmeyer*, Ahasvers Wandlungen (wie Anm. 12), S. 66 (mit den Veränderungen bei Kittl).

23 Abgedruckt in: *Wagner*. Dichtungen (wie Anm 1), I, S. 145 ff. – Dazu vgl. *Robert Braunmüller*, „Rienzi, der letzte der Tribunen (WWW 49)". In: Wagner-Lexikon (wie Anm.11), S. 581-588; *Gundula Kreuzer*. „Rienzi, der letzte der Tribunen". In: Wagner Handbuch (wie Anm. 11), S. 297-305.

führt, trotz ihrer Länge von über sechs Stunden mit riesigem Erfolg, der schließlich Wagner den Posten des Hofkapellmeister (Ernennung 2. Februar 1843) einbrachte.

Das Stück zeigt in einer Verdichtung auf fünf Tage das Schicksal des historischen römischen Staatsmannes und Volkstribuns Cola di Rienzo (1313-1354). Deutlich ist die Kritik an den adeligen Familien (den Nobili), hier der Orsini und der Colonna, die als Rauf- und Raubadel geschildert werden, unter deren Plünderungen und Fehden die Bevölkerung in dem vom Papst verlassenen Rom leidet. Es herrscht Chaos und Anarchie in der Stadt; der Papst ist nach Avignon geflohen. Die Colonna haben den kleinen Bruder des Bürgers Rienzi getötet, ohne dafür die gerechte Strafe zu erhalten. Nun versuchen die Orsini die Schwester des Rienzi – Irene – zu vergewaltigen, was durch das mutige Eingreifen des Adriano Colonna noch gerade verhindert wird. Ein Kampf zwischen den beiden Adelsfamilien beginnt, das Volk strömt herbei; Vermittlungsversuche des als Papstvertreter residierenden Kardinals werden spöttisch zurückgewiesen. Durch das Auftreten des angesehenen Rienzi tritt allmähliche Ruhe ein. Als ihm der durch seine vorherige Behandlung, aber auch wegen der anarchischen Zustände besorgte Kardinal die Hilfe der Kirche zusagt, verspricht Rienzi dem Volk, die Adelsherrschaft zu beseitigen. Die Nobili verlassen die Stadt; der Aufstand beginnt. Adriano – der erkennt, dass durch die anstehenden Kämpfe die (von ihr erwiderte) Liebe zu Irene gefährdet ist – erklärt sich trotzdem zum Verbündeten Rienzis, der auf die Erfüllung seines Racheschwurs wegen der Ermordung des Bruders verzichtet. Der Aufstand gelingt; Rienzi verkündet die neue Verfassung[24], die er als Wiedergeburt der antiken Roms betrachtet:

> Die Freiheit Roms sei das Gesetz,
> ihm untertan sei jeder Römer;
> bestraft sei streng Gewalt und Raub,
> und jeder Räuber Romas Feind!

Das Volk will Rienzi zum König ausrufen, was dieser abwehrt:

> Nicht also! Frei wollt' ich euch haben!
> Der ganzen Welt gehöre Rom,
> Gesetze gebe ein Senat.
> Doch wählet ihr zum Schützer mich
> der Rechte, die dem Volk erkannt,
> so blickt auf eure Ahnen hin,
> und nennt mich euren Volkstribun!

---

24 Wolf spricht von Rienzis „Idee des 'buono stato'" und meint damit die Herrschaft des Volkes, also die Demokratie; vgl. *Wolf*, Entwicklung (wie Anm.12), S. 48 ff.

Doch die Adeligen planen den Umsturz, um die alte Ordnung wiederherzustellen; beim kommenden Friedensfest soll Rienzi ermordet werden. Zu diesem Fest strömen Abgeordnete aus ganz Italien, auch aus Deutschland, Böhmen und Ungarn, was Rienzi zu dem Ausruf bringt:

> Ja, Gott, der Wunder schuf durch mich,
> verlangt, nicht jetzt schon stillzustehn.
> So wißt, – nicht Rom allein sei frei:
> nein! Ganz Italien sei frei!
> Heil dem ital'schen Bunde!"
>
> Und weiter noch treibt Gott mich an:
> Im Namen dieses Volks von Rom
> und kraft der mir verliehnen Macht
> lad' ich die Fürsten Deutschlands vor,
> bevor ein Kaiser sei gewählt,
> sein Recht den Römern darzutun,
> mit dem er König Roms sich nennt.

Das Attentat misslingt. Das Volk will den Tod der Nobili; Rienzi verkündet das Urteil: Tod durch das Beil. Doch sieht er dann auf die Bitte von Adriano und Irene von der Bestrafung ab, gewährt also Gnade statt Recht und verkündetem Gesetz, was das Volk empört (obwohl es schließlich seine Entscheidung noch hinnimmt). Trotz ihres geleisteten Treueschwurs rüsten sich die Adelsfamilien zum Kampf, den Rienzi dann auch annimmt:

> Der Gott, der Roma neu erschaffen,
> führt euch durch seinen Streiter an!
> Lasst eure neuen Fahnen wallen,
> und kämpfet froh für ihre Ehre.

In der Schlacht um Rom gewinnen die Volkskämpfer, Orsini und Colonna finden den Tod. Adriano fällt daraufhin von Rienzi ab und schwört ihm Rache für den Tod des Vaters. Er unternimmt eine Intrige gegen Rienzi: er sei ein Verräter, habe wegen der gewünschten Heirat von Irene und Adriano die Adelsfamilien begnadigt. Das Volk gibt der Begnadigung der Adeligen die Schuld an dem Tod der gefallenen Römer. Rienzi versucht, die Aufgebrachten zu besänftigen; „Traut fest auf mich, den Tribunen,/ haltet getreu an meiner Seite!/ Gott, der bisher mich führte,/ Gott steht mir bei,/ verläßt mich nie". Doch haben die deutschen Gesandten – durch die Ansprache Rienzis am Fest verärgert – Rom verlassen; der neu gewählte Kaiser hat sich mit dem Papst in Avignon verbündet, dieser hat Rienzi mit dem Bannfluch belegt, weshalb nun auch die Kirche in Person des Kardinals sich von ihm distanziert. Rienzi betet zu Gott:

> Allmächt'ger Vater, blick herab,
> hör mich im Staube zu dir flehn!

Die Macht, die mir dein Wunder gab,
laß jetzt noch nicht zugrunde gehn!

Doch es ist zu spät. Das Volk wendet sich – aufgeheizt durch den Bannfluch der Kirche – gegen Rienzi:

Er ist verflucht, er ist gebannt!
Verderben treffe ihn und Tod!
Auf, ehrt der Kirche Hochgebot!

Die Römer wollen ihn steinigen; schließlich setzen sie das Kapitol, in dem sich Rienzi und Irene – die beide auf ihre Liebe (er zu Rom, sie zu Adriano) verzichtet haben – aufhalten, in Brand. Rienzi wendet sich zum letzten Mal an das Volk:

Furchtbarer Hohn! Wie, ist dies Rom?
Elende! unwert eures Namen,
der letzte Römer fluchet euch!
Verflucht, vertilgt sei diese Stadt!
Vermodre und verdorre, Rom!
So will es dein entartet Volk![25].

Bei diesem Brand finden Rienzi und Irene den Tod; wie auch Adriano, der – offensichtlich wahnsinnig geworden – durch die Flammen zu Irene eilen will: krachend stürzt der Turm zusammen und begräbt sie unter seinen Trümmern. Und – so beschließt Wagner seine Oper: – „Die [zurückkehrenden] Nobili hauen auf das Volk ein“[26], was bedeutet: es wird seine Freiheit wieder verlieren!

Es ist offensichtlich, dass Wagner in Paris – wo er diese Oper nach dem Vorbild der grande opèra schuf – von dem Revolutionspessimismus, wie er sich z.B. auch in der Oper „Les Huguenots“ von Scribe und Meyerbeer (1836) niederschlug[27], erfasst war. Das Volk, das zunächst unter dem charismatischen Führer kämpfend seine Freiheit von der Adelstyrannei gewonnen hat, erweist sich als dieser Freiheit nicht würdig; es lässt sich sehr leicht manipulieren, folgt auch der willkürlichen Verfluchung durch die Kirche, geht am Ende daher zu Recht zugrunde in einer neuen, eigentlich restituierten alten Herrschaft der Nobili. Wie in anderen „Schreckensopern“ (wie etwa in Rossinis

25 Für die Aufführung in Berlin 1847 strich Wagner diesen Fluch zugunsten einer Prophezeiung, indem er Rienzi singen ließ: „So lang die sieben Hügel Romas stehn, solang die ew'ge Stadt nicht soll vergehn. Sollt ihr Rienzi wiederkehren sehn!“

26 So das Libretto; bei der Vertonung änderte Wagner den Schluss, indem er von den Nobili spricht, „welche teils zu Pferde, teils zu Fuß einen heftigen Angriff auf das Volk ausführen“; so *Wolf*, Entwicklung (wie Anm. 12), S. 50.

27 Vgl. *v.Graevenitz,* Mythos (wie Anm.21), S. 263 ff. – Anders *Wolf*, Entwicklung (wie Anm.12), S. 51, der in Rienzi das „Bild des bürgerlichen Freiheitskampfes“ sieht.

„La Siège de Corinthe“ [„Die Belagerung von Korinth“,1826] [28]) steht am Schluss ein Gebäude in Flammen, die einstürzenden Teile töten die Protagonisten. Revolutionär (und zugleich noch vom „Jungen Deutschland“ beeinflusst) sind der deutliche Anti-Aristokratismus und die Kirchenfeindschaft, wobei Rienzi sich selbst von dem christlichen Gott zum Führer auserkoren und unterstützt sieht (was zeigt, dass zwischen Christentum und Kirche streng unterschieden wird). Doch insgesamt steht in Wagners „großer Oper“ das bedeutende Individuum im Vorder- und Mittelpunkt, der charismatische Führer, überzeugt von seiner Gottgesandtheit, überheblich im Zeitpunkt seines politischen Triumphes; aber auch ein Revolutionär, der aus persönlichen Gründen Gnade vor Recht und dem selbst gegebenen Gesetz walten lässt, dadurch sich selbst verrät und dadurch scheitert. Ob Wagner in seiner Oper wirklich revolutionär gedacht hat?[29] Oder hat Dieter Borchmeyer Recht, wenn er in diesem Rienzi „ohne Zweifel eine ideale Selbstprojektion Wagners, des absoluten Künstlers in einsamer Auseinandersetzung mit der kunstfeindlichen Gegenwart“ sieht, einen „Fremdling, ein[en] Unverstandenen wie [den] Holländer, Tannhäuser oder Lohengrin, [den] anderen Symbolgestalten des modernen absoluten Künstlers“[30]?

II.1.4. Die Bedeutung der Musik für die revolutionäre Bewegung:

Zusammenfassend lässt sich sagen, dass Wagner sicherlich keine „Revolutionsoper“ im eigentlichen Sinne[31] geschrieben hat. Doch schließt dies nicht aus, dass – wie bei der schon erwähnten Aufführung der „Stummen von Portici“ 1830 in Brüssel – die von leidenschaftlicher Musik getragenen Massenszenen das Publikum (zumindest in Teilen) für revolutionäre Bestrebungen empfänglich machte. Es wäre interessant, einen solchen Einsatz der Musik bei Festveranstaltungen oder Versammlungen oder in Musikvereinen zu untersuchen[32].

---

28 Anzumerken ist, dass auch in der Oper „La prophète“ von Scribe und Meyerbeer (1849) am Ende das Schloss von Münster brennt und einstürzend alle Versammelten tötet.

29 Dazu vgl. *Bermbach,* Leid (wie Anm. 14), S. 47 ff.; *ders*., Wahn (wie Anm.12), S. 16 ff.

30 So *Dieter Borchmeyer*, Nachwort. In: Wagner, Dichtungen (wie Anm. 1), X, S. 221. Vgl. auch *ders*., Ahasvers Wandlungen (wie Anm.12), S. 98 ff.

31 Oder im Sinne der „Arbeiteroper“, die Albert Lortzing 1848 mit seiner Oper „Regina“ in Text und Musik schuf (die aber nicht aufgeführt werden konnte); vgl. dazu *Garratt.* Music (wie Anm.7); *Miriam Noa*, Volkstümlichkeit und Nationbuilding. Zum Einfluss der Musik auf den Einigungsprozess der deutschen Nation im 19. Jahrhundert. Münster (Waxmann) 2013.

32 Vgl. *Garratt*, Music (wie Anm.7), S. 84 ff.; *Karl-Dieter Völger*, Über Musik und Musiker in der Revolution. In: Burschenschaftliche Blätter 1999, H.1, S.24-31.

Auch in diesem Zusammenhang ist Wagner zu nennen, da er für das große Allgemeine Männergesangsfest am 6. Juli 1843 das Chorstück „Das Liebesmahl der Apostel" komponierte und durchführte[33]. Hier kamen zahlreiche sächsische Männerchöre in der Dresdner Frauenkirche zusammen, in denen durchaus national, aber auch revolutionär Gesinnte versammelt waren. Es sangen 1200 Sänger, es spielten 100 Orchestermusiker.

II.1.5. Anmerkung zu den drei Dresdner romantischen Opern:

Nur angemerkt sei, dass die im Anschluss an „Rienzi" geschriebenen Opern – die alle als „romantische Oper" bezeichnet wurden – wohl nicht von einem revolutionären Pathos erfüllt waren[34], was hier nur behauptet, nicht nachgewiesen werden kann.

„Der fliegende Holländer" (1841 bis 1842, uraufgeführt Dresden 2. Januar 1843) enthält in diese Richtung nichts. „Tannhäuser" (1842 bis 1845, uraufgeführt Dresden 19. Oktober 1845) handelt von einem Künstler, der sich gegen die Gesellschaft und das in ihr herrschende Kunst- und Liebesideal stellt (insofern kulturell [aber nicht politisch] „revolutionär" ist) und darin scheitert, wobei die Zeitgenossen im Zusammenhang mit dem Verhalten des Papstes die Frage diskutierten, ob Wagner hier Stellung im damaligen sächsischen Religionskrieg für die deutschkatholische oder protestantische Richtung beziehen oder ob er wegen des Stabwunders und der Heiligsprechung der Elisabeth, deren Gebet an die Gottesmutter die überirdische Errettung des Helden ermöglicht, überhaupt dem katholischen König gefällig sein wollte[35]. Doch wird man auch festhalten müssen, dass diese Oper grundsätzlich von einer Kritik am Christentum getragen ist, was sich in der Ausgestaltung der antik-heidnischen Göttin Venus als ursprünglich germanische Gottheit Holda, die durch die Christen in den Berg vertrieben und verteufelt wurde, niederschlägt.

---

33 Dazu vgl. *Frank Piontek*, „Das Liebesmahl der Apostel (WWW 69)". In: Wagner-Lexikon (wie Anm.11), S. 394-396.

34 Anders z.B. *Udo Bermbach*. Wo Macht ganz auf Verbrechen beruht. Politik und Gesellschaft in der Oper. Hamburg (Europäische Verlagsanstalt) 1997, S. 183 ff., 202 ff., 218 ff. – Vgl. aber auch *Martin Geck*. Wagner. Biographie. München (Siedler) 2012, S. 139: „Mit den Titelgestalten seiner drei romantischen Opern ist Wagner nun [1849, WS] nicht länger zufrieden. Sie sind allesamt ichbezogen, an ihrer eigenen Erlösung interessiert, jedoch keine 'reinmenschlichen' Helden. [...] Wagner sucht [den Menschen,der ...] sich in seiner ganzen Lebens- und Liebesfülle verströmt und auch den Tod nicht fürchten muss", den Menschen der Zukunft. Dazu auch *Wolf*, Entwicklung (wie Anm. 12), S. 97 ff.

35 Vgl. dazu *Kirchmeyer*, Situationsgeschichte (wie Anm. 7), S. 333 ff.

Überhaupt religionskritisch erweist sich „Lohengrin“ (1845 bis 1848, uraufgeführt Weimar 28. August 1850), zumindest in der Interpretation durch Wagner selbst, der das Vorspiel mit der musikalischen Schilderung des Grals als Projektion der Sehnsucht der Menschen umschrieb und in einem Brief an Hermann Franck vom 30. Mai 1846 das Scheitern des vom Gral gesandten Helden damit begründete, dass „die Berührung einer übersinnlichen Erscheinung mit der menschlichen Natur“ auf Dauer nicht möglich sei; „die Lehre würde sein: der liebe Gott thäte klüger, uns mit Offenbarungen zu verschonen, da er doch die Gesetze der Natur nicht lösen darf‘. Diese religionskritische Sicht fand sich dann in der Schrift „Die Wibelungen“ (1848), auf die noch eingegangen wird, weiter entwickelt. Darüber hinaus ist darauf hinzuweisen, dass Wagner Heinrich I. – historisch König der östlichen Franken – zum „deutschen König“ macht und vom „deutschen Reich“ spricht, was eindeutig im Sinne des Vaterlandsvereins war, dem Wagner beigetreten war.

II.2. Theoretische Einflüsse auf Wagner

Es ist unbestritten, dass Wagner in der gesamten, hier betrachteten Zeit keine politischen Schriften las, auch keine derartigen Bücher in seiner Bibliothek hatte. Er führte aber zahlreiche Gespräche mit entsprechend belesenen Freunden, bereits in seiner Zeit in Paris (1839-1842), das damals voll von revolutionären Ideen war (auch wegen der zahlreichen Flüchtlinge)[36], und dann in Dresden.

II.2.1. (Karl) August Röckel:

In Dresden war sein hauptsächlicher Gesprächspartner der 1814 in Graz geborene (Karl) August Röckel[37]. Nach Aufenthalten in Paris (wo Röckel die Juli-Revolution 1830 erlebt hatte und mit den Schriften der Frühsozialisten [Henri Saint-Simon, Charles Fourier, Pierre-Joseph Proudhon, Etienne Cabet] vertraut geworden war) und London und mehreren Engagements in deutschen

36 Dazu *Bermbach*. Wahn (wie Anm. 12), S. 23 f. Ausführlich vgl. *Manfred Kreckel*. Richard Wagner und die französischen Frühsozialisten. Frankfurt a.M. (Peter Lang) 1986.

37 Dazu vgl. *Udo Bermbach*, „Röckel, (Karl) August“. In: Wagner-Lexikon (wie Anm. 11), S. 624-625; *Jörg Heyne*, Richard-Wagner-Museum Graupa bei Dresden. 2. Sufl. Dresden Eigenverlag) 1986; *ders.*, Karl August Röckel – Musikdirektor und Revolutionär von 1848/49. In: Der Dresdner Maiaufstand von 1849. Dresdner Hefte 13 (1995), H.43, S. 77-83. Vgl. auch *Jörg Heyne*, Richard Wagner und Karl August Röckel in weltanschaulicher und künstlerischer Auseinandersetzung unter den Bedingungen des kleinbürgerlichen Demokratismus der nachrevolutionären Periode (1849 bis 1876). Dissertation Halle-Wittenberg 1985.

Staaten war er 1843 zeitgleich mit Wagner als Musikdirektor in Dresden gelandet. Er war Komponist und Dirigent, hatte aber in Anerkennung und Verehrung Wagners auf eine diesbezügliche Karriere verzichtet und sich dem Hofkapellmeister Wagner als Korrepetitor und Hilfsdirigent untergeordnet; und besprach mit ihm auf zahlreichen ausgedehnten Spaziergängen die politischen Probleme.

Röckel war ein fanatischer Republikaner, Leiter des Dresdners Vaterlandsvereins – wobei er Wagner auch dazu brachte, selbst Mitglied zu werden –, trat in einer „Denkschrift an die deutsche Nationalversammlung zu Frankfurt und an alle deutsche Regierungen" für die Volksbewaffnung ein[38] und wurde später ab dem 26. August 1848 Herausgeber der „Volksblätter", die ausdrücklich „unter Mitwirkung des Vaterlands-Vereins herausgegeben" wurden. Sie gingen von dem Hereinbrechen einer neuen Zeit aus, die entweder zum Glück führen oder zum Fluche werden könne; deshalb seien die Deutschen aufgerufen, „mit allen Kräften für das Wohl des theuren Vaterlandes zu wirken", damit Deutschland „werde, was es werden kann, was es von Gott bestimmt ist zu sein: das schönste Land der Erde, bewohnt von dem Ersten, dem Glücklichsten aller Völker!" Röckel war sehr belesen, kannte die wichtigsten politisch-linken Schriftsteller (nicht nur aus Paris, sondern auch die deutschen Junghegelianer [wie Arnold Ruge, aber auch Ludwig Feuerbach[39]) und trat gegenüber Wagner für deren Ideen ein. Für kurze Zeit war Röckel auch Abgeordneter im sächsischen Landtag.

II.2.2. Michael Alexandrovic Bakunin:

Röckel kannte sicherlich auch die Schriften des 1814 in Russland geborenen, seit 1840 in Deutschland (und auch in Frankreich und der Schweiz) lebenden Philosophen Michael Alexandrovic Bakunin. Denn dieser war durch seinen vielgerühmten, unter dem Pseudonym Jules Elysard verfassten, deutschsprachigen Aufsatz „Die Reaction in Deutschland" in den in Leipzig von Arnold Ruge herausgegebenen Deutschen Jahrbüchern für Wissenschaft und Kunst

38 Die Schrift trug den Titel „Die Organisation der Volksbewaffnung in Deutschland, mit besonderem Bezuge auf Sachsen", im Untertitel „Auf Grund der Berathungen einer vom deutschen Vaterlandsvereine zu Dresden berufenen Commission"; sie erschien 1848. Röckel schrieb 1865 eine historische, mit biographischem Material gesättigte Arbeit „Sachsens Erhebung und das Zuchthaus zu Waldheim" (erschienen in Frankfurt a. M.), die 1963 unter dem Titel „Zu lebenslänglich begnadigt" (Berlin) neu herausgegeben wurde.

39 Von daher lernte Wagner offensichtlich Feuerbach durch Vermittlung der Gespräche mit Röckel kennen; vgl. dazu *Heyne*, Wagner (wie Anm. 37).

1842 sehr bekannt geworden. Bakunin[40] hatte noch in Russland die Arbeiten von Fichte und Hegel kennengelernt, einige ihrer Arbeiten übersetzt (und z.B. die Hegelschen Gymnasialreden umfangreich eingeleitet), selbst 1839 einen stark an der „Vernünftigkeit der Wirklichkeit"-These Hegels orientierten Aufsatz in den Vaterländischen Annalen (Titel: „Über die Philosophie") geschrieben. In Berlin hatte Bakunin 1840 die hegelkritischen Ansichten der Junghegelianer (Strauß, Feuerbach, Bruno Bauer) kennengelernt, übernommen und das Ende der theoretischen Reflexion – als deren Vollendung er Hegel pries, wobei die Vollendung zugleich die „Selbstauflösung in eine ursprüngliche und neue praktische Welt", in die „wirkliche Gegenwart der Freiheit" sei – verkündet. An die Stelle des absoluten Wissens (und damit der in der Geschichte des Geistes sich herausgebildet habenden Identität von Gott und Mensch) müsse nun die praktische autonome Tat treten[41], die Realisierung der unbedingten Freiheit in einer politischen Aktion, die er als „Religion" (und „Kirche der Freiheit") auffasste und und deren „einzig wahren Ausdruck" er in „Gerechtigkeit und Liebe" sah, in der Liebe, die das höchste Gebot Christi sei, weshalb er seine Lehre als Aufnahme des „einzigen Wesens des wahren Christentums" ansah.

---

40 Zu ihm vgl. *Rainer Beer,* Einleitung. In: Michail Bakunin. Philosophie der Tat. Auswahl aus seinem Werk. Hg. Rainer Beer. Köln (Jakob Hegner) 1968, S. 9 – 58; *Udo Bermbach*, „Bakunin, Michael Alexandrovic". In: Wagner-Lexikon (wie Anm. 11), S. 53–54; *Helmut Dahmer*. Michael Bakunin, der Don Quijote der Revolution. In: Friedrich-Ebert-Stiftung, Bakunin (wie Anm.9), S. 25–37; *Madeleine Grawitz*. Bakunin. Ein Leben für die Freiheit. Hamburg (Lutz Schulenburg) 1999; *Burkhardt Joachim Huck*. „Der Traum von der absoluten Freiheit". Eine Studie zur Theorie und Praxis von Anarchismus und Terrorismus im Leben und Werk Michail Bakunins. Hausarbeit Univ. München 1980; *Philippe Kellermann*. Max Stirner und Michael Bakunin. Über Gemeinsamkeiten und Differenzen zweier anarchistischer Gründerväter. In: Anarchismus in Vor- und Nachmärz. Hg. Detlev Kopp/Sandra Markewitz. Forum Vormärz Forschung 22 (2016), S. 41–70; *Irene Lawen*. Konzeptionen der Freiheit. Zum Stellenwert der Freiheitsidee in der Sozialethik John Stuart Mills und Michail A. Bakunin. Saarbrücken (Verlag für Entwicklungspolitik) 1996, S. 151 ff.; *Hans-Peter Lühr*. „Große Stürme … ich fürchte euch nicht". – Bakunin und der Maiaufstand. In: Der Dresdner Maiaufstand von 1849. Dresdner Hefte (1995), H.43, S. 67–76; *Max Nettlau*. Michael Bakunin in den Jahren 1848-1849. In: Sozialistische Monatshefte 2 (1898), S. 187-195; *Peter Scheibert*. Von Bakunin zu Lenin. I. Leiden (E. J. Brill) 1956; *Petra Weber*. Sozialismus als Kulturbewegung. Düsseldorf (Droste) 1989; *Justus Franz Wittkop*. Michail A. Bakunin in Selbstzeugnissen und Bilddokumenten. Reinbek bei Hamburg (Rowohlt) 1974.

41 Zu diesem wesentlichen Inhalt des Junghegelianismus vgl. *Antonia Bertschinger*, Vom Himmel auf die Erde. Die Erneuerung der Philosophie durch die Junghegelianer. Dissertation Zürich 2003; *Köster*. Radikalismus (wie Anm. 13); *Elmar Treptow*. Theorie und Praxis bei Hegel und den Junghegelianern. Habilitationsschrift München 1971 (Bakunin wird nicht behandelt, wohl aber u.a. Feuerbach).

In dieser 1842 veröffentlichten Arbeit[42] verwendete Bakunin die Hegelsche Dialektik (von Position – Negation – Negation der Negation in einer neuen Position) freilich zunehmend bloß als Form einer Hochpreisung der Negation. Er sprach von dem „rastlosen Sichselbstverbrennen des Positiven in dem reinen Feuer des Negativen", das er als „die gänzliche Vernichtung der bestehenden politischen und sozialen Welt" durch die revolutionäre Tat verstand. Dieser revolutionäre praktisch-autonome Geist sei durch die teilweise erfolgreiche Reaktion in Europa nicht überwunden:

> er ist nur, nachdem er durch seine erste Erscheinung die ganze Welt in ihren Fugen erschüttert hat, wieder in sich zurückgegangen; er hat sich nur in sich vertieft, um bald wieder sich als affirmatives, schaffendes Prinzip zu offenbaren, und gräbt jetzt [nach einem Bild bei Hegel, WS] wie ein Maulwurf unter der Erde;

noch mehr: es

> regen sich Erscheinungen um uns her, welche uns verkünden, daß der Geist, dieser alte Maulwurf, sein unterirdisches Werk bereits vollbracht hat, und daß er bald wieder erscheinen wird, um sein Gericht zu halten; - es bilden sich überall […] sozialistisch-religiöse Vereine, welche, der gegenwärtigen politischen Welt ganz fremd, aus ganz neuen Quellen ihr Leben schöpfen und sich im stillen entwickeln und verbreiten […] Oh, die Luft ist schwül, sie ist schwanger von Stürmen! – Und darum rufen wir unseren verblendeten Brüdern zu: Tut Buße! Tut Buße! .- Das Reich des Herrn ist nah!

Der Beitrag von 1842 endete in dem vielzitierten Ausruf: „Laßt uns also dem ewigen Geiste vertrauen, der nur deshalb zerstört und vernichtet, weil er der unergründliche und ewig schaffende Quell alles Lebens ist. – Die Lust der Zerstörung ist zugleich eine schaffende Lust!"

Wahrscheinlich kannte Röckel auch eine Artikelserie, die Bakunin (vielleicht unter Mitarbeit von Moses Hess) anonym zu der Konzeption von Wilhelm Weitling in der Zeitschrift „Schweizer Republikaner" (1843, Nr. 44-47) veröffentlicht hatte[43]. Thema war „Der Communismus" (wie er in einem Aufsatz in der schweizerischen Zeitschrift „Beobachter aus der östlichen Schweiz" dargestellt wurde, auf den Bakunin nun Bezug nahm). Bakunin lehnt den eigentlichen Kommunismus (im Sinne von Weitling) ab:

> wir könnten […] nicht in einer nach dem Weitling'schen Plane organisirten Gesellschaft leben; denn es wäre keine freie Gesellschaft, keine wirkliche, lebendige Gemeinschaft von freien Menschen, sondern ein unerträglicher Zwang, eine durch Gewalt zusammengebrachte Heerde von Thieren, die nur das Materielle im Auge

---

42 Veröffentlicht u.a. in: *Bakunin*, Philosophie (wie Anm. 40), S. 61–96. Dazu vgl. *Scheibert*. Bakunin (wie Anm. 40), S. 158 ff.

43 Dazu vgl. *Scheibert,* Bakunin (wie Anm. 40), S. 166. Vgl. allgemein: *Johann Langhard,* Die anarchistische Bewegung in der Schweiz. Lindau (Unikum) 2014.

> hätten, und vom Geistigen und von allen hohen Genüssen des Geistigen nichts wüßten. – Wir glauben nicht einmal, daß so eine Gemeinschaft jemals zu Stande kommen könne; denn wir haben ein zu großes Vertrauen auf die heilige, allen Menschen mit mehr oder weniger Bewußtsein inwohnende Macht der Wahrheit.

Von dieser Wahrheit seien einige Elemente im Kommunismus enthalten, müssten aber freigelegt werden: „die heiligsten Rechte, die menschlichsten Forderungen liegen ihm zu Grunde, – und diese sind es, welche seine große, wunderbare, ja auf die Gemüther überraschend wirkende Macht ausüben". Diese Macht hätten die Kommunisten aber nicht erkannt. Deshalb müsse man auf die Wahrheit der Philosophie – die nach den Worten des Evangeliums die Menschen frei macht – zurückgreifen. Bakunin verwies auf diese Philosophie und

> ihren hartnäckigen Kampf, – ihren Kampf auf Tod und Leben […], – mit allen Vorurtheilen, mit allem dem, was die Menschen verhindert, ihr hohes, ihr heiliges Ziel, – die Verwirklichung der freien und brüderlichen Gemeinschaft, – die Verwirklichung des Himmels auf der Erde, zu erreichen. – Sie hat noch vieles zu thun, noch vieles zu bekämpfen, um den Schleier der Lüge, den die konservativen Freunde des Volkes eigennützig über ihn ausbreiten, zu zerreißen. Sie hat aber den Muth der Wahrheit und sie wird und muß auch siegen, da die Wahrheit, die Erkenntniß der Wahrheit ihre einzige Waffe ist. Sie kämpft im Lichte und ihre Feinde in der Nacht; die Feinde rufen die groben, die dunkeln Leidenschaften, das dämonische im Volk hervor, sie aber stützt sich im Gegentheil nur auf der gottähnlichen, nur auf der lichten Seite der menschlichen Natur, sie appellirt an die hohe Leidenschaft der Freiheit, der Liebe und der Erkenntniß, und Gott, die Wahrheit, wird doch am Ende über das Dunkel den Sieg erhalten.

In diesem Kampf würden sich die Philosophie und der Kommunismus treffen, aber zugleich im Gegensatz von theoretischer Erkenntnis und praktischer Tat. Indes:

> Wohl sind das Denken und die That, die Wahrheit und die Sittlichkeit, die Theorie und die Praxis in höchster Instanz ein und dasselbe, ein einziges untrennbares Wesen; wohl besteht das größte Verdienst der modernen Philosophie darin, daß sie diese Einheit erkannt und begriffen hat; mit dieser Erkenntniß ist sie aber zu ihrer Grenze angelangt, bis zu einer Grenze, die sie, als Philosophie, nicht überschreiten kann, denn jenseits dieser Grenze fängt ein höheres Wesen als sie – die wirkliche, durch die Liebe beseelte und aus dem göttlichen Wesen der ursprünglichen Gleichheit entsprossene *Gemeinschaft* von freien Menschen – an, die diesseitige Verwirklichung dessen, was das eigentliche Wesen des Christenthums ausmacht, *der wahre Kommunismus*.

Bakunin stellte damit auch die Dimension dieses „wahren christlichen Kommunismus" heraus:

> Alle Menschen, alle ohne Ausnahme, sind Brüder, lehrt das Evangelium, und wenn sie sich gegenseitig lieben, nur dann ist der unsichtbare Gott, die erlösende und beseelende Wahrheit in ihnen gegenwärtig, singt dazu Johannes; folglich kann der

> einzelne Mensch, sei er noch so schön und sittlich gesinnt, nicht der Wahrheit theilhaftig werden, wenn er nicht in der Gemeinschaft lebt; nicht in dem Einzelnen, sondern nur in der Gemeinschaft ist Gott gegenwärtig, und so ist die Tugend eines Einzelnen, die lebendige, die fruchtbringende Tugend nur durch das heilige und wunderthätige Band der Liebe, nur in der Gemeinschaft möglich. Außer der Gemeinschaft ist der Mensch nichts, in der Gemeinschaft alles; und wenn die Bibel von der Gemeinschaft spricht, so ist sie sehr weit entfernt, darunter einzelne, engherzige, sich von den andern abschließende Gemeinden oder Nationen zu verstehen; von nationalen Unterschieden weiß das ursprüngliche Christenthum nichts, und die von ihm gepredigte Gemeinschaft ist die Gemeinschaft aller Menschen, die Menschheit.

Freilich sei – so Bakunin weiter – dieses wahre Christentum im heutigen sozial-staatlichen Leben Europas verschwunden, genauer: es sei abgelöst worden durch den Geist der französischen Revolution:

> Der heilige Geist der Freiheit und der Gleichheit, der Geist der reinen Menschlichkeit, der durch die französische Revolution unter Blitz und Donner der Menschheit geoffenbart und durch die stürmischen Revolutionskriege als Same eines neuen Lebens überall verbreitet wurde. Die französische Revolution ist der Anfang eines neuen Lebens; viele sind so blind, daß sie meinen, ihren mächtigen Geist überwunden und gebändigt zu haben; armselige Menschen, wie schrecklich wird ihr Erwachsen sein! Nein, das revolutionäre Drama ist noch nicht geschlossen. Wir sind unter dem Gestirne der Revolution geboren, wir leben und bewegen uns unter seinem Einflusse und wir werden alle, alle die wir jetzt leben, ohne Ausnahme, unter seinem Einflusse sterben. Wir sind am Vorabend einer großen, welthistorischen Umwandlung, am Vorabend eines neuen und desto gefährlicheren Kampfes, als er nicht mehr einen bloß politischen, sondern einen prinzipiellen, religiösen Charakter haben wird. Ja man muß sich nicht täuschen: es wird sich um nichts Geringeres handeln, als um eine neue Religion, um die Religion der Demokratie, welche unter der alten Fahne mit der Inschrift: 'Liberté, Egalité et Fraternité' ihren neuen Kampf, einen Kampf auf Leben und Tod, eröffnen wird. – Dieser Geist ist es, aus dem der Kommunismus entstanden; dieser Geist verbindet jetzt auf eine unsichtbare Weise alle Völker ohne Unterschied der Nationen.

Die sog. christlichen Staaten, die ein Scheinchristentum vertreten, könnten diesem neuen Geist nicht widerstehen, seinen „flammenden Blick" nicht ertragen, weshalb sie das nationale Gefühl im Volke, auf Kosten der Menschlichkeit und der Liebe entwickeln; „sie, die christlichen Regierungen predigen den Haß und den Mord im Namen der Nationalität". Bakunin schloss seinen Beitrag: „Gegen sie [die christlichen Regierungen] haben Weitling und der Kommunismus ein unbedingtes Recht, denn nach den Prinzipien des Christenthums selbst muß alles vernichtet werden, was dem Geist der Liebe entgegensteht".

Bemerkenswert ist, dass in dieser Artikelserie die revolutionäre Vernichtung eindeutig im Vordergrund und Mittelpunkt steht. Bakunin begann sich hier offensichtlich zu radikalisieren, die schaffende Lust aus 1842 durch die Lust der Zerstörung zu verdrängen; vielleicht auch deshalb, weil nun das Erschaffen des Neuen in die absolute Freiheit der durch die revolutionäre Vernichtungstat Befreiten gelegt wurde (wie seine Ablehnung der kommunistischen im Sinne einer von oben, also staatlich durch Gesetze organisierten Gesellschaft zeigt). Wie Bakunin im Sommer 1848 an Georg Herwegh schrieb: „Ich glaube nicht an Konstitutionen und Gesetze […] Wir brauchen etwas Anderes: Sturm und Leben und eine neue gesetzlose und darum freie Welt“[44]. Es lässt sich zeigen, dass Bakunin zunehmend (und schließlich durch die Niederschlagung des Wiener Aufstandes [wie er in seiner „Beichte“ den russischen Behörden gegenüber bekannte]) zu einem „Fanatiker“ wurde, gepackt von einer furchtbaren revolutionären Wut und einem hemmungslosen Vernichtungswillen[45].

Bedeutend war schließlich der „Aufruf an die Slaven. Von einem russischen Patrioten“, den Bakunin in deutscher Sprache unter Namensnennung im Selbstverlag (angegeben: Koethen) im Dezember 1848 veröffentlichte[46]. Darin trat er für einen Freiheitskampf aller europäischen Völker ein: für Freiheit, Gleichheit und Brüderlichkeit aller Nationen. „Unser Aller Heil ist in der Revolution“ (35), in ihrer „dämonischen Kraft, welche die Welt verjüngt“ (26). In dem Bauernaufstand in Galizien sah er – adressiert an den Zaren –

> den Keim einer neuen, ungeahnten Kraft, ein vulkanisches Feuer, dessen Ausbruch die wohlangelegten Kunstgeräte deiner Diplomatie und Herrschaft unter berghohen Lavamassen begraben und deine Macht, verblendeter Zar, verschütten und in einem Augenblicke spurlos vernichten wird. Ein Bauernaufstand in Galizien ist ein Nichts, aber sein Feuer frißt auf dem unterirdischen Herde weiter und schon wirft es unter den Bauernmassen des ungeheueren russischen Reiches riesige Krater auf. Das ist die Demokratie Rußlands, deren aufschlagende Flammen das Reich verzehren und mit ihrem blutigen Schein über ganz Europa leuchten werden. Wunder der Revolution werden aus der Tiefe dieses Flammen-Ozeans emporsteigen […] In Moskau wird aus einem Meer von Blut und Feuer hoch und herrlich das Gestirn der Revolution emporsteigen und zum Leitstern werden für das Heil der ganzen befreiten Menschheit (37 f.).

Dann fand Bakunin Worte, die wir vergleichbar in Wagners Artikel vom 8. April 1849, auf den noch eingegangen wird, lesen können:

---

44 Zitiert in: *Michael Bakunin / Wolfgang Eckhardt.* „Barrikadenwetter“ und „Revolutionshimmel“ (1849). Berlin (Karin Kramer) 1995, S. 9 Fn.2.

45 So *Bakunin / Eckhardt.* Barrikadenwetter (wie Anm.44), S. 47, 102, 109, 111.

46 Abgedruckt in: *Michael Bakunin.* Zwei Schriften aus den 40er Jahren des XIX. Jahrhunderts. Prag 1936, S. 23 ff. Die Seitenzahlen im Text beziehen sich auf diese Schrift. – Dazu vgl. *Jean-Christophe Angaut.* Revolution, socialism, and the Slavic question: 1848 and Michael Bakunin. In: The 1848 revolution and European political thought. Hg. Douglas Moggach u.a. Cambridge (Cambridge University Press) 2018, S. 405–428.

> Werfet Euch mutig in die Arme der Revolution! – Sie ist Alles, Euer Wiedererwachen, Euer Auferstehen, Euere Hoffnung, Euere Errettung, Euere Zukunft. Sie und nur sie! [...] Die Revolution ist überall. Sie allein herrscht, sie allein ist gewaltig. Der neue Geist mit seiner auflösenden, zersetzenden Kraft ist unwiderruflich eingedrungen in die Menschheit und durchwühlt die Gesellschaft bis in ihre tiefsten dunkelsten Schichten. Und nicht ruhen wird die Revolution, bis sie die alte vermorschte Welt völlig zerstört und eine neue herrliche Welt daraus geschaffen hat. In ihr also und nur in ihr ist alle Kraft und Stärke, alle Siegesgewißheit. Nur in ihr ist das Leben, außer ihr der Tod [...] Sie ist die Macht, sie ist das Recht, sie ist die Wahrheit, sie ist das Heil dieser Zeit [...] Sie allein kann Lebensfülle schaffen. [...] Gebet Euch voll und ganz ihr hin! (38 f.).

II.2.3. Offenheit Wagners für revolutionäre Gedanken:

Die vielen Gespräche über die aktuellen politischen Fragen und die dafür entwickelten philosophischen Theorien fielen bei Wagner auf fruchtbaren Boden. Er war in seiner Tätigkeit als Hofkapellmeister sehr unzufrieden[47], hatte auch drückende Geldsorgen, bekam nicht die Aufmerksamkeit und die künstlerische Wertschätzung (vor allem außerhalb Dresdens), die er sich eigentlich zusprach; allmählich merkte er, dass das Dresdner Publikum (noch) nicht reif war für die musikdramatischen, die Konzeption der traditionellen Oper verlassenden Kunstwerke, die er mit dem „Fliegenden Holländer" (1843) und „Tannhäuser" (1845) schuf; kurz: Wagner war offen für kritische Blicke auf das künstlerische, gesellschaftliche, politische Leben seiner Zeit .

Interessant ist in diesem Zusammenhang die Schilderung einer persönlichen Begegnung 1846 mit Wagner, an die sich der deutsch-böhmische Schriftsteller (und promovierte Mediziner) Alfred Meißner (1822-1885), mehrere Jahre in Paris (geschildert in den „Revolutionären Studien aus Paris" in zwei Bänden 1849), auch in Leipzig und Dresden lebend, erinnerte. Er schrieb darüber:

> Frühere Kämpfe hatten ihm [Wagner, WS] schon eine ungewöhnliche Reizbarkeit gegeben, er hatte bereits etwas Aufgeregtes, Gereiztes, Giftkochendes in sich. – Auf diesem ersten Spaziergange hatten wir viel miteinander gesprochen, doch aus-

47 Zu Wagners Zeit in Dresden vgl. *Bauer,* Wagner (wie Anm. 9), S. 112–144; *Udo Bermbach.* Richard Wagner. Stationen eines unruhigen Lebens. Hamburg (Ellert & Richter) 2006, S. 58–95; *Werner Otto* (Hrsg.), Richard Wagner. Ein Lebens- und Charakterbild in Dokumenten und zeitgenössischen Darstellungen. Berlin (Der Morgen) 1900, S. 48 ff.; *Dinger,* Entwickelung (wie Anm. 9), S. 91 ff.; *Karl Richard Ganzer.* Richard Wagner der Revolutionär gegen das 19. Jahrhundert. München (F. Bruckmann) 1934; Peter *Gülke,* Die Dresdner Jahre – Wagners „Achsenzeit". In: wagnerspectrum 8 (2012), H.2, S. 135–144; *Robert W. Gutman.* Richard Wagner. Der Mensch, sein Werk, seine Zeit. München (Piper) 1970, S. 110–150; *Kirchmeyer,* Situationsgeschichte (wie Anm. 7), Bd.I, Bd.IV; *Robert Prölss,* Geschichte des Hoftheaters zu Dresden. Von seinen Anfängen bis zum Jahre 1862. Dresden (Wilhelm Baensch) 1878, S. 531–559.

> schließlich über Politik. Richard Wagner hielt die politischen Zustände für reif zur gesellschaftlichen Änderung und sah einer in nächster Zeit stattzuhabenden Umwälzung als etwas Unausbleiblichem entgegen. Die Umwandlung werde leicht und mit wenigen Schlägen vor sich gehen, denn die staatlichen und gesellschaftlichen Formen hielten nur noch ganz äußerlich fest. Ich erinnere mich noch genau der Worte: „eine Revolution sei bereits in allen Köpfen vollzogen, das neue Deutschland sei fertig wie ein Erzguß, es bedürfe nur eines Hammerschlages auf die thönere Hülle, daß es hervortritt"[48].

Auch andere Bekannte und Freunde (wie der 1801 geborene, als Schauspieler, Sänger, seit 1844 am Dresdner Hoftheater tätige Eduard Devrient, der mit seinen Schriften „Das Nationaltheater des neuen Deutschlands" [1848] und „Geschichte der deutschen Schauspielkunst" [1848 ff. in fünf Bänden] als Theaterreformen bekannt und mit Wagner auch wegen der diesbezüglichen Zusammenarbeit befreundet war, was sich in seinen 1964 veröffentlichten Tagebüchern[49] zeigt) berichten mehrmals über die politisch-revolutionäre Begeisterung Wagners. Der Wiener Musikkritiker Eduard Hanslick berichtete in seiner Autobiographie von einem Zusammentreffen mit Wagner in Wien 1848: „Wagner war ganz Politik; er erwartete von dem Sieg der Revolution eine vollständige Wiedergeburt der Kunst, der Gesellschaft, der Religion, ein neues Theater, eine neue Musik"[50].

II.2.4. Brief an Professor Wigard (19. Mai 1848):

Zu den Arbeiten Wagners im Zusammenhang mit der Revolution gehört jedenfalls der am 19. Mai 1848 verfasste Brief an Professor Franz Jacob Wigard, damals Mitglied der deutschen Nationalversammlung in Frankfurt (die einen Tag zuvor eröffnet worden war). Darin[51] forderte er den Abgeordneten, den er durch August Röckels Vermittlung kennengelernt hatte, auf, dafür

48 Zitiert nach: *Dinger*, Entwickelung (wie Anm. 9), S. 94. – Interessant ist in diesem Zusammenhang der Brief vom 23. November 1847 (nach dem Scheitern der Rienzi-Aufführung in Berlin) an den Berliner Musikkritiker (und Schöpfer des Feuilletons) Ernst Kossak (1814-1880): „Was ist all unser Hineinpredigen in das Publikum? […] Hier ist ein Damm zu durchbrechen und das Mittel heißt: Revolution! Die positive Basis muss gewonnen werden; was wir für gut und recht halten, das muß das Gegebene, Feste und Unabänderliche werden, dann löst sich das jetzt herrschende Schlechte von selbst zur albernen, leicht besiegbaren Opposition auf. Ein einziger vernünftiger Entschluß des Königs von Preußen für sein Operntheater und alles ist mit einmal in Ordnung".

49 Vgl. *Eduard Devrient* aus seinen Tagebüchern. Berlin, Dresden 1836 – 1852. Hg. Rolf Kabel. Weimar (Hermann Böhlaus Nachfolger) 1964.

50 Zitiert in: *Kröplin*, Wagner und der Kommunismus (wie Anm. 4), S. 68.

51 Abgedruckt auch in: *Wagner*, Dichtungen (wie Anm. 1), V, S. 262 f. (als „Anhang" zu den Revolutionstraktaten).

einzutreten, dass das Parlament „die einzelnen Staaten erst noch vollkommen revolutionieren“ müsse, nämlich dadurch, dass die Ungleichheit der deutschen Bundesstaaten beseitigt wird (was meint, dass Staaten unter drei und über sechs Millionen Einwohner nicht mehr zugelassen werden sollten). „Nun hängt es von dem Benehmen der Fürsten ab, welches Los sie sich bereiten wollen. Beginnen sie feindselig, protestieren sie, so sind sie samt und sonders in Anklagezustand zu versetzen; und die Anklage gegen sie ist auf völlig historischer Basis zu begründen“ (262 f). Daneben trat Wagner für die Aufhebung des alten deutschen Bundestages, die sofortige Einführung der Volksbewaffnung und ein Schutz- und Trutzbündnis mit Frankreich ein.

Eine Revolutionsschrift im eigentlichen Sinne kann man diesen Brief allerdings nicht nennen

II.2.5. „Gruß aus Sachsen an die Wiener“ (1. Juni 1848):

Wie auch nicht das Gedicht „Gruß aus Sachsen an die Wiener“, das am 1. Juni 1848 in der Allgemeinen Österreichischen Zeitung mit Namensnennung erschien[52]. Doch findet sich – dem Anlass entsprechend (die Wiener Revolution im Mai 1848) – manch revolutionär-Aggressives darin.

Aus Frankreich scholl der Freiheitsruf:
wir haben ihn nachgesprochen;
die Bande, die uns Knechtschaft schuf,
sie werd' von uns zerbrochen.

Doch bleibt die Frage, ob es wirklich zur befreienden Tat („in unsrer Hand das Freiheitsschwert“) kommen wird. Aber:

nun jauchz' ich auf aus voller Brust,
mein Zagen ist gehoben:
Drum muß ich nun mit heißer Lust
euch Wiener Helden loben!
Ihr habt die Frage recht erwogen,
euch macht sie kein Graun:
Das gute Schwert habt ihr gezogen,
den Knoten zu durchhau'n.

Deshalb grüßt der Sachse nun die Wiener:

laßt nun von uns euch melden:
stellt wer uns je das Schmachgebot:
'Nun werdet wieder Diener!'
dem sei dann mit dem Schwert gedroht:
'Wir machen's wie die Wiener!'.

---

52 Abgedruckt in: *Wagner*, Dichtungen (wie Anm. 1), V, S. 263 ff.

Auf weitere „Revolutionsgedichte“ Wagners wird noch im Folgenden eingegangen.

II.3. Die Rede vom 14. Juni 1848

Mit revolutionären Tönen begann Wagner seinen Vortrag vom 14. Juni 1848 abends in der Hauptversammlung des Vaterlandsvereins, aus dem das erste in der Einleitung gebrachte Zitat stammt. Im Folgenden werden die Seitenangaben der gedruckten Fassung[53] angegeben.

II.3.1. Inhalt der Rede:

Das fest ins Auge zu fassende Ziel – so sprach Wagner – ist zunächst der „Untergang auch des letzten Schimmers von Aristokratismus“; „unsre Herren vom Adel“, die „Feudalherren, die uns knechten und schinden konnten, wenn sie Lust hatten“ müssen ihre Ahnen vergessen und jeden Titel, jede Auszeichnung von sich werfen, vor allem: jedes Vorrecht aufgeben und damit ihre Nähe zum königlichen Hof. „Tretet frei zurück von diesem [...] Hofe der müßigen Altersversorgung, damit er ein Hof des ganzen, frohen, glücklichen Volkes werde“. Daher verlangt Wagner ein Einkammersystem und das Stimm- und Wahlrecht für jeden volljährigen, im Lande geborenen Menschen (212). Es darf nur mehr den „einen großen Stand des freien Volkes“ geben (213), in dem jeder einzelne „der Erste eines freien, gesegneten Volkes“ ist (212). Zu diesem Stand gehört alles, „was auf dem lieben deutschen Boden von Gott menschlichen Atem empfing“ (212). Denn wir all e sind „Kinder *eines* Vaters, Brüder *einer* Familie“ (212). Doch gelten als Konsequenz auch – wie Wagner als „Mahnung“ (nicht als Drohung) an die Adeligen anfügt – die Christus-Worte: „Ärgert dich ein Glied, so reiß es aus: es ist besser, daß es verderbe, als daß der ganze Leib zur Hölle fahre!“ (212).

Der religiös-christliche Hintergrund scheint in der zweiten revolutionären Forderung auf. Der Mensch, als Krone der Schöpfung und Ebenbild Gottes, als König der Natur, bzw. seine hohen geistigen sowie seine so künstlerisch regsamen leiblichen Fähigkeiten und Kräfte sollen von Gott bestimmt sein; und nicht von dem „bleichen Metall“, dem Geld, dem die Kraft gegeben wird, „den schönen freien Willen des Menschen zur widerlichsten Leidenschaft, zu Geiz, Wucher und Gaunergelüste zu verkrüppeln“ (213). „Gott wird uns erleuchten, das richtige *Gesetz* zu finden“; und

53 Abgedruckt in: *Wagner*, Dichtungen (wie Anm.1), V, S. 211 ff.

> wie ein böser nächtlicher Alp wird dieser dämonische Begriff des Geldes von uns weichen mit all seinem scheußlichen Gefolge von öffentlichem und heimlichem Wucher, Papiergaunereien, Zinsen und Bankiersspekulationen. Das wird die *volle Emanzipation des Menschengeschlechtes*, das wird die *Erfüllung der reinen Christuslehre* sein (214).

Nämlich: dieses von Gott gegebene Gesetz beruht auf der Erkenntnis, „daß die menschliche Gesellschaft durch die *Tätigkeit ihrer Glieder*, nicht aber durch die vermeinte Tätigkeit *des Geldes* erhalten wird“ (214). Wagner spricht vom „großen Befreiungskampf der tief entwürdigten leidenden Menschheit“, der aber nicht einen Tropfen Blutes, nicht eine Träne, nicht eine Entbehrung kosten wird, sondern nur der Überzeugung bedarf,

> *daß es das höchste Glück, das vollendetste Wohlergeben aller herbeiführen muß, wenn so viele tätige Menschen, als nur irgend der Erdboden ernähren kann, auf ihm sich vereinigen, um in wohlgegliederten Vereinen durch ihre verschiedenen mannigfaltigsten Fähigkeiten, im Austausch ihrer Tätigkeit sich gegenseitig zu bereichern und zu beglücken* (213).

Diese Forderung ist revolutionär in ihrem Bezug auf die erforderliche Erkenntnis und Überzeugung der reinen Christuslehre; sie muss im Kopf einsetzen und die Einstellung verändern. Es bedarf keiner gewaltsamen Revolte, keines – wie Wagner sagt – Tropfen Blutes. Und doch würde dann Revolutionäres geschehen: nämlich die „vollkommene Wiedergeburt der menschlichen Gesellschaft“ „durch die gesetzkräftige Lösung der letzten Emanzipationsfrage“, durch die Erkenntnis von dem – wie in dem Eingangszitat angegebene – „von Gott verliehene[n] *Menschenrecht*“, von den „Rechte[n] freier Menschenwürde“ (215). Aus dieser neuen Gesellschaft – so beginnt Wagner visionär zu schwärmen – wird ein „freies, allseitig zu voller Tätigkeit erzogenes neues Geschlecht“ hervorgehen, das die Kraft haben wird, an die höchsten Aufgaben der Zivilisation zu schreiten, nämlich: Betätigung und Verbreitung. Dieses neue Geschlecht wird mit Schiffen übers Meer fahren und da und dort „ein junges Deutschland“ gründen,

> es mit den Ergebnissen unsres Ringens und Strebens befruchten, die edelsten, gottähnlichsten Kinder zeugen und erziehen: wir wollen es besser machen als die *Spanier*, denen die neue Welt ein pfäffisches Schlächterhaus, anders als die *Engländer*, denen sie ein Krämerkasten wurde. Wir wollen es deutsch und herrlich machen: vom Aufgang bis zum Niedergang soll die Sonne ein schönes, freies Deutschland sehen und an den Grenzen der Tochterlande soll, wie an denen des Mutterlandes, kein zertretenes, unfreies Volk wohnen, die Strahlen *deutscher Freiheit* und *deutscher Milde* sollen den Kosaken und Franzosen, den Buschmann und Chinesen erwärmen und verklären (215 f.).

So kommt für Wagner das eigentliche Ziel der republikanischen Bestrebungen des Vaterlandsvereines, für deren Mitglieder er diesen Vortrag hält, in Sicht:

die „Beglückung des ganzen großen Menschengeschlechts" (216). Dieses Ziel ist nur dann ein Traum und eine Utopie, wenn wir kleingläubig und selbstsüchtig hin- und hersprechen; es ist dies nicht, wenn „wir froh und mutig handeln" (216). Ob Wagner damit wirklich die tiefsten Interessen des nicht zufällig so genannten „Vaterland"svereins angesprochen hat? Jedenfalls kehrt er in seiner Rede nach Sachsen (und Deutschland) zurück.

Zu diesem Mut gehört nun für Wagner auch eine neue Konzeption des Königtums, die den republikanischen Bestrebungen in dem aufgezeigten Sinne entspricht. Es ist eine ganz einfache Lösung: der König muss der *„erste und allerechteste Republikaner"* sein (216). Es ist der König, der das Entscheidende selbst ausspricht: *„Ich erkläre Sachsen zu einem Freistaate"* (219). Dieser König ist „der erste des Volkes, der Freieste der Freien" (220), „der echte, freie Vater seines Volkes", getragen von der reinen Liebe des Volkes zu seinem Fürsten (218). Erneut deckt Wagner einen religiös-christlichen Hintergrund auf: *„Das ist der Mann der Vorsehung*!" (218); und diese Konzeption stellt zugleich die schönste deutsche Auslegung des Ausspruches von Christus dar: *„Der höchste unter euch soll der Knecht aller sein"*. „Denn indem er der Freiheit aller dient, erhöht er in sich den Begriff der Freiheit selbst zum höchsten, gotterfüllten Bewußtsein" (220). Darüber hinaus meinte Wagner, dass diese Konzeption von Königtum dessen Bedeutung in den germanischen Nationen entspreche, weshalb von einer Wiederherstellung auszugehen sei: „der Kreislauf der geschichtlichen Entwicklung des Königtums wird an seinem Ziele, bei sich selbst wieder angelangt sein" (220)[54].

Nur angemerkt soll werden, dass Wagner in diesem Vortrag auch auf eine alte Forderung der Vaterlandsvereine, für die August Röckel eine „Denkschrift an die deutsche Nationalversammlung zu Frankfurt und an alle deutsche Regierungen" für die Volksbewaffnung verfasst hatte, wiederholte: statt „ein[es] stehenden Heer[es] und eine[r] liegenden Kommunalgarde" sollte eine allgemeine große Volkswehr geschaffen werden (212 f)[55].

Moderne Interpreten drücken meist ihr Unbehagen über diese Konzeption einer „republikanischen Monarchie"[56] aus. Doch hat Wagner damit eigentlich nur eines der „Grundgesetze des Deutschen Vaterlandsvereins" vom 24. April 1848 angesprochen. Neben den Zielen (Freiheit, Gleichheit, Wohlstand), den

---

54 Diese These findet sich dann auch in der noch zu besprechenden Wagner-Schrift „Die Wibelungen".

55 Dieser Hinweis auf die „liegende" Kommunalgarde hat im Übrigen Wagner nicht viel Freunde eingebracht.

56 So *Dinger*. Entwickelung (wie Anm. 9), S. 143.

dazu erforderlichen Mitteln (Bildung, Liebe und Begeisterung für das deutsche Vaterland) und dem obersten Grundsatz („der verfassungsmäßig ausgesprochene Wille des deutschen Volkes ist das höchste Gesetz“) wurde für Sachsen ausdrücklich bestimmt: „Beibehaltung und zeitgemäße Fortbildung der constitutionellen Monarchie als Vertreterin und Vollzieherin des Volkswillens“. Hugo Dinger hat in seiner ausführlichen Besprechung der Rede auf die zahlreichen übereinstimmenden Belegstellen in zeitgenössischen Schriften hingewiesen[57]. Deshalb ist auch verständlich, warum der Vortrag mit „rauschendem Beifall“ aufgenommen wurde, wie der Diaconus Pfeilschmidt – der nach Wagner sprach - berichtete[58]. Wagner wollte mit seiner Rede – wie er brieflich am 14. Juni 1848 (also am nächsten Tag) seinem Freund Eduard Devrient (Mitglied des Deutschen Vereins) und dem Buchhändler Eduard Avenarius (der ebenfalls für eine „monarchische Republik“ eingetreten war) mitteilte – zu einer Versöhnung der Vaterlandsvereine und der Deutschen Vereine beitragen. Erst in der Hauptversammlung der Abgeordneten aller sächsischen Vaterlandsvereine am 3. und 4. September 1848 wurde die Streichung dieses letzten Satzes beschlossen. Dazu findet sich ein Bericht in Röckels „Volksblättern“ vom 23. September 1848, der von dem „Glaubensbekenntnis“ der Vaterlandsvereine spricht. Als Grund für die beschlossene Streichung dieses Satzes wurde in diesem anonymen (wohl von Röckel selbst stammenden) Artikel der hauptsächliche Grundsatz dieses Glaubensbekenntnisses angegeben: „der verfassungsmäßig ausgesprochene Wille des Volks ist das höchste Gesetz“; und deshalb könne nicht der Vaterlandsverein, sondern nur das Volk selbst entscheiden, ob es für Republik oder Monarchie sei[59].

II.3.2. „Die Wibelungen. Weltgeschichte aus der Sage“ (1848/49):

Freilich ist anzumerken, dass Wagner in diesem emphatischen Konzept des republikanischen Königs auf die romantische Staatstheorie des Volkskönigs zurückgriff. Man denke an die Schrift „Glauben und Liebe oder Der König und die Königin“ (1798) des Novalis, der schrieb: „Der ächte König wird Republik, die ächte Republik König sein“, oder an Achim von Arnim, der den „ganz revolutionär“ gesinnten Herrscher daran erkennen wollte, dass „die Stimme des Volkes“ in seiner „eigenen Brust“ erklinge[60].

---

57 Vgl. *Dinger*, Entwickelung (wie Anm. 9), S. 104 ff.

58 So *Dinger*. Entwickelung (wie Anm. 9), S. 148.

59 Vgl. *Anonym*. Die Vaterlandsvereine und ihr Glaubensbekenntnis. In: Volksblätter 23. September 1848, Nr.5.

60 Vgl. *Borchmeyer*. Götter (wie Anm. 12), S. 43 Fn.8; *v.Graevenitz*. Mythos (wie Anm. 21), S. 269; *Kröplin*. Musik aus Licht (wie Anm. 12), I, S. 174 f. Vgl. auch *Herfried*

Kurz nach dieser Rede vom 14. Juni 1848, nämlich im Spätsommer dieses Jahres, führte Wagner in seiner seltsamen, meist nicht berücksichtigten[61] Schrift „Die Wibelungen. Weltgeschichte aus der Sage"[62] diese Konzeption des „Urkönigthums" weiter aus, bewusst nicht methodisch als Wissenschaft (für die „historisch-juristische Kritik"), sondern geschrieben (nur) für seine „Freunde"[63]; und zwar im Zusammenhang mit einem Drama über „Friedrich Rothbart" (also den Stauferherrscher Friedrich I. Barbarossa), das er als Skizze am 31. Oktober 1846 fertiggestellt, dann liegen gelassen hatte und nun 1848, dann noch im Frühjahr 1849[64] in Konkurrenz mit dem Nibelungensagehelden Siegfried neu zu bearbeiten überlegte.

Im Einzelnen ist weder auf diese Skizze[65] noch auf die „Wibelungen" einzugehen[66], nur anzumerken, dass Wagner in dieser „Weltgeschichte aus der Sage"

Münkler. Politische Romantik. Der Fall Richard Wagner. In: Zukunftsbilder (wie Anm. 5), S. 47–60, 52 ff.

61 In der Jubiläumsausgabe nahm Borchmeyer diese als „zähe ideologisch-spekulativ" bezeichnete Schrift aus Gründen des „intellektuellen Niveaus" nicht auf, stellte sie aber im Nachwort ausführlich dar (vgl. *Borchmeyer,* Nachwort. In: Wagner, Dichtungen [wie Anm. 1], X, S. 185, 244 ff.). 1995 bedauerte Borchmeyer diese Lücke (vgl. *Borchmeyer*. Wagners Mythos vom Anfang und Ende der Welt. In: Richard Wagners „Der Ring des Nibelungen". Ansichten eines Mythos. Hg. Udo Bermbach / Borchmeyer. Stuttgart (Metzler) 1995, S. 1–25, 10), 2002 stand für ihn die Schrift im Mittelpunkt der Mythentheorie Wagners (vgl. *Borchmeyer,* Ahasvers Wandlungen [wie Anm. 12], S. 279 ff., 290 ff.). Dazu vgl. auch *Dieter Borchmeyer,* Was ist Deutsch? Die Suche einer Nation nach sich selbst. Berlin (Rowohlt) 2917, S. 298 ff. – Es fehlt auch ein diesbezüglicher Artikel im umfangreichen „Wagner Lexikon" (wie Anm. 11)). Zur Ehrenrettung dieser Schrift vgl. *Petra-Hildegard Wilberg*. Richard Wagners mythische Welt. Freiburg (Rombach) 1996.

62 Das Manuskript wurde von Wagner in Zürich Anfang September 1849 noch überarbeitet. Die dann veröffentlichte Fassung ist abgedruckt in: *Richard Wagner*. Gesammelte Schriften und Dichtungen. Bd.II. 2. Aufl. Leipzig (E. W. Fritzsch) 1887, S. 115 ff.

63 So Wagner in seiner Schrift „Eine Mittheilung an meine Freunde", Abgedruckt in: *Wagner*, Dichtungen (wie Anm. 1), VI, S. 292.

64 So eine Notiz im Tagebuch des Theaterdirektors Eduard Devrient vom 22. Februar 1849: „Zu Haus las Kapellmeister Wagner eine geschichtsphilosophische Arbeit vor, in der mit außerordentlich geistreicher und poetischer Kombination die erhabene Begeisterung für die Weltherrschaft aus den frühesten Sagenquellen entwickelte. Friedrich I. stieg als der gewaltigste Träger des ganzen Inhalts dieser Idee, von riesengroßer, wundervoller Schönheit auf. Er will ihn dramatisch behandeln". Wagner erwähnt den Friedrich-Stoff noch in einem Brief an Theodor Uhlig vom 9. August 1849. – Bemerkenswert ist die positive Einschätzung der „Wibelungen" durch den erfahrenen Devrient.

65 Abgedruckt in: *Wagner*, Dichtungen (wie Anm. 1), II, S. 211 ff. – Dazu vgl. *Borchmeyer*, Deutsch (wie Anm. 61), S. 289, 303.

66 Dazu vgl. *Wolfgang Schild,* Staatsdämmerung. Berlin (Berliner Wissenschaftsverlag) 2007, S. 11 ff.

von einem „Urkönigthum“ bei den europäischen Völkern ausging, dessen Idee in deren asiatischer Urheimat entstanden sei: als Ausdruck des „von den Göttern entsprossenen“ Stammvaters. Wagner zog dann eine aus der Religion und Sage gespeiste Reihe von königlichen Nachfolgern, die in Friedrich I. endete. Seine Zusammenfassung:

> Im deutschen Volke hat sich das älteste urberechtigte Königsgeschlecht der Welt erhalten: es stammt von einem Sohne Gottes her, der seinem nächsten Geschlechte selbst *Siegfried*, den übrigen Völkern der Erde aber *Christus* heißt; dieser hat für das Heil und Glück seines Geschlechtes, und der aus ihm entsprossenen Völker der Erde, die herrlichste That vollbracht [Drachenkampf, WS], und um dieser That willen auch den Tod erlitten. Die nächsten Erben seiner That und der durch sie gewonnenen Macht (den Hort, WS] sind die „Nibelungen“, denen im Namen und zum Glücke aller Völker die Welt gehört. Die Deutschen sind das älteste Volk, ihr blutsverwandter König ist ein „Nibelung“, und an ihrer Spitze hat dieser die Weltherrschaft zu behaupten.

Doch habe Friedrich I. – der Nachfolger des Siegfrieds, mythisch mit ihm identisch – erkannt, dass der Hort seinen geistigen Gehalt als Gral erhalten habe, in seiner realen Existenz aber zu bloßem Besitz und Eigentum geworden sei. Er sei zur Rettung des Grales in den Orient aufgebrochen und niemals wiedergekehrt; doch in der Volkssage sei er in einen alten Götterberg eingegangen, wo er nun sitze, zur Seite das scharfe Schwert, das einst den grimmigen Drachen erschlagen habe. In der Veröffentlichung 1850 fügte Wagner hinzu: „Wann kommst du wieder, Friedrich, du herrlicher Siegfried! und schlägst den bösen, nagenden Wurm der Menschheit?“ Also der mythische König als ersehnter Revolutionär!

Anzumerken ist noch, dass Wagner in den „Wibelungen“ eine junghegelianische Religionskritik vertrat. Die Götter – so seine These – seien die Personifikationen von beeindruckenden und für wesentlich gehaltenen Natureindrücken (so Siegfried wie Apollon, wie auch Christus der Licht- und Sonnengott; so Wuotan wie Zeus, wie auch der christliche Gottvater der Inbegriff der ewigen Bewegung des Lebens). Deutlich wurde dies auch in einem Brief an Ferdinand Heine vom 4. Dezember 1849:

> Zu allen Zeiten ist den Menschen Gott *das* gewesen, was sie gemeinsam als das Höchste erkannten, das stärkste gemeinsame Gefühl, die mächtigste gemeinsame Anschauung, die wir Menschen – weil wir doch immer alles nur wieder nach menschlichem Wesen uns denken können – personifiziert als Gott uns darstellen; [Gott sei der] Begriff der menschlichen Gemeinsamkeit von ihrem echten, wirklichen Wesen, in Wahrheit aus dem Leben heraus gewonnen, [...] ein dem allgemeinen rein menschlichen Wesen Entsprechendes, aus der wahren menschlichen Natur Hervorgegangenes.

II.3.3. „Siegfried's Tod" (Oktober 1848):

Diese „Wibelungen"-Schrift zeigte die mythische Identität von Friedrich I. und Siegfried auf, weshalb Wagner sich nun für die zweite Gestalt und damit für den „Nibelungen-Mythus" – den er am 4. Oktober 1848 als Entwurf für ein Drama niederschrieb – entschied. Am 20. Oktober 1848 war die Dichtung „Siegfried's Tod" abgeschlossen. Auch hier fand sich diese Hochwertung des König(tum)s, nun in der Gestalt des Allvaters Wotan. Das Ende ist nicht – wie in der letztendlichen „Götterdämmerung" – dessen Vernichtung in dem Weltenbrand, sondern die Stärkung und Sicherung der Götterherrschaft: Brünnhilde geleitet den toten Siegfried hinauf nach Walhall: „Nur einer herrsche, Allvater, herrlicher, du! Daß ewig deine Macht sei, führ' ich dir diesen [Siegfried, WS] zu: empfange ihn wohl, er ist des wert!"

Die Zurückstufung der Götter oder des/eines Gottes (in den „Wibelungen") findet sich auch im Nibelungen-Mythus, wo Wagner schrieb:

> In dem Menschen ersehen die Götter die Fähigkeit zu [einem unabhängigen, freien Willen, WS]. In den Menschen suchen sie also ihre Göttlichkeit überzutragen [...] Ihre Absicht würde erreicht sein, wenn sie in dieser Menschenschöpfung sich selbst vernichteten, nämlich in der Freiheit des menschlichen Bewußtseins ihres unmittelbaren Einflusses sich selbst begeben müßten[67].

II.3.4. „Jesus von Nazareth" (1849):

Es ist bemerkenswert, wie stark Wagner in dieser revolutionsschwangeren Zeit mit unterschiedlichen Projekten beschäftigt war; wie etwa im Frühjahr 1849, als er den Entwurf zu einer fünfaktigen Oper niederschrieb, die das Leben des „Jesus von Nazareth" – so der Titel[68] – führen sollte. In Abgrenzung zu der Christus-Gestalt in der religiös-theologischen christlichen Überlieferung (also zu dem „symbolischen Christus") wird der historische Jesus in einigen Szenen bis zur Verurteilung und Abführung zur Kreuzigung dargestellt, sicherlich beeinflusst von dem „Leben Jesu" des Junghegelianers David Friedrich Strauß

---

67 Vgl. die Darstellung bei *Schild,* Staatsdämmerung (wie Anm. 66), S. 22 ff. – In der Skizze eines Dramas „Achilleus", die Wagner während des Mai-Aufstandes 1849 erdachte (abgedruckt in: *Wagner*, Dichtungen [wie Anm. 1], II, S. 273), heißt es: „Der Mensch ist die Vervollkommnung Gottes [...] Achilleus ist höher und vollendeter als die elementare Thetis."

68 Abgedruckt in: *Wagner*, Dichtungen (wie Anm. 1), II, S. 214 ff. Dazu vgl. *Ulrich Frey.* „Jesus von Nazareth (WWV 80)". In: Wagner-Lexikon (wie Anm. 11), S. 342-345; *Peter Hofmann.* Richard Wagners politische Theologie. Kunst wider Revolution und Religion. Paderborn (Ferdinand Schöningh) 2003, S. 132 ff.; *Schild.* Staatsdämmerung (wie Anm. 66), S. 39 ff.

(1835) und dem „Evangelium eines armen Sünders“ von Wilhelm Weitling (1845).

Manche interpretieren diesen Jesus als „Sozialrevolutionär“[69]. Doch zeigt Martin Geck zu Recht[70], dass dies an der Sache vorbeigeht. Zwar zeichnet Wagner einen Jesus, der sich gegen den Zwang des Gesetzes und für das absolute Liebesgebot starkmacht und sich mit den Machtlosen gegen die Besitzenden verbündet; auch gilt für ihn ebenso wie für die Göttersprosse Siegfried und Achilleus, dass die Mensch „die vervollkommnung gottes“ ist. Doch Wagners Jesus ist – wiederum Geck – eine spirituelle Erscheinung und (gemeinsam mit Apollon) einer der beiden „erhabensten Lehrer der Menschheit“, auch bzw. nur deshalb, weil er sich für die Menschheit opferte, litt und starb: denn der Tod ist das „letzte Aufgehen in das Gesammtleben“ und damit „die letzte und bestimmteste Aufhebung des Egoismus“. Wagner versteht – so Geck abschließend – sowohl „Siegfried's Tod“ als auch „Jesus von Nazareth“ als „Heldenfeier“, als Ankündigung des gewünschten und gewollten Menschen der Zukunft im Drama – einem Drama, das sich nach seinen Vorstellungen maßgeblich am kultischen Charakter der attischen Tragödie orientiert. Es sei daher nicht verwunderlich, dass Bakunin für diesen Dramaentwurf nur Spott übrig hatte.

Interessant ist der zweite Teil dieses Fragmentes, in dem Wagner in einzelnen Bruchstücken zu den Themenbereichen Gesetz, Liebe, Eigentum, Ehe, Tod und „das Weib“ Stellung bezog. In unserem Zusammenhang ist die Gegenüberstellung des äußerlich gegebenen Gesetzes, das die menschliche Natur abtötet, die Lieblosigkeit verkörpert und das von Wagner als das Gesetz des Eigentums / der Herrschaft / der Macht umschrieben wird, und des Gesetzes des lebendig machenden heiligen Geistes: „Dies Gesetz aber ist die Liebe [...] Gott aber ist die Liebe, und durch die Liebe sandte er euch seinen Sohn; dessen Brüder sind alle Menschen und ihm gleich durch die Liebe“. „Jede Kreatur liebt, und die Liebe ist das Gesetz des Lebens für alles Erschaffene“ (230). Dabei gibt es eine Stufenleiter der Liebe: beginnend von der noch stark egoistischen Geschlechtsliebe über die Freundes- und Vaterlandsliebe bis hin zur allgemeinen Menschenliebe (245 ff.)[71], in der der Egoismus aufgehoben ist in das Allgemeine, in der höchsten Form im Sterben für die Menschheit, durch

69 Vgl. *Alan David Aberbach,* The Ideas of Richard Wagner. Lanham (University Press of America) 2003, S. 209; *Martin Gregor-Dellin.* Richard Wagner. Sein Leben, sein Werk, sein Jahrhundert. München, Zürich (Piper) 1980, S. 254.

70 Vgl. *Geck*. Wagner (wie Anm. 34), S. 142 f.

71 Wiederholt in der Schrift „Kunst und Klima“ (1850), abgedruckt in: *Wagner*. Schriften (wie Anm.62), III, S. 218.

die die Individualität vollendet und das Individuum Gott selbst wird. „Egoismus ist Nehmen oder Empfangen – die Entäußerung desselben in der Liebe ist Geben und Mitteilen" (248).

Durch diese Überlegungen war es Wagner möglich, die Kritik an den bestehenden sozialen Verhältnissen mit dem Gesetz des Eigentums in Verbindung zu bringen und als mögliche Lösung auf das kommende Gesetz der Liebe abzustellen, durch das der Egoismus aufgehoben werde in der Hingabe und Mitteilung an das Allgemeine. Jedenfalls veränderte Wagner sein Nibelungendrama: hatte er zunächst auf das „Unrecht" abgestellt, das in der Herrschaft des Ringes über das Volk der Nibelungen (erst durch Alberich durch die Schaffung des Ringes, dann durch die Götter und auch Siegfried durch die Nichtrückgabe des Ringes) besteht und erst durch die Rückgabe des Rings durch Brünnhilde aufgehoben wird, trat der Gegensatz zwischen Herrschaft und Liebe in den Vordergrund (worauf hier nicht näher eingegangen werden kann).

II.3.5. Zum Problem des „Kommunismus"

Zurück zur Rede vom 14. Juni 1848! In einem Absatz bezog Wagner kurz Stellung zu dem damals vieldiskutierten Problem, ob nämlich seine Konzeption als Lehre des „Kommunismus" aufzufassen sei, was er heftig zurückwies[72]. Denn er verstand darunter die „Lehre der mathematisch gleichen Verteilung des Gutes und [des] Erwerbes", die er als „abgeschmackteste und sinnloseste Lehre" erklärte (214). Ihm gehe es stattdessen um die „notwendige Erlösung des Menschengeschlechts von der plumpesten und entsittlichendsten Knechtschaft gemeinster Materie" (214).

Doch in späteren Schriften verwendete Wagner auch unter dem Einfluss Feuerbachs, dessen Werke er im Züricher Exil zu lesen begann, dessen Thesen er aber sicher auch schon früher aus den Gesprächen mit Röckel kannte[73], den Begriff „Kommunismus" als Gegenbegriff zum „Egoismus"[74], weshalb er sich konsequent dann als Kommunist bezeichnete (allerdings im 1872 geschriebenen Vorwort zum 3. und 4. Band seiner „Sämtlichen Schriften und Dichtungen" diese Terminologie klarstellte, um Missverständnisse zu vermeiden)[75].

---

72 Oben wurde der Beitrag zu diesem Thema von Bakunin – gleichfalls mit negativem Ergebnis, aber mit einer anderen Argumentation – skizziert.

73 So *Heyne*. Wagner (wie Anm. 37), S. 271.

74 So in: *Wagner*. Dichtungen (wie Anm. 1), V, S. 244, 259; VI, S. 18, 25, 35, 37, 39, 109, 109 Anm. Auch in der „Mittheilung an meine Freunde" (1852), abgedruckt in: *Wagner*. Dichtungen (wie Anm. 1), VI, S. 219 f.

75 Abgedruckt in: *Wagner*. Dichtungen (wie Anm. 1), VI, S. 192-199, 196. Zum Problem vgl. *Kröplin*. Wagner und der Kommunismus (wie Anm. 4), S. 176 ff.

Konsequent wurde das Gesetz der Liebe (als die Aufhebung des Egoismus durch dessen Vollendung) als „kommunistisch“ aufgefasst.

II.4. Die Beiträge in den „Volksblättern“

Die Beiträge in den von Röckel seit dem 26. August 1848 herausgegebenen „Volksblättern“ („unter Mitwirkung des Vaterlands-Vereines“) waren im Regelfall anonym, weshalb es nicht leicht ist, die von Wagner verfassten Aufsätze auszulesen. Wagner selbst hat keinen Beitrag aus dieser Zeitschrift in seine Gesamtausgabe aufgenommen.

So war es Hugo Dinger, der in seiner 1892 erschienenen Arbeit erstmals zwei Zuordnungen behauptete. Völlig eindeutig war für ihn Wagners Autorenschaft für den Beitrag „Die Revolution“ (8. April 1849), wobei er sich auf eine Mitteilung eines Zeitgenossen und auf die Eigentümlichkeit von Form und Inhalt des Aufsatzes selbst berief[76]. Da dieser Zeitgenosse von „Aufsätzen“ Wagners im Plural sprach, ordnete Dinger auch den Beitrag „Der Mensch und die bestehende Gesellschaft“ (10. Februar 1849) mit „Wahrscheinlichkeit“ Wagner zu[77]. Schließlich wies Dinger auf einige Passagen in dem Artikel „Deutschland und seine Fürsten“ (15. Oktober 1848) hin mit den Worten „Klingt das nicht ganz wie – Wagner?“[78] Richard Sternfeld griff im ergänzenden 12. Band der 1911 erscheinenden Volksausgabe der Wagnerschen „Sämtliche Schriften und Dichtungen“ auf Dinger (und auf den diesem zustimmenden Glasenapp) zurück, nahm deshalb auch diesen zuletzt genannten Artikel (allerdings nur) als Anhang auf. Die Wagner-Literatur folgte diesen Zuordnungen. Doch behauptete 1983 Jörg Heyne aufgrund intensiver Untersuchungen des Röckel-Nachlasses, dass der Autor dieses Beitrags vom 15. Oktober 1849 nicht Wagner, sondern Röckel sei[79]. Darüber hinaus schrieb Eckart Kröplin Wagner einen weiteren Beitrag zu, nämlich den am 9. September 1848 veröffentlichten Artikel „Was ist Communismus?“ [80] – Im Folgenden soll auf alle (nun) vier Beiträge eingegangen werden, deshalb mit dem zuletzt angesprochenen, weil zeitlich frühesten begonnen werden.

76 So *Dinger*. Entwickelung (wie Anm. 9), S. 233 ff.

77 So *Dinger*. Entwickelung (wie Anm. 9), S. 248 ff.

78 So *Dinger* Entwickelung (wie Anm. 9), S. 128 Fn.1.

79 Vgl. *Jörg Heyne*. Zur Autorschaft eines Wagner zuerkannten Aufsatzes. In: Musik und Gesellschaft 1983, S. 96-98.

80 Nämlich von: *Kröplin*. Wagner und der Kommunismus (wie Anm.4), S. 61 ff. In seiner „Wagner-Chronik“ (wie Anm. 8) meint Kröplin, dass die Autorenschaft Wagners „mit ziemlicher Sicherheit“ feststehe. Ähnlich *Kröplin*. Musik aus Licht (wie Anm. 12), II, S. 576.

II.4.1. „Was ist Communismus?" (9. September 1848):

In den „Volksblättern" vom 9. September 1848 wurde in einem anonymen Artikel unter der Überschrift „Was ist Communismus?" zu dieser Frage Stellung bezogen und deutlich gemacht, dass dessen Grundsatz laute, dass „alle Menschen, eben weil sie Menschen sind, gleich [sind] und gleiches Recht an Allem, was den Menschen beglücken kann, [haben]"; doch würden sie dabei übersehen, dass die Menschen „nur in der allgemeinsten Körperform sich ähnlich, keineswegs aber sich gleich sind". Freilich wären die Menschen dann tatsächlich gleich und hätten ein gleiches Recht auf Alles, wenn sie zu ihrem Glück nur allein das, was frei, ohne ihr Zutun in der Natur vorhanden ist, bedürften; das sei aber nicht der Fall: „Der Menschen Bedürfnisse können vielmehr nur allein durch der Menschen Thätigkeit befriedigt werden", durch seine Arbeit.

> Des Menschen Arbeit aber ist ein Theil von ihm selbst, ist sein heiligstes Eigenthum, und Niemand außer ihm selbst, hat ein Recht daran. Es kann daher auch Jeder nur auf so viel Genuß Anspruch machen, als er sich durch seine eigne Arbeit verschafft, wollte er mehr genießen, so würde nothwendiger Weise dadurch ein Anderer der Früchte seines Fleißes beraubt werden müssen.

Daraus zog der anonyme Autor die Konsequenz:

> daß der Communismus ungerecht ist, indem er den Thätigen beraubt zu Gunsten des Trägen [...], daß folglich der Communismus nicht der Menschen Glück, sondern der Menschen Unglück nach sich ziehen muß. Wir haben uns aber auch überzeugt, daß der Communismus unmöglich ist[81].

Hinzuweisen ist auf das Bemühen des Verfassers, auch Kommunisten als ehrliche Menschen zu charakterisieren, die der „reinen Christuslehre" folgen und entgegen dem „Pfaffen"-Christentum die Überzeugung vertreten würden, dass

> wir eigentlich auf der Welt [sind], nicht um *unglücklich*, sondern um *glücklich* zu sein, daß nur *deßhalb* Gott die Welt so *schön*, so *reich*, und uns Menschen so *empfänglich*, so *genußsüchtig* gemacht [hat]; daß er uns den Verstand gegeben [hat], nicht um ihn zu ertödten, wie die Pfaffen sagten, sondern ihn zu *entwickeln* und zu *vervollkommnen*, auf daß wir durch den *Geist* wieder neue, höhere Genüsse erlangen sollten. Und als sich endlich diese Ueberzeugung weiter und weiter verbreitete, als man allgemeiner und klarer einsah, daß es unsre Aufgabe sei, immer *besser* und *edler*, immer *reicher an Genüssen* und *Freuden*, kurz, immer *glücklicher* zu werden, da erkannte man denn auch zugleich, daß unser Zustand ein durchaus *falscher*, *verkehrter* und *sündhafter* sei, weil, statt *alle* Menschen *glücklich* zu machen, wie sie das *Recht* haben, es zu sein, er nur sehr *Wenigen* das Glück bietet, die

---

81 So *Anonym,* Was ist Communismus? In: Volksblätter 9. September 1848, Nr.3, S.1 ff. Abgedruckt in: *Kröplin.* Wagner und der Kommunismus (wie Anm. 4), S. 243 ff.

Meisten aber im tiefsten geistigen und körperlichen Elende verschmachten läßt [...] So kamen denn endlich alle ehrlichen Männer, die denken können, zu der Ueberzeugung, daß unser jetziger Zustand mit seinem tiefen Elende und den daraus entspringenden vielen Lastern unmöglich länger so fortdauern dürfe, und daß er durchaus umgestaltet werden müsse.

Doch – wie gezeigt – sei der Kommunismus nicht der richtige Weg dieser erforderlichen Umgestaltung.

In diesen Zeilen ist viel „Revolutionswagner" enthalten: die Unterscheidung der „reinen Christuslehre" vom Pfaffenchristentum (also dem kirchlich institutionalisierten Christentum, das das Elend der Welt gottgewollt, weil die auferlegte Prüfung bedeute), das Recht des Menschen – hier hätten wir sogar ein viertes Zitat! – auf das größtmögliche Glück, das durchaus sinnlich-genussreich konzipiert ist; und daraus die sozialkritische Diagnose des gegenwärtigen sozialen Zustandes des Elend der Mehrheit der Menschen. Manches wird uns noch in späteren Schriften begegnen. Aber zugleich ist dies die Lehre der französischen Sozialisten und der linken Junghegelianer, die August Röckel – den Herausgeber der „Volksblätter" – begeisterte, die dieser übernahm und sie in vielen Gesprächen an Wagner weitergab. Es ist daher durchaus möglich, den Verfasser dieses Beitrags auch in Röckel zu sehen (so wie es die bisher herrschende Meinung getan hat). Derzeit steht die Zuschreibung der Autorschaft an Wagner durch Kröplin[82] allein. Auf das spätere „Kommunismus"-Verständnis Wagners (nämlich darin den Gegensatz zum „Egoismus" zu sehen) wurde unter 2.3.5. schon hingewiesen.

II.4.2. „Deutschland und seine Fürsten" (15. Oktober 1848)

Schon der Titel zeigt, dass es um die Stellung der Adeligen geht; nach dem bisher (schon in der Rede vom 14. Juni 1848) Ausgeführten in gleichfalls aggressiv-revolutionärer Weise. Im Folgenden werden die Seitenzahl des gedruckten Textes[83] angegeben.

Gefragt wird: „wenn die Natur Überfluß bietet, warum muß der Mensch Mangel leiden?" (223), wobei unter „Mensch" offensichtlich die Nicht-Adeligen verstanden werden, nämlich die Bauern, die Fabriksarbeiter, die Stadtbürger, also der „Schaffenden aller Arten", aber auch die „unglücklichen, verachteten Mädchen", die ihre Tugend der Not opfern müssen. Die Lösung liegt für den Autor auf der Hand: „Es ist keine von Gott gebotene *Notwendigkeit*, es ist eine von Menschen verschuldete *Ungerechtigkeit*" (224), nämlich von den Fürsten, die eigentlich von Gott zu Leitern des Geschicks der Völker

82 In: *Kröplin*. Wagner und der Kommunismus (wie Anm. 4), S. 61 ff.

83 Abgedruckt in: *Wagner*. Dichtungen (wie Anm. 1), V, S. 222 ff.

bestimmt sind. Sie geben der Arbeit der Schaffenden nicht den Lohn, der ihnen entspricht (224). Es wäre aber ihre von Gott gegebene Pflicht, die Not und das Leiden zu beseitigen. „Vergebens schützt ihr Unwissenheit vor, *ihr waret gewarnt und ermahnt*!“ (224) Denn „euch [ward] längst gesagt: das Land gehört dem Volke und das Volk gehört sich selbst; der *Mensch* hat nur *Gott* über sich“. Doch der Adel beruft sich auf die Verdienste seiner Ahnen vor soundso viel hundert Jahren und gründet darauf seine Vorrechte. Doch: „das *Vorrecht* ist ein *Unrecht*; das *Vorrecht* ist ein Betrug am *Rechte*; soll das Recht gelten, so darf kein *Vorrecht* sein […] *Eure* [d.h.: des Adels, WS] Vorrechte sind eine Verletzung des *Rechtes*“ (225).

Der Autor warnt:

> Erwacht! Die elfte Stunde hat geschlagen, und wahrlich, wir brauchen keinen Daniel, um uns die Zeichen zu erklären, die an euren Palästen prangen! […] Vergeßt, was ihr gewesen, *die* Zeit kehrt nimmer wieder. Sühnt, was ihr gefehlt, noch ist Gelegenheit dazu geboten, noch liegt es in eurer Macht, das *Gute* zu tun, das *Schlechte* zu meiden; ergebt euch willig dem Geschick, das über euch, über uns allen waltet. – Blickt um *euch*, seht, was *ist*, erkennt, was *ihr* seid. […] Nicht vermochtet ihr zu befolgen, zu erfüllen die Mahnungen der *Menschen*, und ihr wähnt Kraft zu besitzen, an die Stelle *Gottes*, des *Schicksals* zu treten, das Rad der Zeit, welches über eure Sitze dahinrollt, aufzuhalten? O laßt das ohnmächtige, fruchtlose Widerstreben! (227)

Der Autor richtet sich also an die Mitglieder des Adels selbst und unmittelbar. Sie müssen ihr Unrecht erkennen und daher von diesem als von ihren Vorrechten lassen, gleichberechtigt zu allen anderen werden. Eigentlich haben sie keine Wahl: denn Gottes Wille, gleichgesetzt mit dem Schicksal (und dem „Rad der Zeit“) wird das gleiche Recht aller Menschen verwirklichen, wobei diese religiöse Sprache nach der grundlegenden Kritik in den „Wibelungen“ – auf die oben hingewiesen ist – nicht zu ernst genommen werden darf. Es geht nicht mehr um Religion, sondern: was bleibt, ist nur die willentliche Annahme dieses Geschicks; und damit: die „Selbstvernichtung“ (als Adel).

Der Autor greift auf ein „kleines Bild“ zurück, das „uns Gott offenbart“ hat über das Leben der Völker und der Fürsten (227): nämlich die Raupe. Sie kriecht auf der Erde, nur ausgerichtet nach Nahrung; ihr wässriger Körper wird durch die Haut zusammengehalten; ebenso wie „der Völker erste[s] Alter“ durch das Fürstentum. Dann (im Winter) wird die Haut fest und hart, der Körper scheinbar leblos. Doch bereitet sich in seinem Inneren ein neues, höheres Leben vor. Dann kommt der Frühling, der den Zusammenhang zwischen der zur trocknen, marklosen Schale gewordenen Haut und dem inneren Körper auflöst. Die Haut springt auf, bricht in Staub zusammen, hat ihre Aufgabe gelöst, ist „*gewesen*“; und „der Schmetterling schwebt empor in die blauen Lüfte, ein Zeugnis der Allmacht Gottes, ein Gleichnis unsrer Zeit" (227 f.).

Das Schicksal (als Gottes Wille und als Rad der Zeit) gleicht also einem Naturvorgang, der Entstehung des Schmetterlings durch Zerfall der Raupe, die vergeht („gewesen" ist), um der neuen wunderbaren Schöpfung Existenz zu geben. Das Geschick der Haut – also des Adels, der in früheren Zeiten die gottgewollte Aufgabe hatte, den Körper des Volkes zu schützen und zu formen – ist es, in diesem natürlichen Prozess des Werdens und Vergehens den letzteren Weg zu gehen. Die „Aufgabe [der Haut ist] die allmähliche Selbstvernichtung" (227), was meint: der Adel muss – wenn er dieses Geschick erkannt hat – selbst auf seine Vorrechte verzichten und sich in die Gesellschaft der Gleichen einordnen. Die Adeligen müssen also Menschen werden wie alle anderen auch: in Freiheit, Gleichheit und Brüderlichkeit. „Vernichtung" meint also die Vernichtung der Vorrechte zugunsten der gleichberechtigten Stellung aller, nicht die leibliche Vernichtung als Menschen (im Sinne des Getötetwerdens durch revolutionäre Gewalt)[84].

II.4.3. „Der Mensch und die bestehende Gesellschaft" (10. Februar 1849):

Der Autor dieses Beitrages – wobei im Folgenden wieder die Seitenzahlen der Druckfassung angegeben sind[85] – beginnt mit einem Hinweis auf das „vorige Blatt" der „Volksblätter", in dem nachgewiesen sei, dass der Kampf des Menschen gegen die bestehende Gesellschaft im Jahre 1848 bereits begonnen hat. Gemeint ist der Artikel „Unsere Gesellschaft" vom 3. Februar 1849, in dem ein anonymer Autor auf das Problem der Volksbildung (Volksschulen) eingegangen und zum Ergebnis gekommen war, dass trotz aller gegenteiligen Bemühungen der Kirche und des Staates, Bildung zu verhindern, das Volk „zum Bewußtsein seiner Menschenwürde, zur Erkenntnis seiner Aufgabe", zur

84 In ebendiesem Sinne verwendete Wagner den Begriff der „Selbstvernichtung" für die Juden, bereits in seiner zunächst anonym, dann unter dem Pseudonym K. Freidank 1850 veröffentlichten Schrift „Das Judenthum in der Musik". Es ist daher verfehlt, einen unmittelbaren Bezug zur den Vernichtungsaktionen des NS-Staates zu ziehen. Zum Problem vgl. *Dieter Borchmeyer,* Richard Wagner und der Antisemitismus. In: Richard-Wagner-Handbuch (wie Anm.9), S. 137-161; *ders.*, Deutsch (wie Anm. 61) , S. 553 ff.; *Jens Malte Fischer*, Richard Wagners „Das Judentum in der Musik". Eine kritische Dokumentation als Beitrag zur Geschichte des Antisemitismus. Frankfurt a. M., Leipzig (Insel) 2000; *Manuela Jahrmärker*, „Das Judenthum in der Musik". In: Wagner-Lexikon (wie Anm. 11), S. 345-348; *Rudolf Wellingsbach.* Wagner und der Antisemitismus. In: Wagner Handbuch (wie Anm.11), S. 96-101.

85 Abgedruckt in: *Wagner*. Dichtungen (wie Anm. 1), V, S. 229 ff.

„Erkenntnis dessen, was *Recht* ist", zum „Bewußtsein unseres Werthes" gekommen sei und damit das „Menschwerden der in thierischer Stumpfheit herumwandelnden Brüder" begonnen habe. „*Das Schlechte muß verderben, und wer sich seinem Dienste weiht, theilt sein Loos*; das ist das ewige Gesetz der Welt". Dem Verfasser war klar geworden, dass nicht mehr einzelne Gruppen (Christ, Jude, Türke, Fürst, Bauer, Deutscher, Reicher, Armer) kämpfen würden, sondern die Menschen als solche gegen die Gesellschaft. Es gehe um die Auflösung der bisherigen gesellschaftlichen Bande, darum, „eine neue Grundlage zu finden, welche *Allen* das Glück zu bieten vermag, auf welches sie Anspruch zu machen berechtigt sind, *weil sie Menschen sind*". Ein gewaltiger Ruf widerhalle überall: „*ich bin ein Mensch, und der Menschheit gebührt die Herrschaft*!" Denn der Mensch sei das Höchste auf Erden, erkenne keinen höheren Zweck „als sich selbst und sein Glück, durch immer höhere Vervollkommnung seiner geistigen und körperlichen Fähigkeiten". Zum Abschluss hatte der Verfasser angekündigt, in den nächsten „Volksblättern" ein möglichst deutliches Bild der gesellschaftlichen Zustände und ihrer Entwicklung bis zur heutigen Zeit vorzulegen, damit klar erkannt wird, was ist!

Dieser versprochene Artikel trägt nun diesen Titel: „Der Mensch und die bestehende Gesellschaft"; und stammt offensichtlich von demselben Verfasser des vorigen Beitrags. Daher ist der Kritik von Heyne zuzustimmen und August Röckel selbst als Autor beider Beiträge anzunehmen. Dagegen spricht nicht, dass sich zahlreiche ähnliche Formulierungen in späteren Schriften Wagners finden, auf die noch hinzuweisen ist. Es zeigt nur die enge geistige Verbundenheit von Wagner und Röckel, die in zahlreichen Gesprächen entwickelt und ausgebaut wurde. Die Konsequenz ist, dass das zweite Zitat – mit dem dieser Beitrag eröffnet wurde – nicht als von Wagner stammend anzuerkennen ist. Doch soll trotzdem kurz der Zusammenhang, in dem diese Umschreibung von „des Menschen Recht" steht, gezeigt werden, da Wagner diesen Ausführungen sicher zugestimmt hätte (und wohl auch hat).

Die Argumentation verläuft einfach. Wenn die Aufgabe besteht, das mit Bewusstsein zu vollbringen, was die Zeit fordert, dann muss man die „*wahre Bedeutung* der Bewegung, in welcher wir leben" erkennen (230). Der Satz, dass der Mensch gegen die bestehende Gesellschaft kämpft, kann nun nur dann wahr sein, „wenn es erwiesen ist, daß unsre *bestehende Gesellschaft* gegen den *Menschen* ankämpft, daß die *Ordnung* der *bestehenden Gesellschaft* der *Bestimmung*, dem *Rechte* des Menschen feindlich gegenüber tritt" (230). Und daher finden sich die beiden inhaltlich fast identischen Sätze, die sowohl „des Menschen *Bestimmung*" als auch „des Menschen *Recht*" dahingehend beschreiben: „durch die immer höhere Vervollkommnung seiner geistigen, sittlichen und körperlichen Fähigkeiten zu immer höherem, reinerem Glücke [bzw.] zum Genusse eines stets wachsenden, reineren Glückes zu gelangen". Bestimmung und Recht sind damit gleich; „das *Recht* des Menschen ist einfach: seine *Bestimmung* zu erreichen" (230 f.).

Der Verfasser stellt die Frage nach der für diese Vervollkommnung erforderlichen Kraft und sieht den Einzelnen dazu nicht in der Lage. Sie findet sich aber in der „Gesamtheit der Menschen" (231), in deren Vereinigung, in der Gesellschaft. Der einzelne Mensch ist für sich Nichts; nur als Teil des Ganzen kann er seine Bestimmung/sein Recht finden (232). Daher ist die Gesellschaft die notwendige Bedingung unseres Menschentums, was für den Autor bedeutet: die Menschen sind nicht nur berechtigt, sondern auch verpflichtet, an die Gesellschaft die Anforderung zu Ermöglichung ihrer Vervollkommnung zu stellen (232). Nun erkennen wir aber die Verworfenheit der bestehenden Gesellschaft, die „gewaltsam und oft vorsätzlich uns abhält, unsere Bestimmung, unser Recht, unser Glück zu erlangen"; und mit diesem Bewusstsein gewinnen wir auch die „*Kraft*, sie zu bekämpfen, sie zu besiegen" (233). Der Beitrag endet optimistisch: „ist [das Wesen und das Wirken unserer bestehenden Gesellschaft, WS] einmal *erkannt*, dann ist sie auch *gerichtet*!" (233)

Die Ähnlichkeit zu der in dem Beitrag vom 15. Oktober 1848 behaupteten Selbstvernichtung des Adels in dem Bild der Raupe ist offensichtlich, erinnert auch an das in dem Artikel vom 3. Februar 1849 genannte „ewige Gesetz der Welt", nämlich: „Das Schlechte muß verderben". Bedarf es daher überhaupt eines revolutionären Kampfes? Und weiter: wie soll es eine (neue) Gesellschaft schaffen, diese Vervollkommnung aller zu ermöglichen? Darüber hinaus stellt sich die entscheidende Frage nach der argumentativen Begründung dieser „Bestimmung" des Menschen zum Glücklichsein. Die Berufung auf den christlichen Gott (oder sonst eine Gottheit) ist dafür nicht (mehr) geeignet, wenn man die oben skizzierte Religionskritik in den „Wibelungen" bedenkt. Später wird Wagner auf die „Natur" des Menschen (als der Gattung) abstellen: aber auch dies – wie noch kurz angedeutet werden wird – keine zureichende Begründung. Schließlich ist die Gleichrichtung von „Bestimmung" und „Recht" zu hinterfragen. Müsste nicht die „Bestimmung" eigentlich zu einer „Pflicht" des Menschen werden, nämlich seine Bestimmung auch anzustreben, zu verwirklichen und zu vervollkommnen; und ebenso die Vervollkommnung der anderen in den gesellschaftlichen Zuständen zu fördern und herbeizuführen? Offen muss bleiben, wie diese Pflicht überhaupt erfüllt werden kann, wenn die Vervollkommnung doch in der Ausbildung der allgemeinen Menschenliebe liegt (wie Wagner es in „Jesus von Nazareth" vertreten hat), deren höchster Ausdruck das Sterben für die Allgemeinheit ist (nach dem Vorbild

Jesu, aber auch des Siegfrieds bzw. der Brünnhilde in dem neuen Drama der Nibelungen).

II.4.4. „Die Revolution" (8. April 1849):

In der letzten der eigentlichen „Revolutionsschriften"- einem Artikel in den „Volksblättern" vom 8. April 1849 – ging Wagner all diesen Fragen im Grunde aus dem Weg (wobei im Folgenden die Seitenangabe aus der Druckfassung[86] entnommen werden) Er hatte im März durch Vermittlung von Röckel Michael Alexandrovic Bakunin kennengelernt, der nach Dresden kam[87], als „Dr. Schwarz" in der Nachbarschaft der Wagners wohnte und dadurch in einen auch durchaus engen Kontakt mit dem Hofkapellmeister kam. Wagner war offensichtlich von diesem Mann, dessen oben vorgestellte Schriften er sicherlich durch die Gespräche mit Röckel kennengelernt hatte, fasziniert. Dessen revolutionäres Feuer griff auf ihn über.

II.4.4.1. Exkurs: „Die Not" (1849):

In dem Gedicht „Die Not"[88] aus diesem Frühjahr 1849 wurde dies deutlich.

> Jetzt kenn' ich nur noch einen Gott,
> der Gott, er heißt – die Not.

Doch so viele würden diese nicht kennen, nur im Reichtum schwelgen oder Wissenschaft betreiben oder in philosophischen „Geistespfiffen" (nach Kant und Hegel) träumen:

> Nun sollen sie dein Antlitz sehen,
> erhaben, nackt und bloß
> daß sie nicht mehr in Zweifel stehen,
> zeig' ihnen jetzt ihr Los!
> […]
> Ein langes, langes Menschenleiden
> brennt heiß in unsrer Brust,
> es sengt uns seit der Väter Zeiten,
> verzehrt uns jede Lust:
> daran lass' deine Fackel zünden
> und ihren Schein den Schächern künden,
> wir halten dein Gebot,

---

86 Abgedruckt in: *Wagner*. Dichtungen (wie Anm. 1), V, S. 234 ff.

87 Dazu vgl. *Heinrich Butte*. Über Michael Bakunins Dresdner Zeit. Dresden 1947; *Hans-Karl Tannewitz*. M. A. Bakunins publizistische Persönlichkeit, dargestellt an seiner politisch-journalistischen Arbeit 1849 in Dresden. Dissertation Freie Universität Berlin 1962.

88 Abgedruckt in: *Wagner*. Dichtungen (wie Anm.1), V, S. 266 ff.

du strenge Gottheit, Not!
Die Fackel, ha! sie brenne helle,
sie brenne tief und breit,
zu Asche brenn' sie Statt und Stelle,
dem Mammonsdienst geweiht
[...]
Dann weiter brenne, immer weiter,
du heil'ger Feuerbrand!
Du furchtbar hehrer Gottesstreiter,
vernichte, was uns band!

Verbrannt sollten werden die Schuld- und Geldscheine, die Schriften der Denker, die Staatsmaschinerie – der Wagner am 22. März 1849 ein eigenes Gedicht widmete („An einen Staatsanwalt“[89]), in dem der Staat („der absolute große Egoist“, „der steht und stemmt sich in die Steife“) als lebensvernichtend gebrandmarkt wurde –, denn:

Der Menschheit wahre Gottgeschichte
erlebt nun Tag für Tag;
daß er ihr lebend Werk verrichte,
zeig' jeder, was er mag:
aus Büchern nicht und Dokumenten
empfangt ihr mehr des Todes Spenden;
das Leben sei eu'r Maß,
nicht was der Moder fraß!
Denn über allen Trümmerstätten
blüht auf des Lebens Glück:
es blieb die Menschheit, frei von Ketten,
und die Natur zurück.
Natur und Mensch – ein Elemente!
vernichtet ist, was je sie trennte!
Der Freiheit Morgenrot –
entzündet hat's – die Not!“

II.4.4.2. Der Gruß der Göttin Revolution:

In diesem Beitrag vom 8. April 1849 feierte Wagner – dessen Autorschaft seit Dinger unbestritten ist – „Die Revolution“[90], wie der Titel verkündet. Allen Problemen aus dem Weg gehend, lässt Wagner das Subjekt der Revolution selbst auftreten: nämlich als

die erhabene Göttin Revolution, [die] dahergebraust [kommt] auf den Flügeln der Stürme, das hehre Haupt von Blitzen umstrahlt, das Schwert in der Rechten, die Fackel in der Linken, das Auge so finster, so strafend, so kalt, und doch, welche

---

89 Abgedruckt in: *Wagner*. Dichtungen (wie Anm. 1), V, S. 270 ff.

90 Abgedruckt in: *Wagner*. Dichtungen (wie Anm. 1), V, S. 234 ff.

> Glut der reinsten Liebe, welche Fülle des Glückes strahlt *dem* daraus entgegen, der es wagt, mit festem Blicke hineinzuschauen in dies dunkle Auge! (234).

Sie kommt „das Haupt hoch in den Wolken“ herangeschritten (236). Nach der Religionskritik in den „Wibelungen“ ist diese Göttin nicht als solche ernst zu nehmen; eigentlich wird sie als Personifikation einer umfassenden Tugend eingeführt: das Schwert der Justititia (Gerechtigkeit), die Fackel der Veritas (Wahrheit), der finstere Blick der Dike (Gerechtigkeit); man denkt sofort an Bakunins Huldigung der Revolution im oben vorgestellten „Aufruf an die Slaven“ („Sie ist das Recht, sie ist die Wahrheit, sie ist das Heil der Zeit!“). Aber auch sonst finden sich erstaunliche Parallelen zu dieser Schrift. Kannte Wagner vielleicht auch das „Manifest der Kommunistischen Partei“, das Karl Marx und Friedrich Engels im Januar 1848 in London in mehreren Sprachen veröffentlicht und darin ebenfalls eine Personifikation eingeführt hatten: „Ein Gespenst geht um in Europa – das Gespenst des Kommunismus“, das nun von den reaktionären Mächten gehetzt werde[91].

Jedenfalls ist die Gestalt über-menschlich (und deshalb wohl als „Göttin“ und geflügelt bezeichnet); Wagner sagt ausdrücklich: „eine übernatürliche Kraft“, die „unsren Weltteil erfassen, aus dem alten Geleise herausheben und in eine neue Bahn schleudern zu wollen [scheint]“ (234). Er gebraucht auch das Bild eines „ungeheuren Vulkans“, aus dessen Inneren beängstigendes Gebrause ertönt, aus dessen Krater Rauchsäulen hoch zum Himmel emporsteigen und aus dem sich Lavaströme bereits als feurige Vorboten alles zerstörend in das Tal hinabwälzen (234), auch dies Bilder, die wir von Bakunin kennen. Wo sind aber die Menschen? sind sie nicht diejenigen, die eigentlich Revolution machen sollten?

Wagner lässt uns einen Blick nach unten, wohl von diesem Vulkan weg in die tiefen Täler, tun. Er zeigt uns einen Fürsten, der mit ängstlich klopfendem Herzen eine ruhige Miene erheuchelt; einen ordensgekrönten Hofbeamten, der dem ängstliche Dämchen und dem zähneklappernden Junkerchen Beruhigung einflößt und mitteilt, dass die Regierung alles in Griff habe; dann einen Börsenspekulanten, der immer weiter schachert und feilscht (und nicht merkt, dass sein ganzer Plunder in die Lüfte zerstäubt); einen Staatsbeamten, der hinter dem verstaubten Aktentische eines der eingetrockneten, verrosteten Räder unser jetzigen Staatsmaschine kauert und den alten Haufen der papierenen Weltordnung zu vermehren strebt; dann eine tapfere Heldenschar unter einem Feldherrn, der den Feind sucht (und die heranschreitende Revolution nicht

---

91 Zum Verhältnis Wagner – Marx vgl. *Kröplin*. Wagner und der Kommunismus (wie Anm. 4), S. 205 ff.

bemerkt); und schließlich einen ehrlichen, fleißigen Bürger, der auf sein trotz lebenslanger Arbeit kummervolles Dasein zurückblickt. Dann schaut Wagner auf die Hügel, wo sich Tausende, Hunderttausende, Millionen versammeln: die Fabriksarbeiter, denen die Frucht ihrer Arbeit nicht gehört, sondern den Reichen und Mächtigen; auch die Arbeiter in den Dörfern und Gehöften, denen das Segen der von ihnen bearbeiteten Erde nicht gehört, sondern den Reichen und Mächtigen. Es sind die „Scharen jener Armen, jener Elenden, die bisher vom Leben *nichts* gekannt als das *Leiden*, die Fremdlinge waren auf dieser Erde“, die nun alle die Revolution erwarten als ihre Erlöserin aus dieser Welt des Jammers, als die Schöpferin einer neuen, für alle beglückenden Welt (237). Wagner erwähnt auch die Menschen, „denen nichts zu bedauern bleibt, denen man selbst die Söhne raubt, um sie zu tapfern Kerkermeistern ihrer Väter zu erziehen, deren Töchter mit Schande beladen die Straße der Städte durchwandeln, ein Opfer der niedrigen Lüste des Reichen und Mächtigen“ (237). Sie alle, diese Millionen, lagern nun auf den Höhen und schauen mit angestrengtem Blick und bebend vor wonnevoller Erwartung der nahenden Revolutionsgöttin entgegen.

Diese spricht in dem anschwellenden Brausen der Winde „den Gruß der Revolution“ (238). Die Scharen auf den Hügeln hören in stummer Verzückung zu, ihr von heißem Jammer verdorrtes Herz saugt die Worte ein und neues Leben quillt durch ihre Adern. Weit öffnen sich ihre wieder erweckten Herzen, sie werden von den Worten der Revolution ganz und gar erfüllt.

> In göttlicher Verzückung springen sie auf von der Erde […], stolz erhebt sich ihre Gestalt, Begeisterung strahlt von ihrem veredelten Antlitz, ein leuchtender Glanz entströmt ihrem Auge, und mit dem himmelerschütternden Rufe: „*ich bin ein Mensch!*“ stürzen sich die Millionen […] hinab in die Täler und Ebenen, und verkünden der ganzen Welt das Evangelium des Glückes!

Was hier durch den Gruß der Revolution erweckt und herbeigeführt wird, hat Wagner selbst erlebt: nämlich bei den Aufführungen der 9. Sinfonie von Beethoven, in deren viertem Satz nicht nur die Musik zur Sprache (nämlich zur Ode an die Freude von Friedrich Schiller) und damit zum Gesamtkunstwerk drängt, sondern auch – wie Wagner in einem Programm für die Aufführung 1846 in Dresden ausgeführt hat – ein Kampf geschildert wird, deren Siegesfrucht die Freude sein soll und auch wird: „Freude, schöner Götterfunken, Tochter aus Elysium“ und „alle Menschen werden Brüder, wo dein sanfter Flügel weilt“. Hier ist die Freude eine Göttin (daher als „Himmlische“ bezeichnet, in deren „Heiligtum“ die Menschen treten, daher auch geflügelt), die durch Zauber die menschlichen Bande wieder festigt („Deine Zauber binden wieder“). Wagner schreibt 1846 dazu[92]: „Nun dringt im Hochgefühl der Freude der Ausdruck *allgemeiner Menschenliebe* aus der hochgeschwellten Brust hervor“, in der „Umarmung des ganzen Menschengeschlechts“;

> es ist, als ob wir nun […] zu dem beseligenden Glauben berechtigt worden wären: *jeder Mensch sei zur Freude geschaffen* […] Denn im Bunde mit […] *allgemeiner Menschenliebe*, dürfen wir die *reinste* Freude genießen […] So schließen wir die Welt an unsere Brust, Jauchzen und Frohlocken erfüllt die Luft wie Donner des Gewölkes, wie Brausen des Meeres, die in ewiger Bewegung und wohltätiger Erschütterung die Erde beleben und erhalten zur *Freude* der Menschen, denen Gott sie gab, um *glücklich* darauf zu sein (26 f.)

Die Revolution steht also für die Freude, beide bringen die Menschen zur Liebe und zum Glück. In dem Programm 1846 folgt Wagner dem Gedicht Schillers und führt diese Erlösung auf den Schöpfergott zurück, der über dem Sternenzelt wohnt; und offensichtlich auch der Schöpfer dieser göttlich-himmlischen (engelsgleichen) Tochter ist. In dem Artikel vom 8. April 1849 fehlen dieser Hinweis und diese Begründung. Nun ist die Revolution selbst die Gottheit und die göttliche Kraft. Die Abschlussworte ihres Rufes lauten denn auch: „Ich bin das ewig schaffende Leben, ich bin der einige Gott, den alle Wesen erkennen, der alles, was ist, umfaßt, belebt und beglückt“ (241). Sie wird auch als „die ewig verjüngende Mutter der Menschheit“ eingeführt (234). Aber noch mehr: die Menschen, die sich mit dem Rufe „Ich bin ein Mensch!“ in die Täler und Ebenen hinabstürzen, werden von Wagner vergöttlicht: denn sie sind „die lebendige Revolution, der Mensch gewordene Gott“ (241). Offensichtlich erfüllt die göttliche Kraft die von ihren Worten begeisterten Menschen und vergöttlicht sie. Hier schrieb der Verfasser des Nibelungen-Mythos (in dem die Götter ihre Göttlichkeit auf den freien Menschen übertragen wollen) und von „Jesus von Nazareth“! – Anzumerken ist, dass Wagner am 1. April 1849, also wenige Tage vor dem Erscheinen dieses Artikels, die 9. Sinfonie Beethovens in Dresden aufgeführt hatte, wobei seine Interpretation nach zeitgenössischen Berichten als „‘nach jeder Seite hin zu Extremen’ ausgeufert“[93] sei.

Trotz dieser Vergöttlichung der Menschen machen diese Millionen keine Revolution, sondern „verkünden der ganzen Welt das neue Evangelium des Glückes“ (241). Die Revolutionsarbeit macht die Göttin selbst; die Menschen hören nur ihrer Schilderung zu; sie können diese göttliche Kraft nicht am Werk

---

92 Abgedruckt in: *Wagner*, Dichtungen (wie Anm. 1), IX, S. 18 ff.

93 So *Kröplin*, Theatralisches Leben (wie Anm. 4), S. 116. Zeitgenossen berichten von einer leidenschaftlichen Erregtheit Wagners in diesen Tagen, von einer fieberhaften Spannung.

sehen. Doch bringt Wagner zu Beginn des Artikels eine etwas andere Schilderung des revolutionären Kampfes: die Revolution

> fährt über die Erde [dahin], und vor ihr saust der Sturm und rüttelt so gewaltig an allem von Menschen Gefügten, daß mächtige Wolken des Staubes verfinsternd die Lüfte erfüllen, und wohin ihr mächtiger Fuß tritt, da stürzt in Trümmer das in eitlem Wahne für Jahrtausende Erbaute [...] Doch hinter ihr, da eröffnet sich uns, von lieblichen Sonnenstrahlen erhellt, ein nie geahntes Paradies des Glückes, und wo ihr Fuß vernichtend geweilt, da entsprossen duftende Blumen dem Boden, und frohlockende Jubelgesänge der befreiten Menschheit erfüllen die noch vom Kampfgetöse erregten Lüfte (234).

Es eröffnet sich die griechisch-mythologische Insel der Seligen, das Elysium, wie es in der 9. Sinfonie (und von Schiller) angesprochen ist. Es ist wie im Theater, in dem diese Sinfonie aufgeführt wird.

Wagner dachte aber offensichtlich nicht daran, nun selbst diese Arbeit der Revolution zu machen. Es ist interessant, dass in seiner Autobiographie „Mein Leben", die er seiner (späteren) Frau Cosima ab 1865 diktierte, seine Schilderung des Mai-Aufstandes und seine Teilnahme daran an eine musikalische Aufführung erinnert, genauer: nach Kröplin „entpuppt sich [seine Darstellung] als eine kunstvolle literarische Paraphrase auf Berlioz' 'Symphonie fantastique', besonders auf den letzten Satz"[94]. Darüber hinaus wird auf die Parallele zu Goethes Schilderung der Kanonade von Valmy hingewiesen[95].

Zurück zu diesem Artikel! Im Einzelnen grüßt die Revolution mit zahlreichen Aktionen, die einerseits Vernichtung und Zerstörung, andererseits Wiederbelebung und Erneuerung bedeuten. Daher:

> Ich bin das ewig verjüngende, das ewig schaffende Leben! [...] Ich vernichte, was besteht, und wohin ich wandle, da entquillt neues Leben dem toten Gestein [...] Alles, was besteht, muß untergehen, das ist das ewige Gesetz der Natur, das ist die Bedingung des Lebens, und ich, die ewig Zerstörende, vollführe das Gesetz und schaffe das ewig junge Leben (238).

Vernichtet wird also alles, was der allgemeinen Freude und dem allgemeinen Glück entgegensteht: die Gewalt der Mächtigen, der Staatsgesetze, des Eigentums, das Gesetz der Toten, die Ketten der Unfreiheit und Sklaverei, schließlich jede Spur der „wahnwitzigen Ordnung der Dinge, die zusammengefügt ist aus Gewalt, Lüge, Sorge, Heuchelei, Not, Jammer, Leiden, Tränen, Betrug und

---

94 So *Kröplin,* Theatralisches Leben (wie Anm. 4), S. 47. Zum Problem vgl. *Eckard Roch.* Dresdner Reminiszenzen: Wagners Dresdner Zeit aus der Perspektive der Cosima-Tagebücher. In: Richard Wagner – Kgl. Kapellmeister in Dresden. Hrsg. Ortrun Landmann u.a. Hildesheim (Georg Olms)2016, S. 375-394.

95 So *Dieckmann.* Komponist (wie Anm. 4), S. 21; *Kröplin,* Theatralisches Leben (wie Anm. 4), S. 46.

Verbrechen […] Zerstört sei alles, was euch bedrückt und leiden macht". Stattdessen soll neu entstehen: „der eigne Wille sei der Herr des Menschen, die eigne Lust sein einzig Gesetz, die eigne Kraft sein ganzes Eigentum". *„das Leben ist sich selbst sein Gesetz* […], *ihr selbst [seid] das Gesetz, euer eigner freier Wille [ist] das einzig höchste Gesetz*", der Genuss des höchsten Gutes des Menschen im *„Erzeugen selbst, im Betätigen eurer Kraft*", allgemeine Freiheit im Wollen und Tun und Genießen, insgesamt eine „neue [Welt] voll nie geahnten Glückes".

II.5. Wagners „Reformschriften"

Der Aufstand war am 9. Mai 1849 gescheitert, Wagner auf der Flucht und für lange Jahre gezwungen, im Exil zu leben[96], August Röckel und Michael A. Bakunin gefangen und zunächst zum Tod verurteilt, dann zu lebenslanger Freiheitsstrafe begnadigt.

II.5.1. Abschied von der revolutionären Aktion:

Wagner schrieb am 14. Mai 1849, also fünf Tage nach der Flucht, an seine Frau und versuchte, die Selbstzerstörung seiner Karriere in Dresden ihr gegenüber zu rechtfertigen. Er sei damals mit der Welt zerfallen gewesen, habe aufgehört gehabt, Künstler zu sein, und

> wurde – wenn auch nicht mit der That, so doch in der Gesinnung – nur noch Revolutionär, d. h. ich suchte nur in einer gänzlich umgestalteten Welt den Boden für neue künstlerische Schöpfungen meines Geistes. Die Dresdener Revolution u. ihr ganzer Erfolg hat mich nun belehrt, daß ich keineswegs ein eigentlicher Revolutionär bin;

dieser müsse gänzlich ohne jede Rücksicht einzig nach Vernichtung streben; er (Wagner) aber sei Revolutionär nur, „um auf einem frischen Boden aufbauen zu können; nicht das *Zerstören* reizt uns, sondern das Neugestalten". *„So scheide ich mich von der Revolution*"; „u. mit einem Schlage bin ich wieder ganz *Künstler* geworden", auch um sie (Minna) glücklich machen zu können. Am 17. Mai 1849, also drei Tage später, schrieb Wagner an Eduard Devrient in ähnlichem Sinne. Zunächst kam er auf das Geschehen in Dresden zurück und bekannte, dass er anfänglich mit voller Sympathie bei der Erhebung gewesen sei, die zwei mittleren Tage mit Erbitterung und die beiden letzten Tage mit höchst aufgeregter Spannung und Neugierde; er sei aber nirgends

96 Zu Wagners Bemühungen um eine Amnestie vgl. *Woldemor Lippert,* Richard Wagners Verbannung und Rückkehr 1849-1862. Dresden (Aretz) 1927 (Nachdruck Hamburg. Severus 2012).

tätig gewesen. Nun habe er eingesehen, dass er kein Revolutionär sei, denn dieser werde von „seiner einzigen kraft [, dem] *haß*, nicht [der] *liebe* geleitet"; er aber habe die Revolution gewollt, um schnell auf ihr etwas Gutes aufbauen zu können. Nun hoffe er, „daß ich wieder ganz künstler sein kann, nichts anderes als künstler und mensch".

Dieser Abschied von der Revolution betraf die revolutionäre *Aktion*, die aber (wie gezeigt) eigentlich schon in Wagners Artikel für die „Volksblätter" – vor allem in dem Beitrag „Die Revolution" – distanziert worden war. Nur in einigen Briefen begeisterte sich Wagner für eigene Tätigkeiten; so im Brief an Theodor Uhlig vom 22. Oktober 1850 („wie wird es uns aber erscheinen, wenn das ungeheure Paris in schutt gebrannt ist, wenn der brand von stadt zu stadt hinzieht, wir selbst endlich in wilder begeisterung diese unausmistbaren Augeasställe anzünden, um gesunde luft zu gewinnen?") oder im Brief an Ernst Benedekt Kietz vom 2. Juli 1851 („ich verlange mit leidenschaft nach der revolution, und nur die hoffnung, sie noch zu erleben und sie mitzumachen, giebt mir eigentlich lebenslust"). Aber überwiegend stellte sich Wagner die Revolution weiterhin, aber nur als *Ergebnis fremder Aktionen* vor, was bedeutet, dass er sich von dem Gedanken – dass die bestehende Gesellschaft revolutionär verändert werden müsste – in keiner Weise verabschiedete. So schrieb Wagner am 5. Juni 1849 aus Paris an Franz Liszt von der Niederträchtigkeit des dortigen Kunstgetriebes, „so verfault und todesreif, daß es nur eines muthigen schnitters bedarf, der den richtigen hieb zu führen versteht". Ferdinand Heine teilte er am 19. November 1849 brieflich mit, dass die Revolution „in nicht gar zu ferner Zukunft" unausbleiblich sei, und am 4. Dezember 1849, dass derjenige nicht „schwärmt, [der] Frankreich nicht ein Jahr ruhe mehr voraussagt, und im gegentheil die furchtbarsten socialen umwälzungen dort als sehr wahrscheinlich und zwar in großer Nähe erkennt". Uhlig konnte im Brief vom 27. Dezember 1849 von der „socialen Republik" lesen, „die früher oder später in Frankreich unvermeidlich und unausbleiblich ist"; ähnlich auch im Brief von 22. Oktober 1850 („mit völligster besonnenheit und ohne allen schwindel versichere ich Dir, daß ich an keine andere revolution mehr glaube, als an die, die mit dem Niederbrande von Paris beginnt"); ähnlich meinte Wagner am 12. November 1851 zu Uhlig, dass die Revolution der gesamten „theaterwirtschaft" das Ende bringen werde: „sie müssen und werden alle zusammenbrechen, dies ist unausbleiblich".

Dabei ist anzumerken[97], dass Wagner im Frühjahr 1850 eine Wählerversammlung der Sozialdemokratischen Partei in St. Denis besuchte und von der Haltung der 6000 Teilnehmer so stark beeindruckt war, dass er von den im Jahre 1852 bevorstehenden Wahlen in Frankreich und der Neuwahl des Präsidenten der Republik eine radikale Veränderung der bestehenden Zustände erwartete. Deshalb maß er dem Staatsstreich von Louis Bonaparte vom 2, Dezember 1851 keine Bedeutung zu (Brief an Uhlig vom 13. Dezember 1851; Brief an Hans von Bülow vom 14. Dezember 1851 wegen der französischen Bauernaufstände), datierte sogar seinen Brief an Uhlig vom 22. Januar 1852 mit „53. Dezember 1851", um das Jahr bis zu Beginn der erwarteten Revolution weiterzuführen („ich bleibe so lange im Staatsstreich=monate, bis das erhoffte 1852 wirklich kommt").

II.5.2. Das Subjekt der revolutionären Aktion:

Freilich war das Subjekt dieser Aktionen noch zu klären. Einen Hinweis haben wir ja schon: „die Revolution" als göttliche Kraft. Wer aber so religionskritisch gearbeitet hat, wie es Wagner in den „Wibelungen" vorgelegt hatte, konnte damit nicht zufrieden sein. In einem Brief an Ferdinand Heine vom 4. Dezember 1849 vollendete Wagner seine Religionskritik, indem er schrieb: „Zu allen Zeiten ist dem Menschen Gott das gewesen, was sie gemeinsam als das Höchste erkannten, das stärkste gemeinsame Gefühl, die mächtigste gemeinsame Anschauung"; „Gott" sei der „Begriff der menschlichen Gemeinsamkeit von ihrem echten, wirklichen Wesen, in Wahrheit aus dem Leben heraus gewonnen", „ein dem allgemeinen rein menschlichen Wesen Entsprechendes, aus der wahren menschlichen Natur Hervorgegangenes". Das war im Wesentlichen Feuerbach! Wagner folgerte weiter aus diesem Ansatz:

> der wirkliche Gott muß eben nicht der einzelne, sondern *alle* müssen es sein: zugunsten aller empören wir uns daher gegen den Gott des einzelnen, gegen die Eigensucht; […] gegen ihn empört sich, wer Kraft dazu hat, das heißt, wer in seiner inneren Natur einen so notwendigen Trieb empfindet, daß er ihn stillen muß; der innere Naturtrieb des einzelnen ist aber nur ein solcher, der allen Menschen gleich gemeinsam ist, denn er kommt – sobald er unüberwindlich stark ist – nicht aus der Natur des einzelnen, sondern aus der menschlichen Natur überhaupt". Dann vollendete Wagner seine Religionskritik: „Diese Kraft habe ich nicht von mir, sondern von Gott, und dieser Gott ist nichts anderes als die gesunde – ursprünglich *allgemeine* – menschliche Natur.

---

97 Dazu *Gertrud Strobel / Werner Wolf*, Einleitung. In: Richard Wagner. Sämtliche Briefe. Bd.4. Leipzig (Deutscher Verlag für Musik) 1979, S. 6 f.

In der unter Namensnennung 1849 veröffentlichten Schrift „Die Kunst und die Revolution“ (abgeschlossen Ende Juli 1849)[98] – der ersten der drei, von Wagner als Einheit gesehenen Schriften[99] – beantwortete Wagner die Frage nach der Kraft der Revolution mit dem Hinweis auf die „Natur“. „Die Natur, und nur die Natur, kann […] die Entwirrung des großen Weltgeschickes allein vollbringen“ (298). Diese Natur ist von der Kultur, vor allem vom Christentum – das nach Ansicht von Wagner (eigentlich entgegen seine eigene These, dass „uns denn *Jesus* gezeigt [hat], daß wir Menschen alle gleich und Brüder sind“[100]) die menschliche Natur als verwerflich bezeichnet hat (298, 304) – die Menschennatur verleugnet worden, wodurch diese zum Feind geworden ist: als die

> ewig und einzig lebende Natur. Die Natur, die menschliche Natur, wird den beiden Schwestern, Kultur und Zivilisation, das Gesetz verkünden: ‘soweit ich in euch enthalten bin, sollt ihr leben und blühen; soweit ich nicht in euch bin, sollt ihr aber sterben und verdorren!’ (298 f).

---

98 Abgedruckt in: *Wagner*. Dichtungen (wie Anm. 1), V, S. 273 ff. Die Seitenzahlen im Text beziehen sich auf diese Ausgabe.

99 Im Brief an Uhlig vom 16. September 1849 und in dem Brief an Heine ebenso im September 1849 nannte Wagner die drei Schriften: „Die Kunst und die Revolution“, „Das Kunstwerk der Zukunft“ und „Die Künstlerschaft der Zukunft“. Im Brief an Uhlig vom 27. Juli 1850 kündigte Wagner eine Schrift, die alles umfassen sollte, mit dem Titel „Die Erlösung des Genies“ an (später als Skizze eines „Das Genie der Gemeinsamkeit“ erhalten, abgedruckt in: Wagner, Dichtungen [wie Anm. 1], V, S. 254 ff.), dann auch einige kleinere Arbeiten („Das Monumentale“, „Die Unschönheit der Civilisation“), die nicht ausgearbeitet wurden. Zu den sog. „Reformschriften“ gehört jedenfalls die 1850 veröffentliche Arbeit „Kunst und Klima“ (die in der Jubiläumsausgabe von Borchmeyer nicht aufgenommen ist) und dann die umfangreichen Schriften „Oper und Drama“ (abgeschlossen 10. Januar 1851) und „Eine Mittheilung an meine Freunde“ (Sommer 1851). – Dazu vgl. *Udo Bermbach*, „Die Kunst und die Revolution“, „Das Kunstwerk der Zukunft“. In: Wagner-Lexikon (wie Anm. 11), S. 373-376, 377-379; *Stefanie Hein*, Richard Wagners Kunstprogramm im nationalkulturellen Kontext. Würzburg (Königshausen & Neumann) 2006, S. 51 ff.; *Hans-Joachim Hinrichsen*. Die Zürcher Kunstschriften. In: Wagner Handbuch (wie Anm. 11), S. 125-136; *Karin Koch*. „Zürcher Kunstschriften“. In: Wagner Lexikon (wie Anm. 11), S. 872-873; *Kröplin*. Musik aus Licht (wie Anm. 12), I, S. 300 ff.; II, S. 590 ff.; *Laurenz Lütteken* (Hrsg.), Kunstwerk der Zukunft. Richard Wagner und Zürich (1849-1858). Zürich (Verlag Neue Zürcher Zeitung) 2008; *Simone Siwek*. „Der Künstler und die Öffentlichkeit“. In: Wagner Lexikon (wie Anm. 11), S. 376-377. *Jürgen Kühnel*, Wagners Schriften: Revolutionsschriften, in: Richard-Wagner-Handbuch (wie Anm. 9), S. 471-588, 498 ff.

100 In: „Die Kunst und die Revolution“ (1849), abgedruckt in: *Wagner*. Dichtungen (wie Anm. 1), V, S. 309 ff. Den Widerspruch kann man durch die Unterscheidung der „Ansicht jenes armen galiläischen Zimmermannssohnes“, der beim Anblicke des Elends seiner Mitbrüder ausgerufen habe, er sei nicht gekommen, Frieden zu bringen, und der die allgemeine Menschenliebe gepredigt habe, von der dogmatischen Lehre des kirchlich interpretierten Christus auflösen (vgl. ebenda S. 280).

An die Stelle des Schöpfergottes trat nun die menschliche Natur, die sich aus sich heraus entwickelt und gestaltet.

II.5.3. Natur, Mensch und Kunst:

Die bei Borchmeyer als „Revolutionstraktat“ eingeordnete Schrift „Die Kunst und die Revolution“ bildet mit der ebenfalls in diesem Rahmen gestellten Schrift „Das Künstlertum der Zukunft“ eine Einheit mit dem von ihm als „Reformschrift“ eingeordneten Werk „Das Kunstwerk der Zukunft“, aus dem das dritte Eingangszitat stammt. Revolutions- und Reformschriften gehen ineinander über.

„Das Kunstwerk der Zukunft“ (abgeschlossen am 4. November 1849)[101] begann Wagner mit dem Abschnitt „Natur, Mensch und Kunst“. Erstere „erzeugt und gestaltet absichtslos und unwillkürlich nach Bedürfnis, daher aus Notwendigkeit: dieselbe Notwendigkeit ist die zeugende und gestaltende Kraft des menschlichen Lebens; nur was absichtslos und unwillkürlich, entspringt dem wirklichen Bedürfnisse, nur im Bedürfnis liegt aber der Grund des Lebens“ (9)[102]. Deshalb wird auch der Mensch „nicht eher das sein, was er sein kann und sein soll, als bis sein Leben der treue Spiegel der Natur, die bewußtlose Befolgung der einzig wirklichen Notwendigkeit, der *inneren Naturnotwendigkeit* ist“ (10). „Der wirkliche Mensch wird daher nicht eher vorhanden sein, als bis die wahre menschliche Natur […] sein Leben gestalte[t] und ordne[t]“ (11). In einem Brief an Uhlig vom 16. September 1849 verband Wagner diese Naturnotwendigkeit und der eigentlichen Freiheit:

> Ich will *glücklich* sein, und das ist der mensch nur wenn er *frei* ist: nur der mensch ist aber frei, der das ist, was er sein *kann* und deshalb sein *muß*. Wer daher der inneren nothwendigkeit seines wesens genügt, ist frei, weil er sich bei sich fühlt, weil alles was er thut seiner natur, seinen wirklichen Bedürfnissen entspricht[103].

Maßgebend ist also das Bedürfnis, nämlich das „wahre Bedürfnis“, das bezüglich der Menschen nur ein allgemeines sein kann, das Bedürfnis der Gattung. Die „Kraft des wahren Bedürfnisses“ ist – wie kennen diese These aus dem Revolutionsgedicht „Die Not“ – die „wahre Not“. Das Subjekt, das also zur

---

101 Abgedruckt in: *Wagner*, Dichtungen (wie Anm. 1), VI, S.9 ff. Die Seitenzahlen im Text beziehen sich auf diese Ausgabe.

102 Ähnlich auch in „Oper und Drama“ (fertiggestellt am 10. Januar 1851), abgedruckt in der von Klaus Kropfinger herausgegebenen Ausgabe (Stuttgart. Reclam 1986), S. 23.

103 Dabei sprach Wagner über sein Leben, auch über seine Tätigkeit in Dresden: er betonte sein „wirkliches freies küntlerthum“. In einem Brief an Heine vom 4. Dezember 1849 schrieb *Wagner:* „mein gott, der mich treibt und durch den ich handle, ist die *innere* nothwendigkeit“.

äußersten Aktion getrieben wird, ist der „Inbegriff aller derjenigen, welche eine gemeinschaftliche Not empfinden“: nämlich das „Volk“ (15)[104]. Es sind diejenigen, die ihre eigene Not als gemeinschaftliche erkennen oder sie in einer gemeinschaftlichen begründet finden, also die die Stillung ihrer Not nur in der Stillung einer gemeinsamen Not verhoffen dürfen und demnach ihre gesamte Lebenskraft auf diese Stillung verwenden. Nun führt Wagner alles zusammen:

> nur die Not, welche zum Äußersten treibt, ist die wahre Not; nur diese Not ist aber die Kraft des wahren Bedürfnisses; nur ein gemeinsames Bedürfnis ist aber das wahre Bedürfnis; nur wer ein wahres Bedürfnis empfindet, hat aber ein Recht auf Befriedigung desselben; nur die Befriedigung eines wahren Bedürfnisses ist Notwendigkeit, und *nur das Volk handelt nach Notwendigkeit*, daher unwiderstehlich, siegreich und einzig wahr (15).

Diese Notwendigkeit ist für Wagner „die treibende Kraft in der großen Menschheitsrevolution, dieselbe Befriedigung wird diese Revolution abschließen. – Jene treibende Kraft, die eigentliche Lebenskraft schlechthin, wie sie sich im Lebensbedürfnis geltend macht, ist [...] ihrer Natur nach eine unbewußte, unwillkürliche“: eben die wahre, entscheidende Kraft im Volk (19).

II.5.4. Lebens- und Liebesbedürfnis zur kommunistischen Anarchie:

Neben diesem Lebensbedürfnis, dem Lebenstrieb, der sich im Nehmen von der Natur befriedigt, steht für Wagner das „Lebensbedürfnis des Lebensbedürfnisses“, nämlich das Liebesbedürfnis, das befriedigt wird durch das Geben, genauer das „*Sichselbstgeben* an andere Menschen, in höchster Steigerung *an die Menschen überhaupt*“ (37). „Das *höchste* menschliche Bedürfnis [...] ist die *Liebe*“ (38). Dabei kennt Wagner seit „Jesus von Nazareth“ eine Stufenleiter der Liebe, die er in der Arbeit „Kunst und Klima“ (abgeschlossen 23. Februar 1850)[105] wiederholt: „aus der *Kraft* der unentstellten, wirklichen menschlichen Natur [...], die in ihrem Ursprung nichts anderes als die thätigste Lebensäußerung dieser Natur ist, die sich in reiner Freude am sinnlichen Dasein ausspricht“ gehe die Liebe hervor, „von der Geschlechtsliebe ausgehend, durch die Kindes-, Bruder- und Freundesliebe *bis zur allgemeinen*

---

104 Wiederholt in: „Das Künstlertum der Zukunft“ (1849), abgedruckt in: *Wagner*. Dichtungen (wie Anm. 1), V, S. 242 ff., 247.

105 Veröffentlicht in der „Deutschen Monatsschrift für Politik, Wissenschaft, Kunst und Leben 1, April 1850, H.4, S. 1 ff. Dazu Wagner in einem Brief an Uhlig vom 13. März 1850: „Der Aufsatz ist wichtig“. Abgedruckt in: *Wagner*. Schriften (wie Anm. 62), III, S. 218 ff.

Menschenliebe fortschreite[nd]"[106]. Nicht also Egoismus, sondern Kommunismus entspricht der menschlichen Natur (worauf unter 2.3.5. bereits eingegangen ist).

Diese „Gesetze *innerer* Notwendigkeit" müssen auch die gemeinschaftliche Vereinigung der Menschen(gattung) bestimmen, also an der Befriedigung des Liebesbedürfnisses (letztlich: der allgemeinen Menschenliebe) ausgerichtet sein. „Eine natürliche [...] Vereinigung einer größeren oder geringeren Anzahl von Menschen kann nur durch ein, diesen Menschen gemeinsames Bedürfnis hervorgerufen werden". Solche „natürliche Vereinigungen" haben nur so lange einen „natürlichen Bestand", als das ihnen zu Grunde liegende Bedürfnis ein gemeinsames und seine Befriedigung eine noch zu erstrebende ist; ist der Zweck erreicht, ist die Befriedigung geglückt, hört das Bedürfnis auf; und ebenso löst sich die entsprechende Vereinigung auf. Und es entsteht aus einem neuen Bedürfnis eine neue Vereinigung, usw. (146). Dabei ist noch das Bedürfnis zu berücksichtigen, das allen Menschen gemeinsam ist: „das Bedürfnis zu *leben* und *glücklich zu sein*" (147). So entsteht eine Vereinigung aller Menschen als „Gemeinschaft *aller* Menschen" – gegründet in dem „natürlichen Band", eben diesem gemeinsamen Bedürfnis –, die sich dann weiter in die einzelnen besonderen Vereinigungen gliedert, die dann entweder auf eine gewisse Dauer gestellt sind (weil sie materieller Art sind, sich auf den gemeinschaftlichen Grund und Boden beziehen) oder sich in mannigfaltigen und regem Wechsel immer neu gestalten (147)[107].

II.5.5. Die unmittelbar bevorstehende Revolution:

Wagner beantwortet daher zunächst die Frage nach dem, der „die Erlösung aus [dem] unseligsten Zustande vollbringen" wird: „die Not, - welche der Welt das wahre Bedürfnis empfinden lassen wird, das Bedürfnis, welches seiner Natur

---

106 In einem Brief an Uhlig vom 27. Juli 1850 schrieb *Wagner:* „nur der mensch ist fähig, zur überzeugten kräftigen menschenliebe zu gelangen, der die liebe zuerst in einem ganz individuellen, persönlichen verhältnisse nach ihrer vollsten kraft empfand: diese kraft zerstören, heißt dann aber nur, sie unendlich erweitern und ausdehnen". Wagner hat in einem Brieffragment an Schopenhauer dessen Metaphysik der Geschlechtsliebe kritisiert und die Geschlechtsliebe als „Heilsweg zur Selbsterkenntnis und Selbstverneinung des Willens" charakterisiert.

107 In der Skizze „Das Genie der Gemeinsamkeit" kann man lesen: „Die Vernichtung der geschlechtlichen und nationalen Schranken und Kundmachung der Notwendigkeit der Erlösung des Individuums in die menschliche Allgemeinheit [...] Darstellung der Gemeinsamkeit der Zukunft. Genossenschaften. Gemeinde. Altersversorgung: - natürliche Mannigfaltigkeit. – Erziehung. Liebe. Alter. – Allgegenwärtigkeit aller Momente des Lebens zu gleicher Zeit durch den Kommunismus. Das gemeinsame Genie"; abgedruckt in: *Wagner*. Dichtungen (wie Anm. 1), V, S. 259.

nach wirklich aber auch zu befriedigen ist. – Die Not wird die Hölle des Luxus endigen; sie wird die zermarterten, bedürfnislosen Geister, die diese Hölle in sich schließt, das einfache, schlichte Bedürfnis des rein menschlichen sinnlichen Hungers und Durstes lehren [...]; gemeinsam werden wir wirklich genießen, gemeinsam wahre Menschen sein. Gemeinsam werden wir aber auch den Bund der heiligen Notwendigkeit schließen" (17)[108].

In einem Brief an Uhlig vom 22. Oktober 1850 nahm Wagner dessen Frage – „Du fragst mich nun: 'ja wo stecken denn diese menschen, die diesen nothwendigen umsturz vollführen werden? Ich sehe nichts als die erbärmlichsten menschen [...], selbst in den niederen regionen sehe ich nur stumpfheit und lastthiernaturen'" – an und räumte ein, dass es bisher bloße durch Politik irregeleitete Pöbelherrschaft sei: „Bis jetzt kennen wir die äußerung der geknechteten menschlichen natur nur im *Verbrechen*, das uns anwidert...] und erschreckt"; ein Raubmörder komme uns recht gemein und ekelhaft vor; aber: „wie wird es uns erscheinen, wenn das ungeheure Paris in schutt gebrannt ist, wenn der brand von stadt zu stadt hinzieht, wie selbst endlich in wilder begeisterung diese unausmistbaren Augeasställe anzünden, um gesunde luft zu gewinnen?" Wagner beruhigt seinen Briefpartner:

> der mensch ist sich heilig geworden, nicht aber sind dieß mehr die mauerlöcher [eine Anspielung auf die Barrikadenkämpfe in Dresden, WS], in denen sie zu bestien werden. [...] Starker nerven wird es bedürfen, und nur wirkliche menschen werden es überleben, d h. solche, die durch die noth und das großartigste entsetzen erst zu menschen geworden sind[109].

---

108 Vgl. den Hinweis in der „Mittheilung an meine Freunde" (Sommer 1851): die Erkenntnis der Nichtswürdigkeit der politischen und sozialen (und Kunst-) Zustände hätte ihm das „drängende Motiv [ersehen lassen, WS], was mich [...] aus der schlechten, sinnlichen Form der Gegenwart zum Gewinn einer neuen, dem wahren menschlichen Wesen entsprechenden, sinnlichen Gestaltung heraustrieb, - einer Gestaltung, die eben nur durch Vernichtung der sinnlichen Form der Gegenwart, also durch die Revolution zu gewinnen ist", vermittelt (*Wagner*. Dichtungen [wie Anm. 1], VI, S. 286 f.).

109 Wagner sprach von der „feuerkur" (ähnlich auch im Brief an Ernst Benedikt Kietz vom 2. Juli 1851. – Von diesem Ansatz aus war konsequent, dass Wagner den Theoretikern, Philosophen, auch den politischen (selbst sozialistischen) Führern keine bestimmende Bedeutung für die Revolution zusprach (so in einem Brief an Uhlig vom 22. Oktober 1850: der Inhalt des Sozialismus ist nur der Wille zum Organisieren, nur Überfluss und Entbehrung überflüssig zu machen, daher nicht geeignet für eine Revolution"; „ich sehe nichts als die erbärmlichsten menschen, philister und feige um mich"). Daher seien – so das Motto auf der Titelseite der Schrift „Die Kunst und die Revolution" (abgedruckt in: Wagner. Dichtungen [wie Anm. 1], V, S. 311) – „der Staatsweise und Philosoph zu Ende", nun fange der Künstler wieder an. Wagner sah 1872 im Vorwort zu Band 3 und 4 seiner „Gesammelten Schriften und Dichtungen" darin eine Kühnheit (*Wagner*. Dichtungen [wie Anm. 1], VI, S. 193. – Von vornherein schied eine Reformierung der Ge-

III. Ausblick auf das Kunstwerk und die Künstler der Zukunft

Darüber hinaus hatte Wagner die Antwort gefunden auch auf die Frage, was für die Zukunft – nach der erfolgreichen Revolution und durch sie und in ihr vorbereitet (und angelegt) – zu gelten hat: es wird ein von der inneren Notwendigkeit der menschlichen Natur erzeugtes anarchisches Leben in den geschilderten natürlichen Vereinigungen sein[110]. Wagner hat das Vorbild von Bakunin erreicht! Auch darin, nun den Gegner zu fassen, der zu besiegen, d.h. zu vernichten ist. Zunächst die gesellschaftlichen Zustände, die die äußerste Not begründen, damit vor allem die Verhältnisse des Eigentums und der Unfreiheit (wobei Wagner an seine revolutionären Einsichten anschließen kann).

Nun rücken aber andere Zustände in den Vordergrund, die nämlich unnatürlich, willkürlich, von menschlichem Bewusstsein – das der Natur gegenüberstehend sich entwickelt, in ein Verhältnis zu dieser kommt, das Wissen, aber auch Irrtum sein kann – gesetzt. Dies betrifft einmal den Staat, der bereits in den Revolutionsschriften (etwa im Gedicht „An den Staatsanwalt") als leblos und starr/tot erfasst war und nun zu dem Feind wird (worüber die Schrift „Oper und Drama" ausführlich handelt[111]); und sodann (und für Wagner als Künstler vordringlich) die bestehenden Kunstzustände, die nur Luxus, Moden, Langeweile, Leblosigkeit usw. produzieren.

Den Staat wird die Anarchie ersetzen; die schlechte Kunst muss durch das wahre, echte Kunstwerk ersetzt werden, wobei Wagner den Unterschied zum unwillkürlich-natürlichen Erzeugen durch die Bedürfnisse und ihre Befriedigung im bewusstlosen Handeln des Volkes darin sieht, dass das Kunstwerk willkürliches, vom Bewusstsein getragenes, aber darin das wahre menschliche Wesen (die Natur des Menschen, das Reinmenschliche, die Notwendigkeit der Menschenliebe usw.) erfassende und zur Darstellung bringende Handeln ist. Dieser reinmenschliche „Held der Zukunft" (nämlich als Darsteller im Kunstwerk der Zukunft) ist die Gestalt, die weder im Bereich von Politik, Historie

---

sellschaft aus (vgl. Brief an Uhlig vom 18. September 1859: „mein jetziger unglaube an alle reform und mein einziger glaube an die revolution").

110 Vgl. *Bermbach,* Wahn (wie Anm. 12); *Olaf Briese,* „ich will zerbrechen die Gewalt der Mächtigen, des Gesetzes und des Eigentums". Richard Wagners frühe Anarchismen. In: Ne znam. Zeitschr. f. Anarchismusforschung 2 (2016), H.3, S. 78-100; *Carol van der Meer Hamilton,* Wagner as Anarchist, Anarchists as Wagnerians. In: Oxford German Studies 22 (1993), S. 168-193; *Wolfgang Schild,* Staat und Recht im Denken Richard Wagners. Stuttgart (Richard Boorberg) 1994..

111 Vgl. *Wagner*. Oper (wie Anm. 102), S. 175, 200 ff. Kritisch aber schon „Das Künstlertum der Zukunft", in: *Wagner*. Dichtungen (wie Anm. 1), V, S. 245 ff.

oder Gesellschaft noch in Märchen oder Sagen gesucht werden kann, sondern auf den Grund des uralten „Mythos" des Volkes zurückreicht, wie dieses die einst in seiner Religion (und Sage) vorgestellt hat[112]. Will der Künstler der Zukunft diese Themen aufgreifen, was nur denkbar ist, wenn er eine Kunstreligion schafft und sich zugleich als Bevollmächtigter des Volkes versteht, in dessen Schoß diese Mythen entstanden sind[113].

Ein solches (wahres) Kunstwerk, wenn es in der Gegenwart bereits geschaffen wird (wofür Wagner in den „Reformschriften" die Kriterien erarbeiten will), geht dann selbstverständlich der Revolution voraus, erzeugt und unterstützt das unwillkürliche Agieren des Volkes, ist also damit selbst revolutionär; was sich auch darin zeigt, dass nicht vereinzelte Künstler irgendetwas auf die Bühne bringen, sondern dass es der Genossenschaft (also der Vereinigung) der sich in Liebe verbindenden (wahren) Künstler bedarf, die sich in ihren jeweiligen Kunstarten (Musik, Dichtung, Tanz) ebenfalls liebend zu einem Gesamtkunstwerk verbinden. Darüber hinaus zeigt ein solches Kunstwerk, wie Menschen überhaupt ihr Wesen verwirklichen, die Liebe leben können und sollen. Denn eigentlich werden die anarchischen Vereinigungen der Zukunft selbst solche lebenden Kunstwerke, die Menschen Künstler, das Leben Kunst sein.

Deshalb ist auch das Kunstwerk dem Wechsel unterworfen. Im Brief an Uhlig vom 12. November 1851 teilt Wagner deshalb seinen Plan in Bezug auf sein Nibelungen-Projekt mit:

> An eine *Aufführung* kann ich erst *nach der Revolution* denken [...] Aus den trümmern rufe ich mir dann zusammen, was ich brauche: ich werde, was ich bedarf, *dann* finden. Am Rheine schlage ich dann ein theater auf, und lade zu einem großen dramatischen feste ein: nach einem jahr vorbereitung führe ich dann im laufe von *vier tagen* mein ganzes werk auf: *mit ihm* gebe ich den menschen der Revolu-

---

112 Für Wagner war die Gestalt des Siegfried, wie er sie in den „Wibelungen" (als anfänglichen Sonnengott, über die Identifikation mit Christus bis zum Stammgott der Franken) und in seinem Nibelungen-Projekt entwickelte, das Beispiel eines solchen wesentlichen, natürlichen, liebenden, furchtlosen, wahren, daher anarchischen Menschen. Vgl. *Geck,* Wagner (wie Anm. 34), S. 139 f.: Wagner sucht den „Menschen der Zukunft", der „sich in seiner ganzen Lebens- und Liebesfülle verströmt und auch den Tod nicht fürchten muss, da er der Welt zuvor alles gegeben hat, was er geben konnte"; ferner vgl. dazu *Bermbach,* Wahn (wie Anm.12); *Lothar Bornscheuer.* Richard *Wagner:* Der Ring des Nibelungen. Ein Meisterwerk des Anarchismus. In: Goethezeitportal 22.12.2005 (Internet); *Schild.* Staatsdämmerung (wie Anm. 66).

113 So *Geck.* Wagner (wie Anm. 34), S. 140. – Auf das Mythos-Konzept Wagners kann hier nicht näher eingegangen werden.

tion dann die Bedeutung, nach ihrem edelsten sinne, zu erkennen. *Dieses publikum* wird mich verstehen, das jetzige kann es nicht[114].

Und nach dieser Aufführung „werfe ich mich mit der Partitur auf Brünnhilde's Scheiterhaufen, so daß Alles verbrennt" (Brief an Clara Brockhaus vom 12. März 1854). Denn schon in einem Brief an Heine vom 19. November 1849 hatte Wagner geschrieben: „währen die Menschen wie sie sein sollten [also nach der Revolution, WS], so blühte heute ein Kunstwerk auf und stürbe morgen, während das neue schon wieder im vollen frischen Leben dasteht". Erinnern wir uns an den Ruf der Revolution (den Wagner später der Erde in den Mund legen wird): „Alles, was besteht, muß untergehen, das ist das ewige Gesetz der Natur […], und ich, die ewig Zerstörende, vollführe das Gesetz und schaffe das ewig junge Leben".

Wagner widmete seine „Reformschriften" diesem Ziel, über die Revolution – die aus der Not geboren werden wird und daher mit innerer Notwendigkeit kommen wird – hinaus das wahre Kunstwerk zu denken und zu schaffen[115]. Das Recht des Menschen ist nicht mehr interessant; es wird – wie wir gehört haben – eingebunden in diese oben zitierte Zusammenschau der Entwicklung der Natur: „nur wer ein wahres Bedürfnis empfindet, hat […] ein Recht auf Befriedigung desselben", was aber zugleich die innere Notwendigkeit ist.

---

114 In einem Brief an Uhlig vom 22. Oktober 1850 schrieb Wagner noch von „einem begeisterten Mann", der nach der Feuerkur der Revolution „die lebendigen überreste unsrer alten kunst zusammenruft, und ihnen sagt – wer hat lust, mir ein Drama aufführen zu helfen? nur die werden antworten, die wirklich lust dazu haben, denn jetzt setzt es kein geld mehr dafür, und die so sich einfinden, werden in einem schnell hergerichteten holzbauwerke plötzlich den leuten zeigen, was kunst ist".

115 Vgl. dazu *Udo Bermbach,* Dresden und die Folgen – Wagners Grundlegung seines politisch-ästhetischen Denkens. In: Friedrich-Ebert-Stiftung, Bakunin (wie Anm. 9), S. 71-86; *Hans Erismann*, Richard Wagner in Zürich. Zürich (Verlag Neue Zürcher Zeitung) 1987; *Rainer Franke*. Richard Wagners Zürcher Kunstschriften. Hamburg (Verlag der Musikalienhandlung Wagner) 1983; *Garratt,* Music (wie Anm. 7), S. 160 ff.; *Hans Gerhard Heymel*. Die Entwicklung Richard Wagners bis1851 als politischer Künstler und sein Kunstwerkbegriff als gesellschaftliche Utopie. Dissertation Osnabrück 1981; *Hans-Joachim Hinrichsen*. Die Zürcher Kunstschriften. In: Wagner Handbuch (wie Anm. 11), S. 125-136; *Rüdiger Jacobs*. Revolutionsidee und Staatskritik in Richard Wagners Schriften. Perspektiven metapolitischen Denkens. Würzburg (Königshausen & Neumann) 2010; *Andrea Mock*, Richard Wagner als politischer Schriftsteller. Weltanschauung und Wirkungsgeschichte. Frankfurt a.M. (Campus) 1990; *Franz-Peter Opelt*. Richard Wagner – Revolutionär oder Staatsmusikant? Frankfurt a.M. (Peter Lang) 1987.

2.

Staatsverfassung als Kunstleben: Schiller, Hölderlin/Hegel, Wagner

Der Titel ist sicherlich für viele unverständlich: Verfassung als Leben? Und wenn: dann doch sicherlich als künstliches (konstruiertes) Leben; oder sollte es künstlerisches Leben heißen? Jedenfalls ist klar: Es geht um Unverständliches, heute Unverständliches (vielleicht: unverständlich Gewordenes), um Altmodisches, das uns erinnern kann oder mahnen soll, dass wir manche Fragen verloren haben, zumindest nicht begrifflich fassen können. Mehr als einige Anmerkungen dazu sind in diesem Rahmen nicht möglich.

1. Staatsleben als ästhetischer Zustand: Friedrich Schiller

Für die Denker am Ende des 18. Jahrhunderts war der im Titel angegebene Zusammenhang von Verfassung und Leben mehr als bewusst. Die Französische Revolution überrollte einen alten und erstarrten Staat – einen „status" im wahren Sinne des Worte – und begründete neues staatlich-politisches Leben! Nämlich einen Staat, der lebendig war und blieb und eine weitere Dynamik entfaltete, die sich schließlich nur mehr als Leben ohne jede Staatlichkeit – als Töten und Zerstören in einem Freund-Feind-Verhältnis, das zuletzt die eigenen Kinder der Revolution vernichtete – erwies. Die Deutschen – von jeher Denker und zerstörend eher durch Gedanken (lieber als durch Taten) – erschraken. Wie hatten diese Theoretiker – je jünger, desto mehr – diese Revolution begrüßt und gefeiert; und wie drohte die Terror-Entwicklung in Frankreich ihre Theorie zu zerstören.

1793 veröffentlichte der 34jährige Friedrich Schiller seine siebenundzwanzig Briefe „Über die ästhetische Erziehung des Menschen“[1], ausdrücklich auf die

1 Zitiert (als: Schiller, Erziehung) wird im Folgenden der Abdruck in: *Friedrich Schiller*, Sämtliche Werke in 5 Bänden. Band V: Philosophische Schriften/ Vermischte Schriften. Mit Anmerkungen von Helmut Koopmann. München 1968, 311 ff. -·Dazu siehe *Jürgen Bolten* (Hrsg), Schillers Briefe über die ästhetische Erziehung. Frankfurt a. M. 1984; *Wolfgang Düsing*, Friedrich Schiller: Über die ästhetische Erziehung des Menschen. Text, Materialien, Kommentar. München/Wien 1981; *Ulrich Floß*, Kunst und Mensch in den ästhetischen Schriften Friedrich Schillers, Köln/Wien 1989; *Annemarie Gethmann-Siefert*, Idylle und Utopie. Zur gesellschaftskritischen Funktion der Kunst in Schillers Ästhetik, in: Jahrbuch der deutschen Schiller-Gesellschaft 24 (1980), 32 ff.;

https://doi.org/10.1515/9783110689396-003

philosophischen Grundsätze Immanuel Kants hinweisend, die von der „technischen Form“ befreit werden müssten und sich dann plötzlich als Inhalt der allgemeinen Vernunft des Menschen erweisen würden[2] und damit geeignet, auch die brennende Frage der politischen Ordnung (einer „politischen Gesetzgebung") zu lösen[3]. Oder anders formuliert: Wie kann man einen Staat der Freiheit denken, der nicht zum Terrorsystem zu werden droht?

Im Sinne eines dualistisch verstandenen Kant – auf dessen Staatsphilosophie hier nicht näher eingegangen werden kann – unterschied Schiller zwei Staaten bzw. Staatsbegriffe: einmal den „Naturstaat“[4], der nach Naturgesetzen eingerichtet sei, nach den wirkenden Kräften des natürlichen Seins funktioniere, in dem Zwang der Bedürfnisse – also der Not – gegründet sei als „Notstaat“, eben der dynamische Staat in der Realität des Seins (in der Wirklichkeit)[5]. Dieser Staat könne aber dem Menschen als dem Vernunftwesen und dem Wesen des Sollens – d.h. unter dem unbedingten Sollensanspruch des kategorischen Imperativs stehend – nicht genügen, weshalb es zur Ausbildung eines „Naturzustandes in der Idee“ und zur Konzeption eines Staates nach der Idee des Vertrages kommen müsse[6]. Dieser „Vernunftstaat“ - auch als moralischer (ethischer) Staat oder Freiheitsstaat bezeichnet[7] – sei in der Idee der gesetzlichen Freiheit (also der Idee des Gesetzes) begründet; aber keine Realität, sondern Inhalt eines problematischen Sollens (nämlich des Sollens des sittlichen Charakters)[8], damit zwar notwendig von der Vernunft als der selbstge-

---

Franz-Peter Hansen, Die Rezeption von Kants Kritik der Urteilskraft in Schillers Briefen über die ästhetische Erziehung des Menschen, in: Literaturwissenschaftliches Jahrbuch 1992, 165 ff.; *Fritz Heuer*, Darstellung der Freiheit. Schillers transzendentale Frage nach der Kunst. Köln/Wien 1970; *Hans-Georg Pott,* Die schöne Freiheit München 1980; *Rose Riecke-Niklewski*, Die Metaphorik des Schönen. Tübingen 1986; *Gert Schröder*, Schillers Theorie ästhetischer Bildung. Frankfurt/Bern 1998; *Monika Tielkes*, Schillers transzendentale Ästhetik. Köln 1973; *Karl-Heinz Volkmann-Schluck*, Die Kunst und der Mensch. Schillers Briefe über die ästhetische Erziehung des Menschen. Frankfurt a.M. 1964; *Elizabeth M. Wilkinson / Leonard Ashly Willoughby*, Schillers ästhetische Erziehung des Menschen. Eine Einführung. München 1977; *Wolfgang Wittkowski* (Hrsg.), Friedrich Schiller. Kunst, Humanität und Politik in der Späten Aufklärung. Tübingen 1982 (vor allem die Beiträge von Jeffrey Barnouw, Benjarnin Bennett, Karl Menges, Norhert Oellers).

2 Vgl. *Schiller*, Erziehung, 312.

3 So *Schiller*, Erziehung, 313, 314.

4 Dazu *Schiller*, Erziehung, 315.

5 Vgl. *Schiller*, Erziehung, 406, 316.

6 Vgl. *Schiller*, Erziehung, 315.

7 So *Schiller*, Erziehung, 317, 406, 320.

8 So *Schiller*, Erziehung, 316.

setzgebenden Instanz im Menschen zu denken und zu fordern – in dem Sinne, dass jeder „reine Mensch" ein solcher Staat werden müsse[9] –, aber eben kein wirklicher Staat.

Zwischen diesen beiden Staaten des Seins und des Sollens müsse es – so Schiller weiter[10] – eine Vermittlung geben, die er (im Übrigen wie der Geschichtsphilosoph Kant) als Entwicklung dachte: ansetzend beim Naturstaat (und beim Menschen als natürlichem Charakter) und hin zum Endziel des Vernunftstaates der sittlichen Menschheit. Werkzeug bzw. Mittel dazu sollte die ästhetische Erziehung sein, also die Erziehung zum Interesse an Schönheit, zur Bildung und zum Geschmack[11]: und damit zu einem schönen Leben und Handeln, das – weil in sich geformt und gestalthaft (gestaltet) – gesetzmäßig sei und trotzdem nicht nur Sollen, sondern Realität darstelle als erscheinende Schönheit, lebendige Gestalt[12], die auch empirisch wohlgefalle und motiviere. Denn das Schöne gefalle deshalb, weil es Erscheinung der Freiheit sei. Schiller sprach vom reinen Vernunftbegriff der Schönheit, die auf diese Weise als notwendige Bedingung der Menschheit aufgefasst werde[13]. Es war ihm als Kantianer indes klar, dass diese Vermittlung philosophisch (vom Gegensatz von Sein und Sollen) nicht begründet (und damit: nicht gedacht) werden konnte. Aber dennoch bewies die menschliche Erfahrung die Wirklichkeit dieses Begriffs: nämlich geschichtlich in der griechischen Polis[14] als dem Vor-Bild des menschlichen Zusammenlebens, allgemein und phänomenal im Spiel: „Der Mensch spielt nur, wo er in voller Bedeutung des Wortes Mensch ist, und *er ist nur da ganz Mensch, wo er spielt*"[15].

---

9 Vgl. *Schiller*, Erziehung, 318.

10 Vgl. *Schiller*, Erziehung, 326 ff., 380 ff.

11 Vgl. Schiller, Erziehung, 381, 520 f.

12 Vgl. *Schiller*, Erziehung, 354. - Dazu siehe *Dieter Henrich*, Der Begriff der Schönheit in Schillers Ästhetik, in: Zeitschrift f. philosophische Forschung 11 (1957), 534 ff.; *Karl Menges*, Schönheit als Freiheit in der Erscheinung, in: Wittkowski, Schiller, 181 ff.

13 Vgl. *Schiller*, Erziehung, 340, 341.

14 Dazu *Schiller*, Erziehung, 323, 531.

15 *Schiller*, Erziehung, 358. - Zur Theorie des Spiels bei Schiller vgl. *Ralf-Erik Dode*, Ästhetik als Vernunftkritik. Frankfurt a. M. 1985; *Floß*, Kunst, 114 ff.; *Irmgard Kowatzki*, Der Begriff des Spiels als ästhetisches Phänomen. Bern 1973; *Pott*, Freiheit, 87 ff. - Allgemein zum Spiel vgl. *Gustav Bally*, Vom Spielraum der Freiheit. Basel, Stuttgart 1966; *Frederik J. J. Buytendijk*, Wesen und Sinn des Spiels. Berlin 1933; *Eugen Fink*, Oase des Glücks. Gedanken zu einer Ontologie des Spiels. Freiburg, München 1957; *Ders.*, Spiel als Weltsymbol. Stuttgart 1969; *Friedrich G. Jünger*, Die Spiele. Ein Schlüssel zu ihrer Bedeutung. Frankfurt a. M. 1953; *Jürgen Moltmann*, Die ersten Frei-

Als diese Vermittlung von Naturstaat und Vernunftstaat diente Schiller somit die Idee des „ästhetischen Staates“[16]. Dieser sei bereits Staat der Freiheit, da als spielerischer Umgang mit sich und den anderen die Macht der Natur aufgehoben sei (der Mensch sich also dieser Macht „entledigt“ habe[17]). In ihm herrsche – entgegen Kants ungeselliger Geselligkeit – eine Geselligkeit als Harmonie, begründet im Geschmack (und in der Schönheit)[18] und im allgemeinen Interesse an Freiheit: *„Freiheit zu geben durch Freiheit* ist das Grundgesetz dieses Reichs“[19], das deshalb als Reich der Menschheit allgemein zu denken sei[20].

Freilich war dieser ästhetische Staat weder als Maschine (Mechanismus, mechanisches Uhrwerk[21]) noch als Organismus (Organisation) zu denken, sondern als „ästhetischer Zustand“, gegründet im „schönen Umgang" aller miteinander[22]. Er stehe deshalb auch nicht neben Natur- und Vernunftstaat, sondern bilde sich im Naturstaat aus als Weg hin zum Vernunftstaat; mit der wichtigen Kehrseite: Deshalb finde er sich schon heute (also zu Schillers Zeiten) verwirklicht in „jeder feingestimmten Seele“[23] und in

> einigen wenigen auserlesenen Zirkeln, [in denen die] eigne schöne Natur das Betragen lenkt, wo der Mensch durch die verwickeltsten Verhältnisse mit kühner Einfalt und ruhiger Unschuld geht, und weder nötig hat, fremde Freiheit zu kränken,

---

gelassenen der Schöpfung. München 1971; *Hugo Rahner,* Der spielende Mensch. Einsiedeln 1952; *Hans Scheuerl*, Das Spiel. Weinheim/ Berlin 1954.

16 Vgl. *Schiller,* Erziehung, 406 ff. - Dazu *Jeffrey Barnouw*, „Freiheit zu geben durch Freiheit“. Ästhetischer Zustand - Ästhetischer Staat, in: Wittkowski, Schiller, 138 ff.; *Renate Broecken,* Schillers ästhetischer Staat als hunane Gemeinschaft oder die Wirklichkeit des schönen Scheins, in: Humanität und Bildung. Festschrift f. Clemens Menze. Hildesheim, Zürich, NewYork 1988, 101 ff.; *Nour Al-Dine Hayfa,* Der “republikanische“ Gedanke in Freiheitsdramen und -gedichten aus dem Umkreis des späten Schiller. Diss. Frankfurt a.M. 1974, 205 ff.; *Terence James Reed*, Palastrevolution: Kant, Schiller und die Geburt einer Ästhetik aus dem Geist der Politik, in: In Spuren gehen. Festschrift f. Helmut Koopmann. Tübingen 1998, 139 ff.; *Heinz-Gerd Schmitz,* Die Glücklichen und die Unglücklichen. Würzburg 1992, 42 ff.; *Kenneth Parmelee Wilcox,* Anmut und Würde. Die Dialektik der menschlichen Vollendung bei Schiller. Frankfurt a. M. 1981, 146 ff.

17 So *Schiller*, Erziehung, 385.

18 So Schiller, Erziehung, 406.

19 *Schiller*, Erziehung, 406.

20 Vgl. *Schiller*, Erziehung, 395, 405.

21 Vgl. *Schiller*, Erziehung, 324 f.

22 So *Schiller*, Erziehung, 406.

23 *Schiller*, Erziehung, 408.

um die seinige zu behaupten, noch seine Würde wegzuwerfen, um Anmut zu zeigen[24].

Schiller verglich zwar diese Zirkel mit der Idee der „reinen Kirche“ oder der „reinen Republik“[25], doch muss festgehalten werden: der ästhetische Staat(szustand) war für ihn wirkliches Leben, sinnlich wahrnehmbares (erlebbares) Handeln – „Umgang“ – von wirklichen Menschen; ein wirkliches Scheinen der Idee in die Realität hinein – als ästhetischer Schein[26]. Ästhetischer Staat war Leben, der schöne Umgang der Menschen miteinander, und als dieser nicht willkürlich, roh oder gar gewalttätig, sondern in sich geformt und gestaltet, d.h,: ästhetisch verfasst. Welch schöner Gedanke einer schönen Welt: Staatsverfassung als ästhetisches Leben!

Freilich war für Schiller der ästhetische Staat nur Schein, scheinende Freiheit; daher Wahrheit nur, wenn er sich in dieser Gestalt und damit: als Schein verstehen würde, was bedeutete: wenn er als Spiel gelebt würde[27]; und damit ohne Zwang (weder der Naturgesetze noch des Vernunftgesetzes) aus der inneren schönen Freiheit der Menschen heraus; insgesamt also: ein beglückendes Geschenk für die Menschheit.

2. Staatsleben als poetisches Kunstwerk: Friedrich Hölderlin / Georg Wilhelm Friedrich Hegel

Am 24. Februar 1796 schrieb der 26jährige Friedrich Hölderlin an Friedrich Immanuel Niethammer: Er wolle „Neue Briefe über die ästhetische Erziehung des Menschen“ schreiben; denn es gelte, die Trennungen, in denen wir denken und existieren würden – Subjekt/Objekt, Selbst/Welt, Vernunft/Offenbarung – theoretisch in intellektueller Anschauung (also nicht durch praktische Vernunftpostulate in der Kantischen Art) aufzuheben (zu versöhnen); und dies über Schiller hinaus, der letztlich doch bei den Trennungen Kants geblieben sei: „Wir benötigen dafür ästhetischen Sinn, und ich werde [in diesen Briefen] von der Philosophie auf Poesie und Religion kommen.“[28]

---

24 *Schiller*, Erziehung, 408.

25 *Schiller*, Erziehung, 408.

26 Vgl. *Schiller*, Erziehung, 399.

27 Vgl. *Schiller*, Erziehung, 399.

28 Zitiert bei *Bernhard Lypp*, Poetische Religion, in: Walter Jaeschke / Helmut Holzhey (Hrsg.), Früher Idealismus und Frühromantik. Hamburg 1990, 80 ff. (80). – Dazu siehe *Hans-Georg Pott*, Schiller und Hölderlin. Die Neuen Briefe über die ästhetische Erziehung, in: Balten, Briefe, 290 ff. - Zu Hölderlins Auffassung vgl. *Hans-Ulrich Hauschild*, Die idealistische Utopie. Untersuchungen zur Entwicklung des utopischen

Darin war Hölderlin seinen Freunden – dem gleichaltrigen Georg Wilhelm Friedrich Hegel[29] und dem um fünf Jahre jüngeren Friedrich Wilhelm Josef Schelling – ähnlich, die gemeinsam im Tübinger Stift Theologie studierten und – von Kant ausgehend – versuchten, die durch dessen kritische Philosophie aufgebrochenen Probleme wieder zusammenzudenken. Hegel etwa dachte vor allem an das „Reich Gottes", das in der Religion als lebendigem Glauben zu gründen sei, der alle(s) verbinde; seine Hauptbegriffe waren Leben, Volk, – und beeinflusst von Spinoza – Substanz als lebendige Macht; und die Liebe als soziale Bindung, als das Im-Anderen-bei-sich-Sein, als das Sich-Finden im Anderen (im Rahmen einer fundamentalen Anerkennungstheorie), als Freundschaft und Brüderlichkeit innerhalb der Totalität des gemeinsamen Lebens.[30]

Aus eben diesem Jahre 1796 (oder 1797) stammt ein Fragment, geschrieben in der Handschrift des damals 26/27jährigen Hegels, aber offensichtlich abgeschrieben von einem politischen Programm und als Aufruf; manche sehen als

---

Denkens Friedrich Hölderlins. Frankfurt/Bern 1977; *Dieter Henrich,* Der Gang des Andenkens. Stuttgart 1986; *Gerhard Kurz,* Mittelbarkeit und Vereinigung. Zum Verhältnis von Poesie, Reflexion und Revolution bei Hölderlin. Stuttgart 1975; *Ders*., Höhere Aufklärung. Aufklärung und Aufklärungskritik bei Hölderlin, in: Christoph Jamme / Gerhard Kurz (Hrsg.), Idealismus und Aufklärung. Stuttgart 1988, 259 ff.; *Clemens Menze*, Hölderlins pädagogische Entwürfe aus seiner Hofmeisterzeit 1794/95, in: Christoph Jamme / Otto Pöggeler (Hrsg.), „Frankfurt ist der Nabel der Erde". Stuttgart 1983, 261 ff.; *Friedrich Stracke,* Ästhetik. und Freiheit. Hölderlins Idee von Schönheit, Sittlichkeit und Geschichte in der Frühzeit. Tübingen 1976; *Ders*., Nachtrag zum „Systemprogramm" und zu Hölderlins Philosophie, in: Hölderlin-Jahrbuch 2 (1978/79), 67 ff.

29 Zur Beziehung beider vgl. *Christoph Jamme / Otto Pöggeler* (Hrsg.), Homburg vor der Höhe :in der deutschen Geistesgeschichte. Studien zum Freundeskreis um Hegel und Hölderlin. Stuttgart 1981; *Christoph Jamme*, „Ein ungelehrtes Buch". Die philosophische Gemeinschaft zwischen Hölderlin und Hegel in Frankfurt 1797 - 1800. Bonn 1983.

30 Dazu vgl. *Marco de Angelis*, Hegels Philosophie als Weisheitslehre. Frankfurt a. M. 1996; *Hubertus Busche*, Das Lehen der Lebendigen. Bonn 1987; *Annemarie Gethmann-Siefert*, Die geschichtliche Funktion der „Mythologie der Vernunft" und die Bestimmung des Kunstwerks in der Ästhetik, in; Christoph Jamme / Helmut Schneider (Hrsg), Mythologie der Vernunft. Frankfurt a. M, 1984, 226 ff.; *Ludwig Siep*, Autonomie und Vereinigung. Hegel und Fichtes Religionsphilosophie bis 1800, in: Christoph Jamme / Helmut Schneüier (Hrsg.), Der Weg zum System. Frankfurt a. M, 1990, 289 ff.; *Hermann Timm*, Die Fallhöhe des Geistes. Frankfurt a. M, 1979; .*Johann Heinrich Trede*, Mythologie und Idee. Die systematische Stellung der „Volksreligion" in Hegels Jenaer Philosophie der Sittlichkeit (1801 - 1803), in: Rüdiger Bubner (Hrsg.), Hegel-Tage Villigst 1969: Das Älteste Systemprogramm. Hegel-Studien Beiheft 9. Bonn 1973, 167 ff.; *Karlheinz Well*, Die „schöne Seele" und ihre „sittliche Wirklichkeit". Frankfurt a.M, Bern, New York 1986, 43 ff., 61 ff.

Verfasser Hölderlin (oder auch Schelling)[31]. Jedenfalls wurde darin als einzig mögliche künftige Philosophie das System der Ideen anerkannt, weil nur sie (wie bereits in der Postulatenlehre Kants) Freiheit zum Gegenstand haben würden. Auszugehen sei von der ersten Idee: von der Vorstellung seiner selbst als eines absolut freien Wesens; und darauf sei die Welt zu beziehen, die zugleich gegeben sei, was zum Problem führe: Wie müsse eine Welt für ein solches freies (moralisches) Wesen beschaffen sein?

Auf den ersten Blick wurde ein möglicher Hinweis auf den Staat ausgeschlossen. Für den Staat nämlich gebe es keine Idee, weil er nicht von Freiheit her zu begreifen sei; er sei bloß Mechanismus, Maschine; „Das ganze elende Menschenwerk von Staat, Verfassung, Regierung, Gesetzgebung [muß man] bis auf die Haut entblößen", dieser Staat müsse absterben[32]. Der Staat, den Schiller noch als Natur- und Notstaat (eben: als notwendig) akzeptiert hatte[33], war nun abgewertet und der Vernichtung verfallen: als kaltes Ungeheuer, als mechanischer Körper, der in sich tot (und daher kein „Leib" mehr[34]) war, für die Freiheit als bloßes Mittel verwendbar, vor allem aber als fremder mechanischer Zwang (gesetzlich wirkender Droh- oder Gewaltapparat) erfahrbar. Doch blieb das Ziel Schillers bestimmend. Die Idee der Freiheit (als Idee der Menschheit) wurde am höchsten durch Verbindung mit der Idee der Schönheit gedacht; und diese auf die Poesie (Dichtkunst) bezogen, freilich nicht als tote Schrift, sondern als lebendiges – gesprochenes und vernommenes – Wort, das als dichtende Philosophie von der Wahrheit erzählen würde; die Poesie also als Lehrerin der Menschheit und Erzieherin hin zur Freiheit[35]. Wahrheit war sinnlich erfahrbares Wort.

---

31 Dazu vgL *Bubner*, Systemprogramm; *Frank-Peter Hansen*, Das älteste Systemprogramm des deutschen Idealismus. Berlin/New York 1989; *Jamme / Schneider*, Mythologie (das Systemfragment ist hier ahgedruckt auf den Seiten 11-14).

32 Vgl. dazu *Otto Pöggeler*, Das Menschenwerk des Staates, in: Jamme / Schneider, Mythologie, 175 ff. - Allgemein zu dieser Metapher vgl. *Barbara Stollberg-Rilinger*, Der Staat als Maschine. Berlin 1986.

33 Zum Unterschied vgl. *Günter Rohrmoser*, Zum Problem der ästhetischen Versöhnung. Schiller und Hegel, in: Euphorion 53 (1954) 351 ff.; *Well*, Seele, 61 ff.; *Benno von Wiese,* Das Problem der ästhetischen Versöhnung bei Schiller und Hegel, in: Jahrbuch der deutschen Schiller-Gesellschaft 9 (1965), 167 ff.

34 Zu dieser Differenz von Körper und Leib vgl. *Wolfgang Schild,* Die chinesische Lehre von Qigong Yangsheng als Thema westeuropäischer Philosophie {am Beispiel G. W. F. Hegels), in: Gisela Hildebrand / Manfred Geißler / Stephan Stein (Hrsg.), Das Qi kultivieren -- Die Lebenskraft nähren. Uelzen 1998, 77 ff.

35 Dazu vgl. *Manfred Frank*, Die Dichtung als „Neue Mythologie", in: Karl-Heinz Bohrer (Hrsg,), Mythos und Moderne. Frankfurt a. M, 1983, 15 ff; *Jose Maria Ripalda*, Poesie und Politik beim frühen Hegel, in: Hegel-Studien 8 {1973), 91 ff.

> Zu gleicher Zeit hören wir so oft, der große Hauffen müsse eine *sinnliche Religion* haben. Nicht nur der große Hauffen, auch der Philosoph bedarf ihrer. Monotheismus der Vernunft und des Herzens, Polytheismus der Einbildungskraft und der Kunst, dies ist's, was wir bedürfen!

Und dann folgte das Ungeheuerliche:

> [Ich] werde hier von einer Idee sprechen, die – so viel ich weiß – noch in keines Menschen Sinn gekommen ist – wir müßten eine neue Mythologie haben, diese Mythologie aber muß im Dienste der Ideen stehen, sie muß eine *Mythologie der Vernunft* werden,

eine Mythologie der Freiheit, daher gegründet in der Idee der Freiheit und dem Ich als dem absolut freien Wesen (weshalb Griechenland - das noch Sklaven kannte - als Vorbild ausscheiden musste, aber auch jedes unmittelbare lebendige, als Substanz gedachte Verhältnis unzureichend war).

Selbstverständlich konnte diese Idee nicht nur Gedanke, nur Denken, nur Theorie sein und bleiben; sie musste auch - entsprechend dem oben genannten Hölderlin-Brief - intellektuell angeschaut werden, sinnlich werden und erfahrbar sein, wahrgenommen werden können in gesehenem Bildhaften, aber auch in gehörten Worten, im gelebten Leben. Zwar war die lebendige Einheit der griechischen Polis aus dem genannten Grund nicht als Vorbild tauglich; aber der Gedanke einer solchen Einheit wurde nun auf die Poesie bezogen: auf die Dichtung, die zugleich als Kunstwerk gelebt werden musste. Die Ähnlichkeit zu Schiller ist augenfällig: auch hier die sinnlich-ästhetische Idee der Freiheit als freies Leben in Schönheit, die Vermittlung von Vernunft und Sinnlichkeit. Doch war nun – folgend aus der Abwertung des Naturstaates (und des bloß im Sollen zu denkenden Vernunftstaates) – entgegen Schiller die Konzentration alleine auf diesen ästhetisch-poetischen Zustand maßgebend, in dem Schönheit und Freiheit gelebt werden; gegründet in der Liebe aller im Sinne der Brüderlichkeit und des allseitigen Zutrauens. Dazu freilich bedurfte es des „Mythopoeten“, des Erfinders des Vernunftmythos, der aufzufassen war als eine Wahrheit, die bloß gefunden, also nicht gemacht („erfunden“), werden konnte, daher immer auch unmittelbar lebendig sein (gelebt werden) musste: als Volk. Gefordert war die Einheit von Volk und seinen Weisen (als den Priestern dieser Vernunftmythologie):

> Dann erst erwartet uns *gleiche* Ausbildung *aller* Kräfte, des einzelnen sowohl als aller Individuen. Keine Kraft wird mehr unterdrückt werden, dann herrscht allgemeine Freiheit und Gleichheit der Geister. – Ein höherer Geist vom Himmel gesandt, muß diese neue Religion unter uns stiften, sie wird das letzte, größte Werk der Menschheit sein.

Der Mythopoet (oder das Genie, der dichtende Heiland) sollte sozusagen das Hirn sein, die lebendige Substanz, das Volk, das diesen Mythos der Vernunft in ihm dichten und zugleich durch ihn begriffen und gestärkt in unmittelbaren Verhältnissen leben sollte.

Das völkische Zusammenleben sollte sich somit als großes Kunstwerk der Poesie verwirklichen, als ästhetisch verfasstes (gedichtetes) Leben; und damit sollte das Leben selbst das Kunstwerk sein, das über den Schillerschen ästhetischen Zustand hinausging, weil es den einzigen mit Freiheit zu vereinbarenden (und daher denkbaren) Staat darstellte, Staatsverfassung als poetisches Kunstwerk, als gedichtetes Leben in der Wahrheit der Kunst!

3. Staatsleben als Gesamtkunstwerk: Richard Wagner

Dieses Programm eines poetischen Staates sprach vielen aus der Seele: man denke an Friedrich Schlegel (1772-1829) oder bereits an Johann Gottfried Herder (1744-1803), auch an Schelling. War es doch so einfach zu verbinden mit der Idee der Vernunft, mit dem Denken, das sich auf diese Weise einkleiden konnte in Bilder, die sinnlich anrühren und den Menschen in der Tiefe auch des Gemüts ansprechen konnten. Wahrheit war anrührende und ergreifende Erzählung, Wahres aussprechende Dichtung, Mythologie der Vernunft; das begreifende Denken war Kunst und ästhetischer Genuss zugleich!

Doch hatte schon Schiller in den Kallias-Briefen an Christian Gottfried Körner[36] seinen ästhetischen Staat – als „Ideal des schönen Umgangs" – mit einem Phänomen verglichen, das er als das am besten passende Bild charakterisierte: nämlich als „einen gut getanzten und aus vielen verwickelten Touren komponierten englischen Tanz. Ein Zuschauer aus der Galerie sieht unzählige Bewegungen, die sich aufs bunteste durchkreuzen und ihre Richtung lebhaft und mutwillig verändern und doch *niemals zusammenstoßen.* Alles ist so geordnet, daß ... jeder nur seinen eigenen Kopf zu folgen scheint und doch nie dem anderen in den Weg tritt. Es ist das treffendste Sinnbild der behaupteten eigenen Freiheit und der geschonten Freiheit des anderen."[37]

Deutlich war hier das Überschreiten der Dimension der Poesie als der Dichtkunst[38], auch des gesprochenen und gehörten Wortes im Sinne des Mythos: zugunsten einer „Poesie der Bewegung" in Anmut und Würde [39], eines Han-

36 Dazu vgl. *Schröder,* Theorie, 97 ff.; *Werner Strube*, Schillers Kallias-Briefe oder Über die Objektivität des Schönen, in: Literaturwissenschaftliches Jahrbuch NF 18 (1977), 115 ff.

37 Zitiert in: *Broecken*, Staat, 101.

38 Zum Gedanken des Gesamtkunstwerks bei Schiller vgl. *Ders.*, Erziehung, 378 f.

39 Dazu vgl. *Wilcox*, Anmut.

delns in Sinnlichkeit und Leiblichkeit. Die Frage musste sich hier aufdrängen, ob Denken und Vernunft für dieses tanzende Sinnbild der Freiheit noch bestimmend sein konnten oder ob sich die Tänzer nicht wie Marionetten bewegten, gesteuert in einem noch viel tiefergehenden Mechanismus von Unfreiheit, nämlich gesetzmäßig bewegt von der Musik[40], die sich als der eigentliche Gegensatz zum Denken herausgebildet hatte, weil bezogen auf das Gefühl und damit auf die unmittelbare leib-seelische (aber eben nicht: geistig-vernünftige) Natur des Menschen, damit nun wirklich höchste willkürliche Erfindung und damit technische Künstlichkeit hervortrat. Zu fragen war, ob nicht mehr ein von der Volkssubstanz getragener Mythopoet der Wahrheit, sondern ein Musikant als Beherrscher der Kompositionstechnik nun die bestimmende Kraft war, die die Puppen tanzen ließ.

Die romantische[41] Übernahme des Schillerschen Tanzbildes konnte in der Tat die Mythologie der Vernunft aufheben: zugunsten einer Mythologie, die die Unfreiheit der marionettenhaften Bewegungen pries, in die Vergangenheit dieser Unfreiheit blickte und Heldenlieder aus der Zeit eines nicht mehr zu begreifenden Urvolkes ersann und letztlich das Leben als liebendes Sterben in das nächtliche Dunkel hinein anhimmelte. Es war aber auch möglich, diese Verbindung von Denken und ästhetischem Schaffen über die Poesie hinaus ernst zu nehmen und auf die vollendete Kunst - das dramatische Kunstwerk zu beziehen, in dem nicht nur der Tanz (die Pantomime) mit der Wortdichtung verbunden und so die gedichteten Gedanken körpersprachlich sinnlich dargestellt und verleiblicht werden konnten, sondern beide zur Einheit mit der musikalischen Tonsprache geführt wurden. Durch diesen Bezug der Musik auf die Dichtung (und auf die Pantomime) war es denkbar und damit möglich, eine

---

40 Zu ihr vgl. *Schiller*, Erziehung, 379.

41 Zur romantischen Ästhetik und ihren unterschiedlichen Programmen vgl. allgemein *Volker Bohn* (Hrsg.), Romantik, Literatur und Philosophie. Frankfurt a. M. 1987; *Manfred Frank,* Einführung in die frühromantische Ästhetik. Vorlesungen. Frankfurt a. M. 1989; *Jochen Fried,* Die Symbolik des Realen. Über alte und neue Mythologie in der Frühromantik. München 1985; *Sven Friedrich,* Das auratische Kunstwerk. Tübingen 1996, 42 ff., 93 ff.; *Jochen Hörisch,* Die fröhliche Wissenschaft der Poesie. Frankfurt a. M. 1976; *Jaeschke / Holzhey*, Idealismus; *Margit Lindner,* Ästhetisches Denken in Berlin, in: Wolfgang Förster (Hrsg.), Klassische deutsche Philosophie in Berlin. Berlin 1988, 89 ff.; *Christine Lubkoll,* Mythos Musik. Freiburg 1995; *Winfried Menninghaus,* Unendliche Verdoppelung. Frankfurt a. M. 1987; *Lothar Pikulik,* Romantik als Ungenügen an der Normalität. Frankfurt a. M. 1979; *Wolfgang Rüdiger,* Musik und Wirklichkeit bei E.T.A. Hoffmann. Pfaffenweiler 1989; *Siegfried Schibli*, Das Leben als Kunstwerk. Liszt und die Romantik, in: Franz Liszt. Rollen, Kostüme, Verwandlungen. München/Zürich 1986, 41 ff.; *Marianne Thalmann*, Romantiker als Poetologen. Heidelberg 1970.

Mythologie der Vernunft als dramatisches Gesamtkunstwerk zu schaffen[42]. Freilich setzte dies voraus, dass die Musik als Sprache aufgefasst wurde, die zwar als solche nicht Gedanken zum Ausdruck bringen konnte, aber doch selbst „Tondichtung“ war, indem sie an der Wortdichtung (dem Textbuch) ansetzte, deren Gedanken aufnahm und sie zugleich in die Tiefe des Gefühls führen (also: vertiefen) konnte. Denkender Verstand und Gefühl waren so als mögliche Einheit ansprechbar durch ein Kunstwerk, das in Wort und Ton (und tänzerischer Bewegung) den gesamten Menschen in seiner Totalität berührte und ihm das dramatische Geschehen vor alle Sinne stellte. Als Einheit war ein solches Kunstwerk freilich nur denkbar, wenn das Kunstwerk die Wahrheit des Menschen zur Darstellung brachte, ihm – nämlich: seinem Denken und Fühlen – das Allgemein-Menschliche nahebrachte. Wie zuvor die Poesie an dieser Wahrheit orientiert war und damit die Philosophie voraussetzte, zugleich aber deren Begrifflichkeit in ihren Bildern aufhob – und darin immer schon auch an die Stelle der Religion getreten war –, so musste nun auch die umfassende, Wort, Ton und Tanz zusammenfassende Dichtkunst an die Stelle der Philosophie (und der Religion) treten.

Es war der damals 35jährige Dresdner Kapelhneister Richard Wagner, der im Vorfeld der Revolution 1848/49 von einem solchen „Kunstwerk der Zukunft“ schwärmte[43] und für die Zerstörung der bestehenden Gesellschaft auf die

42 Zu den vielfältigen Formen dieses Konzepts vgl.: *Peter Andraschke / Edelgard Spaude* (Hrsg.), Welttheater. Die Künste im 19. Jahrhundert. Freiburg 1992; *Dieter Borchmeyer,* „Gesamtkunstwerk“, MGG III (1995) Sp.1282 ff.; *Matthias Brzoska,* Die Idee des Gesamtkunstwerks in der Musiknovellistik der Julimonarchie. Laaber 1995; *Constantin Floros,* Literarische Ideen in der Musik des 19. Jahrhunderts, in: Hamburger Jahrbuch f. Musikwissenschaft 2 (1977), 7 ff.; *Hans Günther* (Hrsg.), Gesamtkunstwerk. Zwischen Synästhesie und Mythos. Bielefeld 1994; *Susanne Häni* u.a.. (Hrsg.), Der Hang zum Gesamtkunstwerk. Europäische Utopien seit 1800. Aarau, Frankfurt a. M. 1983; *Peter Rummenhöller,* Romantik und Gesamtkunstwerk, in: Walter Salmen (Hrsg.), Beiträge zur Geschichte der Musikanschauung im 19. Jahrhundert. Regensburg 1965, 161 ff.; *Hartmut Seeling,* „Gesamtkunstwerk“, Wort und Bedeutung, in: Kunstchronik 23 (1970), 274 ff.; *Johannes Werner*, Das Gesamtkunstwerk als Utopie, in: Universitas 36 (1981), 287 ff.

43 Vgl. dazu *Udo Bermbach*, Der Wahn des Gesamtkunstwerks. Richard Wagners politisch-ästhetische Utopie. Frankfurt a. M. 1994; *Rainer Franke*, Richard Wagners Zürcher Kunstschriften. Hamburg 1983; *Martin Gregor-Dellin,* Richard Wagner - die Revolution als Oper. München 1973; *Hans Gerhard Heymel,* Die Entwicklung Richard Wagners bis 1851 als politischer Künstler und sein Kunstwerkbegriff als gesellschaftliche Utopie. Diss. Osnabrück 1981; *Ingolf Huhn*, Richard Wagners soziales Theaterkonzept. Diss. Leipzig 1988; *Werner Jung*, Schöner Schein der Häßlichkeit oder Häßlichkeit des schönen Scheins. Frankfurt a. M. 1978, 263 ff.

Barrikaden ging[44], weil diese nur künstliche Machwerke (wie die französische Oper) hervorzubringen imstande war; selbstverständlich auch revolutionär in der totalen Abwertung des Staates als der mechanisch kalten Maschine, deren „status" die Steifheit und Starrheit alles Toten verkörperte[45]. Wie sein Freund August Röckel – nach Niederschlagung des Aufstandes 1849 in Dresden wegen Hochverrats zum Tod verurteilt, dann zu lebenslanger Haft begnadigt – und sein Bekannter Michael Bakunin strebte auch Wagner nach anarchischen Zuständen: ohne staatliche Organisation und willkürliche Zwangsgesetze, dafür voller Unwillkür, Natürlichkeit, Sinn- und Leiblichkeit, voller Liebe, Leben, Tanz und miteinander Singen, zusammen: zu einem Zusammenleben als politischem Gesamtkunstwerk, wie er es in der griechischen Polis verwirklicht sah und wie er es nach der Niederbrennung der bestehenden Verhältnisse – nach der „Götterdämmerung" aus sich selbst heraus zur Entfaltung kommend – erhoffte[46]. Wie in der 9. Sinfonie seines verehrten Vorbildes Ludwig van Beethoven[47], in der die Musik sich verband mit dem Wort, nämlich mit der Dichtung des ebenso hoch geachteten Schillers von der Freude schöner Götterfunken, sollten dann alle Menschen Geschwister werden, eine aus der gemeinsamen Not erwachsene große Familie sein, die ihr Leben als gemeinsames Gesamtkunstwerk inszenieren und so das Wesen des Menschen – nicht mehr als das Göttliche angebetet, auch nicht mehr als das philosophisch Wahre begriffen, sondern als das wahre Drama des Allgemein-Menschlichen gedichtet – in darstellendem Spiel verwirklichen würde.

Der ästhetische Zustand des Zusammenlebens war hier in vollendeter Tiefe gedacht: das Zusammenleben der Menschen als künstlerische Verwirklichung des Wesens des Menschlichen[48] – seiner „Natur" – in einem alles umfassenden und einbegreifenden Gesamtkunstwerk. Die künstlerische Form und dramatische Gestalthaftigkeit dieses Lebens war zugleich die Verfasstheit des Zu-

---

44 Zum Revolutionär Wagner vgl. *Bermbach,* Wahn; *Manfred Kreckel,* Richard Wagner und die französischen Frühsozialisten. Frankfurt, Bern, Zürich 1986; *Andrea Mork,* Richard Wagner als politischer Schriftsteller. Frankfurt, New York 1990; *Franz-Peter Opelt,* Richard Wagner - Revolutionär oder Staatsmusikant? Frankfurt a. M. 1987; *Wolfgang Schild,* Staat und Recht im Denken Richard Wagners. Stuttgart 1994. – Kritisch dazu: *Richard Klein,* Der linke und der rechte Wagner, in: Musik & Ästhetik 2 (1998), 91 ff.

45 Dazu vgl. *Schild*, Staat, 22 ff.

46 Vgl. *Schild*, Staat, 30 ff.

47 Dazu *Klaus Kropfinger*, Wagner und Beethoven. Regensburg 1975.

48 Dazu *Schild*, Staat, 32 ff.

sammenlebens, die Verfassung dieses ästhetischen Staates[49]. Also erneut und zutiefst: Staatsverfassung als lebendiges Kunstwerk.

4. Entästhetisierung des Staates

Die Revolution 1848/49 scheiterte; auch Wagners Hoffnungen zerbrachen. Zunächst versuchte er noch, seine Utopie zu retten und strebte – nicht mehr nach einer totalen Veränderung der gesellschaftlichen Verhältnisse, aber doch – nach einer Künstlergenossenschaft[50], die gemeinsam das Kunstwerk der Zukunft gestalten könnte als Vorbild für die zuschauenden Bürger; schließlich aber akzeptierte Wagner die Nichterfüllbarkeit seiner gesellschaftlichen Utopie und resignierte: zugunsten einer von Politik absehenden, also unpolitischen Ästhetik, einer Lehre vom Kunstwerk als Festspielaufführung[51], als künstlerische Insel inmitten der Alltagswelt der bürgerlichen Gesellschaft und des Notstaates, das nicht mehr in Frage gestellt wurde. Als Festspiel alleine war noch der alte Traum des Gesamtkunstwerkes[52] realisierbar, weiterhin der Idee nach orientiert am Mythos des Allgemein-Menschlichen[53], an der Gefühlswerdung des Verstandes bzw. der Vernunft des Gefühlsmäßigen, konzipiert als Ersatz von Philosophie und Religion durch die wahre Kunst des Musikdramas (der dramatischen Musik, der er im Anschluss an Arthur Schopenhauer sogar den Vorrang einräumte). Dieses Bühnen(weih)festspiel blieb die Verwirklichung des Allgemein-Menschlichen, freilich nun als bewusst „erfundenes"

---

49 Vgl. dazu (als Interpretation von Wagners „Meistersingern von Nürnberg") *Dieter Borchmeyer*, Nürnberg als ästhetischer Staat, in: Festspielbuch Bayreuth 1998, 78 ff.

50 Dazu *Borchmeyer*, Gesamtkunstwerk, 1283 ff.

51 Dazu *Friedrich*, Kunstwerk. 198 ff.; *Theo Hirsbrunner*, Richard Wagners Konzeption des Festspiels. Innere und äußere Aspekte, in: Andraschke / Spaude, Welttheater, 130 ff.; *Lore Lucas*, Die Festspiel-Idee Richard Wagners. Regensburg 1973.

52 Dazu *Borchmeyer*, Gesamtkunstwerk, Sp.1284 ff.; *Carl Dahlhaus*, Wagners Konzeption des musikalischen Dramas. Regensburg 1971; *Friedrich*, Kunstwerk,·*Klaus Kropfinger*, Wagner – Van de Velde – Kandinsky, in.: Ulrich Müller u.a. (Hrsg.), Richard Wagner 1883-1933. Stuttgart 1984, 181 ff.; *Stefan Kunze*, Richard Wagners Idee des Gesamtkunstwerks, in: Helmut Koopmann / Josef Adolf Schmoll gen. Eisenwerth (Hrsg.), Beiträge zur Theorie der Künste im 19, Jahrhundert Bd.2. Frankfurt a. M. 1972, 196 ff.; *Ders*., Der Kunstbegriff Richard Wagners. Regensburg 1983; *Klaudia Preschl*, Richard Wagner. Glücksversprechen und Versagung. Diss. Wien 1987; *Eckhardt Roch*, Das Leben als Drama. Diss. Berlin-Humboldt 1983.

53 Dazu vgl. *Wolfram Ette*, Vom Ursprung weg und in den Ursprung. Zum Mythos bei Wagner und Thomas Mann, in: Claus-Steffen Mahnkopf (Hrsg), Richard *Wagner:* Konstrukteur der Moderne. Stuttgart 1999, 227 ff.; *Manfred Frank*, „Weltgeschichte aus der Sage". Wagners Widerruf der „Neuen Mythologie", in: Festspielbuch Bayreuth 1994, 16 ff.; *Schild*, Staat, S.32 ff.; *Petra-Hildegard Wilberg*, Richard Wagners mythische Welt. Freiburg 1996.

Kunstwerk, in dem aber eben das Wesentliche sinnlich dargestellt wurde: und so eine leiblich-sinnliche „Aura"[54] behielt. Für den Notstaat und seine kalte Rationalität und Starrheit/Steifheit, auch in der legitimierenden Begründung als Vertrag, blieb da nichts mehr übrig: außer die Anerkennung als notwendiger Wahn[55] und damit eben als notwendiges Übel (und für Wagner selbst blieb vielleicht persönlicher Zynismus[56]). Jedenfalls musste Abschied genommen werden von Schillers geschichtsphilosophischem Entwicklungsweg aus dem Naturstaat hin zum Staat der Freiheit.

Auch der älter gewordene Hegel unterschied in seiner philosophisch ausgearbeiteten systematischen „Enzyklopädie der philosophischen Wissenschaften" zwischen absolutem und objektivem Geist und ordnete Staat und Recht letzterem ein und ersterem unter[57]. Noch mehr: Der Notstaat fand seinen systematischen Ort in der bürgerlichen Gesellschaft, also in der Sphäre, in der sich jeder einzelne in seiner sich selbstbestimmenden Freiheit zum Prinzip nimmt, seine persönliche Freiheit aber nur durch Unterordnung unter die Gesetze erreichen kann. Dieser Staat der zwingenden Gesetze (der Rechtspflege) wurde von Hegel als Verstandesstaat, als äußerer Staat, als gesetzmäßiger Apparat charakterisiert: also genau in dem Sinne des kalten Apparates und Mechanismus. Hegel zog die Verbindung dieses Staatsverständnisses zum Juristenstand: denn dieser Rechts(pflege)staat war zu denken als die Ordnung der von Gerichten anzuwendenden Gesetze, ein Staat also - im Sinne der Reinen Rechtslehre

54 Dazu *Friedrich*, Kunstwerk.

55 Dazu vgl. *Schild*, Staat, 98 ff.

56 So *Martin Geck*, Von Beethoven bis Mahler. Stuttgart/Weimar 1993, 300 ff.

57 Zu der hier zugrunde gelegten Hegel-Interpretation darf verwiesen werden auf eigene Arbeiten: *Wolfgang Schild*, Sittlichkeit als politische Gesinnung des Staatszutrauens, in: Hegel-Jahrbuch 1988/1989), 158 ff.; Rechtswissenschaft oder Jurisprudenz. Bemerkungen zu den Schwierigkeiten der Juristen mit Hegels Rechtsphilosophie, in: Robert Alexy / Ralf Dreier / Ulf Neumann (Hrsg.), Rechtsphilosophie der Gegenwart. Archiv für Rechts- und Sozialphilosophie. Beiheft 44, Stuttgart 1991, 328 ff.; Menschenrechtsethos und Weltgeist Eine Hegel-Interpretation. In: Würde und Recht des Menschen, Festschrift f. Johannes Schwartländer. Würzburg 1992, 199 ff.; Die Legitimation des Grundgesetzes als der Verfassung Deutschlands in der Perspektive der Philosophie Hegels, in: Winfried Brugger (Hrsg.), Legitimation des Grundgesetzes aus Sicht von Rechtsphilosophie und Gesellschaftstheorie. Baden-Baden 1996, 65 ff.; Bemerkungen zum „Antijuridismus" Hegels, in: Gerhard Haney/Werner Maihofer/Gerhard Sprenger (Hrsg.), Recht und Ideologie in historischer Perspektive. Bd,. 2. Festschrift für Hermann Klenner. Freiburg, Berlin, München 1998, 124 ff.; Das Problem eines Hüters der Verlassung, in: Bernd Guggenberger / Thomas Würtenberger (Hrsg.), Hüter der Verfassung oder Lenker der Politik? Das Bundesverfassungsgericht im Widerstreit. Baden-Baden 1998, 13 ff.

Kelsens[58] – als die Rechtsordnung selbst, damit die als Sollen gesetzte Ordnung, wissenschaftlich als System zu erfassen. Dies ist freilich nur möglich, wenn der Rechtswissenschaftler mit einer „Grundnorm" voraussetzt, dass diese Gesetze des äußeren Not- und Verstandesstaates als Gegenstand des Sollens beschrieben werden (was zugleich bedeuten muss, dass dieses Sollen kein wahres verbindliches vernünftiges Sollen sein konnte, sondern nur der juristische Ausdruck für den Willen, der im wesentlichen effektive Macht war). Aus sich selbst heraus ist dieser Staat grundlos, nur abzuleiten aus der Not der bürgerlich-willkürlichen Freiheit aller einzelnen, die sich selbst verwirklichen wollen, dabei aber an die Grenze der anderen stoßen, weshalb sie sich an gemeinsame, vertraglich ausgehandelte Grenzen (und Zwangsgesetze) halten müssen.

Dieser Rechtsstaat der Juristen hat jedenfalls keinen Grund im Leben der Menschen – sondern nur im Denken der Theorie –, ist in strengem Dualismus des Seins und des Sollens von der Wirklichkeit des Zusammenlebens getrennt. Damit ist er auch getrennt von der Dimension des Sinnlich-Leiblichen[59], des Künstlerischen: zugunsten des rational-methodischen Diskurses der juristischen Konstruktion eines bloßen Sollens. Schon Luther wusste, dass diese Juristen schlechte Christen sind; konsequent weitergedacht, muss es heißen: sie sind – als Juristen – noch schlechtere Künstler (sofern sie nicht außerhalb ihrer Rechtswissenschaft in ästhetische Bereiche flüchten). Und jedenfalls ist klar, dass von daher der Titel dieses Aufsatzes nicht verständlich sein kann. Denn Staatsverfassung gehört für ein solches juristisches Denken in die rechtstheoretische Konstruktion des Sollens (etwa im Rahmen des Stufenbaus der Rechtsordnung) und hat mit dem wirklichen Leben der Menschen – gleichgültig, ob in oder außerhalb der Kunst – nichts zu tun.

Zu diesem Ergebnis kommt jedenfalls die Reine Rechtslehre als Theorie des äußeren Staates der bürgerlichen Gesellschaft! Doch findet sich bei Hegel eine

58 Dazu darf wieder auf eigene Arbeiten verwiesen werden: *Wolfgang Schild*, Die Reinen Rechtslehren. Wien 1975; Abstrakte und konkrete Rechtslehre. Zu den Schwierigkeiten eines Verständnisses der Reinen Rechtslehre Kelsens, in: Rechtsphilosophische Hefte 1 (1992), 91 ff.; Reine Rechtslehre und Strafrechtswissenschaft, in: Agostino Carrino/Günther Winkler (Hrsg.), Rechtserfahrung und Reine Rechtslehre. Wien/NewYork 1995, 59 ff.; „... weil nicht sein kann, was nicht sein darf". Sinn und Unsinn eines tiefsinnigen Gedichtes von Christian Morgenstern, in: Staat und Recht. Festschrift f. Günther Winkler. Wien/New York 1997, 965 ff.

59 Dazu vgl. *Wolfgang Schild*, Formen der Visualisierung des Rechts, In: Michael W. Fischer / Paul Hoyningen-Huene (Hrsg), Paradigmen. Facetten einer Begriffskarriere, Frankfurt a. M, 1997, 221 ff.

Dimension, die in gewisser Weise noch eine Vermittlung offenhält[60]: von der bürgerlichen Gesellschaft (und ihrem Staat) hin zum absoluten Geist (in Kunst, Religion und Philosophie): indem sie[61] diesen (an sich grundlosen) Staat der bürgerlichen Gesellschaft zurückführt auf einen Grund, der ihn an dem sonst eigentlich notwendigen Zerfall und Auseinanderfallen hindert und ihn als einheitliches Leben zusammenhält; auf einen Grund, den er - mit einem bekannt gewordenen Wort des Staatsrechtlers Ernst Wolfgang Böckenförde - selbst nicht herstellen kann, sondern voraussetzen muss. Hegel bezeichnet diesen Grund der Einheit des äußeren Staates als den inneren Staat, als den sittlichen Staat, der das gelebte politische Leben selbst ist in den Institutionen; und der damit nicht nur äußerer Zwangsstaat ist, sondern immer auch konkrete Freiheit darstellt, da in seinen sittlichen Verhältnissen (Familie, aber auch Korporation, Gemeinde; selbst in dem Sozialstaatsbemühen der „Polizey“) die Bürger sich inhaltlich selbstbestimmen und selbstbestimmt wiederfinden. Hegel stellt den Staat der bürgerlichen Gesellschaft – den äußeren Staat – und den sittlich-politischen Staat nicht nebeneinander, sondern bezieht sie aufeinander: letzteren als den Grund des ersteren, diesen als die (aus der bürgerlichen Gesellschaft abzuleitende) notwendige Form des Rechts(pflege)staates, der sein organisches Leben und seine konkrete Freiheitsdimension durch die sittlichen Bürger erhält, die sich in ihm engagieren und durch ihn rechtlich-freie Verhältnisse verwirklichen: als eine Welt der wirklichen Freiheit aller.

Dieses staatlich verfasste Zusammenleben in der vermittelten Einheit von äußerem und innerem Staat nannte Hegel „Staatsverfassung" und den objektiven Geist des sittlichen Lebens. Die Differenz zu Kunst, Religion und Philosophie ist gewahrt: der Staat steht immer auch in den Konflikten der bürgerlichen Gesellschaft, seine Gesetze sind immer auch Zwangsgesetze, die nur äußerlich verpflichten, Aber er verwirklicht auf der anderen Seite immer auch als sittliches Leben die konkrete Freiheit der Menschen, ist von daher die Welt der Freiheit, die Idee der Freiheit (als Einheit des Begriffs der Freiheit und dessen Realisierung im Dasein und als Dasein der Freiheit – wie Hegel den Rechtsbegriff bestimmt); und stellt damit den absoluten Geist in eben diesem äußeren Verhältnis dar - also noch als äußere Gestalt in der Welt (und ihrer geschichtlichen Entwicklung) - und somit nur, aber immerhin „an sich". Der Staat ist für Hegel deshalb nicht religiöser Gegenstand der Anbetung und Verehrung; aber er ist der Gott auf Erden (und damit in dieser – daher auch mit Zwang verbundenen – Äußerlichkeit der sich geschichtlich entfaltenden Welt die höchste

60 Dazu vgl. *Well*, Seele, 158 ff.

61 Zu dieser Hegel-Interpretation vgl. die in Anm. 57 genannten Arbeiten.

Gestalt der Freiheit). Ebenso muss es heißen[62]: er ist nicht ästhetischer Gegenstand der Bewunderung und Faszination, aber das Kunstwerk auf Erden (und damit ebenfalls in der oben angesprochenen Äußerlichkeit der geschichtlichen Welt). Jedenfalls ist er – als politisch-sittliche Staatsverfassung – lebendige (und damit wirkliche) Freiheit und damit als Handeln (und Wille) zu begreifen, was bedeutet: immer auch als Leibphänomen, als sittliche Gewohnheit, als erworbener und gelebter Charakter, als Gefühl der Rechtlichkeit, als Unmittelbarkeit des Zutrauens. „Geist" ist für Hegel nicht nur Intellektualität, sondern immer zugleich auch aufgehobene (und das heißt: aufbewahrte) Natürlichkeit; Hegel spricht von der Welt der Freiheit – die den lebendigen Staat der Freiheit ausmacht – als der „zweiten Natur“[63]. Daher steht dieser Staat auch in der Welt und ihrer Geschichte, ist Gestaltung des freien Willens, ist eine Welt der Freiheit, die erfahrbar ist: auch in gesetzlich sich verwirklichenden und daher geformten Handlungen, die an künstlerische Aktionen erinnern: ein „Theater (nur) des Rechts“. Die Nähe zum „ästhetischen Staat“ Schillers liegt auf der Hand!

Ob Hegel mit diesem dialektischen, Notstaatsapparat und sittliches Leben vermittelnden Staatsbegriff seine Zeit begriffen hat, ob dieser Staatsbegriff für uns heute und für unseren heutigen Staat weiter denkbar ist, soll hier nicht untersucht werden. Nur die Konsequenz der Hegelschen Staatsphilosophie sei noch genannt: dieser sittlich gelebte Staat, dieses staatlich verfasste politische Leben müsste erfahrbare gesetzlich geordnete Freiheit sein, in dieser Geordnetheit vergleichbar einem Kunstwerk (oder einem religiösen Ritual), jedenfalls sinnlich-leiblich als realisiertes Freiheitsverhältnis – als einheitliches Leihphänomen – erlebbar sein. Der „Geist" im Hegelschen Verständnis müsste – wie angesprochen – als die Aufhebung (und damit: Aufbewahrung) der leiblichen Sphäre spürbar[64] sein: als Geist einer Familie, die man in deren Wohnung besucht, als Geist einer Gesellschaft, deren Freiheitlichkeit der Bürger, aber auch der Fremde wahrnimmt als die Brust befreiend zu selbstbe-

---

62 Dazu vgl. *Annemarie Gethmann-Siefert*, Die Rolle der Kunst im Staat, in: Dies. (Hrsg), Welt und Wirkung von Hegels Ästhetik. Hegel-Studien Beiheft 27. Bonn 1986, 65 ff.; *Bruno Liebrucks*, Gibt es bei Hegel eine Philosophie der Kultur? in: Helmut Brackert / Fritz Wefelmeyer (Hrsg.), Naturplan und Verfallskritik. Frankfurt a. M. 1984, 148 ff

63 Dazu *Schild*, Lehre, 89 ff.

64 Zu diesem Begriff des „Spürens" in seinem Bezug zu den leiblichen Phänomenen vgl. das „System der Philosophie“ (ab 1964 in 10 Bänden) von *Hermann Schmitz*; zuletzt seine Arbeiten: Leib und Gefühl. Paderborn ²1992; Höhlengänge, Über die gegenwärtige Aufgabe der Philosophie, Berlin 1997; Der Leib, der Raum und die Gefühle. Ostfildern vor Stuttgart 1998. – Dazu vgl. *Michael Großheim* (Hrsg,), Leib und Gefühl. Berlin 1995; *Jens Soentgen*, Die verdeckte Wirklichkeit. Einführung in die Neue Phänomenologie von Hermann Schmitz. Bonn 1998.

stimmtem Handeln, als politische Kultur der staatlichen Ordnung, in der man sich befindet als mitbestimmender citoyen.

Ein seltsamer Gedanke, unverständlich für einen reinen Rechtsgelehrten des Sollens, verwirrend für den Alltagsbürger! Und doch finden sich in modernen Arbeiten Hinweise auf eine „politische Sinnlichkeit“[65], auf eine „politische Leiblichkeit“[66]; manche sprechen von der Visualisierung der politischen Macht[67], von der „Atmosphäre" einer Stadt[68] oder gar eines „Staates“[69], auch von der einer Wohnung[70]. Wenn man die diese Leiblichkeit ernstnehmenden Ansätze bei Hermann Schmitz oder bei Gernot Böhme weiterdenkt[71], kommt die „Aura“[72] als leiblich-spürbares Phänomen in Sicht. Im Begriff der „Einleibung“ bei Hermann Schmitz liegt die Möglichkeit, von einem gemeinsamen Leib - der mehrere „Körper" zu einem spürbaren Phänomen vereinheitlicht - auszugehen[73]. Ist es sprachliche Willkür oder Zufall, wenn im Zusammenhang

65 Vgl. *Reinhart Koselleck*, Politische Sinnlichkeit und mancherlei Künste, in: Sabine R. Arnold u.a. (Hrsg.), Politische Inszenierung im 20. Jahrhundert. Wien, Köln, Weimar 1998, 25 ff.

66 Vgl. *Birgit Sauer*, Politische Leiblichkeit und die Visualisierung von Macht. Der 40. Jahrestag der DDR, in: Arnold, Inszenierung, 123 ff.

67 Vgl. *Murray Edelman*, Politik als Ritual. Frankfurt a. M. 1916; *Gunter Gebauer / Christoph Wulf*, Mimesis. Kultur – Kunst – Gesellschaft. Reinbek l992, 147 ff.; *Ronald Hitzler / Thomas Kliche*, Zwischen Sozialtechnologie und Heiligkeit: Symbolpolitik und Symbolisierende Politik. Ein konzeptkritischer Feldbericht, in: Zeitschrift f. Politische Psychologie 3 (1995), 359 ff; *Ansgar Klein u,a.* (Hrsg.), Kunst, Symbolik und Politik. Opladen 1995; *Thomas Meyer*, Die Inszenierung des Scheins. Frankfurt a, M. 1992; *Herfried Münkler*, Die Visibilität der Macht und die Strategien der Machtvisualisierung, in: Gerhard Göhler (Hrsg.), Macht der Öffentlichkeit – Öffentlichkeit der Macht. Baden-Baden 1995, 213 ff. *Ulrich Sarcinelli*, Symbolische Politik. Opladen 1987; *Ders*., Mediale Politikdarstellung und politisches Handeln, in: Otfried Jarren (Hrsg.), Politische Kommunikation in Hörfunk und Fernsehen. Opladen 1994, 35 ff.; *Sauer*, Leiblichkeit; *Martin Warnke*, Politische Ikonographie. Hinweise auf eine sichtbare Politik, in: Claus Leggewie (Hrsg.), Wozu Politikwissenschaft? Darmstadt 1994, 170 ff.

68 Vgl. *Gernot Böhme*, Atmosphäre. Essays zur neuen Ästhetik Frankfurt a. M. ^{2}1997; *Ders*., Anmutungen. Über das Atmosphärische. Ostfildern vor Stuttgart 1998, 49 ff.

69 Vgl. *Karl Heinz Bohrer,* Nach der Natur. Über Politik und Ästhetik. München, Wien 1988, 9 ff.; *Martin Greiffenhagen,* Schöner Staat. Anmerkungen zu einer Ästhetik des Politischen, in: Michael Thomas Greven (Hrsg.), Politikwissenschaft als Kritische Theorie. Baden-Baden 1994, 317 ff

70 Vgl. *Schmitz*, Leib, Raum, 84 ff.

71 Vgl. *Michael Hauskeller*, Atmosphäre erleben. Berlin 1995.

72 Dazu vgl. *Friedrich,* Kunstwerk, 14 ff. (im Anschluss an Walter Benjamin); *Birgit Recki,* Aura und Autonomie. Zur Subjektivität der Kunst bei Walter Benjamin und Theodor W. Adorno. Würzburg 1988.

73 Vgl. *Schmitz*, Leib und Gefühl, 50 ff., 190 ff.

mit Einheit von „Ein-Klang", von „Überein-Stimmen", vom „Mit-Schwingen" geredet wird: und damit von künstlerischen (genauer: musikalischen) Phänomenen? Kann „Staat" auch in einem gemeinsamen Tanzen auf den Straßen oder auf niedergerissenen Mauern wirklich werden?

Freilich ist es – auch und gerade nach Hegel – notwendig, die Differenz von objektivem und absolutem Geist, von Staat und Kunst (und Religion) ernst zu nehmen; ja vielleicht wäre ein Begreifen, z.B. der nationalsozialistischen Herrschaft, möglich als Vermischung dieser Sphären[74] in einer Mythologie der Unfreiheit (die freilich nicht die Wagners war, sondern dessen Verfremdung und Missbrauch darstellte), mit einem möglichen Ergebnis, dass die Realisierung dieser politischen Gestalt weder wirklicher Staat noch wirkliches Kunstwerk war, sondern in beiderlei Beziehung nur realen Schein (als bloß künstliche Konstruktion) darstellen konnte[75]. Selbstverständlich würde diese Charakterisierung nicht nur die Differenz von „Wirklichkeit" und „Realität" (auch als Schein), sondern auch einen Kunstbegriff voraussetzen, der „künstlerisch" von „künstlich" unterscheiden könnte (was durch juristische Definition nicht erreicht werden kann).

So ist es heute wirklich schwer, den Titel dieses Aufsatzes zu verstehen.

---

74 Vgl. *Peter Reichel*, Der schöne Schein des Dritten Reiches. München 1991; *Rainer Stollmann*, Faschistische Politik als Gesamtkunstwerk, in: Horst Denker / Karl Prümm (Hrsg.), Die deutsche Literatur im Dritten Reich. Stuttgart 1976, 83 ff.; *Ders.*, Ästhetisierung der Politik. Literaturstudie zum subjektiven Faschismus. Stuttgart 1978. – So im Übrigen bereits Thomas Mann in seinem 1939 verfassten Essay „Bruder Hitler" (abgedruckt in: Ders., Gesammelte Werke in 13 Bänden. Bd. XII. Frankfurt a. M. 1960, 845 ff.), von welchem Ausgang auch das Verhältnis des Nationalsozialismus (als politischer Gestalt) zum Gesamt-Kunstwerk im Sinne Wagners diskutiert werden könnte.

75 Vgl. *Theodor W. Adorno,* Die Freudsche Theorie und die Struktur der faschistischen Propaganda, in: Psyche 24 (1970), 486 ff.

3.

Hegel und Wagner

Der Titel kündigt bereits an, dass es im Folgenden um einen Beitrag zur Ästhetik geht; in systematischer Absicht von einem Verfasser, der nicht „Fachmann" ist in dieser Disziplin – was immer dies heißen mag! –, der das Wagnis aber unternimmt, um Wolfgang Marx zu seinem Ehrentag eine Freude zu bereiten: nämlich mit ihm über „Ästhetische Ideen" in ein freundschaftliches Gespräch zu kommen.

Es geht um Georg Wilhelm Friedrich Hegel und Richard Wagner, die beide von Wolfgang Marx angesprochen, gelobt und gescholten wurden. Von Hegel sei

> von den vorliegenden [ästhetischen] Phänomenen vieles und vielleicht sogar das Wesentliche erkannt, „gesehen" worden, ohne aber in seiner sachlichen Bedeutung richtig gewertet, in seiner ganzen Tragweite für eine Bestimmung der Strukturen des menschlichen Geistes angemessen beurteilt worden zu sein[1];

und von Wagner sei der

> sichere Instinkt [zu bewundern], dem es klar gewesen sein muß, daß das Kunstwerk, das den Schlüssel der Kultur und die alle Schmerzen heilende, allbeseligende Kraft darstellen sollte, ein Gesamtkunstwerk zu sein hatte, das alle Regungen des Menschen ansprechen und auf ein Gemeinsames zu führen in der Lage sein mußte. Nicht bedacht aber hatte er in seinem Größenwahn, daß selbst große Leistungen in einzelnen Gebieten sich nicht einfach addieren lassen, daß selbst dann, wenn er ein großer Dichter und Maler gewesen wäre, die Realisierungen dieser Talente im Zusammenhang notwendig an eigener Wirkung verlieren müssen. Eine z.B. mittels der Kantischen Philosophie auf die Höhe der Zeit gebrachte Intelligenz wäre im übrigen nie auf die törichte Idee verfallen, Mythen anders als distanziert zu nehmen, gar solche zu produzieren[2];

und beide – Hegel wie Wagner – werden von Wolfgang Marx zitiert mit dem Hinweis auf das „[tote] Gebein", das einmal die formale Logik, dann der Rhythmus darstellen solle[3]. Es wird im Folgenden versucht, Hegel und Wagner in ihren ästhetischen Theorien wenigstens in Ansätzen aufzuarbeiten. Unter I. wird das Material für diese Untersuchung vorgestellt. Als II. wird sodann die jeweilige Bestimmung der Kunst in den Konzeptionen nachvollzo-

---

1 So *Wolfgang Marx*, Ästhetische Ideen. Bonn 1981, 118.

2 So *Marx*, Ideen, 37.

3 So *Marx*, Ideen, 119.

https://doi.org/10.1515/9783110689396-004

gen, die sich in erstaunlichem Sinne als sehr verwandt erweisen werden. Unter III. werden die doch wesentlichen Unterschiede herausgearbeitet: mit dem Vorzug der Ästhetik Hegels. Ein Ausblick unter IV. kommt auf das Problem des vollendeten Kunstwerks wenigstens zu sprechen.

I.

Diese Themenstellung bedeutet zweierlei: dass erstens auch Richard Wagner als Denker (ernst)genommen wird; und dass wir zweitens auch von Hegel eine philosophische Ästhetik haben. Beides ist nicht selbstverständlich und auch nicht einfach zu beantworten.

1.

Beginnen wir mit dem Älteren[4]. Original-Hegel stellen – abgesehen von den Passagen zur Kunstreligion in der „Phänomenologie des Geistes" (1805) – nur die kurzen Ausführungen zur Kunst in den drei Auflagen der „Enzyklopädie der philosophischen Wissenschaften" dar.

In diesem System der Philosophie geht es jeweils um eine Kunst, die als Gestalt des absoluten Geistes aufgefasst wird, genauer als eine der Religion zugehörende oder ihr zumindest nahestehende Gestalt. Die Heidelberger „Enzyklopädie" von 1817 spricht überhaupt in der Überschrift von der „Religion der Kunst" (§§ 456-464), die von der „geoffenbarten Religion" unterschieden ist und zudem auch von der „Philosophie", die nach § 472 die „Einheit der Kunst und der Religion" darstellt, indem sie nämlich das Wissen (der Begriff) der Kunst und der Religion ist. Die beiden, in diesen Punkten übereinstimmenden Berliner Enzyklopädien von 1827 und 1830 sprechen in der Überschrift nur mehr von „Die Kunst" (§§ 556-563), kennzeichnen aber die gesamte „Sphäre" des absoluten Geistes als „Religion" (§ 554) und gliedern diese in „Kunst", „geoffenbarte Religion", „Philosophie".

Wegen dieses Zusammenhangs mit den beiden anderen Gestalten des absoluten Geistes finden sich Ausführungen zur Kunst auch in Hegels Religions- und Philosophie(geschichts)philosophie. Bemerkenswert ist hier das im handschriftlichen Nachlass gefundene „Manuskript", das offensichtlich Hegels Vorlesungen zur Religionsphilosophie zugrunde gelegen hatte und nun veröf-

---

4 Zu den Quellen der Ästhetik Hegels vgl. *Annemarie Gethmann-Siefert*, Einleitung, in: Georg Wilhelm Friedrich Hegel, Vorlesungen über die Philosophie der Kunst (Berlin 1823). Hrsg. von Ders. Hamburg 1998, LI ff.

fentlicht wurde[5]. Darüber hinaus kann auch auf diese Nachschriften, aber auch auf die Nachschriften zu sonstigen einschlägigen Vorlesungen Hegels zurückgegriffen werden. Vor allem interessant sind die Nachschriften zu den Ästhetikvorlesungen – deren erste im übrigen im Brief Hegels vom 5.Mai 1820 an den Berliner Rektor als „Ästhetik, die sich zugleich auf Religionsphilosophie bezieht" angekündigt war[6] –, von denen ich drei benutzen konnte: die der Vorlesung von 1820/21 von Wilhelm von Ascheberg[7]; die der Vorlesung von 1823 von Heinrich Gustav Hotho[8]; und die der Vorlesung von 1828/29 von Karol Libelt[9]. Eine Nachschrift der Vorlesung von 1826 stand mir leider nicht zur Verfügung; doch werden in einem Aufsatz von Annemarie Gethmann-Siefert wenigstens einige relevanten Stellen aus solchen Nachschriften zitiert[10]. Schließlich können auch die Nachschriften der Vorlesungen Hegels über die Geschichte der Philosophie herangezogen werden, die ebenfalls neu editiert worden sind (und zu denen auch ein eigenhändiges Manuskript Hegels zur Vorlesung 1820 gehört)[11].

Nicht berücksichtigt wurde und kann werden das klassisch gewordene und von den meisten Hegel-Interpreten zugrunde gelegte Kompendium im Rahmen der Gesamtausgabe der Werke Hegels durch den Verein von Freunden des Verewigten, das der bereits genannte Heinrich Gustav Hotho 1835 und – in 2., gering veränderter Auflage – 1842 herausgegeben hat und das auch in der Suhrkamp-Ausgabe aufgenommen ist. Es ist heute unbestritten, dass diese

> vielgelesene und wirkungsmächtige *Ästhetik* Hegels in Wahrheit eine eigenwillige Kompilation des Hegelschülers Hotho darstellt – mit einer Systematik, die die tatsächlichen Intentionen Hegels, die man aus den wenigen Paragraphen der [„Enzyk-

---

5 Vgl. *Georg Wilhelm Friedrich Hegel*, Vorlesungen über die Philosophie der Religion. Hrsg. von Walter Jaeschke. Hamburg 1983.

6 So *Jaeschke*, Vorwort, in: Hegel, Vorlesungen über die Philosophie der Religion, Teil 1, X.

7 Herausgegeben von *Helmut Schneider* als: *G.W.F. Hegel*, Vorlesungen über Ästhetik (Berlin 1820/21). Frankfurt 1995.

8 Herausgegeben von *Annemarie Gethmann-Siefert* (vgl. Anm.4).

9 Deren Herausgabe geplant ist; ich danke Herrn Helmut Schneider für die freundliche Überlassung der ersten Transkriptionsfassung (und das Einräumen des Rechtes, daraus zu zitieren).

10 Vgl. *Annemarie Gethmann-Siefert*, Das 'moderne' Gesamtkunstwerk: Die Oper, in: Dies. (Hrsg.), Phänomen versus System. Bonn 1992, 165-230.

11 Vgl. *Georg Wilhelm Friedrich Hegel*, Vorlesungen über die Geschichte der Philosophie. Teil 1. Hrsg. von Pierre Garniron/ Walter Jaeschke. Hamburg 1994.

> lopädie"] und den erhaltenen Vorlesungsnachschriften mühsam erschließen muß, nur sehr bedingt wiedergibt[12].

Insgesamt kann festgehalten werden, dass die heute einsehbaren Quellen doch ein zuverlässiges Bild der philosophischen Ästhetik Hegels ermöglichen.

2.

Für Wagner ist die Situation gerade umgekehrt. Er hat viel geschrieben, nicht immer stimmig (d.h. mit seinem künstlerischen Werk übereinstimmend), obwohl er den Anspruch erhob, zu seinen ästhetischen Theorien durch Reflexion auf sein eigenes Schaffen gekommen zu sein. Es ging ihm um eine Ästhetik, die seine Kunst begreifen konnte und sollte und damit als notwendig, als die einzig richtige / wahre Kunst rechtfertigen und begründen sollte. Die Schwierigkeit einer Wagner-Interpretation besteht nun nicht nur darin, dass die Sprache seiner Ausführungen oft schwülstig, weitschweifend, übertreibend (bis hin in die fortwährenden Superlativ-Wendungen), in der Begeisterung oft widersprüchlich sind; sondern dass er seine Theorie im Laufe seines Lebens und Schaffens verändert hat.

In den sog. ästhetischen Zukunftsschriften um 1850-1852 ging es ihm um das „Kunstwerk der Zukunft", das nur möglich sei auf den verrauchten Ruinen der geistlosen und daher kunstlosen, nur künstlichen Schein-Gesellschaft (für deren Zerstörung er sich als 1849 als anarchistischer Revolutionär engagiert hatte, weshalb sich auch diese Zukunftsschriften bruchlos an die sog. Revolutionsschriften von 1848/1849 anschlossen). In der Abhandlung „Oper und Drama" (1850/51) stellte er diese seine Konzeption eines (bzw. dieses) „Dramas der Zukunft" vor, das in der Einheit von (verstandener) Textdichtung, (gefühlter) Tonsprache und (erlebter) Gebärde / Szene – von Wagner-Interpreten oft als „Gesamtkunstwerk" bezeichnet – Verstand und Gefühl der Menschen, also sie in ihrer sinnlich-geistigen Ganzheit, ansprechen sollte und wegen des Zusammenspiels aller einzelnen Künste in der Aufführung auch könnte. Dieses Kunstwerk der Zukunft sei aber – so Wagner in Beziehung auf sich selbst – bereits gegenwärtig lebendig: nämlich im künstlerischen Genie selbst. Gegenstand (Inhalt) dieses Kunstwerkes konnte nur das Drama des Menschen sein: sein Leben und Sterben als Handlung der allgemeinen Menschheits- (als Gattungs-)liebe, deren Aufführung Künstler – ursprünglich noch als Genossenschaft gedacht – und Publikum (als Teilnehmende) in ihrem

---

12 So *Herbert Schnädelbach* im Vorwort zu dem von ihm herausgegebenen Buch: Hegels 'Enzyklopädie der philosophischen Wissenschaften' (1830). Ein Kommentar. Frankfurt 2000, 14.

Innersten berühren und zur (liebenden) Nachfolge bringen sollte. Für dieses Ziel kamen historische Stoffe nicht in Betracht, sondern nur eine Dichtung des Reinmenschlichen, die Wagner als „Mythus des Volkes“ bezeichnete.

In der „Beethoven“-Schrift (1870) legte Wagner die Musiktheorie Arthur Schopenhauers zugrunde und sah das Grundlegende / Begründende des Kunstwerks in einer transzendenten (außerhalb von Raum und Zeit tönenden, daher auch unhörbaren) Musik, die sich durch Vermittlung des künstlerischen Genies – vergleichbar dem Traum und seiner Deutung – in hörbaren Klängen zu den dramatischen Szenen verwirklichte (und damit sich dem Geschehen in Raum und Zeit hingab) und dann weiter sich in Wortsprache verdichtete. Das Kunstwerk war damit ein dramatisches Geschehen auf der Bühne, dessen Handlungsszenen als „ersichtliche Taten der Musik“ zu begreifen waren. Diese Ästhetik war vereinbar mit der Religionstheorie Wagners, die – ebenfalls unter Aufnahme von Ideen Schopenhauers – ein außer Raum und Zeit zu denkendes Göttliche postulierte, das sich in die Realität und damit in den Leidenszusammenhang alles Weltlichen einließ: in dem menschlichen, d.h. menschgewordenen Erlöser und Heiland, der am Kreuz sein Blut vergossen hatte. Dieser Heiland konnte – als transzendent Göttliches – nicht selbst leiden; sein Leiden und Sterben war daher nur als Mitleiden, nämlich: als Mittragen (Übernehmen) des Leidens der Welt (der Menschen und alles sonst Lebenden, also auch der Tiere und Pflanzen) zu begreifen; und damit ebenfalls als Liebe, die aber nun (in strengem Gegensatz zur begehrenden Geschlechtsliebe) als diese mitleidende Liebe zu verstehen war. Wagner sah in dieser Erkenntnis der Nichtigkeit der Welt, die aufgrund ihres Ausgeliefertseins an die Gattung in lebendes Begehren und Tod als Leiden(szusammenhang) zu begreifen war, die Wahrheit der Religion (als solcher, zu der er vor allem das nicht-kirchlich-dogmatische Christentum und den Buddhismus zählte). Das Kunstwerk als die sich hingebende und sich in dramatischer Verdichtung ersichtlich machende Musik war konsequent der adäquate, sinnlich-geistige Ausdruck dieser religiösen Vorstellung, daher nach Wagner wahr, aber zugleich – etwa als das Kunstwerk „Parsifal“ – die künstlerische Erfindung des Genies: eben als wahre Kunst, aber nicht als Wirklichkeit des alltäglichen Lebens. Das aufgeführte Kunstwerk ereignete sich daher nur als religiös-ästhetisches Fest, das herausgehoben war aus dem Alltag, ein „Bühnenweihfestspiel“, das Künstler wie teilnehmendes Publikum zu einer in mitleidender Liebe verbundenen Kunstgemeinde vereinigte und vereinigen sollte: in Nachfolge des ganzheitlich erlebten Dramas auf der Bühne des Festspielhauses.

Damit schloss sich zugleich der Kreis zu den ersten Schriften Wagners. Dieses religiös-ästhetische Fest sollte zwar nicht mehr - wie früher anarchistisch propagiert und revolutionär gefordert - an die Stelle des Staates der bürgerlichen Gesellschaft treten und eine staatslose Gemeinschaft aller Menschen in Liebe und Schönheit darstellen, aber doch den Keim zu der allmählichen politischen Umgestaltung des Zusammenlebens hin zu einer solchen Gemeinschaft bilden.

Soweit ein erster Überblick, der zeigen sollte, dass jedenfalls diese Ästhetik des „denkenden Künstlers“ Wagner – so seine Selbstbezeichnung – durchaus als eigenständiger, systematischer Entwurf ernstgenommen und auf einheitliche Thesen („Ideen“) befragt werden kann. Dabei werden seine Schriften nach der Jubiläumsausgabe von 1983 zitiert[13].

II.

Das bisher Gesagte stellt klar, warum Hegel und Wagner überhaupt miteinander verglichen werden können. Beide vertreten einen absoluten Kunstbegriff.

1.

Für Hegel ist die Sphäre der Kunst eine Gestalt des absoluten Geistes: d.h. des Geistes, der sich nicht mehr in einem Anderen findet (als objektiver Geist in den rechtlichen Verhältnissen der Personen zueinander und zur Natur), sondern der sich nun selbst zum Gegenstand macht und hat. Deshalb ist der Geist in dieser Sphäre nur bei sich und damit wirklich frei; deshalb ist sie die wahre Gestalt des Geistes.

Für den einzelnen Menschen als subjektiven Geist bedeutet dies, dass er in dieser Sphäre sein Wesen verwirklicht findet, die Wahrheit seiner Natur als eines sinnlich-geistigen Individuums erkennt und genießt. Darin übersteigt der Einzelne seine besondere Begrenztheit, wird allgemein und damit wirkliches „Individuum“ als individualisierte Menschheit selbst, wird wahrer Mensch. Was nur deshalb möglich ist, weil das Wahre selbst sich in dieser Weise verwirklicht, damit auch vermenschlicht, Mensch wird. In der Sphäre der Kunst gestaltet sich als dieser Prozess der Menschwerdung/ Verendlichung das Absolute selbst, das Wahre, das das Göttliche ist, die Idee (im philosophischen – nicht alltagssprachlichen – Sinne). Der einzelne Mensch erkennt sich in dieser Sphäre als göttlich: nämlich als dieses Göttliche, das sich in ihm verendlicht, (selbst)bewusst wird, zugleich aber sich in ihm wieder findet: als absolu-

---

13 Vgl. *Richard Wagner*, Dichtungen und Schriften. Jubiläumsausgabe in zehn Bänden. Hrsg. von Dieter Borchmeyer. Frankfurt 1983. – Zitiert wird der Band mit römischen, die Seitenangabe mit arabischen Ziffern.

ter Geist. Der Zusammenhang zur (christlichen) Religion ist offensichtlich, die Unterscheidung dieser beiden Gestalten des absoluten Geistes daher schwierig.

a) Zunächst ist die Vorlesung des Wintersemesters 1820/21 in der Nachschrift bzw. Nachbearbeitung des Berliner Jurastudenten Wilhelm von Ascheberg zu betrachten und wegen ihrer Bedeutung ausführlich vorzustellen. Denn in ihr wurden sowohl das soeben Gesagte ausführlicher – und auch systematisch durchdachter als in der Heidelberger „Enzyklopädie" von 1817 – als auch dieses Abgrenzungs- und Bestimmungsproblem dargestellt.

Danach geht es von vornherein (nur) um die „Kunst in der höchsten Idee, selbst in Verbindung mit Philosophie und Religion" (S.21). Diese „Ansicht über Kunst fällt zusammen mit der Ansicht in der Philosophie, und daher ist die neue, wahre Ansicht der Kunst entstanden", nämlich zunächst mit der Philosophie Kants, die bei der Frage nach dem „letzten Standpunkt", nach der Möglichkeit der Erfassung des Göttlichen, Ewigen auf „die sich auf sich selbst beziehende Vernünftigkeit, das sich wissende Selbstbewußtsein, welches in sich frei, absolute vernünftig ist" verweist (S.24+25). Hegel wiederholt die bekannte Kant-Kritik an dessen Moralphilosophie, die zu der Zwei-Welten-Theorie geführt habe: „Der Mensch ist dies Amphibion, das zweien Welten angehört, einer geistigen, und einer sinnlichen; einerseits ist er ein freies Wesen, andrerseits der Natur unterworfen; der Mensch findet sich hin und hergeworfen zwischen diesen 2 Welten". Hegel anerkennt, dass dieser Gegensatz „wirklich im Menschen hervor[tritt]"; doch könne das philosophische Denken bei diesem Gegensatz nicht stehenbleiben, sondern müsse nach der Einheit streben:

> Einerseits muß [der Gedanke] an die Wahrheit dieses Gegensatzes glauben, andrerseits muß er aber auch sehen, daß diese beiden [Gegensätzlichen] nicht selbständig für sich seyn können; daher strebt er nach Vereinigung derselben, und dies ist ... der Wendepunkt in der jetzigen Philosophie (S.25).

Hegel zitiert Schiller, Goethe, die beiden Schlegel und Schelling als Vordenker zu seiner eigenen Philosophie, die er dann an der Frage nach dem „wahrhaften Endzweck der Kunst" entwickelt. „Wahrheit" dürfe nicht in dem formellen Sinne des Alltagsverständnisses aufgefasst werden: als inhaltliche Übereinstimmung eines Daseins mit der Vorstellung:

> Die Philosophie hat es mit dem Inhalte selbst zu thun. Sie fragt: Was ist an und für sich wahr ? ... Das Wahre ist die Einheit des Begriffs und der Realität; die Realität ist dem Begriffe so untergeordnet, daß sie nur die Darstellung des Begriffs ist; sie verhält sich zum Begriffe so, wie sich der Leib zur Seele verhält. Es kann nun eine Menge Dinge geben, die im vulgären Sinne wahr, im philosophischen Sinne aber unwahr sind. So z.B. ist ein schlechtes Haus im ersten Sinne wahr; es <u>ist</u> ein schlechtes Haus ... Im philosophischen Sinne ist aber ein schlechtes Haus ein un-

wahres Haus; denn es entspricht nicht dem Begriffe, Zwecke eines Hauses. - Das Wahre ist in diesem Sinne [aber] selbst noch formell: denn die Realität soll dem Begriffe ADAEQUAT seyn; man fragt aber nach dem Inhalte des Begriffs, also ist der Begriff selbst noch Form (S.29).

Philosophisch müsse aber dieser Inhalt des Begriffs thematisiert werden; mit der Konsequenz:

Das philosophisch Wahre ist die Einheit des Begriffs und der Realität. Nun kann man sich vorstellen, es gäbe viele solche Einheiten, die aus der Übereinstimmung zweier Vorstellungen entstünden. Man muß aber bemerken, daß Begriff und Realität [selbst, W.S.] allgemeine Vorstellungen sind, auf die sich alle mögliche[n] denkbare[n] Bestimmungen reduzieren lassen. Das Wahre umfaßt also die allumfassende Idee, oder die Definition des Göttlichen. Das Wahre ist ... das Göttliche selbst. Alles Ungöttliche, Zeitlichkeit, und Weltlichkeit fängt damit an, daß diese beiden, Begriff und Realität, nicht in Uebereinstimmung sind. So also enthält das Göttliche selbst das Prinzip der Endlichkeit, die es aber wieder durch Setzen der Unterschiede zur Einheit zurückführt. Diese aus der Göttlichkeit entspringende Endlichkeit ist die Schranke der Göttlichkeit selbst. ... [Das] mit sich vollkommen Zusammenstimmende ist das, was sich selber denkt; denn der Begriff, das Subjektive, hat sich selbst zum Gegenstande, macht sich selbst objectiv; seine Realität ist das Denken, der Begriff selbst. Dieses ist also die höchste Idee. ... Dieser Begriff ist auch der Begriff der <u>höchsten Freiheit</u>; denn Unfreiheit ist da, wo ich mich zu einem Andern verhalte, mit einem Fremden in Beziehung bin. Der Begriff verhält sich aber zu sich selbst, er setzt sich als seinen Gegenstand, nicht ein Fremdes; also ist die größte Freiheit da. Das Denken ist auch die größte Allgemeinheit; denn es umfaßt alles, jeder Gegenstand erscheint ihm als ein von ihm Gesetztes, als seine eigene Besonderheit; es ist zugleich auch der höchste Genuß, sich selbst zu wissen. Das Denken hat sich selbst zum Gegenstande, denn wenn es einen Gegenstand denkt, so ist dieser ein Gedachtes; so hat also das Denken sich selbst zum Gegenstande, ist bei sich, nicht bei einem Andern. Damit das Denken sich zum Gegenstande habe, eben deßhalb muß es Gegenstand seyn, es darf nicht bei der Einheit bleiben, es muß seine Unterschiede setzen, um dadurch wieder zur Einheit zurückzukehren. ... Das Wahre muß seine Unterschiede setzen zu seiner Darstellung, zu der Darstellung seines Begriffs. Die Darstellung, Offenbarung des Wahren ist aber das Schöne. Es ist das Interesse des Geistes, das Wahre zu fühlen, eine Vorstellung davon zu haben, es zu denken. Das Wahre ist die Substanz des Geistes; es zu wissen, ist das Verhalten zu seiner Substanz; dies ist die größte Einheit mit sich, seine Befriedigung“, genauer: das Wissen dieser Befriedigung, bei dem „schon eine Beziehung meiner Subjectivität auf [die] erreichte Objectivität statt[findet] (S.30+31).

Damit hat Hegel die Sphäre der Kunst als einer Gestalt des (absoluten) Geistes erreicht, wie sie (auch) in der 1817 erschienenen Heidelberger „Enzyklopädie“ als „Gestalt der Schönheit“ (§ 459) dargestellt war. In den Worten von Ascheberg:

Das Göttliche ist ... selbst das Wesen des Geistes; also strebt er, sich selbst zum Gegenstande zu haben. – Hiermit ist ... die abstracte Bestimmung der höhern Sphäre ... angegeben. Diese Sphäre besteht aus 3 Gestalten, welche zusammen zur Erreichung der Erkenntniß des Wahren hinarbeiten. Diese 3 sind: <u>Kunst</u>, <u>Religion</u>, und Philosophie. – Wir haben eben den gemeinsamen Standpunkt dieser 3 Gestaltungen angegeben; nun ist noch ihr Unterschied und ihr Verhältniß gegen einander zu erläutern. Der kurz bestimmte Unterschied ist folgender: Die Kunst bringt das Göttliche, Wahre zur Darstellung, entweder für die sinnliche Anschauung, oder für die Vorstellung, also in jedem Falle für die unmittelbare Vorstellung" (S.33).

Dagegen sei die Religion die subjektive Seite, in der das Gefühl das Göttliche in sich wisse und erkenne, dass sein Wesen selbst das Göttliche sei. „Die Religion belehrt uns, wie die Kunst; sie belehrt uns aber nicht in Bildern, sondern in gedachten Vorstellungen, Gedanken" (S.33). Hegel geht auf den Zusammenhang von Kunst und Religion ein:

> Die Kunst bedarf ... der Religion; die äußerliche Weise der Kunst ist erst beseelt, belebt durch das Gemüth, worauf sie wirkt, sie hat nur ihre Lebendigkeit im Geiste, in dem sie anschauenden, wissenden Gemüthe und Geiste. Diese Seite ist also die religiöse Seite an der Kunst, die Beziehung, in der sie mit der Religion steht. Es ist die Religion, die zur Kunst nöthig ist (S.34).

Schließlich kommt Hegel zur Philosophie als der 3. Gestalt des (absoluten) Geistes. Sie habe denselben Inhalt wie die beiden ersteren – nämlich das Wahre zu wissen –; sie reinige aber diese beiden Formen der Darstellung des Wahren, indem sie beide in sich vereinige:

> In der Kunst ist die Weise der Äußerlichkeit, weil diese aber die Idee des Göttlichen nicht festhalten kann, so zerfällt diese in dieser Äußerlichkeit. Dieser Mangel ist im Denken aufgehoben. Eben so fällt bei dem Denken auch der Mangel weg, der durch die Subjectivität in der Religion sich findet. Denn die Subjectivität hüllt die Bestimmtheit ein, hemmt die Entwicklung, concentrirt zu sehr die Bestimmungen, die in der Äußerlichkeit der Kunst wieder zu sehr ausfloßen. Die Subjectivität im Denken ist aber das reine Ich, entkleidet von diesem einhüllenden Concentriren. Die Subjectivität im Denken ist zwar auch ein Concentriren, aber weil es das reine Concentriren ist, so ist es die allgemeine Subjectivität, der Raum für die Entwicklung der Idee. Das Denken, die Philosophie, reinigt also die beiden Formen der Kunst und der Religion, das Objective und Subjective (S.35).

Damit kann Hegel den Begriff der Kunst als Gestalt des (absoluten) Geistes festhalten: „Die Kunst stellt ... den absoluten Begriff der sinnlichen Anschauung durch ein sinnliches Material dar" (S.35).

> Wir wissen nur etwas, in so fern es uns Gegenstand ist; die Kunst hat ... den Zweck, den noch nicht gewußten Begriff zum Bewußtseyn zu bringen. Das Subject ist noch mit dem Begriffe, der objectiviert werden soll, verbunden, ist nicht frei; wenn dieser Stoff nun, der in ihm schwillt, in ihm eine Ahnung ist, eine Sehnsucht, zum Bewußtseyn gebracht wird, ist dies ein Befreien des Subjects. Frei bin ich, wenn ich Ich für mich bin, wenn aller Inhalt abstrahirt ist. ... Wenn aber die Ahnungen, dieses Treiben noch in mir ist, so bin ich noch nicht frei; denn ich bin noch erfüllt mit diesem Inhalte, ich bin gebunden, gefesselt an den Inhalt. Der in sich gärende, ahnende, fühlende Geist ist noch in der Weise eines Naturwesens, in der Weise des sich noch nicht wissenden Geistes; diese Befreiung ist die Sache der

> Kunst. ... Dadurch, daß dieser Inhalt [der Ahnungen, Gefühle] zu einer Bestimmtheit kommt, objectiv wird, dadurch geschieht es, daß mein Begriff überhaupt bestimmt, meine Erkenntniß eine bestimmte wird. Im Anfange wird diese Objectivirung dürftiger ausfallen, und eben darum wird das Gebilde abstracter seyn, das mir zum Bewußtseyn gebracht wird; es wird nur unvollkommen dem entsprechen, was mir im Gemüthe ist. Je höher die Kunst steht, desto mehr wird das, was mir im Gemüthe ist, zur Darstellung, Erkenntniß gebracht. Die Kunst enthüllt dem Menschen das Göttliche (S.36+37).

Diese Darstellung des Wahren / des Göttlichen ist – wie bereits auch in der Heidelberger „Enzyklopädie" gesagt (§ 459) – das Schöne. Nun könne aber dieses Wahre nur durch das Begreifen wahr sein; daher müsse auch das Schöne begriffen werden. „Die Region des Schönen muß freilich ganz was anderes seyn, als die Region des Begriffs; denn die Form des Schönen ist das Sinnliche; die Form des Schönen ist das Sinnliche; die Form des Begriffs, das Geistige, der Gedanke" (S.47). Genauer

> ist [das Schöne] das Wahre in äußerlicher Existenz, in sinnlicher Vorstellung, aber so, daß diese sinnliche Vorstellung gehalten ist von ihrer Seele, daß die Unterschiede nicht selbstständig sind. Das Universum ist auch das Wahre, aber nur das Wahre an sich; es nimmt die Form des Auseinandergehens an, der Zerstreutheit; der denkende Geist sammelt dieses Zerstreute, und erkennt das Wahre; so wird also das Universum auch für ihn das Wahre. Die Natur und der endliche Geist sind also nur an sich wahr; diese Wahrheit an sich erscheint aber nicht an ihnen; bei dem Schönen erscheint aber auch die Wahrheit an der Äußerlichkeit. Hier sehen wir, daß „Scheinen" keineswegs ein so unbedeutender, inhaltloser Ausdruck ist, wie man im gemeinen Leben zu gebrauchen pflegt. Denn Schön kommt her von Scheinen; d.h. der Begriff kommt auch zum Scheinen. Gott muß sich äußern, muß zum Scheinen kommen; sonst ist er nur das Abstractum, nicht die innere Wahrheit. Im Schönen ist das Seyn als Schein gesetzt; denn der Begriff dringt durch die Äußerlichkeit hindurch, scheint. Also steht das Scheinen höher als das Seyn; denn erst durch dieses Hervortreten an die Äußerlichkeit erhält das Wesen ein Seyn, d.h. es scheint; also ist die Wahrheit selbst dies Scheinen (S.49).

Hegel zieht die Konsequenz für das menschliche Subjekt in seinem Verhältnis zu dieser Religion der Kunst.

> Wenn ich einen Gegenstand schlichtweg betrachte, so betrachte ich ihn so, daß er meinen Zwecken diene, daß ich das Wesentliche, und das Object das Dienende sey. Bei Betrachtung des Schönen hebe ich aber meine subjectiven, endlichen Zwecke auf; der Gegenstand ist nicht das Zwecklose, das erst durch mich seinen Zweck erhält, sondern sein Zweck ist in ihm selbst, das Schöne ist selbst Zweck, ist frey; an ihm selbst ist die Selbstständigkeit, Entwicklung seiner Bestimmungen. Dadurch ist ... die theoretische Endlichkeit des Schönen aufgehoben; denn diese [besteht] darin, daß das Object in mannichfaltigem Zusammenhange mit anderen außer ihm [steht]. Indem das Schöne aber der Begriff selbst ist, so ist die Mannichfaltigkeit des Bestimmens seine eigene Form, seine sich auf sich beziehende Mannichfaltigkeit; die Mannichfaltigkeit seiner Bestimmungen ist in ihm zurückgebogen, daher ist es unendlich. ... Eben so ist die Betrachtung des Schönen

die Betrachtung eines liberalen, freymüthigen Subjects; es begehrt nicht, es hat kein Wollen gegen das Object, es läßt dasselbe gewähren. So ist also das Subject frei, denn die Unfreiheit liegt in den Zwecken, Begierden. Auch haben wir bei Betrachtung des Schönen nicht den höhern Zweck des Guten; denn das Gute, die Pflicht, in sofern es noch Zweck ist, vollbracht werden soll, ist immer noch etwas Subjectives in mir, das ... noch nicht in die Wirklichkeit getreten ist, also noch was Begrenztes. Indem ein Gegenstand für mich schön ist, ist die Betrachtung dieses Schönen die Betrachtung des realisirten Begriffs, der Wahrheit, welches auch mein Wesen ist; also ist das Schöne nichts Fremdes für mich. Ich verhalte mich zwar zu dem Schönen, aber nicht als zu einem Andern, sondern zu meinem Eigenen, meinem Wesen (S.53+54).

Wir „[erblicken] in dem Schönen die Natur unseres eigenen Wesens", „wir erkennen uns selbst darin" (S.57). Ist doch das Göttliche die Wahrheit unseres Wesens ! In diesem Sinne kann Hegel dann auch schreiben, dass das wahre Kunstwerk „den Menschen als Menschen zum wesentlichen Zwecke haben [muß]" (S.92): „der Inhalt muß stets das reine Menschliche seyn" (S.99; ähnlich S.104), nämlich „das Substanzielle im Menschen und seinem Leben" (S.105). Deshalb „soll sich [das Kunstwerk] auch uns zukehren, wir sollen darin einheimisch seyn" (S.96).

Soweit die Darstellung der Kunst in der Vorlesung 1820/21, wie sie Ascheberg nachgearbeitet und aufgeschrieben hat.

b) Kurz ist auf die späteren Quellen der Hegelschen Ästhetik hinzuweisen; dabei können einige Klarstellungen bzw. Veränderungen angemerkt werden.

Die zeitlich nächste Quelle ist das „Manuskript" für die Vorlesung über die Philosophie der Religion (aus 1821).

In ihm hält Hegel (zunächst) an diesem Zusammenhang von Kunst und Religion fest: „[Ihr] Inhalt – das, was für das Bewußtsein ist – ist derselbe"; „Kunst ebenso Religion - und Kunst für sich einseitig, ohne Religion ... Religion *als* Religion der Kunst" (S.143); beide Sphären beruhten auf dem „religiösen Standpunkt", in beiden gehe es um die geistige Wahrheit. Doch wird nun der Unterschied in der Form (d.h. in der Bestimmung der Weise des Bewusstseins von diesem Inhalt) nun deutlicher herausgestellt: die Kunst beruhe auf dem Interesse, die geistige Idee (das Göttliche) zunächst für die unmittelbare Anschauung darzustellen, weshalb sie „anschauendes Bewußtsein" sei (und nicht bloße Empfindung); dagegen sei die Religion für sich die subjektive Seite im Element des Selbstbewusstseins, weshalb ihr die Vorstellung überhaupt wesentlicher, die Vorstellung unterschieden vom Bild, [ist]; Bild sinnlich aus dem Sinnlichen, Mythos; Vorstellung das Bild in seine *Allgemeinheit* erhoben, Gedanke, gedankenvoll – Form auch für Gedanken. ... Religion so das Vorhandene, das Innere, Tiefe, ... in der *Form des einfachen Gedankens* –

Gott, Seele, Welt“ (S.147 f.). Kunst sei somit die Religion, die am Bild orientiert ist: „das Bild nimmt seinen Inhalt aus der Sphäre des Sinnlichen und stellt ihn in der unmittelbaren Weise seiner Existenz, in seiner Einzelheit und in der Willkürlichkeit seiner sinnlichen Erscheinung dar“; Religion sei orientiert an der Vorstellung: diese

> ist ... das Bild, wie es in der Form der Allgemeinheit, des Gedankens erhoben ist, so daß die eine Grundbestimmung, welche das Wesen des Gegenstandes ausmacht, festgehalten wird und dem vorstellenden Geiste vorschwebt. Sagen wir z.B. „Welt“, so haben wir in diesen einen Laut das Ganze dieses unendlichen Reichtums versammelt und vereinigt. Wenn das Bewußtsein des Gegenstandes auf diese einfache Gedankenbestimmtheit reduziert ist, so ist es Vorstellung, die zu ihrer Erscheinung nur noch des Wortes bedarf (S.147 f. Anm.).

Nun könne es auch eine Religion geben, die ihre Vorstellungen bildlich ausdrücke; also eine „Religion, deren Anschauung wesentlich in Weise der Kunst ist“ (S.147). Und umgekehrt könne die Kunst als anschauende Religion mit der bloßen Äußerlichkeit eines gegenständlichen Kunstwerks nicht auskommen. Die Idee, die das Kunstwerk darstellt,

> existiert als solche nur im anschauenden, subjektiven Bewußtsein; es gehört eine Gemeinde dazu, welche das Dargestellte *wisse*, vorstelle als die substantielle Wahrheit – und ferner der Kultus überhaupt, daß auch diese Vorstellung nicht ein Äußerliches bleibe, sondern das Selbstbewußtsein eben die Äußerlichkeit ... aufhebe und sich das bewußte Gefühl, im Gegenstand *sein* Wesen zu haben, gebe. Dies ist aber die *Religion* selbst. ... Die Religion und die Kunst *integrieren* auf diese Weise einander, ... so daß die Kunst - die absolute - nicht ist und sein kann ohne Religion und sie nur die objektive Darstellung in sinnlicher Anschauung oder Bild, Mythen, des religiösen Inhalts ist. ... Die Religion ... ist dann *diese Totalität beider selbst*“ (S.145 ff.).

Auf das nähere Verhältnis dieser beiden Sphären wird unter III. noch näher eingegangen.

In ähnlicher Weise wird das Verhältnis von Kunst und Religion in den Vorlesungen über die Geschichte der Philosophie angegeben, die Hegel in Heidelberg 1816/17, 1817/18 und dann in Berlin 1819, 1820/21, 1823/24, 1825/26, 1827/28, 1829/30 gehalten hat (vgl. S.68, 70, 82, 180, 252, 263, 297, 334). Doch steht hier der Unterschied der Kunst zur Philosophie im Vordergrund, wobei Hegel deutlicher als sonst die „Kunst in ihrer wahrhaften Würde“ anspricht, die er von der „bloß nachahmenden“ und der „bloß ergötzenden“ unterscheidet (Vorlesung 1819, S.126):

> Die wahre Kunst ist ... wesentlich ein Intellektuelles. In sich muß der Künstler die Abstraktion von allem äußerlich Gegebenen machen, eben wie der Philosoph. Sie erfaßt die ewige Idee, aber nicht in der Form der Innerlichkeit, sondern in Gestal-

> ten für die Anschauung, also in einem Element, das nicht das der Philosophie ist (S.126; vgl. auch S.334).

Auch in der Ästhetik-Vorlesung 1823, die in der Nachschrift von Hotho überliefert ist, steht das Verhältnis der Kunst zur Philosophie im Vordergrund.

Danach hätten beide ihren Grund darin, dass der Mensch ein denkendes, bewusstes Wesen sei, damit zugleich die Form für das Göttliche: „Im Geist hat das Göttliche die Form, ein Bewußtes und vom Bewußtsein hervorgebracht worden zu sein. Nach dieser Seite geht das Göttliche durch das Medium des Bewußtseins durch", weshalb auch das Kunstwerk letztlich Gotteswerk sei (S.12). Wie die Intelligenz lasse auch die Kunst die Gegenstände frei sein, sei eine freie Betrachtung in dem Sinne, sich gegenüber die Dinge existieren zu lassen. Das Interesse der Intelligenz aber sei, das Wesen, das Allgemeine der Dinge zu erfassen, den Begriff des Gegenstandes.

> Dieses Interesse aber hat die Kunst nicht und unterscheidet sich insofern von der [Philosophie. Diese] hat den Gedanken, das abstrakt allgemeine, zu ihrem Zweck ....; sie geht ... über das Unmittelbare hinaus. Die Kunst tut dies nicht, geht über das Sinnliche, das ihr geboten wird, nicht hinaus ... [D]as Sinnliche ist demnach für den Geist, aber nicht so, daß der Gedanke dieses Sinnlichen sein Wesen, sein Inneres, Gegenstand der Kunst sei....- [D]ie sinnliche Oberfläche, das Erscheinen des Sinnlichen als solchen, [ist] der Gegenstand der Kunst. .. [Hier will] der Geist nur die Oberfläche des Sinnlichen. Das Sinnliche somit ist in der Kunst zum Schein erhoben, und die Kunst steht in der Mitte somit zwischen dem Sinnlichen als solchen und dem reinen Gedanken; ... das Sinnliche ist für ein Ideelles, aber nicht das abstrakt Ideelle des Gedankens. ... Die Kunst also hat vergeistigtes Sinnliches sowie versinnlichtes Geistiges zum Material. Das Sinnliche tritt in ihr als ideelles, als abstraktiv Sinnliches ein (S.19 ff.).

Die Form der Kunst sei somit das Sinnliche, nämlich die bildliche Gestalt; ihr Inhalt sei die Darstellung des Wahren: „die Wahrheit zu enthüllen, vorzustellen, was sich in der Menschenbrust bewegt" (S.30). „Die Kunst hat ... die Darstellung der Wahrheit des Daseins zum Gegenstand: das Dasein, insofern es dem Begriff angemessen ist, der so sein muß, daß er an-und-für-sich ist" (S.81). Deshalb müsse ein Kunstwerk

> die höheren Interessen des Geistes und Willens zum Inhalt haben, [diese] müssen durch das Äußerliche der Existenz durchblicken, ihr Ton muß durch alles Getreibe hindurchklingen. Ist dies der Fall, liegen substantielle Interessen zugrunde, so ist das Kunstwerk an sich objektiv und spricht auch an unsere Sujektivität. Denn wir sind vertraut mit den wahrhaften Interessen (S.115).

Nur hinzuweisen ist auf die Nachschrift des Karolt Libelt der Ästhetik-Vorlesung des Wintersemesters 1828/29, die in vielem der oben ausführlich dargestellten Vorlesung 1820/21 folgt.

2.

Richard Wagner kommt in seinen ästhetischen Schriften unbeschadet der Unterschiede im Einzelnen zu einer Bestimmung der Kunst, die der Hegelschen Ästhetik im Wesentlichen gleicht. Dies ist erstaunlich, weil nach eigenen Angaben Wagner die Vorlesungen Hegels über Ästhetik nicht gekannt hat. Aber viele Freunde waren „Hegelianer". Und warum hätte er nicht auch durch eigenes Nachdenken zu solchen Thesen kommen können?

a) Wagner ging es stets um die „wahre" Kunst, um das wesentliche und wirkliche Kunstwerk (vgl. nur V 19, 107, 121, 201, 245 f., 251, 278; VI 125, 148; VII 34, 82, 343). Deshalb wurde er 1849 zum Revolutionär, weil er in der damals bestehenden, staatlich verfassten Gesellschaft keine Möglichkeit sah, diese Kunst zu schaffen. Für ihn war das Kunstleben – paradigmatisch an der großen Pariser Oper aufgezeigt – wie das allgemeine gesellschaftliche Leben künstlich (geworden): dem Leben und den wirklichen Bedürfnissen der Menschen (vor allem dem sinnlichen Liebesbedürfnis) entfremdet, deshalb unlebendig und tot, kalt und herzlos, mechanisch und statisch, bloße Virtuosität – am Beispiel der Opernarie verdeutlicht –, willkürlich konstruierend, Luxus und Mode erzeugend; es triumphiere der abstrahierende Verstand des Kopfes über Leib und Gefühl, es herrsche „Zivilisation". Der Staat sei ein kaltes mechanisches Ungeheuer. – Diese kritische Sicht der politisch-gesellschaftlichen Situation seiner Zeit[14] erinnert stark an Hegels Darstellung des Not- und Verstandesstaates der bürgerlichen Gesellschaft, ohne dass Wagner dessen Aufhebung in dem substantiellen Staat(sleben) annahm. Stattdessen trat er für eine Vernichtung der gegenwärtigen Verhältnisse durch Revolution ein, um auf der Asche der Ruinen diese wahre Kunst schaffen und leben zu können. Deshalb stellte Wagner zunächst das wahre „Kunstwerk der Zukunft" dar (vgl. 5, 242, 273; VI 9). Nach dem Scheitern der Revolution sah er das wahre „Drama der Zukunft" (vgl. VII 232) bereits im Inneren des Künstlergenies lebendig (VII 370).

In ebendiesem Inneren erklang für Wagner die wahre Kunst nach der Rezeption der Musiktheorie Schopenhauers (vgl. IX 46, 50 f). Im Musiker stelle die Welt sich selbst dar und komme zum Bewusstsein (VIII 46). Das Kunstwerk als „ersichtlich gewordene Tat der Musik" – also das aus der Musik geborene Drama (vgl. IX 276) – sei wegen der qualitativen Auszeichnung der Musik vor allen anderen Kunstarten das einzig wahre. Denn in der Musik offenbare sich die umfassende Idee der Welt selbst (und nicht bloß die Welt der Erscheinun-

---

14 Vgl. dazu *Wolfgang Schild*, Staat und Recht im Denken Richard Wagners. Stuttgart 1994, 11 ff.

gen) (IX 81, 87); sie komme von dem inneren Wesen her (IX 103). Das musikalische Drama stelle das Wesen der Welt dar, welches es uns im Spiegel der Welt selbst erkennen lasse (IX 176), sei „das aus unserem schweigenden Innern zurückgeworfene Spiegelbild der Welt" (X 167).

Nur eine Schrift scheint von dieser Qualifizierung der Kunst eine Ausnahme darzustellen. In der für Ludwig II. 1864 verfassten Abhandlung „Über Staat und Religion" griff Wagner auf die Schopenhauersche Konzeption des „Wahns" bzw. des „Wahn-Vermögens" zurück (vgl. VIII 225 ff.) und umschrieb die Kunst als bewussten, sich aufrichtig als solchen bekennenden Wahn (VIII 245). Doch meinte er damit nur eine Erkenntnisweise, die der gemeinen, nicht über das auf das nächste Bedürfnis Bezügliche hinausreichenden entgegenstehe und deshalb die eigentlich wahre sei für die Menschen, die die Kraft zur wahren Erkenntnis des Wesens der Welt aufbringen würden. Von daher blieb es also bei dem Wahrheitscharakter des Kunstwerks: es zeige sich

> als ein Wahngebilde, welches uns als solches tröstet und der gemeinen Wahrhaftigkeit der Not entrückt. Das Werk der edelsten Kunst wird ... gern zugelassen werden, um, an die Stelle des Ernstes des Lebens tretend, ihm die Wirklichkeit wohltätig in den Wahn aufzulösen, in welchem sie selbst, diese ernste Wirklichkeit, uns endlich wiederum nur als Wahn erscheint .... [D]enn, daß wir uns willig täuschen wollten, führte uns dahin, ohne alle Täuschung die Wirklichkeit der Welt zu erkennen (VIII 245 f.).

b) Von diesem Anspruch her war für Wagner ebenso die Konsequenz Hegels notwendig: die wahre Kunst bringe Erkenntnis, stelle das Wesen der Welt, das Wesen des Menschen und der Natur (auch seiner eigenen Natur) und ihre Wirklichkeit dar. Sie sei zwar nicht Philosophie selbst (vgl. aber V 206, 249), obwohl im Wahrheitsanspruch kein Unterschied angenommen werden könne: „Was der Denker nach seinem Wesen erfaßt, sucht der Künstler in seiner Erscheinung darzustellen" (VII 173); „der Weg des [Künstlers] geht aus der Philosophie heraus zum Kunstwerk, zur *Verwirklichung des Gedankens* in der Sinnlichkeit" (VII 319). Aber sie sei jedenfalls Religion.

So schrieb Wagner bereits 1849: „Das Kunstwerk ist die lebendig dargestellte Religion" (VI 31). 1864 sah er zurück auf diese Zeit und schrieb für Ludwig II. nieder, dass er die Kunst „so ernst [erfaßt habe], daß ich für sie im Gebiete des Lebens, im Staate, endlich in der Religion ... eine berechtigte Grundlage aufsuchte und forderte" (VIII 217). Deshalb kehre in der Kunst „das unaussprechliche Traumbild der heiligsten Offenbarung ... wieder" (VIII 246). 1870 – in der „Beethoven"-Schrift, die die 1854 erfolgte Schopenhauer-Rezeption am konsequentesten zum Ausdruck brachte – sah Wagner die wesentliche Aufgabe der Kunst darin, „das innerste Wesen der Religion ... zum Bewußtsein [zu bringen]" (IX 58). Und noch 1880 in den Schriften um die Komposition des „Parsifal" meinte Wagner, dass die Kunst die göttliche Wahrheit erkennen lasse (X 117).

c) Als Gegenstand stellte für Wagner daher die Kunst das Göttliche selbst dar: sei also die „göttliche und unbestreitbare Wahrheit" (so V 121).

Dieses Göttliche war für den jungen Wagner – der nicht ohne Grund seine 1850 erschiene Schrift „Das Kunstwerk der Zukunft" dem Philosophen Ludwig Feuerbach widmete mit den Worten: „Niemand[em] als Ihnen, verehrter Herr, kann ich diese Arbeit zueignen, denn mit ihr habe ich Ihr Eigentum Ihnen wieder zurückgegeben" (VI 190) – die Menschheit als Gattung selbst, genauer: die Gattungsliebe, die in höchstem Sinne das liebende Sterben für die Menschheit bedeutete[15]. In dieser Liebe werde der Mensch die Menschheit selbst, allgemeiner Mensch (vgl. VI 31, 35, 79, 81, 137); und damit göttlich, das Göttliche selbst (vgl. VI 35, 83). Dieser „ganze, volle Mensch [ruft] uns jauchzend das Bekenntnis seiner Göttlichkeit zu" (wie Wagner aus der heroischen Symphonie Beethovens heraushörte) (IX 32). Dieser wahre (göttliche) Mensch – als menschgewordenes Göttliches, als Individualisierung der Gattung Menschheit (vgl. VI 206, 220) – sei nicht mehr geschichtlich, sondern stelle das „von aller Konvention losgelöste Reinmenschliche" dar (vgl. VI 264, 286, 297, 311; VII 183, 248; ebenso X 88, 171) und entspreche so dem wahren menschlichen Wesen (VI 287) (wie Wagner es dem ursprünglich konzipierten Siegfried – dem „wahren Menschen überhaupt" als dem „männlich verkörperte[n] Geist ... *des Menschen* in der Fülle höchster, unmittelbarster Kraft und zweifellosester Liebenswürdigkeit" – zuerkennen wollte, vgl. VI 290, 308). Deshalb konnte für Wagner das Kunstwerk nicht einen historischen Stoff verwenden, sondern musste auf das „jederzeit wahr[e]" (VII 188) Gedicht des Volkes (VI 148) zurückgreifen – auf den Mythus oder die Fabel oder die Sage (VI 151, 245, 291; VIII 64, 82) –, freilich in der Deutung für die Gegenwart durch das Künstlergenie (vgl. VI 324 – „mein Mythos" ; VII 188, 214 f.). – Jedenfalls sah Wagner als Gegenstand der wahren Kunst dieses liebende Leben und Sterben: in den „herrlichen Menschentragödie[n – diesen Festen der Menschheit –] wird, losgelöst von jeder Konvention und Etikette, der freie, starke und schöne Mensch die Wonnen und Schmerzen seiner Liebe feiern, würdig und erhaben das große Liebesopfer seines Todes vollziehen" (V 303).

> Die letzte, vollständigste Entäußerung seines persönlichen Egoismus', die Darlegung seines vollkommenen Aufgehens in die Allgemeinheit, gibt uns ein Mensch nur mit seinem Tode kund, und zwar nicht mit seinem *zufälligen*, sondern seinem *notwendigen*, dem durch sein Handeln aus der Fülle seines Wesens bedingten To-

15 Zu den Stufen der Wagnerschen Eros-Lehre vgl. *Schild*, Staat, 41 ff.

> de. – *Die Feier eines solchen Todes ist die würdigste, die von Menschen begangen werden kann.* Sie erschließt uns nach dem, durch jenen Tod erkannten, Wesen dieses *einen* Menschen die Fülle des Inhalts des menschlichen Wesens überhaupt. Am vollkommensten versichern wir uns des Erkannten aber in der bewußtvollen *Darstellung* jenes Todes selbst, und, um ihn uns zu erklären, durch die Darstellung derjenigen Handlung, deren notwendiger Abschluß der Tod war. ... [D]urch die künstlerische Wiederbelebung des Toten, durch lebensfreudige Wiederholung und Darstellung seiner Handlung und seines Todes im dramatischen Kunstwerk werden wir die Feier begehen, die uns Lebendige in der Liebe zu dem Geschiedenen hoch beglückt und sein Wesen zu dem unsrigen macht (VI 142 f.).

So entstehe und könne entstehen eine liebende Gemeinschaft der Schauspieler und Künstler (als Genossenschaft) (dazu V 254 ff.; VI 139 ff.; VII 351) mit dem teilnehmenden Publikum und mit dem dargestellten Toten: als verwirklichte Einheit des Menschlichen, als Verwirklichung der Menschheit in dieser Gemeinschaft, als göttliche Gemeinschaft (Gemeinde).

Für den durch die Lektüre Schopenhauers (1854) hindurch gegangenen Wagner war die Musik die außerhalb der räumlich und zeitlich kategorisierten Welt selbst das transzendente Göttliche. Er sprach von der „göttlichen Musik" (VIII 32). „Auch der Künstler kann von sich sagen: 'Mein Reich ist nicht von dieser Welt'" (VIII 221); denn es lebe in seinem „tiefsten, heiligsten Innern", in der „Nacht des tiefsten Innern des menschlichen Gemütes" – wie die Religion auch (VIII 241) – (vgl. IX 46; auch VI 245). Wagner verglich das musikalische Künstlergenie mit einem Hellseher (vgl. VIII 83; IX 51 ff.) oder mit einem Träumer (VIII 83; IX 54 ff.); er sprach sogar von dem „tondichterischen Seher" (X 160). Die Kunst bringe das „göttliche Traumbild" ins Bewusstsein (VIII 246). - In den Schriften um die Entstehung des „Parsifal" wurde die Konzentration des Gegenstandes des Kunstwerks auf das Göttliche (genauer: auf das menschgewordene Göttliche) ausdrücklich festgehalten. Es sei das Bild des am Kreuz leidenden Heilands, der als menschgewordenes Göttliches (vgl. X 119, 121) nicht im Leidenszusammenhang der Welt stehen könne, deshalb „nicht mehr leiden, sondern nur noch mitleiden konnte" (X 123). Bereits die Menschwerdung zeige sich somit als Akt der mitleidvollen Liebe (X 121). Künstlerisch werde das mitleidende Göttliche bildlich in dem heiligen Blut, das sich in der Gralsschale und an der Spitze des Longinus-Speeres befinde, dargestellt, in seinem inneren Wesen in der Musik, die das mitleidende Blut ertönen lasse.

Deshalb war für Wagner die Kunst selbst – und wohl auch das künstlerische Genie (dazu schon V 186 ff.) – ebenfalls etwas Göttliches und Heiliges. Bereits in den Pariser Novellen der Jahre 1840/ 41 ließ er (s)einen sterbenden Musiker das musikalische Glaubensbekenntnis sprechen:

> Ich glaube an Gott, Mozart und Beethoven, ingleichem an ihre Jünger und Apostel; – ich glaube an den heiligen Geist und an die Wahrheit der einen, unteilbaren Kunst; – ich glaube, daß diese Kunst von Gott ausgeht und in den Herzen aller erleuchteten Menschen lebt; ... - ich glaube, daß alle durch diese Kunst selig werden (V 136).

1864 nannte Wagner die Kunst den Lebensheiland und den menschenerlösenden Wahn (VIII 245). Und 1870 sprach Wagner der (musikalischen) Kunst die Qualität der „Erhabenheit" zu (IX 56, 73).

d) Schließlich musste für Wagner konsequent diese wahre, göttliche, weil reinmenschliche Kunst die wahre Freiheit darstellen. Vor allem die frühen Schriften zum „Kunstwerk der Zukunft" betonten (entsprechend der revolutionären Stimmung ihres Verfassers) diese Qualität (vgl. V 251; VI 38; IX 279). „Die wahre Kunst ist höchste Freiheit" (V 278); das Kunstwerk der Zukunft werde „den Geist der freien Menschheit über alle Schranken der Nationalität hinaus umfassen" (V 297). Daraus wird ersichtlich, dass diese Freiheit eben nicht die entfremdet-abstrakte Willkür der Oper sein konnte, sondern eine Freiheit sein musste, die sich an ihr eigenes Wesen und das Wesen des Menschen (vgl. VI 264, 273, 278) (und letztlich an das Göttliche) band und sich gebunden wusste. Das wirklich freie Kunstwerk sei das notwendige: „die Kunst [ist] die erkannte und mit Bewußtsein dargestellte, vergegenständlichte Notwendigkeit" (V 250 f.). Nur deshalb könne es das Leben wirklich widerspiegeln (so VI 256) oder gar das wirkliche Spiegelbild (Abbild) der Welt selbst sein, wie oben zitiert wurde. Nur so könne die Kunst dem „sehnsüchtigen Wunsche, sich und sein eigenstes Wesen – dieses gottschöpferische Wesen – selbst in dem dargestellten Gegenstande wieder zu erkennen, ja überhaupt erst zu erkennen" (VII 153) entsprechen.

III.

Diese Verwandtschaft der ästhetischen Konzeption Hegels und Wagners zeigt sich allerdings bei näherer Betrachtung als eine nur oberflächliche. Es ist daher erforderlich, sie miteinander zu konfrontieren, wodurch die doch wesentlichen Unterschiede hervortreten.

1.

Zunächst soll wieder die Ästhetik Hegels untersucht werden: sie kommt zur berühmt-berüchtigten These vom „Ende der Kunst".

a) Liest man die durch Ascheberg bearbeitete Nachschrift der Vorlesung 1820/21 genauer durch, so wird deutlich, dass die Religion der Kunst sich in der geoffenbarten (eigentlichen) Religion selbst aufhebt, d.h. dass sie selbst in dieser aufgeht. „In der Kunst ist die Weise der Äußerlichkeit, weil diese aber die Idee des Göttlichen nicht festhalten kann, so zerfällt sie in dieser Äußerlichkeit“ (S.35); und zugleich vertiefe sie sich in das innere Moment, in die „subjective Seite“ der Religion, die nicht mehr mit Bildern, sondern mit gedachten Vorstellungen belehre (S.33 f.). Und diese innere, subjektive Religion „braucht ... nicht diese äußerliche Darstellung [der Kunst]. Denn die Religion, besonders die christliche, und hier wieder vorzüglich die protestantische, ist eine Religion für das Innere, den Geist“ (S.34). Daher schließt die Nachschrift mit den Worten: „wir sehen, daß die Kunstweise nicht die höchste Weise des Göttlichen ist. In der Religion ist ein geistiges Wißen von dem Göttlichen. - Damit haben wir das Gebiet der Kunst durchlaufen, und wir gehen fort zur Religion. So wie die Kunst eine nothwendige Darstellung des Göttlichen ist, so ist's auch eben so eine Stufe, die vorübergehen muß“ (S.331).

In diesem Ergebnis hat Hegel die Heidelberger „Enzyklopädie“ von 1817 eingeholt, in der ebenfalls die unmittelbare Gestalt der „Religion der Kunst“ – hier noch als Anschauung und Vorstellung bezeichnet (§ 456) – aufgehoben wird (§ 464) und übergeht in die Stufe der Reflexion, auf der der (absolute) Geist für die Vorstellung bzw. die Subjektivität des Wissens daseiend ist (§ 465).

Deutlicher wurde Hegel selbst in dem „Manuskript“ zur Vorlesung über die Philosophie der Religion des Jahres 1821. Kunst und Religion sind hier klar unterschieden: als Form der unmittelbaren Anschauung und der Vorstellung (wobei dann die Philosophie die Form des Denkens hat) (S.143). Ausdrücklich hielt Hegel fest, dass trotz dieses Unterschiedes die Formen nicht getrennt werden könnten: denn jede sei „zugleich Totalität des Bewußtseins und Selbstbewußtseins“, weshalb „dies ... zugleich durcheinander [läuft]“ (S.143). Deshalb gebe es ja überhaupt die Sphäre der Kunst als solcher. Aber zugleich sei die Kunst „für sich einseitig, ohne Religion“ (S.143), weil ihr Gegenstand nur objektive Gegenständlichkeit und damit ein Lebloses (nicht ein Selbstbewusstsein) sei, das eben in unmittelbarer Anschauung gewußt werde und allein gewusst werden könne. Die Kunst brauche daher die subjektive Seite, müsse das Kunstwerk im subjektiven Bewusstsein wissen, benötige eine Gemeinde, welche das Dargestellte als substantielle Wahrheit wisse (S.145): deshalb müsse sie Religion sein, eben „Religion *als* Religion der Kunst“ (S.143). Dies bedeutete offensichtlich: dass für Hegel die Kunst nur dann nicht einseitig, sondern vollendet und damit wirklich sei, wenn sie Objektives und Subjektives als Einheit (als einheitliches Wissen) umfasse. Gerade dann aber – wenn

Religion und Kunst einander integrieren (S.146) – sei die Kunst Religion, nämlich zunächst Religion der Kunst, als solche „diese Totalität beider selbst" (S.147) (also des objektiven Kunstwerks und des subjektiven Wissens als Vorstellung); als Religion der Kunst sei sie aber wesentlich Religion, die für das Bewusstsein „nicht gebunden und eingeschränkt auf die Form der unmittelbaren Anschauung und des ... Bildes [ist]", für die „die Vorstellung überhaupt wesentlicher [ist]" (S.147). Daher verliere sich dieses Moment der objektiven Gegenständlichkeit (und damit des Kunstwerks) zugunsten der sich innerlich-subjektiv ausbildenden geoffenbarten Religion auf der Stufe der Reflexion. Die Kunst sei daher zwar notwendig, um dem Geist als anschauendes Bewusstsein Befriedigung und Genuss seiner selbst zu bieten (S.144); aber sie sei eine notwendig vergehende, sich aufhebende Sphäre, weil sie eben nur unmittelbare Anschauung sei. Solange sie nur Kunst sei, erweise sie sich als einseitig und damit unwahr: „die Kunst – die absolute – [ist] nicht und [kann] nicht sein ohne Religion" (S.147). Freilich wisse dies die Kunst nicht, sondern nur die Philosophie, die die Kunst in dieser Weise begreife.

Diese Einseitigkeit und Unwahrheit der Kunst zeigt sich für Hegel darin, dass durch die Ausbildung der innerlich-subjektiven Religion der Vorstellung ihr objektiver Gegenstand – das Kunstwerk – nur mehr äußerlich wird. Denn der göttliche Inhalt wird nun religiös vorgestellt und gedacht, konzentriert sich also in der geoffenbarten Religion als dogmatische Lehre (S.148), wird dadurch aus dem Kunstwerk gezogen. Dadurch treten Form und Inhalt auseinander: es bleibt ein Kunstwerk über, das weiterhin ein der sinnlichen Anschauung entgegenstehender Gegenstand ist, dessen Inhalt aber beliebig (geworden) ist. Freilich bedarf es weiterhin einer inneren-subjektiven Seite, die das Kunstwerk als Scheinen eines Inneren ansieht, eines Inneren, das aber ebenfalls beliebig, d.h. Willkür, willkürlicher Einfall, „Idee" im alltagssprachlichen Sinne ist; daher tritt nun auch die Subjektivität des Künstlers in den Vordergrund; und die Kunst bedarf auch der Gemeinde, die sich nun als „Fan-Gemeinde" des Künstlers versteht. Das Schöne des Kunstwerks verliert seine Bindung an das Göttliche, wird nun zum subjektiven, freilich weiterhin zweckfreien Gefallen (zum „Geschmack" des Publikums). Es kann sogar das Unschöne Gegenstand künstlerischer Gestaltung werden (im Sinne einer „Ästhetik des Hässlichen"). – Oder anders gesagt: die Kunst wird für Hegel zur einer Sphäre der Bildung in der bürgerlichen Gesellschaft, im besten Fall entfaltet als sittliche Institution (z.B. als Kunsthochschule, Akademie, Museum) im Staatsleben[16].

Die Vorlesung 1823 bzw. die Nachschrift von Hotho fassen das Ergebnis zusammen:

> Die Idee hat sich frei für sich gemacht. - Damit ist das Sinnliche ein Beiwesen für die sinnliche subjektive Idee, keine Notwendigkeit mehr, sondern das Sinnliche wird in seiner Sphäre auch frei. Der Charakter dieser Kunst ist somit das geistige Für-sich-Seiende, das Subjektive, Gemütliche. In Ansehen des Äußerlichen ist hier eine Gleichgültigkeit, Willkür und ein Abenteuern. Das äußerliche Dasein ist nicht mehr in absoluter Einheit mit dem Inhalt, sondern das Sinnliche, der Stoff überhaupt, ist mehr ein Äußerliches, das erst durch das Gemüt Bedeutung erhält (S.37).

Hegel bezeichnete diese so charakterisierte Kunst als romantische oder christliche, als Kunst, „die sich als Kunst auf einen höheren Standpunkt stellt" (S.37). Es liege ein „Fortschreiten der Kunst über sich selbst" vor (S.36); „in dieser höchsten Stufe aber steigt die Kunst über sich selbst hinaus und wird ... zum Gedanken" (S.44), also zur geoffenbarten Religion (und zur Philosophie). Was bleibe für die Sphäre der Kunst (als solcher), sei die „bloße Manier", Geschicklichkeit (S.204), künstlerisches Können; denn der „allgemeine Fortgang ist: Auflösung des Stoffs in seine Elemente, so daß die Teile frei werden" (S.199). Das Scheinen, das die Kunstsphäre ausmacht, verliere die Bindung an das Wesen, das sie (er)scheinen lässt; es werde bloßes Scheinen, „Schein" als solcher und ohne innere Substanz, d.h. abstrakter Schein (vgl. S.199, 204): „das sich in sich vertiefende Scheinen" (S.201). „Der Gegenstand selbst befriedigt uns nicht, aber die unendliche Kunst des [Künstlers]" (S.200). Es sei damit die Kunst vollendet, nämlich an ihr Ende als „Religion der Kunst" gekommen (S.204).

Diese These vom „Ende der Kunst" wurde in der Vorlesung 1828/29 bzw. in der Nachschrift Libelt ebenfalls angedeutet. Es komme in der romantischen Kunst zu einer „Rückkehr des Gemütes in sich, nicht als subjektive Empfindung, sondern als freie Phantasie" (S.102). Auch die Berliner „Enzyklopädie" von 1827 bzw. 1830 drückt(e) diese These eindeutig aus, wenn von der geoffenbarten Religion „theils als eine Vergangenheit ... im Rücken der schönen Kunst ..., theils vorwärts derselben in der Zukunft" gesprochen wird (§ 561).

b) Verwirrend ist allerdings, dass Hegel diese logische Bestimmung der Kunst als eines „Prozesses", der sich selbst aufhebe und wegen der bloßen Unmittelbarkeit auch aufheben müsse, geschichtsphilosophisch entfaltet. Dies mag

---

16 So Hegel in der Heidelberger Vorlesung zur Rechtsphilosophie 1817 bzw. der Nachschrift von Wannenmann; vgl. *G.W.F. Hegel*, Die Philosophie des Rechts. Hrsg. von Karl-Heinz Ilting. Stuttgart 1983, § 158.

zwar seinen Grund darin haben, dass nach Hegel die Philosophie stets ihre eigene Zeit in Gedanken erfasst ist und sie deshalb auch die neue Zeit um 1820 bis 1830 begreift; trotzdem ist diese Vermengung missverständlich.

Das Ergebnis ist allerdings eindeutig. Ascheberg fasste Hegels Ausführungen in der Vorlesung 1820/21 dahingehend zusammen, dass „in unserer Zeit ... die Religion nicht so sehr die Kunst [braucht] als früher" (S.34); „[U]nser Verhältnis zur Kunst hat ... nicht mehr den hohen Ernst und Bedeutung, den es früher gehabt hat. ... Wir sind durch unsere Bildung bestimmt, uns mehr in einer intellectuellen, als in einer sinnlich anschauenden Welt zu bewegen", bei uns müsse „der Geist das Allgemeine, die Gattung, erst durch Setzen der Besonderheiten hervorgehen. ... Wir sind gewohnt, nach allgemeinen Begriffen, Grundsätzen zu denken und zu handeln" (S.38). Damit war gesagt, dass die Kunst – als Religion der Kunst – ihre geschichtliche Zeit im Früher gehabt habe und heute (also für die Zeit um 1820) nicht mehr habe. – Hotho schreibt die Vorlesung 1823 nach und formuliert: „Unsere Welt, Religion und Vernunftbildung, ist über die Kunst als die höchste Stufe, das Absolute auszudrücken, um eine Stufe hinaus" (S.6).

> Wenn ein Individuum neuerer Zeit solche Gegenstände darstellt, ist es nicht die wahrhafte Weise, auf welche das Individum sich ihrer bewußt wird ... [Denn nun ist] der Stoff aus dem Selbst getreten, das Raisonnement frei geworden, der Stoff äußerlich, so daß die Kunst freie, subjektive Geschicklichkeit [wird], der der Stoff gleichgültig [ist]. Die Kritik ist eingetreten; der Künstler in seinem Stoff eine tabula rasa; als das Interessante bleibt der Humanus, die allgemeine Menschlichkeit, das menschliche Gemüt in seiner Fülle, seiner Wahrheit. Aber dies Interesse ist ... an keine Gestalt gebunden. Die Kunst ... ist gegen den Stoff gleichgültig, Kunst des Scheins, welcher Gegenstand auch behandelt wird. Es ist nur das formelle Gesetz vorhanden, daß die Darstellung schön sei. Diese ist mehr allgemein. ... [A]bstrakte Geschicklichkeit, ungebunden in betreff des Stoffs (S.204).

„Die Kunst in ihrem Ernst ist uns Gewesenes. Für sie sind andere Formen notwendig, uns das Göttliche zum Gegenstand zu machen. Wir bedürfen des Gedankens" (S.311 f.). – Libelt notierte für die Vorlesung 1828/29: „[U]nsere Zeit ..., wir [sind] über die Kunst hinaus" (S.30). Genauer und eigentlich bedeutet dies für Hegel, dass die gegenwärtige Zeit Hegels (und sicherlich bis zu uns heute) keine „Religion der Kunst" mehr kennt, sondern nur mehr die formell-abstrakte gebildete Kunst im Rahmen der bürgerlichen Gesellschaft. Doch habe es frühere Zeiten gegeben, in denen die Religion der Kunst noch die wirkliche substantielle Gestalt des absoluten Geistes dargestellt habe, in der Kunst und Religion noch nicht unterschieden, noch nicht als solche begriffen gewesen seien, sondern ein künstlerischer Mythos das Göttliche der damals lebenden Menschen vergegenständlicht habe. Diese unmittelbar angeschaute und vorgestellte Wahrheit sei durch die Reflexion des Geistes in sich zerbrochen, wodurch das Äußere und das Innere auseinander getreten seien. So hätten sich die an das Objektive gebundene Kunst von der subjektiv-innerlich werdenden Religion unterschieden: bis letztere durch den Protestantismus als wissende Wahrheit hervorgegangen sei, wodurch die Kunst säkularisiert worden sei.

„Ende der Kunst“ bedeutet deshalb nicht, dass es nicht auch in Hegels und unserer Gegenwart Kunstwerke geben würde. Doch haben diese den religiösen Charakter verloren, mit diesem auch den Anspruch auf Wahrheit und Göttlichkeit. Die modernen Kunstwerke verobjektivieren subjektive Einfälle („Ideen“) des Künstlers, der sie seinem Publikum dar- und vorstellt, das dann in dem Gegenstand ein Kunstwerk sieht, wenn es sich mit dieser scheinenden „Idee“ identifiziert (als Gemeinde) und das Werk seinen Gefallen findet. Mehr kann ein Kunstwerk heute nicht beanspruchen: vor allem nicht mehr die religiöse / göttliche Wahrheit. Es ist Produkt der Bildung; und damit der Vielfalt der Anschauungen in der bürgerlichen Gesellschaft. Es ist vor allem für den Kenner.

2.

Auf den ersten Blick anders bestimmte Richard Wagner das Verhältnis von Kunst und Religion bzw. Philosophie. Dabei kann eine einheitliche Auffassung bei aller sonstigen Veränderungen der ästhetischen Konzepte festgestellt werden.

a) Vielzitiert ist das Motto, das Wagner 1849 für seine Schrift „Die Kunst und die Revolution“ gewählt hatte: „Wo einst die Kunst schwieg, begann die Staatsweisheit und Philosophie; wo jetzt der Staatsweise und Philosoph zu Ende ist, da fängt wieder der Künstler an“ (V 311). Denn die „Kunst ist die höchste Tätigkeit des im Einklang mit sich und der Natur sinnlich schön entwickelten Menschen“ (V 281); sie bringe ein „über das Denken erhöhte[s], unwillkürliche[s] Wissen des in der Empfindung verwirklichten Gedankens“ (VII 322). – Auch 1864 stellte Wagner den Künstler – hier den Dichter – über den Denker (VIII 220). 1870 meinte er vom Musiker: „dieser spreche die höchste Weisheit aus in einer Sprache, die seine Vernunft nicht verstehe“ (IX 62). 1880 formulierte Wagner den Vorrang der Kunst über die Philosophie: „Die Kunst erfaßt das Bildliche des Begriffs, gestaltet ein *vollendetes* (den Begriff gänzlich in sich fassendes) Bild und erhebt so den Begriff über sich hinaus zu einer Offenbarung“ (X 120).

Differenzierter war Wagners Sicht des Verhältnisses von Kunst und Religion. Zunächst stellte er dem „Kunstwerk der Zukunft" auch eine „Religion der Zukunft" an die Seite, ohne ihr Verhältnis genauer zu klären.

> Wie das Wissen aller Menschen endlich in dem einen tätigen Wissen des freien, einigen Menschentumes seinen religiösen Ausdruck finden wird, so werden alle diese reich entwickelten Künste ihren verständnisreichsten Vereinigungspunkt im Drama, in der herrlichen Menschentragödie finden (V 302; vgl. auch VII 197).

Damit war durch den Zukunftsbezug zugleich zum Ausdruck gebracht, dass für Wagner die gegenwärtige Religion – wie die gegenwärtige Kunst (der Oper) – unwahr, abstrakt, menschenfeindlich, Konstrukt bloß des kalten Verstandes (vor allem der Jesuiten, aber auch allgemein der Kleriker in der christlichen Kirchenorganisation) war. Das Christentum war für ihn eine Ideologie, die von Sehnsucht nach dem Sterben geprägt war und von der Verklärung des Todes; also eine Religion der Toten und nicht der Lebenden (vgl. V 279, 304; VII 157, 165)[17]. Denn nur eine auch die Sinnlichkeit – das naturgegebene Lebens- und Liebesbedürfnis der Menschen – berücksichtigende Religion bzw. Kunst könne wahr sein. Die bereits genannte Widmung der Schrift „Das Kunstwerk der Zukunft" an Ludwig Feuerbach sagt vieles.

Dies änderte sich mit der Rezeption Schopenhauerscher Thesen. Nun gewann das Christentum – gedacht in einer Einheit mit dem Buddhismus – eine neue Wahrheit, beide wurden zu einer einheitlichen „wirklichen Religion", wie sie Wagner 1864 dem König Ludwig II. vorstellte:

> Ihre Grundlage ist das Gefühl der Unseligkeit des menschlichen Daseins, die tiefe Unbefriedigung des rein menschlichen Bedürfnisses durch den Staat. Ihr innerster Kern ist Verneinung der Welt, d.h. Erkenntnis der Welt als eines nur auf einer Täuschung beruhenden, flüchtigen und traumartigen Zustandes, sowie erstrebte Erlösung aus ihr, vorbereitet durch Entsagung, erreicht durch den Glauben (VIII 236).

Diese Erkenntnis – also offensichtlich eine Einheit von Religion und Philosophie – lebe im „tiefsten, heiligsten Innern des Individuums", „in der Nacht des tiefsten Innern des menschlichen Gemütes" (VIII 241) und könne nur durch das Beispiel einer Tat der Entsagung, der Aufopferung, durch die erhabene Heiterkeit des Ernstes über alles Tun mitgeteilt werden, wie es die Heiligen vorgelebt hätten (VIII 242). Diese Inhaltsbestimmung wiederholte Wagner in

---

17 Freilich gestand Wagner der „reinen Christuslehre" auch wesentliche Einsichten zu, wie z.B. die Betonung des allgemeinen Rein-Menschlichen und damit die Emanzipation des Menschengeschlechts (vgl. V 214, 301, 309; VII 281; X 88). Jesus – der für die Menschheit gelitten habe – und Apollo – der sie zu ihrer freudenvollen Würde erhoben habe – sollten vereinigt werden (V 309; vgl. VI 31, 107 ff.). – Zu Wagners eigenen Einschätzung seines Dramenentwurfs „Jesus von Nazareth" (1840) vgl. VI 311 f.

der 1880 veröffentlichten Schrift „Religion und Kunst“: „Die tiefste Grundlage jeder wahren Religion sehen wir in der Erkenntnis der Hinfälligkeit der Welt, und der hieraus entnommenen Anweisung zur Befreiung von derselben ausgesprochen“ (X 118). Doch zog Wagner nun die Konsequenz aus der Einsicht, dass diese religiöse Erkenntnis diametral der gemeinen religiösen Überzeugung widersprach, die egoistisch nur das unmittelbare Lebens- und Liebesbedürfnis befriedigen wollen (vgl. VIII 222 ff.) (also die das beinhaltete, was er selbst früher als maßgebend angegeben hatte): diese religiöse Wahrheit könne die Menschen nicht motivieren und führen. Zugleich habe sich in der kirchlichen Dogmatik eine religiöse Lehre ausgebildet, die den eigentlichen Kern der wahren Religion verdeckt habe, wodurch diese kirchliche Religion „künstlich“ geworden sei. Und Wagner ordnete nun der Kunst die entscheidende Aufgabe zu. „Man könnte sagen, daß da, wo die Religion künstlich wird, der Kunst es vorbehalten sei, den Kern der Religion zu retten, indem sie die mythischen Symbole, welche die erstere im eigentlichen Sinne als wahr geglaubt wissen will, ihrem sinnbildlichen Werte nach erfaßt, um durch ideale Darstellung derselben die in ihnen verborgene tiefe Wahrheit erkennen zu lassen“; doch werde der Künstler wahrhaftig und ehrlich sein Werk „als seine Erfindung aus[geben]“ (X 117).

Damit war von Wagner das Verhältnis von Religion und Kunst bestimmt. Offensichtlich hatte erstere ihre Zeit gehabt, war nun nicht mehr geistig bestimmend. An ihre Stelle war die Kunst getreten, die wahr ist und bleibt – weil sie den „Kern der Religion“ rettet –, aber nur indem sie die religiösen Inhalte („mythische Symbole“, auch „religiöse Allegorien“, „allegorisch angewandte Gleichnisse“ [so X 120]) umformt und zu einem Kunstwerk frei gestaltet. Der Gegenstand dieses wahren Kunstwerkes war keine „tatsächliche Wahrheit“ (vgl. X 117) – gemeint offensichtlich: keine Wirklichkeit –, sondern eine Erfindung des Künstlers; aber eben eine wahre Erfindung. Das Kunstwerk führt „in idealer Wahrheit [das] ‘Gleichnis’ alles Vergänglichen“ vor (X 157). Deshalb lässt dieses Kunstwerk die verborgene, unaussprechlich göttliche Wahrheit erkennen (X 117).

So scheint auf den ersten Blick die Kunst an die Stelle der Religion (und Philosophie) getreten zu sein, sozusagen die höchste Gestalt des absoluten Geistes. Der Gegensatz zu Hegel wäre schärfer nicht zu nennen.

b) Doch zeigt sich auf einen zweiten und tieferen Blick, dass Wagner der Religion insofern noch immer die höhere Bedeutung zugestand, als es ihre Wahrheit ist, die die Kunst darstellen soll. Das Kunstwerk solle die teilnehmenden Menschen – als Künstler wie als Publikum – von dieser Wahrheit überzeugen und sie damit zu religiösen Subjekten machen. Die Schrift aus

1880 stand in einem unmittelbaren Zusammenhang mit den sog. „Regenerationsschriften", die eine Verbesserung des Menschengeschlechts (vor allem durch Verzicht auf fleischliche Nahrung und durch Anteilnahme am christlichen Altarsakrament) anstrebten[18]: hin zu einer Nachfolge des am Kreuz leidenden und dadurch die Leiden der Welt tragenden (und diese somit erlösenden) Heilands; wie es der Held des „Bühnenweihfestspiels" „Parsifal" vorlebt. Schon 1870 hatte Wagner seine Überzeugung ausgedrückt, dass die Kunst die neue, die abstrakt-entfremdete Zivilisation durchdringende und aufhebende Religion hervorrufen könne und werde (IX 106).

So zeigt sich das Verhältnis von Religion und Kunst in einem anderen Licht. Letztere war von Wagner gedacht als das Mittel, mit dem erstere in der Zukunft erreicht werden soll. Die Kunst war nur im gegenwärtigen Zustand – der bloßen Künstlichkeit der Religion – die höchste Gestalt des Geistes. Wenn sie sich wirklich durchgesetzt, ihren Inhalt also in das Bewusstsein der Menschen gebracht haben wird, wird sie sich in dieser Dimension aufheben: zugunsten der dann wirklich motivierenden wahren Religion. Dann wird die Kunst den religiösen Gegenstand begleitend (und vielleicht unterstützend) darstellen.

c) Freilich stellt sich die Frage, ob dieses Verhältnis von Kunst und Religion von Wagner stichhaltig begründet wurde. Nähere Betrachtung zeigt einen eindeutigen Bruch der Argumentation.

Denn es muss bezweifelt werden, ob nach Wagners eigener Auffassung die Kunst wirklich das Mittel ist, den Inhalt der wahren Religion – die Erkenntnis der Hinfälligkeit der Welt und der hieraus entnommenen Anweisung zur Befreiung von derselben (X 118) – darzustellen. Bereits 1850/51 hatte Wagner in seiner Abhandlung „Oper und Drama" festgehalten, dass der christliche Inhalt der Verklärung des Sterbens nicht in einem Kunstwerk - dem Drama - dargestellt werden könne (VII 158). Konsequent konnte er die im Mai 1856 konzipierte Skizze zu dem buddhistischen Drama „Die Sieger" nicht vollenden. Denn wie er in dem Venediger Tagebuch für Mathilde Wesendonck angab, „[ist] das Schwierige, [einen] vollkommen befreiten, aller Leidenschaft enthobenen Menschen, den Buddha selbst, für die dramatische und namentlich musikalische Darstellung geeignet zu machen"; das Problem ließe sich vielleicht nur dadurch lösen, dass Buddha sich noch in einem Entwicklungsprozess zu diesem der Welt entsagenden Heiligen befinde[19]. Mit anderen Worten war

18 Dazu vgl. *Dieter Borchmeyer* in seinem Nachwort der von ihm herausgegebenen Jubiläumsausgabe in: X 340 ff.

19 Vgl. Richard Wagner an Mathilde Wesendonck – Tagebuchblätter und Briefe 1853-1871. 20. Aufl. Berlin 1904, 58.

damit gesagt, dass das Kunstwerk – in seiner Vollendung als musikalisches Drama – immer eine erregende, die Sinne ansprechende und die Sehnsüchte der Menschen befriedigende „Tat der Musik“ ist, deren Inhalt niemals die Verneinung der Welt sein kann. Wagner selbst hat diesen Charakter des Musikdramas – im Unterschied zum Wortdrama – ausdrücklich noch 1871 hervorgehoben: ersteres betreffe die ideale, letzteres die reale Sphäre; dabei sei die erstere „unfähig eine Last zu tragen“, welche die letztere tragen könne:

> da nun hiergegen der namentlich leidenschaftlich erregten Musik so gern ein ihr innewohnendes lediglich pathologisches Element zugesprochen zu werden pflegt, so dürfte es überraschen, ... zu erkennen, wie zart und von rein idealer Form ihre wirkliche Sphäre ist, weil das reale Schrecken der Wirklichkeit sich nicht in ihr erhalten kann, wogegen allerdings die Seele alles Wirklichen einzig in ihr sich rein ausdrückt. – Offenbar gibt es also eine Seite der Welt, welche uns [d.h. den Menschen] auf das Ernstlichste angeht, und deren schreckenvolle Belehrungen uns einzig auf einem Gebiet der Betrachtung verständlich werden, auf welchem die Musik sich schweigend zu verhalten hat“;

die Musik „[bestimmt] unser Gemüt so tief beruhigend und von jeder beängstigenden Vorstellung der Realität befreiend ..., daß, was diese [reine Idealität] zu trüben [droht], von ihr [abfällt] oder entfernt gehalten werden [muß]“ (IX 179 f.). Die Musik könne danach nur leidenschaftlich, sinnlich, beglückend, befriedigend und damit nur positiv, weltbejahend, sein (vgl. auch X 157). Es kann für Wagner somit kein Nur-Negatives als Inhalt eines musikalischen Kunstwerks geben; selbst die schlimmsten Bösewichter in den Musikdramen Wagners werden durch eine schön klingendes Motiv eingeführt und dargestellt[20]. Selbst das die Welt als Tag verneinende Musikdrama „Tristan und Isolde“ stellt diese „Handlung“ – wie Wagner dieses Werk bezeichnet – in einer glutvollen, erregten, aufregenden Weise dar; in seinen eigenen Worten „die einfachste, vollblutigste musikalische Konzeption“[21].

Wagners Kunstschaffen passt also mit dieser Wahrheit der weltverneinenden Religion nicht zusammen; er war nicht der Typ des Asketen, der sich von dem Leidenszusammenhange der Welt abgewendet und den (Gattungs-) Willen in sich vernichtet hätte. Deutlich wird dies in seinem Bericht über seine im September 1854 erfolgende erste Lektüre Schopenhauers. Wagner schrieb in seiner Selbstbiographie, dass er von der Übereinstimmung dieser Lehre mit seiner eigenen Auffassung „erschüttert“ gewesen sei; unmittelbar damit habe sich der „Trieb zur dichterischen Konzeption“ eingestellt: „die ernste Stimmung, in welche mich Schopenhauer versetzt hatte und die nun nach einem

20 Von daher würde sich auch die Frage einer eindeutigen ästhetischen Antwort zuführen lassen, ob Wagner in seinen Werken jüdische Gestalten dargestellt hat.

21 So *Richard Wagner* Briefe. Ausgewählt von Hanjo Kesting. München 1983, 296.

ekstatischen Ausdrucke ihrer Grundzüge drängte, [gab] mir die Konzeption eines 'Tristan und Isolde' ein"[22]. Welch Zusammenhang: die These von der notwendigen Weltverneinung und Willensabtötung führte zur künstlerischen Ekstase und musikalischen Raserei! So mag diese Lehre Wagner gefallen haben, da sie seinem fortwährenden Raisonnieren über die Schlechtigkeit der Welt – auch und vor allem gegenüber Cosima, deren Grundhaltung wohl noch pessimistischer war (und die deshalb freudig jede negative Äußerung ihres Gatten ins Tagebuch niederschrieb) – entgegenkam. Doch seine gesamte Existenz als Künstler war eine einzige Widerlegung der Philosophie Schopenhauers. Was Wagner im übrigen selbst völlig bewusst war: wenn er im Mai 1855 an Jakob Sulzer schrieb:

> Was mir aber dann noch übrigbliebe, wenn ich die Kunst wirklich loswürde, wahrscheinlich ein Schopenhauerscher Heiliger! Nun, darüber brauche ich mir aber nicht den Kopf zu zerbrechen, denn solange ein Funken Leben in mir ist, werden mich jene künstlerischen Illusionen wohl nicht loslassen; sie sind wirklich die Lockvögel, mit denen der Lebenstrieb meine Einsicht immer wieder zu seinem Dienste einfängt[23].

Darüber hinaus lehnte selbst der theoretisierende Wagner die „Metaphysik der Geschlechtsliebe" Schopenhauers – wonach diese als das Individuum betrügender Wahn, der letztlich nur in den Genitalien lokalisiert sei, abgetötet werden müsse – ab und wollte in einem (freilich nie abgeschickten) Brief an den Philosophen „die Lücken [dessen] Systems vollkommen und befriedigend ergänzen". Nach Wagner müsse man in der „Anlage der Geschlechtsliebe" einen „Heilsweg zur vollkommenen Beruhigung des Willens durch die ... Geschlechtsliebe, d.h. der Neigung zwischen Mann und Weib keimenden Liebe" anerkennen, weshalb diese nicht nur abgewertet werden könne[24]. Wagner blieb als „denkender Künstler" (VI 149 Anm., 191) doch Zeit seines Lebens der Philosophie Feuerbachs nahe.

Deshalb braucht hier nicht auf die von Wagner theoretisch behauptete „Wahrheit" dieses innersten Kerns jeder Religion eingegangen zu werden. Angemerkt darf aber doch werden, dass wegen der Ablehnung der Trinität und der Auferstehung seine Konzeption nicht als christlich angesprochen werden kann (sofern man darunter die Inhalte versteht, die die Christen in ihrem Glaubensbekenntnis sprechen).

---

22 Vgl. *Richard Wagner*, Mein Leben. München 1963, 523 f.

23 So *Wagner*, Briefe, 314. – Im Übrigen ist Konsequenz der Schopenhauerschen Lehre selbst die Unmöglichkeit des weltentsagenden „Heiligen", ein Kunstwerk zu schaffen; vgl. die Nachweise in: *Schild*, Staat, 49 f.

24 Vgl. dazu die Nachweise in: *Schild*, Staat, 51 ff.

d) So muss die Ästhetik Wagners von dem Bezug zu den Inhalten jeder wahren Religion gelöst und auf das Kunstwerk selbst konzentriert werden. Wagners Konzeption war nur die Entfaltung der, genauer: seiner eigenen Kunst. Er kannte im Grunde nichts anderes als sein Kunstschaffen, sein fortwährendes Nachdenken über ästhetische Fragen diente nur der Legitimierung seiner eigenen Werke (und der Abwertung anderer).

Betrachtet man seine Ausführungen unter diesem Gesichtspunkt, so wird zunächst unabhängig von den Unterschieden im Einzelnen immer deutlich, dass ein Kunstwerk nur die unmittelbare wirkliche szenische Aufführung sein könne (vgl. VIII 73, 78, 92; IX 174, 333), in der die Handlung – das „Drama" – sinnlich auf der Bühne gelebt und erlebt werde und werden könne. Für den der Philosophie Feuerbachs nahestehenden Wagner lag dieser notwendige Bezug zur Sinnlichkeit von vornherein nahe; hatte doch das Kunstwerk das natürliche Lebens- und Liebesbedürfnis der Menschen zu befriedigen (vgl. VI 273, 278; VII 109). Aber auch für den Schopenhauer zitierenden Wagner drängte das im Inneren des musikalischen Genies hellseherisch erträumte Bild nach Mitteilung, nach dem Eintritt in die äußere Welt von Raum und Zeit, weshalb zuerst der Rhythmus, dann die szenische Gebärde heraus geboren würden, bis zuletzt das innere Bild durch anschauliche Darstellung seine künstlerische Deutung gefunden habe (IX 55 f.). Aus der Nacht des Inneren trete das „Traumgesicht der Musik" (IX 94) in die Lichtwelt des täuschenden Scheins – der „Schönheit" (IX 49) –, wodurch die Einheit des Äußeren mit dem Inneren angestrebt werde in dem Drama, das das „sichtbar gewordene Gegenbild der Musik" (IX 94), das „aus unserem schweigenden Innern zurückgeworfene Spiegelbild der Welt" (X 167) sei. Das Kunstwerk stelle die „ersichtlich gewordenen Taten der Musik" dar (IX 276).

Das Kunstwerk war somit stets für die unmittelbare Anschauung (in Worten Wagners: für die „intuitive Apperzeption" [VIII 99]); genauer: es war *nur* für diese. Berühmt ist die These Wagners von der „Gefühlswerdung des Verstandes" (VII 203). Damit wurde die ästhetische Forderung ausgesprochen, dass der Künstler - der durchaus bewusst (und d.h.: theoretisch gezielt) sein unbewusst/ unwillkürlich entstandenes künstlerisches Wollen umsetzt (VI 299, 381; VII 110, 259) - seine „Absicht, d.h. [den] Willen des Verstandes" an das Gefühl vollständig mitteilen müsse (VII 203, 257). Dadurch werde diese Absicht/ dieser Verstand „durch ihre *vollständige Verwirklichung* zur vollsten Unmerklichkeit aufgehoben" (VII 203), gehe vollständig in der Unmittelbarkeit der sinnlichen Anschauung auf; was zugleich bedeutete, dass der Verstand als solcher bei dem Erleben des Kunstwerks auszuscheiden habe.

[Durch diese Gefühlswerdung des Verstandes] erreicht [der Künstler] seine Absicht, daß er die Erscheinungen des Lebens nach ihrer vollsten Unwillkür vor unseren Augen versinnlicht, also das Leben selbst aus seiner Notwendigkeit rechtfertigt: denn nur diese Notwendigkeit vermag das Gefühl zu verstehen, an das er sich mitteilt" (VII 203 f.). Das Drama, im Moment seiner wirklichen szenischen Darstellung, erweckt im Zuschauer sofort die intime Teilnahme an einer vorgeführten, dem wirklichen Leben ... so treu nachgeahmten Handlung, daß in dieser Teilnahme das sympathische Gefühl des Menschen bereits selbst in den Zustand von Ekstase gerät, wo es jenes verhängnisvolle Warum ? [des Verstandes, W.S.] vergißt, und somit in höchster Anregung willig sich der Leitung jener neuen Gesetze überläßt, nach welchen die Musik sich so wunderbar verständlich macht und – in einem tiefen Sinne – zugleich einzig richtig jenes Warum ? beantwortet (VIII 73). Im Moment der szenischen Aufführung [muß das Kunstwerk] mit unwiderstehlich überzeugendem Eindrucke wirken, und zwar in der Weise, daß alle willkürliche Reflexion vor ihm sich in das reine menschliche Gefühl [auflöst] (VIII 78).

Die das Drama unmittelbar Erlebenden würden „Wissende durch das Gefühl" (VII 204) und nicht durch das Verstandesdenken. Genauer bezog sich dieses gefühlsmäßige Wissen auf die Handlung – das „Drama" –, die / das der Künstler durch Verdichtung und Verstärkung der Motive (vgl. VII 150 ff., 206, 210, 215) in einer konzentrierten Form auf die Bühne bringt; und damit als eine (nämlich: seine) Erfindung (vgl. X 117), als Täuschung und „Wahngebilde" (VIII 245), Schein (als „bloße" Erscheinung). Für den Verstand würde das hier Konstruierte und Künstliche in den Vordergrund treten; für das Gefühl aber werde der Schein zu einer Wirklichkeit, die es begreife, werde das vom Künstler erfundene Wunder - das an sich ungewöhnlich und wunderhaft, daher auch für den Verstand nicht akzeptierbar sei – „als *verständlichste* Darstellung der Wirklichkeit begriffen" (VII 207, 210). Freilich setze dies hohes Können und theoretisches Wissen des Künstlers um die Beeinflussbarkeit des Gefühls voraus:

Der [Künstler] ist ... der *Wissende des Unbewußten*, der absichtliche Darsteller des Unwillkürlichen; das Gefühl, das er dem Mitgefühle kundgeben will, lehrt ihn den Ausdruck, dessen er sich bedienen muß: sein Verstand aber zeigt ihm die Notwendigkeit dieses Ausdrucks (VII 259).

Diese Ausschaltung des Verstandes in dem szenisch aufgeführten Kunstwerk - Wagner sprach auch von dem „Verbergen" des Verstandes vor dem Gefühl (vgl. VII 337) - war der eigentliche Grund für die Forderung an den Künstler, als geeigneten Stoff nur das Volksgedicht (die Sage, Fabel, den Mythus) zu nehmen, der selbstverständlich durch den Verstand des Künstlers neu erfunden (für Wagner: „gedeutet") werden müsse.

Diese sagenhafte Färbung ... hat namentlich auch den wirklichen Vorzug, die ... von mir dem Dichter zugewiesene Aufgabe, die Frage nach dem Warum ? be-

> schwichtigend vorzubeugen, ganz ungemein zu erleichtern. ... [D]urch den sagenhaften Ton wird der Geist sofort in denjenigen träumerischen Zustand versetzt, in welchem er bald bis zu dem völligen Hellsehen gelangen soll, wo er dann einen neuen Zusammenhang der Phänomene der Welt gewahrt, und zwar einen solchen, den er mit dem Auge des gewöhnlichen Wachens nicht gewahren konnte;

zugleich machte Wagner deutlich, warum ein solches das Gefühl einnehmendes Kunstwerk nur ein musikalisches Drama sein könne: es sei leicht zu begreifen, „wie diesen hellsehend machend Zauber endlich die Musik vollständig ausführen soll" (VIII 83).

Das Erleben des musikalischen Dramas geschehe also in einem der gewohnten Realität des Alltags entrückten Traumzustand (X 69, 72), als ein „wahrtraumhaftes Abbild" der Welt (X 72). – Für diese Aufgabe konzipierte Wagner das Bayreuther Festspielhaus mit seinem unsichtbaren Orchesterraum und der Guckkastenbühne in einem „Theatron":

> Zwischen [dem Zuschauer] und dem zu erschauenden Bilde befindet sich nichts deutlich Wahrnehmbares, sondern nur eine, zwischen den beiden Proszenien durch architektonische Vermittelung gleichsam im Schweben erhaltene Entfernung, welche das durch sie ihm entrückte Bild in der Unnahbarkeit einer Traumerscheinung zeigt, während die aus dem 'mystischen Abgrunde' geisterhaft erklingende Musik, gleich den, unter dem Sitze der Pythia dem heiligen Urschoße Gaias entsteigenden Dämpfen, ihn in jenen begeisterten Zustand des Hellsehens versetzt, in welchem das erschaute szenische Bild ihm jetzt zum wahrhaftigsten Abbilde des Lebens selbst wird (X 37 f.). Wie aus einer seligen Traumwelt [tritt] uns das Bild des Lebens mit sympathischer Wahrhaftigkeit entgegen (IX 164).

Selbst der Charakter als Kunstwerk müsse vernichtet werden, ebenso die künstlerische Tätigkeit als „Deutung". Während die Wortdichtung „das bedeutet" sagt, „so sagt [die Tondichtung]: 'das ist!'" (IX 164; X 129).

Nun wird auch die unter II. vorgestellte Verbindung von Kunst und Religion verständlich(er). Wagner betrachtete diese unmittelbare Anschauung und das gefühlsmäßige Erleben des musikalischen Dramas – als der wahrhaften, notwendigen, organisch sich entwickelnden, unwillkürlich (natürlich) sich ereignenden Wirklichkeit, für das es keinen Zweifel, keine Frage nach dem „Warum" gibt – für die höchste, ja einzige Gestalt des absoluten Geistes. Seine Kunst war nicht mehr „Religion der Kunst", sondern „Religion als Kunst" (und auch als Philosophie), somit Ersatz der Religion und der Philosophie in ihrem Anspruch, den Menschen als ganzen zu erfassen. In diesem unmittelbaren Aufgehen, in dieser ekstatischen Vereinigung des teilnehmenden Publikums miteinander und mit dem aufgeführten und erlebten musikalischen Drama lag für Wagner die wahre Freiheit: „d.h. Befreiung von der Nötigung zu einer Motivierung durch Reflexion" (IX 279). Darin lag auch die Befriedigung des natürlichen Lebens- und Liebesbedürfnisses – so der Feuerbach-

Wagner – bzw. des Erlösungsbedürfnisses – so der Schopenhauer-Wagner –, die Verwirklichung des Göttlichen in seiner Gemeinde im Festspielhaus.

> Dieser Erlösung ... glauben wir in der geweihten Stunde, wenn alle Erscheinungsformen der Welt uns wie im ahnungsvollen Traume zerfließen, vorempfindend bereits teilhaftig zu werden ... Die ... geeinigte Seele der Menschheit ... entschwebt da dem Abgrunde der Erscheinungen, und, losgelöst von jener grauenhaften Ursächlichkeit alles Entstehens und Vergehens, fühlt sich der rastlose Wille in sich selbst gebunden, von sich selbst befreit (X 159).

Wie anders könnte dies geschehen als im Sichhingeben an das „Bühnenweihfestspiel", wie Wagner seinen „Parsifal" nannte?

3.

Der Unterschied von Wagner zu Hegel ist damit fundamental. Es kann gefragt werden, wie Hegel diese ästhetische Konzeption Wagners begriffen hätte. Die Antwort kann nach dem oben Ausgeführten nur die Selbstbestätigung der Hegelschen Konzeption sein; und zwar in einer doppelten Weise.

Zunächst und erstens wäre gerade diese Aufhebung des Verstandes zugunsten der Unmittelbarkeit der Anschauung / des Gefühls für Hegel der Grund, warum die Sphäre der Kunst sich selbst aufhebt (aufheben muss) in die reflexive Sphäre der vorstellend-denkenden Religion (und letztlich der begreifenden Philosophie). Der Mensch war für Hegel selbstverständlich ein sinnliches, leibliches Wesen; doch müsse diese Naturseite von seiner Freiheit ergriffen, bearbeitet, „aufgehoben" auch im Sinne des „aufbewahren" werden, weshalb der Geist immer auch als sinnlich-leiblich begriffen werden müsse; was das Christentum zum Ausdruck bringe, wenn es Gott als wirkliche leiblich-sinnlichen Mensch vorstelle. Aber die wahre Menschlichkeit und Freiheit erreiche der Mensch in dem Denken (auch und eben dieser Leiblichkeit).

Freilich findet sich auch im System Wagners das Denken: als Erkennen der religiösen Wahrheit und als Verstand des Künstlers, der seine künstlerische Absicht bewusst in ein Werk umsetzen muss, in dem nur mehr das Gefühl bestimmt; und selbstverständlich auch in dieser ästhetischen Theorie selbst. Und Wagner dachte dieses Umsetzen in die Form des musikalischen Dramas niemals ohne den Inhalt (vgl. VIII 78), nämlich ohne die Wahrheit der Religion, so wie er sie sich vorstellte. Es ging ihm stets um das Reinmenschliche, das Göttliche als sich hingebende, im Anderen sich findende (und darin aufgehende, also sterbende, zumindest mitleidende) Liebe, um die allein befreienden Liebesverhältnisse auf Erden. Doch – so würde Hegel seine Ästhetik in einem zweiten Punkt bestätigt finden – setzte die Unmittelbarkeit und Gefühlshaftigkeit der Kunstsphäre gerade diesen Inhalt in den Hintergrund, weil nach ihm nicht mehr kritisch gefragt werden durfte. Die teilnehmende Kunstgemeinde hatte sich nach Wagner dem Verstand und dem Wollen des Künstlers hinzugeben, sich mit seiner künstlerischen Absicht zu vereinigen in frageloser und voll vertrauender Liebe, weshalb jedes Nachfragen ersticken musste. Für Hegel würde dies bedeuten, dass damit jeder Inhalt in derselben Weise (nämlich der Form der bloß unmittelbaren Anschauung / des bloßen Gefühls) künstlerisch umgesetzt werden könnte. Die durchaus anzuerkennende Absicht Wagners, die Wahrheit und Wesentlichkeit (Göttlichkeit) des Menschen durch die künstlerische Darstellung mitzuteilen, wäre für Hegel in der Sphäre der Moralität einzuordnen, als guter Wille, der aber letztlich nur in der Subjektivität des Künstlers gegründet sein könnte. Es wäre für Hegel kein Grund ersichtlich, warum dieser künstlerische Wille nicht bloße Willkür, phantasievoller Einfall, geschickte Inszenierung sein könnte. Auch Wagners Kunstschaffen fiele in die Sphäre der bürgerlichen Gesellschaft; wie all die anderen Werke anderer Künstler auch. – Ob diese Sicht Hegels auf Wagners Kunst nicht deren Nachwirken im 19. und 20. Jahrhundert begreifbar macht? wobei dies nicht heißt, dass nun die Linie von Wagner etwa zu Hitler gehen würde, sondern nur, dass in diesem Anspruch Wagners auf eine „Kunst als Religion“ und damit auf die unbefragbare und nicht bezweifelbare (absolute) Unmittelbarkeit des Kunstwerks die (notwendige) Möglichkeit liegt, dass eben eine solche Kunst mit einem anderen Inhalt – als Wagner ihn sich vorstellte – ausgestaltet wird und nur die Form als eines musikalisch das Gefühl voll einnehmenden Kunstwerks – im Sinne eines formalen „Gesamtkunstwerk“, weil alle Sinne beeindruckend – aufweist. Welcher Inhalt dies dann ist, kann nicht mehr auf Wahrheit hin untersucht werden, sondern nur auf die Absicht des jeweiligen Künstlers.

Diese Einsicht Hegels würde im Übrigen nicht ausschließen, dass das gebildete Mitglied dieser bürgerlichen Gesellschaft die Qualität der Musikdramen Wagners für höher halten kann als die anderer Werke. Dafür ist aber nicht irgendeine Wahrheit der Wagnerischen Kunst maßgebend, sondern seine größere Kunstfertigkeit, kompositorische Raffinesse, anregende Wahl des Stoffes, usw., wie es durch das jeweilige Maß des Bildungsstandes des Betreffenden erfahren werden kann. Man kann darüber diskutieren, man kann die künstlerische Absicht Wagners immer neu inszenieren und lebendig halten. Niemand braucht ein „Wagnerianer“ zu sein, wenn ihm diese Werke gefallen, vielleicht sogar besser gefallen als andere. Er kann diese Werke ja überhaupt nur schätzen und richtig einschätzen, wenn er auch das Kunstschaffen anderer kennt.

IV.

Nur als Ausblick soll abschließend das Problem genannt werden, für dessen Lösung vielleicht die Ästhetik Wagners angemessenere Antworten gibt als die Hegels: nämlich die Frage nach dem wirklichen (vollendeten, höchsten) Kunstwerk. Denn diese kann im Binnenbereich der Ästhetik – unabhängig von der Stellung der Kunst zur Religion oder Philosophie – beantwortet werden.

Für den Hegel der Vorlesung 1820/21 war – nach der Bearbeitung von Ascheberg – die Vollendung der „allgemeinen Weise" der Kunst – die er als vierte neben der symbolischen, klassischen und romantischen nennt und als „tönende / redende Kunst" bezeichnete (S.44) – das Drama. Eindeutig dachte Hegel dabei an das redende, also das Wort-Drama, da die Wortsprache die höchste, weil inhaltlich gebundene und sich bindende Form des Tönens / Redens sei (vgl. S.45, 318). Jedenfalls stand das Wortdrama über der bloß das Innere ansprechenden und eigentlich sprachlosen (daher nur tönenden, nicht auch sprechenden) Musik, auch über der Oper, bei der die Musik das Wesentliche ausmache, weshalb das Libretto mittelmäßig sein müsse (S.281). – Die Vorlesung bzw. Hothos Nachschrift 1823 vertiefte diese Zurückstufung der Musik, die wegen dieses mangelnden Inhaltes nur mehr künstlich geworden sei und alleine den Verstand des gebildeten Kenners anspreche (S.270). Das höchste, vollendete Kunstwerk sei das Wortdrama (S.298 ff.). – In der Vorlesung 1826 scheint Hegel die Form der Kunst als unmittelbarer Anschauung betont zu haben, wodurch eine neue Gewichtung eintreten musste. So heißt es in einer Nachschrift: „Wenn das Kunstwerk ... ganz vollständige Totalität ist, so hat es diese Vervollkommnung nur in der Oper"; „alle Künste sind da vereinigt"[25]. - Die Vorlesung bzw. Libelts Nachschrift 1828/29 lobten konsequent die Oper, in der „wir aus der Prosa gezogen und in höhere Kunstwelt gesetzt [sind]", und sprach davon, dass damit die Musik dramatisch werde (S.140a). Das Wortdrama - zunächst noch gedacht als vollendetem Kunstwerk - erhielt eine (neue) Klarstellung: „Die Poesie ist wesentlich tönend, sie soll gesprochen werden. ... Indem es so wirksames Sprechen sein soll, schließt sich die Gebärde dazu" (S.146); das Drama „hat ... die Bestimmung, aufgeführt zu werden" (S.151a). „[D]as Sinnliche ist zu respektieren" (S.152a). Dies brachte nun eine erstaunliche Konsequenz:

> Das Darstellen ist das Eigentümliche ... Das Sprechen und Agieren muß dabei zunächst richtig, d.h. charakteristisch sein, wird beides künstlich ausgebildet, so wird es [in, W.S.] Musik erhoben, doch so, daß die bestimmte Vorstellung das Vorherrschende wird. Die Aktion bildet sich zum Tanze aus, das Sprechen zum Singen.

---

25 Zitiert in: *Gethmann-Siefert*, Gesamtkunstwerk, 210, 213.

> Das war die Tragödie der Alten [d.h. der Griechen, W.S.], das ist die moderne Oper, da ist dies Drama in seiner Totalität (S.151a).

Freilich war damit die 1820/21 gegebene Charakterisierung der Oper aufgehoben. Nicht mehr konnte das Libretto mittelmäßig sein, sondern – wie Hegel schon in dieser Vorlesung klargestellt hatte – es „muß hauptsächlich das Gleichgewicht beider [nämlich von Text und Musik, W.S.] gefunden werden, damit nicht eines dem andern nachtheilig werde“ (S.281). Das Drama in seiner Totalität musste also eine dramatische Textdichtung sein, die dann durch die musikalische Erfassung zum totalen Drama als dem vollendeten Kunstwerk wurde. Hegel schrieb also nicht mehr über die Oper, sondern über das Musikdrama.

Diese im Übrigen stark von Schelling beeinflusste Sicht des Kunstwerkes erzwingt selbstverständlich die Konfrontation mit der Wagnerschen Ästhetik: nicht nur, was die (liebende) Einheit aller Künste im „Gesamtkunstwerk“ betrifft, sondern auch vor allem was das musikalische Drama als das eigentliche Kunstwerk betrifft. Trotz aller Änderungen in der Einschätzung der einzelnen Kunstarten (vor allem des Ranges der Musik) blieb für Wagner immer die dramatische Szene, das Handlungsgeschehen in seiner verdichteten Gestalt, das Wesentliche (vgl. nur VI 299 ff.; VII 232 ff.; VIII 91 f., 94, 100; IX 273, 278, 332 f.; X 167), weil es – wie gezeigt – das unmittelbare Erleben ermöglichte. Deshalb konnte das vollendete Kunstwerk nur das aufgeführte musikalische Drama (in der Verbindung von Text-, Tondichtung und Szene/ Gebärde/ Pantomime) sein.

Dazu wäre viel zu sagen, was hier aber nicht mehr durchgeführt werden kann. Es muss ja auch noch die Gelegenheit zum philosophischen Gespräch mit Wolfgang Marx, dem hoffentlich diese leider viel zu lang geratenen Ausführungen Gefallen bereiten können, bleiben.

4.

Tiergestalten im Werk Richard Wagners

Das Thema der folgenden Ausführungen soll zunächst negativ in drei Punkten bestimmt werden, indem geklärt wird, worum es *nicht* gehen soll.

Es soll *erstens* nicht um ein biographisches Thema gehen: also nicht um die Einstellung von Richard Wagner zu Tieren. Angemerkt sei nur, dass offensichtlich Wagner sehr tierlieb war. Zahlreiche Hinweise finden sich in seiner Autobiographie „Mein Leben". Hans von Wolzogen trug in seinem Buch „Richard Wagner und die Tiere" viele Belege zusammen[1]: schon in der Kindheit liebevolle (zum Teil heimliche) Betreuung eines jungen Hundes und einer Kaninchenfamilie; in Magdeburg als Haustier ein Pudel; in Riga dann der Neufundländer Robber, der die Reise mit Schiff und Kutsche nach Paris mitmachte, wo er gestohlen wurde (wobei Wagner ihm in der Pariser Novelle „Ein Ende in Paris" ein literarisches Denkmal setzte); dann in Dresden der Papagei Papo und der kleine Hund Peps, die Minna nach der Flucht nach Zürich brachte; 1851 starb Papo und wurde durch Jacquot ersetzt. 1855 starb Peps und wurde durch Fips ersetzt, der 1861 starb. Ab 1866 war Haushund der Bernhardiner Russ. Und dann gab es eine Bernhardiner-Neufundländer-Familie in mehreren Generationen mit Hunden namens Marke, Kundry, Brange, Fasolt, Fafner, Frisch, Fricka, Froh, Freia.

Es soll *zweitens* nicht um die mit der Tierliebe verbundene Haltung des Mitleidens mit allem Kreatürlichen gehen, die Wagner auch mit der Philosophie Schopenhauers – dessen Hauptwerk er 1854 kennen gelernt hatte – verband. Doch schon in dem Jugendwerk „Die Feen" (1832/33) ließ Wagner den Helden Arindal die wahnsinnige Vision einer tödlichen Jagd auf eine Hirschkuh phantasieren: „Ich zielte gut, haha, das traf ins Herz! – O seht, das Tier kann weinen, die Träne glänzt in seinem Aug'. O, wie's gebrochen nach mir schaut!"[2] Bekannt ist die Stelle im Tagebuch, das Wagner in Venedig für Mathilde Wesendonck verfasste. Ganz in Nachfolge Schopenhauers sah er das Leben als Leiden an; und schrieb am 1. Oktober 1858: er habe auf der Straße

---

1 Vgl. *Hans von Wolzogen*, Richard Wagner und die Tierwelt. Leipzig 1890, 1910. – Zu diesem Werk vgl. *Erich Kloss-Wilmersdorf*, Richard Wagner und die Tierwelt, in: Am häuslichen Herd. Schweizerische illustrierte Monatsschrift 14, 1910-11, 153-157

2 So *Richard Wagner*, Die Feen, in: Ders., Dichtungen und Schriften, hsrgg. Von Dieter Borchmeyer. Frankfurt a.M. 1983, Bd.1, 43 f..

https://doi.org/10.1515/9783110689396-005

gesehen, wie ein Geflügelhändler einem lebenden Huhn den Kopf abgerissen habe: der grässliche Schrei des Tieres sei mit Entsetzen in seine Seele gedrungen.

> Im Grunde genommen habe ich mit Menschen weniger Mitleiden als mit Tieren: diesen sehe ich die Anlage zur Erhebung über das Leiden, zur Resignation und ihrer tiefen göttlichen Beruhigung, gänzlich versagt. Kommen sie daher, wenn dies durch Gequältwerden geschieht, in den Fall des Leidens, so sehe ich mit eigener qualvoller Verzweiflung eben nur das entsetzliche Erlösungs-lose Leiden, ohne jeden höheren Zweck, mit der einzigen Befreiung durch den Tod, somit durch die Bekräftigung dessen, es sei besser gewesen, wenn es gar nicht erst zum Dasein gelangt wäre. Wenn daher dieses Leiden einen Zweck haben kann, so ist dies einzig durch Erweckung des Mitleidens im Menschen, der dadurch das verfehlte Dasein des Tieres in sich aufnimmt, und zum Erlöser der Welt wird, indem er überhaupt den Irrtum alles Daseins erkennt. Diese Bedeutung wird Dir einmal aus dem dritten Akte des Parzival, am Karfreitagsmorgen, klar werden.[3]

Diese Szene im 1882 fertig gestellten „Parsifal“ betrifft nicht die Tiere, sondern die Natur überhaupt (vor allem die Blumen), ist daher hier nicht einzubeziehen (wie auch nicht das Wunder des grünenden Stabes im Tannhäuser, das sicherlich mit der „Holda“ in Verbindung steht, die der Hirt als Maienkönigin begrüßt). Die Verwandtschaft mit dem gebrachten Zitat aus den „Feen“ zeigt sich in der Strafpredigt, die Gurnemanz dem kindlichen Parsifal hält, der aus Übermut einen Schwan getötet hat:

> Hier – schau her! – hier trafst du ihn,
> da starrt noch das Blut, matt hängen die Flügel,
> das Schneegefieder dunkel befleckt –
> gebrochen das Aug', siehst du den Blick?

(Die Ähnlichkeit zu der oben zitierten Stelle aus den „Feen“ ist bemerkenswert).

Schließlich soll *drittens* auch nicht das Eintreten Wagners für Tierschutz (gegen Vivisektion) und für Vegetarismus behandelt werden[4].

Damit kann geklärt werden, was denn nun das Thema der folgenden Ausführungen positiv ist. Es geht um Tiergestalten im Werk von Richard Wagner[5]. Dabei möchte ich drei Gruppen unterscheiden: 1. die echten (realen) Tiere, die keine wirkliche Bedeutung für das Werk haben; dann 2. die mythologischen Tiere, denen ebenfalls keine besondere Bedeutung zukommt; und schließlich als 3. die für die Interpretation bedeutenden Tiere bzw. Tiergestalten. – Nicht

---

3 Vgl. *Richard Wagner* an Mathilde Wesendonck. Tagebuchblätter und Briefe 1853-1871. 20. Aufl. Berlin 1904, 49 f.

4 Dazu *Wolzogen*, Wagner, 82 ff.

5 Vgl. allgemein zum Thema: *Albert Gier*, „Und lieblich brüllt das Ochsenvieh“, in: Opernwelt 2005, H.5, 33-39.

behandeln möchte ich den Eber – den Hagen in der „Götterdämmerung" als das Tier behauptet, das Siegfried getötet hat –, die Kröte und den Schlangenwurm – in die Alberich sich im „Rheingold" verwandelt –, den Adler – den Brünnhilde im 1. Aufzug der „Götterdämmerung" in Anspielung auf Prometheus erwähnt („Ein Aar kam geflogen, mich zu zerfleischen") –, die Opfertiere – die in der „Götterdämmerung" zu Ehren der Götter geschlachtet werden sollen – , und auch nicht die Hunde, deren Gebell im Vorspiel der „Walküre" in der Musik zu hören ist (und die Wagner offensichtlich aus dem Melodram der Gertrude – „Wie die Hunde in den Sturm heulen, ist's schaurig kalt" – in „Hans Heiling" von Heinrich August Marschner übernommen hat[6]).

1. Echte, reale Tiere ohne Bedeutung für das Werk:

Zunächst geht es also um Tiere, die so einfach vorkommen, weil sie zur Szene gehören. Sie spielen aber keine Rolle in dem Werk, weshalb sie auch für die Interpretation nicht relevant sind. Es sind „echte" Tiere, also reale, natürliche Tiere.

Anzumerken ist als Einstieg, dass in dem Entwurf zu einer komischen Oper – den Wagner 1837 fertig stellte – mit dem Titel „Männerlist größer als Frauenlist oder Die glückliche Bärenfamilie" keine Tiere (nämlich: Bären) vorkommen.

Pferd des Rienzi

Das erste Tier findet sich in der 1840 fertig gestellten Großen tragischen Oper „Rienzi, der Letzte der Tribunen": nämlich das Pferd, auf dem in der 3. Szene des 3. Aktes der geharschnischte Rienzi sitzen soll[7].

Jagdtiere des Landgrafen Hermann

Dann ist die Jagdgesellschaft zu nennen, die am Ende des 1. Aktes des „Tannhäuser" auf der Bühne versammelt ist. Wagner verlangt Falken (mit ihren Trägern), Hunde und Pferde. Wolzogen gibt ihnen eine Bedeutung für das Werk: es solle damit „die romantische Belebtheit der freien frühlingsfrischen deutschen Waldnatur" zum Ausdruck gebracht und dadurch ein „künstlerisches und symbolisches Gegengewicht" geschaffen werden zu dem „bunten,

---

6 So *A. Dean Palmer*, Heinrich August Marschner, 1795-1861. Ann Arbor 1980, 317 (Anm.15).

7 *Richard Wagner*, Rienzi der letzte der Tribunen, in: ders., Dichtungen und Schriften, Bd. 1, 177, 180.

rauschenden, wild-sinnlichen, dämonisch-bewegten Bacchanal im Venusberg"[8]. Ich meine, dass das Gegenbild zum Venusberg die Marienstatue ist und das Lied, das der junge Hirt der Maienkönigin Holda singt. Die Jagdgesellschaft ist nichts Bedeutungsvolles.

Der von Parsifal getötete Schwan

Auch der bereits genannte Schwan im „Parsifal" ist nichts anderes als ein reales Tier. Zwar spielt die Szene im „heiligen Walde" rund um die Gralsburg. Aber der Schwan ist ein normaler Vogel. Auch der Hinweis von Gurnemanz – „sein Weibchen zu suchen flog er auf" – hat nach meinem Verständnis keine Bedeutung für den Inhalt des Werkes. Keinesfalls soll damit die Sexualität der Natur im Gegensatz zur Keuschheit der Gralsritter zum Ausdruck kommen; die These von Stefan Wurz, dass Parsifal durch das Töten des Schwans das Prinzip der Ehe zerstört habe[9], ist völlig aus der Luft gegriffen. Auch irgendeine Parallele zum Schwan im „Lohengrin" ist – trotz Anspielung im musikalischen Motiv – nicht vorgesehen. Wenn überhaupt, dann ist der Hinweis auf das Schwan-Weibchen als Zeichen für das blühende Leben – das durch den Toren vernichtet wird – zu verstehen.

Der Bär als Schrecktier gegen Mime

Selbstverständlich sind auch die Tiere, die Siegfried zum Erschrecken des verhassten Zwerges Mime aus dem Wald herbeibringt, echte, reale Lebewesen. Anzumerken ist nur, dass die ursprüngliche Fassung des „Jungen Siegfried" sowohl im Prosaentwurf als auch in der Dichtung (1851) zuerst Siegfried einen Wolf und dann – bei der Wiederkehr nach der Wissenswette – einen Bären fangen lässt[10]. Die Endfassung des „Siegfried" begnügt sich bekanntlich nur mit einem Bären beim ersten Auftritt des jungen Helden.

2. Mythologische Tiere ohne Bedeutung für das Werk

Sodann können Tiere genannt werden, die Wagner für seine Figuren aus der Mythologie übernommen hat, denen aber ebenfalls keine eigentliche Bedeutung für das Werk zukommt.

---

8 *Wolzogen*, Wagner, 8.

9 Vgl. *Stefan Wurz*, Kundry, Salome, Lulu. Femme fatales im Musikdrama. Frankfurt a. M. 2000, 44.

10 Vgl. *Otto Strobel*, Skizzen und Entwürfe zur Ring-Dichtung. München 1930, 70, 76 bzw. 101, 128.

2.1. Die Tiere Wotans

Zu denken ist erstens an die Tiere, die den Gott Wotan begleiten und/ oder ihn bzw. Eigenschaften von ihm kennzeichnen.

2.1.1. Die Raben

Zu nennen sind die beiden Raben, von denen an einigen Stellen die Rede ist und die sogar in einer Szene auftreten. Erstmals werden sie von Wotan selbst erwähnt, der sich gegenüber Siegfried als „Herr der Raben" vorstellt und diese Tiere als den Grund nennt, weshalb das Waldvögelein – das den Helden zum Walkürenfelsen geführt hat – plötzlich „ängstlich hin und her [flattert] und hastig dem Hintergrunde zu [verschwindet]", nämlich: „weh ihm, holen sie's ein!" In dieser Szene sind die Raben Zeichen einer Aggressivität des Wotan, die nach dem Gespräch mit Erda – in dem er ihr seinen Willen mitteilt, dass die Herrschaft der Götter ihrem Ende zugehen solle zugunsten der neuen Liebesordnung von Siegfried und Brünnhilde – eigentlich unverständlich ist (und von Wagner im Brief an August Röckel vom 25./ 26.Januar 1854 wie folgt verständlich gemacht wird: „Er ist hier vor seinem Untergange so unwillkürlicher Mensch [...], dass sich – gegen seine höchste Absicht – noch einmal der alte Stolz rührt, und zwar (wohlgemerkt!) aufgereizt durch – Eifersucht um Brünnhilde [...] Er will sich nicht nur so beiseite schieben lassen, sondern fallen – besiegt werden"[11]) (aber eigentlich wohl: die Szene ist erforderlich, damit Siegfried zeigen kann, dass er sich vor diesem Speer nicht fürchtet).

Die Raben erweisen sich hier als negative Tiere, vergleichbar den Orakel-, Toten- und Kriegsvögel, als die sie bekannt waren. Heute sprechen wir noch von „Unglücksrabe"; und kennen ein Volkslied: „Hoppe hoppe Reiter, wenn er fällt, dann schreit er; fällt er in den Graben, fressen ihn die Raben". Die Raben wurden auch als Galgenvögel gesehen; den Hinrichtungsort für Enthauptungen nannte man den „Rabenstein".

Aber: eigentlich sind die beiden Raben – in der Überlieferung „Hugin[n]" (d.h.: „Gedanke", „gedankenvoll") und „Munin[n]" (d.h. „Gedächtnis", „Erinnerung", „geistvoll") genannt – Zeichen Wotans als des Gottes der Weisheit[12], die er erlangt hat, als er in den Brunnen am Fuß der Weltesche schaute (wofür er ein Auge hingab [das dann zugleich als Sonne in den Himmel gerückt wurde]). Vor allem sind sie seine Boten, die für ihn die Welt durchfliegen und

11 Vgl. *Richard Wagner*, Dokumente zur Entstehungsgeschichte des Bühnenfestspiels der Ring des Nibelungen, hrsgg. Werner Breig/ Hartmut Fladt, in: ders., Sämtliche Werke. Bd.29,I. Mainz 1976, Nr.195 (99 ff.).

12 *Klaus Bemmann*, Der Glaube der Ahnen. Essen 1990, 64, 68.

ihm von den wesentlichen Ereignissen berichten. Die Walküre Waltraute berichtet ihrer Halbschwester Brünnhilde, dass nach dem Zerschlagen des Speeres durch Siegfried Wotan sich in Wallhall eingeschlossen habe und das Ende der Götter erwarte: daher rühre er die lebenspendenden Äpfel der Freia – die hier „Holda" genannt wird – nicht mehr an, habe die Weltesche fällen und die Scheite um Walhall herum aufschichten lassen.

Seine Raben beide
sandt' er auf Reise:
kehrten die einst
mit guter Kunde zurück,
dann noch einmal,
zum letzten Mal,
lächelte ewig der Gott.

Diese gute Kunde ist sicherlich nicht das, was die beiden Raben aus eigenem Erleben berichten können: nämlich die Ermordung Siegfrieds durch Hagen. Als Siegfried – vom Gedächtnisschwund geheilt – von Brünnhilde erzählt und Gunther entsetzt „Was hör ich?" singt, ertönt ein schriller Aufschrei in den Bläsern, ein chromatisch aufsteigender Sturmlauf in den Streichern wie Flügelschlag von Vögeln. Die Regieanweisung schreibt: „Zwei Raben fliegen aus einem Busche auf, kreisen über Siegfried und fliegen dann, dem Rheine zu, davon." Und Hagen stößt die heftigen Worte hervor: „Errätst du auch/ dieser Raben Geraun'?" worauf Siegfried auffährt und – Hagen den Rücken zukehrend – den Raben nachblickt. „Rache rieten sie mir!" Und Hagen stößt seinen Speer in Siegfrieds Rücken. Nun ist dies sicherlich eine der vielen Lügen des Hagen, der ja von Wagner – im Gegensatz zur Kennzeichnung im „Nibelungenlied" – als der schlechthin Böse und alles Leben und Lieben Hassende gestaltet ist. Die gute Kunde für Wotan ist die Nachricht vom Sterben Siegfrieds nicht; wohl aber die Botschaft, die Brünnhilde in ihrem Schlussgesang dem Vater Wotan mitteilt:

Auch deine Raben
hör ich rauschen;
mit bang ersehnter Botschaft
send ich die beiden nun heim.
Ruhe, ruhe, du Gott!

Und ein zweites Mal:

Fliegt heim, ihr Raben!
Raunt es eurem Herren,
was hier am Rhein ihr gehört !
An Brünnhildes Felsen
fahrt vorbei.
Der dort noch lodert,

weiset Loge nach Walhall!
Denn der Götter Ende
dämmert nun auf.
So – werf' ich den Brand
in Walhalls prangende Burg.

Und in der Regieanweisung heißt es: „Sie schleudert den Brand in den Holzstoß, welcher sich schnell entzündet. Zwei Raben sind vom Felsen am Ufer aufgeflogen und verschwinden nach dem Hintergrunde." Damit erfüllt Brünnhilde den letzten Willen Wotans: zur Selbstvernichtung der Götterherrschaft, die sich im Schicksal Siegmunds, aber letztlich auch Siegfrieds als die Liebe tötend herausgestellt hat; für eine neue Welt, die (deshalb: auch wegen Vernichtung des Ringes des Nibelungen) nun offen ist für Liebesverhältnisse.

2.1.2. Sleipnir

Ein weiteres Tier Wotans ist sein Pferd, das in der mythologischen Überlieferung den Namen Sleipnir trägt und als achtbeinig (und deshalb schnell und ausdauernd) angesehen wurde[13]. Zugleich ist es wie sein Reiter von zauberischer Kraft. Wagner lässt den vor der Drachenhöhle lauernden Alberich die Ankunft des Gottes wie folgt schildern, wobei die Musik ein dem Walkürenritt ähnliches Motiv ertönen lässt:

Welcher Glanz zittert dort auf?
Näher schimmert
ein heller Schein;
es rennt wie ein leuchtendes Roß,
bricht durch den Wald
brausend daher.

Sleipnir fliegt durch die Nacht wie ein „Sturmwind", von der die Regieanweisung spricht und der sich auch beim Entfernen des Gottes erhebt: „Sturmwind erhebt sich, heller Glanz bricht aus", Alberich „blickt dem davonjagenden Wanderer nach": „Da/ reitet er hin/ auf lichtem Roß".

Im Übrigen wird hier die Selbstkennzeichnung als „Wanderer" – der nur „zu schauen, nicht zu schaffen" komme – etwas fraglich. Es ist immer noch der mächtige Gott, der durch die Lüfte jagt; wie er auch seiner ungehorsamen (und doch nur seinen eigentlichen Willen erfüllenden) Tochter Brünnhilde nach fliegt, um sie furchtbar zu bestrafen, „erreicht mein Roß ihre Flucht!" Die Walkürenschwestern können Brünnhilde vor dem „wilden Jäger, der wütend [sie] jagt" nicht schützen; wütend ist Wotan, „wild wiehert Walvaters Roß", „schrecklich schnaubt es daher!" Und dann erreichen „Roß und Reiter" den

13 *Bemmann*, Glaube, 65.

Walkürenfelsen: auch hier verbunden mit erregter Natur: „furchtbarer Sturm braust aus dem Hintergrunde daher, wachsender Feuerschein rechts daselbst" (so die Regieanweisung). Wotan ist eben der Sturmgott!

2.1.3. Wotan als Tier

Bei genauerer Betrachtung ist noch ein weiteres Tier wenigstens zu nennen, das zwar nicht in Begleitung Wotans auftritt, sondern von dem nur erzählt wird: aber das er selbst (gewesen) ist. Nämlich: ein Wolf. Mythologisch wurden Wölfe als Tiere Wotans genannt, weil sie – zu ihm als Kriegs- und Totengott passend – als aggressiv und sogar als Leichentiere angesehen wurden. In der „Walküre" erzählt Siegmund aber von seinem Vater „Wolfe", der anfangs mit seiner Mutter und seiner Zwillingsschwester im „Wolfsnest" hauste, dann mit ihm im wilden Wald lebte:

> lange Jahre
> lebte der Junge
> mit Wolfe im wilden Wald:
> Manche Jagd
> ward auf sie gemacht;
> doch mutig wehrte
> das Wolfspaar sich.

Doch:

> Der Jäger viele
> fielen den Wölfen,
> in Flucht durch den Wald
> trieb sie das Wild:
> wie Spreu zerstob uns der Feind.
> Doch ward ich vom Vater versprengt;
> seine Spur verlor ich,
> je länger ich forschte:
> eines Wolfes Fell nur
> traf ich im Forst.[14]

Siegmund bezeichnet sich selbst als „Wölfling". Auch Fricka wirft ihrem Gatten vor:

> Doch jetzt, da dir neue
> Namen gefielen,
> als 'Wälse' wölfisch
> im Walde du schweiftest;
> ...

---

14 In einer Münchner Inszenierung trug Siegfried noch immer das Wolfsfell mit sich (wie Linus das Schmusetuch in den „Peanuts").

jetzt dem Wurfe der Wölfin
wirfst du zu Füßen dein Weib!

Nun wird Wotan nicht nur „Wolfe“, sondern auch „Wälse“ genannt: Sieglinde: „Doch nanntest du Wolfe den Vater?“ Siegmund:

Ein Wolf war er feigen Füchsen!
Doch dem so stolz
strahlte das Auge,
wie, Herrliche, hehr dir es strahlt,
der war: Wälse genannt,

weshalb Siegmund ein „Wälsung“ ist (wie Sieglinde auch). Der Hinweis auf das Wölfische könnte als (bloße) Metapher gemeint sein: für das Wilde, Gesetzlose, aus der menschlichen Gemeinschaft Ausgestoßene; wie es in englischen Quellen für den Vogelfreien hieß: „gerit caput lupinum“ („trägt das Wolfshaupt“). So stellt es auch Wotan in seinem Selbstgespräch vor Brünnhilde dar:

Wild durchschweift' ich
mit ihm die Wälder;
gegen der Götter Rat
reizte kühn ich ihn auf.

Und doch: es gibt die Völsungasaga in der Edda[15], also den Mythos der Wälsungen, eines Geschlechts, das seinen Ursprung auf den Frankenkönig Sigi, einen Sohn Odins (= Wotan), zurückführte und das nach dessen Enkel Wals oder Wälsung, dem Sohn des Königs Wärir (Rerir), benannt war, dessen kinderloser Gattin die Göttin Frigg einen fruchtbar machenden Apfel gesandt hatte (welches Motiv im übrigen Wagner in der 1. Fassung des Nibelungen-Mythus übernahm). Wälsungs Sohn war der tapfere Siegmund, der Liebling Odins, und aus dem Bund Siegmunds mit seiner ihn vor den Nachstellungen eines bösen Oheims rettenden Schwester Sigar ging der Held Sigurd (Siegfried) hervor, in welchem das Geschlecht in seinem höchsten Glanz erscheint. Die beiden Wälsungen – so wird erzählt – hätten sich durch Anlegen eines Gürtels in Wölfe verwandeln können.

Anzumerken ist auch, dass manche Germanisten die Auffassung vertreten, dass Wotan selbst ursprünglich mit Sleipnir identisch war.

---

15 *Paul Herrmann / Ulf Diedrichs* (Hrsg.): Nordische Nibelungen: die Sagas von den Völsungen, von Ragnar Lodbrok und Hrolf Kraki. Köln 1993.

2.2. Die Widder Frickas

Mythologische Tiere sind auch die Widder, die den Wagen Frickas ziehen. Sie haben aber nicht die Bedeutung, die den Tieren Wotans zugesprochen wurde. Wie es Brünnhilde sieht:

> Fricka naht, deine Frau,
> im Wagen mit dem Widdergespann.
> Hei, wie die goldne
> Geißel sie schwingt!
> Die armen Tiere/ ächzen vor Angst.

Laut Regieanweisung „langt Fricka in einem mit zwei Widdern bespannten Wagen aus der Schlucht auf dem Felsjoche an", wo Wotan sich vor ihr verborgen hält. Und es beginnt „der alte Sturm,/ die alte Müh'!" Also die Szenen einer Ehe, die die Pläne Wotans zerbrechen und Siegmund den Tod bringen werden als Sühne für den im Inzest liegenden Bruch der geheiligten Institution der Ehe (für die Fricka steht).

2.3. Götter in Tiergestalt

Wagner lässt auch Gottheiten in Tiergestalt auftreten. Dies geschieht zunächst mit dem Schwan im „Tannhäuser". Viele von Ihnen werden sicherlich zusammen zucken und an einen Versprecher glauben: gehört der Schwan doch zum Lohengrin! Aber heben Sie sich das nun zu Sagende für eine Wette auf, die Sie meistens gewinnen werden: der Schwan kommt tatsächlich auch im „Tannhäuser" vor. Nämlich als der Gott Zeus, der sich in dieser Tiergestalt der Leda nähert, was Wagner in der Pariser Fassung seiner Oper als Szene im Venusberg darstellen lässt: „Man erblickt in sanfter Mondesdämmerung Leda, am Waldesteiche ausgestreckt; der Schwan schwimmt auf sie zu und biegt schmeichelnd seinen Hals an ihren Busen." Ein vergleichbares Bild eines „Werkes der Liebe" sieht Wagner in dem „Nebelbild" vor, das „die Entführung der Europa [zeigt], welche auf dem Rücken des mit Blumen geschmückten weißen Stieres von Tritonen und Nereiden geleitet durch das blaue Meer dahinfährt." Auch hier ist der Stier der verwandelte Gott Zeus.

2.4. Die Taube

In diesem Zusammenhang ist auch die Taube zu nennen, die Wagner im „Lohengrin" und im „Parsifal" auftreten lässt. Erstmals erwähnt sie Lohengrin in der Erzählung vom Gral als dem „Gefäß von wundertät'gem Segen": „alljährlich naht vom Himmel eine Taube,/ um neu zu stärken seine Wunderkraft". Wagner lässt sie aber auch handfest erscheinen. Als Ortrud siegessicher die Umstehenden wieder zum Glauben an die heidnischen Götter aufruft, „sinkt

[Lohengrin] zu einem stummen Gebet feierlich auf die Knie". Wagner hat in der Urgestalt der Dichtung dieses Gebet sogar in Worte gefasst:

Ein Zeichen gib zu dieser Stunde,
zu dir ruf ich, allew'ger Gott;
daß nicht das Laster frech gesunde,
mit deinen Gnaden treibe Spott!
Als Balsam leg es auf die Wunde,
die Zweifel reinstem Herzen schlug!
Daß sich dein hoher Will' bekunde,
vernichte der Treulosen Trug!
Hör mich in Demut zu dir flehen,
ein hohes Zeichen laß mich sehen!

Und dann geschieht es: „Die weiße Gralstaube schwebt über den Nachen herab. Lohengrin erblickt sie; mit einem dankenden Blicke springt er auf und löst dem Schwan die Kette, worauf dieser sogleich untertaucht" (und als Gottfried hochgehoben wird). „Lohengrin springt schnell in den Kahn, den die Taube an der Kette gefaßt hat und sogleich fortzieht."

Am Ende des „Parsifal", als die „Erlösung dem Erlöser" geschieht und das göttliche Blut des Erlösers im Gralsgefäß auf das Hellste erglüht, „[schwebt] aus der Kuppel eine weiße Taube herab und verweilt über Parsifals Haupt", während dieser den Gral segnend über die anbetende Ritterschaft schwingt. – Die Assoziation ist klar: die Taube ist der Geist Gottes, wie er über dem Menschensohn Jesus bei der Taufe im Jordan zu den göttlichen Worten „Dies ist mein geliebter Sohn, auf ihn sollt ihr hören" schwebte; also der „Heilige Geist", den die Christen neben Gottvater und Gottsohn als dritte Person des trinitarischen Gottes verehren. Nur war Wagner kein Christ im Sinne des tradierten Glaubensbekenntnisses. Er sprach – auch darin in vielem Schopenhauer folgend – von dem Göttlichen selbst, das jenseits vom Leidenszusammenhang der Welt sich entschloss, das eigenes Leiden als Mitleiden (d.h. Mittragen des Leidens der Welt) zu erdulden. Wagner lehnte den trinitarischen Gott ab (wie auch das Alte Testament als jüdisches Dokument), stellte den Karfreitag (als den Tag des Mit-Leidens) in den Vordergrund (ohne die Auferstehung mit einzubeziehen) und verherrlichte das Blut des Heilands, weil es sinnlicher Ausdruck dieses Mitleidens war.

Es ist daher auch nicht verwunderlich, dass dieses Erscheinen der Taube (im „Lohengrin" noch dazu als Zugvogel) abgeschmackt wirkt (jedenfalls für mich).

Offensichtlich meint Hans Sachs auch eine andere Taube, wenn er Walther von Stolzing – den er in sein Wohnhaus gezogen hat – die Festkleider übergibt, die dessen treuer Knecht in der Nacht gebracht habe: „Ein Täubchen zeigt' ihm wohl das Nest,/ darin sein Junker träumt!", worauf ich zum Abschluss noch eingehen werde.

2.5. Der Glühwurm

Hans Sachs erwähnt noch ein Tier, auf das ich aber nicht näher eingehen, sondern es nur nennen möchte. In Erinnerung an die wilde Nacht mit seinem eigenen Geschrei und dem Lärmen um das Ständchen Beckmessers – die man den Wahnmonolog nennt, weil er den Grund dafür in dem Schopenhauerschen „Wahn" sieht – fragt er:

> Gott weiß, wie das geschah? –
> Ein Kobold half wohl da!
> Ein Glühwurm fand sein Weibchen nicht;
> der hat den Schaden angericht't.

Es ist klar, dass dieser Glühwurm er selbst war, der mit seiner Lampe und dann mit dem Licht aus dem Laden die nächtliche Szene erleuchtet hat (was ein interessantes Licht auf sein Verhältnis zu Eva wirft [„fand sein Weibchen nicht"]). Aber: es war ja ein Kobold[16]. Nein: „Der Flieder war's: Johannisnacht".

3. Die interessanten Tiergestalten

Als dritte Gruppe wende ich mich den interessanten Tiergestalten im Werk Richard Wagners zu, die eine „Rolle" in seinem Werk spielen und daher für die Interpretation herangezogen werden können. Sie als kundige WagnerianerInnen wissen selbstverständlich, wer noch fehlt: in der Reihenfolge, wie ich sie behandeln möchte: das Walkürenpferd Grane, der Schwan im „Lohengrin", der Riesenwurm Fafner und schließlich der Waldvogel, beide im „Ring des Nibelungen". Den Abschluss wird dann ein Hinweis auf ein weiteres Tier bilden (an das Sie vielleicht nicht sogleich gedacht haben).

3.1. Grane

Am einfachsten ist Grane darzustellen. Er ist der Hengst der Brünnhilde; und ein Walkürenpferd wie die Tiere der anderen Walküren, die auch Hengste, aber auch Stuten sind. Diese Pferde fliegen durch die Luft: in einem wilden Ritt, der durchaus mit dem Dahinstürmen des Wotanschen Sleipnir vergleichbar ist; sie sind aber nicht mit Flügeln ausgestattet gedacht. Sie tragen ihre Reiterin ebenso wie die erschlagenen Krieger, die nach Walhall gebracht

16 Vielleicht dachte Wagner auch an den Shakespeareschen Puck.

werden, um dort für den Endkampf mit Alberichs Truppen gerüstet zu sein; sie wurden erschlagen, weil sie – wie wir aus der „Walküre“ wissen – durch die Walküren „zu Sturm und Streit“ aufgestachelt wurden: die Wotanstöchter sollten „ihre Kraft reizen zu rauem Krieg“. Walküren sind Kriegs- und Todesgöttinnen, daher ebenso schrecklich wie schön und verführerisch anzuschauen (auch Kundry war in einer früheren Gestalt „Gundryggia“ – „Strickerin des Krieges“ -, und auch in dieser Funktion eine „Urteufelin“, „Höllenrose“, die damals bereits Männer dem tödlichen Verderben auslieferte).

Dieser Charakter der Walküren kommt in der berühmten Anfangsszene des 3. Aufzuges der „Walküre“ zu einem faszinierenden Ausdruck. Die Musik ist eine sinfonische Dichtung von ungeheurer Plastik, – in den Worten von Kurt Pahlen[17] – „niederwerfend im durchgehaltenen punktierten Rhythmus, prunkvoll instrumentiert mit vollem, riesigem Apparat“; ein einfacher zerlegter Dreiklang, um den herum ein gigantischer Ritt oder Flug durch die Gewitterwolken entfesselt wird: „ein rasendes Dahinjagen auf Flügelpferden, deren Mähnen vom Sturm so gezaust werden wie die offenen Haare der gepanzerten Mädchen, die sie in übermütiger Lust steuern“. Die rasenden Sechzehntelfiguren in Streichern und Bläsern halten die Spannung ununterbrochen auf dem Höhepunkt. Es klingt noch der bewegte, blutige Kampftag nach, noch scheint die Luft zu erzittern vom Sturm in den Lüften und auf der Erde. Mit übersprudelnden, oft scherzhaften Gesprächen suchen die Walküren die Spannung des schweren Tages zu überwinden. Immer wieder flammt die innere Erregung auf. Diese zeigt sich nicht nur in dem eindrucksvollen Schlachtruf „Hojotoho“ (mit Betonung der letzten Silbe), sondern auch in den harten Worten und Szenen um die toten Helden, deren Hass noch im Tod weiterwirkt und eine Atmosphäre der Gewalt erzeugt. Es war und ist ein hartes Stück „Arbeit“, wie Siegrune ausdrücklich meint.

Diese Atmosphäre der Gewalt überträgt sich auf die Pferde. Der Hengst der Waltraute – der den Hegeling Sintolt trägt – stößt die Stute der Ortlinde, die den Irming Wittig trägt, zwei Männer, die einander tödlich gehasst haben: „Der Recken Zwist/ entzweit noch die Rosse!“, weshalb sie auseinandergeführt werden müssen, „bis unsrer Helden Haß sich gelegt“.

Zugleich zeigt sich darin eine Wesensverwandtschaft der Walküren mit ihren Pferden (weshalb Rosalie in der Bayreuther Inszenierung des Alfred Kirchner die Walküren mit einem Pferde ähnlichen Unterleib darstellte), die eben

17 Vgl. *Kurt Pahlen,* in: Richard Wagner, Die Walküre. Opernführer, verfasst und herausgegeben von Kurt Pahlen (unter Mitarbeit von Rosemarie König). München 1982, 134 ff.

zusammen gehören. Wie auch Grane zu Brünnhilde. Weshalb er mit ihr und Sieglinde im Sattel in einer irren Flucht durch die Lüfte zum Walkürenfelsen jagt. „Nach dem Tann lenkt sie/ das taumelnde Roß.“ „Wie schnaubt Grane/ vom schnellen Ritt!“ „Zugrunde stürzt/ Grane, der starke!“

Auch Brünnhilde ist deshalb eine Kriegs- und Todesgöttin, eine Göttin des Kampfes und des Sterbens. Sie soll im Auftrag Wotans im Kampf des Siegmunds gegen den den Ehebruch rächenden Hunding den Wälsung schützen, weshalb sie in voller Waffenrüstung auftritt.

> Bald entbrennt/ brünstiger Streit:
> Brünnhilde stürme zum Kampf,
> dem Wälsung kiese sie Sieg!

In Vorfreude auf den Kampf jauchzt sie ihr „Hojotoho“. Doch dann muss Wotan seiner Frau Fricka (der Göttin der Institution der Ehe) Recht geben: der Ehebruch und Inzest verlangt nach der tödlichen Bestrafung seines Sohnes (im übrigen – was hier nur angemerkt werden soll – eigentlich auch der Sieglinde, die aber von Fricka nicht genannt wird, was bemerkenswert ist: wegen des empfangenen Kindes Siegfried, wie auch, dass Wotan als Wälse/ Wolfe ein Zwillingspärchen gezeugt hat). Brünnhilde muss im Kampf nun Hunding schützen: Siegmund muss fallen.

Doch wohl entgegen der normalen Arbeitspraxis der Walküren wendet Brünnhilde sich an ihren menschlichen Halbbruder. In der eindrucksvollen Szene der Todesverkündigung tritt sie „ihr Roß am Zaume geleitend, aus der Höhle und schreitet langsam und feierlich nach vorne. ... Sie trägt Schild und Speer in der einen Hand, lehnt sich mit der andern an den Hals des Rosses und betrachtet so mit ernster Miene Siegmund“, um ihm mitzuteilen, dass er ihr nach Walhall folgen solle, was bedeutet: dass er nun im Kampf fallen werde. Als er aus Liebe zu Sieglinde die Wonnen Walhalls ablehnt, entscheidet sie sich gegen Wotans Auftrag und schützt im Kampf Siegmund. „In dem Lichtglanze [– der plötzlich aufstrahlt –] erscheint Brünnhilde über Siegmund schwebend und diesen mit dem Schilde deckend“. Doch als Siegmund zum tödlichen Streich auf Hunding ausholt, erscheint in einem glühend rötlichem Licht Wotan, an dessen Speer das Schwert zerbricht. Brünnhilde weicht erschrocken mit dem Schilde zurück, Hunding tötet den wehrlosen Siegmund. Brünnhilde hebt die besinnungslose Sieglinde auf das nahe der Kampfszene stehende Ross und flieht.

Worauf ich hinweisen möchte, ist diese Vertrautheit und Verbundenheit von Brünnhilde und Grane; nicht nur in diesen Szenen, sondern überhaupt. Es ist daher nur konsequent, wenn Grane mit seiner Reiterin zugleich die göttliche Natur verliert:

> Ging sein Lauf mit mir
> einst kühn durch die Lüfte –
> mit mir
> verlor es die mächt'ge Art;
> über Wolken hin
> auf blitzenden Wettern
> nicht mehr
> schwingt es sich mutig des Wegs.

Grane ist ein normales Pferd geworden, so wie Brünnhilde – von der Wotan die Gottheit geküsst hat – eine menschliche Frau geworden ist. Er sinkt wie sie in den Schlaf; und wird wie sie durch Siegfried erweckt. Mit Wehmut sieht die erwachte ehemalige Göttin das im Tann nun wieder weidende Ross und wird sich ihrer Schutzlosigkeit bewusst. Auch er kann ihr nicht mehr helfen, wie auch nicht mehr Schild, Helm und Speer aus ihrer Walkürenzeit.

Trotzdem bleibt Grane auch nach Verlust der Göttlichkeit seiner Reiterin ein besonderes Pferd, wie sie es bei der Übergabe an Siegfried in der „Götterdämmerung“ klarstellt

> doch wohin du ihn führst
> – sei es durchs Feuer –
> grauenlos folgt dir Grane;
> denn dir, o Helde,
> soll er gehorchen!
> Du hüt ihn wohl;
> er hört dein Wort:
> o bringe Grane
> oft Brünnhildes Gruß!

Diese Übergabe des Pferdes an Siegfried ist gedacht als Gegengabe für den Ring (den ihr Siegfried gibt). Beides sind besondere Geschenke. Im Ring schenkt Siegfried ihr sich selbst: „Was der Taten je ich schuf,/ des Tugend schließt er ein“. Und mit Grane gibt sie ihm sich selbst. So betrachten sie sich als Einheit, als ein Leib und eine Seele:

> O heilige Götter,
> hehre Geschlechter!
> Weidet eu'r Aug'
> an dem weihvollen Paar!
> Getrennt – wer will es scheiden?
> Geschieden – trennt es sich nie!

Siegfried sieht sich als Brünnhilde:

auf deines Rosses Rücken
...
nicht Siegfried acht ich mich mehr,
ich bin nur Brünnhildes Arm.

Aber Siegfried kommt zwar mit Grane an den Hof der Gibichungen und übergibt das Pferd Hagen zur Hut. Der besondere Charakter Granes zeigt sich in der Reaktion auf diese Übergabe an Hagen: es scheut deutlich vor diesem zurück (wie es in der Musik zu hören ist).

Hört man diese Musik, dann wird deutlich, wie wenig eine originelle Inszenierung in Kassel passt, die z.B. Siegfried dem Hagen einen Autoschlüssel überreichen lässt. Ebenso deutlich wird aber, dass eigentlich Grane auf der Bühne sein müsste: was nicht so einfach ist; weshalb Wagner bei der Uraufführung der „Götterdämmerung" beim Schlussgesang der Brünnhilde auf das eigentlich vorgesehene Pferd verzichtete. Schwierig war und ist es, Wagner zu inszenieren (selbst für ihn)!

Aber: Siegfried verlässt sich danach nicht mehr auf Grane, sondern auf die Tarnkappe, die ihn zurück zum Walkürenfelsen trägt und ihm zum Betrug an Brünnhilde verhilft (ob das der Waldvogel gemeint hat, als er ihm riet: „Wollt' er den Tarnhelm gewinnen,/ der taugt' ihm zu wonniger Tat"?). Siegfried vergisst offensichtlich durch den Zaubertrank Hagens nicht nur Brünnhilde, sondern auch Grane. Es war daher die Inszenierung von Herbert Wernicke in Frankfurt inkonsequent, in der pantomimisch ein zweibeiniger, aufrecht gehender Grane auftrat, Siegfried begleitete und ihn sogar zum Walkürenfelsen ruderte. In der „Götterdämmerung" spielt Grane keine Rolle (mehr).

Freilich am Schluss wird die Verbundenheit von Brünnhilde und Grane wieder deutlich. Nachdem Brünnhilde den Holzstoß entzündet hat, „gewahrt [sie] ihr Roß, welches soeben zwei Männer hereinführen". „Grane, mein Roß,/ sei mir gegrüßt!" Sie springt ihm entgegen, fasst es und entzäumt es; dann neigt sie sich traulich zu ihm und verkündet ihm:

Weißt du auch, mein Freund,
wohin ich dich führe?
Im Feuer leuchtend,
liegt dort dein Herr
...
Dem Freunde zu folgen,
wieherst du freudig?
Lockt dich zu ihm
die lachende Lohe?
...
Heiajaho! Grane!
Grüß deinen Herren!

Sie schwingt sich auf das Pferd und springt mit dem letzten Liebesgruß an Siegfried ins Feuer; so wie sie es bei der Übergabe versprochen hat: „Wohin du ihn führst – sei es durchs Feuer – grauenlos folgt dir Grane".

3.2. Der verzauberte Schwan

Einfach(er) ist – jedenfalls für uns, die wir Wagners Werk kennen – der Schwan im „Lohengrin" zu verstehen. Für die Umstehenden (und auch für Telramund und Ortrud) freilich ist er ein „Zaubertier", das dem fremden Zauberer gehorcht, der mit seiner Hilfe in einem Nachen ans Land gezogen wurde. Sie hören ja auch, wie der fremde Ritter sich von diesem Schwan feierlich bedankt und verabschiedet:

> Zieh durch die weite Flut zurück,
> dahin, woher mich trug dein Kahn,
> kehr wieder nur zu unsrem Glück!
> Drum sei getreu dein Dienst getan!

Es ist eben ein Wunder geschehen, wie es auch in der Musik zum Ausdruck kommt: die vielfach geteilten hohen Geigen „flimmern" wie im Vorspiel, als öffne sich der Himmel. Wobei zu diskutieren wäre, was hier eigentlich das Wunder ist: der Ritter, der Schwan, die Szene; oder das Erscheinen zum Gottesurteil zur (gerade noch) rechten Zeit am rechten Ort?

Auch für Elsa ist der Schwan ein wunderbares Tier: selbstverständlich, hat sie doch um dieses Wunder für das Gottesurteil gebetet! Weshalb sie im übrigen niemals an Lohengrin zweifeln kann.. Sie hat in der Szene im Brautgemach Angst, dass ihr Mann zu „Glanz und Wonne" zurückkehren wird, aus denen er – wie er ihr (gemeint als Beruhigung) sagt – hergekommen ist.

> Ach, dich an mich zu binden,
> wie sollt' ich mächtig sein?
> Voll Zauber ist dein Wesen,
> durch Wunder kamst du her.

Und sie phantasiert das Kommen des Schwans, der ihn wegführen wird. Für sie ist dieser Mann kein Mensch (und kein Mann), sondern etwas Göttliches, das sie nicht an sich binden kann. Offensichtlich hofft sie, dass die Situation sich ändert, wenn sie seinen Namen und seine Herkunft kennt, weshalb sie die verbotene Frage stellt (und daher nicht aus irgendeinem Zweifel an ihm fragt).

Dabei ist alles so einfach. Lohengrin ist kein Gott, sondern ein menschlicher Mann, der sich bei ihrem Anblick in sie verliebt hat – „mein Herz begriff dich da" – und jetzt sehnsüchtig die Brautnacht erwartet. Aber er muss ihr die Nennung von Namen und Herkunft verweigern, weil die Instanz – die ihn zu ihrer Rettung vor der Anklage wegen Brudermordes geschickt hat: der Gral – dies so verlangt.

So hehrer Art doch ist des Grales Segen,
enthüllt – muß er des Laien Auge fliehn;
des Ritters drum sollt Zweifel ihr nicht hegen,
erkennt ihr ihn, dann muß er von euch ziehn.

Dieses Frageverbot, das an das Alte Testament erinnert, ist in dieser Begründung („Zweifel") schlechthin Unsinn, weil es nicht um einen Zweifel der Elsa geht und gehen kann. Aber Lohengrin übt ohnehin schlimme Vergeltung an diesem lebens- und liebesfeindlichen Gebot, indem er in der Gralserzählung das Geheimnis öffentlich verkündet und damit aufhebt. Doch unterwirft er sich der Konsequenz und verlässt Elsa, innerlich zerbrochen ebenso wie sie. Als letzten Liebesdienst kann er den Zauber um den Schwan brechen: mit Hilfe des Grals, der sich dann doch als liebevoll erweist.

Diesen Zauber sollte bereits Lohengrin in dem zweiten Teil seiner Gralserzählung aufheben, den Wagner noch in der Originalpartitur aufgenommen hatte; doch wurden diese 56 Takte auf seinen ausdrücklichen Wunsch vor der Uraufführung in Weimar durch Franz Liszt gestrichen, da er fürchtete, dies könne einen „erkältenden Eindruck" hervorbringen[18]. Vielleicht hat Wagner hier Richtiges gesehen! Denn wir hören hier:

wie ich zu euch gekommen!
Ein klagend Tönen trug die Luft daher,
daraus im Tempel [d.h. der Gralsburg, WS] wir sogleich vernommen,
daß fern wo eine Magd in Drangsal wär'.
Als wir den Gral zu fragen nun beschickten,
wohin ein Ritter zu entsenden sei -
da auf der Flut wir einen Schwan erblickten,
zu uns zog einen Nachen er herbei.
Mein Vater [Parzival, WS], der erkannt des Schwanes Wesen,
nahm ihn in Dienste nach des Grales Spruch,
denn wer ein Jahr nur seinem Dienst erlesen,
dem weicht von dann ab jedes Zaubers Fluch.
Zunächst nun sollt' er mich dahin geleiten,
woher zu uns der Hilfe Rufen kam,
denn durch den Gral war ich erwählt zu streiten,
warum ich mutig von ihm Abschied nahm.
Durch Flüsse und durch wilde Meereswogen
hat mich der treue Schwan dem Ziel genaht,

---

18 So Wagner in dem Brief vom 2.7.1850 an Franz Liszt, abgedruckt in: *Richard Wagner*, Lohengrin. Texte, Materialien, Kommentare. Hrssg. Attila Csampai / Dietmar Holland. Reinbek 1989, 112.

> bis er zu euch daher ans Ufer mich gezogen,
> wo ihr in Gott mich alle landen saht.

Nun ist alles geklärt; und auch aufgeklärt, was das Wunder ist: nämlich der Gral selbst. Alles andere ist technisch, ein Informationssystem zur Hilfe von drangsalierten Jungfrauen, das auf den Klageruf der Betreffenden – das Stöhnen der Elsa - reagiert. Verständlich wird die Verabschiedungsrede Lohengrins an den Schwan: er soll seinen Dienst für den Gral weiter tun – was man sich dabei immer vorstellen mag! –, bis das eine Jahr um ist; dann wird der Zauber gebrochen und aus dem Schwan der Herzogssohn Gottfried. Als dieser wird er „zu unserem Glück" zurückkehren, wobei dies nicht ganz klar ist: soll dies auf das Liebesglück hinweisen, obwohl Lohengrin vom Gral zum Streiter für Elsa (und nicht zum Ehestand) auserwählt wurde?

Aber jedenfalls wird der Charakter des Schwanes offenbar. Die heidnische Zauberin Ortrud verwandelte den jungen Herzogssohn Gottfried – als er mit seiner verträumten Schwester im Wald spazieren ging – in einen Schwan (da sie ihn offensichtlich nicht töten konnte). Der verzauberte Gottfried kam auf geheimnisvolle Weise „durch Flüsse und Meereswogen" zum Gral, nahm unterwegs auch einen Nachen mit, um zu dienen, bis er vom Zauber erlöst werden wird. Durch einen Gnadenakt des Grals (auf Gebet des Lohengrin hin) wird ihm die Dienstzeit erlassen und abgekürzt, er also frühzeitig wieder zu dem Menschen, der als neuer Herzog das Heer gegen die Ungarn führen wird.

Wagner hatte doch recht mit der erkältenden Wirkung! Und auch damit recht, dem Schwan vor seiner Entzauberung keine eigene Arie zu geben. In der Urgestalt der Dichtung sollten die Umstehenden einen „zarten Gesang, wie von der Stimme des Schwanes gesungen", hören:

> Leb wohl, du wilde Wasserflut,
> die mich so weit getragen hat!
> Leb wohl, du Welle blank und rein,
> durch die mein weiß Gefieder glitt!
> Am Ufer harrt mein Schwesterlein,
> das muß von mir getröstet sein.

Diese Verse hat Wagner sogar komponiert, aber nicht in die Partitur aufgenommen, wobei er als Begründung anführte: „Die Nothwendigkeit dramatischer Haushaltung erlaubt mir nicht, diesen Gesang des Schwanes in meinem Lohengrin ausführen zu lassen" (weshalb er Text und Tonfolge dieses Gesanges 1853 der Frau Lydia Steche aus Plagwitz bei Leipzig für ihr Zürcher Stammbuch zuschickte)[19].

3.3. Der Riesenwurm Fafner

Zunächst ist auch Fafner kein Tier, sondern ein Riese; und er wird zum letzten der Riesen. Im „Jungen Siegfried" (1851) berichtet der Wanderer in der Wissenswette die Geschichte des bisherigen Aussterbens dieses „rauhragenden Volk[es]", das von Frost gezeugt und von Hitze geboren ist: sie hätten mit Hilfe der Götter den Hort Alberichs erlangt;

> doch um den hort
> erhuben sie streit:
> wer ihn empfing
> fiel durch neid:
> ihn nehmen wollten sie alle,
> keiner sollt' ihn besitzen.
> da sank durch sich selbst das ganze geschlecht;
> nur einer noch lebt,
> da die anderen fielen:
> Fafner, der riesen stärkster,
> der hütet als wurm den ring.[20]

Während in dem „Nibelungenmythus" von 1848 Wagner noch die Riesen den Hort durch einen ungeheuren Wurm hüten ließen, wird nun (im 1851 getexteten „Jungen Siegfried") ein Riese selbst zu diesem Untier. Der sterbende Fafner teilt Siegfried mit:

> du hast eine welt gemordet!
> der welt waltete einst
> der riesen weises geschlecht:
> der Nibelungen hort
> gewannen sie;
> harten neid,
> herbe noth
> gewann ihnen der hort!
> Dem bruder sank
> wer ihn besaß:
> alle würgten
> wüthend sich hin;
> den letzten bruder
> erlegte ich.[21]

---

19 Dazu vgl. *Richard Wagner*, Lohengrin. Hrsgg. Michael von Soden. Frankfurt a. M. 1980, 159 f.

20 *Strobel*, Skizzen, 122.

21 *Strobel*, Skizzen, 154.

Im schlussendlichen „Ring“ dagegen treten von vornherein nur mehr zwei Riesen – Fasolt und Fafner – auf, Fafner erschlägt im Streit um den Hort den Bruder.

Der Hinweis auf das „weise Geschlecht“, das der Welt waltete, ist mythologisch durchaus richtig. Die Riesen waren in der germanischen Mythologie[22] ein hoch geachtetes Geschlecht; aus ihrem Leib entstand sogar die Erde; sie wurden als Vorgänger des Menschengeschlechts angesehen. In der Edda war auch Regin (= Mime) ein Riese.

Bei Wagner sind die Riesen von vornherein mit den Augen Wotans gesehen, der sie in der Wissenswette des „Jungen Siegfried“ als „plump“ und gegenüber den Nibelungen hilflos charakterisiert. Und in dieser Weise gestaltet Wagner im „Rheingold“ ihr musikalisches Motiv: – in den Worten von Kurt Pahlen – wuchtig, derb, primitiv. Dabei ist freilich zu berücksichtigen, dass es sich dabei zunächst um das Motiv ihres Auftretens handelt; doch zeigt die musikalische Darstellung in der Wissenswette ihren Charakter ebenso deutlich.

Dem entsprechend schätzt sich in erstaunlicher Selbstreflexion Fasolt selbst ein: als „ein dummer Riese“. „Wir Plumpen plagen uns/ schwitzend mit schwieliger Hand“. Dabei ist Fasolt durchaus ehrlich, sozusagen ein ehrlicher Handwerker, der von einem (spieß)bürgerlichen Leben – mit Freia als wonniger und milder Gattin und einem schönen Haus – träumt; er liebt diese Göttin des Lebens und der Liebe (die Wagner mit der Holda gleichsetzt) wirklich, so wie er eben lieben kann. Viel Leidenschaft ist da nicht im Spiel, da er sich leicht von seinem Bruder Fafner überreden lässt, statt Freia sich mit dem Schatz des Nibelungen Alberich abzufinden. Denn:

> glaub mir, mehr als Freia
> frommt das gleißende Gold:
> auch ew’ge Jugend erjagt,
> wer durch Goldes Zauber sie zwingt.

Auch Fafner erweist sich in dieser Szene als nicht besonders planvoll denkend. Ursprünglich nämlich hatte er sich einen tollen Plan ausgedacht: Freia sollte den Göttern entrissen werden, damit diese ihre Äpfel nicht mehr genießen könnten und dadurch untergehen würden. Dann aber hört er von Loge, dass das Gold – wenn es zum runden Reif geschmiedet ist – zur höchsten Macht verhilft; und will statt Freia das Gold; aber dann vergisst er offensichtlich auf die Macht des Ringes, sieht in ihm nur ein Stück Gold, das er haben will. Und er vergisst auch den Plan, die Götter um ihre Jugend zu bringen; er orientiert sich an seiner eigenen ewigen Jugend, die er – wie wir gehört haben – durch

22 Vgl. auch die Riesen als Kinder der Söhne Gottes im Alten Testament.

das Gold erzwingen will. Aber selbst dann will er keine Jugend erzwingen: er will einfach das Gold haben.

„Ich lieg und besitz“: diese Worte des als Wurm das Gold unter sich begrabenden Fafner sind bezeichnend. Fafner ist zwar im Gegensatz zu Fasolt von vornherein lieblos (und auch an Freia nicht interessiert) charakterisiert. Aber er verflucht die Liebe nicht wie Alberich, der sich eine tyrannische Herrschaft über die Welt erringen, alles Lebendige unter seine Gewalt bringen, auch die Göttinnen vergewaltigen und die Götter verknechten will (wie sein Volk der Nibelungen auch, über die allein nämlich der Ring die Macht bringt, nämlich sie auszubeuten für die Gewinnung des Schatzes)[23]. Er setzt die Liebe auch nicht aufs Spiel wie Wotan selbst. Fafner ist schlechthin nicht an Liebe interessiert, sondern nur an Gold, aber auch dieses Interesse ist nur das des Habens, und nicht das des Gebrauchens.

Aber immerhin: offensichtlich ist eine Macht des mythologisch so bedeutenden Geschlechts der Riesen geblieben; nämlich die Macht der zauberischen Verwandlung. Die Walküre Schwertleite berichtet ihrer Halbschwester Brünnhilde über den Wald, in dem Fafner nun wohnt: „Wurmesgestalt/ schuf sich der Wilde:/ in einer Höhle/ hütet er Alberichs Reif!“ Im Prosaentwurf zum „Jungen Siegfried“ teilt der sterbende Fafner dem Siegfried mit: „Einsam hütete ich den hort, nahm dieses wurmes gestalt [an], und schreckte so die neider vom golde“[24]. Was hier geschah, ist schwer zu verstehen. Fafner blieb Fafner, aber gab sich selbst eine neue riesenhafte und schreckliche Gestalt, die seinen ehemaligen Riesenleib aufhob und verwandelte. Er wurde so zu einem „Riesenwurm“[25], einer ungeheuren „Drachenschlange“[26] mit furchtbarer Stimme und tödlichem Appetit: im Prosaentwurf des „Jungen Siegfried“ antwortet er auf die Ankündigung des Siegfried nur: „mich hungert nach ihm“[27]. In der Schilderung des Kampfes mit Siegfried zeigt sich das Ungeheuer:

> [er] sprüht aus seinen nüstern ihm [dem Siegfried, WS] giftstrahlen entgegen: Siegfr. springt zur seite. Fafner schwingt den schweif nach vorn zur seite, um Siegfried zu fassen: dieser weicht ihm aus, indem er mit einem sprung über den wurm hinwegspringt; als der schweif sich ihm hier schnell nachwendet und ihn fast schon packt, verwundet ihn Siegfried mit dem schwerte. Fafner zieht den schweif schnell zurück, brüllt und bäumt sich mit dem vorderleibe, um sich mit der vollen wucht

23 Im Übrigen verwandelt auch Alberich im „Rheingold“ sich in einen Drachen.

24 *Strobel*, Skizzen, 83.

25 *Strobel*, Skizzen, 69, 77.

26 *Strobel*, Skizzen, 82, 152.

27 *Strobel*, Skizzen, 80.

zur seite auf Siegfried zu werden: so bietet er diesem die brust; Siegfried erspäht schnell die stelle des herzens und stößt sein schwert bis an das heft hinein (so der Prosaentwurf[28]).

Die schlussendliche Fassung des „Siegfrieds“ übernimmt diese Formulierungen, weist zudem auf Fafner hin als „in der Gestalt eines ungeheuren eidechsenartigen Schlangenwurms“. Kurz: Fafner ist ein Drache (geworden, hat zumindest diese Gestalt angenommen), der im „Neidwald“ (so der Prosaentwurf), dann in der „Neidhöhle“ über dem Gold (zu dem auch der Ring gehört) liegt und besitzt.

In der Mythologie bzw. Mythos-Forschung ist der Drache das Symbol für die vom Menschen überwundenen Urmächte, aber auch für nicht überwundene Urängste und Gefahren, die im Untergrund existieren, sowie für das Chaos. In vielen mythologischen Erzählungen geht es in einem Drachenkampf um den Kampf zwischen Chaos und Ordnung, Böse und Gut, Dunkel und Licht, Nacht und Tag. Zu nennen ist z.B.: Baal gegen das Meer, Marduk gegen Tiamat, Apollo gegen Python, Zeus gegen Typhon, Herakles gegen die Hydra, Beowulf gegen den feuerspeienden Drachen, Thor gegen Jormungandr; man denke auch an den Kampf des hl. Georg gegen den Drachen oder an den Erzengel Michael als den Drachentöter oder an den apokalyptischen Endkampf zwischen Gott und dem „Tier“ (bzw. der „Schlange“). Wagner knüpfte in der Schrift, in der er erstmals auch den Nibelungenstoff einarbeitete – nämlich in den „Die Wibelungen. Weltgeschichte aus der Sage“ (Sommer 1848) –, an diesen Drachenkampf an. Ausgang ist eine religionskritische Sicht des Mythos: er sei nur eine Vergöttlichung der wichtigen Naturerfahrungen des Menschen. Deshalb stünde am Anfang das Licht, der Tag, die Sonne; und d.h.: ein Licht- oder Sonnengott, der als Vater alles Lebendigen verehrt würde; auch weil er als Gott gesehen werde, der das „Ungetüm der chaotischen Urnacht besiegt und erlegt“: „dieß ist die ursprüngliche Bedeutung von Siegfried's Drachenkampf, einem Kampfe, wie ihn Apollon gegen den Drachen Python stritt“[29].

Allerdings ist von dieser mythologischen Dimension des Drachenkampfes im „Siegfried“ nicht mehr viel geblieben. Fafner ist auch als riesiger Drache letztlich ein plumper Riese geblieben, was sich in seinem musikalischen Motiv zeigt (das wir bereits in der Wissenswette gehört haben). Es ist entwickelt aus dem Riesenmotiv, ebenso plump und schleppend, aber zeigt zugleich eine

28 So *Strobel*, Skizzen, 82 f.

29 Abgedruckt in: *Richard Wagner*, Gesammelte Schriften und Dichtungen. Leipzig 1871 ff., Bd. II, 131.

gefahrdrohende Qualität[30]. Wagner verzerrt die tiefere Note des Riesenmotivs vom ursprünglich reinen Intervall der Quart zum scharf dissonierenden Tritonus[31]. Sämtliche Sätze, die Fafner als Drache singt (vor allem in der Szene mit Alberich und dem Wanderer), enthalten nur zwei Töne (Fis und C, dann auch Ges und C, G und Cis, As und D), die im Tritonus-Intervall stehen. Mag Wagner auch nicht mehr das klassische Verständnis des Tritonus (einst: diabolus in musica) gehabt haben: deutlich wird in dieser musikalischen Gestaltung die Entfremdung und Vertierung des ehemaligen Riesen. Er ist durch Habgier und Verzicht auf jedes höhere Denken zu dem Untier des Drachens geworden, armselig in der Gefühlsstruktur: ebenso wenig zur Liebe fähig wie zum Hass[32].

Im Sterben allerdings erweist sich Fafner aber als seinem früheren Wesen näher kommend. Nur noch ausnahmsweise findet sich das Tritonus-Intervall, es kommen ausdrucksvolle melodische Wendungen. In seinem Todesgesang breitet das Orchester vielerlei Motive aus, die seine Worte unterstreichen oder deren Hintergründe andeuten: das Fluchmotiv oder das Siegfriedmotiv; in seiner Warnung vor dem Fluch des Ringes kann man eine ferne Reminiszenz an die Todesverkündigung in der „Walküre" vernehmen; das Riesenmotiv erklingt in fast wieder vollständiger Gestalt[33]. So ist es durchaus konsequent, wenn manche Regisseure den Drachen sich wieder zurückverwandeln lassen in den ehemaligen Riesen Fafner.

Freilich hat der Drache Fafner noch andere Qualitäten, genauer: diese hat sein Blut[34]. Als Siegfried das an seiner Hand brennende Blut in den Mund bekommt, um es abzusaugen, verleiht es ihm die Gabe, die Sprache der Vögel zu verstehen und die geheimen Gedanken des Mime zu hören. Wagner hat dieses Motiv aus der nordischen Edda[35] übernommen, in der Sigurd das Herz des

---

30 *Kurt Pahlen*, in: Richard Wagner, Siegfried.Opernführer, verfasst und herausgegeben von Kurt Pahlen unter Mitarbeit von Rosemarie König. München 1982, 18.

31 *Pahlen*, Siegfried, 96.

32 *Pahlen*, Siegfried, 110, 130.

33 *Pahlen*, Siegfried, 134.

34 Nicht die Qualität, Siegfried unverwundbar zu machen. Diesbezüglich ist die Lösung Wagners nicht befriedigend: Brünnhilde verleiht ihm diese Qualität durch Zauber nur für die Vorderseite.

35 Die Götter- und Heldenlieder der Älteren Edda. Übersetzt, kommentiert und herausgegeben von *Arnulf Krause*. Stuttgart 2011; Die Edda. Götterdichtung, Spruchweisheit und Heldengesänge der Germanen (= Diederichs gelbe Reihe). Ins Deutsche übertragen von *Felix Genzmer*. Düsseldorf 1981, München 1997; Die Edda. Nach der Übersetzung von *Karl Simrock* neu bearb. und eingeleit. von Hans Kuhn. 3 Bde. Leipzig 1935–1947, Stuttgart 1997, 2004,

ehemaligen Riesen, nun zu einem Drachen gewordenen Fafnir an einem Zweig brät, dieses anfasst und sich dabei verbrennt, den Finger in den Mund steckt und dann die Stimmen von Meisen hört, die ihm den Rat geben, den betrügerischen Regin – ebenfalls einen Riesen, nämlich den Bruder von Fafnir – zu töten, dann auch den Hinweis auf die zu erringende Schlachtjungfrau geben.

Jedenfalls sollte man Fafner als Drache nicht gering schätzen. Er ist ein Ungeheuer, das allen (nicht nur dem Zwerg Mime) Angst einjagt; für alles Lebende tödlich, nicht aus dem Hass und dem Fluch des Alberich heraus, aber aus der Lieblosigkeit und der Habgier des Riesen, der nur haben und besitzen will und dafür über Leichen geht, so wie es § 211 StGB für den Mord als Tötung aus dem niedrigen Beweggrund der Habgier formuliert. Der Sieg Siegfrieds über diesen Drachen ist zwar nicht die „herrlichste Tat", von der Wagner in den „Wibelungen" als von dem Kampf des Sonnen- und Lichtgottes schwärmte; er macht aber doch deutlich, dass Siegfried der herrlichste Held der Welt ist, der auch den Ring an sich bringen kann und so an sich zum Erlöser der Welt vom Fluch dieses Ringes werden könnte; wenn er nicht nur ein Held wäre. Aber dies steht auf einem anderen Blatt!

3.4. Der Waldvogel

Wie erwähnt, erzählt die Edda von Meisen, die dem siegreichen Sigurd manches erzählen. Im Nibelungen-Mythus von 1848 spricht Wagner von „Waldvögeln"; im Prosaentwurf des „Jungen Siegfried" von 1851 ist es eine „Nachtigall"[36], deren Singen Siegfried für den Gesang seiner Mutter hält. In der Dichtung des „Jungen Siegfrieds" wie auch in der schlussendlichen Fassung ist es die Stimme eines Waldvogels in der Linde[37], die der den Drachen besiegt habende Held hört, nachdem er das Blut des getöteten Untiers mit der Zunge berührt hat. Anzumerken ist, dass dieser Waldvogel nicht sichtbar sein, sondern nur gehört werden soll: in der Dichtung „Der junge Siegfried" sah Wagner ausdrücklich vor: „Die sängerin, welche diese stimme zu übernehmen hat, muß hinter dem baume auf einer erhöhung – zu der sie aus der versenkung aufsteigen kann – so gestellt sein, daß ihr gesang aus dem wipfel zu kommen scheint"[38]. Den Grund dafür gab Wagner in seiner Schrift „Oper und Drama" (1851/52) an: „Das Tier, das seine Empfindung am melodischesten ausdrückt,

36 *Strobel*, Skizzen, 82.

37 Vgl. *Strobel*, Skizzen, 156, 160,167.

38 *Strobel*, Skizzen, 156.

der Waldvogel, ist ohne alles Vermögen, seinen Gesang durch Gebärden zu begleiten."[39]

Der Waldvogel ist zunächst eingebunden in das Ganze des Waldwebens. Siegfried – allein gelassen von Mime – streckt sich behaglich unter der Linde aus und steht ganz im Bann des frischen grünen Waldes, des hellen Himmels über ihm und der murmelnden Quelle. Seine Gedanken gehen zunächst zurück zu seinem Vater. Dann lehnt er sich tiefer zurück und blickt durch den Baumwipfel auf. Tiefe Stille tritt ein; und Wagner schreibt: „Waldweben". Während das Orchester eine zarte Sehnsuchtsmelodie spielt, ausgehend von dem Motiv, das im „Rheingold" der Freia/ Holda zugeordnet ist, denkt er an seine Mutter, die er gerne sehen würde. Dann nimmt das Raunen der Natur seine Sinne wieder gefangen. Der Streicherkörper ist so geteilt, dass er zeitweise 17stimmig spielt. Man hört – um wieder mit Kurt Pahlen zu sprechen[40] – förmlich den Wald leise rauschen, die Käfer auf der Lichtung summen, man glaubt die Sonnenstrahlen zu sehen, die durch das Geäst fallen. Und in dieses Waldweben mischt sich – nun immer deutlicher von den hohen Holzbläsern imitiert – der Gesang der Vögel. In einer „naturwissenschaftlich-musikalischen Studie" aus dem Jahre 1906 hat Bernhard Hoffmann die einzelnen Stimmen herausgefiltert: er fand Reminiszenzen an den Gesang der Nachtigall, des Pirol, der Goldammer, des Baumpiepers und vor allem der Amsel[41]. Wagner schreibt: „Er [Siegfried, WS] lauscht mit wachsender Teilnahme einem Waldvogel in den Zweigen über ihm": vielleicht erzählt er ihm etwas von seiner Mutter? Siegfried versucht, die Sprache des Vogels zu erlernen, indem er auf einer schnell zubereiteten Flöte die Töne nachsingen will, was nicht klappt.

Diese Szene zeigt einen unerwarteten Siegfried: nicht einen grimmigen und kühnen Helden, schon gar nicht den berüchtigten Schlagetot, sondern ein „Naturkind voller Lust, Freude und Unschuld"[42]. Zu bedenken ist ja, dass für Wagner in seiner ästhetischen Suche nach dem wahren Kunstwerk der Zukunft Siegfried der vollkommene Mensch war: vollkommen in seinem unmittelbaren, nicht durch Reflexion gebrochenen, „unwillkürlichen" Lebensvollzug, ein Mensch voller Lebens- und Liebesbedürfnis, das er auslebt (anstatt dauernd zu

39 *Richard Wagner*, Oper und Drama, in: Ders., Dichtungen und Schriften, Bd.7, 219 Anm.

40 *Pahlen*, Siegfried, 120 ff.

41 Vgl. *Bernhard Hoffmann,* Bayreuther Blätter 1906, 137 ff.; *Ders*., Kunst und Vogelgesang in ihren wechselseitigen Beziehungen vom naturwissenschaftlich-musikalischen Standpunkt beleuchtet. Leipzig 1908; *Curt von Westernhagen*, Die Entstehung des „Ring". Zürich 173, 185.

42 *Pahlen*, Siegfried, 126.

sagen, dass er es auslebt). Insofern sollte Siegfried der natürliche, das Leben in seinem Wesen auslebende Mensch sein, der in seinem Inneren auf die Hingabe an andere Menschen, letztlich an die Menschheit ausgerichtet ist. Er bleibt bei dem verhassten Mime bzw. kehrt immer wieder aus dem Wald zurück zu ihm, weil er erfahren will, wer seine Eltern waren: nicht aus theoretischer Neugierde, sondern aus dem inneren Bedürfnis nach Gemeinsamkeit, wie er es in der Natur bei den Tieren als Vorbild erfährt. Danach will er hinaus in die Welt, um einen Gesell zu finden, den er bei den Tieren trotz aller Versuche nicht finden kann. Siegfried ist deshalb der vollkommene Mensch, weil er es nur wird in der liebenden Einheit mit einem anderen. In einem Brief an den im Kerker sitzenden Revolutionsgefährten August Röckel vom 24.8.1851 berichtete Wagner von seinem neuen Projekt, das ihm große Freude mache:

> Mein Held ist wild im Walde aufgewachsen und ward von einem Zwerge (dem Nibelungen 'Mime') aufgezogen, um ihm den Riesenwurm zu erlegen, der den Hort bewacht. Dieser Nibelungenhort bildet ein ungemein bedeutsames Moment: Verbrechen aller Art haften an ihm. Siegfried ist nun ungefähr derselbe junge Bursche, der im Märchen vorkommt und auszieht, 'um das Fürchten' zu lernen, – was ihm nie gelingen will, weil er mit kräftigen Natursinnen immer alles so sieht, wie es ist. Er erlegt den Riesenwurm und erschlägt seinen Erzieher, den Zwerg – der ihn um des Hortes willen heimlich umbringen will. Siegfried, sehnsuchtsvoll aus der Einsamkeit herausverlangend, vernimmt nun – die Gabe dazu hat er vom zufälligen Genusse des Drachenblutes gewonnen – die Stimme eines Waldvogels, der ihn auf Brünnhilde verweist, die auf einem Felsen – von Feuer umgeben – schläft. Siegfried durchdringt das Feuer und erweckt Brünnhilde – das *Weib* zu wonnigsten Liebesumarmung,

wobei Wagner hinzufügte, dass „wir nicht eher das, was wir sein können und sollen, [sind], bis – das *Weib* nicht *erweckt* ist“[43]. In einem späteren Brief (vom 25.1.1854) an eben diesen Röckel wurde Wagner noch deutlicher:

> Höchste Befriedigung des Egoismus finden wir nur im vollsten Aufgehen desselben, und dieses findet der Mensch nur durch die Liebe: allein der wirkliche Mensch ist Mann und Weib, und nur in der Vereinigung von Mann und Weib existiert erst der wirkliche Mensch, erst durch die Liebe wird daher der Mann wie das Weib – Mensch [...] Erst diese Vereinigung von Mann und Weib, erst die Liebe also erzeugt (sinnlich und metaphysisch) den Menschen[44].

Wagner zog die Konsequenz für sein Drama, die oben bereits abgeleitet wurde:

---

[43] So Wagner, Sämtliche Werke 29,1, Nr.89 (54 f.); er fügte hinzu, dass er sich selbstverständlich darüber bewusst sei, dass diese Geschichte nur eine „schöne Täuschung“ sei („und die Wirklichkeit über alles geht“).

[44] So Wagner, Sämtliche Werke 29,1, Nr.195 (90).

> Auch Siegfried allein (der Mann allein) ist nicht der vollkommene 'Mensch': er ist nur die Hälfte, erst mit *Brünnhilde* wird er zum Erlöser; nicht *Einer* kann Alles; es bedarf Vieler, und das leidende, sich opfernde Weib wird endlich die wahre wissende Erlöserin: denn die Liebe ist eigentlich 'das ewig Weibliche' selbst.[45]

Wie dieser Lobpreis auf die sinnliche Geschlechtsliebe mit der Theorie der Liebesstufen vereinbar ist, die Wagner in seinem Dramenfragment „Jesus von Nazareth" – das er parallel zur Arbeit am Nibelungenstoff schrieb[46] – entwickelte (beginnend von der Geschlechtsliebe über Freundschaft und Patriotismus hin zur allgemeinen Menschenliebe, wie er sie in Christus, aber auch und vor allem später in Antigone verwirklicht sah), und wie weit diese Liebe auf Brünnhilde und Siegfried zutrifft, ist hier nicht das Thema. Abzuleiten ist daraus für die Geschichte jedenfalls: offensichtlich war für Wagner nicht nur der Sieg im Drachenkampf (samt Erringung von Hort und Ring), sondern auch und vor allem die Erweckung und Gewinnung der Brünnhilde („des Weibes") der entscheidende Inhalt des neuen Dramas.

Man darf daher die Geschichte, die Wagner in „Siegfried" erzählt, nicht verkennen, sie vor allem nicht mit der Siegfried-Gestalt in den „Wibelungen" (geschweige denn im Nibelungenlied oder mit der Sigurd-Gestalt in der Edda) verwechseln. In den „Wibelungen" war Siegfried der Licht- und Sonnengott, der die herrlichste Tat im Sieg über den Drachen als der Urmacht des Dunklen, Nächtlichen und Bösen beging, und den Wagner mit Christus gleichgesetzte. Die Sagengestalt des Sigurd bzw. Siegfried betraf den kühnen und unbesiegbaren Helden. Wagner schreibt 1851 in der „Mitteilung an meine Freunde" über seine Geschichte:

> Die Handlung ist ihrem Wesen nach, bei aller Gewalt der Momente, die sie in sich schließt, durchaus heiterer Gattung: in ihr erklimmt mein Held nochmals die Höhe, die ich einst unter Leiden und verzehrendem Sehnen erstiegen; aber er ersteigt sie im heitersten Mute, um auf ihr nicht einsam zu stehen und verlangend zum Leben der Unwillkür zurückblicken zu müssen, sondern um gerade dort, auf der höchsten Spitze des Lebens, das *Weib* zu finden, das er zur seligsten Umarmung des Mannes erweckt[47].

Es geht daher inhaltlich in einem Drama des Reinmenschlichen um diese Liebe; und nicht nur um den Drachenkampf; und auch hier muss Siegfried unmittelbar und unwillkürlich tatkräftig werden. Es muss somit in seiner Natur/ seinem Wesen liegen, sich nach Liebe zu sehnen: nach der Mutter, nach einem „Gesellen" (Freund) und vor allem nach dem Weib.

---

45 So *Wagner*, Sämtliche Werke 29,1, Nr.195 (92).

46 Abgedruckt in: *Wagner*, Dichtungen und Schriften, Bd.2, 214-272.

47 Abgedruckt in: *Wagner*, Sämtliche Werke 29,1, Nr.87 (53 f.).

Für die Siegfried-Gestalt bei Wagner bedeutet dies: seine Unmittelbarkeit, seine Unwillkür, seine lebendige Natürlichkeit, seine Tatkraft müssen sich auch in dieser Liebesfähigkeit zum Ausdruck bringen. Dies zeigt sich in der nun von Wagner gedichteten Sehnsucht nach seiner Mutter, nach einem Freund, schließlich nach dem Weib. Dieses Sehnen kommt aus seinem Inneren, entspricht seinem Wesen, seiner Natur, zeigt sich darin, dass er die Natur in diesem Sinne vernimmt. Im Waldweben stellt er sich seine Mutter vor. Vor allem versteht er den Gesang des Waldvogels, der von eben dieser Liebe singt (inhaltlich genau der Liebestheorie Wagners entsprechend).

Der Prosaentwurf schildert diese Szene sehr detailliert. Zunächst erzählt der Waldvogel – anfänglich im Prosaentwurf als Nachtigall bezeichnet – von Brünnhilde, worauf Siegfried den „Sinn" dieses Liedes unmittelbar erfährt: „wie brennt sein sinn mir in die brust, wie zückt er zündend mein herz". Der Vogel erläutert: „ich singe von liebe, von leid und lust: wonn' und weh' ist mein liebeslied. – Nur sehnende kennen den sinn"[48]; später (in der Dichtung „Der junge Siegfried") umformuliert: „in lust und leid sing' ich von liebe: aus wonn' und weh web' ich mein lied: nun sehnende kennen den sinn".[49]

Ein seltsamer Vogel, der da singt! Auf den ersten Blick scheint Wagner hier die Edda zu übernehmen, die von Meisen berichtet, die Sigurd raten, das Gold an sich zu nehmen, ihn vor dem mörderischen Riesen Regin warnen (den Sigurd daraufhin tötet) und ihm schließlich von einer schönen Schlachtjungfrau berichten. Bei Wagner finden sich zunächst ebenso der Rat und die Warnung, die der Waldvogel so einfach vor sich hinzwitschert. Der dritte Gesang aber ertönt auf die Bitte von Siegfried selbst, ihm einen Gesell zu nennen. Die Vogelstimme rät und warnt nicht, sondern kündet ihm – getragen von einem immer erregter werdenden Orchester – von dem Weib Brünnhilde, das nur ein furchtloser – und für Wagner damit auch: liebesfähiger – Held wie er erringen könne. Siegfried hört auch nicht nur diesem Gesang zu, sondern wird unmittelbar im Innersten erfasst, weil er – wie die Vogelstimme weiter singt – selbst bereits ein Liebessehnender ist. Siegfried hört das, was er im Grunde ohnehin schon in seinem Herzen weiß und will, aber noch in einer undeutlichen Form, was ihm aber nun klar bewusst (gemacht) wird. Eigentlich hätte er für diesen dritten Gesang nicht das Blut des Drachen gebraucht.

Nur erinnert soll werden, welche Liebe der Vogel hier besingt: die „selig in Lust und Leid" sein lässt, die daher nicht eine statische Form von Gewohnheit und Besitzerhaltungsstreben ist (wie Wagner sie der Ehe zuschreibt), sondern

48 So *Strobel*, Skizzen, 87.

49 So *Strobel*, Skizzen, 167.

eine lebendige, Höhen und Tiefen erlebende, sich bewegende Hingabe und Erfüllung. Am klarsten findet diese Liebe ihren Ausdruck in dem Verhältnis von Siegmund zu Sieglinde. Es ist im übrigen auch diese Liebe, die Brünnhilde in ihrem Schlussgesang – so wie er von Wagner 1852 gedichtet und in den Ausgaben des Textbuches von 1863 und 1873 abgedruckt hat – preist: „selig in Lust und Leid/ lässt – die Liebe nur sein!“ Es ist interessant, dass diese Zeilen von Wagner nicht vertont wurden; was hier aber nicht vertieft werden kann.

3.5. Walther als Naturgenie

Als Abschluss möchte ich noch auf einen anderen Vogel hinweisen, der ebenfalls von Liebe singt, weil er nicht anders singen kann.

> Es klang so alt und war doch so neu
> wie Vogelsang im süßen Mai!
> ...
> Lenzes Gebot,
> die süße Not,
> die legt' es ihm in die Brust:
> nun sang er, wie er mußt'!
> Und wie er mußt', so konnt' er's;
> ...
> Dem Vogel, der heut' sang,
> dem war der Schnabel hold gewachsen.

Diese Ihnen bekannten Worte des Hans Sachs gelten dem Probelied des Walther von Stolzing, das er gerade in der Singschule gehört hat. Walther selbst hatte angegeben, dass er das Singen in der Waldespracht auf der Vogelweide gelernt habe. Also auch hier die Natürlichkeit, Unmittelbarkeit, „Unwillkür“, konkret: die Liebessehnsucht, wie sie im Lenz hochkommt (wenn – wie wir aus dem „Tannhäuser“ wissen – Holda aus dem Berg herauskommt und durch Fluren und Auen zieht), hier die Sehnsucht Walthers nach Eva. Walther ist sozusagen das Naturgenie, der von sich aus regelgerecht singt – sein Lied hat eigentlich die geforderte Form von drei Stollen und einem Abgesang –, aber der dies noch aus dem überwältigenden Liebesgefühl heraus (eben: dem Lenz) tut, das zu einem Schwall von Worten und Tönen führt, weshalb er nach der strengen Tabulatur der Meistersinger versingt. Walther ist sozusagen ein Rohdiamant, der durch Sachs zum meisterlichen Glanz geschliffen wird.

Auch sein Lied hat einen Vogel zum Inhalt. Auf die Situation, in der er sich befindet, und auf den Ruf des Merkers „Fanget an!“ reagierend, beginnt er mit dem heraus geschmetterten „Fanget an“, nämlich so, wie es der Lenz (oder ist es die Holda?) in den Wald ruft, was durch den „Schwall“ von Vogelstimmen erwidert wird; der Wald selbst stimmt das „süße Lenzeslied“ an, woran ihn auch die grimmbewehrten Nachtvögel nicht hindern können. Auch er – Walther – erfühlt den Lenzesruf in seiner Brust:

> das Blut, es wallt mit Allgewalt,
> geschwellt von neuem Gefühle;
> aus warmer Nacht mit Übermacht
> schwillt mir zum Meer der Seufzer Heer
> im wilden Wonnegewühle.

Doch der feindliche Lärm der Nachtvögel wird stärker. Deshalb:

> Auf da steigt
> mit gold'nem Flügelpaar
> ein Vogel wunderbar
> sein strahlend hell Gefieder
> licht in den Lüften blinkt,
> schwebt selig hin und wider,
> zu Flug und Flucht mir winkt.
> Es schwillt das Herz
> vor süßem Schmerz,
> der Not erwachsen Flügel;
> es schwingt sich auf
> zum kühnen Lauf,
> aus der Städte Gruft
> zum Flug durch die Luft,
> dahin zum heim'schen Hügel;
> dahin zur grünen Vogelweid',
> wo Meister Walther einst mich freit';
> da sing ich hell und hehr
> der liebsten Frauen Ehr';
> auf dann steigt,
> ob Meister-Kräh'n ihm ungeneigt,das stolze Minnelied.

Das – wie wir bereits gehört haben – von Sachs mit der Taube (genauer: einem Täubchen, traditionell stets ein Zeichen für junge, zärtliche Liebe) verglichen wird.

Was für ein Waldvogel singt hier! Aber für den erfahrenen Sachs zeigt sich hierin der holde Wahn der Geschlechtsliebe, der zu allerlei Unfug führt (wie dem Lärmen und der Prügelei in der Johannisnacht); und im Übrigen auch im „Ring des Nibelungen“ in Mord und Totschlag endet. Aber dies ist hier nicht mehr das Thema.

Mit den Tiergestalten bin ich damit am Ende. Falls ich eine vergessen habe, bitte ich um Kritik und Verbesserung.

5

Wagners Tannhäuser in moralisch-ethischer und rechtlicher Beurteilung

Das Thema meines Vortrags auf einem Symposium für Gerhard Otte bedarf einiger erklärender Bemerkungen. Von vornherein war bestimmt, dass das Generalthema Recht und Moral, deren Abgrenzung und Verbindung, sein sollte, also das uralte Thema der praktischen Philosophie. Ich wollte aber nicht zu allgemein zu diesem Thema sprechen, sondern dies anhand eines bestimmten Problems tun. Mir kam die Idee, an ein Arbeitsfeld von Herrn Otte direkt anzuschließen: nämlich ein Problem aus einem Kunstwerk als Beispiel für die unterschiedliche moralisch-ethische und rechtliche Beurteilung aufzugreifen und die Darstellung Herrn Otte zu widmen; hat er doch mehrere Semester ein Seminar über „Literatur und Recht" durchgeführt; wir beiden haben auch Arbeiten aus diesem Gebiet begutachtet. Und da am Bielefelder Theater am 31.5. 2015 der „Tannhäuser" von Richard Wagner neu gegeben wurde, stand der Titel meines Vortrags fest.

Ich werde daher im Folgenden das Verhalten des „kühnen Sängers" untersuchen: zunächst in einem I. Teil auf die moralisch-ethische Beurteilung hin, dann im II. Teil auf die rechtliche Beurteilung hin. Dabei geht es nicht um die Auffassungen zu der Zeit und an dem Ort, in der und an dem die Handlung spielt (also das 13.Jahrhundert in Thüringen). Ich untersuche die gegenwärtige, auch nicht die religiöse, sondern die säkulare Beurteilung des Verhaltens in Moral/Ethik und Recht.

I. Die moralisch-ethische Beurteilung

Im I. Teil stelle ich die Beurteilung des Verhaltens des Helden in Wagners „Tannhäuser" in moralisch-ethischer Hinsicht dar.

1. Das zu beurteilende Verhalten

Zunächst muss klargestellt werden, was Tannhäuser nach Richard Wagner eigentlich getan hat. Er verbrachte zumindest ein Jahr im Venusberg; aber nicht um dort die dionysisch-wilde Orgie mit Nymphen, Kentauren, Faunen, Satyren und Mänaden zu erleben, die Wagner als Pantomime zu seiner einleitenden Musik niederschrieb. Tannhäuser suchte vielmehr eine sinnlich erfül-

https://doi.org/10.1515/9783110689396-006

lende Liebeslust, eine Freude und Wonne bedeutende sexuelle Vereinigung mit der Göttin der Liebe und der Schönheit! Wagner kennzeichnet seinen Helden als Minnesänger, der Lieder „voll Wonn' und Leid" vortrug, also die Sinne, Gefühle, das Herz berührende Lieder (im Gegensatz zu den anderen Sängern am Hof des thüringischen Landgrafen, die sich eher an musikalisch-schönen Harmonien voller Klarheit und Reinheit orientierten). Seine Lieder führte die Nichte des Landgrafen, die jugendliche Elisabeth, in eine seelische Verwirrung:

> bald wollt' es mich wie Schmerz durchbohren, bald drang's in mich wie jähe Lust: Gefühle, die ich nie empfunden! Verlangen, das ich nie gekannt! Was einst mir lieblich, war verschwunden vor Wonnen, die noch nie genannt!

D.h. Tannhäuser sang Lieder, die die Sinnlichkeit der Liebe, das Begehren und Verlangen, aber auch den damit verbundenen Schmerz zum Ausdruck brachten, sein Verständnis von Liebe als erfülltem Leben (so wie es auch Elizabeth empfand: „welch ein seltsam neues Leben rief Euer Lied mir in die Brust!"). Offensichtlich fand er diese Erfüllung nicht. Zwar fand er Elizabeth, aber eine Beziehung zu ihr schien aussichtslos. In der Wartburggesellschaft stieß er mit seinen sinnlichen Liedern auf Widerstand; es kam zu Auseinandersetzungen mit den anderen Sängern.

In dieser unerfüllten, an der möglichen Verwirklichung der sinnlich-lebendigen Liebe zweifelnden und verzweifelnden Situation besang Tannhäuser nun Venus, die Göttin der Liebe und der Schönheit, und wurde von ihr in die Liebesgrotte eingelassen, in das Innere des Berges, wohin die Göttin vor dem „kalten Wahn" der Menschen – die die Sinnlichkeit der Liebe verteufelten – geflohen war, weshalb sie nun abgeschlossen von der Welt, von der Natur wie von der Gesellschaft, von der Zeitordnung Tag-Nacht, Sonne-Mond lebte. Tannhäuser in diesem Berg war damit ebenso von all diesem entfernt und ausgeschlossen, damit nur mehr dem sinnlichen Genuss ausgeliefert und offen; und zwar nur mehr in einer total erfüllenden, weil durch die Göttin der Schönheit garantierten sinnlichen Weise. Gemessen an der Liebe, die Tannhäuser früher sang, in denen er „Wonne und Leid" in der Endlichkeit des menschlichen Lebens besungen hatte, suchte und fand er nun im Berg und in der Liebesgrotte der Göttin eine einseitig überhöhte, auch das Menschliche (und das Endliche) übersteigende Erfüllung, eben: einen göttlichen Liebesgenuss.

Entscheidend ist diese einseitige Reduktion der von ihm früher gepriesenen sinnlich-lebenden Liebe in Freud und Leid, Wonne und Schmerz, auf das Genussmoment! Dieses „nur" unterscheidet Venus auch von einer menschlichen Frau (wie etwa Elizabeth): denn sie ist *Göttin* dieser sinnlich-körperlichen (auch an der Schönheit des Körpers ausgerichteten) Liebe; damit auch „nur" diese Göttin der sinnlichen Wonne, des erfüllenden Genusses, des die Endlichkeit, Natürlichkeit, Zeitlichkeit aufhebenden göttlichen Genießens, dieser umfassenden „Göttlichkeit". Tannhäuser besingt sie als „Göttin der Wonne".

Dies bedeutet, dass Venus nicht Lebenspartnerin sein kann, nicht als individuelle Frau geliebt wird, sondern nur als körperlich-schöne Quelle sinnlicher Lust, als göttlich schöner Körper, als Wunderbrunnen, aus dem man schlürfen kann, ohne je satt zu werden, ohne auch dass er je auszutrocknen droht. Venus ist die Quelle seiner körperlich-sinnlichen Liebeslust. Er liebt sie deshalb eigentlich auch nicht; er kann sie nur als Göttin preisen und zugleich anpreisen! Denn er fordert alle auf, in den Venusberg einzuziehen und dort der Liebe wahrstes Wesen zu erleben und zu genießen, nämlich: Venus mit Glut in die Arme zu schließen! Liebesgrotte und göttlich schöner Venuskörper für alle! Und damit für jeden der höchste, alles Endliche aufhebende und auslöschende, körperliche Genuss!

Oder anders gesagt: Tannhäuser war im Venusberg um der Fleischeslust wegen; um – wie es im Volksbuch von Dr. Faust aus dem 16. Jahrhundert (auf dessen Verhältnis zu Wagners Helden ich hier nicht eingehen kann) heißt – ein „säuisch-epikuräisches Leben" zu führen, wobei Faust sich dazu einer zauberisch-teuflischen Succuba bediente, Tannhäuser sich der heidnisch-antiken Göttin Venus.

2. Die Beurteilung als schlechtes, moralisch-ethisch verwerfliches Verhalten

Damit können wir die erste Frage nach der moralisch-ethischen Beurteilung einer Antwort zuzuführen versuchen.

Dabei ist klar, dass die Beantwortung der Frage die Erarbeitung und das Plausibelmachen der dafür maßgebenden Kriterien bedarf; und ebenso ist klar, dass es heute nicht „die" wahre Ethik – als Reflexion über moralisches Verhalten oder moralische Vorstellungen – gibt, sondern unterschiedliche Ethiken[1] vertreten werden. Ich möchte Ihnen die zwei Theorien vorstellen, die ich für die wichtigsten halte; und da beide – wie ich jetzt schon ankündige – zum selben Ergebnis kommen werden, sollen diese zwei auch ausreichend sein!

---

1 Vgl. dazu allgemein *Marcus Düwell / Christoph Hübenthal / Micha H. Werner* (Hrsg.), Handbuch Ethik. Stuttgart u. a. ²2006; *Karl Hepfer*, Philosophische Ethik. Eine Einführung. Göttingen 2008; *Dietmar Hübner*, Einführung in die philosophische Ethik. Göttingen ²2018; *Michael Quante*, Einführung in die allgemeine Ethik. Darmstadt 2003.

abgesehen von einer kurzen und dann abschließenden Bemerkung zu der genannten „säuisch-epikuräischen“ Charakterisierung.

2.1. Tugendethik

Die erste vorzustellende und auf Tannhäusers Verhalten anzuwendende Theorie ist von griechischen und römischen Autoren der Antike ausgearbeitet worden, dann in der christlichen Geschichte religiös untermauert, in der Aufklärung verdrängt worden; und wird nun in neueren Konzepten wieder lebendig gemacht. Nämlich: die Moral betrifft die Haltung des Menschen, die für die Lebensführung selbst maßgebend ist bzw. sein soll. Kriterium für die positive moralische Beurteilung ist die *Tugend* in vielfältigen Gestalten[2]. Denn nur sie ermöglicht ein letztlich gutes, gelingendes Leben! Deshalb muss die Tugend eingeübt werden, zur Lebensform, zum Ethos des Einzelnen (wie dann auch der Gemeinschaft) werden. Im Gegensatz dazu steht das Laster in ebenso vielfältigen Gestalten, die diese Aufgabe – ein gutes, gelingendes Leben zu führen – verfehlen, den Einzelnen wie die Gemeinschaft in Unglück und Verderben stürzen. Diese Charakterisierung des Lasters reicht aus; es bedarf keiner zusätzlichen Abwertung als vorwerfbares Verhalten. Wenn daher von einem verwerflichen Verhalten gesprochen wird, bedeutet dies nur die notwendige Folge des Scheiterns des Lebens oder Zusammenlebens. Lasterhaft ist also mehr das schlechte als das böse Verhalten.

Auf die zahlreichen Tugend- und Lasterkataloge, die im Laufe der Geschichte bis heute ausgearbeitet sind, braucht hier nicht eingegangen zu werden, weil sie letztlich in einem wesentlichen Punkt übereinstimmen. Tugend vermeidet stets die Extreme, die Einseitigkeiten, orientiert sich am Maß der Mitte, des Ausgleichs, der Versöhnung und Harmonie der Gegensätze. Tugend beruht auf Denken und Klugheit (oder Weisheit), auf Abwägen der Konsequenzen, Finden des richtigen Maßes, verbunden mit der Stärke, dieser Einsicht zu folgen.

Bekannt ist die Lehre des Platon (428/27 – 348/47 v.Chr.)[3], für den die Harmonie der drei Seelenteile – Vernunft, das Mutartige (Stärke), Begierden – im

---

2 Dazu vgl. *Philippa Foot*, Die Wirklichkeit des Guten. Frankfurt 1997; *Martin Hähnel*, Das Ethos der Ethik. Wiesbaden 2015; *Christoph Halbig*, Der Begriff der Tugend und die Grenzen der Tugendethik. Berlin 2013; *Klaus Peter Rippe / Peter Schabe* (Hrsg.), Tugendethik. Stuttgart 1998.

3 Vgl. dazu *Marcel van Ackeren*, Das Wissen vom Guten. Bedeutung und Kontinuität des Tugendwissens in den Dialogen Platons. Amsterdam 2003; *Wolfram Brinker*, Platons Ethik und Psychologie. Philologische Untersuchungen über thymetisches Denken und

Vordergrund stand, die durch die vier Kardinaltugenden Weisheit, Tapferkeit, Besonnheit (Maßhalten) und Gerechtigkeit garantiert wird. Dabei steht den Begierden die Besonnenheit am nächsten, durch die die Einsicht möglich wird, dass die Vernunft herrschen solle, in harmonischer Ganzheit mit den beiden anderen Seelenteilen. Im Dialog Gorgias geht Sokrates, der Held, den Platon meist für sich sprechen lässt (wobei er in vielem sicherlich auf erinnerte Thesen seines Lehrers einging), auf die These des Sophisten Kallikles ein, nach der das Gute im Lustgewinn bestehe, weshalb jeder – der richtig leben will – seine Begierden so groß als möglich werden lassen und in Üppigkeit und Zügellosigkeit leben solle. Sokrates zeigt, dass die Lust als Befriedigung eines Bedürfnisses zu denken ist, und damit als Befriedigung von Unlust (eben diesen Bedürfnissen). Lust sei deshalb der Übergang von Unlust zu Lust, setze daher Unlust voraus. Somit sei Lust nur in Einheit mit Unlust zu denken, weshalb sie alleine nicht das Gute sein könne, das aus sich selbst heraus anzustreben sei. Es müsse daher zwischen guter und schlechter Lust unterschieden werden, was eines Kriteriums bedürfe, das nicht selbst die Lust sein könne. Gut sei die Lust – so meint Sokrates – , die in Harmonie mit Vernunft und Mutartigem stehe, eine vernünftige, abgewogene und abgestimmte Glückseligkeit, im Rahmen eines guten Lebens.

Auch Aristoteles (384 – 322 v.Chr.)[4] argumentierte von drei Vermögen der Seele aus, wobei er unter „Seele" aber das Lebensprinzip eines Organismus (Pflanze, Tier, Mensch) verstand; beim Menschen habe diese Seele das denkend-vernünftige Vermögen (garantiert durch die Verstandestugenden), das sinnlich-begehrende Vermögen (garantiert durch die Charaktertugenden) und das organisch-vegetative Vermögen. Das gute Leben könne nur in der gelingenden Vermittlung aller drei Vermögen, d.h. in einem vernünftig-tugendhaften Leben liegen. Dafür grundlegend sei die Klugheit („phronesis", oft auch als „moralische Urteilskraft" oder „sittliche Einsicht" übersetzt), die das rechte Maß zwischen dem Übermaß (Zu-viel) und dem Mangel (Zu-wenig) findet und durch Übung zu einer Charakterhaltung (Lebensform, ethos) wird. Die richtige Mitte für die Affekte Lust und Unlust findet für Aristoteles die Besonnenheit oder Mäßigung („sophrosyne"), die zwischen Zügellosigkeit und Stumpfheit vermittelt. Deshalb lehnt Aristoteles die auf Lustgewinn ausgerichtete hedonistische Lebensform als ungeeigneten Weg zum gelingenden, glück-

---

Handeln in den platonischen Dialogen. Frankfurt am Main 2008; Rafael Ferber, Platos Idee des Guten. Sankt Augustin ²1989.

4 Vgl. dazu *Otfried Höffe* (Hrsg.), Nikomachische Ethik. Berlin 1995; ders., Aristoteles. 4. Aufl. München 2014; Magdalena Hoffmann, Der Standard des Guten bei Aristoteles. München 2010; *Ursula Wolf*, Nikomachische Ethik. Darmstadt 2002

lichen Leben ab. Zwar gebe es kein Glück ohne Lust; aber ein ausschließlich darauf setzendes Leben gehe an der Struktur lustvoll-gelingender Lebenspraxis vorbei, da der Hedonist letztlich Sklave seiner kontingent-wechselnden Leidenschaften und Lüste sei. Wie Sie wissen, stellt Aristoteles letztlich als richtigen Weg auf das gute Leben in einem guten Staat, also auf die Lebensform des Bürgers, ab.

Von daher (also von Platon und Aristoteles her) ist die Beurteilung des Verhaltens des Tannhäuser einfach, denn er selbst nimmt sie (in den Worten, mit denen Wagner seine Oper beginnen lässt) vorweg: „Zu viel! Zu viel!" Damit meint er keineswegs eine körperliche Überbeanspruchung durch Venus, sondern das *Übermaß* der Liebe und Schönheit, die sie als Göttin darstellt; damit als über-menschliches Wesen, als Prinzip dieses „Nur"-Sinnengenusses, über den ich schon gesprochen habe. Tannhäuser erkennt, dass ihm eine Wonne zuteil wird, die den Göttern frommt, aber nicht einem Menschen. „Doch sterblich, ach! bin ich geblieben, und übergroß ist mir dein Lieben; wenn stets ein Gott genießen kann, bin ich dem Wechsel untertan; nicht Lust allein liegt mir am Herzen, aus Freuden sehn' ich mich nach Schmerzen". So klagt er gegenüber Venus. Tannhäuser erkennt offensichtlich die These des Sokrates in Platons „Gorgias" von der notwendigen Einheit von Lust und Unlust, die sich auch hier zeigt: absolute (göttliche) Nur-Lust verwandelt sich in Unlust, mündet in dem verzweifelten Bemühen, den Venusberg und die Liebesgrotte zu verlassen, um in die Welt der Menschen, in die Natur, dem Wechsel von Tag und Nacht, Sonne und Mond zurückzukehren. In der sich steigernden Auseinandersetzung mit Venus gipfelt die Selbsterkenntnis des Tannhäuser in den Sätzen: „Hin muss ich zur Welt der Erden, bei dir kann ich nur Sklave werden; nach Freiheit doch verlange ich, nach Freiheit, Freiheit dürstet's mich".

Tannhäuser beantwortet also unsere Frage nach der moralischen Beurteilung seines Verhaltens selbst: er kann nicht im Berg bleiben, muss ihn verlassen, um eine freie Liebe zu einer menschlichen Frau leben zu können. Auf die Verbindung einer solchen Liebe mit sinnlichem Genuss will er niemals verzichten, weshalb er weiterhin den Lobpreis der Venus als Göttin singen wird. *Leben* kann er diese Liebe aber nur in der Einheit von Lust und Unlust, von Freude und Leid, in der Beziehung zu einer ebenso liebenden Frau.

Erwähnen möchte ich noch zwei moderne Tugendethiken, die zum gleichen Ergebnis kommen. Einmal die Lehre on Vittorio Hösle, geboren 1960, Professor an der katholischen Privatuniversität Notre Dame in Indiana, die er 1997 in seinem Buch „Moral und Politik“ entwickelt hat. Für ihn[5] ist die erste Aufgabe des seiner Selbst bewussten Menschen, sich selbst in Ordnung zu bringen. Deshalb kennt er „präsoziale Tugenden“, deren wichtigste die Besonnenheit sei: als Fähigkeit zum Verzicht auf die unmittelbare Erfüllung von Bedürfnissen. Darin liege ein Akt der Selbstnegation, in dem sich Ichheit erst konstituiere. Der Geschlechtstrieb sei tief mit dieser Menschwerdung verbunden, weshalb seine Kontrolle die Kraft der Persönlichkeit fordere und einen „intrinsischen Wert“ habe. Zudem sei er ein sozialer Trieb, mit zwei Folgen: die Reduktion des anderen Menschen auf ein Lustobjekt stelle eine Instrumentalisierung dar, die nicht dadurch verschwinde, dass diese wechselseitig und freiwillig sei; und (zweitens) finde dadurch eine starke Abwertung der Sexualität statt, weil diese durch diese Instrumentalisierung aufhöre, Ausdruck jener inneren Einstellung zu sein, die man „duale“ oder „erotische Liebe“ nennt. Konsequent erörtert Hösle unter den Lastern die Wollust, die er mit der Völlerei vergleicht. Er meint allerdings, dass reine Wollust selten sei. Als Beispiel nennt er Don Giovanni, dessen Problem nicht ein unersättlicher Geschlechtstrieb, sondern eine labile Identität sei. Für Tannhäuser – der als Typus des romantischen Musikers von vornherein und in Nachfolge der Figuren bei E.T.A. Hoffmann an existentiellen Identitätsproblemen leidet – würde aber, wenn ich Hösle korrekt weiter denke, die Wollust allumfassend und total bestimmend sein, lässt er sich doch mit der Göttin dieser Wonnelust ein.

Abschließend nenne ich den 1954 geborenen, an der Universität Frankfurt lehrenden Martin Seel, der 2011 seine „philosophische Revue“ der „111 Tugenden, 111 Laster“ – so der Titel (der ungenau ist, denn eigentlich erwähnt er 555 Tugenden und Laster) – veröffentlichte und die schon von Aristoteles herausgestellte Balance zwischen beiden thematisierte. Die Tugenden – so seine These[6] – hätten als labile Einheit den Sinn, das eigene Glück im Auge zu behalten, ohne das Wohl der anderen aus dem Blick zu verlieren. Erforderlich sei deshalb die Ausbildung von Maßhaltung (Mäßigkeit). In der sexuellen Gier als einem blindes Begehren, das nach Früchten des Glücks strebe, die im Augenblick ihres Genusses verfaulten, könne deshalb keine Befriedigung gefunden werden, weshalb der Gierige nicht genug bekommen und den Genuss nicht genießen, keine Freude der Lüsternheit erfahren könne, weil er keine Sättigung kenne. Tannhäuser ist in diesem Sinne sicherlich nicht sexual-gierig; im Gegenteil: er findet göttliche Erfüllung und Wonne, die ihn als Menschen

5 Vgl. *Vittorio Hösle*, Moral und Politik: Grundlagen einer politischen Ethik für das 21. Jahrhundert. München 1997, 362 ff.

6 Vgl. *Martin Seel,* 111 Tugenden, 111 Laster. Eine philosophische Revue. Frankfurt am Main 2011. Die zitierten Stellen finden sich auf den Seiten 49, 45, 47, 48, 59.

überfordert. Deshalb passt für ihn das Phänomen besser, das Seel als „Lust" darstellt. Die sexuelle Lust (als vordringliches Beispiel) liefere ein „betörendes Bild menschlicher Erfüllung". Sie setze ein mit leiblicher Empfänglichkeit und Empfindlichkeit, verweile in ihr, lasse sich von ihr leiten und treiben, verführe zu Träumen und Tagträumen, sehne sich nach Verausgabung und überlasse sich ihr endlich. Stets werde – selbst wenn man sich die Lust alleine besorgt – eine reale oder imaginäre leibliche Begegnung gesucht. „In den Eskapaden der Wollust ist alle Willkür auf das Unwillkürliche aus, alle Bewegung auf ein Bewegtwerden und schließlich Überwältigtsein. Ihren Höhepunkt erreicht diese Preisgabe in einem Spiegelstadium: Wir spüren, dass wir uns spüren, haben Lust an der Lust der Anderen, die Lust an unserer Lust an ihrer haben." Seel betont diese „sinnlichste Zwiesprache" als das Widerspiel des Gebens und Nehmens, in dem/der Anderen ein Gegenüber zu erkennen und anzuerkennen, sich von ihm/ihr führen und verführen zu lassen, an ihm/ihr Halt zu finden und an ihn/sie sich verlieren zu können; dies sei die „Urszene des Vergnügens selbst". Aber Lust werde nur gespendet und erfahren, wenn sie von Perioden der Indifferenz sowie durch Phasen eines Erleidens unterbrochen wird. Von daher sei die so oft nachgebetete These Nietzsches – „Alle Lust will Ewigkeit, tiefe, tiefe Ewigkeit!" – falsch. „Wirkliche Lust will enden, wie das Leben auch. Unendliche Lust wäre unendliche Qual."

Dies ist genau für Tannhäuser geschrieben. Er erleidet wegen dieser unendlichen (göttlichen) Lust unendliche Qual im Venusberg, weshalb er ihn fliehen und in die Welt der Endlichkeit, des Wechsels, auch des Leidens zurückkehren will und muss. Deutlicher kann die Schlechtigkeit, weil wirkliche menschliche Liebe nicht ermöglichend, des Verhaltens Tannhäusers nicht zum Ausdruck kommen.

2.2. Pflichtethik

Als zweite ethische Theorie möchte ich kurz auf die Pflichtethik hinweisen, wie sie von Immanuel Kant (1724-1804)[7] ausgearbeitet worden ist. Ihr geht es nicht zentral um Kriterien für das gute gelingende Leben, sondern um das richtige Handeln im Einzelfall, um die Verwirklichung des richtigen und damit

7 Vgl. dazu *Reinhard Brandt*, Immanuel Kant. Was bleibt? Hamburg 2010; *Otfried Höffe* (Hrsg.), Grundlegung zur Metaphysik der Sitten. Ein kooperativer Kommentar. Frankfurt am Main 2000; *Friedrich Kaulbach*, Immanuel Kants „Grundlegung zur Metaphysik der Sitten". Interpretation und Kommentar. Darmstadt 1988; *Heiner F. Klemme*, Kants »Grundlegung zur Metaphysik der Sitten«: Ein systematischer Kommentar. Stuttgart 2017; *Ralf Ludwig*, Kant für Anfänger. Der kategorische Imperativ. Eine Leseeinführung. München 1995; *Christian Schnoo*r, Kants kategorischer Imperativ als Kriterium der Richtigkeit des Handelns. Tübingen 1989.

guten Willens; wobei diese Verwirklichung nicht Garantie für ein gutes Leben bietet, nicht notwendig Glückseligkeit bringen muss – weshalb die Vernunft nach Kant eine unsterbliche Seele postuliert –, sondern nur ein ruhiges Gewissen und vielleicht Seelenruhe vermittelt. Diese Ethik thematisiert das Denken als Reflexion auf einen bestimmten Inhalt eines Willens, sozusagen als prüfende Instanz, wodurch dieser Inhalt sich als richtig, vernünftig, als pflichtgemäß erweist; und zugleich als ein Sollen, das dem Menschen – der nicht nur Vernunft, sondern auch Leib, Gefühl, Neigung ist – als Imperativ entgegentritt. Besteht ein Willensinhalt diese Prüfung nicht, ist er als unvernünftig zu lassen; eine ihn trotzdem ausführende Handlung ist pflichtwidrig, unvernünftig, verwerflich, ja sogar böse, wenn der Handelnde sich nicht nur aus Schwäche gehen lässt, sondern sich bewusst für die Pflichtwidrigkeit als Maxime seiner Handlungen überhaupt entscheidet.

Dieser Imperativ meint eigentlich nur „Handle vernünftig!" was bedeutet: Handle so, dass deine Handlung allgemein, universalisierbar gedacht werden kann, also als Handlung, von der du wollen kannst, dass alle Menschen so handeln, aber auch dass du selbst immer wieder, also dauerhaft so handelst.

Diese prüfende Frage setzt nun eine angemessene kluge Bestimmung dieser Handlung voraus[8]. Überlegt jemand z.B., von Beruf Bauer zu werden oder heute Abend um 18 Uhr im Oetkerpark Fußball zu spielen, dann kann man so umschriebene Handlungen nicht verallgemeinern. Denn nicht jeder kann sinnvoll Bauer werden, benötigt werden auch Ärzte und Handwerker (und Juristen); und nicht jeder kann um 18 Uhr im Oetkerball Fußball spielen! Erforderlich ist die abstraktere Umschreibung der Handlung in einem spezifischen Sinn als intentionales Geschehen, das diesen bestimmten Handlungstyp ersichtlich macht. Für Kant bedeutet diese Forderung das Abstellen auf die *Maxime*, die Regel, den Grundsatz, nach dem der Betreffende sich zu seiner Handlung bestimmt. In unseren Beispielen: „Bauer werden" oder „um 18 Uhr im Oetkerpark Fußball spielen" ist keine Maxime, aber wohl ist es: das Prinzip der Willensbestimmung, sich berufliche Betätigungen gemäß den eigenen Vorlieben und den gesellschaftlichn Optionen auszusuchen; bzw. das Prinzip, die Freizeit gemäß dem eigenen Gutdünken und den öffentlichen Möglichkeiten zu verbringen.

Kant bezieht die Universalisierbarkeit auf die *Maxime*; Sie kennen seine berühmte Formulierung: „Handle nur nach derjenigen Maxime, durch die zugleich wollen kannst, dass sie ein allgemeines Gesetz werde", entweder für alle oder für sich selbst als Lebensform. Nicht wollen kann man – so Kant

8 Vgl. *Hübner*, Einführung, 170.

weiter – eine Maxime, die selbst einem logischen Widerspruch unterliegt (wie z.B. der Grundsatz, das eigene Leben abzukürzen, wenn es in der bevorstehenden Zeit mehr Übel als Annehmlichkeiten erwarten lässt: denn der Betreffende kann dieses Prinzip nicht als Gesetz seiner eigenen Natur denken); nicht wollen kann man ebenso eine Maxime, die in einem logischen Widerspruch zu dem Bestreben, das in ihr selbst zum Ausdruck kommt, steht (wie z.B. der Grundsatz, sich bei Geldnot die nötigen Mittel zu besorgen und deren Rückgabe zuzusagen, auch wenn man sicher ist, dieses Versprechen nicht einlösen zu können: denn die Folge eines solchen Gesetzes wäre die Zerstörung jedes Glaubens an ein Versprechen und somit auch die Unmöglichkeit, die Geldnot durch Kredit zu beheben). Kant leitet darüber hinaus aus dieser „Gesetzesformel" der moralischen Maxime eine inhaltliche „Zweckformel" ab, die den Zweck in Sicht bringt, durch den sich moralische Maximen auszeichnen: und der nun als Beweggrund für die Vernunft, für die vernünftige Selbstbestimmung, gedacht werden kann: „Handle so, dass du die Menschheit, sowohl in deiner Person als in der Person eines jeden anderen, jederzeit zugleich als Zweck, niemals bloß als Mittel brauchst". Diese verbotene Instrumentalisierung liegt auch in den beiden genannten Beispielen vor: die Selbsttötung nur aus diesem Grund der Bilanzierung von erwarteten Übeln und Annehmlichkeiten gebraucht die eigene Person nur als Mittel zu einem erträglichen Dasein; beim Lügen wird eine andere Person nur als Mittel zur Erreichung eigener Zwecke verwendet.

Auch von dieser Kantischen Ethik aus lässt sich die Frage nach der Beurteilung von Tannhäusers Verhalten leicht beantworten; und erneut in seinen eigenen Worten, die wir schön gehört haben! Der Aufenthalt im Venusberg macht Tannhäuser unfrei, zum Sklaven; und damit gebraucht er die Menschheit in seiner Person nur als Mittel zum Lustgenuss. Darüber hinaus lässt diese Einstellung keine wirkliche Beziehung zum Anderen zu, weil sie sich auf die Ebene der körperlichen Lust reduziert. Die Maxime, die hinter dem Einziehen in den Venusberg stand – sicherlich: „Im Genuss nur kenne ich Liebe!" – kann eindeutig nicht verallgemeinert, kann kein Sittengesetz für freie Personen werden: weder vom Einzelnen her noch von den Beziehungen zu anderen her betrachtet.

In der „Metaphysik der Sitten" (1797)[9] kam Kant konsequent zur Kennzeichnung eines solchen Verhaltens als eines Lasters, wobei die sich darauf beziehenden Stellen sowohl in der Rechtslehre als auch in der Tugendlehre stehen.

---

9 Vgl. *Immanuel Kant*, Metaphysik der Sitten, in: Ders., Werke in XII Bänden. Hrsgg. Wilhelm Weischedel. Frankfurt am Main 1968, Bd.VIII, 557, 390.

Kant sprach von der „wohllüstigen Selbstschändung“, die in dem lustbringenden Gebrauch der Geschlechtseigenschaften (der Geschlechtsorgane und des Geschlechtsvermögens) liege, und sah darin nicht bloß eine Herabwürdigung, sondern eine Schändung der Menschheit in der eigenen Person, da der Betreffende sich der bloß tierischen Lust hingebe. Diese „Fleischeslust“ oder „Wohllust“, als Laster der Unkeuschheit, verletze aber auch die Menschheit in der Person des anderen, es sei denn, dass ein gegenseitiges Sich-Hingeben, das dann zugleich ein Sich-Erwerben sei, beschlossen und das meinte: ein Ehevertrag abgeschlossen werde.

So wird also das „säuisch-epikuräische“ Handeln des Tannhäusers im Venusberg (wie das des Dr. Faust, aus dessen Volksbuch dieses Zitat stammt) auch von Kant, und damit einhellig, als moralisch unrichtig, schlecht, lasterhaft beurteilt.

2.3. Hedonismus

In einer kurzen Anmerkung soll diesem Epikur, auf den sich das Zitat bezieht, Gerechtigkeit widerfahren. Denn auch die Ethik dieses griechischen Philosophen, der von 341 bis 270 v. Chr. lebte, führt zum selben Ergebnis.

Zwar stand bei Epikur[10] durchaus im Vordergrund das eigene Glück als subjektiv-erfüllende Lust („hedoné“), war auch für ihn das höchste Gut die Lust. Aber nur als *wahre* Lust, die er umschrieb als Freiheit von Unlust, also im Sinne der Seelenruhe, Zufriedenheit, Unerschütterlichkeit, Erregungsfreiheit; und der Freiheit von Furcht, Schmerz und von Begierden. Also auch Epikur hätte Tannhäusers Verhalten so beurteilt![11]

II. Rechtliche Beurteilung

In dem II., kürzeren Teil komme ich zur rechtlichen Beurteilung des Verhaltens des Tannhäuser. Dabei wird auf den ersten Blick deutlich, dass die Einkehr in den Venusberg und das Eingehen der Affäre mit Venus als solches nicht Unrecht darstellen können. Das Recht betrifft im heutigen Verständnis nur das Zusammenleben der Menschen, nicht das Verhältnis zu sich selbst oder zu einem Gott, auch nicht das Verhältnis zur Natur (und zu den Tieren, wobei ich auf die Diskussion in Bezug auf letztere hier nicht eingehen kann).

---

10 Zu ihm vgl. *Malte Honnenfelder*, Epikur. 4. Aufl. München 2018.

11 Selbst Aristippos von Kyrene (435-355 v.Ch.), der Vater des „Hedonismus“, sah es als Kennzeichen des Weisen an, die Lust zu genießen, aber ohne sich von ihr beherrschen zu lassen.

Das Recht betrifft heute das Lebensverhältnis von als Personen anerkannten Menschen. Unrecht bedeutet jedenfalls einen Eingriff in die rechtlich geschützte Sphäre einer anderen Person. Im Verhalten des Tannhäuser in dem der menschlichen Welt gerade entzogenen Berg kann daher heute kein Unrecht gesehen werden.

1. Das zu beurteilende Verhalten

Es ist daher erforderlich, auf ein anderes Verhalten des Tannhäuser abzustellen, nämlich: auf die den Höhepunkt des Sänger*wettbewerbs* darstellende, als Trotzreaktion auf die einseitige Lobpreisung des reinsten Wesens der Liebe in einer un-sinnlichen, bloß anbetenden und verehrenden Form ausgesprochene Aufforderung an alle Versammelten, doch in den Venusberg einzuziehen und in den Armen der Venus die sinnliche Wonne des Liebesgenusses zu finden. Gemeint ist in dieser sich aufschaukelnden, zum Sänger*krieg* werdenden Auseinandersetzung als Gegeneinseitigkeit zu Wolframs reinstes Wesen die Aufforderung zu einer Liebe, die nur den sinnlichen Genuss mit der Göttin anstrebt, also die Liebe auf hedonistische Triebbefriedigung reduziert: „Im Genuss nur kenne ich Liebe!“

2. Rechtliche Beurteilung

Dieses Verhalten stellt vor drei rechtliche Probleme, die ich Ihnen vorstellen möchte. Nicht behandeln muss ich die Frage nach der Kunstfreiheit und ihrer rechtlichen Bedeutung: denn diese Aufforderung verlässt eindeutig den Bereich des künstlerischen Wettbewerbs.

2.1. Kein Unrecht in der Aufforderung zu unsittlichem Verhalten:

Zunächst liegt in dieser Aufforderung an die Wartburggesellschaft – wie wir gesehen haben – die Aufforderung zu moralisch schlechtem, verwerflichen Handeln (und Wollen): Aber noch mehr: Tannhäuser stellt damit die sittlichen Grundlagen des Zusammenlebens (in sexueller Hinsicht) in Frage, als die sittliche Institution der Ehe, ebenso die der eingetragenen Lebensgemeinschaft – die in ethischer Hinsicht als gelebtes Liebesverhältnis der Ehe gleichsteht –, aber darüber jede sittliche Gestaltung des Geschlechts*verkehrs*, der – als „Verkehr“ – den anderen nicht nur als Objekt des egoistischen Verlangens nach Triebbefriedigung ansieht, sondern immer auch als Partner, als Person, als Subjekt anerkennt. Ich darf an die Umschreibung bei Martin Seel erinnern.

Nun fordert Tannhäuser die Versammelten zur Einkehr in den Venusberg auf, der als Gegen-Welt (von der Welt ausgeschlossen) die Ausschaltung der menschlichen Freiheit, der Welt, der sozialen Ordnung mit sich bringt. Die bloße Lust am Genießen bedeutet notwendig die Nicht-Berücksichtigung der Personalität des Anderen, das Überschreiten der Grenze zum anderen dort, wo das Genussbedürfnis es verlangt. Die Göttlichkeit dieser Sphäre bedeutet dieses „nur", das jede Rücksicht auf andere Belange, auf Andere, auf die Freiheit des Anderen ausschließt.

Tannhäuser greift also die sittlichen Grundlagen der Gesellschaft an, indem er zum Einzug in den Venusberg aufruft. Aber darin kann nach modernem Rechtsverständnis ebenfalls kein Unrecht gesehen werden, da dem Recht nicht die Aufgabe zuerkannt wird und begrifflich werden kann, sittliche (sozialethische) Normen zu schützen; vor allem deshalb, weil das Recht – um mit Kant zu sprechen – mit der Befugnis zu zwingen verbunden ist und nur so gedacht werden kann. Durch Zwang kann aber sittliche, autonome Selbstbestimmung – die den Grund des moralischen, sozialethischen Verhaltens bildet – nicht hergestellt werden. Dafür eignen sich Erziehung, sittliches Vorbild, Bildung und Förderung von Autonomie; aber nicht rechtlicher Zwang.

Vertreten wird also heute eine Trennung von Recht und Moral, manchmal verbunden mit der Konsequenz, dass das Recht sich auf äußeres Verhalten beschränken müsse. Diese These ist aber bei genauerer Betrachtung nicht so leicht denkend durchzustehen. Kann denn z.B. ein Strafrecht, das die Verurteilung als sozial*ethischen* Vorwurf versteht, auf Sozialethik verzichten? Wie lässt sich diese These mit § 228 StGB vereinbaren, der die Rechtswidrigkeit der Körperverletzung trotz Einwilligung auf den Verstoß gegen die „guten Sitten" gründet, ohne diese Bestimmung sogleich als verfassungswidrig auszuscheiden? Aber auch das Grundgesetz verweist in Art.2 Abs.1 ausdrücklich auf das „Sittengesetz" als die Schranke der Handlungsfreiheit. 2005 hat Tatjana Hörnle unterschiedliche Interpretationen dieses „Sittengesetzes" vorgelegt und diskutiert[12]; darauf ist hier nicht einzugehen, nur anzumerken, dass es mit dieser Trennungsthese nicht so einfach ist wie manchmal geglaubt wird. So kann auch § 323c StGB (Strafbarkeit der Unterlassenen Hilfeleistung) nur von einem (moralischen) Gebot zur Solidarität begründet werden, scheint aber doch nicht verfassungswidrig zu sein. Ein Abstellen nur auf äußeres Verhalten ist abwegig, wenn man die strafrechtliche Bedeutung des Vorsatzes bedenkt.

Es scheint fast so, als hätte sich hinter der Trennung von Recht und Moral die von Kant herausgestellte Unvereinbarkeit von Legalität und Moralität durch-

12 Vgl. *Tatjana Hörnle*, Grob anstößiges Verhalten. Strafrechtlicher Schutz von Moral, Gefühlen und Tabus. Frankfurt am Main 2004, 52 ff.

gesetzt, wobei die eigentliche Pointe der Kantischen Lehre nicht verstanden worden wäre. Kant begründete diese Trennung von der unterschiedlichen Bedeutung der Motivation zu einem pflichtgemäßen Verhalten her: das Recht frage nur danach, ob die Handlung mit dem Gesetz übereinstimme, unabhängig davon, ob sie aus Achtung vor diesem Gesetz oder aus heteronomen Gründen (z.B. Furcht vor Bestrafung) erfolgt sei; eine moralisch gute Handlung setze dagegen voraus, dass der pflichtgemäß Handelnde auch aus Achtung vor dem Gesetz autonom selbst-bestimmt werde. *Inhaltlich* dagegen sah Kant in rechtlichen und moralischen Gesetzen keinen grundlegenden Unterschied, außer dass rechtlich nur ein Handeln verboten und mit Zwang bewehrt werden dürfe, das in die Sphäre eines anderen eingreife. Dabei sei ein solches rechtlich verbotene Verhalten auch moralisch pflichtwidrig.

Abzustellen ist also (nur) darauf, ob das Verhalten in die Rechtssphäre eines anderen eingreift; was auf den ersten Blick bei einem Angriff auf die sittlichen Institutionen einer Gesellschaft vorliegt. Ehe, eingetragene Lebensgemeinschaft und Familie sind eindeutig rechtlich geschützte und gesicherte Verhältnisse.

Das bedeutet, dass Tannhäuser durch sein Verhalten rechtlich geschützte und gesicherte Verhältnisse angreift. Herkömmlich wird dies durch die „Rechtsgutstheorie"[13] abgedeckt, aber auch diskutiert. Auch in dieser Theorie findet sich die These, dass eine sozial*ethische* Auffassung nicht ein *Rechts*gut sein könne bzw. dürfe. Dies mag durchaus zutreffen, aber nicht auf unseren Fall, in dem es nicht um solche sozialethische Normen, sondern um sittliche Institutionen, die das gesellschaftliche Leben prägen und gestalten und deshalb für rechtlich schützenswert gehalten werden, geht . Auch die Inzestentscheidung des Bundesverfassungsgerichts 2008 (selbst das abweichende Votum von Winfried Hassemer) hat dieses Rechtsgut „Ehe und Familie" bejaht (wobei der Zusammenhang der Aufforderung des Tannhäuser zum Phänomen des Inzests hier nicht näher erörtert werden soll: eine nur auf Lustgewinn abzielende Betätigung akzeptiert auch keine Inzestschranke).

Nun ist diese Rechtsgutslehre in jüngster Zeit in Frage gestellt worden: sie sei eine Leerformel, daher nicht fähig, die gewünschten Grenzen des Strafrechts begründet in Sicht zu bringen. Das Bundesverfassungsgericht hat in der Inzest-Entscheidung diese Lehre ebenfalls verabschiedet. Ihr Konzept, von einem

---

13 Dazu vgl. *Roland Hefendehl / Andrew von Hirsch / Wolfgang Wohlers* (Hrsg.), Die Rechtsgutstheorie. Legitimationsbasis des Strafrechts oder dogmatisches Glasperlenspiel? Baden-Baden 2003.

überpositiven Rechtsbegriff auszugehen, gerate – so die Begründung[14] – mit der Verfassung in Widerspruch, wonach es Sache des demokratisch legitimierten Gesetzgebers sei, wie die Strafzwecke so auch die mit den Mitteln des Strafrechts zu schützenden Güter festzulegen, einzig begrenzt durch die Verfassung. Wie dies nach den Urteilen in den Mauerschützenprozessen – in denen die Formel Radbruchs von einem übergesetzlichen (und damit auch: über*verfassungs*gesetzlichen) Recht zugrunde gelegt wurde[15] – gesagt werden kann, ist mir nicht verständlich! Welche Konsequenzen diese Ablösung der Rechtsgutslehre – die eigentlich nur die Kriterien eines materiellen Straftatbegriffs erarbeiten wollte – durch das Verfassungsrecht, nämlich durch die Heranziehung des allgemeinen Verhältnismäßigkeitsgrundsatzes (wie es das Bundesverfassungsgericht verlangt) hat, wird uns noch beschäftigen. Dabei scheint es so zu sein, dass unter dem Kriterium „legitimer Zweck" im Rahmen des Verhältnismäßigkeitsgrundsatzes die alte Rechtsgutslehre wieder auftauchen könnte.

Jedenfalls sind Ehe und Familie (und ich meine: auch die eingetragene Lebensgemeinschaft) legitime Schutzgüter des Rechts; oder anders: Tannhäusers Aufforderung kann als Angriff auf diese Schutzgüter verstanden werden; allerdings nur in einer *mittelbaren* Form, nämlich bloß als Meinungsäußerung. Die genannten Institutionen werden noch nicht betroffen. Tannhäuser stellt das „wahrste Wesen" der Liebe heraus, so wie er es versteht (auch wenn er dabei selbst-widersprüchlich verschweigt, dass er den Venusberg anders erlebt hat); er nötigt die anderen nicht, täuscht sie nicht, sondern stellt ihnen ein alternatives Sexualverhalten vor Augen, das sie in freier Selbstbestimmung übernehmen können (oder auch nicht). Insgesamt bleibt Tannhäuser im Rahmen der durch Art.5 GG als Recht geschützten Meinungsfreiheit, weshalb in seiner Aufforderung kein Unrecht gesehen werden kann.

---

14 Vgl. Entscheidung vom 26.2.2008, BVerfGE 120, 224-273. Dazu vgl. *Armin Engländer*, Revitalisierung der materiellen Rechtsgutslehre durch das Verfassungsrecht? in: ZStW 2015, 616–634; *Luís Greco*, Was lässt das Bundesverfassungsgericht von der Rechtsgutslehre übrig? Gedanken anlässlich der Inzestentscheidung des Bundesverfassungsgerichts, in: ZIS 2008, 234–238.

15 Dazu vgl. *Robert Alexy*, Mauerschützen. Zum Verhältnis von Recht, Moral und Strafbarkeit. Hamburg 1993; *Ders.*, Der Beschluß des Bundesverfassungsgerichts zu den Tötungen an der innerdeutschen Grenze vom 24. Oktober 1996. Hamburg 1997; *Steffen Forschner*, Die Radbruchsche Formel in den höchstrichterlichen „Mauerschützenurteilen". Diss. Tübingen 2003 (online); *Knut Seidel*, Rechtsphilosophische Aspekte der „Mauerschützen"-Prozesse. Berlin 1999; *Hans Vest*, Gerechtigkeit für Humanitätsverbrechen? Nationale Strafverfolgung von staatlichen Systemverbrechen mit Hilfe der Radbruchschen Formel. Tübingen 2006.

2.2. Kein Unrecht in der Verletzung des Persönlichkeitsrechts der Adressaten

Doch bedeutet diese Aufforderung Tannhäusers, in den Venusberg einzuziehen, noch ein Weiteres, wie Wagner ausführt, nämlich: „allgemeiner Aufbruch und Entsetzen!" Die Frauen verlassen fluchtartig den Saal, „entfernen sich in größter Bestürzung unter Gebärden des Abscheus": die Männer „stürzen sich mit entblößten Schwertern auf Tannhäuser ein", um ihn zu lynchen.

Damit ist jedenfalls der Bereich des Rechts – die soziale Sphäre, der Bereich der anderen – betroffen. Die Versammelten sind getroffen, erregt, verletzt in ihrer seelischen Verfasstheit, in ihren Gefühlen; und noch mehr: betroffen ist der soziale Friede, weil die Grundlage der Friedfertigkeit durch diese Aufforderung außer Kraft gesetzt wurde.

Damit betreten wir den Raum einer heute intensiv geführten Diskussion, die danach fragt, ob der Schutz solcher „Gefühle" von einer Rechtsgutslehre erfasst werden kann, die auf das Rechtsgut „seelische Gesundheit" abstellt. Das Problem verschärft sich durch die Ablösung der Rechtsgutstheorie durch den verfassungsrechtlichen Grundsatz der Verhältnismäßigkeit: denn als „legitimer Zweck" eines staatlichen Eingriffs (also einer strafrechtlichen Erfassung) ist unbestreitbar das Persönlichkeitsrecht des Art.2 Abs.2 in Verbindung mit Art.1 Abs.1 GG anzuerkennen.

Kurt Seelmann spricht von der „Verlagerung des Tabus ins Subjekt"[16]; leicht kann man dies allgemein auf seelische Einstellungen und Gefühle erweitern[17]. Man denke an Störung der Totenruhe (erfasst in § 168 StGB), Beschimpfung von Bekenntnissen (erfasst in § 166 StGB), aber allgemein an Beleidigung (erfasst in §§ 185 ff. StGB). Tatjana Hörnle spricht in ihrem Buch aus 2005 von „grob anstößigem Verhalten". Das Problem ist schwieriger zu lösen als man auf den ersten Blick denkt. Was lässt sich – so fragt Seelmann – einem Gesetzgeber entgegnen, der sich anschickt, gleichgeschlechtlichen Sexualverkehr wieder unter Strafe zu stellen und dies damit begründet, dass allein schon der Gedanke, so etwas passiere in fremden Schlafzimmern, vielen Menschen ihre Orientierungssicherheit in dieser Welt raubt? Oder was wäre an Argumenten dagegen vorzubringen, dass schon das Bekenntnis zum Atheismus für viele

---

16 Vgl. *Kurt Seelmann*, Die Verlagerung des Tabus ins Subjekt, in: Felix Herzog u.a. (Hrsg.), Festschrift für Winfried Hassemer. Heidelberg 2010, 249-258.

17 Vgl. dazu allerdings auch *Bijan Fateh-Moghadan*, Die religiös-weltanschauliche Neutralität des Strafrechts. Tübingen 2019.

Gläubige ein unerträglicher Tabubruch und deshalb vom Recht zu verbieten sei?

Zunächst scheint es, als hätte man keine Argumente gegen solche Strafbarkeitsforderungen. Die These allerdings von Seelmann, dass hinter dieser Subjektivierung zugleich eine Moralisierung und Sakralisierung eintrete, die absolute Grenzen gegen Eingriffe in die Persönlichkeit setze[18], trifft nicht zu, wenn man die Inzestentscheidung heranzieht. Nach ihr ist das Persönlichkeitsrecht nicht vorbehaltlos gewährleistet: der Einzelne muss, soweit nicht in den unantastbaren Bereich privater Lebensgestaltung eingegriffen wird, staatliche Maßnahmen (also auch Strafbestimmungen) hinnehmen, die im überwiegenden Interesse der Allgemeinheit oder im Hinblick auf grundrechtlich geschützte Interessen unter strikter Wahrung des Verhältnismäßigkeitsgrundsatzes ergriffen würden; wobei Art und Intensität dieser Berührung der Sphären anderer oder der Belange der Gemeinschaft zur Bestimmung dieses unantastbaren Kernbereichs heranzuziehen sei. Es geht um normative Abwägung, sowohl was die Eignung, die Erforderlichkeit als auch die Angemessenheit (auch im Sinne eines Übermaßverbotes) betrifft.

Betrachten wir das Verhalten des Tannhäuser, dann ist an bereits Gesagtes hinzuweisen. Er stellt nicht die Orientierungssicherheit von Menschen in der Welt derart in Frage, dass sie ihre generelle Kompetenz – sich in der Welt zurecht zu finden – einbüßen, sie also die Orientierungskompetenz und damit die Interaktionskompetenz selbst verlieren, die Seelmann als Kriterium einführt[19]. Tannhäuser zwingt die Versammelten nicht, er bringt nicht einmal Gründe für seine Theorie von der Liebe „wahrstem Wesen"; er vertritt bloß eine Meinung, lässt die eigene Entscheidung aber den anderen frei. Mögen sie seelisch gestört oder unangenehm berührt sein: dieses anstößige Verhalten wird von der Meinungsfreiheit gedeckt, die Versammelten haben es hinzunehmen (und müssen der Aufforderung ja nicht folgen: die Entscheidung für oder gegen die Aufforderung liegt in ihrem Verantwortungsbereich, der ihnen nicht durch Tannhäuser versperrt oder eingeengt wird). In der Aufforderung kann daher auch trotz der angegebenen Wirkungen auf die Versammelten kein Unrecht gesehen werden.

---

18 So *Seelmann*, Verlagerung, 254 ff.

19 Vgl. *Kurt Seelmann*, Verhaltensdelikte: Kulturschutz durch Recht? in: Heinz Müller-Dietz u.a. (Hrsg.), Festschrift für Heike Jung. Baden-Baden 2007, 893-904.

2.3. Unrechtliche Verletzung der Elisabeth

Ich komme mit meiner dritten Bemerkung zum Schluss. Das Verhalten Tannhäusers muss noch in einer dritten Variante betrachtet werden. Denn unter den Versammelten befindet sich auch Elisabeth, auch ihr gilt die Aufforderung, in den Venusberg zu gehen, jedenfalls die Liebesbeziehung zu ihm (Tannhäuser) von diesem „wahrsten Wesen" der Liebe des bloßen Genusses aus zu sehen und zu leben! Dadurch erleidet sie – wie Wagner sie mitteilen lässt – den „Todesstoß": er habe „jubelnd [ihr] das Herz" zerstochen. Sie bricht auch körperlich zusammen, kann sich nur mühsam an einer der hölzernen Säulen des Baldachins aufrecht halten.

Elisabeth ist in ihrem Inneren tief verletzt, ja zerstört. Sie hat ihre Liebes- und Lebensfreiheit eingebüßt, will nur mehr für Tannhäusers Heil beten und schließlich sterben, um als Engel zu Füßen der himmlischen Maria für Tannhäusers Erlösung zu bitten (nach dem Vorbild der Margarethe in Goethes „Faust"). Hier geht es nicht mehr um die Verletzung irgendwelcher Gefühle, sondern um die Vernichtung der Person, ihrer Identität, ihrer Einheit von Seele und Körper (Leib).

Darin liegt eindeutig Unrecht! Mag man auf das Rechtsgut der psychischen Gesundheit oder auf das Persönlichkeitsrecht abstellen: das Ergebnis ist das gleiche.

Es ist interessant, dass auch Tannhäuser selbst dies so erkennt und empfindet. Nicht den Aufenthalt im Venusberg, auch nicht die Aufforderung an die Versammelten will er durch seine Wallfahrt nach Rom büßen; sondern es geht ihm nur darum, Elisabeths Schmerzen und ihr Leiden durch seine Absolution zu lindern. „Für [sie] will [ich] in Demut büßen, das Heil erflehn, [...] um [ihr] die Tränen zu versüßen, die [sie] mir Sünder einst geweint!" Dass deshalb der Papst zu Recht ihm die Absolution nicht geben kann, ist hier nicht weiter zu erörtern.

Auch ist nicht zu fragen, ob Tannhäuser dieses Unrecht an Elisabeth vorsätzlich begangen hat. Wagner schließt dies dadurch aus, dass er 1860 ausdrücklich Tannhäuser in einen somnambulen Zustand fallen ließ: weil „ein fremder Zauber sich seiner bemächtigt", so „dass er kaum mehr weiß, wo er ist und namentlich Elisabeth nicht mehr beachtet". Ebenso ist die Frage, ob der Straftatbestand des § 223 StGB (Körperverletzung) in Betracht kommt, der in der neuen Untersuchung von Georg Steinberg[20] auch auf den Schutz der psychischen Gesundheit hin interpretiert wird, ist nicht mehr zu stellen.

Denn dies kann nur von der *Strafrechtsdogmatik* beantwortet werden. Damit wäre aber mein Thema – rechtsphilosophisch zu fragen – verlassen.

20 Vgl. *Georg Steinberg*, Strafe für das Versetzen in Todesangst: Psychische Gesundheit als strafrechtliches Rechtsgut. Baden-Baden 2015.

6.

Holda zwischen und jenseits von Göttin und Hexengestalt. Eine christliche Geschichte (und eine Geschichte Wagners).

In den folgenden Ausführungen, die im Wesentlichen dem Beitrag entsprechen, der in der Festschrift für Gernot Kocher erschienen ist[1], geht es um die Gestalt der „Holda", die in vielerlei Dimensionen bekannt ist und diskutiert wird: von der Märchenforschung bezüglich der Verbindung zur „Frau Holle" über die Religionsgeschichte bezüglich ihrer Identität mit der Großen Muttergottheit und Volkskunde, die das Brauchtum um sie thematisiert, bis zur Rechtsgeschichte, die mit ihr als Hexengestalt konfrontiert wird; und auch bis zur Holda-Vorstellung Richard Wagners in seinem „Tannhäuser", der er sogar (und noch dazu: im Textbuch) eine theoretische Anmerkung widmete (auf die und auf den Zusammenhang mit dem „Venusberg" bzw. der Gestalt der Venus in einem Exkurs unter IV.3. eingegangen wird). Zum Einstieg (und daher unter I.) ist die erste schriftliche Quelle vorzustellen; es folgen dann fünf Abschnitte (von II. bis VI.), die sich mit dem in dieser Quelle angeführten Hinweis auf „holda" in einigen der angesprochenen unterschiedlichen Dimensionen beschäftigen.

I. Zur Quellenlage

Es geht um eine berühmte Quelle, die für die Hexenforschung von zentraler Bedeutung ist und die erstmalig[2] „holda" erwähnt; nämlich um das zwischen 1012 und 1023[3] von Burchard, Bischof von Worms, niedergeschriebene Dekret (Decretorum libri).

---

1 Auf die 2003 erschienene Arbeit von *Erika Timm* kann hier nicht im Einzelnen eingegangen werden. Einige ihrer Thesen finden sich aber wenigstens am Rande und in den Fußnoten angesprochen.

2 Zur These von *J. Grimm*, dass die 1. Erwähnung sich bei Walafrid Strabo finde, vgl. bei Anm.66.

3 So *Schmitz* 1958 II 382.

https://doi.org/10.1515/9783110689396-007

1. Das Dekret Burchards

Dieses Dekret verlangt im XIX. Buch – einem offensichtlich von Burchard vorgefundenen und eingefügten deutschen Bußbuch aus dem 10. Jahrhundert (von ihm selbst „Corrector et Medicus", von den modernen Autoren meist „Poenitentiale Ecclesiarum Germaniae" genannt"[4]) – in demselben Cap.5 zweimal die Christinnen zu fragen, ob sie glauben würden, dass es eine Frau gebe, die das tun könne, was gewisse Frauen tun müssten, nämlich: – in der Fassung bei Migne 1853 –

> cum daemonum turba in similitudinem mulierum transformata, quam vulgaris stultitia *holdam* vocat, certis noctibus equitare debere super quasdam bestias et in eorum se consortio annumerata[s] esse (XIX c.5 § 70) [bzw. die] nocturnis horis cum *Diana* paganorum *dea*, et cum innumera multitudine mulierum equitare super quasdam bestias, et multa terrarum spatia intempestae noctis silentio pertransire, ejusque jussionibus velut dominae obediare, et certis noctibus ad ejus servitium evocari (XIX c.5 § 90) (Heraushebung von W.S.).

In deutscher Übersetzung[5] ungefähr:

> mit einer Schar von in Frauengestalt verwandelten Dämonen – die die Dummheit des Volkes 'holda' nennt – in bestimmten Nächten auf bestimmten Tieren zu reiten und in die Schar dieser Dämonen aufgenommen zu werden" [bzw.] „in nächtlichen Stunden mit der heidnischen Göttin Diana und mit einer ungezählten Menge von Frauen auf bestimmten Tieren zu reiten und viele Länder der Erde in stiller, tiefer, unheimlicher Nacht zu durchqueren und ihren Befehlen wie ihrer Herrin zu gehorchen und in bestimmten Nächten zu ihrem Dienst aufgeboten zu werden.

Diese nachtfahrenden Frauengestalten – die nach den hier zitierten Texten sowohl verwandelte Dämonen als auch (menschliche) Frauen sind – gelten in der Forschung als ursprüngliche Hexengestalten[6]; wie im übrigen auch die in demselben Buch XIX an anderer Stelle angeführten Frauengestalten, die – in deutscher Übersetzung[7] –

> in der Stille der Nacht, wenn sie sich ins Bett gelegt haben und ihr Mann an ihrer Brust liegt, während sie in ihrem Körper sind, durch geschlossene Türen aus dem Haus gehen und durch die Luft große Strecken zurücklegen können, zusammen mit

---

4 *Schmitz* 1958 II 383 ff., 402. – *Schmitz* 1958 II 381 f. erwähnt auch das Bußbuch des Halitgar (aus dem 9. Jahrhundert), das Burchard verarbeitet habe.

5 Vgl. auch die Übersetzung von *Kellner* 1994, 378 Fn.180. – Zum Text vgl. auch Anm.170.

6 Vgl. *Schild* 2004, 16 ff.

7 Vgl. *Lecouteux* 2001, 20 (leider falsch als Inhalt des Canon Episcopi ausgegeben, der 1066 [!] von Burchard in sein Dekret eingefügt worden sei). Das Original verwendet den Singular.

anderen [und die] mit anderen Gliedern des Teufels in der Stille einer ruhigen Nacht Türen öffnen, um sich bis zum Himmel zu erheben, wo sie sich mit anderen Kämpfe liefern, ihnen Wunden beibringen und von ihnen Wunden empfangen; [und sogar die] getaufte Menschen, die durch Christi Blut erlöst sind, ohne sichtbare Waffen töten, ihr Fleisch kochen und verzehren und anstelle ihres Herzens Stroh oder Holz oder anderes stopfen und die Gegessenen wieder beleben und ihnen Lebensfrist verleihen.

Anzumerken ist, dass Burchard die Formulierung in XIX c.5 § 90 wörtlich auch in Buch X c.1 – also unabhängig von dem alten Bußbuch – aufgenommen hat, in der es erweiternd allerdings „cum Diana paganorum dea vel cum *Herodiade*“ heißt (Heraushebung von W.S.). Dieses Cap.1 trägt die Überschrift und beginnt auch mit den Worten „Ut episcopi“, worin zum Ausdruck kommt, dass sein Inhalt den in der Hexenforschung noch berühmteren „Canon episcopi“ wiedergibt, der als Buch II/371 in dem Sendhandbuch (Libri de synodalibus causis et disciplinis ecclesiasticis) des Regino von Prüm – das dieser 906 für das Bistum Trier verfasst hat – wiedergibt[8]. Allerdings fehlt in diesem ursprünglichen Canon Episcopi – der den Text im übrigen selbst auf ein Konzil von Ankara (314) (nicht nachprüfbar[9], aber wohl zu Unrecht[10]) zurückführt und der vielleicht auf ein karolingisches Kapitular oder ein karolingisches Synodalstatut zurückgeht[11] – der Hinweis auf Herodias, begnügt sich also mit Diana. Darüber hinaus (und um die Schwierigkeiten der Quellenlage zu vergrößern) findet sich in diesem Buch X des Burchardischen Dekrets, aber nun c.29, eine Formulierung, die wörtlich der oben zitierten Frage in XIX c.5 § 70 entspricht, freilich ohne den Hinweis in dem Einschub auf Holda zu enthalten. Auch hier übernahm Burchard die Formulierung aus dem Sendhandbuch des Regino (Buch II/5/45).

8 Vgl. die Ausgabe von *Wasserschleben* 1840. Dazu *Steinruck* 1995, 3 ff.; *Tschacher* 1999, 226 ff. – Dieser Satz steht bei Regino im Abschnitt „De incatoribus et sortilegis“ (also: „Von Zauberern und Weissagern“) und in engem Zusammenhang mit dem Auftrag, nachzuforschen, ob es eine Frau gebe, die behaupte, sie könne durch Zaubereien und Beschwörungen einen Sinneswandel (von Hass zu Liebe und umgekehrt) bewirken. Zu den Variationen des Canon episcopi vgl. *Russell* 1972, 291 ff.

9 Vgl. *Klapper* 1915, 42; *Soldan-Heppe/Bauer* 1911 I 90, wonach nach einem Hinweis in einem sehr alten Kodex (De vitis Sanctorum) schon auf der römischen Synode im Jahre 367 von Frauen, die mit der Herodias und anderen Frauen auf Tieren zu reiten und weite Reisen zu machen wähnen, die Rede gewesen sein soll; was nach neuerer Erkenntnis nicht zutrifft.

10 Vgl. *Boudriot* 1928, 55 Fn.2; *Steinruck* 1995, 16 f.

11 Vgl. *Hansen* 1901, 38 Fn.1.

Zusammengefasst kann man sagen: es gibt zwei Hinweise auf nachtfahrende Frauen unter Führung der Diana im Canon Episcopi im Sendhandbuch des Regino von Prüm für Trier von 906, die im Dekret Burchards von 1012/23 in mehreren Stellen aufgenommen und in einer Stelle (XIX c.5 § 70, zurückgehend auf ein deutsches Bußhandbuch des 10.Jahrhunderts) mit dem Wort „holdam" und in einer anderen Stelle (X c.1) mit dem Namen „Herodias" ergänzt wurden.

2. Weitere Quellen

Diese Hinweise wurden – mit Ausnahme des XIX. Buches (das ja [nur] ein Bußhandbuch war) und damit mit Ausnahme des Hinweises auf „holdam" – Bestandteil der Sammlungen (Dekrete) des Ivo von Chartes (gest. 1115/6) und des Gratian (1142) und damit geltendes Kirchenrecht[12]. Deshalb wurden in den späteren Quellen häufig als Führerinnen der Nachtfahrenden Diana und / oder Herodias (oder Herodiana) genannt; z.B. im „Speculum morale" des Vincenz von Beauvais (1260)[13] oder in der „Summa" des Hostiensis (1260)[14] oder in dem „Gewissensspiegel" des bayerischen Priesters Martin von Amberg (um 1380)[15] oder in einer Zürcher Predigt Ende des 14. Jahrhunderts[16] oder in den „Historiae Imperiales" des Giovanni de Matociis aus Verona (1313)[17] oder in der Versdichtung „Pluemen der Tugend" des Tirolers Hans Vintler (1410/11)[18] oder in dem ebenfalls um 1410 entstandenen Kommentar zum 1Gebot des Ulrich von Pottenstein[19] oder in dem Buch „Die Himmelstrasz" des Stephan von Landskron (1484)[20] oder in dem Traktat „Von Hexen und Unholden" des Urich Molitor (1489)[21]. In Rumänien wurden Diana und Irodiada (d.h. He-

---

12 Vgl. die Ausgabe des Corpus Iuris Canonici von *Emil Friedberg* (1879), Decretum Magistri Gratiani II XXVI, V c.12, 1030.

13 Vgl. *Ginzburg* 1990, 99 f.; *Hansen* 1900, 193 Fn.4. Hansen erwähnt auch Alexander von Hales und Albertus Magnus (193).

14 Vgl. *Hansen* 1900, 303. Hansen erwähnt weitere Glossatoren und Kommentatoren des Gratianischen Dekrets (303 f.).

15 Vgl. *Tschacher* 2000, 262.

16 Vgl. *Baroja* 1967, 298; *Tschacher* 2000, 261; abgedruckt in *Behringer* 2000, Nr.44.

17 Vgl. *Ginzburg* 1990, 96.

18 Vgl. *Tschacher* 2000, 262 f. (als „Erodiana").

19 Vgl. *Tschacher* 2000, 265 f.

20 Vgl. *Baroja* 1967, 299; *Grimm* 1875/78 III 88; *List* 1953, 447 Fn.3.

21 Abgedruckt in *Behringer* 2000, Nr.69.

rodias) genannt[22]. Manchmal wurden beide als Einheit gesehen: als „Diana, die sie Herodias nennen“[23]. Oft werden nur Diana oder nur Herodias genannt; wie z.B. letztere alleine im „Policraticus“ des Johannes von Salisbury (gest.1180), der sie mit einem „Nachtwesen“ („Noctiluca“) und einer „Herrscherin der Nacht“ gleichsetzte und überdies erstmals die Nachtfahrt mit den schädigenden Dämonen verband [24]. Darüber hinaus wurde vor allem Diana von den Schriftstellern in anderen Frauengestalten wieder gefunden. So erwähnte 1457 Nikolaus von Kues in einer Predigt zwei italienische Frauen, die der heidnischen Göttin Diana gehuldigt hätten, die sie „Fortuna“ bzw. italienisch „Richella“ genannt hätten[25]. Darauf wird unter IV. noch eingegangen.

Dabei ist die zuletzt genannte Ergänzung um „Herodias“ leicht(er) zu verstehen. Bereits der Franke Ratherius von Lüttich (890-974), Bischof von Verona, erwähnte in einem Bericht, dass es Frauen gäbe, die „Herodias, die Mörderin Johannes’ des Täufers, wie eine Herrscherin, vielmehr Göttin, verehren“ (was im übrigen zeigt, dass sie in der Tradition mit ihrer Tochter Salome gleichgesetzt wurde)[26]. Freilich schließt dies nicht aus, dass es sich dabei um ein Missverständnis gehandelt hat. Manche verweisen darauf, dass es ursprünglich um eine Zusammenstellung von „Hera, Diana“ und damit um eine „Heradiana“ gegangen sei, aus der erst später (und jedenfalls vor Ratherius) eine Verkürzung in „Herodias“ entstanden sei[27]; nach Russell habe Rather in diesem Text „Hekate“ transformiert[28]. In dem Nicardus zugeschriebenen „Ysengrimus“ – einem lateinischen Gedicht über Reinecke Fuchs aus dem 12. Jahrhundert - wurde ihre Geschichte dahingehend erzählt, dass sie (hier: als Tochter des

22 Vgl. *Eliade* 1975, 149.

23 So in der Niederschrift eines Geständnisses in einem Ketzerprozess 1390 (dazu *Behringer* 1994, 66; *Ginzburg* 1990, 94 f.; *Lecouteux* 2001, 179 f.).

24 Vgl. *Baroja* 1967, 87 f.; *Cohn* 1975, 218 f. (“Noctiluca” als “Frau, die während der Nacht scheint“, d.h. als Diana als Mondgöttin); *Hansen* 1900, 134; *Helbling-Gloor* 1956, 91; *Lecouteux* 2001, 24.

25 Vgl. *Binz* 1909, 151; *Ginzburg* 1990, 97.

26 Vgl. auch *Klapper* 1915, 42; *Soldan-Heppe/Bauer* 1911 I 90, die fälschlich einen Hinweis auf Herodias als Führerin des nächtlichen Rittes bereits einer römischen Synode von 367 zuordnen.

27 So *Ginzburg* 1990, 106; *Liungman* 1937 II 588 (der sogar „Hera Diana“ als „Frau Diana“ versteht und den Namen „Herodiana“ übersetzt mit „von Herodes stammend“, also seine Tochter meine).

28 *Russell* 1972, 75.; 1980, 49.

Herodes mit Namen Pharaildis bezeichnet) nach der Enthauptung des Johannes verlangt habe, ihr den abgeschlagenen Kopf zu zeigen:

> Sie nahm den Kopf zärtlich in ihre Hände, badete ihn in Tränen und wollte ihn mit Küssen bedecken. Der Kopf stieß sie unter Schnaufen zurück, und sie wird von dem Atemhauch, den der Heilige ausstieß, durch eine Öffnung im Dach davongetragen. Als Windhauch verfolgt sie seitdem der Zorn des Heiligen ... durch den leeren Raum. ... Das Geschick ... erlaubte nicht, dass sie gänzlich zur Ruhe kam ... Ein Drittel der Menschheit dient dieser schwer geprüften Herrin, die während des zweiten Teils der Nacht auf den Eichen und Haselnusssträuchern ruht bis zum letzten Schrei des schwarzen Hahns[29].

So wird ihre Kennzeichnung als Führerin durch die Luft – getragen vom Windhauch aus dem Mund des getöteten Heiligen - neben Diana verständlich. Anzumerken ist noch, dass diese Vorstellung von Herodias vor allem in Frankreich lebendig blieb[30], dann von Heinrich Heine in seinem 1844 veröffentlichten „Atta Troll“[31] auch den Deutschen bekannt gemacht, in dem Werk „Die ewige Jüdin“ (1869) von Karl Gutzkow neu gestaltet und von Richard Wagner in seinem Bühnenweihfestspiel „Parsifal“ (1882) gestaltet wurde: die große Verführerin Kundry wird hier von dem Zauberer Klingsor auch als (ehemalige) Herodias angesprochen[32].

---

29 Übersetzung von *Lecouteux* 2001, 22 f.; vgl. auch *Cohn* 1975, 212 f.; *Klapper* 1915, 42 (der als Bezeichnung auch die Nominativform „Herodiadis“ oder „Herodiades“ angibt: weil Tochter der Herodias gemeint). – Zu Pharaildis (vielleicht als „Frau Hilde“ oder „Hulde“ zu verstehen) vgl. *Golther* 1895, 496 Fn.1; *Hansen* 1900, 133 Fn.1; *Helm* 1926, 401. – Zu Herodias allgemein vgl. *Lurker* 1989, 173 (auch „Aradia“ genannt); *Naumann* 1930/31; *Petzoldt* 1995, 97.

30 Bis hin zu dem Roman „Le juif errant“ (1844) des Eugéne Sue; vgl. *Borchmeyer* in: Wagner 1983 X 289.

31 Vgl. *Heine* 1964 II 109 ff. (Herodias, die Frau des Herodes, die den Kopf des ehemals geliebten Johannes begehrte und diesen mit sich trägt inmitten der Wilden Jagd – in der auch Diana und die Fee Abunde mitreiten – in die sich der Erzähler auch verliebt). – Nach S*oldan-Heppe/Bauer* 1911 I 89 soll der Teufel der Herodias den dritten Teil der Welt als Belohnung geschenkt haben, zugleich ihr durch Gottes Strafgericht dieser Fluch des Umherirrens auferlegt worden sein.

32 Dazu *Borchmeyer*, in: Wagner 1983 X 289 („gewiß unmittelbar“ von Heine inspiriert); *Brade* 1997, 60; Kienzle *2000*, 157 f.; *v. Wolzogen* 1882, 13 f. Leider geht hier manchmal einiges Historische durcheinander. So habe – nach Kienzle - Herodias nach einer Darstellung Burchards von Worms aus dem 6. Jahrhundert [!] das abgeschlagene Haupt des Johannes verlacht; der Kopf sei daraufhin lebendig geworden und habe sie mit einem Zauberhauch angeblasen, so dass sie seither verflucht sei, als Hexe durch die Nacht zu fliegen; sie sei dem Wotan zugeordnet [!] und reite als Anführerin der Wilden

Schwieriger zu verstehen ist dagegen diese Ergänzung „holdam", die wahrscheinlich bereits in dem dem Burchard vorliegenden und von ihm übernommenen deutschen Bußhandbuch stand, das an mehreren Stellen solche Hinweise auf den einheimischen volkstümlichen („a vulgo", „vulgaris") (Aber)-Glauben (eben: „vulgaris stultitia") enthält (wie z.B. in dem c.139 bezüglich der Tierverwandlung „quod teutonice Werewulf vocatur" bzw. „quod vulgaris stultitia vvertvvos vocat"[33]). Dieser Schwierigkeit gilt es sich im folgenden in fünf Abschnitten zuzuwenden, die Holda als Hexe und damit (auch) als Unholda (II.), als Göttin (III.), als „(un)holde Schar" (IV.), als Herrin (V.) und als „unsere liebe Frau" (VI.) vorstellen.

3. Charakterisierung als Aberglauben

Doch soll wenigstens kurz noch klargestellt werden, dass diese Quellen ab dem Canon episcopi (und damit auch das maßgebende Kirchenrecht) den Glauben an diese nachtfahrenden Frauen (und an ihre Führerinnen Diana und Herodias und an „holda") ausdrücklich als Aberglauben (daher eben: „stultitia") und damit als zu büßende Sünde auffassten und bezeichneten. In den Worten des Canon Episcopi (II c.371)[34]: „manche unselige Frauen [haben] sich ... dem Teufel angeschlossen und, von Vorspiegelungen der Dämonen und von Wahnvorstellungen verführt, [glauben] nun und [behaupten] von sich" eben (an) diese Nachtfahrten.

> Wenn diese Frauen doch nur allein in ihrer Treulosigkeit verloren gingen und nicht viele andere mit sich in den Untergang des Unglaubens hineinrissen! Denn eine unzählige Menge hat sich von dieser falschen Meinung täuschen lassen und glaubt, dass das wahr sei, und indem sie das glaubt, weicht sie von dem rechten Glauben ab und fällt zurück in den Irrtum der Heiden, wenn sie glaubt, dass es einen Gott oder ein gottähnliches Wesen außer dem einen Gott gibt. Daher haben die Priester ... dem Volk mit aller Eindringlichkeit zu predigen, damit die Leute wissen, dass das in jeder Hinsicht falsch ist und dass solche Wahnvorstellungen den Menschen nicht vom Geist Gottes, sondern vom bösen Geist eingegeben werden. ... [W]enn er den Geist eines armen Weibleins fängt und sie sich durch Treulosigkeit und ihren Unglauben unterwirft, ... täuscht [er] in Träumen [und nächtlichen Visionen] den Geist, den er gefangen hält ... Es ist also öffentlich kundzutun, dass jeder, der solches und ähnliches glaubt, den Glauben verloren hat und dass der, der den rechten Glauben an Gott nicht hat, nicht zu ihm gehört, sondern zu dem, an den er glaubt, das heißt zum Teufel.

Jagd durch die Luft. – Vgl. auch *Wurz* 2000, 42, wonach das Vorbild für Kundry Frau Holle, Frau Venus, Frau Welt gewesen seien.

33 Unterschiedliche Formulierung bei *Hansen* 41 und *Wasserschleben* 1851, 657.

34 In der Übersetzung von *Steinruck* 1995, 14 ff.

Deshalb müsse – so das Sendhandbuch Reginos weiter – der / die betreffende Ungläubige aus der Kirchengemeinschaft ausgeschlossen werden. Das Dekret Burchards sah eine Exkommunikation nicht mehr vor, sondern nur eine Buße von ein Jahr (bei Glauben an „holda“) oder zwei Jahre (bei Glauben an Diana) oder drei bis 7 Jahre (bei Glauben an die schädlichen Nachtfahrenden)[35].

Auf die Hintergründe dieser Dämonenlehre wird in IV. eingegangen. Nicht kann hier behandelt werden die spätere Entwicklung der Hexenlehre in Theologie und Jurisprudenz, die von dieser Tradition des Canon episcopi abzuweichen und die Nachfahrt (gemeinsam mit schädigendem Zauber[36]) als realen Sabbat der (menschlichen) Hexenleute unter dem Vorsitz des Teufels aufzufassen begann[37].

II. „striga holda“ als „unholda“

Zunächst liegt es daher nahe, „Holda“ in Parallele zu Diana und Herodias als dämonische Hexengestalt zu interpretieren (unter 1.). Zugleich führt diese Verbindung zu Diana fast zwangsläufig zu ihrer Kennzeichnung als Göttin (als 2.).

1. Holda als dämonische Hexengestalt:.

Am deutlichsten findet sich diese Charakterisierung der „Holda“ als Hexengestalt in dem Buch „Die Hexen und ihre Welt“ von Julio Caro Baroja aus dem Jahre 1961 (deutsch 1967). Unter der Überschrift „Satirische und kritische Kommentare zum Hexenwesen“ kann man lesen, dass in dem berühmten Dekret des Bischofs Burchard von Worms erzählt werde von nächtlichen „Ritte[n], die von Holda angeführt werden“[38]. Baroja übersetzt in diesem Sinne auch die Stelle XIX c.5 § 70: „Glaubst du, dass es irgendeine Frau gibt, die wie jene, die das Volk Holda nennt, während der Nacht auf gewissen Tieren reitet, in Begleitung von Teufeln, die in Frauen verwandelt sind ... ?“[39] Claude Lecouteux übernahm 1999 (deutsch 2001) in seinem Buch „Das Reich der Nachtdämonen“ diese These und übersetzte die Stelle bei Burchard – die er

35 Zu diesen unterschiedlichen Bußen vgl. *Tschacher* 1999, 247 f.

36 Erstmals zusammen gedacht im „Policraticus“ des Johannes von Salisbury (vgl. Anm.24).

37 Dazu vgl. *Schild* 1997; 2004; *Tschacher* 1999.

38 Vgl. *Baroja* 1967, 86.

39 *Baroja* 1967, 86.

„am Rande des Decretum-Textes, der diese Frauen mit Satan in Verbindung bringt“ lokalisierte – wie folgt:

> Es war dein Glaube, dass da eine Frau wäre, fähig das zu tun, was diejenigen vom Teufel Besessenen tun und die fest behaupten, nach einer Notwendigkeit und einem Befehl zu handeln; die mit der Menge der Teufel die Gestalt einer Frau annimmt, welche die allgemeine Torheit Holda nennt, und die zu einer gewissen Nacht auf wilden Tieren reiten muss und die als der Gesellschaft der Dämonen zugehörig angesehen wird[40].

Dann zitierte er Johannes Praetorius, Historiker und Polygraph (1630 bis 1680), der „versichert ..., dass Frau Holla oder Holda an Weihnachten mit ihren Zügen beginnt“[41], was auf Holda als Führerin der „Wilden Jagd“ hindeute. Aaron J. Gurjewitsch griff in seinem Buch „Das Weltbild des mittelalterlichen Menschen“ (deutsch 1978) ebenfalls unmittelbar auf das Dekret des Burchard zurück und übersetzte den Einschub im XIX. Buch mit: „Der Volksmund nennt eine solche Hexe (striga) Holda“[42].

Dabei konnte Gurjewitsch bzw. kann man sich überhaupt – wie z.B. Hermann Joseph Schmitz[43], Wilhelm Boudriot[44], Joseph Hansen [45]oder auch Claude Lecouteux [46] – auf eine Handschrift dieses Textes (also des Cap. 5 § 70 im XIX. Buch) von Burchard in der vatikanischen Bibliothek (Cod. Vatican. 4772) stützen, die die Fassung „quam vulgaris stultitia hic *strigam holdam* vocat“ bringt (Heraushebung von W.S.)[47]. Sie wurde offensichtlich noch im 11. Jahrhundert in Arezzo niedergeschrieben, reichte also bis zur Lebenszeit des 1025 verstorbenen Buchard zurück, weshalb sie 1898 von Hermann Joseph Schmitz als die maßgebende aufgefasst und in seinem Werk „Die Bussbücher und das kanonische Bussverfahren nach handschriftlichen Quellen dargestellt“ veröffentlicht wurde[48]. „Striga“ (oder „stria“) ist eine klassische, bereits bei den Römern, dann in der Lex Salica des 6. Jahrhunderts („(e)stria“) und in dem

---

40 *Lecouteux* 2001, 21.

41 *Lecouteux* 2001, 28.

42 *Gurjewitsch* 1978, 402.

43 *Schmitz* 1898, 402.

44 *Boudriot* 1928, 54 (wobei dann „striga“ ein Pleonasmus sein soll).

45 *Hansen* 1901, 40.

46 *Lecouteux* 1985, 61.

47 Zur Madrider Handschrift s. bei Anm.65, 66, 100, 101.

48 *Schmitz* 1958 II 402.

Edikt des Langobardenkönigs Rothari (643) vorzufindende Bezeichnung für eine Hexengestalt[49].

In diesem Sinne übersetzte 1784 auch der Wiener Historiker Michael Ignaz Schmidt (1736-1794) die Stelle bei Burchard als „mit einem Haufen von Teufeln in Weibergestalt, die man Strigholden nennt"[50]. Viktor Waschnitius wies darauf hin, dass im Volksglauben der Steiermark weibliche dämonische Wesen namens „Strigholden" zu finden seien[51].

Darüber hinaus verwies Schmitz – der nur die Handschriften berücksichtigte, die alleine das XIX. Buch der Decretorum Libri des Burchard (also das ältere deutsche Bußbuch, das Burchard als „Corrector et Medicus" bezeichnete) brachten, und dabei auf 16 Exemplare kam[52] – auf zwei Handschriften aus dem 13. bzw. 14. Jahrhundert, die die Fassung „quam vulgaris stultitia *unholdam* vocat" bringen. Bezieht man andere Handschriften ein, die neben anderem auch dieses XIX. Buch des Burchardischen Dekrets enthalten[53], findet man z.B. in der Münchener Staatsbibliothek einige Exemplare, die statt „unholdam" die Wörter „*unholdin*" oder „*unhöldin*" enthalten, worin deutlich die negative Kennzeichnung der „striga" ihren Ausdruck findet. Friedrich Kauffmann war sogar der Meinung, dass eigentlich von vornherein in der Burchardischen Quelle „unholdam" (statt „holdam") stehen müsste[54], welche Auffassung aber auch mit Erika Timm[55] zurückzuweisen ist.

Baroja und Lecouteux stellten diese Unholdin „Holda" neben andere Hexengestalten als ührerinnen der Nachtfahrt[56]; so neben die in dem Dekret Burchards als Führerinnen dieser nächtlichen Ritte (der „Nachtfahrten") genannten und bereits unter I. erwähnten Diana und Herodias. Darüber hinaus werden Frauen(namen) angeführt, die sich in anderen Quellen finden: „Noctiluca" (im

---

49 Vgl. *Cohn* 1975, 206 ff.; *Hansen* 1900, 14 ff., 58 ff.; *Lecouteux* 1985, 59 ff.; *Petzoldt* 1995, 157; *Schild* 2004, 7, 9; *Waschnitius* 1913, 21 f.

50 Bei *Waschnitius* 1913, 85.

51 *Waschnitius* 1913, 85.

52 *Schmitz* 1958 II 425 ff.

53 Vgl. *Schmeller* 1872/77 I 1909, II 1060.

54 *Kauffmann* 1894, S.150; dagegen *Waschnitius* 1913, 84.

55 *Timm* 2003, S.32.

56 *Baroja* 1967, 85 ff.; *Lecouteux* 2001, 23 ff..

„Policraticus" [1159] des Johannes von Salisbury [neben Herodias])[57], „Abundia" und „Satia" (bei Wilhelm von Auvergne um 1230)[58], „Bensozia", „Bizozia" oder „Bensonia" (in dem 1280 durchgeführten Konzil von Conserans)[59], „Dame Habonde" (im Rosenroman des Jean de Meung [um 1280])[60] oder „Phinzen", „Sack semper" und „Sacia" (in dem Buch „De decem praeceptis" des Wiener Theologieprofessors Thomas von Haselbach [gest. 1464])[61]; oder Percht / Perchta (auf die unter III.3.a näher eingegangen wird).

2. Holda als Göttin

Die These, dass diese Frauen(namen) sich auf eine und dieselbe Hexengestalt beziehen, liegt nahe; und wurde vor allem von Jacob Grimm in seiner „Deutschen Mythologie" (begonnen 1835) auch gezogen; allerdings verbunden mit der Theorie, dass diese Hexengestalt(en) erst durch das Christentum „erfunden" worden sei(en), das nämlich alte (vorchristliche) Gottheiten abgewertet und schließlich verteufelt habe[62]. Ursprünglich sei die Striga (und damit auch die „Holda" [wie Diana, die bereits im Canon episcopi ausdrücklich als Führerin der Nachtfahrenden genannt ist]) eine Göttin gewesen. Dieser These gilt es sich nun zuzuwenden.

III. „frig(g)a holda"

Zu untersuchen ist, ob der Hinweis auf „Holda" in Verbindung mit der Diana zum Ausdruck bringen sollte bzw. kann, dass es sich dabei um eine Göttin handelt(e), eine These, die von Jacob Grimm vertreten wurde und unter 1. dargestellt wird. Sie fand viele Anhänger bis heute (unter 2.). Die Kritik erfolgt unter 3.

---

57 Vgl. *Baroja* 1967, 87 f.; *Cohn* 1975, 218 f.; *Helbling-Gloor* 1956, 91; *Lecouteux* 2001, 24. – Vgl. auch Anm.24.

58 Vgl. *Hansen* 1900, 134 f.; *Lecouteux* 2001, 172 ff.; *Naumann* 1927, 124

59 Vgl. *Ginzburg* 1990, 93.

60 Vgl. *Hansen* 1900, 148 f.

61 Vgl. *Lecouteux* 2001, 27.

62 So *Grimm* 1875/78 II 790 f., 883.

1. Die Theorie von Jacob Grimm

Jacob Grimm[63] sah in der schließlich auf drei Bände angewachsenen „Deutschen Mythologie" in „Holda" „die freundliche, milde, gnädige göttin und frau" (I 220), nämlich eine Göttin, die in mehreren Gestalten bzw. Namen aufgetreten sei. Holda meine die Göttin Diana (I 221) oder Artemis als die Göttin der Jagd (des Wilden Heeres) und der Brunnen (I 224, 237, 495), aber auch Frigg oder Frikka / Fricka, die Gemahlin des Odin (I 224, 377) bzw. des Wodan (II 790) (auch) als die Göttin der Fruchtbarkeit und des Lebens (und Sterbens), auch Perahta oder Frau Perchte oder Perchta, die „in der julzeit ihren umgang hielt, daher von den Christen gern mit der heiligkeit von weihnachten und neujahr in verbindung gesetzt wurde" (I 234; II 778, 790) und die als weise Frau und Lehrerin des Gesangs, der Sage und Spindel (beim Spinnen), aber ebenso als weiße Ahnfrau angesehen und als „erdgöttin und webegöttin" verehrt worden sei (II 760, 808; III 89), auch Freyja oder Venus als Liebesgöttin (I 377; II 791, 882), auch Nerdu (Nerthus) als Wassergöttin (I 239, 495) , auch Herodias als Windgöttin (II 735), ebenso Isis, Abundia, Hluodana, Tanfana (I 220, 239, 495) und schließlich auch Hecate als Totesgöttin (III 89); kurz: die einheitliche „Göttermutter"[64] im alten, vorchristlichen Glauben. Genauer meinte Grimm allerdings, dass diese Namen eigentlich „benennungen dieser göttin aus adjectiven gebildet" seien (I 222, II 725), nämlich: „Holda heißt die holde, gnädige, Friga die freie, schöne, Berhta die leuchtende, helle". „Die göttermutter erschien dem volk leuchtend von schönheit und gnade"[65]. Damit habe sie der (späteren, christlichen) Gottesmutter Maria entsprochen, was bedeute, dass das Christentum die positiven, lebensfreundlichen Eigenschaften dieser alten Göttermutter auf Maria übertragen bzw. für diese übernommen habe (I 222 Fn.4; II 725), was auch den Bezug von Holda / Perchta auf die Weihnachtszeit erklären könne (I 234).

Zur Bestätigung wies Grimm auch auf eine Handschrift des Buches XIX im Dekret des Burchard hin, die aus 1105 stamme, in Madrid aufbewahrt werde[66] und die nicht nur den Hinweis auf „holda", sondern auf „*friga holda*" und

63 Vgl. zu ihm *Kellner* 1994, 355 ff.; *Petzold* 1989, 16 ff.; *Pöge-Alder* 1994, 26 ff.

64 So *Grimm* 1875/78 V 417.

65 So *Grimm* 1875/78 V 417.

66 Cod. Escorial. Z – IV – I (dazu *Schmitz* 1958 II 401).

damit auf die Göttin „*Friggaholda*" enthalte[67], somit auf Frigga / Frikka / Fricka, die Gemahlin des Wotin / Odin.

Anzumerken ist, dass Grimm im übrigen das seiner Ansicht nach älteste Zeugnis für „holda" bei Walafrid Strabo (808/9 – 849) zu finden glaubte, der Judith, die Gemahlin von Ludwig dem Frommen, als Sappho und eben „Holda" besang (III S.87). Grimm sah dies aber offensichtlich nicht als für seine Theorie von der vorchristlichen Göttermutter problematisch an. In der Tat wird heute diese Stelle bei Walafrid Strabo (nur) als Hinweis auf die alttestamentliche Seherin Chulda oder Chuledda (2 Kön. 22, 14; 2 Paralip. 34, 22) aufgefasst[68], deren Namen Martin Luther mit „Hulda" übersetzte. Diese alttestamentliche Tradition sah Grimm für die eigentliche Holda-Tradition als nicht relevant an: Luther habe seine Übersetzung aus der deutsch-germanischen Überlieferung genommen; zudem gebe es Bezüge der Holda zur nordischen Mythologie (in den Waldfrauen und Zauberinnen „Hulla", „Huldra", „Huldre") (I S.224 f.). Dazu gilt festzuhalten, dass Luther mehrere Male in seinen Schriften und Tischgesprächen auf die „fraw hulda" hinwies, damit aber in theologischer Absicht die menschliche Vernunft meinte, die unsinniger Weise glaube, Gott begreifen zu können; so etwa deutlich in der Kirchenpostille von 1522:

> Hie tritt fraw hulde erfur mit der potznaßen, die natur, und thar yhrem gott widerpellen und yhn lugen straffen, hengt umb sich yhren allten trewdellmarckt, den stroharnsch, das naturlich liecht, die vornunfft, den freyen willen, die naturlichen krefft, dernach die hydnische bucher und menschenleere, hebt an und scharret daher mit yher geygen[69].

Näher kann hier auf Luthers Verständnis nicht eingegangen werden[70].

2. Anhänger der Theorie Grimms

Die Grimmsche Theorie von der holden Göttermutter fand bereits im 19. Jahrhundert zahlreiche Anhänger; zu nennen sind z.B.[71] Simrock, E.H. Meyer, Wuttke, Bretschneider, Mannhardt, Krappe, H. Koch, Thimme, Schwartz,

---

67 *Grimm* 1875/78 V 417.

68 So *Schmeller* 1872/77 I 1084; *Kauffmann* 1894, 146: *Golther* 1895, S.492 Fn.1; anders *Lecouteux* 1985, 61.

69 Vgl. *Kellner* 1994, 361, 383; *List* 1953, 447; 1956, 82.

70 Vgl. aber auch bei Anm. 9z.

71 *Kellner* 1994, 365 ff., 376 ff.

Nork, Sepp, Waschnitius, Mang, Peuckert, Kretzenbacher, Liungman, Beitl[72]. Auch die unter II. zitierten Baroja, Gurjewitsch und wohl auch Lecouteux übernehmen wesentliche Inhalte von Grimm. In der Arbeit aus 2003 folgt auch Erika Timm[73] der Theorie Grimms.

Die feministische Theorie des 20. Jahrhunderts folgte ebenfalls dieser Theorie und entdeckte diese vorchristliche, vom Christentum verdrängte und verteufelte, in den positiven Seiten als Maria weiterlebende Muttergottheit (als die „Große Göttin") wieder. Zu verweisen ist auf die Bücher „Göttin Holle. Auf der Suche nach einer alten Göttin" von GardenStone (2002) und „Frau Holle. Die gestürzte Göttin" von Sonja Rüttner-Cova (1986). Wie stark diese Auffassung heute vertreten wird, zeigt ein Blick in das Internet. Google bringt unter dem Suchwort „holda" zahlreiche zeitgenössische Darstellungen von dieser Göttin, aber auch Selbsterfahrungsberichte von Frauen, die sich als Reinkarnation dieser „Holda oder Hulda (Frau Holle)" verstehen: als der Hüterin von Liebe und Ehe, der Göttin der Fruchtbarkeit und der Geburt der Kinder (die aus dem Frau-Holle-Teich mit Hilfe des ihr geweihten Storches stammen), der Großen Erdmutter, wohnend im Holunder oder Wacholder oder in der Linde, aber auch im Himmel über den Wolken, wie sie die Gestalt der Frau Holle im Märchen überliefert hat. Viel zitiert wird die diese Deutung aufgreifende Interpretation des Märchens durch Eugen Drewermann[74]; es finden sich auch (andere) psychoanalytische Deutungen von Frau Holle[75]. 1997 behandelte Harald Strohm das Stichwort „Holle", das er auf den Namen der Unterweltsherrscherin Hel zurückführte, und sah in den Motiven des Märchens nicht nur germanisches, sondern gemeinindogermanisches Gedankengut[76].

---

72 Vgl. auch *Bologne* 1995, 66; *Cohn* 1975, 213; *Fehr* 1857, 114 ff.; *Freybe* 1910, 52 ff., 60 ff.; *Ginzburg* 1980, 63, 69; *Holtzmann* 1874, 162 f.; *Kroker* 1891, 260; *Kuhn / Schwartz* 1848, 479 Fn.85, 481 Fn.115, 482 Fn.126, 494 Fn.245; *Lurker* 189, 177; *Menzel* 1870 II 214; *Petzoldt* 1995, 102; *Russell* 1980, 49; *Segl* 1989, 16; *Wägner* 1934, 115.

73 Vgl. *Timm* 2003.

74 *Drewermann* 1982.

75 Z.B. *Barz* 1973, 128 ff.

76 *Strohm* 1997, 119. - Vgl. auch *Waschnitius* 1913, 168 ff., der in Holda einen indogermanischen Vegetationsdämon sieht. – Zum Ganzen vgl. *Wienker-Piepho* 2005.

Vor allem ist diese Theorie durch Richard Wagner bekannt geworden, der – sicherlich im Anschluss an Heinrich Heines „Elementargeister" (aus 1837)[77] – in seinem 1845 veröffentlichten Textbuch des „Tannhäuser und der Sängerkrieg auf Wartburg" in einer Vorbemerkung ausdrücklich an Grimm anknüpfte[78]. Auch die Göttin Venus selbst zitiert im „Tannhäuser" diese Theorie als biographischen Hinweis, wenn sie den Helden aus ihrem Berg ziehen lässt: „Hin zu den kalten Menschen flieh, vor deren blödem, trübem Wahn der Freude Götter wir entflohn tief in der Erde wärmenden Schoß"[79]. Auch der junge Hirt singt vor dem Muttergottesbild, vor dem Tannhäuser nach dem Verschwinden des Venusbergs kniet, sein Maienlied auf Venus/Holda:

> Frau Holda kam aus dem Berg hervor, zu ziehen durch Flur und Auen; gar süßen Klang vernahm da mein Ohr, mein Auge begehrte zu schauen: – da träumt' ich manchen holden Traum, und als mein Aug' erschlossen kaum, da strahlte warm die Sonnen, der Mai, der Mai war kommen.[80]

Auf diese Konzeption Wagners wird unter IV.3. in einem Exkurs eingegangen. Ein Nachklang dieses Holda-Verständnisses findet sich sicherlich auch im „Ring des Nibelungen" (Textbuch 1853) in der Göttin Freia – Göttin der Liebe und des Lebens –, die von dem Riesen Fasolt als „Freia die holde, Holda die freie" besungen wird[81].

3. *Kritik der Theorie Grimms*

Allerdings kann man gewichtige Einwände gegen diese Theorie von Jacob Grimm vorbringen.

a) Betrachten wir zunächst als Beispiel diese Gleichsetzung von „Holda" und „Berchta" / „Percht"[82]. Sie findet sich erstmals[83] in den „Sermones" des

77 Vgl. *Heine* 1964 X 7 ff. (zum Venusberg 50 ff., nach dem Buch von Kornmann über den Venusberg); vgl. auch „Die Götter im Exil" und „Die Göttin Diana" in Heine 1964, 51 ff., 237 ff.

78 *Wagner* 1983 II 90; dazu vgl. IV.3.

79 *Wagner* 1983 II 61.

80 *Wagner* 1983 II 63.

81 Vgl. *Wagner* 1983 III 27.

82 Dazu vgl. *Golther* 1895, 492 ff.; *Hansen* 1900, 404; *Ingham* 1985, 203 ff.; *Kellner* 1994, 367 ff.; 2002, 721 ff.; *J. Kraus* 1998, 155 ff., 169 ff.; *Kretzenbacher* 1958, 185 ff.; *Lecouteux* 2001, 170 ff.; *Liungman* 1937 II 596 ff.; *Petzoldt* 1995, 34 ff.; *Peuckert* 1942, 104 ff.; Waschnitius 1913. – Diese Gleichsetzung (meist auch mit Diana) findet sich neben *Grimm* z.B. bei: *Broedel* 2003, 101 ff.; *Drewermann* 1982, 27; *Ginzburg*

Johann Herolt (1418), in denen „Diana" erwähnt wird, die in der Volkssprache „Fraw Bertha", „Frau Holt" genannt werde[84]. 1484 warnte „Die Himmelstrasz" des Stephan von Landskron vor dem Glauben an „die frawen bercht oder an die frawen holt, an herodiadis an dyana die heidnisch goettin oder tewfelin"[85]. Die Gleichsetzung (auch mit Herodias) findet sich 1571 in der „Auslegung der Fest-Evangelien" durch J. Mathesius[86]. 1557/58 wurde sogar ein Volksgedicht mit dem Titel „Berchtholda" veröffentlicht[87].

Beate Kellner[88] verweist in ihrem grundlegenden Buch zu Grimm auf die Arbeiten von Marianne Rumpf zur Perchtengestalt[89], die gezeigt hätten, dass in der Tat – was bereits Grimm gesehen hat - dieses Wort als Adjektiv in der Bedeutung von „hell scheinend", „glänzend", „erhellt" und „erfüllt vom Licht der Gottheit" und als Übersetzung des griechischen „theophania" (Erscheinung der Gottheit) verwendet worden sei (was sich heute noch in dem Wort „Pracht" wiederspiegle); mit der Konsequenz, dass die Perchta eindeutig im christlichen Kontext anzusiedeln sei. Die Gestalt der Perchta sei als Personifikation (nämlich: als Subkategorie der Allegorie) der christlichen Fest- und Fasttage aufzufassen[90].

b) Kritik übt Kellner auch an der Gleichsetzung von „Holda" und Venus[91]., die nicht nur Richard Wagner in seinem „Tannhäuser" faszinierte[92].

1980, 13, 63, 69; *Kroker* 1891, 260 f.; *Levack* 1995, 53; *Menzel* 1870 II 214; *Pickering* 1999, 74.

83 Vgl. aber auch den „Thesaurus pauperum" des 1277 verstorbenen *Petrus Hispanus*, in dem von einer „domina Habundia/ Satia" erzählt wird, die das Volk „frau percht" oder „Perchta" nenne; dazu *Kellner* 1994, 373 Fn. 136; 2002, 723; *Naumann* 1927, 124; *Waschnitius* 1913, 62.

84 Vgl. dazu *Ginzburg* 1990, 102; *Waschnitius* 1913, 64.

85 Dazu *Baroja* 1967, 299; *Grimm* 1875/78 III 88; *List* 1953, 447 Fn.3; *Waschnitius* 1913, 47 (der diese Fraw Hult nicht mit der Holda des Burchard gleichsetzen will).

86 Vgl. *Ginzburg* 1990, 117 Fn.43.

87 Vgl. *Ginzburg* 1990, 117 Fn.43.

88 *Kellner* 1994, 367 ff.

89 Vgl. *Rumpf* 1973; 1976; 1990; zusammenfassend 1991.

90 Vgl. *Kellner* 1994, 373; 2002, 721 ff. – Ähnlich auch *Golther* 1895, 493, 497; *Helm* 1926, 401; *Mannhardt* 1875/77 II 185 Anm.

91 Vgl. *Kellner* 1994, 375 ff.

92 Vgl. Anm.78. – Vgl. auch *von der Hagen* 1819, 99: im Venusberg wohnt Brunhild (= Chriemhild) als geharschnischte Frau Venus, die auch als „die Nixe, Zauberinn und

Meist wird auf das Geständnis des Wahrsagers (Kristallsehers und Zauberers) Diel Breull aus dem Jahre 1630 abgestellt, das W. Crecelius 1853 aus hessischen Prozessakten mitgeteilt hat[93]. Darin gab der offensichtlich Gefolterte an, er sei im Venusberg gewesen und habe dort auch „fraw Holt" (oder „fraw Holl") gesehen. H. Koch zog neben diesem Hinweis vor allem die Tannhäusersage heran:

> dass Venus hier gleich Holda zu setzen ist, geht aus wenn auch späteren zeugnissen unzweifelhaft hervor. Zudem ergibt sich aus dem hohen alter der vorstellung vom wunderbaren totenreich im berg, als dessen herrin im germanischen bereich nur PerhtHolda in frage kommen, die in dieser hinsicht mit Freyja identisch sind[94].

Dagegen wandte E. A. List ein, dass in allen Zeugnissen bis zum 16. Jahrhundert Holda nirgends als Verführerin im Venusberg auftrete; erst im 17.Jahrhundert sei Holda mit dem Venusberg in Verbindung gebracht worden, so vor allem von Johannes Praetorius (1630-1680), der in seinem Werk „Saturnalia propositio" (1663) davon berichtete, dass Frau Holla oder Holda nach ihrem Umzug in den Zwölften in den „Horselberg" zurückkehre[95]. Dabei muss beachtet werden, dass auch Diel Breull Frau Holt/Holl im Venusberg nicht als Verführerin schilderte. Er gab zwar an, dass sie „von forn her wie ein fein weibsmensch" wäre, „aber hinden her wie ein holer baum von rauen rinden" (was an die Gestalt der „Frau Welt" erinnert[96]). Sie habe den Leuten, die mit ihr in den Berg gefahren seien, Wunden gewaschen und verbunden und mehrere Gespräche geführt. Überhaupt war von irgendeiner Orgie nicht die Rede. Im Gegenteil kennzeichnete Breull den Venusberg als Fegefeuer, denn er habe gesehen, „dass etzliche im feuer gesessen"; „es weren auch leut darinnen die schon brenten"; „Bast Ludwig schultheis zu Schlirbach were im feuer gesessen, der nun verstorben".

Daher taugt dieser Fall nicht für die Gleichsetzung von „Holda" und Venus (als Verführerin). Für sie spricht wohl eher die gemeinsame Verbindung mit den nächtlichen Fahrten, die wir bereits aus dem Canon Episcopi kennen.

Spinnerin Hulda, Hulla" bekannt ist und der wilden Jagd oder dem wütenden Heer vorangeht.

93 *Crecelius* 1853.

94 Vgl. *Koch* 1937, 167.

95 Vgl. *List* 1960, 307 ff.; ebenso bereits *Golther* 1895, 492 Fn.1. Vgl. auch *Lecouteux* 2001, 168 ff.

96 Anders z.B. *Peuckert* 1942, 101: typische Beschreibung einer Waldfrau, d.h. eines Vegetationsdämons.

Erstmals dürfte diese Verbindung im Jahre 1518 von Martin Luther hergestellt worden sein, der in „Decem praecepta Wittenbergensi praedicata populo“ die Vorstellung von einer Domina, die durch die Nacht reite und ihre Verehrerinnen visitiere, als Aberglauben anführte und angab, dass diese von einigen „Herodias“, von anderen „domina Hulde“ und wieder von anderen „Venus“ genannt werde[97]. Darauf wird noch unter IV.1.c. eingegangen.

c) Darüber hinaus kann man allgemein die hinter der gesamten „Deutschen Mythologie“ stehende methodische bzw. weltanschauliche Grundlage kritisieren[98].

Grimm ging davon aus, dass religiöser Glaube letztlich immer ein Glauben an *eine* Gottheit sei, was nicht ausschließe, dass an mehrere Gottheiten geglaubt worden sei: denn diese seien nur Varianten des einen Gottes bzw. der einen Göttin. Deutlich wird darin ein Vorurteil, das religiösen Glauben vom christlichen Glauben her denkt. Der alte Glaube wird von vornherein auf derselben Dimension wie das Christentum angesetzt. Dies zeigt sich auch in der zweiten These, dass nämlich das Christentum den alten, bis auf den Ur-Glauben der Germanen zurückgeführten Glauben ersetzt, abgelöst und verdrängt habe; was aber nicht zur Gänze gelungen sei (auch weil das römisch-lateinische Christentum dem Volk zu fremd gewesen sei). Es seien nämlich Reste des alten Volksglauben geblieben dort, wo das moderne christliche Denken (gemeinsam mit dem römischen Recht und in der neuen Sprache der Gebildeten [Latein, dann Französisch]) nicht hingekommen sei: in den Märchen und Sagen. Aus ihnen könne man auf den Inhalt des alten Glaubens zurückschließen; noch mehr: man müsse – um zur nationalen Identität der Deutschen und zu einer neuen „Mythologie der Deutschen“ zu kommen – das Fremde (und die Entfremdung) beseitigen, indem man die christlichen Elemente abziehe, sich (und die Märchen und Sagen) von diesen somit reinige. Wie im Beispiel des Märchens von der Frau Holle, aus dem auf die alte holde Göttin geschlossen werden könne. Die Vorstellung liegt also zugrunde, dass es möglich sei, durch Abstreifen des Christlichen den Kern des alten Glaubens offen zu legen: so als ob dieser Kern der Geschichte unverändert (ungeschichtlich) zugrunde gelegen und nur durch fremdes Gedankengut überlagert worden wäre.

---

97 Vgl. *Kellner* 1994, 384; *List* 1960, 309.

98 Dazu allgemein *Jendreiek* 1975; *Kellner* 1994; vgl. auch *Ingham* 1985, 5 ff., 131 ff., 190.

Diese Vorstellung lässt sich nun eindeutig nicht halten. Dazu braucht man nicht die Hirnforschung und ihre Theorie des Gedächtnisses[99], um eine solche unveränderte mündliche Tradition und Erinnerung seit Jahrhunderten für unmöglich zu halten; das wusste schon seit jeher jede Hermeneutik des Erzählens! Zudem übersieht diese These, dass das Volk durch Predigten, Flugblätter, Bänkelsänger, durch die Praxis der Beichte und auch aus eigenem religiösen Eifer das christliche Bildungsgut übernommen hatte, wobei die Unterscheidung von Volk und Elite nicht überschätzt werden darf[100] (wenn man an die Jenseitsvisionen des einfachen Volkes, an die Laienfrömmigkeit oder – konkret – z.B. an die theologischen Versuche eines einfachen italienischen Müllers[101] denkt). Freilich wurde dieses Bildungsgut verändert und mit überkommenen Inhalten konfrontiert, wurden mit Phantasie neue Inhalte ersonnen, die oft durch den Druck der christlichen Instanzen in den Bereich des „Aberglaubens" abgedrängt wurden[102]; und dann auch in Märchen und Sagen eingingen. Diese sind deshalb weniger Relikte von Vergangenheit, sondern Ergebnisse der Auseinandersetzungen mit neuen Inhalten, nicht überlagerte alte Vorstellungen, sondern eher neue Erfindungen oder Umwandlungen des neuen (christlichen) Glaubens. Zudem ist davon auszugehen, dass viele Märchen und Sagen einfach neu ausgedacht, jedenfalls umgeschrieben wurden. Letzteres zeigt nicht nur ein genauer Blick in die Praxis der „Sammlungen" der Brüder Grimm, sondern sehr deutlich ein Beispiel aus der Sammlung von norddeutschen Sagen, Märchen und Gebräuche, die Adalbert Kuhn und Wilhelm Schwartz zusammengestellt haben. Unter anderem stellten sie mündlich aus Edersleben überlieferte Sagen vom Kyffhäuser dar, darunter folgende über Frau Holle:

> Ein Knabe aus Frankenhausen erzählte, wie er ... in einer Beschreibung gelesen, dass beim Kaiser Friedrich im Berge seine Ausgeberin Frau Holle sitze, die müsse seine Pferde füttern ... Derselbe erzählte auch, wie er in dem Buche gelesen, dass Frau Holle mit der wilden Jagd ziehe.[103]

d) Schließlich ist die Absicherung der Grimmschen These durch die Madrider Handschrift nicht tragfähig. Grimm hatte sie nicht selbst eingesehen, sondern aus zweiter Hand zitiert. Aber auch dieser Gewährsmann hatte sich verlesen;

---

99 Vgl. *Fried* 2003.

100 Vgl. nur *Eiden* 2003, 21 ff.

101 Vgl. *Ginzburg* 1983.

102 Vgl. *Schild* 2005, 8 ff.

103 *Kuhn / Schwartz* 1854, 222 Nr.9

oder es hatte der (Ab-) Schreiber selbst sein Original missverstanden. Es sollte eindeutig nicht „frigaholda“, sondern „striga holda“[104] oder „strigaholda“[105] – also die aus II. bereits bekannte Hexengestalt – heißen. Von einer Göttin war also auch hier nicht die Rede.

Dies gilt in einer noch grundlegenderer Weise, wie ein genauer Blick auf die Ursprungsquelle – das Buch XIX c.5 § 70 des Buchardschen Dekrets – zeigt; der wir uns nun zuwenden.

IV. "turba (un)holda"

Denn: das Wort „holdam“ ist eindeutig kein Substantiv, kein Eigenname. Dies hatte eigentlich auch bereits Jacob Grimm erkannt, der darin zu Recht ein Adjektiv sah, dieses aber als Eigenschaft der Muttergöttin interpretierte[106]. Betrachtet man den Text bei Burchard näher, wird deutlich, dass das Adjektiv „holdam“ sich auf die „turba daemonum in similitudine mulierum transformata“ beziehen muss. Es geht also um eine Schar von in Frauengestalt verwandelten Dämonen, die die Dummheit des Volkes (d.h. der volkstümliche Aberglaube) als „hold“ bezeichnet; es geht bzw. ging bei Burchard um die „holde Schar“[107].

Diese Vorstellung ist in ihren unterschiedlichen Dimensionen kurz als 1. zu skizzieren; als 2. wird das Problem des Plurals bei dämonischen Gestalten überhaupt kurz angesprochen.

1. Unterschiedliche Vorstellungen der „holden Schar“

Gemeint waren offensichtlich mit dieser „holden Schar“ die Nachtfahrenden[108], bei Burchard eindeutig Dämonen in Frauengestalt, die in tiefer Nacht[109]

---

104 Vgl. *Ingham* 1985, 200 f.; *Kauffmann* 1894, 150 Fn.2; *de Vries* 1970 II 240; *Lecouteux* 1985, 61.

105 So *Waschnitius* 1913, 85.

106 Vgl. *Grimm* 1873/78 V 417.

107 So *Kauffmann* 1894, 150; *Kellner* 1994, 378 Fn.180; *Koch* 1937, 163; *Soldan-Heppe / Bauer* 1911 II 394; ähnlich auch *Golther* 1895, 492; *De Vries* 1970 I 240. – Dagegen stellt *Waschnitius* 1913, 84 auf eine „Laxheit in logischer Beziehung ab“: gemeint sei „die umziehende Dämonenschar, die man die Holda nennt“.

108 Dazu allgemein vgl. *Baroja* 1967, 85 ff.; *Behringer* 1994, 55 ff.; *Bourdriot* 1928, 55 ff.; *Ginzburg* 1990, 91 ff.; *Golther* 1895, 492; *Lecouteux* 1987, 112 ff.; 168 ff.; 2001, 36 ff., 154 ff.

109 Zum „Stimmungsbild der Nacht“ vgl. *Lecouteux* 1987, 37 ff.

durch die Welt ritten und zogen, begleitet von Frauen und Männern, die sie mitnahmen, unterrichteten und ihnen die Zukunft zeigten (weshalb unter ihnen WahrsagerInnen waren [wie der bereits genannte Diel Breull, aber auch andere, die im folgenden noch erwähnt werden]); freilich für die christliche Tradition, in der selbstverständlich auch Burchard stand, nicht in einem realen, tatsächlichen Ritt durch die Nacht, sondern in nächtlichen Visionen und Träumen, die von diesen Dämonen selbst durch Täuschung illusionär (als „fantasmata“ [Wahngebilde]) hervorgerufen worden seien, was ihnen nur möglich sei, weil die Betroffenen sich diesen dämonischen Verführungen geöffnet hätten (was bei Augustinus [354-430] zu einem „Quasi-Pactum“ ausgestaltet worden war[110]). Der Körper der Betroffenen blieb also nach dieser Vorstellung – die wir bereits aus der oben zitierten Stelle über die schädigenden Hexengestalten ebenfalls bei Burchard kennen[111] – am Boden im Bett schlafend (wie tot) liegen, während die Seele sich zu dieser körperlosen Reise aufmachte. Seit Augustinus wurden diese Dämonen – im Gegensatz zu den neuplatonischen Theorien (etwa des Lucius Apuleius [124-180] in seinem Buch „De deo Socratis“) – nur mehr negativ gesehen, also als teuflische Dämonen, die sich zum ewigen Schaden der Menschen, die an sie irrig glaubten, von diesen verehren ließen, wodurch sie von ihrem christlichen Glauben und von dem alleine selig machenden Gott abfielen.

a) Es ist schwer, den Charakter dieser Nachtfahrenden vor der Verteufelung durch Augustinus zu erkennen. Doch liegt nahe, in diesen nächtlich durch die Welt ziehenden dämonischen Gestalten die Toten(geister) zu sehen, die nicht Eingang in das abgeschlossene und den Lebenden nicht zugängliche Reich der Verstorbenen gefunden hatten, sondern stets oder zu bestimmten, besonderen (besonders unruhigen) Zeiten ruhelos umherirrten: weil sie nicht bestattet worden oder durch Gewalt oder zu früh gestorben waren. Sie erschienen in den Träumen der (Über-) Lebenden, Nachkommen, Feinde, Freunde; sie wurden geschaut in Visionen, in denen der Sehende den Körper wie tot zurückließ (also „starb“), um seine Seele (seinen Seelen-Geist) in Kontakt mit diesen Toten(geistern) zu bringen. Diese ruhelosen Irrgeister, Irrlichter, Windgeister, Gespenster wurden ambivalent eingeschätzt (und erfahren): einerseits als hilfreiche, fruchtbringende, warnende, ratende, weissagende, also gute Wesen

---

110 Dazu vgl. *Harmening* 1979; *Schild* 1997; 2004, 31.

111 Vgl. die Stelle bei Anm.6.

(„bonae res") – eben: die „holde"[112] Schar; andererseits als die Lebenden beneidende, sie (deshalb) schädigende, ihnen die Lebenskraft nehmende böse Wesen – eben: die „unholde" Schar. Vergleichbare Amvibalenz galt der Führerin dieser Schar (begleitet von – menschlichen – Dienerinnen): in der griechischen Antike Hekate[113], die dann mit der Waldgottheit Artemis[114] und auch mit der römischen Diana[115] oder Luna verschmolz. Dieser Gottheit und den Toten(geistern) wurden kultische Akte der Verehrung gewidmet, vor allem Speiseopfer („Hekatemahl")[116], aber auch Gebete und Lobpreisungen, Feiern für die Toten(geister) (als „Gäste") – bei denen sie anwesend sein sollten (und daher von Maskierten repräsentiert wurden[117]) –, dies alles, um sie gnädig zu stimmen, jedenfalls sie nicht zu erzürnen[118].

Das Christentum lehnte diese Toten(geister)vorstellung ab[119] und ließ die Verstorbenen in den Gräbern in Frieden ruhen: in einem un-lebendigen Schlaf, aus dem sie am Jüngsten Tag zur leiblichen Auferstehung und zum Weltgericht auf ewig erwachen würden, um den Erlösten im Neuen Jerusalem oder den Verdammten in der Hölle zugeordnet zu werden. In zahlreichen Konzilsbeschlüssen wurden die unchristlichen Totenkulte verboten und mit Kirchenbußen (oder gar Exkommunikation) sanktioniert. Es ist freilich fraglich, ob damit wirklich deren Ende erreicht werden konnte: denn diese geliebten, gehassten, gefürchteten, bemitleideten oder beneideten Toten waren doch emotional sehr stark und tief ins kollektive Bewusstsein eingebrannt! Erfolgsversprechender war die Disziplinierung des Toten(geister)glaubens durch Einführung christlich-kirchlicher Rituale für die Verstorbenen - vor allem in

---

112 Zu diesem Wortsinn von „hold" als „gnädig, geneigt" (sofern vom Höherem zum Niederen verwendet) vgl. *Schmeller* 1872 I 1089; *Lecouteux* 1985, 59 ff. - Für *Helm* 1926, 400 kommt das Wort vom althochdeutschen „holdo" („Geist").

113 Zu dieser Schar der Hekate als nächtlichem Spuk vgl. *Hansen* 1900, 14, 81; *Kraus* 1960, 25, 81; *Rohde* 1898 II 75 ff., 407 ff.; *Soldan-Heppe / Bauer* 1911 I 86.

114 Dazu *Kraus* 1960, 25.

115 Dazu vgl. *Cohn* 1975, 212; *Ginzburg* 1980, 63; 1990, 101; *Hansen* 1900, 14; *Kraus* 1960, 25; *J. Kraus* 1998, 64 ff.; *Levack* 1995, 53; *Liungman* 1937 II 569 ff. (Artemis der Nacht = Hekate [576 ff.]); *Rohde* 1898 II 84 Fn.2; *Russell* 1980, 48; *Soldan-Heppe / Bauer* 1911 I 89; *Tschacher* 1999, 234 ff.

116 Vgl. *Rohde* 1898 II 249.

117 Vgl. *J. Kraus* 1998, 101.

118 Dazu vgl. allgemein *Kretschmer* 2002; *Lecouteux* 1987, 12, 112 ff., 168 ff.; 2001, 46 ff.

119 Ebenso im übrigen die neoplatonische Dämonenlehre des Apuleius, der die römischen Toten(geister) negativ beurteilte; vgl. *Schild* 2004, 31.

den 40 Tagen nach dem Tod (weil man annahm, dass wie bei Jesus erst dann die Seele die Erde verlassen würde[120]): Speiseopfer, Wachslichter, Gaben, aber auch durch die Annahme einer Gemeinschaft der Lebenden und der Toten in der tätigen Memoria[121].

b) Vor allem entstand die Vorstellung eines nicht-irdischen Ortes, in dem die Verstorbenen als Seele – also vor der leiblichen Auferstehung am Jüngsten Tag – lebendig waren, jedenfalls so, dass sie für das Neue Jerusalem (für den Himmel) von den Sündenbelastungen gereinigt werden konnten, sofern sie nicht endgültig verdammt waren; somit eines dritten Ortes neben dem Paradies (Abrahams Schoß) und der Unterwelt[122]. Dadurch wurde das Bedürfnis und die Sehnsucht der Lebenden, für ihre Verstorbenen noch etwas Liebes tun zu können (auch damit ihnen dafür etwas wieder gegeben werde) gestillt[123]. Man opferte nicht mehr an die Toten(geister), sondern für sie und ihre Errettung (auch durch Werke der Barmherzigkeit[124] oder durch Spenden an die Armen oder an die Kirche). Zugleich wurde die Angst vor den Toten(geistern) reduziert, weil eingebunden in diese Rituale[125].

Voraussetzung war allerdings ein dem Jüngsten Tag des Weltgerichts („iudicium universale“) vorangehendes Individualgericht („iudicium particulare“) über die Seele unmittelbar nach dem Tode[126]. Verdammte und Heilige wurden dem Paradies oder der Hölle als Seelen zugeordnet, dieses Urteil sodann an den leibhaft Auferstandenen im Weltgericht endgültig und vor allen und gemeinsam mit allen vollstreckt (wobei manche Heilige [und Märtyrer] bereits bei diesem Individualgericht leiblich in den Himmel aufgenommen vorgestellt wurden[127]). Die (nur) mit lässlichen (leichten) Sünden Gestorbenen bzw. deren

---

120 So *Lippert* 1882, 263 ff.; allgemein zum frühen christlichen Totenkult *Angenendt* 1997, 676 ff.

121 Vgl. *Wilhelm-Schaffer* 1999, 282 ff.

122 Vgl. *Merkt* 2005, 65; zu den weiteren Vorstellungen eines Limbus Patrum („Vorhölle“ für die Patriarchen des Alten Testamentes) oder eines Limbus Puerum (für die ungetauft gestorbenen Kinder) vgl. *Wilhelm-Schaffer* 1999, 61 ff.

123 Vgl. *Merkt* 2005, 69 ff.

124 Vgl. *Koren* 1954, 157 ff.; *Lippert* 1882, 318 f.; *v. Wilckens* 1993, 78 f.; *Wilhelm-Schaffer* 1999, 304 ff.; zu den „Seelgeräten“ vgl. *Trenner* 1989.

125 Vgl. *Lecouteux* 1987, 12; *Merkt* 2005, 87 f.; *Wilhelm-Schaffer* 1999, 145, 223, 333.

126 Dazu *Lippert* 1882, 316; *Wegmann* 2003, 5, 154 ff.; *Wilhelm-Schaffer* 1999, 52 ff.

127 Vgl. *Angenedt* 1997, 685. – Vgl. auch Lk 23, 43, wonach der am Kreuz hängende Jesus dem reuigen Schächer zusichert, dass er „heute noch mit mir im Paradies sein“ werde.

Seelen wurden in diesem Individualgericht diesem Reinigungsort („Purgatorium", „Fegfeuer" [von „fegen" als ausdrucksstarke Bezeichnung für „ganz sauber, schön, glänzend machen"[128]) zugeordnet, wo sie die seelischen Qualen der fehlenden Gottesschau erleiden und das reinigende Feuer über sich ergehen lassen mussten.

Diese Vorstellung des Purgatoriums[129] entstand – anknüpfend an jüdische Überlieferungen – bereits im 2. Jahrhundert im römischen Nordafrika[130]; sie wurde von den Kirchenvätern (vor allem Augustinus [354-430] und Gregor d. Gr. [um 540-604]) übernommen und schließlich im 12. Jahrhundert (vor allem von Thomas von Aquin [um 1225-1274]) gemeinsam mit der Vorstellung des Individualgerichts ausgebaut[131], vielleicht unter islamischen Einfluss[132]. Dies war auch gelebte religiöse Praxis[133], weil damit die Gelegenheit gegeben war, den Verstorbenen zu helfen (und auch der Kirche eine Einnahmequelle zu verschaffen): die Toten waren „arme Seelen", weil sie auf die Hilfe der Lebenden (oder der Heiligen) angewiesen waren[134].

Es war leicht möglich, diese „armen Seelen" im Feuer mit Schmerzen zu verbinden, die nicht nur seelisch – weil fehlende Gottesschau – waren, sondern von der irgendwie leiblich (in dünnerer, durchscheinender Gestalt) vorgestellten Seele auch körperlich erlitten wurden. Sie waren nun (auch) „arm", weil sie gequält wurden. Die heilige Brigitta (+ 1373) sah in einer Vision Teufel, die Zugriff auf die Seelen hatten[135]. Die Vorstellung, dass die Teufel den

---

128 Vgl. *Intorp* 1984, 965; *Lippert* 1882, 465. – Zur Verbindung von Reinigung (Besen) und Hekate vgl. *J. Kraus* 1998, 84 f.

129 Vgl. dazu allgemein *Auffarth* 2002; *Bauer* 1960; *Dinzelbacher* 1999; *Fleischhack* 1969; *Gurjewitsch* 1997; *Hain* 1958; *Imbach* 1987, 37 ff.; *Intorp* 1984; *Koren* 1954; *Landau* 1909; *Sailer* 1956; *Merkt* 2005; *Wegmann* 2003, 5 ff.; *v. Wilckens* 1993; *Wilhelm-Schaffer* 1999, 77 ff.

130 So *Merkt* 2005, 10 ff., 82 ff.; vgl. auch *Intorp* 1984, 965. – Die viel zitierte These von Le Goff 1984 von einer Entstehung dieser Vorstellung erst ab dem 12. Jahrhundert gilt heute als eindeutig widerlegt.

131 Vgl. *Wegmann* 2003, 154 ff.; *Wilhelm-Schaffer* 1999, 52 ff.

132 So *Auffarth* 2002, 29, 172; *Intorp* 1984, 965.

133 Daher auch in Verbindung mit der iroschottischen Praxis der Privatbuße: vgl. *Wilhelm-Schaffer* 1999, 77 ff.

134 So *Wilhelm-Schaffer* 1999, 286; vgl. *Bauer* 1960; *Hain* 1958; *Halm* 1921/22, 1 ff.; 1937, 1084 ff.; *Sailer* 1956.

135 So *Trenner* 1989, 455.

armen Seelen Qualen (nämlich: die Qualen der Hölle) zufügten, lag dann nicht fern und wurde in den Visionen einer Jenseitsfahrten häufig (auch von Laienchristen) literarisch kundgetan, bis hin zur „Göttlichen Komödie“ des Dante Alighieri (verfasst 1302 bis 1321)[136]. Das Fegefeuer wurde so zu einer zeitlich begrenzten Hölle; auch dahingehend begrenzt, dass die armen Seelen durch die Gnade Gottes diesen Ort ihrer Qualen zeitweise verlassen durften und so den Lebenden auch erscheinen konnten: in Träumen und Visionen, aber auch in sinnlicher Gestalt (als „Gespenst“). Sie baten die Lebenden um Hilfe, um Fürbitten, Werke der Barmherzigkeit, um „Seelgeräte“ (vor allem das Lesen einer Messfeier); sie wurden sogar kurz zum Leben erweckt, um sich taufen zu lassen oder durch Beichte Absolution von den Sünden zu erhalten[137]. Auf der anderen Seiten halfen sie den Lebenden durch Rat und Ermahnungen, bis hin zu Mitteilungen über die Zukunft (Wahrsagungen). Sie erhielten vom gnädigen Gott diese Chance, sogar die Unterstützung durch Engel (und die Gottesmutter Maria)[138].

Jedenfalls durften sie zu bestimmten Zeiten „Urlaub“ vom Fegefeuer nehmen[139] und erhielten so eine Ruhezeit von den Qualen und von den Teufeln (die sich dann auch anderen Tätigkeiten widmen konnten[140]). Zugleich wurde dieser Ort des Purgatoriums „ver-irdischt“, d.h. immer mehr zu einem Ort nicht im Jenseits, sondern in der Welt selbst. Bereits 998 hatte der Abt Odilo von Cluny eine Vision von diesem Ort der Reinigung, nämlich in dem Berg „Vulcano“ in Sizilien; auf seine Initiative geht die Einrichtung des „Allerseelentages“ (2.11.) zurück. Bald wurden andere Berge oder Höhlen in diesen Bergen gefunden[141], in denen die Teufel ihr Quälen der armen Seelen vollzogen. Auf der anderen Seite verlor dadurch das Fegefeuer seine grundsätzliche Abgeschlossenheit gegenüber den Lebenden: es war ihnen jedenfalls leichter möglich, diesen Ort zumindest in einer Seelenfahrt in der Nacht aufzusuchen

---

136 Vgl. *Intorp* 1984, 968, 974; *Wegmann* 2003, 31.

137 Vgl. *Intorp* 1984, 969.

138 Vgl. *Wegmann* 2003, 65, 69, 163 ff. – Vgl. auch *Carlen* 1997, 109 ff.

139 Vgl. *Intorp* 1984, 970.

140 Z.B. Spalier stehen, wenn der verstorbene Luther Einzug in die Hölle nimmt (was katholische Schriftsteller verkündeten); oder die lebenden Menschen zu verführen.

141 Vgl. *Intorp* 1984, 968. – Zur Eignung des „Berges“ vgl. *Lecouteux* 1987, 190 f.

und z.B. von den dort Weilenden Wahrsagungen zu erhalten, wie wir es von Diel Breull erfahren haben[142].

So gab es nun auch im Christentum wieder Totengeister (als die Armen Seelen); ob sie erfunden worden waren oder als alter Glaube nur christliche Gestalt erhielten oder ob der alte Glaube überhaupt weiter lebte, kann nicht wirklich begründet gesagt werden. Eindeutig ist nur, dass der Glaube an eine Gottheit, die diese Totenschar durch die Nacht führte – als gütige, hilfreiche, „holde" Schar oder als gefährliches „wildes" oder „wütendes"[143] Heer[144] -, vom christlichen Glauben abgelehnt werden musste; gab es doch nur den trinitarischen Gott, der für diese Führertätigkeit nicht in Betracht kam. Es konnte nur ein teuflischer Dämon sein, der sich als eine solche Gottheit inszenierte, um sich von Menschen anbeten zu lassen, die durch diese Sünde gegen den Dekalog der ewigen Verdammung verfielen. Die Konsequenz kennen wir schon: Hekate oder Diana waren solche Dämonen, die die Totenschar und die menschlichen Dienerinnen führten; als Scheingottheiten. Wie die gesamte Nachtfahrt nur Schein war: Traum oder Vision, teuflischer Spuk. Was auch für die anderen Führerinnen galt wie Herodias, Bensonia, Abundia, usw. Durch die Verteufelung der Dämonen (vor allem seit Augustinus) waren diese nicht nur Führerinnen der Nachtschar, sondern auch die Quäler, die die armen Toten durch die Nacht irren ließen: wie sie auch diejenigen schädigten, die ihnen begegneten.

Trotzdem waren die früheren Toten(geister) christlich eingebunden und begrifflich verortet (worden). Entweder sie schliefen dem Jüngsten Tag entgegen oder sie waren die armen Seelen im Fegefeuer, die zu bestimmten Zeiten Nachtfahrende sein konnten unter der Führung teuflicher Dämonen. Die Reformation charakterisierte aber auch das Fegefeuer und die armen Seelen als

---

142 Vgl. bei Anm.95.

143 Das manchmal auf „Wotan / Wuotan" zurückgeführt wird: vgl. *Behringer* 1994, 82; *Derks* 1991, 51 ff.

144 Zu dieser Vorstellung (auch in Verbindung zu Holda) vgl. *Behringer* 1994, 79 ff.; *Beitl* 1965, 14 ff.; *Broedel* 2003, 104; *Freybe* 1910, 52 ff.; *Ginzburg* 1980, 63, 69; *Lecouteux* 2001, 46 ff., 58 ff., 71 ff., 216 ff., 225 ff.; *Levack* 1995, 53; *Lippert* 1882, 629 ff., 680 ff.; *Mannhardt* 1875/77 II 185; *Petzoldt* 1995, 186 ff.; *Peuckert* 1942, 86 ff.; *Russell* 1980, 49; *Stöber* 1856, 21 ff. (zu Geiler von Kaiserbergs „Emeis"); *Waschnitius* 1913, 92, 174. Diesem Thema war auch ein Wagen im Nürnberger Fastnachtsumzug 1588 gewidmet (vgl.. *Ingham* 1985, 185). – Vgl. auch die Darstellung im „Atta Troll" bei *Heine* 1964 II 109 ff.

„Teufelsgespenst"[145], d.h. als teuflischen Spuk. Dadurch verloren die Ängste, Wünsche, Sehnsüchte der Lebenden im Zusammenhang mit den/ ihren Toten die religiöse Einbindung und suchten nach neuen, rational nicht mehr diskutierbaren Wegen der Verwirklichung, die jede Begrenzung (und Bestimmung) entbehrten und phantasievoll ausgebreitet wurden. Nun wurden (wieder) Vorstellungen von lebenden Toten, Wiedergängern[146], dem wütenden Heer usw. lebendig. So gebar die Reformation - die sich als Aufklärung gegenüber dem katholisch/ päpstlich/ römischen Aberglauben verstand - neuen und tieferen Aberglauben.

In diesem Zusammenhang ist darauf hinzuweisen[147], dass bereits im 11. Jahrhundert eine Münchener Handschrift des Burchardschen Dekrets nicht von „holda" spricht, sondern von „unholdin alias *weiczenfarerin*" (Clm 14138, 202). Dies wird wiederholt in einer Handschrift aus dem 15. Jahrhundert mit den Worten „unhöldin alias *weyczenvarerin*" (Clm 5387, 315) (Heraushebungen jeweils von W.S.) Dieses zuletzt genannte Wort – das sich auch ohne Verbindung mit „unholdin" in Clm 5801c, 154 (um 1450 geschrieben) findet – kommt offensichtlich von „Weiz" oder „Weize", womit die Strafe für die abgeschiedenen Seelen bezeichnet wurde, weshalb eine solche „weisczenfarerin" eine „arme Seele, die dort, wo der Mensch gesündigt, umgehen muss" meint[148].

c) Der Ort des Fegefeuers in einem Berg wurde mit einer anderen Vorstellung verbunden, die wir bereits von den Aussagen des hessischen Wahrsagers Diel Breull her kennen: mit dem Venusberg. Die historische Entstehung dieser Vorstellung – auf die bereits unter III.3.b hingewiesen wurde – ist bis heute nicht geklärt[149].

Manche sehen den Ursprung in Italien.1410 schrieb Andrea da Barbarino – unter Aufnahme der Kalypso-Episode des Odysseus – in seinem Roman „Guerino il Meschino" die Abenteuer seines Helden Guerino auf der Suche nach seinen Eltern nieder, in deren Verlauf dieser auch in den Sybillenberg zu Norcia gerät. Hier widersteht er mit Gottes Hilfe den Verführungskünsten der

145 Vgl. *Wilhelm-Schaffer* 1999, 83 ff., 387 ff.

146 Vgl. *Wilhelm-Schaffer* 1999, 333, 352 ff.

147 Vgl. die Belege bei Anm .52, 53.

148 Vgl. *Schmeller* 1872/77 II 1060.

149 Zur Diskussion vgl. *Barto* 1913; 1916; *Cicora* 1992; *Ingham* 1985, 191 ff.; *Junk* 1911; *Löhmann* 1960; *Mannhardt* 1858, 264; *Moser* 1977; *Pabst* 1955; *Remy* 1913.

schönen siebten Sybille – Cumana – und erkennt die Sündhaftigkeit dieses Reiches daran, dass die Bewohnerinnen sich von Freitag Mitternacht bis Montag früh zu Schlangen und Nattern verwandeln, dass sie also teuflische Dämonen sind. Er flieht aus dem Berg. Doch ist er durch diesen Aufenthalt ipso iure (nach damaligem Kirchenrecht) exkommuniziert, weshalb er nach Rom pilgert zum Papst, der ihm auch die Absolution erteilt, unter der Bedingung, dass er eine Fahrt in das Purgatorium (Fegefeuer) des hl. Patrick unternimmt. Um 1440 berichtete der provencalische Fürstenerzieher Antonius de la Salle in seinem Roman „Le paradis de la reine Sibylle" über eben diesen Sybillenberg, dass ein deutscher Ritter mit einem Knappen auf der Suche nach Abenteuer dorthin gelangt sei und dreihundert Tage in diesem unterirdischen Reich verbracht, auch eine Geliebte genommen habe, die sich an jedem Wochenende in eine Schlange verwandelt habe, was schließlich den Ritter zur Erkenntnis der Sündhaftigkeit seines Treibens gebracht habe. Beide Männer – so der Roman weiter! – verlassen daraufhin den Berg und kommen nach Rom, wo der Papst trotz seiner Freude an der innerlichen Reue sich Bedenkzeit nimmt und ihnen daher zunächst die Absolution verweigert. Da der Knappe zurück will, täuscht er eine drohende Verurteilung vor. Deshalb kehren beide auf ewig in den Sybillenberg zurück; die Verzeihung des darüber höchst betrübten Papstes kommt zu spät.

Einige Theoretiker nehmen an, dass diese beiden Geschichten selbst noch auf ältere Motive einer Jenseitsfahrt und der Schlangenverwandlung und vor allem des Feenglaubens – also auf irisch-keltische Quellen – zurückgehen. Bereits im 13. Jahrhundert nämlich gab es entsprechende Erzählungen: so etwa die aus der Bretagne stammende Geschichte des Ritters Huon d'Auvergne, der in ein wunderbares Land am Ufer des Tigris gerät und dort von der schönen Herrscherin als Geliebter begehrt wird. Der Held ruft Gott um Hilfe an, worauf sich der gesamte prächtige Hofstaat in gehörnte Teufel verwandelt und das Schloss in Flammen aufgeht. Ähnlich erzählten die im Umkreis des König Artus und des Grals entstandenen Legenden von der Fee Morgain (Morgana) und anderen wunderschönen überirdischen Frauen, die in einem Jenseits (Berg, Höhle, Insel) leben und Helden zum Gemahl erküren. Als ein Beispiel wird oft die Ballade des schottischen Dichters Thomas Rhymer (Tom der Reimer) genannt, die den Aufenthalt des historischen Sängers Thomas of Erceldoune (1220-1294) im Feenreich schildert. Thomas bleibt drei Tage in seliger Liebe bei der Fee – die er übrigens zunächst ihrer Schönheit wegen für die Gottesmutter Maria hält – und verlässt sie danach mit dem Versprechen, auf Erden ihr Loblied zu singen; in anderen Versionen kehrt Thomas später in das Feenreich zurück. Manche Gelehrte nehmen nun an, dass dieser schottische Sänger mit dem deutschen Ritter im Sybillenberg verschmolz und – nachdem die Geschichten durch Vaganten, Spielleute und Fahrende nach Süddeutschland gebracht worden waren – mit dem Minnesänger Tannhäuser gleichgesetzt wurde, wobei vielleicht die schottischen Mönche im Nürnberger Kloster – in deren Nähe der historische Tannhäuser (um 1245 – 1265) gelebt hatte – von Bedeutung waren. Zugleich wurde ihm die passende Lebensgeschichte unterschoben: als Minnesänger sei er der Liebe verfallen gewesen, doch habe er später seine Sünden bereut und sogar ein Bußlied verfasst.

Andere Theoretiker dagegen sehen die Beeinflussung gerade umgekehrt. Die Existenz des deutschen Ritters im Sybillenberg bei Antonius de la Salla wird auf die Verbreitung der bereits bestehenden Tannhäuser-Legende nach Italien zurückgeführt, weshalb diese selbst bereits Ende des 14. Jahrhunderts in Deutschland entstanden sei.

Wie es auch historisch gewesen ist: sicher ist, dass um 1380 (offensichtlich erstmals[150]) ein Meister Altswert in seinem „Der Tugenden Schatz" von einem Venusberg schrieb[151]. Im Jahre 1438 erwähnte der Dominikaner Johann Nider – der auch in dem „Formicarius" (um 1435) auf die am Konzil von Basel heftig diskutierte neue Hexenlehre eingegangen war[152] – in seinem Traktat „Praeceptorium divinae legis" das Motiv vom Venusberg („mons Veneris"), wo gewisse Leute mit den schönsten Frauen nach Belieben Lust und Vergnügen genießen würden, um zugleich diese Erzählungen in den Bereich der Fabel und der teuflischen Täuschung zu verweisen (wie es der Tradition seit dem Canon Episcopi entsprach; im übrigen wies Nider auch die Vorstellung der Fahrt unter bzw. zu Herodiana und der Reise in das Fegefeuer als Wahnbilder zurück)[153]. Ein „mons veneris" wurde 1440 (gedruckt 1497) in dem Werk „De Nobilitate et Rusticitate" des Felix Hemmerlin genannt[154]. Der schwäbische Edelmann Hermann von Sachsenheim (1366/69 – 1458) schrieb in seinem Gedicht „Die Mörin" (1453) eine Parodie auf die Königin (nicht: Göttin) Venus im Berg mit ihrem vergreisten Gatten Tannhäuser. Ab da häufen sich

150 Der Hinweis auf eine der „Göttin Minne" geweihten Liebesgrotte im „Tristan" findet sich zwar bereits um 1210, meint aber eher Aphrodite (vgl. *Pabst* 1955, 100).

151 So *Löhmann* 1960, 241.

152 Vgl. *Schild* 1997, 63 ff. – Zu Nider vgl. *Tschacher* 2000.

153 Vgl. *Tschacher* 2000, 234 ff.

154 Vgl. *Pabst* 1955, 92 ff.

die Belege. Schließlich wurde 1515 das Tannhäuser-Lied gedruckt, das Venus als Teufelin charakterisierte. Die Geschichte wurde sehr bekannt; so gab es einen reichgeschmückten Wagen im Nürnberger Schembartlauf mit dem Namen „Venusberg“[155].

Im Jahre 1508 erklärte der bekannte, ab 1478 in Straßburg als Prediger tätige Johann Geiler von Kaiserberg (1445-1510) in traditionellem Sinne den Glauben an „weiber, die zu nacht fahren und ... zusammen kumen“ und „faren in fraw Venusbergk“ für teuflische Einflüsterung: der Teufel mache den dies Annehmenden „ein[en] Schein im kopff und also eine fantasey oder Träume“[156]; der „Fraw Venusbergk“ sei „ein Teufel Gespenst“[157]. Diese Bemerkungen in seinem Buch „Die Emeis“ (mit dem Titel „Unterweisung von den Unholden oder Hexen“) waren sicherlich beeinflusst von den Prozessen, die 1506 in Völs am Schlern in Südtirol stattgefunden hatten und in denen auch Hinweise auf Tannhäuser und den Venusberg gegeben worden waren[158]. Wunderschöne Feen (oder Elfen oder Engel) („ragazze bellissime“) – so hatten die Verhörten den Inquisitoren erzählt, die erstaunt von diesen Aussagen berichteten – würden dort im Berg bei „donna Venus“ tafeln, wobei auch Menschen eingeladen wären, die durch diesen Aufenthalt die Gabe des Weissagens erhalten würden. Der damals als „witch doctor“ aussagende Zuanne (Giovanni) delle Piatte erzählte von seinen Entrückungen in den Venusberg, wo (auch) die nachtfahrende Herrin Herodiades wohne; einmal, an einem Donnerstag während der Weihnachtsquatember, sei er nach der Versammlung im Venusberg mit dieser Frau und ihrer Gesellschaft in fünf Stunden auf einem schwarzen Pferd um die ganze Welt geflogen. Von daher ist es nicht verwunderlich, dass 1525 die Wyprat (Wiborada) Wustin aus Vorarlberg ihre Wahrsagekunst auf „Frau Selga“ und „Frau Venus“ zurückführte und von dem Volk der „Seligen“ sprach, den holden Frauen, die während der Quatemberzeiten – also in der dritten Woche im September, im Advent, in der ersten Woche der Fastenzeit und in der Pfingstwoche (also Zeiten, die mit dem Beginn der vier Jahreszeiten in Zusammenhang stehen)[159] – Feste feiern würden mit Gesang, Tanz und fröhlichen Gelagen. Den hessischen Wahrsager Diel Breull haben

155 Vgl. die Abbildung in *Salmen* 1976, 80.

156 Vgl. *Stöber* 1856, 18 (der aber auch auf widersprüchliche Aussagen hinweist).

157 D.h.: eine Täuschung; vgl. *Stöber* 1856, 28.

158 Dazu *Behringer* 1994, 62 f.; *Ginzburg* 1990, 95.

159 Vgl. *Lippert* 1882, 589 ff.

wir bereits kennen gelernt[160], der im Jahre 1630 ebenfalls einige Jahre lang während dieser Zeiten „im Geiste auf den Venusberg gegangen“ zu sein angab, wo ihm „fraw Holt die Toten und ihre Pein, gespiegelt in einem Wasserbecken, gezeigt“ habe. Über die Nachtfahrten des Oberstdorfer Hirten Chonrad Stoeckhlin (1549-1587) hat Wolfgang Behringer ein schönes Buch geschrieben[161]; auch er wurde nach seinem Umgang mit der „Königin Venus“ befragt. Die Zimmersche Chronik – niedergeschrieben von 1540/58 bis 1566 – berichtet von dem Meßkircher Possenreißer Peter Schneider, der sich gerühmt habe, die Kunst der Magie zu beherrschen und sich mehrmals zum Berg der Frau Venus begeben zu haben, wo man angeblich diese Zauberkünste lernen könne; er habe sogar einen Augenzeugen (namens Strölin) angegeben, der ihn einmal auf dem Weg dorthin begleitet habe, wobei sie auf Kälbern durch die Lüfte geflogen seien: durch ein unbedachtsames Brechen des Schweigegebotes sei Strölin bei Rottenburg in ein Storchennest gefallen[162].

Allgemein bekannt wurde der Venusberg durch das 1614 von Heinrich Kornmann veröffentlichte Buch „Mons Veneris, Fraw Veneris Berg“, in dem er alle Berichte über Wasser-, Erd-, Luft- und Feuergeister zusammenstellte. Er hielt diese „Geistmenschen“ für Geschöpfe des wegen dieses Wunders noch mehr zu preisenden (christlichen) Gottes. Auch Venus sei ein solcher Geistmensch, genauer: die Venusinnen, also immer wieder neue, wandelbare weibliche Gestalten, zu denen Kornmann auch z.B. die germanische Freija oder die römische Diana zählte. Diese Geistfrauen würden – da sie mit Leib und Geist (Vernunft), aber ohne unsterbliche Seele geschaffen worden seien – das eheliche Sakrament mit Männern suchen, um so durch die göttliche Gnade die Seele zu erhalten. Deshalb würden sie die Nähe zu Männern suchen und sich mit ihnen versammeln, was Kornmann als „Venusberg“ bezeichnete. Solche Venusberge sah der Autor in den üppigen Festgelagen, wie sie die Bibel oder die antiken Historien schilderten, aber auch in den Versammlungen in wirklichen Bergen, von denen er die Vulkane, dann den „Horselberg bei Isanach“ (also: den Hörselberg bei Eisenach), den Kyffhäuser (mit Kaiser Friedrich II.) und den „Prockelsberg“ (also: den Brocken im Harz) nannte. Letzterer war für ihn der Venusberg der dem Teufel ergebenen Hexen. Von diesen Hexen unterschied er ausdrücklich die Venusinnen, die die Männer begehrten, um eine Seele zu erhalten. Den „Horselberg“ brachte Kornmann mit dem Fegefeu-

160 Vgl. Anm.94.

161 Vgl. *Behringer* 1994.

162 Vgl. *Briski* 2005, 139 f.

er in Verbindung, da man das jämmerliche Heulen der Seelen von außen hören könne.

Von daher schloss sich der Kreis zu den Geschichten um den Sybillenberg, in dem sich die Frauen am Wochenende in Schlangen verwandeln würden. Denn nach der verbreiteten Glaubenstradition der Apokryphen erhielten die armen Seelen im Fegefeuer gerade für diese Zeit – also die drei Tage, in denen Christus im Grabe lag bzw. die Seelen der Vorväter aus der Vorhölle in den Himmel führte – „Urlaub von den Qualen", was bedeutete, dass die Teufel von der Aufgabe entbunden waren, die Verurteilten zu quälen; so konnten sie sich in ihre eigentliche Gestalt – Schlangen und Nattern – zurückverwandeln. Die weitere Entwicklung lag dann freilich auf der Hand. Wenn im Venusberg als dem Ort der Qualen für die armen Seelen die teuflischen Dämonen hausten, dann musste auch Venus eine solche negative Qualität aufweisen. Sie wurde zu der „teufelinne", als die sie Tannhäuser bereits in dem 1515 gedruckten Lied angesprochen hatte. Der Name „Venus" erwies sich danach als durchaus passend: sie stand für die teuflisch-böse sexuelle Wollust und Unzucht. In diesem Sinne erzählte Johannes Praetorius 1668 in seinem Buch „Blocks-Berges-Verrichtung" die alten Geschichten Kornmanns vom Hörselberg als „Seelen Berg" nach, von der Nymphe Venus und vom Tannhäuser.

Neben Venus selbst wurde als Königin im Venusberg auch Herodias (oder Herodiades) angegeben, wie z.B.1505 von dem bereits erwähnten Giovanni della Piatte in den Verfahren in Völs am Schlern. Eine andere Venusinne war für Kornmann – wie erwähnt - Diana. Dadurch konnte leicht die Verbindung zum Canon Episcopi bzw. zum Dekret des Burchard von Worms hergestellt werden. Allerdings: nicht genannt wurde von Kornmann in diesem Zusammenhang eine „Holda". Es ist daher wohl der These zuzustimmen, dass die Verbindung einer „Holda" zu Venus erst durch Johannes Praetorius hergestellt wurde, vor allem durch sein 1663 geschriebenes Werk „Saturnalia propositio", in dem er davon berichtet, dass Frau Holla oder Holda nach ihrem Umzug in den Zwölften in den Hörselberg zurückkehre[163]. Allerdings ist auch anzumerken, dass Martin Luther bereits 1518 Herodias, eine „domina hulde" und Venus zusammen genannt hatte[164].

d) Die „holde Schar" steht wahrscheinlich auch in einer Beziehung zu den als Ketzer aufgefassten Gruppen, die sich selbst als „bonshommes" usw. bezeich-

---

163 Vgl. *Golther* 1895, 492 Fn.1; *Kellner* 1994; List 1960, 307 ff.; *Rumpf* 1987, 162.

164 Vgl. *Kellner* 1994, 384; *List* 1960, 309.

neten. Jedenfalls entdeckten Inquisitoren Frauen und Männer, die sich zu einer solchen „bona gens“ („gute Gesellschaft“) zugehörig verstanden, die sie selbstverständlich nur als positiv beschrieben.

Bezeichnend dafür ist das Handbuch für Inquisitoren, das der berühmte Dominikaner Bernardo Gui (1261-1331) verfasste und in dem er die Inquisitoren anleitete, die zu Verhörenden zu befragen, ob sie glauben an oder etwas wissen „de ... mulieribus quas vocant bonas res, quae, ut dicunt, vadunt de nocte“, d.h. über „Frauen, die sie gute Wesen nennen und die – wie sie sagen – nachts umgehen“[165]. Gui bezog sich dabei offensichtlich auf frühere Informationen von Dominikanerinquisitoren, die – wie Stephanus von Bourbon oder Vinvenz von Beauvais bereits um 1250 – von diesen „bonae res“ gesprochen hatten[166]. Die Inquisitoren auf der Suche nach Ketzergemeinschaften begannen zunehmend an die Realität dieser Versammlungen und von da aus auch an die Realität der heidnischen Gestalten zu glauben. Deutlich wurde dies in Mailänder Prozessen von 1384 und 1390, in denen die Verhörten von Versammlungen ihrer „bona gens“ unter einer Madona (H)oriente berichteten, die sie auch als „Spiel der Diana (ludus Dianae), die ihr (H)erodias nennt“ bezeichneten. In den ersten Verfahren hatte der Inquisitor Ruggero da Casate noch das Geständnis formuliert mit „Du hast geglaubt, dass ...“; 1390 protokollierte der Inquisitor Beltramino da Cernuscullo das Geständnis mit den Worten: „Du bist gewesen ...“[167]. Aber auf diese Abkehr von der Tradition des Canon episcopi ist hier nicht einzugehen.

Die oben zitierte Stelle aus dem Handbuch des Bernardo Gui lautete genauer: „de fatis mulieribus“; und verwendete somit ein Wort, das heute allgemein als Bezeichnung für die Vorstellung der Feen gilt[168], die auch als „dominae fatales“ oder „selige Frauen“ in den Quellen auftauchen. Das lateinische „Fata“ (altfranzösisch „fae“, „feie“ – daraus das englische „fay“ -, neufranzösisch „fée“) bedeutete einmal allgemein „Zauber“ / „zaubern“, daneben „schicksalhaft bestimmen“. Die Feen waren Inhalt eines Schicksalsglaubens, einer volkstümlichen Natur- und Elementargeistermythologie, von Fruchtbarkeitskulten und von Vorstellungen weiser, wahrsagender Frauen. Sie wurden zum Motiv des Sybillen- wie des Venusberges zugeordnet ebenso wie zum

165 Vgl. *Seifert / Pawlik* 1999, 207.

166 Vgl. *Behringer* 1994, 59.

167 Vgl. *Behringer* 1994, 60.

168 Dazu vgl. zusammenfassend *Wolfzettel* 1984, 945 ff.

Dianakult; für sie ist die Bezeichnung als „holde Schar" höchst passend. Sie sind die Schicksalsfrauen[169] und stehen damit auch in einer Beziehung zu den Toten. Die sich daraus ergebende Ambivalenz zeigt sich in ihrer Kennzeichnung durchaus auch als „unholde" Schar.

Von daher ist es nicht verwunderlich, dass in der „turba (un)holda" des Buchardischen Dekrets ein Hinweis auf diese Feengestalten gesehen wird[170]. Es ist anzunehmen, dass die Betonung des „holda" im Sinne eines Noa-Namen zu verstehen ist[171]: man wollte die damit Gemeinten nicht erzürnen, sondern besänftigen und zu holdem Verhalten bringen; zumindest von unholdem, feindlichen und schädlichen Verhalten abbringen.

2. Dämonische Gestalten im Plural

Burchard stellte – in Übernahme eines deutschen Bußbuches des 10. Jahrhunderts – somit auf eine „holda" als „holde" bzw. „unholde Schar" ab, die eine Schar von nachtfahrenden Geistern (Gespenstern, Spukgestalten) war. Eine im Volksglauben lebende Göttin mit diesem Namen – die vergleichbar der von Burchard ebenfalls genannten Diana (oder zumindest der Herodias) wäre – wurde damit nicht angesprochen[172].

Erika Timm anerkennt dieses Ergebnis, allerdings nur in grammatikalischer Hinsicht: „holdam" beziehe sich eindeutig auf „turba". Doch inhaltlich sieht sie darin nur eine Bezeichnung *pars pro toto*, d.h.: die Schar (turba) sei durch ihre Anführerin gekennzeichnet worden, weshalb das „holdam" eben auf eine wegen der Parallele zu Diana göttliche[173] Holda hindeute[174,175]. Dafür würde sprechen, dass sonst in keiner germanischen Sprache ein an *hold / Huld* anklingendes Wort je im Singular eine Schar bezeichne. Diese These ist nicht überzeugend. Gerade wenn eine Holda in Parallele zu Diana als Göttin ge-

---

169 Vgl. *Brednich* 2004, 1400.

170 Vgl. *Behringer* 1994, 65 ff.; *Bologne* 1995, 80; *Eliade* 1975, 149 ff.; *Ginzburg* 1990, 108 ff.; *Henningsen* 1990, 191 ff.; 1991/92, 293 ff.; *Ingham* 1985, 193; *Lecouteux* 2001, 30 ff.; *Liungman* 1937 II 626 ff.; *Menzel* 1870 II 376 ff.; *Tschacher* 1999, 240 ff.; 2000, 259 ff.

171 Vgl. *de Vries* 1970 I 240. Ähnlich auch *Ginzburg* 1990, 101; *Waschnitius* 1913, 174.

172 So auch die Zusammenfassung in *Rumpf* 1987, 159 ff.

173 *Timm* 2003, 238.

174 *Timm* 2003, 32 f.

175 So *Timm* 2003, 32 f.

meint gewesen wäre, hätte Burchard sie doch neben diese Diana gestellt. Zudem hat er auch die unter der Anführung der Diana nachtfahrende Schar nicht als „turba diana" bezeichnet.

Noch mehr: Es ist darüber hinaus sogar fraglich, wie der Hinweis auf die heidnische Göttin Diana zu verstehen ist[176]. Burchard übernahm dabei (wie unter I. gezeigt) die Formulierung des Canon Episcopi im Sendhandbuch des Regino von Prüm, berief sich dafür auf das Konzil von Agathensis (Agde) des Jahres 506, ein Konzil, das von dem päpstlichen Vikar für Gallien – Caesarius von Arles (469-542) geleitet wurde, der im übrigen für die Christianisierung Galliens von entscheidender Bedeutung war. Offensichtlich wollte Burchard mit diesem Hinweis die Autorität des Caesarius beanspruchen[177]. Gemeint war aber wahrscheinlich der Theologe, der die Ansichten des Caesarius ausgeschrieben hatte, nämlich Martin von Bracara (Braga) (gest. 580), der in seiner Predigt „De correctione rusticorum" den Aberglauben der „ignorantes homines" beklagte, der ungebildeten Landbevölkerung, die die Dämonen („maligni daemones") als Gottheit verehren und wie folgt benennen würde: „in fluminibus Lamias, in fontibus Nymphas, in silvis Dianas"[178]. Dies bedeutet aber, dass auch hier eine Dämonenschar angesprochen ist, nun: die der „Dianae", die die abergläubischen Bauern auf den Großgrundbesitzungen für die Gottheiten der Wälder halten und anbeten würden. Martin sprach nicht von einem Kult der römischen Diana (oder gar der griechischen Artemis oder Hekate), sondern von den Dämonen, die die abergläubischen Menschen zu ihrer Verehrung verführten: die Neptune (für das Meer), die Lamien (für die Flüsse), die Nymphen (für die Quellen) und eben die Dianen (für die Wälder).

Diese Sprechweise (im Plural) ist sicherlich die für eine christliche, der Auffassung des Augustinus folgende konsequente Sicht. Es gibt danach keine heidnische Göttin Diana, die zu einem Dämon geworden wäre; es gibt nur Dämonen, die sich mit der Inszenierung als eine solche antike Gottheit an die Menschen wenden, um sie von ihrem Glauben an den trinitarischen Gott abzubringen und zu ihrer eigenen Verehrung (unter dem – bloßen – Namen z.B. der „Diana") zu bringen. Überall dort, wo die fehlgeleiteten Menschen dann eine solche „Diana" anbeten, steht ihnen ein Dämon gegenüber; für jede

---

176 *Klapper* 1915, 43 zitiert eine Stelle in dem pseudoaugustininischen Traktat „De spiritu et anima" des Zisterziensers Isaac de Stella (12.Jht.), in dem es heißt: „cum Diana Paganorum dea vel cum Herodiade et Minerva".

177 Vgl. *Boudriot* 1928, 19, 55 f.

178 So *Harmening* 1979, 282. – Im Singular steht: „in mari Neptunum".

Kultstätte ist es ein anderer Dämon, der sich als diese „Diana" ausgibt. Deshalb sind es eben „Dianae", die vom Aberglauben der Bevölkerung verehrt werden; und als solche sind sie Dämonen, die mit anderen durch die Nacht fahren: als dämonische Schar, zu denen der jeweilige „Diana"-Dämon so gehört wie alle anderen. In diesem Sinne nannte der Papst Johannes XXII. Auch die Succubi auch „Dianae"[179]. Und die oben zitierte Erwähnung der „Venusinnen" in dem Buch von Kornmann wird ebenfalls verständlich.

Der Hinweis des Regino in seinem Sendhandbuch für den Bischof von Trier (um 906) konnte damit nur einen lokal verehrten „Diana"-Dämon meinen. Ob dies das Diana-Heiligtum in Trier, von dessen Zerstörung durch den hl. Wulfilaich im Jahre 585 Gregor von Tours berichtete[180], oder die keltische Gottheit Epona[181] oder eine Verschmelzung von Diana und der keltischen Anu[182] betraf, kann nicht begründet gesagt werden; es kann durchaus auch eine „Erfindung" sein, um den im Volksglauben tief verankerten ekstatischen Flug von Frauen in Gefolge einer Feenkönigin in der gelehrten Terminologie mit Hilfe des theologisch besetzten Etiketts der „Diana" zu inkriminieren[183]. Näher kann auf diese Frage nicht eingegangen werden.

Hier interessiert nur die Personifikation bzw. die Individualisierung von der „turba holda" zu der Führerin dieser Schar namens „Holda", die dann mit Diana oder Herodias oder anderen weiblichen Gestalten verglichen werden konnte. Unter V. und VI. werden dazu abschließend einige kurze Hinweise versucht. Zuvor soll in einem Exkurs kurz auf die Dichtung von Richard Wagner eingegangen werden, in der der Venusberg, die Venus und die Holda von Bedeutung sind (wobei manche Wiederholung nicht zu vermeiden sind).

3. Exkurs: Holda und Venusberg in Wagners „Tannhäuser"

In einem Exkurs ist kurz auf die Oper von Richard Wagner einzugehen, die wir heute als „Tannhäuser und der Sängerkrieg auf Wartburg" kennen, die ursprünglich aber einen anderen Titel tragen sollte. Dazu Wagner selbst: .

179 Vgl. *Tschacher* 1999, 255.

180 Vgl. *Behringer* 1994, 58. – Zur „Diana Trivia" (als Nachleben der Hekate) vgl. *J. Kraus* 1998, 137; *Tschacher* 1999, 237

181 Vgl. *Ginzburg* 1990, 106 (dazu *Behringer* 1994, 57).

182 Vgl. *Lecouteux* 2001, 22.

183 So *Tschacher* 1999, 275.

> Nur gegen den Titel, welcher damals noch 'Der Venusberg' lautete, war [der würdige Hofmusikalienhändler] Meser so vollständig eingenommen, dass er mir ihn auch wirklich ausredete: er behauptete, ich käme nicht unter der Publikum und hörte nicht, wie man über diesen Titel die abscheulichsten Witze machte, welche namentlich von den Lehrern und Schülern der medizinischen Klinik in Dresden, wie er meinte, ausgehen müssten, da sie sich auf eine nur in diesem Bereich geläufige Obszönität bezögen[184].

Mit diesen Worten schilderte Richard Wagner in seiner Autobiographie „Mein Leben" die Zeit der Publizierung des Klavierauszuges seiner neuesten Oper in Dresden 1845. Was er damit meinte, liegt auf der Hand: „Venusberg" („mons Veneris") war – nach der Oeconomischen Enzyklopädie des J.G. Krünitz (ab 1773) – die Bezeichnung für „den von unterliegendem Fett etwas erhabenen und mit Haaren bewachsenen Teil über den weiblichen Geburtsgliedern"; auch „Schamhügel" (mons pubis) genannt. „Im Venusberg sein" konnte deshalb leicht bedeuten: „geschlechtlich verkehren". Wagner jedenfalls ließ sich von Meser überreden und wählte einen anderen Titel für seine neue Oper: „Tannhäuser und der Sängerkrieg auf Wartburg". Die erste Szene spielt in eben diesem Venusberg, den Wagner sogar lokalisierte: im „Hörselberg bei Eisenach"; und im Vordergrund Tannhäuser und Venus, ruhend nach einem Jahr voller Liebeswonnen, göttlicher Lust, brennender Leidenschaft und vollkommener Trieberfüllung. Der Mensch Tannhäuser, früher ein begeisterter „kühner" Sänger von dieser wilden orgiastischen Liebe, dadurch von den Menschen seiner Zeit entfremdet, aber von der Göttin der Liebe – Venus – in ihren Berg aufgenommen, ist von dieser unendlichen Lusterfüllung so gesättigt, dass er wieder Sehnsucht nach dem früheren Leben bekommt: nach den grünen Wäldern, dem blauen Himmel, dem Gesang der Vögel im Mai, ja sogar nach einem Leben in Entsagung und Schmerzen. Er will deshalb weg aus diesem Liebesreich, auch wenn er verspricht, dort in der menschlichen Welt weiterhin das Loblied der Liebesgöttin zu singen. Mit dem Ruf „Mein Heil liegt in Maria" verschwindet der Venusberg; und Tannhäuser findet sich in einem schönen Tal, vor einem Muttergottesbild, über ihm blauer Himmel, ein strahlender Tag im Mai, von Ferne hört man Herdenglocken; und ein junger Hirt singt – sich begleitend auf der Schalmei – ein Lied über die Maiengöttin: „Frau Holda kam aus dem Berg hervor, zu zieh'n durch Fluren und Auen; gar süßen Klang vernahm da mein Ohr". Tannhäuser ist der Welt zurückgegeben; mit welchem Ende, ist hier nicht das Thema.

---

184 *Wagner* 1963, 313 f.

Interessant ist diese von Wagner ausdrücklich hervorgehobene Konstellation (noch dazu: für den wonnigen Monat Mai): Venus im Berg – Holda, aus dem Berg hervorkommend – Maria außerhalb des Berges. Für einen Lutheraner ist diese Betonung der Gottesmutter Maria bemerkenswert, aber nicht einzigartig. Die Romantiker (Novalis, aber auch Eichendorff [Das Marmorbild; Gedicht „Götterdämmerung"]) verehrten unabhängig von ihrem Bekenntnis in Maria die jugendliche, mütterliche, daher sich hingebende Liebe, die durchaus erotische Färbung hatte, aber nicht diese triebhafte Wildheit ausdrückte, die sie der Venus zuordneten (weshalb z.B. Eichendorff eine Gegnerschaft Venus – Maria aufbaute). Und bezüglich Holda schrieb Wagner ausdrücklich in den Erstdruck des Textbuches folgende Zeilen: .

> Die altgermanische Göttin Holda, die Freundliche, milde und gnädige, deren jährlicher Umzug durch das Land den Fluren Gedeihen und Fruchtbarkeit brachte, musste mit der Einführung des Christenthums das Schicksal Wodan's und aller übrigen Götter teilen, deren Dasein und Wunderkräfte, da der Glaube an sie im Volke zu tief wurzelte, zwar nicht gänzlich bestritten, deren frühere segensreiche Einwirkung jedoch verdächtigt und zu bösartigen umgebildet wurde. Holda ward in unterirdische Höhlen, in das Innere von Bergen verwiesen; ihr Auszug ward ein unheilbringender, ihr Gefolge ähnlich dem wilden Heere. Später (während der Glaube an ihr mildes, naturbelebendes Walten bei dem niederen Volke jedoch unbewusst noch fortlebte) ging ihr Name sogar in den der Venus über, an welchen sich alle Vorstellungen einer unseligen, zu böser, sinnlicher Lust verlockenden zauberischen Wesens ungehinderter anknüpften. Als einer ihrer Hauptsitze ward in Thüringen das Innere des Hörselberges bei Eisenach bezeichnet: dort war der Frau Venus Hofhaltung der Ueppigkeit und Wollust; oft konnte man selbst außen rauschende, jubelnde Musik vernehmen, die reizenden Klänge verlockten aber nur diejenigen, in deren Herzen bereits wilde sinnliche Sehnsucht keimte: sie gerieten, von den freudig verführerischen Klängen angezogen und geleitet, ohne zu wissen wie? in den Berg. – Es geht die Sage von einem Ritter und Sänger Tannhäuser (mythisch und selbst späteren Ansichten nach völlig gleich dem Heinrich von Ofterdingen im Wartburgkriege), nach welcher dieser in den Venusberg geraten sei und dort an Frau Venus Hofe ein ganzes Jahr zugebracht habe.[185].

Diese These wird im Übrigen im Text von Venus selbst wiederholt, wenn sie Tannhäuser warnt: „Hin zu den kalten Menschen flieh, vor deren blödem, trübem Wahn der Freude Götter wir entflohn tief in der Erde wärmendem Schoß" (weshalb im Übrigen die Welt [„aus der die Göttin wich"] nun öde sei). Wagner hat diese These sicherlich aus den „Elementargeistern" von Heinrich Heine (1837), in denen dieser ausführlich auf die Geschichte von Tannhäuser im Venusberg eingegangen war (und dabei sicherlich von der Erzählung „Der getreue Eckert und der Tannenhäuser" [1799] von Ludwig

---

185 *Wagner* 1983 II, 90.

Tieck beeinflusst war); welche These von Heine dann in der 1853 – also nach dem Wagnerschen „Tannhäuser" – erschienenen Schrift „Die Götter im Exil" wiederholt wurde. Heine hatte sie übernommen von dem Germanisten Jacob Grimm, der – wie oben dargestellt – in seiner „Deutschen Mythologie" (erstmals 1835) von einer Muttergöttin Holda berichtete, die er als „die freundliche, milde, gnädige göttin und frau" kennzeichnete und in ihr die Vorform von Diana, Artemis, Fricka, Freyja, Perchta, Venus, Isis, Hekate usw. sah, also alle maßgebenden Göttinnen, eine Muttergöttin, die dann zur Gottesmutter Maria verchristlicht worden sei (und die im Märchen zur Frau Holle geworden sei).

Für das Thema „Venusberg und Tannhäuser" fand Wagner also bereits in Heines Essay viele Quellen vor. Heine brachte selbst das Lied vom Tann(en)häuser, das erstmals 1515 in Nürnberg gedruckt worden war und das er auch in den Büchern „Mons Veneris oder Fraw Veneris Berg" des Heinrich Kornmann (1614) und „Blocks-Berges-Verrichtung" (1668) des Johannes Praetorius sowie in „Des Knaben Wunderhorn"(1805-1808) und in Ludwig Bechsteins „Die Sagen von Eisenach und der Wartburg" (1835) vorgefunden habe. Doch muss diese Geschichte noch älter sein als 1515, muss also eine längere Singtradition haben. Aus dem Jahre 1453 ist ein Dialoglied zwischen Frau Venus und Tannhäuser überliefert. In demselben Jahre 1453 schrieb der damals über 80 Jahre alte Hermann von Sachsenheim seine Geschichte von der „Mörin", in der der Ich-Erzähler von einem Greis und einem Zwerg auf eine dem Paradies gleichende Insel entführt wird, die das Reich der Königin Venus-Minne darstellt, die dort mit ihrem Mann, dem König Tannhäuser, lebt, und wo ihm ein Prozess wegen eines der Venus früher gemachten eidlichen Versprechens gemacht wird[186]. An einer Stelle wird auch der „Venusberg" erwähnt: als ein Ort, an dem Frauen, Ritter, Jungfrauen viel Kurzweil treiben bei Singen, Saitenspiel und Tanzen; und es sei fortwährende Maienzeit; und der Ort sei auch voller Gold und voller Wunder (Vers 3903 ff). Noch früher (um 1400) schrieb ein unbekannter Minnesänger, der sich selbst „Niemand" nannte und nach einem seiner Lieder Meister Altswert genannt wird (weil alte Schwerter den jungen als Liebhaber vorzuziehen seien); schrieb also dieser Sänger ein Lied „Der Tugenden Schatz", in dem er in Gedanken an seine Geliebte versunken einem Zwerg begegnet, der ihn in den Venusberg führt, wo er von der Königin Venus eine zwölfzackige Krone mit Edelsteinen – die die Tugenden verkörpern – als Geschenk für seine Frau erhält.

---

186 Eine ähnliche Geschichte erzählt die Minnerede „Das Minneturnier" aus dem 15. Jh. – Das Gedicht von der „Mörin" wird in der Zimmerschen Chronik (Bd.1, 454) erwähnt (mitsamt dem Venusberg).

In diesen Minneliedern ist Venus die allegorische Personifizierung der sinnlichen Liebe, von der die Sänger eben schwärmen; sie ist daher nicht negativ dargestellt. Doch zeigt das Lied „Der Tugenden Schatz", dass der Berg nicht nur der Venus, sondern auch der Frau Ehre gehört, was deutlich macht, dass Venus als solche nicht mehr ehrenhaft gedacht wird[187]. Sie wird zunehmend zu der „falschen Minne" (im Sinne eines sexuellen Libertinismus). Interessant ist auch der Weg in das Reich der Venus in der „Mörin" geschildert: der Ich-Erzähler muss einen Trank zu sich nehmen, der ihm die Sinne nimmt (ihm also den Tod bringt); der Zwerg, der ihm den Trank reicht, bedient sich dabei eines Briefes, der mit Blut beschrieben ist, usw. In einem Brief des Aeneas Silvius vom 15.Januar 1444 an seinen Bruder, in welchem er diesen um Hilfe bat für den Leibarzt des Herzogs von Sachsen, der das Zaubern lernen wolle, wurde der Venusberg als Ort der schwarzen Magie genannt: er sei bevölkert von Hexen, Gespenstern und Dämonen. Vor allem wandernde Scholaren behaupteten von sich, die schwarze Kunst (Nigromantie) im Venusberg gelernt zu haben (so im 1510 gedruckten „Liber Vagantorum" und in einem Spruch von Hans Sachs). Das Lied vom Tann(en)häuser des Jahres 1515 dagegen zitiert den Ausspruch Tannhäusers: „O Venus, edle Jungfrau zart, ihr seyd eine Teufelinne". In ähnlicher Weise wird sie in einem Fasnachtspiel („Der Thanhauser, der gibt ein gut ler") und bereits im Dialoglied von 1453 gekennzeichnet. Dazu passt eine Stelle in dem 1438 von dem Dominikanerinquisitor Johann Nider verfassten Traktat „Praeceptorium divinae legis", in dem vom Venusberg („mons Veneris") die Rede ist, wo gewisse Leute mit den schönsten Frauen nach Belieben Lust und Vergnügen genießen würden; um zugleich diese Erzählungen in den Bereich der Fabel und der teuflischen Täuschung zuzuweisen. Ein „mons veneris" wurde um 1450 (gedruckt 1497) in dem Werk „De Nobilitate et Rusticitate Dialogus" des Felix Hemmerlin genannt. Im Jahre 1508 erklärte der bekannte, ab 1478 in Straßburg als Prediger tätige Johann Geiler von Kaiserberg (1445-1510) den Glauben an „weiber, die zu nacht fahren und ... zusammen kumen" und „faren in fraw Venusbergk" für teuflische Einflüsterung: der Teufel mache den dies Annehmenden „ein[en] Schein im kopff und also eine fantasey oder Träume"[188]; der „Fraw Venusbergk" sei „ein Teufel Gespenst"[189]. Diese Bemerkungen in seinem Buch „Die Emeis" (mit dem Titel „Unterweisung von den Unholden oder Hexen") waren sicher-

187 Vgl. *Blank* 1983, 112 f.

188 Vgl. *Stöber* 1856, 18 (der aber auch auf widersprüchliche Aussagen hinweist).

189 D.h.: eine Täuschung; vgl. *Stöber* 1856, 28.

lich beeinflusst von den Prozessen, die 1506 in Völs am Schlern in Südtirol stattgefunden hatten und in denen auch Hinweise auf Tannhäuser und den Venusberg gegeben worden waren[190]. Wunderschöne Feen (oder Elfen oder Engel) („ragazze bellissime") – so hatten die Verhörten den Inquisitoren erzählt, die erstaunt von diesen Aussagen berichteten – würden dort im Berg bei „donna Venus" tafeln, wobei auch Menschen eingeladen wären, die durch diesen Aufenthalt die Gabe des Weissagens erhalten würden. Der damals als „witch doctor" aussagende Zuanne (Giovanni) delle Piatte erzählte von seinen Entrückungen in den Venusberg, wo (auch) die nachtfahrende Herrin Herodiades wohne; einmal, an einem Donnerstag während der Weihnachtsquatember, sei er nach der Versammlung im Venusberg mit dieser Frau und ihrer Gesellschaft in fünf Stunden auf einem schwarzen Pferd um die ganze Welt geflogen. Von daher ist es nicht verwunderlich, dass 1525 die Wyprat (Wiborada) Wustin aus Vorarlberg ihre Wahrsagekunst auf „Frau Selga" und „Frau Venus" zurückführte und von dem Volk der „Seligen" sprach, den holden Frauen, die während der Quatemberzeiten – also in der dritten Woche im September, im Advent, in der ersten Woche der Fastenzeit und in der Pfingstwoche (also Zeiten, die mit dem Beginn der vier Jahreszeiten in Zusammenhang stehen)[191] – Feste feiern würden mit Gesang, Tanz und fröhlichen Gelagen. Der hessische Wahrsager Diel Breull gab an, im Jahre 1630 ebenfalls einige Jahre lang während dieser Zeiten „im Geiste auf den Venusberg gegangen" zu sein angab, wo ihm „fraw Holt die Toten und ihre Pein, gespiegelt in einem Wasserbecken, gezeigt" habe. Auch der Oberstdorfer Hirte (und Wahrsager) Chonrad Stoeckhlin (1549-1587) wurde nach seinem Umgang mit der „Königin Venus" befragt. Die Zimmersche Chronik – niedergeschrieben von 1540/58 bis 1566 – berichtet von dem Meßkircher Possenreißer Peter Schneider, der sich gerühmt habe, die Kunst der Magie zu beherrschen und sich mehrmals zum Berg der Frau Venus begeben zu haben, wo man angeblich diese Zauberkünste lernen könne; er habe sogar einen Augenzeugen (namens Strölin) angegeben, der ihn einmal auf dem Weg dorthin begleitet habe, wobei sie auf Kälbern durch die Lüfte geflogen seien: durch ein unbedachtsames Brechen des Schweigegebotes sei Strölin bei Rottenburg in ein Storchennest gefallen[192].

Für diese negative (dämonische) Sicht nimmt man heute zahlreiche frühere Quellen an, die allerdings zunächst nicht von Venus selbst handeln. Um 1440

190 Dazu *Behringer* 1994, 62 f.; *Ginzburg* 1990, 95.

191 Vgl. *Lippert* 1882, 589 ff.

192 Vgl. *Briski* 2005, 139 f.

berichtete Antoine de la Sale in seinem Roman „Paradis de la reine Sibylle“ von einem Sibyllenberg, also einem Berg, in dem eine Sibylle – eine weissagende Prophetin – lebt, in den ein deutscher Ritter und sein Knappe geraten sei. Dabei knüpfte er an einen Roman von Andrea de Magnabotti da Barbarino aus dem Jahre1410 an, in dem von dem Helden Guerrino erzählt wird, der in den Berg der Sybille Cumana (also in die Grotte Cumae bei Neapel) und in deren erotische Fänge gerät, die er dann als teuflische Dämonin erkennt, aus dem Berg flieht und nach Rom pilgert, um Absolution zu erbitten. Auch dafür gab es einen literarischen Vorläufer. In einer franko-venezianischen *Chanson de geste* (13. Jh.) gelangt der Ritter Huon von Auvergne auf der Suche nach dem Eingang zur Hölle am Ufer des Tigris in ein Land der Jugend und Freude, dessen wunderschöne, als Witwe gekleidete Herrscherin ihm ihre Liebe anträgt und ihm verspricht, ihm als Gegenleistung den Eingang zur Hölle zu weisen. Als Huon widersteht und Gottes Hilfe anruft, verwandeln sich die Königin und ihr Gefolge in gehörnte Teufel und das Schloss und seine Einwohner gehen in Flammen auf. Huon findet sich wieder in einem Wald, in dem sein Ross an einen Baum angebunden ist, und kann seine Suche fortsetzen. Ebenfalls im 13. Jahrhundert entstand in Schottland die Ballade von Thomas Rhymer, die auf den historischen Sänger Thomas Learmont von Erceldoune (um 1220 – um 1298) anspielte und von einem Sänger erzählte, der mit seinem Lied die Feenkönigin begeisterte und als Belohnung sieben Jahre mit ihr im Feenreich Liebe leben durfte. Zum Abschied schenkte sie ihm einen Apfel, der ihm die Gabe der Weissagung gewährte. Dann versprach sie ihm, sie werde ihm irgendwann zwei Boten schicken, die ihn ins Feenland zurückholen sollten. Thomas, der immer noch von Liebe zu ihr ergriffen war, war gerne damit einverstanden. Bei den Menschen lebte er dann 78 Jahre und gab ihnen seine Weissagungen. Dann folgte er zwei weißen Hirschen in den Wald und ward nicht mehr gesehen. Theodor Fontane hat dieser Gestalt ein Gedicht gewidmet, die Carl Loewe vertont hat.

Es ging also zunächst offensichtlich um Feen: Geisterwesen, die aus feinen Stoffen gebildet und mit höheren Kräften (vor allem Weissagungen) begabt vorgestellt wurden (abgeleitet von den römischen Schicksalsgöttinnen „Fatae“). Sie wurden als die Feinen, Lieblichen, Holden bezeichnet und unter Aufnahme persischer und arabischer Vorstellungen – die die Kreuzfahrer mitgebracht hatten – erotisiert: zu verführerischen Mädchengestalten, die Männer auf ihre Insel (Avalon) oder in ihre Höhlen oder – wie die Nymphen – hinab in das Wasser lockten, um nie wieder gesehen zu werden; offensichtlich Vorstellungen von weiblichen Todesgeistern (was auch die Fähigkeit der Weissagung verständlich macht). Wegen der verführerischen Natur konnten sie leicht eine Verbindung zur Liebesgöttin Venus eingehen; und damit zu dem teuflischen Dämon, als der Venus – wie alle anderen heidnischen Gottheiten – seit dem Kirchenvater Augustinus angesehen wurden. Aber auch die Totengeister wurden vom Christentum abgelehnt: die Toten würden bis zur Auferstehung in den Gräbern ruhen; allerdings mit Ausnahme der „armen Seelen", die zwar nicht verdammt werden würden, aber auch noch nicht geeignet für den Eingang in das Himmelreich wären. Sie wurden nach zeitgenössischer Auffassung im Fegefeuer gereinigt, durch ein Feuer, das ihnen auch äußere Schmerzen brachte: gepeinigt durch teuflische Dämonen; ihre Schmerzen konnte man manchmal aus der Tiefe hören: im Volk stellte man sich mehrere Orte vor, in denen dieses Fegefeuer brannte; wie z.B. den Hörselberg bei Eisenach (welche Geräusche heute als durch Luftzüge hervorgebracht erklärt werden). Von daher sind die genannten Aussagen der Wahrsager interessant. Diel Breull berichtete z.B., dass er im Venusberg Menschen im Feuer habe brennen sehen. Diese armen Seelen hätten ihm auch Warnungen für die noch Lebenden mitgegeben, auch ihm die Zukunft mitgeteilt, weshalb er weissagen könne.

Allgemein bekannt wurde der Venusberg durch das 1614 von Heinrich Kornmann veröffentlichte Buch „Mons Veneris, Fraw Veneris Berg", in dem er alle Berichte über Wasser-, Erd-, Luft- und Feuergeister zusammenstellte. Er hielt diese „Geistmenschen" für Geschöpfe des wegen dieses Wunders noch mehr zu preisenden (christlichen) Gottes. Auch Venus sei ein solcher Geistmensch, genauer: die Venusinnen, also immer wieder neue, wandelbare weibliche Gestalten, zu denen Kornmann auch z.B. die germanische Freija oder die römische Diana zählte. Diese Geistfrauen würden – da sie mit Leib und Geist (Vernunft), aber ohne unsterbliche Seele geschaffen worden seien – das eheliche Sakrament mit Männern suchen, um so durch die göttliche Gnade die Seele zu erhalten. Deshalb würden sie die Nähe zu Männern suchen und sich mit ihnen versammeln, was Kornmann als „Venusberg" bezeichnete. Solche Venusberge sah der Autor in den üppigen Festgelagen, wie sie die Bibel oder die antiken Historien schilderten, aber auch in den Versammlungen in wirklichen Bergen, von denen er die Vulkane, dann den „Horselberg bei Isanach" (also: den Hörselberg bei Eisenach), den Kyffhäuser (mit Kaiser Friedrich II.) und den „Prockelsberg" (also: den Brocken im Harz) nannte. Letzterer war für ihn der Venusberg der dem Teufel ergebenen Hexen. Von diesen Hexen unterschied er ausdrücklich die Venusinnen, die die Männer begehrten, um eine Seele zu erhalten. Den „Horselberg" brachte Kornmann mit dem Fegefeuer in Verbindung, da man das jämmerliche Heulen der Seelen von außen hören könne.

Wagner hat diesen Hörselberg als Venusberg übernommen. Doch findet sich bei ihm – als Lutheraner – selbstverständlich kein Hinweis mehr auf den Berg des Fegefeuers. Auch die frühere christliche Verteufelung der Venus ist nicht übernommen; sie fand sich noch bei Heinrich Heine, der dem Christentum diese negative Wirkung zuschrieb: es habe aus den antiken Göttern „böse Geister" gemacht, .

> welche durch den Sieg Christi vom Lichtgipfel ihrer Macht gestürzt, jetzt auf Erden, im Dunkel alter Tempeltrümmer oder Zauberwälder, ihr Wesen trieben und die schwachen Christenmenschen, die sich hierhin verirrt, durch ihre verführerischen Teufelskünste, durch Wollust und Schönheit, besonders durch Tänze und Gesang, zum Abfall verlockten (Götter im Exil).

Für Tieck war deshalb auch der Satan der Wegweiser in den Venusberg. Noch Baudelaire wies in seinem Essay über Wagners Tannhäuser (1861) auf dieses Thema hin: „Tannhäuser stellt den Kampf der zwei Prinzipien dar, die das menschliche Herz zu ihrem Hauptschlachtfeld erwählt haben: d.h. des Fleisches mit dem Geiste, der Hölle mit dem Himmel, Satans mit Gott.".

Angemerkt sei, dass dieser Verteufelung der antiken Götter in der klassischen Dichtung eine andere Auffassung gegenüberstand; wie z.B. in Schillers Gedicht „Die Götter Griechenlands" (1788); auch im 2. Teil der Wallenstein-Triologie hieß es: .

> Die alten Fabelwesen sind nicht mehr, das reizende Geschlecht ist ausgewandert; doch eine Sprache braucht das Herz, es bringt der alte Trieb die alten Namen wieder, und an dem Sternenhimmel gehen sie jetzt, die sonst im Leben freundlich mitgewandelt. Dort winken sie dem Liebenden herab, und jedes Große bringt uns Jupiter noch diesen Tag, und Venus jedes Schöne.

Hier sind also die antiken Götter als Sterne am Himmel vorgestellt; erinnern wir uns an Wolframs Lied über die Liebe: „Da blick ich auf zu einem nur der Sterne, der an dem Himmel, der mich blendet, steht: es sammelt sich mein Geist aus jeder Ferne, andächtig sinkt die Seele in Gebet.".

Gemeint ist der Abendstern, also der Stern Venus; von Wolfram verstanden als die Venus Urania, die entsagende, die erotische Begierde transzendierende hohe Liebe (im Gegensatz zur Venus Cypria, der irdischen, sinnlichen, begehrenden Liebe). Es ist darauf hinzuweisen, dass dieser Abendstern vom Christentum mit Maria in Verbindung gebracht wurde.

Von dieser sinnlichen Liebe erzählte im übrigen E.T.A. Hoffmann in seinem Zyklus „Die Serapionsbrüder", nämlich in der Erzählung vom Kampf der Sänger. Der Höllengeist Nasisas bringt Klingsohr, der mit ihm im Bunde steht, zu einem verlockenden Lied „von der schönen Helena und von den überschwänglichen Freuden des Venusberges": „und es war, als wenn die Flammen, die Nasias um sich sprühte, zu lüsterner Begierde und Liebeslust atmenden Düften würden, in denen die süßen Töne auf und nieder wogten, wie gaukelnde Liebesgötter".

Aber – wie gesagt – anders Wagner. In der Dresdner Fassung des „Tannhäuser" kann man lesen: Weite Grotte im Venusberg. Im Hintergrunde dehnt sich ein See aus, in ihm baden Najaden; am Ufer sind Sirenen gelagert. Venus liegt einem Lager ausgestreckt, vor ihr Tannhäuser, das Haupt in ihrem Schosse. Tanzende Nymphen, an den Seiten der Grotte lagern liebende Paare. Und die Sirenen singen und locken: „Naht euch dem Strande! Naht euch dem Lande, wo in den Armen glühender Liebe selig Erbarmen still' eure Triebe!" Noch deutlicher beschreibt Wagner in der Pariser Fassung 1861 ausdrücklich das Innere des Berges als eine weite Grotte mit einer zerklüfteten Öffnung, aus der mattes Tageslicht herein scheint, mit einem Wasserfall und einem Wasserbecken; die Szene erfüllt mit den drei Grazien, schlafenden Amoretten, Nymphen und Sirenen, die in ein Liebesspiel mit Jünglingen geraten, in das dann Satyre und Faune einbrechen und Jagd auf die Nymphen machen; es steigert sich der allgemeine Liebestaumel zur höchsten Wut, zur höchsten Raserei. Als dann endlich durch den Einfluss der Grazien wieder Ruhe (weil Erschöpfung nach dem Liebestaumel) eintritt, zeigen Nebelbilder im Hintergrund die Entführung der Europa durch den Zeus-Stier und Leda mit dem Zeus-Schwan. Also ein Venusberg als ein humanistisch-griechischer Ort! Auch Venus selbst ist als liebende Frau gezeichnet, die den geliebten Tannhäuser nicht gehen lassen und ihn daher am Ende wieder bei sich haben will. Doch ist sie die Gestalt einer sinnlichen, begehrenden, erregenden leidenschaftlichen Liebe, die – als göttlich und daher als Prinzip gedacht – den Menschen Tannhäuser überfordert. Ihr wird das andere göttliche Prinzip gegenübergestellt: die (Gottes-) Mutter Maria, die Himmelskönigin. Aber selbst dies ist nicht ganz richtig. Wagner lässt Wolfram von Eschenbach von seiner strahlenden Liebe singen, die er als Abendstern am Himmel anbetet. Es ist der Stern der Venus, den das Christentum aber auch als Stern der Maria – der zugleich der Morgenstern ist – ansieht. So einfach sah also der Wagner des „Tannhäuser" die Liebe und die Frau nicht. Und man braucht nur die Gleichsetzung von Venus mit der Leben gebenden Holda und der holden Himmelskönigin Maria mit einzubeziehen!.

V. „domina (un)holda" und „fraw (un)hold"

Die Personifikation war jedenfalls dort durchgeführt, wo von „Holda" als einer Frauengestalt, als einer „domina" oder „fraw" gesprochen wurde. Unter 1. sind einige einschlägige Quellen anzuführen. Als 2. wird das Problem der Personifikation als solches angesprochen.

1. Einige Quellenbelege:.

Offensichtlich war der deutsche Zisterzienser Rudolf in seinem zwischen 1236 und 1250 geschriebenen Traktat „De officio Cherubyn" (dem ersten Teil der „Summa de confessionis discretione") der Erste, der von einer „regina celi" schrieb, die „vulgus dominam Holdam appellat"[193]. 1457 übersetzte Nikolaus von Kues als Bischof von Brixen die „bona domina Richella", von der zwei Frauen erzählt hatten, mit „Hulda" (und interpretierte sie als jenen Dämon, der im Canon episcopi als „Diana" bezeichnet worden sei[194]). Im Jahre 1484 warnte Stephan von Landskron in seinem Buch „Die Himmelstrasz" vor dem (Aber-) Glauben an „die frawen bercht oder an die frawen hult, an herodiadis an dyana die heidnisch goettin oder tewfelin" und an „die nachtvarenden"[195]. Hier fand sich schon die Zusammenstellung von Perchta, Holda, Herodias und Diana und der unter IV. dargestellte Zusammenhang mit den nachtfahrenden Dämonen, die nun als Teufel gekennzeichnet waren. Konsequent wechselte der 1468 gestorbene Johann Herolt in seinen erst 1497 veröffentlichten „Sermones Discipuli" die Sprechweise. Er sprach von einer Holda, die „vulgari die frawen unhold" genannt werde[196]. Bereits erwähnt wurde der Hinweis von Martin Luther in der 1518 veröffentlichten Schrift „Decem praecepta Wittenbergensi praedicata populo" auf eine „domina Hulde", die er mit Herodias und Venus als Führerin der Nachfahrenden gleichsetzte[197]. Einige weitere Quellen nennt Erika Timm[198].

---

193 Vgl. *Franz* 1906, 428; *Klapper* 1915, 24 ff. (der die Angaben von Franz korrigiert). Auf dieselbe Quelle stellen *Ginzburg* 1990, 121 Anm.95; *Koch* 1937, 161; *List* 1956, 81 ab.

194 Vgl. *Behringer* 1994, 62.

195 Vgl. *Baroja* 1967, 299; *List* 1953, 447 Fn.3; so schon *Grimm* 1875/78 III 88

196 Vgl. *Grimm* II 778; *Kellner* 1996, 360.

197 Vgl. *Kellner* 1994, 384; *List* 1960, 309.

198 *Timm* 2003, 14 ff.

2. Das Problem der Personifikation

Zu fragen ist, wie es zu dieser Personifikation kommen konnte.

Betrachten wir zum Vergleich einige andere Namen von Frauengestalten, die Diana und Herodias an die Seite gestellt wurden! „Satia“ und „Abundantia“ wurden vom Pariser Bischof Wilhelm von Auvergne um 1230 nicht nur genannt, sondern zugleich auch erklärt: sie stünden für „satietas“ („Sattheit“) und „abundantia“ („Überfluss“), den sie den von ihr besuchten Wohnungen schenke[199]. Von Abundantia bezog die „Dame Habonde“ im Rosenroman des Jean de Meung (um 1280) ihren Namen. In vergleichbarer Weise ist sicherlich die „domina Richella“ zu verstehen, die Nikolaus von Kues 1457 für Diana als „Fortuna“ angab[200]. Die von einem Konzil in Couserans 1280 genannte „Bensonia“ (oder auch „Bensozia“ oder „Bisozia“) leitete ihren Namen offensichtlich von „bona socia“ (für „bona gens“ oder „bonae res“) ab, die wir aus dem Handbuch des Inquisitors Bernardo Gui her kennen[201]. „Madona (H)oriente“ entstand vielleicht aus „stella Diana in oriente“[202] oder aus „versa facie ad orientem cum oratione dominica“[203]. Zu „Perchta“ als Allegorie der christlichen Fest- und Fasttage finden sich unter III.3.a einige Hinweise; die Verwandtschaft von „Befana“ mit dem Epiphanie-Fest liegt ebenso auf der Hand[204]. Vergleichbar sind die Namen, die Thomas von Haselbach im 15. Jahrhundert mitteilt, zu verstehen: „Phinzen“ ist die Personifikation des Gründonnerstags, „Sack semper“ die des Sempertac (der auf den achten Tag nach dem Dreikönigstag fällt)[205]. Selbst „Venus“ wird auf „fraw Vrene“ (und damit auf die heilige Verena) zurückgeführt[206].

Für „Holda“ kann daraus nichts abgeleitet werden (wenn auch der Hinweis – dass die Abbreviatur von „Habundia“ im Traktat über den Aberglauben des Nikolaus von Jauer (1405) für „Huldie“ gelesen wurde[207] – angemerkt werden

---

199 Vgl. *Kellner* 1994, 373; *Lecouteux* 2001, 25; *Naumann* 1927, 124. – Zur „Fee Abunde“ im „Atta Troll“ vgl. *Heine* 1964 II 114.

200 Vgl. *Behringer* 1994, 62; *Binz* 1909, 151; *Ginzburg* 1990, 97.

201 Vgl. *Behringer* 1994, 58; *Ginzburg* 1990, 93, 115 Anm.10.

202 So *Tschacher* 1999, 258.

203 So *Behringer* 1994, 59.

204 Vgl. *Naumann* 1927, 124.

205 Vgl. *Lecouteux* 2001, 27.

206 Vgl. *Ingham* 1985, 192.

207 Vgl. *Naumann* 1927, 124.

soll), außer dass ein weiblicher Name nicht unbedingt für eine identifizierbare Frauengestalt (als Realität oder Vorstellung) steht. Von daher konnte man ohne größere Schwierigkeit die „holde Schar“ zu einer „Schar mit oder unter einer Holda“ machen[208], was vielleicht im Bezug auf die gesellschaftlich-politische Lage – Bedürfnis nach einer zentralen Führung – hilfreich war. Zugleich war die Verbindung zu Diana und Venus leicht(er) herstellbar, also zu antiken Göttinnen. Dies fand sich vielleicht bereits im Sendhandbuch von Regino. Doch muss beachtet werden, dass die antiken Gottheiten vom Humanismus belebt wurden: nicht als „wirkliche“ Gottheiten, sondern – wie z.B. Venus - als Planetengötter[209] oder als allegorische Personifikationen vor allem von moralischen Begriffen[210].

VI. "Unsere liebe Frau"

Doch bleibt noch ein Weg, diese Personifikation verständlich zu machen; ein Weg, der eigentlich auf der Hand liegt, wenn man nach der „holden Frau“ in unserer Tradition sucht. Es ist selbstverständlich die huldvolle („pia“) Gottesmutter Maria[211]. Als Abschluss sei dieser Weg angedeutet.

Schon Wolfgang Golther stellt 1895 die unter III.1. nachgezeichnete Auffassung von Jacob Grimm, die positiven Eigenschaften der germanischen (holden) Muttergöttin seien auf die christliche Gottesmutter Maria übertragen worden, in Frage, ja drehte sie sogar für die volkstümliche Holda – die dann im Märchen von der Frau Holle ihren Ausdruck fand – um. „Frau Holle ist der Maria nachgeahmt.“[212] Edgar A. List untermauerte 1956 diese These[213]. Dabei setzte er an der oben zitierten Stelle der zeitlich ersten Erwähnung einer „domina holda“ an, dem Passus aus dem Werk des Mönches Rudolf, in dem es heißt[214]: „In nocte nativitatis Christi ponunt [mensam] regine celi, quam *dominam holdam* vulgus appellat, ut eas ipsa adiuvet“, dass also in der Nacht

208 Vgl. *Waschnitius* 1913, 84: gemeint sei in der Stelle bei Burchard "eine umziehende Dämonenschar, die man die Holda nennt".

209 Vgl. *Frey-Sallmann* 1931, 31 ff., 132 f.

210 Vgl. *Seznec* 1990, 65 ff. Vgl. auch *v. Bezold* 1922.

211 Vgl. *Warner* 1982, 149 (auch „clemens“ [gnadenreich] und „dulcis“ [süß]). – Zur Bedeutung von Maria in unserer Tradition vgl. auch *Pelikan* 1999; *Schreiner* 1996.

212 So *Golther* 1895, 499.

213 Vgl. *List* 1956, 81 ff.

214 Vgl. *Franz* 1906, 427 f.; *Klapper* 1915, 36; *List* 1956, 81.

der Geburt Christi Menschen der Königin des Himmels, die das Volk „domina holda“ nennt, ein Speiseopfer darbringen, damit diese sie unterstützen möge. Für List liegt der Bezug dieser „regina coeli“ zu Maria auf der Hand: nicht nur wegen dieses Ehrennamens, der der Gottesmutter seit jeher zukam[215], sondern auch wegen der Verbindung zur Weihnachtszeit (und damit zu Maria als Gottesgebärerin[216]). Noch beweiskräftiger findet List zwei spätere Belege. Der erste stammt aus der Übersetzung des Luther-Ausspruches (aus 1522) auf „fraw hulde mit der potznasen“[217] durch Martin Bucer durch „verenda nostra hera“, also „unsere verehrte Frau“, was als Hinweis auf Maria zu verstehen sei. Der zweite Beleg ist eine Passage aus dem „Buch der Tugend und der Weisheit“ des Erasmus Alberus aus dem Jahre 1550, in dem eine Fabel des Aesop („Von der Berge Geburt“) in Versen nacherzählt wird[218]:

> Es kamen auch in diesem heer
> Viel Weiber, die sich forchten sehr,
> Vnd trugen sicheln in der handt,
> Fraw Hulda hatt sie ausgesandt.

Die Originalversion aus 1534 wies statt „Fraw Hulda“ „Vns liebe frawe“ auf, eindeutig also Maria. Erika Timm hält diese These von List für „unannehmbar“. Doch räumt sie ein, dass sich im Volksglauben Berührungen einstellen mussten zwischen einer Frau Holda in den Zwölften (also in der Zeit vom 24.12. bis 6.1.) und Maria[219].

Holda ist danach also der Maria nachgeahmt! auch als Maienkönigin[220], wie sie Richard Wagner in seinem „Tannhäuser“ den jungen Hirten vor der Marienbild besingen lässt[221]. Vieles ließe sich zu dieser These im Zusammenhang

215 Dazu *Warner* 1982, 137 ff. Vgl. auch *Klapper* 1937, 10 (über einen schlesischen Brauch): „In der Christnacht decken sie den Tisch mit Speisen für die Frau Holda, die Königin des Himmels, wie sie sie nennen“. – *Klapper* 1915, 51, zieht die Verbindung von Holda zu Maria nicht, betont aber, dass er an dem „Bild der deutschen Holda“ festhalten wolle: als an die „Königin des Himmels“.

216 Vgl. *Schreiner* 1996, 495. – *Mößinger* 1940, 95 berichtet, dass in Hessen die Frauengestalt, die als „Frau Holle“ bezeichnet wird, auch den Namen „Christkind“ trägt.

217 Vgl. den Beleg in Anm.67.

218 Vgl. auch *Waschnitius* 1913, 86.

219 *Timm* 2003, 24 f.. – Zu ihrer Interpretation der Würzburger Diana mit Maria, die in der These gipfelt, dass hinter dieser Diana Frija im Übergang zu Holle zu sehen sei (273 ff.), kann hier nicht Stellung bezogen werden.

220 Dazu *Warner* 1982, 327 f.

221 Vgl. Anm.77.

mit dem bisher Ausgeführten sagen; man denke nur an die Maria als „regina in purgatorio“[222] oder als Morgenstern (und damit als Venus als Planetengöttin)[223] oder als Feengestalt[224]. Zudem könnte man die Veränderung der Vorstellung von Maria durch die Reformation aufarbeiten, die einerseits weiterhin auf Maria als zu verehrende Gottesmutter abstellte, andererseits freilich mit der Ablehnung der Heiligen auch ihre Bedeutung reduzieren musste. Bei manchen Autoren wurde Maria sogar zu einem „Symbol für Verirrung und Verblendung“[225], was in einem Zusammenhang zur oben[226] zitierten Sprechweise Luthers von der „fraw hulde“ – eben (auch) als Maria – stehen könnte.

Freilich könnte man Maria auch von den antiken Göttinnen (wie Isis oder Hekate oder Artemis oder Diana) her denken[227]. Aber dies ist wiederum ein anderes Thema, das hier nicht weiter behandelt werden kann. Es macht aber nur nochmals die Schwierigkeiten jeder historischen Betrachtung deutlich!.

Literatur.

ANGENENDT, Arnold (1997): Geschichte der Religiosität im Mittelalter. Darmstadt.

AUFFAHRTH, Christoph (2002): Irdische Wege und himmlischer Lohn. Göttingen.

BANDINI, Ditte und Giovanni (2003): Das Buch der Elfen und Feen. München.

BAROJA, Julio Caro (1967): Die Hexen und ihre Welt. Stuttgart.

BARTO, Philip Stephan (1913): The German Venusberg, in: The Journal of English and Germanic Philology 12, 295-303.

BARTO, Philip Stephan (1916): Tannhäuser and the Mountain of Venus. New York.

BARZ, Helmut (1973): Selbst-Erfahrung. Stuttgart.

222 Vgl. *Horn* 1989, 455. Zur Rolle der Helferin im Fegefeuer vgl. neben Anm.134 *Intorp* 1984, 974; *Warner* 1982, 365 ff.; *Wegmann* 2003, 163 ff.; v. *Wilckens* 1993, 74; *Wilhelm-Schaffer* 1999, 291 ff.

223 Vgl. *Warner* 1982, 307. – Deshalb soll nach manchen Quellen zu Weihnachten Venus umgehen (*Ginzburg* 1990, 121 Fn.95). Auch das Verhältnis von Venus und Maria in Wagners „Tannhäuser“ wäre eine eigene Untersuchung wert, vor allem, wenn man das Lied Walthers an den „Abendstern“ einbezieht.

224 Vgl. *Wolfzettel* 1984, 948.

225 Vgl. *Schreiner* 1996, 284.

226 Vgl. den Beleg in Anm.67.

227 Vgl. nur *J. Kraus* 1998, 104 ff.; *Schreiner* 1996, 497; *Tschacher* 1999, 238; *Warner* 1982, 299 ff.

BAUER, Erich (1960): Die Armen Seelen- und Fegfeuer-Vorstellungen der altdeutschen Mystik. Diss. Würzburg.

BEHRINGER, Wolfgang (1994): Chonrad Stoeckhlin und die Nachtschar. München.

BEHRINGER, Wolfgang (Hg.) (2000): Hexen und Hexenprozesse in Deutschland. 4.Aufl. München.

BEZOLD, Friedrich v. (1922): Das Fortleben der antiken Götter im mittelalterlichen Humanismus. Bonn.

BINZ, Carl (1909): Zur Charakteristik des Cusanus, in: Archiv für Kulturgeschichte 7, 145-153.

BLANK, Walter (1983): Die deutsche Minneallegorie. Stuttgart.

BOLOGNE, Jean Claude (1995): Von der Fackel zum Scheiterhaufen. Solothurn/ Düsseldorf.

BOUDRIOT, Wilhelm (1928): Die altgermanische Religion in der amtlichen kirchlichen Literatur des Abendlandes vom 5. bis 11. Jahrhundert. Bonn.

BRADE, Anna-Christine (1997): Kundry und Stella. Offenbach contra Wagner. Bielefeld.

BREDNICH, Rolf Wilhelm (2004): "Schicksalsfrauen", in: Enzyklopädie des Märchens 11, 1395-1404.

BRISKI, Marija Javor (2005): Die Zimmersche Chronik. Studien zur Komik als Medium der Dialogisierung des historischen Diskurses. Frankfurt a. M.

BROEDEL, Hans Peter (2003): The Malleus Maleficarum and the construction of witchcraft. Manchester.

CARLEN, Louis (1997): Maria im Recht. Freiburg/ CH.

CICORA, Mary A. (1992): From History to Myth. Wagner's Tannhäuser and its Literary Sources. Bern.

CLARK, Stuart (1997): Thinking with Demons. Oxford.

CLARK, Stuart (1991/92): Witchcraft and popular culture in Protestant demonology: Some central Europeans Examples, in: Acta Ethnographica Acad. Sci. Hung. 37, 273-282.

COHN, Norman (1975): Europe's Inner Demons. New York.

CRECELIUS, W. (1853): Frau Holda und der Venusberg. In: Zeitschr. f. deutsche Mythologie 1, 272-277.

DERKS, Paul (1991): Wodan und das wuetende heer. In: Brandt, Rüdiger/u.a. (Hg.): Etwas Schriftliches zum Fest. Horst Wenzel zum 50. Geburtstag. Essen, 51-122.

DINZELBACHER, Peter(1999): Die letzten Dinge: Himmel, Hölle und Fegefeuer im Mittelalter, Freiburg.

DREWERMANN, Eugen / NEUHAUS, Ingritt (1982): Frau Holle. Grimms Märchen tiefenpsychologisch gedeutet. Olten/ Freiburg.

EIDEN, Herbert (2003): Elitekultur contra Volkskultur, in: Rita Voltmer/ Günther Gehl (Hg.), Alltagsleben und Magie in Hexenpronprozessen. Weimar, 21-32.

ELIADE, Mircea (1975): Some Observations on European Witchcraft, in: History of Religions 14, 149-172.

FEHR, Joseph (1857): Der Aberglaube und die katholische Kirche des Mittelalters. Scheitlin.

FLINT, Valerie I. J. (1991): The Rise of Magic in Early Medieval Europe. Princeton University.

FRANZ, Adolph (1906): Des Frater Rudolphus Buch De officio cherubyn, in: Theologische Quartalsschrift 3, 411-436.

FREYBE, Albert (1910): Der deutsche Volksaberglaube in seinem Verhältnis zum Christentum und im Unterschiede von der Zauberei. Gotha.

FREY-SALLMANN, Alma (1931): Aus dem Nachleben antiker Göttergestalten. Leipzig.

FRIED, Johannes (2003): Geschichte und Gehirn: Irritationen der Geschichtswissenschaft durch Gedächtniskritik. Mainz.

FRIEDRICH, Gustav (1909): Grundlage, Entstehung und genaue Einzeldeutung der bekanntesten Märchen, Mythen und Sagen. Leipzig.

GARDENSTONE (2002): Göttin Holle. Auf der Suche nach einer alten Göttin. Engerda.

GINZBURG, Carlo (1980): Die Benandanti. Frankfurt a.M.

GINZBURG, Carlo (1983): Der Käse und die Würmer: die Welt eines Müllers um 1600. Frankfurt a.M.

GINZBURG, Carlo (1990): Hexensabbat. Entzifferung einer nächtlichen Geschichte. Berlin.

GOLTHER, Wolfgang (1895): Handbuch der germanischen Mythologie. Leipzig.

GRAFF, Everhard Gottlieb (1838): Althochdeutscher Sprachschatz oder Wörterbuch der althochdeutschen Sprache. 4. Teil. Berlin.

GRIMM, Jacob (1875-78): Deutsche Mythologie. I-III. 4. Aufl. Berlin.

GUI, Bernard (1999): Das Buch der Inquisition. Das Originalhandbuch des Inquisitors Bernard Gui. Hgg. Petra Seifert. Augsburg.

GURJEWITSCH, Aaron J. (1978): Das Weltbild des mittelalterlichen Menschen. Dresden.

GURJEWITSCH, Aaron J. (1997): Himmlisches und irdisches Leben. Amsterdam.

Hain, Mathilde (1956): Burchard von Worms (+ 1025) und der Volksglaube seiner Zeit, in: Hessische Blätter für Volkskunde 47, 39-50.

HAIN, Mathilde (1958): Arme Seelen und helfende Tote, in: Rheinisches Jahrbuch für Volkskunde 9, 54-64.

HALM, Philipp Maria (1921/22): Ikonographische Studien zum Armen-Seelen-Kultus, in: Münchner Jahrbuch der bildenden Kunst 12, 1-24.

HALM, Philipp Maria (1937): „Armeseelen", in: Reallexikon zur deutschen Kunstgeschichte 1, 1084-1088.

HANSEN, Joseph (1900): Zauberwahn, Inquisition und Hexenprozess im Mittelalter und die Entstehung der großen Hexenverfolgung. München.

HANSEN, Joseph (1901): Quellen und Untersuchungen zur Geschichte des Hexenwahns und der Hexenverfolgung im Mittelalter. Bonn.

HARMENING, Dieter (1979): Superstitio. Berlin.

HEINE, Heinrich (1964): Sämtliche Werke. Hgg. Hans Kaufmann. München.

HELBLING-GLOOR, Barbara (1956): Natur und Aberglaube im Policraticus des Johannes von Salisbury. Zürich.

HELM, Karl (1926): Die Entwicklung der germanischen Religion, in: Nollau, Hermann (Hg.), Germanische Wiedererstehung. Heidelberg, 293-422.

HENNINGSEN, Gustav (1990): "The Ladies from Outside": An Archaic Pattern of the Witches' Sabbath, in: Ankerloo, Bengt/ Ders. (Hg.), Early Modern European Witchcraft. Oxford, 191-215.

HENNINGSEN, Gustav (1991/92): The white sabbath and other archaic patterns of witchcraft, in: acta Athnographica Acad. Sci. Hung. 37, 293-304.

HOLTZMANN, Adolf (1874): Deutsche Mythologie. Vorlesungen. Hgg. Alfred Holder. Leipzig.

HORN, St.O. (1989): "Fegfeuer. Dogmatik", in: Marienlexikon 2, 454-455.

IMBACH, Josef (1987): Himmelsglaube und Höllenangst, München.

INGHAM, Marion (1985): The Goddess Freya and Other Female Figures in Germanic Mythology and Folklore. Cornell University.

INTORP, Leonhard (1984): „Fegefeuer", in: Enzyklopädie des Märchens 4, 964-979.

JENDREIEK, Helmut (1975): Hegel und Jacob Grimm. Ein Beitrag zur Geschichte der Wissenschaftstheorie. Berlin.

JUNK, Victor (1911): Tannhäuser in Sage und Dichtung. München.

KAUFFMANN, Friedrich(1894): Mythologische Zeugnisse aus römischen Inschriften 4: Dea Hludana. In: Beiträge zur Geschichte der deutschen Sprache und Literatur 18, 134-157.

KELLNER, Beate (1994): Mythen in Jacob Grimms Deutscher Mythologie. Diss. München (gedruckt als: Grimms Mythen. Studien zum Mythosbegriff und seiner Anwendung in Jacob Grimms Deutscher Mythologie. Frankfurt a.M./Bern).

KELLNER, Beate (2002): „Percht", in: Enzyklopädie des Märchens 10, 721-727.

KIENZLE, Ulrike (2000): Komponierte Weiblichkeit im Parsifal: Kundry. In: Vill, Susanne (Hg.), „Das Weib der Zukunft". Frauengestalten und Frauenstimmen bei Richard Wagner. Stuttgart/ Weimar, 153-190.

KLAPPER, Joseph (1915): Deutscher Volksaberglauben in Schlesien in ältester Zeit, in: Mitteilungen der schlesischen Gesellschaft für Volkskunde 17, 19-57.

KLAPPER, Joseph (1937): Deutsche Schlesier des Mittelalters nach schlesischen Klosterhandschriften. Breslau.

KOCH, Hansjörg (1937): Stetit Puella (Carm.Bur.138). Ein deutsches tanzlied von frau perht. In: Beiträge zur Geschichte der deutschen Sprache und Literatur 61, 151-179.

KOREN, Hanns (1954): Die Spende. Eine volkstümliche Studie über die Beziehung Arme Seelen – Arme Leute. Graz/ Wien/ Köln.

KRAUS, Jörg (1998): Metamorphosen des Chaos. Hexen, Masken und verkehrte Welt. Würzburg.

KRAUS, Theodor (1960): Hekate. Heidelberg.

KRETSCHMER, Bernhard (2002): Der Grab- und Leichenfrevel als strafwürdige Missetat. Baden-Baden.

KRETZENBACHER, Leopold (1958): „Perchten" in der Hochdichtung, in: Zeitschrift für Volkskunde 54, 185-204.

KROKER, Ernst (1891): Katechismus der Mythologie. Leipzig.

KUHN, Adalbert / SCHWARTZ, Wilhelm (1848): Norddeutsche Sagen, Märchen und Gebräuche. Leipzig.

LANDAU, Marcus (1909): Hölle und Fegfeuer in Volksglaube, Dichtung und Kirchenlehre. Heidelberg.

LECOUTEUX, Claude (1985): Hagazussa – Striga – Hexe. In : Hessische Blätter für Volks- und Kulturforschung 18, 57-70.

LECOUTEUX, Claude (1987): Geschichte der Gespenster und Wiedergänger im Mittelalter. Köln/ Wien.

LECOUTEUX, Claude (1988), Romanisch-germanische Kulturbemühungen am Beispiel des Mahles der Feen. In: Mediaevistik 1, 87-99.

LECOUTEUX, Claude (2001): Das Reich der Nachtdämonen. Düsseldorf/ Zürich.

LEGOFF, Jacques (1984): Die Geburt des Fegefeuers. Stuttgart.

LEVACK, Brian P. (1995): Hexenjagd. München .

LINCKE (1934/35): „Nachtfahren", „Nachtjagd, -jäger", in: Handwörterbuch des deutschen Aberglaubens. Bd. 6. Berlin/ Leipzig, 793, 796-802.

LIPPERT, Julius (1882): Christenthum, Volksglaube und Volksbrauch. Berlin.

LIST, Edgar A. (1953): Frau Holda as the personification of reason. In: Philological Quarterly 32, 446-448.

LIST, Edgar A. (1956): Is Frau Holda the Virgin Mary? In: The German Quarterly 29, 80-84.

LIST, Edgar A. (1960): Holda and the Venusberg. In: Journal of American folklore 73, 307-311.

LIUNGMAN, Waldemar (1938): Traditionswanderungen Euphrat – Rhein. I, II. Helsinki.

LÖHMANN, Otto (1960): Die Entstehung der Tannhäusersage, in: Fabula 3, 224-253.

LURKER, Manfred (1989): Lexikon der Götter und Dämonen. 2.Aufl. Stuttgart.

MANNHARDT, Wilhelm (1858): Germanische Mythen. Berlin.

MENGIS, Carl (1927): „Arme Seelen", in. Handwörterbuch des deutschen Aberglaubens. Bd.1. Berlin, Leipzig, 584-597.

MENZEL, Wolfgang (1870): Die vorchristliche Unsterblichkeitslehre. I, II. Leipzig.

MERKT, Andreas (2005): Das Fegefeuer. Entstehung und Funktion einer Idee. Darmstadt.

MICHELS, A.K. (1957): „Diana", in: Reallexikon für Antike und Christentum. Bd.3. Stuttgart, 963-972.

MÖBINGER, Friedrich (1940): Wildweibchen, Holle und Christkind, in: Hessische Blätter für Volkskunde 38, 73-100.

MOSER, Dietz-Rüdiger (1977): Die Tannhäuser-Legende. Berlin/ New York.

MOTZ, Lotte (1984): The Winter Goddess: Percht, Holda, and Related Figures. In: Folklore 95, 151-166.

NAUMANN, Hans (1927): „Abundia", in: Handwörterbuch des deutschen Aberglaubens 1, 123-125.

NAUMANN, Hans (1928): Christentum und deutscher Volksglaube, in: Zeitschrift für Deutschkunde, 321-337.

NAUMANN, Hans (1929/30): „Diana", in: Handwörterbuch des deutschen Aberglaubens. Bd.2. Berlin, Leipzig, 196-197.

NAUMANN, Hans (1930/31): „Herodias", in: Handwörterbuch des deutschen Aberglaubens. Bd.3. Berlin, Leipzig, 1790-1791.

PABST, Walter (1955): Venus und die missverstandene Dido. Hamburg.

PAXSON, Diana L. (1997): Holda. In: Idunna 30.

PELIKAN, Jaroslav (1999): Maria. 2000 Jahre in Religion, Kultur und Geschichte. Freiburg.

PETZOLD, Leander (1989): Dämonenfurcht und Gottvertrauen. Darmstadt.

PETZOLD, Leander (1995): Kleines Lexikon der Dämonen und Elementargeister. 2.Aufl. München.

PEUCKERT, Will-Erich (1942): Deutscher Volksglaube des Spätmittelalters. Stuttgart.

PICKERING, David (1999): Lexikon der Magie und Hexerei. Augsburg.

PLACE, T. (1887) : De Holda-Mythen. Amsterdam.

PÖGE-ALDER, Kathrin (1994): Märchen als mündlich tradierte Erzählungen des Volkes? Frankfurt a. M.

REIK, Constance (1981) : The Nature of the British Fairies of Medieval and Folk Literature. Diss. Western Michigan University.

REMY, Arthur F.J. (1913): The Origin of the Tannhäuser-Legend, in: The Journal of English and Germanic Philology 12, 32-77.

Rohde, Erwin (1898): Psyche. Seelencult und Unsterblichkeitsglaube der Griechen. I, II. 2. Aufl. Freiburg i.B.

Rüttner-Cova, Sonja (1993): Frau Holle. Die gestürzte Göttin. 3. Aufl. Basel.

Rumpf, Marianne (1973): Perchta in der Sage und in mittelalterlichen Quellen, in: Röhrich, Lutz (Hg.): Probleme der Sagenforschung. Freiburg, 112-138.

Rumpf, Marianne (1976): Spinnstubenfrauen, Kinderschreckgestalten und Frau Perchta, in: Fabula 17, 215-242.

Rumpf, Marianne (1987): „Frau Holle", in: Enzyklopädie des Märchens. Bd.5. Berlin/ New York, 159-168.

Rumpf, Marianne (1990): Luxuria, Frau Welt und Domina Perchta, in: Fabula 31, 97-120.

Rumpf, Marianne (1991): Perchten. Populäre Glaubensgestalten zwischen Mythos und Katechese. Würzburg.

Russell, Jeffrey B. (1972): Witchcraft in the Middle Ages. Ithaca/ London.

Russell, Jeffrey B. (1980): A History of Witchcraft. London.

Sailer, Johanna (1956): Die Armen Seelen in der Volkssage. Diss. München.

Salmen, Walter (1976): Musikleben im 16. Jahrhundert. Leipzig.

Sartori, Paul (1927): „Allerseelen", in: Handwörterbuch des deutschen Aberglaubens. Bd.1. Berlin, Leipzig, 267-273.

Schild, Wolfgang (1997): Die Malecia der Hexenleut'. Schriftenreihe des Mittelalterlichen Kriminalmuseums Rothenburg o.d.T.

Schild, Wolfgang (2004) : Die Dimensionen der Hexerei : Vorstellung – Begriff – Verbrechen – Phantasie. In: Lorenz, Sönke/ Schmidt, Jürgen Michael (Hg.): Wider alle Hexerei und Teufelswerk. Ostfildern, 1-104.

Schild, Wolfgang (2005): „Aberglaube und Recht", in: Handwörterbuch zur deutschen Rechtsgeschichte. 2. Aufl. Bd.1, 8-19.

Schmeller, Johann Andreas (1872/7): Bayerisches Wörterbuch I, II. 2. Auflage. München.

Schmidt, Ph. (1926): Der Teufels- und Dämonenglaube in den Erzählungen des Caesarius von Heisterbach. Basel.

Schmitz, Hermann Joseph (1958): Die Bussbücher und das kanonische Bussverfahren. II. Graz.

Schönbach, Anton E. (1900): Studien zur Geschichte der altdeutschen Predigt. 2. Stück: Zeugnisse Bertholds von Regensburg zur Volkskunde. Sitzungsberichte der Philos.-Hist. Classe der Kaiserl. Akademie der Wissenschaften 142. Wien.

Schreiner, Klaus (1996): Maria. Jungfrau, Mutter, Herrscherin. München.

Schulz, Monika (2000): „Vneholden" und anderes: Bemerkungen zum sog. „Münchner Nachtsegen" (clm 615, fol.127r). In: Linguistica e filologia 11, 129-160.

Sebald, E. (1989): „Diana", in: Marienlexikon. St.Ottilien, 185-186.

SEGL, Peter (1989): „Frowen, die des Nachtes fahrent“ – Über den Hexenglauben des Mittelalters, in: Hexenglaube und Hexenverfolgung. Hgg. Katholische Akademie Augsburg, 5-35.

SEZNEC, Jean (1990): Das Fortleben der antiken Götter. München.

SIMROCK, Karl (1874): Handbuch der Deutschen Mythologie mit Einschluss der nordischen. 4.Aufl. Bonn.

SOLDAN-HEPPE/ BAUER, Max (1911): Geschichte der Hexenprozesse. I, II. Berlin.

STEINRUCK, Josef (1995): Zauberei, Hexen- und Dämonenglaube im Sendhandbuch des Regino von Prüm. In: Franz, Gunther / Irsigler, Franz (Hg.): Hexenglaube und Hexenprozesse im Raum Rhein-Mosel-Saar. Trier, 3-18.

STÖBER, August (Hg.) (1856): Zur Geschichte des Volksaberglaubens im Anfange des XVI. Jahrhunderts. Aus Dr. Joh. Geilers von Kaiserberg Emeis. Basel.

STROHM, Harald (1997): Die Gnosis und der Nationalsozialismus. Frankfurt a.M.

TRENNER, V. (1989): „Fegfeuer II.“, in: Marienlexikon 2, 455-456.

TSCHACHER, Werner (1999): Der Flug durch die Luft zwischen Illusionstheorie und Realitätsbeweis. Studien zum sog. Kanon Episcopi und zum Hexenflug, in: Zeitschrift für Rechtsgeschichte – Kanon. Abt. 85, 225-276.

TSCHACHER, Werner (2000): Der Formicarius des Johannes Nider von 1437/38. Aachen.

VON DER HAGEN, Friedrich Heinrich (1819): Die Nibelungen: ihre Bedeutung für die Gegenwart und für immer. Breslau.

VRIES, Jan de (1970) : Altgermanische Religionsgeschichte I, II. 3. Aufl. Berlin.

WÄGNER, W. (1934): Nordisch-germanische Götter- und Heldensagen. Naunhof.

WAGNER, Richard (1963): Mein Leben. Hrsgg. Martin Gregor-Dellin. München.

WAGNER, Richard (1983): Dichtungen und Schriften. Jubiläumsausgabe in zehn Bänden. Hgg. Dieter Borchmeyer. Frankfurt a.M.

WARNER, Marina (1982): Maria. Geburt, Triumph, Niedergang – Rückkehr eines Mythos. München.

WASCHNITIUS, Viktor(1913): Perht, Holda und verwandte Gestalten. Sitzungsberichte der Kais. Akademie der Wissenschaften in Wien. Phil.-Hist. Klasse 174. Wien.

WASSERSCHLEBEN, Friedrich Wilhelm Hermann (Hg.) (1840): Reginonis Libri Duo de synodalibus causis et disziplinis ecclesiasticis. Leipzig.

WASSERSCHLEBEN, Friedrich Wilhelm Hermann (1851) : Die Bussordnungen der abendländischen Kirche nebst einer rechtsgeschichtlichen Einleitung herausgegeben. Halle.

WEGMANN, Susanne (2003): Auf dem Weg zum Himmel. Köln.

WEIßMANN, Karlheinz (1991): Druiden, Goden, Weise Frauen. Zurück zu Europas alten Göttern. Freiburg.

WESCHE, H. 1937): Geschichte des deutschen Heidentums, in: Beiträge zur Geschichte der deutschen Sprache und Literatur 61, 1-116.

WIENKER-PIEPHO, Sabine (2005): Von „Urmüttern" und „Megalithmärchen": Urzeitrezeption und Archaismusbesessenheit in der neueren Märchenpflege, in: Petzold, Leander / Haid, Oliver (Hg.): Beiträge zur Rezeptions- und Wirkungsgeschichte der Volkserzählung. Frankfurt a. M., 77-93.

WILCKENS, Leonie von (1993): „o mensch gedenck an mich ..." – Werke der Barmherzigkeit für die Armen Seelen, in: Frömmigkeit. Festschrift für L. Kriss-Rettenbeck. o.O., 73-80.

WILHELM-SCHAFFER, Irmgard (1999): Gottes Beamter und Spielmann des Teufels. Köln.

WOLFSZETTEL, Friedrich (1984): „Fee, Feenland", in: Enzyklopädie des Märchens. Bd.4. Berlin/ New York, 945-964.

WOLZOGEN, Hans von (1882): Thematischer Leitfaden durch die Musik des Parsifal. Leipzig.

WURZ, Stefan (2000): Kundry, Salome, Lulu. Femme fatales im Musikdrama. Frankfurt a. M.

7.

Das Gottesurteil des Zweikampfs in Wagners „Lohengrin"

Der Höhepunkt des 1. Aktes, wenn nicht der gesamten von Richard Wagner als „romantisch" bezeichneten Oper „Lohengrin" (uraufgeführt 1850)[1] stellt sicherlich der Zweikampf des Titelhelden mit Heinrich Graf von Telramund dar, in der Gott über Schuld und Unschuld der Elsa von Brabant – verdächtigt der Tötung ihres Bruders Gottfried – offenbar machen soll. Unter I. ist zu zeigen, dass diese eindrucksvolle Szene Pflichtbesuch für Jurastudenten und (andere) rechtsgeschichtlich Interessierte sein müsste: so genau hat Wagner hier das historische Geschehen eines solchen Gottesurteils historisch getreu geschildert bzw. gedichtet. Doch stand der Wort- und Tondichter Wagner nicht mehr in diesem mittelalterlichen Weltbild, sondern war ein Künstler des 19. Jahrhunderts, der die aufgebrochenen Probleme der frühkapitalistischen bürgerlichen Welt sorgfältig reflektierte und auch in zahlreichen theoretischen Schriften verarbeitete. Die Zeit der Gottesurteile war lange schon – seit dem 13. Jahrhundert – vorbei. Es sind unter II. die Gründe aufzuzeigen, die zu diesem Verlust der Zulässigkeit (und Glaubwürdigkeit) der Gottesurteile geführt haben. Auch in Wagners „Lohengrin" ist trotz aller historischen Genauigkeit das Geschehen nicht so mittelalterlich, wie es auf den ersten Blick erscheint. Auf die Konsequenzen, die sich für eine Interpretation dieses Werkes ergeben, kann in diesem Rahmen nicht genauer eingegangen werden; nur ein Ausblick unter III. soll das Problem wenigstens nennen.

I. Der Zweikampf als rechtshistorisches Phänomen

Zunächst ist nachzuzeichnen, wie historisch genau Wagner diese Szene des Zweikampfes und die Voraussetzung seiner Durchführung gedichtet hat. Sein Wissen entnahm er der einschlägigen Literatur: er kannte die „Deutschen Rechtsalterthümer" des Jacob Grimm, die 1828 erschienen waren, und auch die „Flandrische Staats- und Rechtsgeschichte" (1835) von Leopold August

---

1 Zur Entstehungsgeschichte des Werkes vgl. *Michael von Soden* (Hrsg.), Richard Wagner. Lohengrin. Frankfurt a. M. 1980.

https://doi.org/10.1515/9783110689396-008

Warnkönig[2]. Das Motiv des Zweikampfes selbst übernahm er aus mittelalterlichen Quellen, auf die hier nicht näher einzugehen ist[3], da die nähere Stoffgestaltung als seine eigenständige Dichtung anzuerkennen ist.

Der Anlass

Der Grund für diesen Zweikampf in der Dichtung Wagners ist sicherlich bekannt. Der Herzog von Brabant ist gestorben und hat seine ältere Tochter Elsa und den unmündigen Thronerben Gottfried in die Obhut eines verwandten Lehensmannes, des wackeren Grafen Friedrich von Telramund, gegeben, dem er auch die Hand des Mädchens versprochen hat. Doch Elsa weist alle Werbungsbemühen Telramunds zurück. Sie träumt im Schlafen und im Wachen von einem anderen Mann. So passiert es, dass Elsa einmal von einem traumgedanken- und wunschreichen Spaziergang ohne den kleinen Bruder zurückkommt. Die finstere Ortrud – Tochter des heidnischen Friesenfürsten Radbod und selbst nur dem äußeren Schein nach Christin[4] – hat Gottfried in einen Schwan verzaubert – offensichtlich versagt ihre Kraft vor einer Tötung – und bezichtigt nun Elsa gegenüber Telramund des Brudermordes. Für diesen scheint damit alles klar zu sein: Elsa lehnt seine Werbung nicht nur deshalb ab, weil er ihr untergeordneter Lehensmann ist, sondern auch und vor allem, weil sie einen Liebhaber („Buhlen“) hat, mit dem sie nun (nach Beseitigung des Thronfolgers) die Herrschaft antreten will als „Herrin von Brabant“. Zugleich sieht Telramund seine Zeit gekommen. Fallen nämlich beide Kinder des verstorbenen Herzogs aus, wäre er der nächste Herrschaftsbewerber. Zum Dank für die Information (und wohl auch, um nicht rachsüchtig gegenüber der

---

2 Vgl. *Curt von Westernhagen*, Richard Wagners Dresdener Bibliothek 1842 - 1849. Wiesbaden 1966, 19 f. – Zur historischen Genauigkeit Wagners vgl. allgemein *Wolfgang Golther*, Der Lohengrin im Verhältnisse zu den mittelalterlichen Kulturzuständen, in: Bayreuther Blätter 9, 1886, 213 ff.; *Hans Pfitzner*, Elsa vor Gericht, in: Zeitschr. f. Musik 97, 1930, 710 ff.; *Hermann Seeliger*, Die Lohengrindichtung Richard Wagners in ihrem Verhältnis zur geschichtlichen Wirklichkeit, in: Bayreuther Blätter 1929, 155 ff.; *Bert van Veen*, Richard Wagners „Lohengrin“ und seine mittelalterlichen Quellenvorlagen in rechtshistorischer Sicht, in: Richard-Wagner-Blätter 1984, 18 ff. – Nicht ergiebig dagegen: *Rainer Seider*, Juristische Betrachtungen zu Richard Wagners „Lohengrin“, in: Monatsschrift für deutsches Recht 1991, 1127 f.

3 Dazu vgl. *Elisabeth Frenzel*, Stoffe der Weltliteratur. 8. Aufl. Stuttgart 1992, 716 ff.; *Wolfgang Golther*, Lohengrin. Sage und Dichtung, in: Bayreuther Taschenbuch 1894, 68 ff.; *Franz Müller*, Lohengrin und die Gral- und Schwansage. München 1867; *Hermann Freiherr von der Pfordten*, Richard Wagners Bühnenwerke in Handlung und Dichtung nach ihren Grundlagen in Sage und Geschichte. 7.Aufl. Berlin 1920; van Veen, Richard-Wagner-Blätter 1984, 29 ff.

4 So ausdrücklich der Prosaentwurf des Jahres 1845, abgedruckt in: *von Soden*, Lohengrin, 135 ff. (144).

ihn zurückweisenden Elsa zu erscheinen), ehelicht er die vornehme, aus dem Geschlecht der früheren Herren[5] stammende Ortrud. Dann klagt er Elsa vor König Heinrich I. an. Denn dieser kommt gerade nach Antwerpen, um Truppen für den Feldzug gegen die Ungarn zu gewinnen.

Man sieht: Wagners „Lohengrin“ spielt um 933, also um das Jahr, in dem der ehemalige Sachsenherzog und 919 zum König gekrönte Heinrich[6] – genannt der Vogler, weil die seine Königswahl überbringenden Boten ihn fanden, „wie er mit einem Kloben vogelte“[7] – bei Riade gegen die Ungarn kämpfte, zugleich ein deutscher König, der nicht nach Italien zog und daher auch nicht römischer Kaiser wurde. Für viele Historiker des 19. Jahrhunderts – im Übrigen auch für Jacob Grimm – (und im Nationalsozialismus) repräsentierte deshalb dieser Heinrich das „Deutsche“. Wagner legte offensichtlich darauf keinen Wert, da im Prosaentwurf und noch in der Urfassung der Dichtung Heinrich als „Kaiser“ bezeichnet wurde; zudem wusste er von dem Hinweis bei Görres, dass Heinrich selbst den Vorsatz hatte, sich in Rom zum Kaiser krönen zu lassen, aber während der Vorbereitungen starb[8]; auch das mittelalterliche Lohengrin-Epos sprach von Heinrich als dem „Kaiser“. Darauf ist hier jedenfalls nicht einzugehen. Wichtiger ist etwas anderes: Heinrich wurde als christlicher König verehrt, er erbaute viele Kirchen und Klöster; und bekehrte 918 die Dänen mit dem Schwert zum Christentum. Wagner spielt auf diesen Feldzug an, wenn es heißt, dass Telramund sich in diesem Krieg besonders ausgezeichnet habe.

Ort und Zeit

Die Oper beginnt also mit der Versammlung unter Königsrecht; war doch der König der Träger der Rechtsgewalt, die zu dieser Zeit mehr als die Gewalt des Gesetzgebers die des Richters war[9]. Der Prosaentwurf stellt sofort auf eine Gerichtsversammlung ab: „Ihr Fürsten, Edle u. Volk von Brabant! Wisset, daß

---

5 Im Prosaentwurf aus dem Stamme der Sachsen, also dem Geschlecht des Heinrich; abgedruckt in: *von Soden*, Lohengrin, 137.

6 Zu diesem Herrscher vgl. *Hellmut Diwald*, Heinrich der Erste: die Gründung des Deutschen Reiches. Bergisch-Gladbach 1990; *Frenzel*, Stoffe, 304 ff.; *H. Rauschning*, Heinrich I. in der deutschen Literatur. Diss. Breslau 1920.

7 So *Joseph Görres*, Einleitung in dem von ihm herausgegebenen Lohengrin, ein altdeutsches Gedicht (Heidelberg 1813, LXXIX). Zu diesem Motiv (das Sitzen am Vogelherd) vgl. *Frenzel*, Stoffe, 305.

8 Vgl. *Görres*, Einleitung, LXXXI.

9 Dazu vgl. *Ekkehard Kaufmann*, „Königsgericht“, Handwörterbuch zur deutschen Rechtsgeschichte. Berlin 1964 ff. Bd. II, Sp.10343 ff.

Heinrich, des Deutschen Reiches Kaiser, zu Euch gekommen, um, so ihr Klage zu erheben oder Streit zu schlichten habt, zu richten u. Recht zu sprechen dem, dem das Recht gebührt. Pp". Die Endfassung der Dichtung lässt die Gerichtsverhandlung aus der allgemeinen Volksversammlung (dem „Thing" oder „Ding") hervorgehen[10]. Denn der primäre Anlass der Versammlung ist der Feldzug gegen die Ungarn, für die Heinrich die Brabanter gewinnen will. Wagner übernimmt diesbezüglich das Motiv, das Jacob Grimm ausdrücklich angeführt hat: „Vor seinem zug gegen die Ungarn redete Heinrich I. das Volk ab: ob sie den schimpflichen zins länger dulden oder lieber fechten wollten?"[11].

Ort ist jedenfalls der Platz unter der Gerichtseiche am Ufer der Schelde; offensichtlich wuchs dort keine Linde (der klassische Gerichtsbaum der Germanen). Doch kann sich Wagner für seine Baumwahl auf Jacob Grimm stützen[12]. Unter der Eiche ist ein Gerichtstisch angeordnet, wie Wagner in seinen szenischen Vorschriften für die Weimarer Uraufführung durch Franz Liszt 1850 ausdrücklich angab[13]. Zeit ist die Mittagsstunde, in der die Sonne am hellsten am Himmel steht und durch ihr leuchtendes Licht für Klarheit (und Klärung) sorgt[14]. Der Heerrufer[15] – im Prosaentwurf noch als „Marschall" oder „Marschalk" bezeichnet[16] – stellt die für die Legitimität der Versammlung bzw. des Verfahrens unentbehrlichen Hegungsfragen an die Brabanter – die in der Reihen- und Rangfolge „Fürsten, Edle, Freie" angerufen werden –; Wagner verwendet den originalen Terminus „Dingen" (zum Thing)[17]. Sie akzeptieren durch Ruf und Waffenschlagen[18] die Rechts- und Gerichtsgewalt des König, der von seinen sächsischen Edelleuten umgeben ist. Es wird ein Kreis als Versammlungsring[19] gebildet. Dann stößt der König sein Schwert in die Erde und hängt mit großer Feierlichkeit seinen Schild an der Eiche auf[20]. Es soll

10 Dazu *van Veen*, Richard-Wagner-Blätter 1984, 21.

11 So *Jacob Grimm*, Deutsche Rechtsalterthümer I. Göttingen 1828, 244.

12 *Grimm*, Rechtsalterthümer II, 595.

13 Zitiert in: *von Soden*, Lohengrin, 162.

14 Vgl. *Grimm*, Rechtsalterthümer II, 813 ff.

15 Als „diener des gerichts, welcher dessen bann ansagte und kündigte" nennt *Grimm*, Rechtsalterthümer II, 765 f. u.a. den „ausrufer". Das Amt des „Heerrufers" kennt Grimm offensichtlich nicht.

16 Zu diesem Amt vgl. *Peter Schmid*, „Marschall", Handwörterbuch zur deutschen Rechtsgeschichte. Berlin 1964 ff. Bd. III, Sp.348 ff.

17 Nach *Grimm*, Rechtsalterthümer II, 770.

18 So *Grimm*, Rechtsalterthümer II, 770.

19 Nach *Grimm*, Rechtsalterthümer II, 809.

20 Nach *Grimm*, Rechtsalterthümer II, 851.

„nach Recht und Macht Gericht gehalten" sein; und: „Nicht eh'r soll bergen mich der Schild, bis ich gerichtet streng und mild". Diese Formel macht deutlich, dass die Gerichtsgewalt des Königs nicht nur streng gebundene Anwendung des traditionellen Landesrechts ist, sondern auch die Heranziehung von Gesichtspunkten der „aequitas" (meist übersetzt mit „Billigkeit")[21] bezugnehmend auf die Besonderheit des Einzelfalls umfasst. Die Umstehenden entblößen die Schwerter; die Sachsen stoßen sie vor sich in die Erde[22], die Brabanter strecken sie flach vor sich nieder. Bemerkenswert ist nur, dass die Worte des Königs erst nach dem Klagevorbringen Telramunds gesungen werden. Zu erwarten wäre, dass zuerst das Gericht eröffnet und dann die Klage erhoben wird. Aber Telramund beansprucht zugleich die Herzogsgewalt in Brabant für sich; zudem sind die Brabanter ohnehin zur Begrüßung des Königs zusammengekommen. Daher ist die Szene wohl so zu verstehen, dass zunächst eine normale Thingversammlung stattfindet, die sich dann durch die Klage zu einer Gerichtsverhandlung entwickelt.

Die Einleitung

Telramund erhebt die Klage auf Brudermord gegenüber Elsa. Der König lässt die Beklagte durch den Heerführer herbeirufen und fordert sie – nachdem auch sie ihn als ihren Richter anerkannt hat – um Klageentgegnung. Der Prosaentwurf stellt ihre Reaktion dar:

> Im vollsten Bewußtsein ihrer Unschuld antwortet sie nur wenig, beruft sich auf Gott, der sie schützen werde. Auf neues Fragen bestätigt sie den Vorgang, wie ihn Friedrich erzählt; sie wisse nicht, was ihrem Bruder widerfahren u. nehme nur an, daß er durch einen jähen Sturz pp verunglückt sei. „Was soll ich reden, ihr mächt'gen Männer? Gott nur kann mir Fürsprache geben, auf den ich hoffe! Er wird mir den Retter senden, den er mir im Traum gezeigt.

Die Endfassung der Dichtung verkürzt ihre Verteidigungsrede, lässt sie dafür aber von dem Ritter schwärmen, der ihr Streiter sein soll, der ihr im Traum erschienen ist; also von dem Traummann, wie ihn sich so ein junges Mädchen im 10. Jahrhundert als Ideal vorgestellt hat: „in lichter Waffen Scheine" und „in tugendlicher Reine" sei er ihr erschienen, ein goldenes Horn an der Hüfte, gelehnt auf ein Schwert; er habe ihr mit züchtigem Gebaren Tröstung eingegeben, als sie unter einem gewaltigen Klagestöhnen in diesen Schlaf gesunken sei.

---

21 Dazu vgl. *Ekkehard Kaufmann*, Aequitatis iudicium. Königsgericht und Billigkeit in der Rechtsordnung des frühen Mittelalters. Frankfurt a. M. 1959.

22 Nach *Grimm*, Rechtsalterthümer II, 771 (lange Messer).

Wobei anzumerken ist, dass dieses Klagestöhnen Elsas Glück – oder Unglück, wie man die weitere Geschichte verstehen will – war, was allerdings die ZuschauerInnen der Oper nicht oder nicht mehr erfahren. Wagner hat ursprünglich eine zweite Strophe der berühmten „Gralserzählung“ gedichtet und sogar auskomponiert, die er aber dann knapp vor der Weimarer Uraufführung durch Franz Liszt aus der Angst, es könnte dadurch ein „erkältender Eindruck“ eintreten[23], heraus gestrichen hat. Betrachten wir diesen zweiten Teil der Erzählung Lohengrins, dann erfahren wir den wesentlichen Hintergrund seines Erscheinens, unter anderem auch, dass dieses Stöhnen der Elsa von den Winden hin zur Gralsburg Montsalvat getragen und von dem Gralskönig Parzival vernommen wurde, der daraufhin den Gral befragte, usw.

Wagner denkt – bzw. lässt seine Personen denken – offensichtlich sogleich nur an Zweikampf und an kein anderes Beweismittel, das für Frauen wie Elsa eigentlich möglich gewesen wäre, bzw. an keinen anderen Prozess. Eigentlich war das (normale) Verfahren strukturiert als Klage(vorwurf) und der Reinigung durch Gelingen des im Beweisurteil angeordneten Beweisverfahrens[24]. Bei freien Männern war dies der Eid mit einer bestimmten Anzahl von Eideshelfern[25], die für die Glaubwürdigkeit des Eides eintraten (bis hin zum Einsatz im Zweikampf für Leben und Tod). Für nicht eidesfähige Frauen, Unfreie, auch Fremde gab es die eigentlichen Gottesurteile (Ordale)[26].

In Betracht kamen dabei für Frauen – sowohl in der historischen Realität als auch in der Dichtung - vor allem die Eisenprobe oder Probe des glühenden Eisens – bekannt aus dem Epos „Tristan und Isolde“ (um 1210) des Gottfried von Straßburg[27] oder auch in der „Tragedi die falsch Kaiserin mit dem un-

---

23 So *Wagner* in einem Brief an Franz Liszt vom 2.7.1859, abgedruckt in: *Attila Scampai / Dietmar Holland* (Hg.), Richard Wagner. Lohengrin. Reinbek 1989, 112.

24 Vgl. dazu *Gerhard Buchda*, Der Beweis im mittelalterlichen sächsischen Recht, in: Recuiels de la Societe Jean Bodin 17, 1965, 519 ff.; *Johann Julius Wilhelm von Planck*, Das deutsche Gerichtsverfahren im Mittelalter. Braunschweig 1879.

25 Vgl. dazu *Udo Kornblum*, „Eid. Gerichtlicher“; *Robert Scheying*, „Eideshelfer“, Handwörterbuch zur deutschen Rechtsgeschichte. Berlin 1964 ff. Bd. I, Sp.863 ff., 870 ff.

26 Vgl. dazu *Robert Bartlett*, Trial by Fire and Water. Oxford/New York 1986; *Hermann Glitsch*, Gottesurteile. Leipzig 1913; *Gerhard Köbler*, Welchen Gottes Urteil ist das Gottesurteil des Mittelalters? in: Vom mittelalterlichen Recht zur neuzeitlichen Rechtswissenschaft. Festschr. f. Winfried Trusen. Paderborn 1994, 89 ff.; *Charlotte Leitmair*, Die Kirche und die Gottesurteile. Wien 1953; *Hermann Nottarp*, Gottesurteile. Bamberg 1949; *Ders.*, Gottesurteil-Studien. München 1956; *Wolfgang Schild*, Alte Gerichtsbarkeit. München ²1985, 20 f.

27 Vgl. dazu *Wolfgang Schild*, Das Gottesurteil der Isolde, in: Alles was Recht war. Festschr. f. Ruth Schmidt-Wiegand. Essen 1995, 55 ff.

schuldigen Grafen" (1551) von Hans Sachs[28], die sich auf ältere Vorlagen (erstmals wohl in der Legenda aurea des Jacobus de Voragine aus der 2. Hälfte des 13. Jahrhunderts) und sogar auf das berühmte Gemälde „Gerechtigkeit Kaiser Ottos III." (1470/75) von Dirk Bouts[29] für das Rathaus von Löwen berufen konnte -, bei der ein glühendes Eisen in die Hand genommen werden musste und die gelingende oder misslingende Heilung der Brandwunde über Wahrheit oder Unwahrheit der Aussage entschied[30], oder der Kesselfang - wie im Jahre 858 bei Theutberga, der lothringischen Frau Lothars I.[31], oder (literarisch) bei Gudrun im Dritten Gudrunlied der Edda (um 1240)[32] –, bei dem ein Gegenstand aus kochend heißer Flüssigkeit heraufgeholt werden musste und erneut der Zustand der Wunde entschied, oder das Tragen des Wachshemdes – wie in der legendenhaften Erzählung von der Fürstin Richardis, der Frau Karls III. des Dicken, oder in der „Kaiserchronik" (1135/55) für Kunigunde, die Ehefrau Kaiser Heinrichs II.[33] –, wobei durch ein Feuer zu schreiten war und das Entflammtwerden des Hemdes ein Zeichen der Unwahrheit darstellte, oder der Pflugscharengang - wie in der Verserzählung des Ebernand von Erfurt (1. Hälfte des 13. Jahrhunderts) bei eben der Kunigunde –, bei der barfuß über glühendgemachte Pflugscharen zu gehen war und ebenfalls der Heilungsprozess entscheidend war, oder die Kaltwasserprobe, wo der Beweis der Wahrheit durch das Hinabsinken des gebunden auf die Wasseroberfläche Gelegten (und damit durch das Aufgenommenwerden vom reinen Element des Wassers) gelang[34].

Schon Telramund dachte bei seiner Klagserhebung nur an Zweikampf. Denn eine Überführung durch eigenen Eid (unterstützt durch sechs Eideshelfern, daher „Übersiebnung" genannt[35]) kam in diesem Fall nicht in Betracht; dieses

---

28 Vgl. *Frenzel*, Motive, 299.

29 Abgebildet in: *Wolfgang Pleister / Wolfgang Schild* (Hg.), Recht und Gerechtigkeit im Spiegel der europäischen Kunst. Köln 1989, 52 f. (Abb.73). – Zur Geschichte selbst, die sich auch in der Sächsischen Chronik (1520) findet, vgl. *Hans Fehr*, Das Recht im Bilde. München/Leipzig 1923, 58 f.; *Nottarp*, Gottesurteil-Studien, 113 f.

30 Vgl. dazu *Alfons Bürge*, Realität und Rationalität der Feuerprobe, in: Zeitschr.f. deutsche Rechtsgeschichte – Germ. Abt. 100, 1983, 257 ff.; *Hans Fehr*, Gottesurteil und Folter, in: Festschr. f. Gerhard Stammler. Berlin 1926, 231 ff.; *Reinhard Kratz*, Rettungswunder. Frankfurt a. M. 1979; *Schild*, Gottesurteil, 55 ff.

31 Dazu *Nottarp*, Gottesurteil-Studien, 148.

32 Vgl. dazu *Frenzel*, Motive, 298.

33 Dazu *Frenzel*, Motive, 299.

34 Was eigentlich gegen Jesaja 13 – wo Gottes Eingreifen in dem Nichtuntergehen gesehen wird – geht; vgl. *Nottarp*, Gottesurteil-Studien, 329.

35 Dazu vgl. *Ekkehard Kaufmann*, „Übersiebnen", Handwörterbuch zur deutschen Rechtsgeschichte. Berlin 1964 ff. Bd. V, Sp.408.

Verfahren gab es nur gegen einen handhaften (d.h.: auf frischer Tat ergriffenen) Missetäter oder über einen wegen Rechtsverweigerung Geächteten. Einen formellen Zeugenbeweis kannte das damalige Verfahrensrecht nicht; zudem wäre Ortrud als Frau nur schwerlich zur Aussage zugelassen gewesen; und überhaupt hätte Telramund seine Zeugin Ortrud nicht genannt: „Eurem Zweifel durch ein Zeugnis wehren, das stünde wahrlich übel meinem Stolz!" Sicherlich trachtete er auch danach, den geheimen Buhlen der Elsa – seinen Nebenbuhler – auf diese Weise der Zweikampfforderung offenbar zu machen und ihn zu töten. Allerdings ist Telramunds Vorbringen wohl nicht als eigentliche „Kampfklage" („Kampfrecht")[36] aufzufassen, die bei unmittelbar geschehender schwerer Verletzung und Missachtung des Klägers sowie bei todeswürdigen Verbrechen (wie Mord und Totschlag) zulässig war. Mit ihr wurde dem Verklagten der Reinigungseid (mit Eideshelfern) verlegt, weshalb diesem nur das Beweisverfahren des Zweikampfs blieb. Doch in der Sache führt die Klage Telramunds zu einem vergleichbaren Ergebnis: zur Anordnung des Zweikampfes, allerdings als Gottesurteil[37]. Denn Elsa selbst ist als Frau nicht kampffähig[38], weshalb sie einen Vertreter (Kempen) braucht, der für sie kämpfen muss (und dem bei ihrer Unschuld Gott die siegreiche Kraft verleihen wird).

Zwar kennen wir in einigen Quellen – wie in einem Zusatz zur Lex Baiuvariorum, im Augsburger Stadtrecht (1276/81), im Rechtsbuch des Ruprecht von

36 Dazu vgl. *Planck*, Gerichtsverfahren; *Carl von Schwerin*, Zur friesischen Kampfklage, in: Festschr. f. Karl Amira. Berlin 1908, 177 ff.; *Joseph Würdinger*, Beiträge zur Geschichte des Kampfrechts in Bayern. München 1877.

37 Zu diesem Gottesurteil vgl. neben den in Anm.26 Angeführten auch: *G. W. van Emden*, Trial by Ordeal and Combat, in: Essays f. Paul Mayer. Reading 1980, 173 ff.; *Hans Fehr*, Der Zweikampf. Berlin 1908; *Ders.*, die Gottesurteile in der deutschen Dichtung, in: Festschr. f. Guido Kisch. Stuttgart 1955, 271 ff.; *Lewis Jillings*, Ordeal by Combat and the Rejection of Chivalry in Diu Crone, in: Speculum 51, 1976, 262 ff.; *Leo Jordan*, Das fränkische Gottesgericht, in: Archiv f. Kulturgeschichte 6, 1908, 265 ff.; *Friedrich Majer*, Geschichte der Ordalien, insbesondere der gerichtlichen Zweikämpfe in Deutschland. Jena 1795; *Rüdiger Schnell*, Recht und Dichtung. Zum gerichtlichen Zweikampf in der 'Crone' Heinrichs von dem Türrlin, in: Peter Krämer (Hg.), Die mittelalterliche Literatur in Kärnten. Wien 1981, 217 ff.; *Ders.* Dichtung und Rechtsgeschichte. Der Zweikampf als Gottesurteil in der mittelalterlichen Literatur, in: Mitteilungen der Techn. Univ. Carolo-Wilhelmina zu Braunschweig 1993, 401 ff.

38 Dazu vgl. *Fehr*, Das Recht, 54; *Helmut Minkowski*, Über Zweikämpfe zwischen Mann und Weib, in: Leibesübungen und körperliche Erziehung 53, 1934, 26 ff.; *Nottarp*, Gottesurteil-Studien, 294 ff.; *Eduard Osenbrüggen*, Studien zur deutschen und schweizerischen Rechtsgeschichte. Basel 1868, 236; *Hans Thieme*, Zur Rechtsstellung der Frau in Deutschland, in: Recueils de la Societe Jean Bodin 12, 1962, 351 ff. (355); *Fr. Zimmermann*, Der Zweikampf in der Geschichte der westeuropäischen Völker, in: Hist. Taschenbuch 9, 1879, 261 ff.

Freising (1328), im Landrechtsbuch Kaiser Ludwigs (1346), in den Erläuterungen zu den Lausanner Bischofsgesetzen (um 1380), im Großgeraner Landgerichtsbuch (1420) und in dem Würzburger Brückengericht (um 1450) – Vorschriften für einen Kampf zwischen Mann und Frau; und es ist darauf hinzuweisen, dass an sich ein solches Beweisverfahren mit der Idee des christlichen Gottesurteils – auf die noch einzugehen sein wird, daher hier nur: dass Gott dem Unschuldigen die siegreiche Kraft verleihen werde! – gut vereinbar war. Im Freisinger Rechtsbuch ist – eigentlich entgegen dieser Idee[39] – eine unterschiedliche Kampfsituation vorgesehen: der Mann bis zur Hüfte in einer Grube stehend und mit der Axt kämpfend, die Frau frei beweglich und mit einer Waffe kämpfend, die wie die Steinschleuder des alttestamentlichen Davids gegen Goliath aus einem in ihren Schleier eingelegten Steins bestand; im jüngsten der drei Fechtbücher des Hansen Thalhofer wird ein solcher Kampf – der mit der Niederlage der Frau endet – bildlich dargestellt[40]. Doch ist es höchst fraglich, ob in der Realität so ein Kampf tatsächlich stattgefunden hat. 1381 jedenfalls wurde die Kampfklage einer Bauerntochter gegen ihren ritterlichen Vergewaltiger in Würzburg abgelehnt. Ein Bericht über einen solchen Kampf in der Spiezer Chronik des Diebold Schilling aus dem 15. Jahrhundert über den siegreichen Kampf einer Frau 1288 in Bern scheint eher legendär zu sein; die Erzählungen in dem „Appolonius von Tyrland" des Heinrich von Neustadt (um 1300) und im „Herpin" der Elizabeth von Nassau-Saarbrücken (um 1330/40) sind Literatur[41]. Die Quellen kennen nur – wie im übrigen auch bei den zuvor genannten Gottesurteilen – die Zulässigkeit der Vertretung der verklagten Frau durch einen „Kempen"[42], meist einen Verwandten (Onkel, Bruder, Ehemann) oder einen dafür besoldeten Berufskämpfer. Historisch (im Jahre 950) wurde ein solcher Zweikampf in Worms zur Wiederherstellung der Ehre der Tochter Ottos I. – Liutgard – durchgeführt[43]. Literarisch wurde dieses Motiv gerne verwendet. So erzählte Geoffroy IV. de la Tour um 1371 in seinem „Livre du chevalier de La Tour Landry pour l'enseignement de ses filles" die Geschichte der keuschen Jungfrau, die das unzüchtige Begehren eines Ritters zurückwies, worauf dieser den Sohn des Herren vergiftete und sie wegen dieses Mordes bezichtigte unter Anbietung

39 Erkannt um 1190 bereits von dem Theologen Petrus Cantor.

40 Dazu vgl. *Fehr*, Recht, 54 (Abb.43 ff.); *Nathanael von Schlichtegroll*, Thalhofer. Beitrag zur Literatur der gerichtlichen Zweikämpfe im Mittelalter., München 1817.

41 Vgl. dazu *Frenzel*, Motive, 306.

42 Vgl. dazu *Hans-Peter Hils*, Meister Johann Liechtenauers Kunst des langen Schwertes. Frankfurt a. M. 1985; *A. Schaer*. Die altdeutschen Fechter und Spielleute. Strassburg 1901; von *Schlichtegroll*, Thalhofer.

43 Dazu *Nottarp*, Gottesurteil-Studien, 153.

eines Zweikampfes; das Mädchen findet zunächst keinen Kämpfer, schon droht ihr der Scheiterhaufen; da erbarmt sich Gott und schickt den frommen Ritter Partrides, der den Kampf wagt und – trotz zahlreicher schwerer Wunden – schließlich gewinnt, was zum Geständnis des falschen Ritters führt. Dieses Werk wurde 1493 von Marquard vom Stein, Landvogt zu Mömpelgart, unter dem Titel „Der Ritter vom Turn" ins Deutsche übersetzt, die Buchausgabe mit 45 Holzschnitten, die manche (wohl zu Unrecht) Albrecht Dürer zuschreiben wollen, illustriert[44]; so auch die genannte Geschichte mit der Bildunterschrift „wie man ein edle junckfrow nackent vß gezogen vnnd verbrant haben wolt/ vnnd sy eyn Ritter mitt kampff gegen jrem wyder teyl erlößte". Bereits 1486 fanden sich eine ähnliche Geschichte und ein ähnlicher Holzschnitt in der „Schwäbischen Chronik" des Thomas Lirer, die allerdings den siegreichen Kampf eines Grafen von dem Rotenfan am Hof eines Kaisers von Kathay stattfinden lässt; zudem ist die von ihm vertretene Kaiserin tatsächlich des Ehebruchs schuldig[45]. Genannt werden soll noch das Drama „Euphimia" (1554) des G.B. Giraldis, in dem ein treuer Liebhaber mit Waffenmacht zur Verteidigung der von dem eigenen Mann als Ehebrecherin verleumdeten Frau herbeieilt und im Zweikampf siegt[46].

Für Elsa freilich kommt eine Stellvertretung durch einen Verwandten wegen ihrer familiären Situation nicht in Betracht. Benötigt wird ein fremder Kämpfer für sie.

Das Beweisurteil

So fällt König Heinrich das Urteil: „Gott allein soll jetzt in dieser Sache noch entscheiden!", d.h.: er verkündet das Beweisverfahren, das er für diese Klage angemessen hält: den „Kampf auf Leben und auf Tod im Gottesgericht", den „Gotteskampf".

Deutlich wird somit, dass das Urteil des Königs keine Entscheidung in der Sache - also über Wahrheit oder Unwahrheit der Klage Telramunds - ist, sondern ein sog. „Beweisurteil", das als „zweizüngig" bezeichnet wird, weil es offen ist für beide Ergebnisse[47]. Interessant ist, dass dieses Urteil der König

---

44 Vgl. *Ruth Harvey* (Hg.), Marquard vom Stein. Der Ritter vom Turm. Berlin 1988, 196 f.; *Kurt Pfister*, Nachwort der Ausgabe der Holzschnitte aus dem Buch „Der Ritter vom Turm" (München 1922, 49 ff.).

45 Vgl. die Faksimile-Ausgabe dieses Werkes Stuttgart 1990.

46 Dazu (und mit weiteren Hinweisen) vgl. *Frenzel*, Motive, 296 ff. (304).

47 Vgl. dazu *Gerhard Puchta*, „Beweisinterlokut", Handwörterbuch zur deutschen Rechtsgeschichte. Berlin 1964 ff. Bd. I, Sp.408 ff.; *Udo Kornblum*, „Beweis", Hand-

selbst fällt. Eigentlich entspricht der altdeutschen Tradition die Trennung von Richter – als dem Verfahrensleiter, der die Hegungsfragen bezüglich der Legitimität des Gerichts und die Urteilsfragen stellt – und Urteilern, die – anfangs der gesamte Umstand (also die Männerversammlung des Thing), später eigene Urteilssprecher (aus denen sich dann die Schöffen entwickeln) – diese Fragen durch ihren Urteilsspruch beantworten; eine Struktur des Gerichts im Übrigen, die heute noch im angloamerikanischen Bereich im Geschworenengericht (Jury) zu finden ist. Freilich betont diese dichterische Lösung Wagners die Position des Königs, der überdies in einigen Funktionen durch den Heerrufer – der die eigentlichen Hegungsfragen stellt und später auch als Herold tätig wird[48] – ersetzt wird, was die dramatische Spannung sicherlich erhöht; zudem stimmt der Umstand der sächsischen und brabantischen Männer diesem Urteil (das daher vielleicht besser als Urteilsvorschlag zu bezeichnen wäre)[49] zu: „Zum Gottesgericht!" König Heinrich zieht sein Schwert und stößt es vor sich in die Erde: es wird nun ernst.

Zu beantworten ist allerdings noch die oben nicht endgültig beantwortete Frage, warum dieses Gottesgericht gerade der Zweikampf – und nicht eines der erwähnten Ordale – sein soll[50]. Nähere Betrachtung zeigt, dass die beiden Parteien den König im Grunde zu diesem Beweisurteil zwingen. Denn Elsa jammert auf seine Frage nach ihrer (Un)Schuld nur von ihrem armen Bruder und schwärmt von ihrem Traumritter: sie denkt offensichtlich an ihn als ihren Streiter im Kampf. Mancher der Umstehenden neigt dazu, das Mädchen für verrückt (oder: entrückt) zu halten. Selbst der König fragt Telramund, ob er wirklich bedacht habe, wen er da so schlimm verklagt. Telramund bleibt hart und bietet sich zum Zweikampf an: „Hier steh ich, hier mein Schwert: – wer wagt von euch zu streiten wider meiner Ehre Preis?" Da keiner der Brabanter dieses Wagnis auf sich nehmen will, steht die Kampfforderung des Klägers im Raum; auf die Nähe zur eigentlichen „Kampfklage" wurde bereits hingewiesen. Würde der König nun ein anderes Gottesurteil benennen, müsste dies als Beleidigung des Klägers angesehen werden. Nichts liegt aber dem König ferner, als den kühnen Kämpfer gegen die Dänen – den er ausdrücklich als

wörterbuch zur deutschen Rechtsgeschichte. Berlin 1964 ff. Bd. I, Sp.401 ff.; *Johann Julius Wilhelm von Planck*, Die Lehre vom Beweisurtheil. Göttingen 1848.

48 Vgl. oben Anm.15.

49 Zum Problem der Struktur Richter / Urteiler im Königsgericht vgl. *Ekkehard Kaufmann*, „Königsgericht", Handwörterbuch zur deutschen Rechtsgeschichte. Berlin 1964 ff. Bd. II, Sp.1034 ff.

50 Zu einem ähnlichen Problem im Epos „Lohengrin" vgl. *Richard Schroeder*, Beiträge zur Kunde des deutschen Rechts aus deutschen Dichtern, in: Zeitschr. f. deutsches Altertum NF 1, 1867, 139 ff. (151 f.).

„aller Tugend Preis“ auszeichnet – zu beleidigen. Deshalb kommt es zu diesem Urteil(svorschlag) auf Zweikampf.

Mit Telramund steht der erste Kämpfer auf Leben und Tod bereit. Hinzuweisen ist darauf, dass auch er sich durch einen Kempen – etwa einen seiner Gefolgsleute – vertreten lassen könnte[51]; aber wie sein Ruhm aus dem Dänenkrieg zeigt, schätzt er sich sicherlich als stärkster Recke ein, zudem will er die unmittelbare Auseinandersetzung mit dem Nebenbuhler. Elsa benennt als ihren Kämpen den erträumten Ritter, den sie als „Gottgesandten“ bezeichnet und dem sie zweierlei verspricht: erstens die Herrschaft (als Herzog) in Brabant und zweitens zusätzlich „alles, was ich bin“, selbstverständlich zu verstehen als Angebot der Ehe (also: der copula carnalis [des Beischlafs] und – in historischer Realität offensichtlich: danach[52] – der sakramentalen Bindung). Wagner setzt die Reaktion der versammelten Männer hinzu: „Ein schöner Preis“, aber zugleich auch im Hinblick auf den angesehenen Kämpfer Telramund: „wer um ihn stritt, wohl setzt’ er schweres Pfand“, nämlich sein Leben. Jedenfalls meldet sich keiner der Umstehenden; sicherlich aus Angst vor der Stärke Telramunds, aber wohl auch aus dem Glauben an die Wahrheit von dessen Anschuldigung. Zudem hätte Elsa sicherlich jeden anderen Mann als ihren Traumritter zurückgewiesen, weshalb der Weg mancher Inszenierung, plötzlich einen der Umstehenden oder gar jemanden aus dem Publikum sich melden zu lassen, nicht gangbar ist.

Freilich bleibt – was als kurzer Einschub zu erörtern ist – die rechtliche Frage, ob Elsa überhaupt dieses Angebot zu machen die Kompetenz hat, wobei die eigene Auslobung – sich dem Traummann in sakramentaler Ehe und copula carnalis hinzugeben – nicht gemeint ist, sondern ihr Versprechen, dass er „in meines Vaters Landen die Krone trage“. Nun kennen wir aus der frühen Geschichte durchaus Fälle, in denen Frauen an der Spitze von Herzogtümern, selbst des Königreiches standen[53]. Bekannt sind die ehrgeizigen Damen der

---

51 Dazu vgl. *Nottarp*, Gottesurteil-Studien, 261 ff.

52 Vgl. *Heinrich Fichtenau*, Lebensordnungen des 10. Jahrhunderts. München 1992, 140 ff.; *Karl Frölich*, Die Eheschließung des deutschen Frühmittelalters im Lichte der neueren rechtsgeschichtlichen Forschung, in: Hess. Blätter f. Volkskunde 27, 1928, 144 ff.; *Walter Prevenier / Thérèse de Hemptinne*, „Ehe in der Gesellschaft des Mittelalters“, Lexikon des Mittelalters. München 1980 ff. Bd. III, Sp.1635 ff.; *Schroeder*, Zeitschr. f. deutsches Altertum 1867, 151 ff.

53 Vgl. dazu *Edith Ennen*, Frauen im Mittelalter. München 1984, 48 ff.; *Silvia Konecny*, Die Frauen des karolingischen Königshauses. Diss. Wien 1976; *Shulamith Shahar*, Die Frau im Mittelalter. Königstein 1981, 122; *Thieme*, Recueils de la Societe Jean Bodin 12, 357 ff.; *Thilo Vogelsang*, Die Frau als Herrscherin im hohen Mittelalter. Göttingen 1954. – Auf das dahinter stehende Verständnis von Leiblichkeit vgl. *Burkhardt Krause*, „er empfinc diu lant unt ouch die magt“: die Frau, der Leib, Herrschaft und body poli-

Merowingerzeit, aber auch die Witwen Theophanu, Adelheid und Agnes. Doch führten diese nur eine vormundschaftliche Regierung für den unmündigen Sohn, die beiden zuletzt genannten für den späteren Otto III., die letztere für Heinrich IV. Ein eigentliches politisches Erbrecht für Frauen findet sich erst im 11. und 12. Jahrhundert. So regierte die Markgräfin Mathilde von Tuscien (1046-1115) nach kinderloser Ehe verwitwet ihre Grafschaft selbständig und vermachte sie aus eigenem Recht dem heiligen Petrus; aus Kastilien, Aragon und dem normannisch-englischen Königreich wird Ähnliches berichtet: so z.B. von Mathilde, der Tochter des englischen Königs Heinrich I., dem 1126/27 die geistlichen und weltlichen Großen schwören mussten, dass sie seine Tochter als Herrin annehmen wollten, wenn er ohne legitimen männlichen Erben verstürbe. 1204 wurde auch in Brabant das „Weiberlehen" bestimmt[54]. Und es ist interessant, dass in einer mittelalterlichen Quelle Wagners – dem Gedicht vom „Schwanritter" des Konrad von Würzburg (um 1260) – gerade dieses Problem einer Erbnachfolge der Witwe und der Tochter des Herzogs von Brabant im Mittelpunkt steht. Der Bruder des Verstorbenen, der Herzog von Sachsen, kämpft hier mit dem Schwanenritter um sein eigenes Nachfolgerecht, in einem Verfahren, in dem die Witwe bei König Karl das politische Testament ihres verstorbenen Gatten einklagt. Der Schwanenritter siegt, heiratet die Tochter und verlässt diese nach der verbotenen Frage nach seinem Namen und seiner Herkunft. Bei Wagner ist dies anders, wegen der Klage auf Brudermord viel dramatischer und aufregender. Also wollen wir den zeitlichen Sprung von 933 in das frühe 13. Jahrhundert akzeptieren! – Doch stellt sich damit ein weiteres rechtliches Hindernis, das wenigstens zu nennen ist. Im Jahre 933 gab es noch kein eigenes Herzogtum Brabant[55]. Erst 959 teilte Erzbischof Bruno von Köln – der Bruder des Königs Otto I. (des Nachfolgers von Heinrich I.) – das Herzogtum Lothringen (das im Übrigen erst 925 zum deutschen Reich gekommen war, wobei die Schelde die Grenze zu Frankreich bildete); der Teil Niederlothringen wurde dem nunmehrigen Herzog Gottfried unterstellt. Wagner kannte diese Historie sicherlich aus dem Buch von Warnkönig über die flandrische Rechtsgeschichte. Doch übernahm er den Hinweis auf eine Herrscherin in Brabant offensichtlich aus dem 1210 geschriebenen Epos „Parzival" des Wolfram von Eschenbach, dessen Schlussteil die Geschichte des Lohenangrin erzählte; auch das bereits genannte Gedicht vom „Schwanritter" des Konrad von Würzburg und das anonyme Epos „Lo-

---

tics im Mittelalter, in: Ders. / Ulrich Scheck (Hg.), Verleiblichungen. St. Ingbert 1996, 31 ff.

54 Vgl. dazu *Thieme*, Recueils de la Societe Jean Bodin 12, 359.

55 Zu diesem Problem vgl. *van Veen*, Richard-Wagner-Blätter 1984, 19.

hengrin“ (um 1290) erwähnen Brabant, sogar zum Teil namentlich Gottfried, den Herzog, und seine Tochter Elsa, wie auch Friedrich von Telramund. Wagner hat deshalb wohl zumindest den künftigen Herzog „Gottfried“ genannt. Und deshalb wollen wir auch hier großzügig sein und Wagners Szenerie eines Herzogtums Brabant um 933 hinnehmen.

Die Konsequenz eines Scheiterns

Doch stellt sich noch ein letztes – und diesmal ein tatsächliches – Hindernis, und dieses übernimmt Wagner selbst aus seinen mittelalterlichen Quellen. Es findet sich zunächst kein Kämpfer für Elsa, der Traumritter bleibt Traum.

Denn der Heerrufer – der nun als Gerichtsherold fungiert – tritt (so Wagners Regieanweisung) mit vier Trompetern[56] an, die er den vier Himmelsgegenden zugewendet an die äußersten Grenzen des Gerichtskreises vorschreiten und so den Ruf blasen lässt: „Wer hier im Gotteskampf zu streiten kam für Elsa von Brabant, der trete vor! Der trete vor“; und dies gleich zweimal und das zweite Mal in eindringlicher (und höher gesungener) Form, weil sich auf den ersten Ruf niemand meldet. Dabei ist sicherlich die Wiederholung des Rufes auf Bitte der Elsa – „wohl weilt [ihr Ritter] fern und hört [den Ruf] nicht“ – zulässig. Davon abgesehen, erweist Wagner sich hier als der Meister der Straffung der Dramatik, eben der Dichtung als „Ver-Dichtung“; die zweimaligen Rufe erhöhen die Spannung eindeutig, vor allem, wenn nach dem Ausklingen des 2. Rufes niemand vortritt; was die Umstehenden zu dem Schluss bringt: „In düstrem Schweigen richtet Gott“. Die Oper droht zu Ende zu gehen, bevor sie noch richtig angefangen hat; bzw. ihr Inhalt müsste ein anderer werden.

Denn in dem Falle des Nichterscheinens des Gegners hatte – so zumindest nach dem Sachsenspiegel, der (privaten) Rechtsaufzeichnung des Ritters Eike von Repgow aus der Zeit um 1225 (also nach dem Verbot der Gottesurteile 1215, weshalb diese einschlägigen Stellen 1374 durch die Bulle „Salvator generis humanis“ des Papstes Gregor XI. außer Kraft gesetzt wurden[57]) – der am Kampfplatz Anwesende „zwei Schläge und einen Stich wider den Wind“ zu führen; überlebte er diesen „Kampf“, war das Beweisverfahren zu seinen Gunsten erledigt, er hatte den im Urteil zweizüngig angegebenen Beweis

56 Zur Musik im Gerichtsverfahren vgl. *Hans von Hentig*, Gerichtliche Klänge und Geräusche, in: Schweiz. Zeitschr. f. Strafrecht 63, 1948, 121 ff.; *Herbert Heyde*, Trompete und Trompetenblasen im europäischen Mittelalter. Diss. Leipzig 1965; *Doris Stockmann*, Deutsche Rechtsdenkmäler des Mittelalters als volkstümliche Quelle, in: Studia Musicologia 15, 1973.

57 Dazu vgl. *Karl Gottfried Hugelmann*, Der Sachsenspiegel und das vierte lateranische Konzil, in: Zeitschr.f. deutsche Rechtsgeschichte – Kan. Abt. 13, 1924, 427 ff.

geführt und damit die Wahrheit seines Vorbringens rechtskräftig gemacht. Und in unserem Fall der Klage gegen Elsa: wäre die Wahrheit des Vorwurfs des Brudermordes offenbar geworden. Der König hätte nun nur noch die Frage nach der Strafe zu stellen bzw. selbst einen Urteilsvorschlag zu machen. Es ist bei der Einschätzung als „fürchterlicher Klage" und „schwerer Schuld" anzunehmen, dass Elsa mit einer schweren Strafe zu rechnen hätte (und nicht nur zur Leistung eines „Wergeldes" – der für die Tötung eines Menschen üblichen Sühne[58] - verurteilt worden wäre). Die Verhängung einer Todesstrafe erscheint freilich aus den Reaktionen des Königs auf dieses Mädchen unwahrscheinlich; er hätte sicherlich ein so strenges Urteil durch seine „Milde" (aequitas) umgewandelt. Der Prosaentwurf legt Telramund die Worte an den König in den Mund: „Willst du ihr das Leben schenken, so sei sie doch ehrlos, schmachvoll, arm u. unbedeckt aus dieses Landes Marken verbannt". Zu denken wäre wohl auch die lebenslange Einweisung in ein Kloster.

Aber Elsa lässt den König nicht dazu kommen, das Scheitern des Gottesurteils zu ihren Lasten festzustellen. Sie sinkt zu einem inbrünstigen Gebet nieder und fleht – begleitet von ihren Frauen – zu Gott: „Du trugest zu ihm meine Klage, zu mir trat er auf dein Gebot: – O Herr! Nun meinem Ritter sage, daß er mir helf' in meiner Not! Laß mich ihn sehn, wie ich ihn sah, wie ich ihn sah, sei er mir nah!". Und plötzlich taucht auf der Schelde der von einem Schwan gezogene Nachen auf, in dem der Traumritter – in Silberrüstung, den Helm auf dem Haupte, den Schild im Rücken, ein kleines goldenes Horn zur Seite, auf sein Schwert gelehnt (so Wagners Anweisungen) – steht. Der Kempe Elsas ist da! und offensichtlich ein Ritter, womit die Ebenbürtigkeit zu Telramund hergestellt ist (die dieser auch in keiner Weise anficht)[59].

Für die Umstehenden ist diese Ankunft ein Wunder:

> Seht! Seht! Welch ein seltsam Wunder!
> Wie? Ein Schwan! Ein Schwan
> zieht einen Nachen dort heran!
> Ein Ritter drin hoch aufgerichtet steht.
> Wie glänzt sein Waffenschmuck! Das Aug' vergeht
> vor solchem Glanz! – Seht, näher kommt er an!
> An einer goldnen Kette zieht der Schwan!
> Seht hin! Er naht! Seht, er naht!
> Ein Wunder! Ein Wunder! Ein Wunder ist gekommen,
> ein unerhörtes, nie geseh'nes Wunder!

---

58 Vgl. *Wolfgang Schild*, „Wergeld", Handwörterbuch zur deutschen Rechtsgeschichte. Berlin 1964 ff. Bd. V, Sp.1268 ff.

59 Zum Problem der an sich anzunehmenden Rechtlosigkeit eines Fremden vgl. *van Veen*, Richard-Wagner-Blätter 1984, 26.

[...]
Wie ist er schön und hehr zu schauen,
den solch ein Wunder trug an's Land!

Auf das Problem, worin eigentlich dieses Wunder bestehen könnte – in dem Ritter selbst (als wundertätigem Heiland) oder in den Umständen seiner (als eines normalen Mannes) Ankunft, vor allem dem Schwan als Zugtier, oder in dem Grund seines Erscheinens (als gottgesandter Streiter im Gottesgericht) – kann hier nicht eingegangen werden. Für Elsa jedenfalls ist er die Erfüllung ihres Traumes, der Ritter, den sie von Gott erflehte; womit im Übrigen selbstverständlich ist, dass sie an seiner reinen Qualität als eines „Gottgesandten" niemals zweifeln kann (weshalb sie auch nicht auf Rat der Ortrud das Frageverbot brechen wird, sondern aus Gründen, die in der konkreten Liebesbeziehung zu Lohengrin liegen müssen – was hier nur behauptet werden kann –). Für Ortrud – die im Inneren des Herzens Heidin geblieben ist – muss der Ritter ein Magier sein, da er über den von ihr selbst verzauberten Gottfried – den sie sogleich in dem Schwan erkennt – Macht hat, die sich auch in seiner Dankesrede an ihn zeigt:

Nun sei bedankt, mein lieber Schwan!
Zieh durch die weite Flut zurück,
dahin, woher mich trug dein Kahn,
kehr wieder nur zu unsrem Glück:
drum sei getreu dein Dienst getan!
Leb wohl! Leb wohl, mein lieber Schwan!

(wobei aus der zweiten Strophe der Gralserzählung deutlich wird, dass jedes verzauberte Wesen nach einem Jahr Dienst für den Gral vom Fluch gelöst wird). Auch der König ist fasziniert, zumal ihn der Ankömmling sogleich mit seinem Namen anspricht und ihm den Segen Gottes wünscht. Er stellt deshalb die eher rhetorische Frage: „Erkenn ich recht die Macht, die dich in dieses Land gebracht, so nahst du uns von Gott gesandt?" Der Ritter gibt darauf eigentlich keine wirkliche Antwort, sondern stellt nur fest, dass er gesandt sei „zum Kampf für eine Magd zu stehn, der schwere Klage angetan"; von wem, sagt er nicht. Er verlangt auch von Elsa, niemals die Frage nach seinem Namen und seiner Art (Herkunft) zu stellen, was diese ihm verspricht: ist doch ihr Traum Wirklichkeit geworden. Selbstverständlich akzeptiert sie diesen Mann als ihren Kempen und verspricht ihm liebend gern den ausgelobten Preis – sich selbst und die Herrschaft in Brabant –, den er mit den im Gesamtwerk Wagners einzigartigen Worten annimmt: „Ich liebe dich!" Damit muss auch der König, auch der Gegner Telramund, den Ritter trotz seiner Namens- und Herkunftlosigkeit als geeigneten Kämpfer annehmen.

Jedenfalls sind nun beide Kämpfer anwesend und kampfbereit. Telramund entmutigt die wunderbare Ankunft seines Gegners in keiner Weise. So kann es zum Zweikampf auf Leben und auf Tod kommen!

Der Zweikampf

Ursprünglich war mit der Verkündigung des Beweisurteils – hier: der Anordnung des Gottesurteils des Zweikampfs – das rechtliche Verfahren zu Ende, dessen Sinn in dieser frühen Zeit nur darin bestand, einen von allen anerkannten Weg der Lösung des Streitfalls zu finden[60]. Mit der Zustimmung der Umstehenden zur Durchführung des Zweikampfes war deshalb der Streit reif zur Lösung, nämlich zu einer Lösung aus ihm selbst, aus den Streitparteien, heraus. Notwendig war bloß, ein Beweisurteil zu fällen, das „zweizüngig“ war, da es nur den Weg bestimmte, in dem Wahrheit oder Unwahrheit offenbar werden sollten und konnten. In eigentlichem Sinne fand das so bestimmte Beweisverfahren nach dem Urteil und außerhalb des spezifischen Gerichtsverfahrens statt. Nur um den Zweikampf in einer für alle legitimen (und damit auch glaubwürdigen) Weise durchführen zu können, blieb die Thingversammlung Ort und Zeit seiner Durchführung. Dem Inhalt nach war es aber nur (mehr) eine sozusagen „private“ Auseinandersetzung, deren Ergebnis aber durch den Bezug auf das Beweisurteil Rechtskraft erhalten konnte. Erst später wurde der Zweikampf als gerichtliches Beweismittel angesehen, dessen Ausgang für die Beurteilung der Streitlage durch die Urteiler relevant war, weshalb er in den Prozess eingebaut wurde. Dann war ein richterliches Endurteil erforderlich, das den Ausgang des Kampfes klarstellen musste[61]. Wagner knüpft an das ältere Verfahren an, das sicherlich dramatischer zu gestalten ist. Deutlich wird dies, wenn er die beiden Kämpfer sagen lässt: „Nun, König, ordne unsren Kampf!“, wobei dieses „unsren“ zu betonen ist.

Deshalb sorgt der König als Leiter der Thingversammlung für die ordnungsgemäße Durchführung des Zweikampfs, wobei auch hier die Dichtung Wagners rechtshistorisch getreu ist. Jeder Kämpfer erhält drei Sekundanten (von

---

60 Dazu vgl. *Alexander Gál*, Der Zweikampf im fränkischen Prozeß, in: Zeitschr.f. deutsche Rechtsgeschichte – Germ. Abt. 28, 1907, 236 ff.; *Heinz Holzhauer*, Der gerichtliche Zweikampf, in: Sprache und Recht. Festschr. f. Ruth Schmidt-Wiegand. Berlin 1986, 263 ff.; *Max Pappenheim*, Über die Anfänge des germanischen Gottesurteils, in: Zeitschr.f. deutsche Rechtsgeschichte – Germ. Abt. 48, 1928, 136 ff.; *Clausdieter Schott*, Tugend und Recht im Mittelalter, in: Hans-Jürg Braun (Hg.), Ethische Perspektiven: „Wandel der Tugenden“. Zürich 1989, 95 ff.

61 Vgl. dazu *Dieter Werkmüller*, Per pugnam probare, in: Überlieferung, Bewahrung und Gestaltung in der rechtsgeschichtlichen Forschung. Festschr. f. Ekkehard Kaufmann. Paderborn 1993, 379 ff. (382).

Wagner „Kampfzeugen“ genannt): für Telramund drei Brabanter (als Stammesgenossen), für den seiner Herkunft nach unbekannten Lohengrin werden drei sächsische Edle aus dem Kreis des Königs[62] bestimmt. Sie messen gemeinsam den Kampfplatz ab: einen kreisförmigen Ring, den sie mit ihren Speeren abstecken. Ihre Aufgabe bestand nach dem Sachsenspiegel unter anderem auch darin, aufzupassen, dass der Kampf fair und ehrlich bleibt. Dazu trugen sie lange Stäbe (armdicke Äste), mit denen sie von außen in das Kampfgeschehen eingreifen, etwa die Kämpfer trennen oder einem die Waffe aus der Hand schlagen konnten. Das Betreten des Kampfringes selbst war ihnen so wie jedem anderen versagt. Deshalb verkündet der Heerrufer stellvertretend für den König den Friedensbann, der Ort und Zeit des Zweikampfes zu einem verordneten Friedensbereich[63] macht durch die Autorität („Bann“) des Königs, weshalb jeder Bruch dieses Friedens eine Beleidigung des Königs (römischrechtlich „crimen laesae maiestatis“ genannt) darstellt. Dieses Vergehen wird für Freie mit Handverlust – die „klassische“ Strafe für Meineid, wobei Wagner eine ausdrückliche Beschwörung dieses Friedens durch die Umstehenden nicht vorsieht, aber doch seine Anerkennung durch die Wiederholung der Strafandrohung zum Ausdruck bringt – geahndet; für Unfreie – die allerdings nicht Teilnehmer der Versammlung sind, aber doch auch angesprochen werden müssen, da sie vielleicht auf Befehl ihrer Herren herbeigerufen werden könnten – wird die Strafe der Enthauptung vorgesehen. Diese Differenzierung der Strafandrohungen für Freie und Unfreie entspricht durchaus mittelalterlichem Denken; sie findet sich ausdrücklich in dem Epos „Lohengrin“ des 13. Jahrhunderts, das diesbezüglich dem Sachsenspiegel folgt[64]; darüber hinaus war sie in den frühen Friedensordnungen, die heute als „Gottesfrieden“ und „Landfrieden“ bezeichnet und unterschieden werden (worauf hier aber nicht näher einzugehen ist), vorgesehen.

Auch den Kämpfern wird das Gebot des fairen Kampfes eindringlich vorgehalten: „Gewahrt in Treue Kampfes Pflicht! Durch bösen Zaubers List und Trug stört nicht des Urteils Eigenschaft“. Dieses Verbot von zauberischen Handlungen[65] findet sich im Übrigen in zahlreichen Quellen – z.B. im langobardischen

62 Dazu vgl. *van Veen*, Richard-Wagner-Blätter 1984, 26.

63 Dazu vgl. *Robert His*, Gelobter und gebotener Friede, in: Zeitschr.f. deutsche Rechtsgeschichte-Germ. Abt. 33, 1912, 139 ff.; *Ekkehard Kaufmann*, „Friede“, Handwörterbuch zur deutschen Rechtsgeschichte. Berlin 1964 ff. Bd. I, Sp.1275 ff.; *Rolf Lieberwirth*, „Friedebann“, Handwörterbuch zur deutschen Rechtsgeschichte. Berlin 1964 ff. Bd. I, Sp.1292 f.

64 Vgl. *Schroeder*, Zeitschr. f. deutsches Altertum 1867, 152; *van Veen*, Richard-Wagner-Blätter 1984, 27.

65 Dazu vgl. *Nottarp*, Gottesurteil-Studien, 118, 215 ff.

Edictum Rothari (643) oder in dem Beschluss der Synode von Neuching (772) –, gerichtet vor allem an Geistliche, die sich durch Einsalbung der Waffe des einen oder des Kämpfers selbst oder durch Verkauf von Amuletten usw. Geld verdienen wollten. Es war auch deshalb in den meisten Fällen sogar üblich, die beiden Kontrahenten gleich zu bewaffnen, d.h. ihnen vom Gericht zu stellende Waffen zu geben[66]. Gebräuchlich war die Bewaffnung mit Schild und Kampfstock (Keule, Kolben, auch Streitaxt), bei Rittern mit dem Schwert; manchmal konnte der ritterliche Kampf auch auf Pferden durchgeführt werden. Wagner verzichtet auf eine Waffenprüfung, um die dramatische Spannung nicht abzubauen. Zudem sind beide Kämpfer offensichtlich mit der Bewaffnung des Gegners – Lohengrin „in glänzender Silberrüstung, den Helm auf dem Haupte [selbstverständlich ohne Schwanenflügel, WS], den Schild im Rücken" und mit Schwert – einverstanden, auch Telramund trotz seiner Skepsis bezüglich des zauberischen „Fremdling[s], der mir so kühn erscheint". Darüber hinaus strebte man nach fairen Kampfbedingungen, zumindest nach Chancengleichheit für beide. Auch deshalb wurde meist eine Vorbereitungszeit eingeräumt, in der der Ungeübte durch einen Fechtmeister Unterricht im Kämpfen erhielt: höhere Adelige für sechs Wochen, Niederadelige und Gemeinfreie nur vierzehn Tage. Der Sachsenspiegel sah ausdrücklich eine bestimmte Aufstellung der Kämpfer vor, nämlich derart, dass niemand in die Sonne zu blicken hatte. Denn selbstverständlich hatte der Zweikampf bei Licht durchgeführt zu werden. Die bereits genannten Sekundanten sollten von außen her in Fällen von Bruch der anerkannten Kampfesregeln eingreifen.

Aus ästhetischen Gründen verkürzt Wagner auch die Formalitäten, die sich aus dem Charakter des Zweikampfes als eines Gottesurteils ergeben. Er konzentriert das Geschehen auf das feierliche Gebet des Königs, das die Bitte an Gott enthält, diesem Kampf zugegen zu sein und „Trug und Wahrheit" – entsprechend der Zweizüngigkeit des Beweisurteils – zu offenbaren durch „Schwertes Sieg". Dazu möge Gott dem Kämpfer für die Wahrheit Kraft verleihen bzw. dem Kämpfer für die Falschheit des Armes Stärke erschlaffen: dem Einen damit also den Sieg und das Leben, dem Anderen die Niederlage und den Tod. Lohengrin und Telramund, aber auch die umstehenden Männer wiederholen dieses Gebet (im Übrigen in einer unterschiedlichen Formulierung, die hier nicht näher problematisiert werden kann). In der historischen Realität waren sicherlich weitere Formalien (vor allem religiöser Art) notwen-

66 Dazu vgl. *Dagmar Hüpper-Dröge*, Der gerichtliche Zweikampf im Spiegel der Bezeichnungen für „Kampf", „Kämpfer", „Waffen", in: Frühmittelalterliche Studien 18, 1984, 607 ff.; *Nottarp*, Gottesurteil-Studien, 39.

dig[67], obwohl die Frage nach der zulässigen Mitwirkung eines Geistlichen (etwa zur Segnung der Waffen) stets umstritten blieb, da die christlichen Theoretiker in der Frage nach dem Wert des Zweikampfes als eines Gottesurteils stets uneins waren. Aber sicherlich wurde den Kontrahenten der Besuch einer Messe mit Beichte und Empfang der Hostie angeboten, vielleicht konnten sie sich sogar durch Fasten auf diesen, ihren vielleicht letzten Kampf vorbereiten. Jedenfalls hatten die beiden einen feierlichen Eid auf die Reliquien von Heiligen abzulegen, dass sie nur für die Wahrheit kämpften[68].

Der Zweikampf war ein Kampf auf Leben oder Tod – zumindest in dieser frühen Zeit –, weil nur so der Streitfall wirklich für alle in rechtskräftiger (d.h. von allen anzuerkennenden) Weise beendigt sein konnte. Später reichte die Überwindung des Gegners oder sein Eingeständnis, besiegt zu sein, aus; er durfte am Leben bleiben, verlor aber im Regelfall die Hand als Strafe für den Meineid, den er geschworen haben musste, sofern nicht die sogenannte „talio supplicii" auf ihn angewendet wurde, er also zu der Strafe – die seinen Gegner im Falle von dessen Unterliegen getroffen hätte – verurteilt wurde[69]. Wagner lässt – wie bereits erwähnt – diese große, dramatische Szene des Kampfes noch in der zeitlich ursprünglichen Gestalt spielen: es gibt kein Endurteil – der Ruf des Königs „Sieg!" ist nicht als formelles Urteil zu verstehen –, sondern der Ausgang des Zweikampfes ist zugleich die rechtskräftige Erledigung des Vorwurfs.

Der Schwerpunkt der Dichtung liegt nun bei den Regieanweisungen, die den Zweikampf genau regeln sollen.

> Auf des Heerrufers Zeichen blasen die Trompeter den Kampfruf: Lohengrin und Friedrich vollenden ihre Waffenrüstung. Der König zieht sein Schwert aus der Erde und schlägt damit dreimal auf den an der Eiche aufgehängten Schild. Erster Schlag: Lohengrin und Friedrich treten in den Ring. Zweiter Schlag: sie legen den Schild vor und ziehen das Schwert. Dritter Schlag: sie beginnen den Kampf; Lohengrin greift zuerst an. Nach mehreren ungestümen Gängen streckt Lohengrin mit einem weit ausgeholten Streiche Friedrich nieder. – Friedrich versucht sich wieder zu erheben, taumelt einige Schritte zurück und stürzt zu Boden.

---

67 Dazu vgl. *Alexander Coulin*, Der gerichtliche Zweikampf im altfranzösischen Prozeß und sein Übergang zum modernen Privatzweikampf. Berlin 1907; *Elisabeth Linke*, Der Rechtsgang in Morant und Galie, in: Beitr. z. Geschichte der deutschen Sprache 75, 1953, 3 ff.; *Nottarp*, Gottesurteil-Studien, 269 ff.; *M. Pfeffer*, Die Formalitäten des gottesgerichtlichen Zweikampfs in der altfranzösischen Epik, in: Zeitschr. f. roman. Philologie 9, 1885, 1 ff.

68 Dazu vgl. *Conrad Thümmel*, Der gerichtliche Zweikampf und das heutige Duell. Hamburg 1887, 31.

69 Vgl. *Coulin*, Zweikampf, 144.

Der Sieger Lohengrin setzt sein Schwert auf den Hals des Unterlegenen: er hat das Recht, den tödlichen Stoß zu führen. Doch schenkt der Gralsritter seinem Gegner das Leben, damit dieser – der Prosaentwurf fügt dazu: und seine Frau – es der Reue widmen möge.

Die rechtskräftige Folge

Das Beweisverfahren ist damit beendet, die Zweizüngigkeit des Beweisurteils beseitigt, der Streit bereinigt; die Unwahrheit der Klage Telramunds und somit die Unschuld der Elsa ist allen offenkundig (geworden). Der König nimmt deshalb seinen Schild von der Eiche: er hat insgesamt „streng und mild“ gerichtet! Er stößt mit der Verkündigung „Sieg!“ sein Schwert in die Scheide, worin ihm die umstehenden Männer nachfolgen. Die Sekundanten ziehen die Speere aus der Erde und heben damit den Kampfring aus. So können nun alle jubelnd zum Sieger eilen, allen voran selbstverständlich Elsa. Der unterlegene Telramund wird – „weil untreu er den Gotteskampf gewagt“ – in Bann und Acht gelegt, was bedeutet: er wird aus dem allgemeinen Frieden des Königs gestellt, weshalb jeder ihn bußlos töten darf[70]. Sein Auftritt im 2. Aufzug ist daher lebensgefährlich, seinen Vorwurf – der siegreiche Kämpfer habe sich unerlaubter magischer Mittel bedient – darf Lohengrin jedenfalls ohne Begründung zurückweisen.

Offensichtlich hat Gott sein Urteil gesprochen, für alle sichtbar und unanfechtbar, deshalb rechtskräftig. In diesem Sinne stellt Lohengrin im 2. Aufzug – an die Männer und Frauen (und den König) gewendet – fest: „Nicht darf sie Zweifels Last beschweren, sie sahen meine gute Tat“, d.h. seinen Sieg im Zweikampf. Deshalb stimmen sie diesem Hinweis zu: „Wir schirmen ihn, den Edlen, vor Gefahren; durch seine Tat ward uns sein Adel kund!“; die Männer geloben ihm mit Handschlag ihre Treue: „Wir stehn zu dir, es soll uns nicht gereuen, daß wir der Helden Preis in dir erkannt!“ Deshalb verzichten sie auch darauf, seinen Namen und seine Herkunft zu erfahren: ihn hat der Sieg im Gottesurteil in seinem Amt – das er selbst als „Schützer von Brabant“ definiert – bestätigt. Selbst der besiegte Telramund stimmt zunächst darin ein, dass ihn „Gott geschlagen“ habe, lässt sich dann im 2. Aufzug durch seine Frau „umdrehen“. Ortrud, die Heidin, die an ein solches Gottesurteil von vornherein nicht glaubt, rätselt an dem Zauber, der sich als stärker erwiesen hat, und sucht nach Mitteln eines möglichen Gegenschlages: letztlich vergeblich, da ihr eigenes Bemühen und das des von ihr von ihrer Einstellung überzeugten

70 Vgl. *van Veen*, Richard-Wagner-Blätter 1984, 28.

Mannes im 2. Aufzug scheitert (was hier aber nur behauptet, nicht auch ausgeführt wird).

II. Der Zweikampf als fragwürdiges Gottesurteil

Im Folgenden soll zunächst (als 1.) das Verständnis von Recht, Verfahren (Urteil) und Gott in den Rahmen des Weltbildes gestellt werden, das zur Ausbildung eines solchen „Gottesurteils" geführt hat. Gerade das Gebet des Königs, wie es Wagner gedichtet hat, trifft das dafür Relevante in erstaunlicher Prägnanz. Doch war seit jeher die Eignung des Zweikampfes zu dieser Qualifizierung als Gottesurteil umstritten, wobei sich diese kritische Haltung schließlich im 13. Jahrhundert durchsetzte. Auf dieses Problem und auf die Gründe für das schlussendliche Verbot dieses Gottesurteils ist unter 2. einzugehen.

1. Die urteilsmäßige Offenbarung der Rechtslage durch Gott

Das Wesentliche ist bereits mit dem Hinweis auf das Gebet des Königs vor Beginn des Zweikampfes gesagt: „Mein Herr und Gott, nun ruf ich dich! Dass du dem Kampf zugegen sei'st! Durch Schwertes Sieg ein Urteil sprich, das Trug und Wahrheit klar erweist". Erbeten wird somit die Anwesenheit Gottes – wie sie vor allem Ivo von Chartres (um 1100) für wesentlich hielt – und sein Eingreifen in diesen Kampf, genauer: in die leibliche Beschaffenheit der beiden Kämpfer. Dem Streiter für die Wahrheit soll Gott „Heldenkraft" verleihen, dem anderen soll des Armes Stärke erschlaffen.

Zweikampf als Gottesurteil

Von dieser Idee wäre (wie nochmals betont werden soll) ein Kampf zwischen Mann und Frau – also körperlich unterschiedlich starken Streitern – durchaus begründbar: ist die Frau im Recht, so wird Gott ihr die zum Sieg notwendige Kraft verleihen bzw. dem an sich stärkeren Mann diese Kraft nehmen. In der historischen Realität wurde aber offensichtlich ein solcher Kampf nicht durchgeführt. Vereinbar ist jedenfalls die Möglichkeit einer Stellvertretung im Kampf. Gott wird eben dem Streiter für die Wahrheit die zum Sieg nötige Kraft geben, auch wenn dieser nicht für die eigene Rechtsposition, sondern stellvertretend für einen anderen, kämpft.

Auf diese Weise konnte man im Übrigen sogar abstrakte Rechtsfragen lösen[71]. Im Jahre 938 ließ etwa Otto I. am Hoftag von Steele an der Ruhr zwei Männer

71 Vgl. dazu *Nottarp*, Gottesurteil-Studien, 111 ff., 153 ff.

– als Vertreter entsprechender Urteilsvorschläge – um die Ablehnung oder Anerkennung des Erbeintrittsrechts des Enkels bei vorverstorbenem Vater (als Sohn des Erblassers) kämpfen (wobei das Ergebnis der Zulässigkeit dem heutigen § 1934 BGB entspricht); die Synode von Burgos ließ 1077 in einem ritterlichen Zweikampf klären, ob in Spanien die mozarabische oder die römische Liturgie zu beachten sei, wobei der Vertreter der ersteren siegte (welches Ergebnis durch eine Feuerprobe auf der Synode von Toledo 1091 bestätigt wurde). Darüber hinaus waren allgemeine strittige Fragen lösbar[72]. Aus Island wird z.B. berichtet, dass der Kleriker Dankbrand gegen einen Berserker kämpfte, um die Wahrheit des christlichen Glaubens zu beweisen (im Übrigen mit Erfolg, wie die Christianisierung Islands zeigt). Vergleichbares soll im 9. Jahrhundert der Priester Poppo gegenüber den heidnischen Dänen durch eine Feuerprobe bewiesen haben. Und selbstverständlich konnten politische Streitigkeiten durch Gottesurteil einer Lösung zugeführt werden[73]. So untermauerte 876 nach dem Tode Ludwigs des Deutschen sein Sohn und Nachfolger Ludwig seine Ansprüche auf Lothringen gegen Karl den Kahlen, indem er je zehn Vertreter den Kesselfang, die Eisenprobe und die Wasserprobe erfolgreich bestehen ließ. 895 wurde auf der Triburer Synode der Streit zwischen den Erzbischöfen Hermann von Köln und Adalger von Hamburg-Bremen wegen der Metropolitanzugehörigkeit des Bistums Bremen durch einen Zweikampf zwischen deren Vertretern entschieden.

Zweikampf als Gottesurteil bedeutet nach dem Gesagten (und in den Worten des Königsgebetes, wie Wagner es gedichtet hat), dass Gott durch den Ausgang des Kampfes „ein Urteil sprich[t]", das den Streitfall endgültig klärt. Trotzdem ist diese Terminologie missverständlich. Denn Gott spricht nicht eigentlich ein Urteil, das dann z.B. in einem Exekutionsverfahren durchgesetzt werden könnte oder müsste. Sein Urteil ist die rechtskräftige Durchsetzung der Wahrheit selbst, für alle sinnlich wahrnehmbar und daher offenbar. Nur in einem anderen (heute nicht mehr gebräuchlichen) Sinne könnte man von „Urteil" sprechen, nämlich: Trug und Wahrheit (ur)teilen sich in dem Ausgang Sieg und Niederlage unmittelbar selbst. Besser ist die andere Bezeichnung, die Wagner ebenfalls verwendet: als „Gottesgericht" selbst. Denn damit wird klar, dass Gott den Rechtsstreit unmittelbar löst und die Wahrheit bzw. Unwahrheit allen offenbart.

---

72 Dazu vgl. *Nottarp*, Gottesurteil-Studien, 111 ff.

73 Dazu *Nottarp*, Gottesurteil-Studien, 149.

Das zugrundeliegende Gottesbild

Freilich verlangt diese Idee des Gottesurteils die Voraussetzung eines bestimmten Gottesverständnisses[74]. Denn auf den ersten Blick liegt die Verwandtschaft zu magischen Zeremonien nahe. Ruft hier der Mensch nicht Gott an, um ihn zur Entscheidung eines Rechtsfalles zu bringen? bedeutet dies nicht eigentlich eine gotteslästerliche Haltung (tentatio Dei), die Gott zum Eingreifen provozieren, vielleicht sogar durch sakramentale Handlungen zwingen will?

Die Befürworter des Gottesurteils - z.B. der Kleriker Ivo von Chartres (um 1100), aber auch Karl der Große und zahlreiche andere weltliche Herrscher[75] - versuchten die Zulässigkeit dadurch zu begründen, dass sie die eigene Aktivität des Menschen zurücknahmen und das gesamte Geschehen als alleiniges Wirken Gottes interpretierten.

Sie konnten auf den Bundgedanken des Alten Testaments verweisen (vor allem Jesaja 13 – „Denn so du durch Wasser gehst, will ich bei dir sein, dass dich die Ströme nicht sollen ersäufen; und so du ins Feuer gehst, sollst du nicht brennen, und die Flamme soll dich nicht versengen“ – und Psalm 16, 8 – „Ich habe den Herrn allezeit vor Augen; steht er mir zur Rechten, so werde ich fest bleiben“ –) und als Vorbilder bzw. Beispiele den Kampf Davids gegen Goliath (1.Buch Samuel 17) oder das Überleben der drei Jünglinge im Feuerofen (Prophet Daniel 3) nennen. Erstmals wurde der Zweikampf als „iudicium Dei“ in den Leges Burgundionum Ende des 5. Jahrhunderts bezeichnet, dann auch im langobardischen Edictum Rothari (643), der Lex Baiuvariorum (6.-8. Jahrhundert) und der Lex Alamannorum (um 720) vorgesehen[76]; die Regelung im Sachsenspiegel wurde schon erwähnt.

Wagner übernimmt diesen Gedanken, indem er den König ein Gebet in einer Atmosphäre der „feierlichsten Andacht“ sprechen lässt. Heinrich ruft Gott nicht wie ein Zauberer seinen Dämon, dem er durch einen Pakt verbunden ist, sondern er bittet Gott um Hilfe. Diese demutsvolle Haltung kommt in der Formulierung zum Ausdruck: „so hilf uns, Gott, zu dieser Frist, weil unsre Weisheit Einfalt ist“. Darin liegt das Eingeständnis der menschlichen Unfähigkeit, in diesem Fall den Streit entscheiden zu können. Selbst der König muss

---

74 Dazu vgl. *Nottarp*, Gottesurteil-Studien, 34 ff.; *Schild*, Gottesurteil, 71 ff.; *Rüdiger Schnell*, Suche nach Wahrheit. Gottfrieds „Tristan und Isolde“ als erkenntniskritischer Roman. Tübingen 1992.

75 Vgl. *Nottarp*, Gottesurteil-Studien, 381 ff.

76 Dazu vgl. *Leo Jordan*, Die Entwicklung des gottesgerichtlichen Zweikampfs in Frankreich, in: Zeitschr. f. roman. Philologie 29, 1905, 385 ff.

sein Scheitern eingestehen und damit seine Endlichkeit anerkennen. Von diesem Gedanken her ist das Gebet an Gott keine Forderung, schon gar nicht irgendein Zwingen, sondern der Lobpreis der über dem Menschen stehenden Macht Gottes. Gleiches gilt für die flehentliche Bitte Elsas und ihrer Frauen, dass Gott ihr helfe in ihrer Not.

Darüber hinaus kann der Mensch eine solche Bitte nur deshalb wagen, weil Gott selbst nicht nur Macht, sondern selbst Recht ist. Der Sachsenspiegel formuliert diesen Gedanken in einer berühmten Wendung: „Gott ist selber Recht, daher ist ihm das Recht[e] lieb“. Doch findet sich dieser Gedanke häufig in früheren Quellen; so z.B. in einer Urkunde Karls des Großen aus dem Jahre 775: „Deus omnipotens suum iustum iudicium declaravit“[77]. Darin liegt sicherlich der tiefste Grund für das Gottesurteil. Gott selbst will Verhältnisse unter den Menschen (und in seiner Schöpfung), die rechtlich geordnet und von daher „gut“ sind. Daher unterwirft der Mensch in seinem Gebet um das göttliche Eingreifen sich nur dem eigenen Willen Gottes.

Das sinnlich-leibliche Rechtsverständnis

Für uns heute ist diese Voraussetzung einer demütigen, auf den Willen Gottes zu einer guten (und damit rechtlich geordneten) Schöpfung vertrauenden Haltung wohl als kindlich-naiv zu charakterisieren; auch in einem weiteren Merkmal, das diese Konzeption des Gottesurteils auszeichnet: nämlich die sinnlich- leibliche Dimension, die auch die Dramatik eines solchen Verfahrens begründet[78].

Denn es geht nicht nur um die geistige Bewährung des Rechts in einem bestimmten Streitfall, sondern um das allen sinnlich Offenbarwerden des rechten (richtigen) Verhältnisses der Menschen[79]. „Recht“ kommt hier nicht als ge-

---

77 Vgl. *Nottarp*, Gottesurteil-Studien, 35.

78 Vgl. *Hans Fehr*, Die Dichtung im Recht. Bern 1936, 13, 75, 141, 310; *Nottarp*, Gottesurteil-Studien, 237.

79 Vgl. dazu *Arnold Angenendt*, Geschichte der Religiosität im Mittelalter. Darmstadt 1997, 235 ff.; *Burkhardt Krause*, Lip, min lip und ich. Zur conditio corporea mittelalterlicher Subjektivität, in: Uf der maze pfat. Festschr. f. Werner Hoffmann. Göppingen 1991, 373 ff.; *Ders.*, er empfienc, 31 ff.; *Ulrich Kunst*, Körperhaltung und Bewußtseinsstruktur. Diss. Bremen 1992; *Wolfgang Schild*, Der gequälte und entehrte Leib, in: Klaus Schreiner/ Norbert Schindler (Hg.), Gepeinigt – begehrt – vergessen. München 1992, 149 ff.; *Ders.*, Verwissenschaftlichung als Entleiblichung des Rechtsverständnisses, in: Vom mittelalterlichen Recht zur neuzeitlichen Rechtswissenschaft. Festschr. f. Winfried Trusen. Paderborn 1994, 247 ff.; *Ders.*, Verstümmelung des menschlichen Körpers, in: Richard van Dülmen (Hg.), Erfindung des Menschen. Schöpfungsträume und Körperbilder 1500 – 2000. Wien, Köln, Weimar 1998, 261 ff.

dachtes (geistiges) Gesetz oder als Norm in Betracht, sondern als lebendiges Verhältnis der Menschen zueinander, um die gegenseitigen konkreten Rechtspositionen, die im Streitfall strittig geworden und nun geklärt und zu neuer Frische klargestellt sind. Die unwahre Position – die gegenüber dem anderen unrechtlich ist – wird auch sinnlich zerstört, das Böse auch leiblich / leibhaft vernichtet; und umgekehrt wird die wahre Position – die rechtlich ist – sinnlich bestärkt und bewahrt, das Gute auch leiblich / leibhaft lebendig erhalten. Das Rechte ist das Wahre; und damit von dem dieses Rechte und Wahre liebenden Gott als seine Schöpfung gewollt: und damit auch das Wirkliche und das Schöne; wie es im scholastischen Satz des „ens et verum et bonum et pulchrum et unum convertuntur“ zum Ausdruck gebracht wurde[80]. Das Böse ist das eigentlich Unwirkliche, das Hässliche, Schwarze, Unsaubere (und Fließende), ein bloßer Schein, der in der Konfrontation mit dem Guten, dem wahren Wirklichen, daher auch dem Schönen, Lichten, Sauberen (und Festen) entlarvt wird und vergehen muss; wie dem Streiter für die Unwahrheit die Kräfte erschlaffen und er getötet werden kann.

Dieser wesentliche Bezug der Gottesurteile überhaupt – also über den Zweikampf hinaus auch die oben genannten anderen Ordale betreffend – auf eine Dimension des Leiblichen, ihr Sinn bezogen auf Sinnlichkeit, ist wichtiger, als es uns heute erscheint, die wir meist von einer Trennung oder gar Spaltung von Sinn / Geist einerseits, Sinnlichem / Körperlichem andererseits ausgehen[81]. Das erstere sehen wir als unkörperlich, unsichtbar, immateriell an, während das andere für uns das sichtbare Materielle ist, das an sich und in sich unsinnig/geistlos ist. Das Körperliche stellt sich so als ein sinnloses äußeres Ding / Objekt dar, das vom Geist als Mittel benutzt werden kann, Sinn zum Ausdruck zu bringen: nämlich als Symbol, das dem materiellen Ding anhaftet oder von ihm getragen wird. So ist auch das Recht heute ein nur geistiger Gehalt, ein normativer Sinn, den man als solchen nicht sinnlich wahrnehmen kann, sondern nur aus bestimmten materiellen Objekten – z.B. Schriftzeichen oder (genauer) Tintenhügel bzw. Druckerschwärzehäufchen – ableiten/deuten,

---

80 Dazu vgl. *Wolfgang Schild*, Rechtsphilosophische Hintergründe der Bestrafung von Fälschern, in: Fälschungen im Mittelalter. Akten des Münchener Kongresses der Monumenta Germaniae Historica 1987. Hannover 1988. Teil II, 713 ff.

81 Dazu vgl. *Wolfgang Schild*, Leibbemeisterung oder Körperbeherrschung, in: Zeitschrift Qigong Yangsheng 1997, 51 ff. – Zum Ganzen vgl. die Arbeiten des sicherlich bedeutendsten Leibphilosophen *Hermann Schmitz*, zuletzt und zusammenfassend: Anthropologie ohne Schichten, in: Annette Barkhaus/u.a. (Hg.), Identität, Leiblichkeit, Normativität. Frankfurt a. M. 1996, 127 ff.

jedenfalls: nur denken kann[82]. Vergleichbares gilt – im günstigsten Fall – für Gott. Im Weltbild der Gottesurteile dagegen waren Geist und Körper, Sinn und Sinnliches noch als Einheit vorgestellt, der Geist daher immer auch sich verwirklichend in Körperlichem – in dem sinnlich Wahrnehmbaren[83] –, das dadurch in sich geusterfüllt (und daher: „Leib“) war (während der Geist gerne als leibbezogene „Seele“ vorgestellt wurde); wie eben auch Gott nur in seiner Schöpfung (und gipfelnd in seiner Menschwerdung) und deren Geordnetheit, Gerichtetheit, Rechtlichkeit, Schönheit vorzustellen war, weshalb die ganze Welt von Gott getragen, gewollt, geliebt, eben: seine Schöpfung – von der er nach dem Genesis-Bericht sah, dass sie gut war (1. Mos. 1, 31) und die er so liebte, dass er seinen eingeborenen Sohn (also sich selbst) in sie entsandte (Joh. 3, 16) – und damit insgesamt ein rechtliches Verhältnis (eine lebendige und wirkliche „Rechtsordnung“) war. Ebendieses galt für den starken, schönen, lebenserfüllten Leib des Menschen, dessen Gestalt und sinnliche Erscheinung zugleich das Gute und Wahre (und damit: Rechtliche) des Menschen ausdrückte.

Für den Zweikampf liegt diese These auf der Hand. Aber man betrachte auch z.B. das Gottesurteil des glühenden Eisens. Selbstverständlich wurde durch dessen Ergreifen und Tragen die Haut verbrannt, die Wunde dann mit gesegneten Salben behandelt und verbunden. Nach einigen Tagen wurde der Verband gelöst und der Zustand der Verletzung untersucht. Zeigte sich ein Heilungsprozess, war dies Beweis der Wahrheit und Rechtlichkeit des Betreffenden bzw. seiner Aussage; eiterte die Wunde, war dies Beweis für die Unwahrheit und Unrechtlichkeit. Denn das Verbrennen der Hand war zunächst selbst Unrecht, Zerstörung des gesunden Zustandes des Leibes. War der davon Betroffene aber im Recht, dann war auch dieser Leib kräftig, lebenswirksam, heil(ig), weshalb die Wunde abgewehrt, zurückgestoßen, aufgehoben und so der Leib wieder heil wurde. War der Betroffene im Unrecht und im Trug (der Unwahrheit), dann war auch der Leib schlecht, schwach, minderwertig, unheil(ig) und damit offen für das Unrecht der Verletzung, die ihm geschah; weshalb er dieses Unrecht annahm und die Wunder wuchern ließ.

---

82 Vgl. *Wolfgang Schild*, Formen der Visualisierung des Rechts, in Michael Fischer / Paul Hoyningen-Huene (Hg.), Paradigmen. Frankfurt a. M. 1997, 221 ff.

83 Vgl. *Wolfgang Schild*, Gedanken zur Vereinbarkeit von Text und Bild in mittelalterlichen Rechtsquellen, in: Jahrbuch der Oswald von Wolkenstein-Gesellschaft 11, 1999, 85 ff.

2. Die Fragwürdigkeit des Gottesurteils

Betrachtet man das Eingebundensein der Vorstellung vom Gottesurteil (Gottesgericht) in dieses skizzierte (als kindlich bezeichnete) Weltbild, wird die Kritik an dieser Institution verständlich.

Es muss betont werden, dass sich immer schon die christlichen Theoretiker schwer taten mit dieser Vorstellung[84]. Zwar konnte man sich auf die bereits erwähnten Vorbilder im Alten Testament berufen; doch gab es genügend Gegenbeispiele, die stutzig machen mussten, wobei vor allem die Vernichtung der heiligen Märtyrer durch die bösen Tyrannen genannt wurden: hätte Gott nicht – entsprechend dieser Idee, dass er das Rechte liebt (und die Unschuld schützt) – diese Tötung verhindern müssen? Der Langobardenkönig Liutprand erklärte im Jahre 713 in einem Gesetz für sein Volk: „Wir sind unsicher hinsichtlich des Gottesurteils, denn wir haben gesehen, dass viele im Zweikampf zu Unrecht ihre Sache verloren haben". Erzbischof Agobard von Lyon (816-840)[85] lehnte in seinem bedeutenden Traktat „De divinis sententiis contra iudicium Dei libri V" auch deshalb den Zweikampf ab: es sei bekannt, dass gute Menschen von bösen getötet, selten aber böse Menschen den guten unterliegen würden, weshalb die Gefahr bestehe, dass bei Interpretation des Kampfes als eines göttlichen Eingreifens ein schiefes Gottesbild entstehen könnte; zudem seien Gottes Wege unerforschlich und unergründlich, weshalb es töricht und vermessen sei anzunehmen, dass durch einen Kampf die Wahrheit offenbar werde; einzig maßgebend könne das Jüngste Gericht Gottes sein. Einer der schärfsten Kritiker war Petrus Cantor (+ 1193)[86]. Viele christliche Theoretiker – z.B. Erzbischof Avitus von Vienne (um 500), Papst Nikolaus I. im Jahre 867 gegenüber Lothar II., Papst Alexander II. 1063 – sprachen sich überhaupt gegen die Anwendung von Gewalt – beim Zweikampf sogar in tödlicher Form – aus[87]. Schließlich kam es zum Verbot des Zweikampfes: anfangs in geistlichen Streitsachen – so Regino von Prüm (+ 915) und Burchard von Worms (+ 1025) –, dann auch vor weltlichen Gerichten[88]. Das 4. Laterankonzil unter Innozenz III. verbot 1215 unter Ausdehnung früherer

84 Zur Kritik vgl. *Nottarp*, Gottesurteil-Studien, 354 ff.

85 Zu ihm vgl. *Nottarp*, Gottesurteil-Studien, 332 ff.

86 Zu ihm vgl. *Nottarp*, Gottesurteil-Studien, 360.

87 Dazu vgl. *Nottarp*, Gottesurteil-Studien, 371 ff.

88 Vgl. *Michael Hofmann*, Die Stellung der katholischen Kirche zum Zweikampf bis zum Concil von Trient, in: Zeitschr. f. kathol. Theologie 22, 1898, 613 ff.; *Bernhard Schwendtner*, Das Zweikampfdelikt im kanonischen Recht. Diss. Münster 1918/22; *Ders.*, Die Stellung der Kirche zum Zweikampfe bis zu den Dekretalen Gregors IX., in: Theol. Quartalsschrift 111, 1930, 190 ff.

Vorschriften gegen ritterliche Turniere[89] endgültig den gerichtlichen Zweikampf – 1243 durch Gregor IX. in die Dekretalen (d.h. in das kodifizierte Kirchenrecht) aufgenommen –, wofür vielleicht auch die Übernahme des römischen Rechtes (das keinen Zweikampf kannte) von Bedeutung war[90]. 1563 beschloss das Konzil von Trient, die im Zweikampf Gefallenen wie Selbstmörder zu behandeln und alle Kämpfer zu exkommunizieren. Die weltlichen Herrscher übernahmen diese Verbote: teils aus religiöser Überzeugung – so z.B. 1258 Ludwig IX. von Frankreich –, teils aus Streben nach zentraler Macht[91]; Friedrich II. verwarf 1231 in den Konstitutionen von Melfi für Sizilien den Zweikampf als unvernünftigen Aberglauben[92]. Auch die Stadtrechte versuchten zunehmend, ihre Bürger durch königliche Privilegien vom Zweikampf zu befreien[93]. Freilich waren diese Verbote lange noch nicht wirksam; zu stark war die Tradition noch lebendig. Erst als sich im Verfahren der Zeugenbeweis und das – oft erfolterte – Geständnis durchsetzten, verlor der gerichtliche Zweikampf seine Bedeutung[94]. Außergerichtlich findet man das „Duell" noch bis in das 20. Jahrhundert.

Entleiblichung (Vergeistigung) des Rechtsverständnisses

Eigentlicher Grund für die Unglaubwürdigkeit der Gottesurteile wurde das Aufbrechen dieser Dimension der Leiblichkeit[95], wie es schon vor der Jahrtausendwende begann, dann aber ab dieser Zeit sich vehement durchsetzte. Man spricht heute von der „Entdeckung (oder Erfindung) des inneren Menschen"[96], also der nicht mehr sichtbaren Seele, die schließlich als immaterieller Geist

---

89 Dazu *Hermann Dilcher*, Die Bedeutung der Laterankonzilien für das Recht im normannisch-staufischen Sizilien, in: Zeitschr.f. deutsche Rechtsgeschichte – Kan.Abt. 56, 1970, 243 ff.

90 Vgl. *John W. Baldwin*, The intellectual preparation for the Canon of 1215 against ordeals, in: Speculum 36, 1961, 613 ff.

91 Vgl. *Alexander Coulin*, Verfall des offiziellen und Entstehung des privaten Zweikampfes in Frankreich. Berlin 1909.

92 Dazu *Hermann Conrad*, Das Gottesurteil in den Konstitutionen von Melfi Friedrichs II. von Hohenstaufen (1231), in: Festschr. f. Walther Schmidt-Rimpler. Karlsruhe 1957, 9 ff.; *Dilcher*, Zeitschr.f. deutsche Rechtsgeschichte-Kan.Abt. 56, 243 ff.

93 Dazu *Bartlett*, Trial; *Rüdiger Schnell*, Rechtsgeschichte, Mentalitäten und Gattungsgeschichte, in: Joachim Heinzle (Hg.), Literarische Interessenbildung im Mittelalter. Stuttgart 1993, 401 ff.

94 Dazu vgl. *Nottarp*, Gottesurteil-Studien, 196 ff.

95 Dazu *August Nitschke*, Vertrauenswandel im Gottesurteil, in: Hagen Hof (Hg.), Recht und Verhalten. Baden-Baden 1994, 199 ff.; *Schild*, Verwissenschaftlichung.

96 Vgl. *Jan Assmann*, Die Erfindung des inneren Menschen. Gütersloh 1993.

von dem zum bloß äußerlichen Körper gewordenen Äußeren abgetrennt und abgespalten wurde.

Freilich hatte es solche neuplatonischen, manichäischen, dualistischen Theorien schon viel früher gegeben; aber nun griffen diese Ideen beim sogenannten „Volk" um sich, verbunden mit einer Kritik an der materiellen Welt (bis hinauf zur äußeren Pracht der Kirche), an der Weltlichkeit selbst, wie sie sich in der Sexualität – als geschlechtliches Lebenweitergeben an die Kinder – aber auch z.B. in der Nahrungsaufnahme und dem fleischlichen Leben zeigten, einerseits, mit dem Ideal der Weltflucht, sexuellen (allgemein: fleischlichen) Enthaltsamkeit, Leibfeindschaft und Sehnsucht nach „Reinheit" des Denkens und Wollens andererseits. Überzeugend traten in dieser Richtung die zahlreichen religiösen Gemeinschaften auf, die heute als „Ketzer" – von „Katharer" („Reinen") – bezeichnet werden, mit so großem Erfolg, dass die traditionelle Kirche – die einsehen musste, dass weder mit Diskussionen noch mit der Gewalt von Ketzerkreuzzügen und Inquisition dagegen erfolgreich vorgegangen werden konnte – viele dieser Ideen übernahm, selbst leibfeindlich(er) wurde und mit den Bettelorden der Dominikaner und Franziskaner eine neue Form von glaubwürdiger Nachfolge Christi aus sich entwickelte.

Seither ist diese Hochschätzung des Geistigen, des Wortes, des inneren Wissens oder Glaubens prägend, verbunden mit der Abwertung des Körperlichen (auch des Gefühlsmäßigen), das nur in (Ab)Spaltung und Unterordnung unter das Geistige – in diesem Modell der Trennung von Geist und Körper, das oben genannt wurde – überhaupt zu ertragen war und bis heute ist.

Durch dieses Zurücktreten des Leiblichen als des äußerlich Sinnlichen zugunsten des inneren, unsichtbaren, aber gerade als Seele / Geist wesentlichen Bereiches des Menschen mussten die Gottesurteile in eine Krise geraten. Zwar konnte man durchaus weiterhin an die Kraft Gottes glauben, dem Rechtlichen die siegreiche Kraft im Zweikampf zu verleihen. Aber die aufgebrochene Differenz von äußerem Leiblichen und innerem Seelischen/ Geistigen musste vor Probleme stellen. Hatte der Böswillige, der Unrecht getan hatte, bereut, gebeichtet und war durch die Absolution nun innerlich frei (und wieder gut) geworden: musste nun das Gottesurteil nicht diese seine Rechtlichkeit zum Ausdruck bringen[97], eine Rechtlichkeit, die aber für die vergangene böse Tat die Unwahrheit bedeuten würde? Oder: wurde jemand von einem Vorwurf einer bösen Tat betroffen, die er nicht begangen hatte, hatte er aber eine andere Tat böswillig begangen: musste nun das Gottesurteil nicht diese seine Unrecht-

97 Vgl. *Nottarp*, Gottesurteil-Studien, 268 f.

lichkeit (Bosheit) zum Ausdruck bringen[98], eine Unrechtlichkeit, die aber für die den Gegenstand des Verfahrens bildende vergangene Tat die Unwahrheit bedeuten würde? Wenn das Rechtliche nun im inneren Willen lag: war es nicht möglich, dass beide Streitparteien innerlich (subjektiv) von der Rechtlichkeit ihrer Position überzeugt waren? und wie sollte Gott dann sein Urteil verwirklichen? Jedenfalls mussten die unmittelbare, naiv-kindliche Einheit und damit die Grundlage der Vorstellung der Gottesurteile zerbrechen.

Die Entdeckung des Subjekts

Zudem rückte durch dieses Auseinandertreten das seelisch-geistige Innere zunehmend in den Vordergrund. Nicht nur der innere Mensch wurde entdeckt oder erfunden, sondern damit zugleich das „Subjekt“ oder „Individuum“ geboren[99]. Dieses Auseinandertreten in äußere Körperlichkeit und innere Geistigkeit führte zur Vorstellung einer Auseinandersetzung dieser zwei Bereiche im Menschen selbst, die mit teuflischer Verführung und göttlicher (heiliggeistigen) Führung in Verbindung gebracht wurden. Oft triumphierte das Weltlich-Fleischliche, war bei allem guten Bemühen nicht zurückzudrängen; die Seele und der Geist blieben im Kerker des Körpers gefangen. Doch wuchs im Laufe der zunehmenden Vergeistigung des Lebens das Selbstbewusstsein des Menschen, bis er sich als Wille und Denken erkannte, der mit Gottes Hilfe die Auseinandersetzung für den Geist siegreich führen konnte. Dieses seiner geistigen Kraft selbstbewusste Individuum war nun nicht mehr der demütige, die irdische Weisheit als Einfalt erkennende Mensch, für den alleine die Bitte um das Eingreifen Gottes in das Rechtsverfahren keine Gotteslästerung darstellte, wie es oben für das Gebet des Königs Heinrich dargestellt wurde. Nun nahm das Individuum sein Leben – freilich lange Zeit noch mit Gottes Hilfe, die aber aktiv anzunehmen und in der Praxis anzuwenden war – in die eigene Hand, richtete sich die Welt nach seiner erkannten Gesetzlichkeit, veränderte sie auch nach seinen Bedürfnissen und Ängsten. Von dieser seelisch-geistigen Verfasstheit Gott zum Eingreifen anzurufen, bedeutete eine Forderung an ihn, eine Manipulation seines Wesens – das man als Liebe zum Recht erkannt zu haben meinte, was der neuzeitliche Nominalismus als Missachtung der Unerforschlichkeit Gottes vehement zurückwies –, eine Degradierung Gottes zu einem dämonischen Werkzeug, wie es die bösen Hexen in ihrem Teufelspakt auslebten, und damit sündhafte Gotteslästerung. Das Verbot der Gottesurteile am 4. Laterankonzil 1215 war der skizzierten

98 Vgl. *Nottarp*, Gottesurteil-Studien, 269, 362.

99 Vgl. *Richard van Dülmen*, Die Entdeckung des Individuums: 1500 – 1800. Frankfurt a. M. 1997.

Entwicklung konsequent; doch hatten bereits frühere christliche Theoretiker, z.B. der bereits genannte Agobard von Lyon oder Papst Nikolaus I. 867 gegenüber Lothar II., auf diesen sündhaften Charakter als „tentatio Dei“ hingewiesen.

Diese Ablehnung oder zumindest Skepsis zeigt sich über diese theologisch-klerikale Dimension hinaus in zahlreichen literarischen Quellen. Hinzuweisen ist etwa nur auf die Darstellung des Gottesurteils des glühenden Eisens in dem Epos „Tristan und Isolde“ des Gottfried von Straßburg um 1210[100] (nicht zufällig also aus der Zeit des 4. Laterankonzils). Isolde bestätigt ihren Schwur – dass ihr zu keiner Zeit ein anderer Mann als ihr Gatte König Marke in den Armen gelegen habe – durch das unversehrte Tragen des glühenden Eisens, obwohl sie unzählige Male mit Tristan die Ehe gebrochen hat; doch hat sie sich zuvor vor aller Augen von dem als Pilger verkleideten Tristan beim Sprung vom Schiff auffangen lassen, weshalb sie in unverdächtiger Form ihren Schwur erweitern konnte: dass selbstverständlich eine Ausnahme – nämlich dieser Pilger – zu nennen sei. Der Dichter fasst dieses Gottesurteil zusammen: „So wurde offenbar gemacht, der ganzen Welt als wahr erwiesen, dass der allmächtige Jesus Christ drehwendig wie ein Ärmel ist“. Als weiteres Beispiel sei auf den Schwank „Das heiße Eisen“ (1551) von Hans Sachs hingewiesen, in dem ein Motiv des „Stricker“ (aus 1240/50) verarbeitet ist: der von seiner Frau zu einer Treueprobe veranlasste Mann kann das heiße Eisen unversehrt tragen, weil er sich unbemerkt durch einen in die Hand gelegten Holzspan schützt, während die Frau selbst – die ein solches Mittel nicht anwendet – durch ihre verbrannte Hand den Beweis ihrer Untreue liefert[101].

III. Ausblick

Selbstverständlich konnte diese Entwicklung und damit auch die Skepsis gegenüber dem Gottesurteil im Verlaufe der weiteren Geschichte nicht wieder rückgängig gemacht werden. Zwar versuchten Legenden wie von dem Pflugscharengang der heiligen Kunigunde – nicht zufällig ebenfalls in zeitlichem Zusammenhang mit dem 4. Laterankonzil von 1215 ins literarische und religiöse Leben gerufen – den Glauben an das unmittelbare Eingreifen Gottes zum Schutze Unschuldiger aufrechtzuerhalten. Doch konnte gerade der Bezug zum Recht und zum rechtlichen Verfahren nicht gehalten werden, da dieser Bereich als am römischen Recht orientiertes Inquisitionsverfahren mit der Zulässigkeit der Folter - die den äußeren Körper brechen sollte, um die innere Wahrheit des

100 Dazu *Schild*, Gottesurteil, 55 ff.

101 Dazu vgl. *Frenzel*, Motive, 301.

Menschen offenbar zu machen[102] – zunehmend rational-technisch und jedenfalls säkularisiert wurde. Dadurch kam es zugleich zur Emanzipation der Juristen und der Rechtswissenschaft von den Klerikern und der Theologie. Es blieb religiös bis heute der Glaube vieler Christen an das Eingreifen des gütigen Gottes bei Krankheiten, in Not, auch noch z.B. in der Folterkammer, wie die den Dank der Geretteten ausdrückenden Bilder und Sprüche in den Kirchen der Wallfahrtsorte zeigen.

Auch die Wiedergeburt des Mittelalters in der Romantik konnte das Rad der Geschichte nicht zurückdrehen. Man denke nur an die Novelle „Der Zweikampf" von Heinrich von Kleist aus dem Jahre 1811, die Wagner sicherlich bekannt war.

Ohne auf den Inhalt genauer einzugehen[103], soll nur festgehalten werden: Kleist legt die Differenz von äußerer (objektiver) Wahrheit und innerer Wahrhaftigkeit zugrunde. Es siegt im Zweikampf vor dem Gericht des Kaisers der Mann, der zwar eine objektiv falsche Behauptung über eine Frau – nämlich die Nacht, in der sein Bruder ermordet wurde, mit ihr verbracht zu haben – aufgestellt hatte, aber von deren Richtigkeit subjektiv zu recht – da er einer Täuschung durch ihre Kammerzofe unterlegen war – überzeugt war. Sein Gegner kämpfte aus Liebe zu dieser Frau, glaubte deshalb fest an ihre (tatsächlich auch gegebene) Unschuld. Der Ausgang des Gottesurteils stürzt die Frau in Verzweiflung: sie bekennt sich als schuldig, da sie dies doch offensichtlich sein muss. Auch der Kaiser und das Tribunal sehen dies so, weshalb sie sie und ihren Kempen wegen sündhaft angerufenen göttlichen Schiedsurteils zum Tode am Scheiterhaufen verurteilen. Der liebende Mann aber kann seine Niederlage nicht als Offenbarwerden der Wahrheit (und damit der Schuld der geliebten Frau) akzeptieren. Er führt sie auf eine göttliche Strafe „der Sünden meiner eignen Brust wegen" zurück, da er seine sichere Kampfposition aus dem Streben nach Ehre – nämlich in den Augen des Volkes nicht als feige

102 Dazu vgl. *Wolfgang Schild*, Der „entliche Rechtstag" als das Theater des Rechts, in: Peter Landau / Friedrich-Christian Schroeder (Hg.), Strafrecht, Strafprozeß und Rezeption. Frankfurt a. M. 1984, 119 ff.; *Winfried Trusen*, Das Verbot der Gottesurteile und der Inquisitionsprozeß, in: Jürgen Miethke / Klaus Schreiner (Hg.), Sozialer Wandel im Mittelalter. Sigmaringen 1994, 235 ff.

103 Vgl. *Gerhard Buchda*, Rechtsgeschichtlicher Diskussionsbeitrag, in: Joachim Müller (Hg.), Literarische Analogien in Heinrich von Kleists „Der Zweikampf". Sitzungsberichte der Sächs, Akad. Wiss. Leipzig Phil.-Hist. Kl. Berlin 1969; *Horst Oppel*, Kleists Novelle „Der Zweikampf", in: Deutsche Vierteljahrsschrift f. Literaturwiss.. und Geistesgesch. 22, 1944, 92 ff.; *Roland Reuß*, „Mit gebrochenen Worten". Zu Kleists Erzählung „Der Zweikampf", in: Brandenburger Kleist-Blätter 7, 1994, 3 ff.; *Ernst Schubert*, der Zweikampf. Ein mittelalterliches Ordal und seine Vergegenwärtigung bei Heinrich von Kleist, in: Kleist-Jb 1988/89, 280 ff.

dazustehen – verlassen hatte und dabei gestrauchelt war. Deshalb stehe – so meint er – der eigentliche Zweikampf um die Unschuld der Frau noch aus, was sich darin zeige, dass seine an sich tödlichen Wunden schnell und vollständig verheilen würden. Noch mehr: angesichts der verzweifelten Geliebten ist er überzeugt, dass sogar der gefochtene (und verlorene) Zweikampf noch ihre Unschuld offenbaren wird. Kleist folgt ihm in dieser Uminterpretation des Gottesurteils, indem er die Nachwirkungen des Kampfes einbezieht und zum Thema göttlichen Eingreifens macht. Denn – wie erwähnt – die dem Verlierer geschlagenen Wunden sind an sich tödlich; doch heilen sie unerwartet schnell. Die leichte Verletzung des Siegers dagegen beginnt zu eitern und den gesamten Leib in Fäulnis zu versetzen. Kleist verändert somit im Grunde das maßgebende Gottesurteil in zweifacher Weise: aus dem – nach den Statuten der Menschen angeordneten und durchgeführten, also formellen – Zweikampf wird ein informelles, nicht angeordnetes, sondern sich durch unmittelbares Eingreifen Gottes ereignendes Ordal, das der Probe des glühenden Eisens entspricht; und der Grund für dieses Verfallen des Leibes liegt darin, dass der Sieger im Zweikampf seinen Bruder durch einen Meuchelmörder getötet hat, welche Schuld auf diese Weise zur Offenbarung (im Geständnis) drängt. Da die Täuschung noch im letzten Moment dem sterbenden Schuldigen aufgeklärt wird und dieser als letzte „Tat der Gerechtigkeit“ die Unschuld der Frau bekennt, werden die Liebenden ein Paar. Der Kaiser hat leichenblass dieses Versagen des Gottesurteils des Zweikampfes erkannt. Deshalb – und in diesen Schlussworten wird die beißende Kritik Kleists an diesem Ordal deutlich – „ließ er in die Statuten des geheiligten göttlichen Zweikampfs, überall wo vorausgesetzt wird, dass die Schuld dadurch unmittelbar ans Tageslicht komme, die Worte einrücken: ‘wenn es Gottes Wille ist.’“

Auch in Wagners „Lohengrin“ ist diese moderne Entwicklung nicht zu übersehen. Zwar kann durch die Darstellung als opernhaftes Geschehen in der Einheit von Wort, Musik und Pantomimik (Szenik) das aufgebrochene Problem der Leiblichkeit umgangen werden. Die Dramatik der Szene in dem „vereinigten Ausdruck des Gedichtes und der musikalischen Composition“ führt die Zuschauer unmittelbar (und daher auch gefühlsmäßig) zum Verstehen des Wunders, das sich hier ereignet. Denn „die Menschen, die sich durch ihn [d.i.: diesen vereinigten Ausdruck] aussprechen, [können sich] in einer gewissen plastischen Unzerflossenheit und Ganzheit ... geben“[104]. Doch gilt dies nicht für das zweite, geschichtlich aufgebrochene Problem der Subjektivierung. Telramund ist kein böser trügerischer Lügner - der in des Todes Nacht zu

104 So *Wagner* in einem Brief an Hermann Franck vom 30.5.1846; abgedruckt in *Scampai / Holland*, Lohengrin, 106.

weichen hätte, wenn er der Wunderkraft des Grals(ritters) gegenübersteht (wie es in der Gralserzählung Lohengrins heißt) –, sondern vermeint subjektiv die Wahrheit zu sagen. Selbst das wunderbare Erscheinen des Gralsritters ändert an seiner Haltung nichts: „Ich geh in Treu' vor dein Gericht! Herr Gott, verlass' meine Ehre nicht!“ Deshalb kann Telramund eigentlich den Ausgang des Gottesurteils nicht verstehen; zumindest kann er die Begründung für seine Ächtung und Bannung – „weil untreu er den Gotteskampf gewagt“ – nicht akzeptieren. Es wäre freilich zu fragen, ob es ihm überhaupt um die objektive Wahrheit des Vorwurfs geht oder nur um die gesellschaftliche Anerkennung als „aller Tugend Preis“ und um seine Belehnung als neuer Herzog von Brabant: also um Ehre und aus ihr folgender politischen Macht (wie seiner Frau Ortrud). Aber auch Lohengrin kämpft in eigentlichem Sinne nicht aus dem objektiven Wissen um die Unschuld der Elsa heraus, sondern ähnlich wie bei Kleist aus einem „unvermutheten und schnell entflammten Feuer der Liebe“[105]; in den Worten im Schlafgemach: „dich sah mein Aug', mein Herz begriff dich da“, „dein Auge sagte mir dich rein von Schuld – mich zwang dein Blick zu dienen deiner Huld“. Aus diesem unmittelbaren Vertrauen heraus kämpft Lohengrin: nicht als wunderkräftiger Gralsgesandter, sondern auf Leben und Tod als liebender Mann, der „nicht deine [d.i.: Elsas] Art ... brauchte zu erkunden“ (weshalb er diese Haltung – nicht nach seinem Namen und seiner Herkunft zu fragen – auch von ihr verlangt). Dadurch verändert sich eigentlich – wie bei Kleist – der Streitgegenstand, für dessen Klärung das Gottesurteil durchgeführt wird. Es geht nicht um die (Un)Wahrheit der Beschuldigung bzw. um die (Un)Schuld der Elsa, sondern es stehen sich stolze Ehre und Herrschaftsstreben auf der einen Seite, vertrauende, sich hingebende Liebe auf der anderen Seite gegenüber. Die Konsequenzen für die Interpretation des Werkes und für die Notwendigkeit, für dieses spannungsreiche Verhältnis von äußerem Geschehen und innerem Sinn den Charakter einer Oper zu übersteigen und den Weg hin zum Musikdrama – zur „dramatischen Musik“, bei der „jeder Tact ... etwas auf die Handlung oder den Charakter des Handelnden Betreffendes ausdrückt“[106] und der gegenüber der Wortdichtung sogar „das schöne Vorrecht“[107] zukommt – zu eröffnen, können in dem Rahmen

105 So *Wagner* in dem genannten Brief an Hermann Franck vom 30.5.1846; abgedruckt in *Scampai / Holland*, Lohengrin, 106.

106 So *Wagner* bereits in einem Brief an Franz Liszt vom 8.9.1850, in dem auch ein Beispiel für die sog. „Leitmotivtechnik“ gegeben wird; abgedruckt in *Scampai / Holland,* Lohengrin, 131.

107 So *Wagner* bereits in dem Brief an Hermann Franck vom 30.5.1846; abgedruckt in *Scampai / Holland*, Lohengrin, 106 (hier bezogen auf das oben genannte „unvermuthte und schnell entflam mte Feuer der Liebe“ Lohengrins beim ersten Anblick der Elsa).

nicht näher dargestellt werden. Jedenfalls aber müsste – wie zum Abschluss als eigene Meinung festgehalten werden darf – diese Spannung aufrechterhalten bleiben, was voraussetzt, dass der äußere Rahmen des Gottesurteils selbst glaubwürdig bleibt. Wie Kleist in seiner Novelle den Kaiser (und die Umstehenden) an die rechtliche Kraft des Zweikampfs glauben lässt, so muss auch König Heinrich sein demutsvolles Gebet ernst meinen.

8.

Das Gralsmotiv bei Richard Wagner. Lohengrin, Parsifal

Das Thema ist einfach zu behandeln. Denn es geht um das Gralsmotiv *nur* bei Richard Wagner: somit um den Gegenstand seines künstlerischen Schaffens, das sich nicht unmittelbar an fremden Quellen orientierte (weshalb diese unter I. nur kurz genannt werden sollen). Daher ist es erforderlich, auf den künstlerischen Schaffensprozess der Werke einzugehen, in denen das Gralsmotiv zu finden ist: auf »Lohengrin« (unter II.) und auf »Parsifal« (unter III.). Da Richard Wagner ein „denkender Künstler" war, der seine Kunst durch theoretische Schriften vorbereitete, reflektierte und (um)interpretierte, müsste man dazu eigentlich auch diese Schriften heranziehen, was hier aber nur am Rande geschehen kann; aber schon dadurch ist - da Wagner diese Kunstauffassung im Laufe der Zeit (und für die einzelnen Werke) veränderte - das Thema doch nicht so einfach. Jedenfalls kommen die folgenden Ausführungen über Anmerkungen zu Richard Wagner nicht hinaus. Und sie sind jedenfalls völlig unzureichend: denn Wagner kann nur in der Aufführung seiner Werke in der Einheit von Musik, Gesang und Bühnenszene wirklich begriffen werden.

I. Die Quellen

Für Interessierte soll wenigstens auf die Quellen hingewiesen werden, die Wagner für seine Gestaltung des Gralsmotivs heranzog.

Für die romantische Oper „Lohengrin" (1848), in der das Gralsthema zum ersten Mal auftauchte, ist zunächst die Abhandlung „Über den Krieg von Wartburg" des Christian Lucas[1] aus dem Jahre 1838 zu nennen, mit der Wagner in Paris 1839 /1840 von dem deutschen Philologen Samuel L. Lehrs bekanntgemacht wurde. Im gleichen Jahresheft der Königlichen Deutschen Gesellschaft in Königsberg fand Wagner in der Fortsetzung dieses Wartburg-Aufsatzes eine Inhaltsangabe des mittelalterlichen „Lohengrin"-Epos. Er schrieb in seiner Autobiographie (die er ab 1865 zu diktieren begann):

1 *Christian Theodor Ludwig Lucas*: Über den Krieg von Wartburg. Königsberg: Bornträger, 1838. Historische und literarische Abhandlungen der Königlichen Deutschen Gesellschaft in Königsberg, Bd. 4.2.

https://doi.org/10.1515/9783110689396-009

> Eine ganz neue Welt war mir hiermit aufgegangen, und fand ich zunächst noch nicht die Gestalt, in welcher ich [...] den 'Lohengrin' hätte bewältigen können, so lebte doch nun auch dieses Bild unverlöschlich in mir fort, so daß ich bei späterem Bekanntwerden mit den Zweigen der Lohengrinsage dieses Bild schnell [...] in mir beleben konnte [...].[2]

1845 – während eines fünfwöchigen Kuraufenthaltes in Marienbad – kam die Zeit der weiteren Beschäftigung mit dem Stoff. Wagner las die Übertragung von Wolframs „Parzival" und „Titurel" durch San Marte und Karl Simrock, ebenso das anonyme Epos „Lohengrin", das Joseph Görres bereits 1813 herausgegeben und eingeleitet hatte[3] ; hinzu kamen Jacob Grimms „Weisthümer" und dessen Ausgabe der „Deutschen Sagen"[4,5].

Für das Bühnenweihfestspiel „Parsifal" nannte Wagner in seiner Autobiographie zunächst (und vor allem) Wolframs Epos als Quelle. Er schrieb über den 20. April 1857:

> [A]m Karfreitag erwachte ich zum erstenmal in diesem Hause[6] bei vollem Sonnenschein: das Gärtchen war ergrünt, die Vögel sangen, und endlich konnte ich mich auf die Zinne des Häuschens setzen, um der langersehnten verheißungsvollen Stille mich zu erfreuen. Hiervon erfüllt, sagte ich mir plötzlich, daß heute ja 'Karfreitag' sei, und entsann mich, wie bedeutungsvoll diese Mahnung mir schon einmal in *Wolframs Parzival* aufgefallen war. Seit jenem Aufenthalte in *Marienbad,* wo ich [...] *'Lohengrin'* konzipierte, hatte ich mich nie wieder mit jenem Gedichte beschäftigt; jetzt trat sein idealer Gehalt in überwältigender Form an mich heran, und

---

2 *Richard Wagner:* Mein Leben. [2 Bände.] München: Bruckmann, 1911. Neuausg.: Mein Leben. Erste authentische Veröffentlichung. [Vollständiger Text unter Zugrundelegung der im Richard-Wagner-Archiv Bayreuth aufbewahrten Diktatniederschrift, ergänzt durch Richard Wagners Annalen 1864 bis 1868 und eine Zeittafel für die Jahre 1869 bis 1883.] Hrsg. von Martin Gregor-Dellin. München: List, 1963. S. 253.

3 *Wolfram von Eschenbach*: Parzival. Um 1200 - 12IO. Buchausg.: Parzival. Strasbourg: Johann Mentelin, 1477. Moderne Ausg.: Übers. von San Marte [Albert Schulz]. Magdeburg (Creutz) 1836. Neuausg.: übers. von Karl Simrock. Stuttgart, Tübingen (Cotta) 1842; *Wolfram von Eschenbach:* TitureL Vor 1219. Buchausg.: Strasbourg (Johann Mentelin) 1477. Moderne Ausg.: Übers. von San Marte [Albert Schulz]. Magdeburg: Creutz, 1841. Neuausg.: Übers. von Karl Simrock. Stuttgart, Tübingen (Cotta) 1842; Lohengrin. Um 1280 - 1290. Buchausg.: Lohengrin, ein altdeutsches gedieht, nach der abschrift des vaticanischen manuscriptes von Ferdinand Gloekle. Hrsg. von *Joseph Görres*. Heidelberg (Mohr & Zimmer) 1813.

4 *Jacob Grimm:* Weisthümer. [3 Bände.] Göttingen: Dieterich, 1840 - 1843; *Jacob und Wilhelm Grimm:* Deutsche Sagen. Berlin (Nicolai) 1816 - 1818. Reprint: Hrsg. Von Leander Petzoldt. Hildesheim u.a. (Olms-Weidmann) 2005.

5 Vgl. *Ulrich Schreiber:* Weltflucht eines traurigen Helden. Richard Wagner und sein 'Lohengrin'. In: Richard *Wagner:* Lohengrin. Texte, Materialien, Kommentare. Hrsg. Von Attila Csampai und Dietmar Holland. Reinbek (Rowohlt) 1989, rororo 8466, rororo-Opernbücher. S.9-33, hier: S. 16.

6 Das neu gemietete Landhaus, das Wagner „Asyl" nannte.

> von dem Karfreitags-Gedanken aus konzipierte ich schnell ein ganzes Drama, welches ich, in drei Akte geteilt, sofort mit wenigen Zügen flüchtig skizzierte.[7]

Bis zum Abschluss dieses Werkes am 13. Januar 1882 vergingen jedoch viele Jahre, in denen Wagner auch andere (französische) Gralsdichtungen las[8].

Freilich ist dieser Hinweis Wagners auf das Karfreitagserlebnis 1857 nicht ernst zu nehmen, war er doch auch der Künstler der eigenen Lebensgeschichte, der sein Leben für seine „Fans" (vor allem Ludwig II., aber auch für seine Frau Cosima und die Bayreuther Jünger) in der Einheit mit dem Schaffensprozess zu stilisieren trachtete; doch war er häufig zumindest gegenüber Cosima ehrlich und stellte die Wahrheit wieder her (oder schrieb eine neue). Sicher ist, dass der Karfreitag des Jahres 1857 auf den 10. April fiel und dass Cosima am 13. Januar 1878 in ihr Tagebuch schrieb: „Gestern abend, einzelne Daten des Lebens überdenkend, glaubte R[ichard] sich in der Biographie geirrt zu haben, und daß nur die Stille im Garten des Asyls die Karfreitag-Stimmung zurückrief, nicht daß Karfreitag gerade gewesen sei."[9] Am 22. April 1879 schrieb Cosima:

> R[ichard] gedachte heute des Eindruckes, welcher ihm den Karfreitags-Zauber eingegeben; er lacht, und „eigentlich alles bei den Haaren herbeigezogen wie meine Liebschaften, denn es war kein Karfreitag, nichts, nur eine hübsche Stimmung in der Natur, von welcher ich mir sagte: So müßte es sein am Karfreitag", habe er gedacht.[10]

Auch der Hinweis auf Wolframs Epos ist nicht allzu ernst zu nehmen. Denn in dem Brief, den Wagner am 30. Mai 1859 an Mathilde Wesendonck aus Luzern schrieb, kann man das Gegenteil lesen. Nachdem er ihr einige Ideen zu einem eigenen Werk – die er für nicht ausführbar erklärte – mitgeteilt hatte, kam er auf Wolframs Epos zu sprechen:

> Es mag das jemand machen, der es so à la Wolfram ausführt; das thut dann wenig und klingt am Ende doch nach etwas, sogar recht hübsch. Aber *ich* nehme solche Dinge viel zu ernst. Sehen Sie doch, wie leicht sich's dagegen schon Meister Wolfram gemacht! Dass er von dem eigentlichen Inhalte rein gar nichts verstanden, macht nichts aus. Er hängt Begebniss an Begebniss, Abenteuer an Abenteuer, giebt

---

7 *Richard Wagner;* Mein Leben, wie Anm.2, S. 636.

8 Vgl. *Richard Wagner:* [Brief vom] 10. August [1860 an Mathilde Wesendonck]. In: Richard Wagner an Mathilde Wesendonck. Tagebuchblätter und Briefe 1853 - 1871. Berlin: Duncker, 1904. S. 244 - 248, hier: S. 246.

9 Cosima *Wagner:* Die Tagebücher. Vollständiger Text der in der Richard-Wagner-Gedenkstätte aufbewahrten Niederschrift. [2 Bände.] Hrsg. von Martin Gregor-Dellin und Dietrich Mack. München, Zürich: Piper, 1976 - 1977. Neuausg. in vier Bänden: 1982. Hier: Bd. 3, S. 36.

10 *Cosima Wagner:* Die Tagebücher, wie Anm.9, Bd. 3, S. 335.

> mit dem Gralsmotiv curiose und seltsame Vorgänge und Bilder, tappt herum und lässt dem ernst gewordenen die Frage, was er denn eigentlich wollte? Worauf er antworten muss, ja, das weiss ich eigentlich selbst nicht mehr wie der Pfaffe sein Christenthum, das er ja auch am Messaltar aufspielt, ohne zu wissen, um was es sich dabei handelt. – Es ist nicht anders. Wolfram ist eine durchaus unreife Erscheinung, woran allerdings wohl grossentheils sein barbarisches, gänzlich confuses, zwischen dem alten Christenthum und der neueren Staatenwirthschaft schwebendes Zeitalter schuld. In dieser Zeit konnte nichts fertig werden; Tiefe des Dichters geht sogleich in wesenloser Phantasterei unter. Ich stimme fast jetzt Friedrich dem Grossen bei, der bei der Ueberreichung des Wolfram dem Herausgeber antwortete, er solle ihn mit solchem Zeuge verschont lassen! – Wirklich, man muss nur einen solchen Stoff aus den ächten Zügen der Sage sich selbst so innig belebt haben, wie ich diess jetzt mit dieser Gralssage that, und dann einmal schnell übersehen, wie so ein Dichter, wie Wolfram, sich dasselbe darstellte[....], um sogleich von der Unfähigkeit des Dichters schroff abgestossen zu werden. [...] Nehmen Sie nur das Eine, dass dieser oberflächliche „Tiefsinnige" unter allen Deutungen, welche in den Sagen der Gral erhielt, grade die nichtssagendste sich auswählt. Dass dieses Wunder ein kostbarer Stein sein sollte, kommt allerdings in den ersten Quellen, die man verfolgen kann, nämlich in den *arabischen* der spanischen Mauren, vor. [...] [Die Christen] fassten [diese Sage] auf *ihre* Weise auf, und brachten das Heiligthum mit dem christlichen Mythus in Berührung. [...] Nun erst kam Sinn und Verstand hinein [...]. [...] Und diess alles nun so sinnlos unverstanden von unsrem Dichter, der eben nur für den Gegenstand die schlechten französischen Ritterromane seiner Zeit hernahm, und ihnen nachschwatzte wie ein Stahr! Schliessen Sie hieraus auf Alles übrige! Schön sind nur einzelne Schilderungen, in denen überhaupt die mittelalterlichen Dichter stark sind: da herrscht schön empfundene Anschaulichkeit. Aber ihr *Ganzes* bleibt immer wüst und dumm. Was müsste ich nun mit dem Parzival Alles anfangen! Denn mit *dem* weiss Wolfram nun auch gar nichts: seine Verzweiflung an Gott ist albern und unmotivirt, noch ungenügender seine Bekehrung. Das mit der 'Frage' ist *so* ganz abgeschmackt und völlig bedeutungslos.[11]

Ausdrücklich findet sich die Distanzierung des Wolframschen Epos auch in einem Hinweis in Cosimas Tagebuch vom 20. Juni 1879: „[Richard] bespricht die lange Anknüpfung an W[olframs] Parzival als pedantisch, seine Dichtung habe eigentlich gar nichts damit zu tun, [...] 'nun bleiben einige Bilder haften, der Karfreitag, die wilde Erscheinung von Condrie – das ist es'"[12].

II. Gral und „Lohengrin"

Zu beginnen ist mit dem Gralsmotiv im „Lohengrin". Es wurde bereits berichtet, dass Wagner im Juli 1845 in Marienbad die wesentlichen Quellen studier-

11 *Richard Wagner:* [Brief vom] 30. Mai [1859 an Mathilde Wesendonck]. In: Richard Wagner an Mathilde Wesendonck. Tagebuchblätter und Briefe 1853 - 1871. Berlin: Duncker, 1904. S. 142 - 149, hier: S. 145 ff.

12 Vgl. *Cosima Wagner:* Die Tagebücher, wie Anm. 9, Bd. 3, S. 369.

te. Die Lektüre versetzte ihn in einen wahren Schaffensrausch. Bereits am 3. August war die ausführliche Prosaskizze fertig[13] , im November die Textdichtung[14]. Von Mai 1846 bis 28. April 1849 dauerte die Komposition[15]. Es gelang Wagner aber nicht mehr, die Uraufführung in Dresden durchzusetzen. Seine Mitwirkung beim Maiaufstand und die darauf folgende Flucht in die Schweiz machten das Vorhaben unmöglich. Uraufgeführt wurde das Werk unter Franz Liszt am 28. August 1850 in Weimar.

In diesem Prosa-Entwurf des Jahres 1845 kann man über den Gral Folgendes lesen:

> [F]ern von hier, in weiten Landen liegt ein wild unnahbares Gebirge; in dessen Mitte, dreißig Rasten wohl nach allen Seiten hin von Wald u[nd) Wildniß umgeben, liegt hoch auf einem Berg eine Burg, die wird Montsalwage genannt. Dort ist ein Tempel von solcher Pracht u[nd) Reichthum, wie keiner je auf Erden noch Gott geweiht wurde: in diesem Tempel wird ein Heiligthum verwahrt, das eine Schaar von Engeln einst auf die Erde trug um es zum Heil der Welt der Pflege der reinsten der Menschen zu übergeben. Es wird der *Gral* genannt, u[nd) ein Gefäß ist's, das alle Wunder der Göttlichkeit unsres Erlöser's in sich schließt: die reinsten u[nd) geläutertsten der Menschen dürfen nur sein pflegen, zu seiner Nähe gelangt niemand, den es nicht selbst durch ein verkündendes Zeichen zu sich beruft: wer ihm nun zu dienen ist erkohren, den erhält eine göttliche Wunderkraft rein von aller Todsünde, er giebt ihm übermenschliche Gaben und Kräfte, die Lehre des Heiland's zu verbreiten u[nd) überall in hoher Reinheit zu erhalten: nicht braucht der Tempeleise sich zu mühen, was ihn erhalten oder ernähren möge, der Gral sorgt sein durch reiche Fülle an allem, was der Irdische bedarf, u[nd) wer seiner ansichtig bleibt, drück' ihn auch Alter u[nd) Gebrechen noch so sehr, dem kann der Tod nicht nahn u[nd) jedes Uebel muß ihn fliehn. Doch darf auch, wer seinem Dienste geweiht ist, nie der Weibesliebe pflegen; dem Könige der Templer Schaar allein ist ein reines Weib erlaubt, damit sein erhabenes Geschlecht sich ewig ungemischt fortpflanze. Sendet nun der Gral seine Streiter aus, dem bedrängten Glauben beizustehen, herrenloser Länder zu pflegen, oder Waisen u[nd) hülfsbedürftige Frauen zu schützen, so darf der entsendete Ritter nirgends seine hehre Abkunft nennen noch das hohe Geheimnis, durch welches er übermenschliche Gaben u[nd] Kräfte

13 *Richard Wagner:* Lohengrin. [Prosa-Entwurf.] [Entstanden 1845.] In: Offizieller Bayreuther Festspielführer 1936. S. 141 - 171. Neuausg.: Prosa-Entwurf. In: Ders.: Lohengrin. Hrsg. von Michael von Soden. Frankfurt a. M. (Insel Verlag) 1980. it 445. S. 135 - 161.

14 *Richard Wagner:* Lohengrin. [Dichtung.] Weimar: Albrecht, 1850. Neuausg. in: Ders.: Sämtliche Werke. [50 Bände.] Hrsg. von Carl Dahlhaus u.a. Mainz (Schott) 1970 - 2004. Bd. 26: Dokumente und Texte zu „Lohengrin“. Hrsg. von *John Deathridge / Klaus Döge*. 2003. S. 296 - 336.

15 *Richard Wagner:* Lohengrin. [Partitur.] Leipzig: Breitkopf & Härte[, 1852. Neuausg.: Lohengrin. Romantische Oper in drei Aufzügen. Textbuch (Wortlaut der Partitur). In: Ders.; Lohengrin. Texte. Materialien, Kommentare. Hrsg. von *Attila Csampai / Dietmar Holland*. Reinbek (Rowohlt) 1989. rororo 8466. rororo-Opembocher. S. 39 - 87.

> erhält, preisgeben: wird er genöthigt sich zu entdecken, so darf er länger dort nicht verweilen, sondern er muß zum Gral wieder heimkehren: denn nur durch den unbedingtesten Glauben an ihn wird ihm die höhere Eigenschaft ungetrübt erhalten.[16]

Dies erzählt der Gralsritter Lohengrin den staunenden Menschen von seiner Herkunft, seinem Vater – Parzival, dem König des Grals, der „durch höchste Rittertugend u[nd] durch Bekämpfung des irdischen Zweifel's, der am göttlichen verzagt, [...] würdig"[17] berufen wurde – und den konkreten Umständen seiner eigenen Berufung:

> Ein klagendes Tönen drang durch die Lüfte, durch des Tempels Heiligthum, das zeigte den Templeisen an, daß eine reine Magd in weiter Ferne sich in großer Bedrängnis fand: als wir den Gral zu fragen gingen, wohin ein Ritter ziehen solle um für die Unschuld zu kämpfen, siehe, da erblickten wir einen *Schwan,* der auf dem Fluß geschwommen kam; an einer goldnen Kette zog er einen leeren Nachen heran. Da verkündete mein Vater Parzival, nachdem er des Grales Spruch erforscht, daß der Schwan, der ein verzaubert Wesen in sich schließe, dem Gral ein Jahr lang dienen solle, u[nd] zunächst mich, den erkorenen Kämpfer, dahin führen werde, wo ich der Unschuld Hülfe zu bringen habe. Da nahm ich Abschied, nachdem ich des Grales Segen empfangen, stieg in den Nachen u[nd] ward von dem getreuen Schwan durch Flüsse u[nd] Meer hieher gezogen, wo ihr mich alle landen saht.[18]

Dieser Segen des Grales – so erzählte Lohengrin weiter – hätte

> dieses Land [so] geschmückt, daß ihr das Himmelreich zu euch herabgekommen hättet wähnen soll(en): eure Fluren wollte ich mit reichen Früchten schmücken, euer Volk in Liebe u[nd] Eintracht groß erziehen, euren Herzen den himmlischesten Frieden geben: dies war der Zauber, den ich über euch ausgießen wollte u[nd] dies zu bewirken vermocht' ich durch die Wunderkraft des Grales!"[19]

Diesen Gralssegen spendet Lohengrin – der wegen der Frage Elsas nicht mehr bleiben darf – dem Heer Kaiser Heinrichs, weshalb er auch offensichtlich ebenfalls wegen dieser Wunderkraft – den Sieg prophezeien kann: „Doch sei getrost, großer Kaiser, deiner hohen, reinen Kraft ist Sieg verliehen! Gott will nimmermehr, daß des Osten's knechtische Horden in deutschen Landen herrschen."[20]

Dann muss er Abschied nehmen, denn: „Schon sendet der Gral nach mir aus"[21], nämlich den Schwan, der mit dem Nachen wiederkehrt, um ihn heimzufahren. Ortrud – die den Herzogssohn Gottfried in dieses Tier verzaubert

---

16 *Richard Wagner:* [Lohengrin.] Prosa-Entwurf, wie Anm.13, S. 155 f.

17 Ebenda, S. 156.

18 Ebenda, S. 156 f.

19 Ebenda, S. 157.

20 Ebenda, S. 158.

21 Ebenda, S. 158.

hatte (und die dann aufgrund dessen Verschwinden durch falsche Angaben den Vormund Telramund zum Mordvorwurf gegen Elsa brachte) – scheint zu triumphieren. Doch betet Lohengrin zu dem „allewige[n] Gott“[22], dass das Laster nicht siegen möge und er ein Zeichen der Versöhnung schenke. Darauf wird der Schwan in Gottfried zurückverwandelt; und eine „Weiße Taube“[23] zieht den Nachen mit dem gescheiterten Gralsritter in die Ferne.

Wagner hat diese Gralserzählung im wesentlichen Gehalt in die Reimfassung des Textbuches (und dann der Partitur) gebracht. Nun heißt die Burg „Monsalvat“[24]; und der Gral ist weiterhin das „Gefäß von wundertät'gem Segen“[25], das dort „als höchstes Heiligtum bewacht“[26] wird;

> es ward, daß sein der Menschen Reinste pflegen,
> herab von einer Engelschar gebracht;
> alljährlich naht vom Himmel eine Taube,
> um neu zu stärken seine Wunderkraft:
> Es heißt der Gral, und selig reinster Glaube
> erteilt durch ihn sich seiner Ritterschaft.
> Wer nun dem Gral zu dienen ist erkoren,
> den rüstet er mit überirdischer Macht –
> an dem ist jedes Bösen Trug verloren,
> wenn ihn er sieht, weicht dem des Todes Nacht;
> selbst wer von ihm in ferne Land' entsendet,
> zum Streiter für der Tugend Recht ernannt,
> dem wird nicht seine heil'ge Kraft entwendet,
> bleibt als sein Ritter dort er unerkannt;
> so hehrer Art doch ist des Grales Segen,
> enthüllt muß er des Laien Auge fliehn.[27]

Auch die Hinweise auf die Umstände seiner Fahrt wurden von Wagner gedichtet. Deutlich wurde darin, dass Vater Parzival den verzauberten Schwan deshalb in „Dienste nach des Grales Spruch“[28] nahm, weil „wer ein Jahr nur seinem Dienst erlesen, Dem weicht von dann ab jedes Zaubers Fluch.“[29] Wagner setzte diese 2. Strophe der Gralserzählung sogar in Musik, doch ordnete er in einem Brief an Franz von Liszt vom 2. Juli 1850 für die Urauf-

---

22 Ebenda, S. 159.

23 Ebenda, S. 160.

24 *Richard Wagner:* Lohengrin. Textbuch, wie Anm.15, S. 81.

25 Ebenda, S. 81.

26 Ebenda, S. 81.

27 Ebenda, S. 81.

28 Ebenda, S. 81 Fußnote.

29 Ebenda, S. 81 Fußnote.

führung in Weimar deren Streichung an, da dadurch ein »erkältende[r] Eindruck« entstehen könne[30].

Die erneute Ankunft des Schwanes wird von Lohengrin nun kommentiert mit den Worten: „Schon zürnt der Gral, daß ich ihm ferne bleib!“[31] Doch allzu böse ist der Gral offensichtlich nicht. Denn auf den spöttischen Triumph der Ortrud, dass der Schwan der von ihr verzauberte Herzogssohn Gottfried sei, wird das Tier auf ein stilles Gebet Lohengrins in Gottfried zurückverwandelt; und die weiße Gralstaube zieht den Nachen fort.

Offensichtlich handelt es sich um eine Wundergeschichte, konzentriert um das Wunder des Grals, genauer: des Gralsgefäßes. Herrlich sind seine Wunderkräfte und Wundergaben. Es ernährt die Gralsritter, hält sie am Leben, vertreibt jedes Übel von ihnen. Es gibt ihnen übermenschliche Kräfte, um im Kampf gegen Ungläubige oder für unschuldige Waisen und Frauen zu siegen. Darüber hinaus bringt das heilige Gefäß dem Gralsritter fruchtbare Ernten, Wohlstand, auch seelische Heilung: ein Himmelreich auf Erden. Sogar verzauberte Wesen werden nach einem Jahr Gralsdienst gerettet.

Der Gral ist dabei durchaus ein handfestes Wunder: als ein „Gefäß von wundertät'gem Segen“. Es sammelt Ritter um sich, bringt sie in Kampfesform, verleiht ihnen Siegeskräfte, sucht die jeweils einzusetzenden Kämpfer aus, meldet die Einsätze, gibt die Aufträge. Aber es muss ein Geheimbund bleiben! Wird der Gralsritter genötigt, sich zu enttarnen, verliert er seine übermenschliche Kraft; noch mehr: er muss zurück, darf also auch nicht als gewöhnlicher Ritter bleiben. Sonst zürnt der Gral.

Diese Wundereigenschaft des Gralsgefäßes beruht offensichtlich auf seiner Herkunft aus dem Himmel. Das Gefäß wurde von einer Engelschar einst auf die Erde herabgebracht zum Heil der Welt. Doch bedarf der Gral nicht nur der Pflege durch „der Menschen Reinste“ (also der keuschen Gralsritter unter Führung des Königs Parzival), sondern stets von neuem eine Wiederauffrischung der segensreich-heiligen Kraft. Dies bewirkt die Taube, die vom Himmel herab alljährlich die Wunderkraft stärkt, sozusagen die Batterie wieder auffüllt. Diese Taube ist es auch, die nach der Rückverwandlung des Schwans in Gottfried den Nachen heimzieht zur Gralsburg. Von daher steht das Gralsgefäß in einer bleibenden Verbindung zum Himmel, von dem es die

30 Vgl. *Richard Wagner:* Brief vom 2. Juli 1850 an Franz Liszt. In: Richard *Wagner:* Lohengrin. Hrsg. von *Attila Csampai / Dietmar Holland.* Reinbek (Rowohlt) 1989. rororo 8466. rororo-Opernbücher. S. 111 - 115, hier: S. 112.

31 *Richard Wagner:* Lohengrin. Textbuch, wie Anm.15, S. 82.

wundertätige Kraft immer wieder erhält. Mehr wird über den Gral beziehungsweise das Gralsgefäß nicht gesagt.

Auch in dem im Sommer 1848 niedergeschriebenen Essay „Die Wibelungen. Weltgeschichte aus der Sage“ wird zwar die Geschichte von Lohengrin – im Übrigen ohne Namensnennung – erwähnt: „in den Niederlanden, dem alten Sitze der Nibelungen, sei einst ein Ritter des Grales erschienen, dann aber wieder verschwunden, da man verbotenerweise nach ihm geforscht“[32]. Doch wird der „heilige Gral“ sonst nicht näher beschrieben, aber als „Inbegriff alles Heiligen“[33] bezeichnet, der von Gott den Menschen zugeführt worden sei. Zu lesen ist nur, dass Friedrich I. Barbarossa nach den Auseinandersetzungen mit den lombardischen Städten seinen Blick nach Osten gewandt habe:

> mächtig zog es ihn nach Asien, nach der Urheimath der Völker, nach der Stätte, wo Gott den Vater der Menschen erzeugte. Wundervolle Sagen vernahm er von einem herrlichen Lande tief in Asien, im fernsten Indien, – von einem urgöttlichen Priesterkönige, der dort über ein reines glückliches Volk herrsche, unsterblich durch die Pflege eines wunderthätigen Heiligthum es, von der Sage *der „heilige Gral“* benannt. – Sollte er dort die verlorene Gottesschau wiederfinden, die herrschsüchtige Priester jetzt in Rom nach Gutdünken deuteten[34].

Friedrich sei nach dem Osten aufgebrochen, doch habe ihn nach dem Sprung auf dem Pferd in den Fluss niemand lebend wiedergesehen.

> Seitdem ging die Sage: wohl sei einst der *Hüter des Grales* mit dem Heiligthume in das Abendland gezogen gewesen; große Wunder habe er hier verrichtet. [...] [J]etzt sei der Gral von seinem alten Hüter wieder in das ferne Morgenland zurückgeleitet worden; – in einer Burg auf hohem Gebirge in Indien werde er nun wieder verwahrt.[35]

Anzumerken ist, dass Wagner in dieser Schrift – die er am 12. November 1871 gegenüber Cosima ausdrücklich als philosophische Dichtung (und nicht als Geschichtsschreibung) qualifizierte[36] – einen spekulativen Zusammenhang zwischen Nibelungenhort und Gral herstellte. Ersterer sei zum realen Besitz degeneriert, wodurch sein ursprünglich auch geistiger Gehalt sich in letzteren umgewandelt habe.

---

32 *Richard Wagner:* Die Wibelungen. Weltgeschichte aus der Sage. Leipzig: Wigand, 1850. Neuausg. in: Ders.: Gesammelte Schriften und Dichtungen. [10 Bände.] Leipzig: Fritzsch, 1887 - 1888. Bd. 2, S. 115 - 155, hier: S. 151.

33 Ebenda, S. 151.

34 Ebenda, S. 150.

35 Ebenda, S. 151.

36 Vgl. Cosima *Wagner:* Die Tagebücher, wie Anm. 9, Bd. 1, S. 458.

> In Wahrheit tritt die Sage vom heiligen Gral bedeutungsvoll genug von da an in die Welt, als das Kaiserthum seine idealere Richtung gewann, somit der Hort der Nibelungen an realem Werthe immer mehr verlor, um einem geistigeren Gehalte Raum zu geben. Das geistige Aufgehen des Hortes in den Gral ward im deutschen Bewußtsein vollbracht, und der Gral, wenigstens in der Deutung, die ihm von deutschen Dichtern zu Theil ward, muß als der ideelle Vertreter und Nachfolger des Nibelungenhortes gelten. [...]. Vor allem wichtig ist, daß sein Hüter Priester und König zugleich war, also ein Oberhaupt aller geistlichen Ritterschaft, wie sie sich im zwölften Jahrhundert vom Orient her ausgebildet hat. Dieses Oberhaupt war nun in Wahrheit Niemand anderes als der Kaiser, von dem alles Ritterthum ausging, und in diesem Verhältnisse schien die reale und ideale oberste Weltherrlichkeit, die Vereinigung des höchsten Königthumes und Priesterthumes, im Kaiser vollständig erreicht. Das Streben nach dem Grale vertritt nun das Ringen nach dem Nibelungenhorte, und wie die abendländische Welt, in ihrem Inneren unbefriedigt, endlich über Rom und den Pabst hinausging, um die ächte Stätte des Heiles in Jerusalem am Grabe des Erlösers zu finden, – wie sie selbst von da unbefriedigt den geistig-sinnlichen Sehnsuchtsblick noch weiter nach Osten hineinwarf, um das Urheiligthum der Menschheit zu finden, – so war der Gral aus dem unzüchtigen Abendlande in das reine, keusche Geburtsland der Völker unnahbar zurückgewichen.[37]

Näher ist in diesem Zusammenhang auf diese spekulative Schrift nicht einzugehen, die zwar den heiligen Gral nennt, aber ihn nicht näher darstellt.

Mehr konnten die Besucher der Zürcher Konzerte im Mai 1853 erfahren, für die Wagner „Programmatische Erläuterungen“ zum Vorspiel des „Lohengrin“ verfasste, das dadurch als „Tondichtung“ qualifiziert wurde. Dies bedeutete, dass Wagner versuchte, mit einem Text den musikalischen Gehalt des Vorspiels darzustellen, also den Inhalt zu erzählen:

> Die[] wunderwirkende Darniederkun[f]t des Grales im Geleite der Engelschar, seine Übergabe an hochbeglückte Menschen, wählte sich der Tondichter des *„Lohengrin“* – eines Gralsritters – als Einleitung für sein Drama zum Gegenstande einer Darstellung in Tönen, wie es hier zur Erläuterung ihm erlaubt sein möge, der Vorstellungskraft sie als einen Gegenstand für das Auge vorzuführen.[38]

So konnte man also das lesen, was zu hören war: eine dramatische Geschichte, die einheitlich von musikalischer und alltäglicher Sprache erzählt werden konnte und sollte.

---

37 *Richard Wagner:* Die Wibelungen, wie Anm. 32, S. 151 f.

38 *Richard Wagner:* Programmatische Erläuterungen zu „Lohengrin“. In: Programmheft zu den Musikaufführungen am 18., 20. und 22. Mai 1853 in Zürich. Dritter Theil: Lohengrin. S. 11- 16. Neuausg.: „Programmatische Erläuterungen“ zu „Lohengrin“. In: *Richard Wagner:* Lohengrin. Hrsg. von Attila Csampai und Dietmar Holland. Reinbek (Rowohlt) 1989. rororo 8466. rororo-Opernbücher. S. 172 – 174, hier: S. 172.

Auf die dahinter stehende ästhetische Theorie Wagners kann hier nicht näher eingegangen werden. Seine zu dieser Zeit in Zürich in dem Werk „Oper und Drama“[39] ausgearbeitete Lehre vom „Gesamtkunstwerk“ als dem Drama, das in der Einheit von Musik, Text und pantomimischer Szene auf der Bühne wirklich werden sollte, ist oft zitiert; freilich ist sie von dem Künstler Wagner auch schon zu jener Zeit nicht ganz ernstgenommen worden. Zwar hatte er bereits in einem Brief vom 30. Mai 1846 an Hermann Franck die Notwendigkeit der „dramatischen geschlossenen Wirksamkeit“[40] betont, die nur durch den „vereinigten Ausdruck des Gedichtes und der musikalischen Composition“[41] zu erreichen sei, weil dadurch Verstand und Gefühl in gleicher Weise angesprochen würden. Doch zugleich hatte Wagner festgehalten, dass „ich hier das schöne Vorrecht der Musik nicht schmälern [darf].“[42] Es wird zum Schluss unter III. deutlich werden, dass Wagner jedenfalls zumindest nach 1854 eine andere ästhetische Konzeption vertrat.

Aber interessant für das Gralsthema ist die nähere Darstellung des Inhalts dieses Vorspiels. Es geht um nichts anderes als um die Initiation des Lohengrin zum Gralsritter, wie er sie in seinem Inneren („Seele“) erlebt. Doch zunächst wird das Allgemeinmenschliche vorgestellt:

> Aus einer Welt des Hasses und des Haders schien die Liebe verschwunden zu sein: in keiner Gemeinschaft der Menschen zeigte sie sich deutlich mehr als Gesetzgeberin. Aus der öden Sorge für Gewinn und Besitz, der einzigen Anordnerin alles Weltverkehrs, sehnte sich das unertötbare Liebesverlangen des menschlichen Herzens endlich wiederum nach Stillung eines Bedürfnisses, das, je glühender und überschwenglicher es unter dem Drucke der Wirklichkeit sich steigerte, um so weniger in eben dieser Wirklichkeit zu befriedigen war. Den Quell, wie die Ausmündung dieses unbegreiflichen Liebesdranges setzte die verzückte Einbildungskraft daher außerhalb der wirklichen Welt, und gab ihm, aus Verlangen nach einer tröstenden sinnlichen Vorstellung dieses Übersinnlichen, eine wunderbare Gestalt, die bald als wirklich vorhanden, doch unnahbar fern, unter dem Namen des ‘heiligen Grales’ geglaubt, ersehnt und aufgesucht ward. Dies[es] [...] kostbare Gefäß [war schon] [...] der unwürdigen Menschheit entrückt, als einst liebesbrünstigen, einsamen Menschen eine Engelschar ihn aus Himmelshöhen wieder herabbrachte, den

---

39 *Richard Wagner:* Oper und Drama. [3 Bände.] Leipzig (Weber) 1852. Neuausg. [in einem Band]: Hrsg. von *Klaus Kropfinger*. Stuttgart (Reclam) 1994. RUB 8207.

40 Vgl. *Richard Wagner:* Brief vom 30. Mai 1846 an Hermann Franck. In: *Richard Wagner:* Lohengrin. Hrsg. von Attila Csampai und Dietmar Holland. Reinbek (Rowohlt) 1989. rororo 8466. rororo-Opernbücher. S. 104 – 110, hier: S. 106.

41 Ebenda, S. 108.

42 Ebenda, S. 106.

> durch seine Nähe wunderbar Gestärkten und Beseligten in die Hut gab, und so die Reinen zu irdischen Streitern für die ewige Liebe weihte.[43]

Was dabei diesen Menschen widerfahren ist, sagt Wagner dann weiter (mit einem eindeutigen Blick auf Lohengrin) in Text und Musik:

> Dem verzückten Blicke höchster, überirdischer Liebessehnsucht scheint im Beginne [des Vorspiels] sich der klarste blaue Himmelsäther zu einer wundervollen, kaum wahrnehmbaren, und doch das Gesicht zauberhaft einnehmenden Erscheinung zu verdichten; in unendlich zarten Linien zeichnet sich mit allmählich wachsender Bestimmtheit die wunderspendende Engelschar ab, die, in ihrer Mitte das heilige Gefäß geleitend, aus lichten Höhen unmerklich sich herabsenkt. Wie die Erscheinung immer deutlicher sich kundgibt[44] und immer ersichtlicher dem Erdentale zuschwebt, ergießen sich berauschend süße Düfte aus ihrem Schoße: entzückende Düfte wallen aus ihr wie goldenes Gewölk hernieder, und nehmen die Sinne des Erstaunten bis in die innigste Tiefe des bebenden Herzens mit wunderbar heiliger Regung gefangen. Bald zuckt wonniger Schmerz, bald schauernd selige Lust in der Brust des Schauenden auf; in ihr schwellen alle erdrückten Keime der Liebe, durch den belebenden Zauber der Erscheinung zu wundervollem Wachstume erweckt, mit unwiderstehlicher Macht an: wie sehr sie sich erweitert, will sie doch noch zerspringen vor der gewaltigen Sehnsucht, vor einem Hingebungsdrange, einem Auflösungstriebe, wie noch nie menschliche Herzen sie empfanden. Und doch schwelgt diese Empfindung wieder in höchster, beglückendster Wonne, als in immer traulicherer Nähe die göttliche Erscheinung vor den verklärten Sinnen sich ausbreitet; und als endlich das heilige Gefäß selbst in wundernackter Wirklichkeit entblößt und deutlich dem Blicke des Gewürdigten hingereicht wird; als der „Gral" aus seinem göttlichen Inhalte weithin die Sonnenstrahlen erhabenster Liebe, gleich dem Leuchten eines himmlischen Feuers, aussendet, so daß alle Herzen rings im Flammenglanze der ewigen Glut erbeben: da schwinden dem Schauenden die Sinne; er sinkt nieder in anbetender Vernichtung. Doch über den in Liebeswonne Verlorenen gießt der Gral nun seinen Segen aus, mit dem er ihn zu seinem Ritter weiht: die leuchtenden Flammen dämpfen sich zu immer milderem Glanze ab, der jetzt wie ein Atemhauch unsäglichster Wonne und Rührung sich über das Erdental verbreitet, und des Anbetenden Brust mit nie geahnter Beseligung erfüllt. In keuscher Freude schwebt nun, lächelnd herabblickend, die Engelschar wieder zur Höhe: den Quell der Liebe, der auf Erden versiegt, führte sie von neuem der Welt zu; den 'Gral' ließ sie zurück in der Hut reiner Menschen, in deren Herzen sein Inhalt selbst segnend sich ergossen: und im hellsten Lichte des blauen Himmelsäthers verschwindet die hehre Schar, wie aus ihm sie zuvor sich genaht.[45]

Eine unglaubliche Geschichte ist hier zu lesen und zu hören: die Weihe eines Menschen (hier: des Lohengrin) zu einem Gralsritter, die alle Merkmale einer

43 *Richard Wagner:* „Programmatische Erläuterungen" zu „Lohengrin", wie Anm. 38, S. 72.

44 Was sich in der Verdichtung der Musik zum Ausdruck bringt.

45 *Richard Wagner:* „Programmatische Erläuterungen" zu „Lohengrin", wie Anm. 38, S. 173 f.

Initiation aufweist: das Sterben (in anbetender Vernichtung) und das neue, veränderte Wiedergeborenwerden als Mensch, in dessen glühendem und entflammtem Herzen der Inhalt des Grals als Quelle göttlicher Liebe wohnt und ihn zu einem so Liebenden macht. Der Initiierte ist somit menschgewordene göttliche Liebe und damit als Mensch selbst göttlich geworden.

Ob hinter dieser Erzählung von der Erscheinung, die das menschliche Liebesverlangen als sinnlich vorgestellte wunderbare Gestalt „setzt", die Philosophie Feuerbachs – der Wagner 1850 seine ästhetische Schrift „Das Kunstwerk der Zukunft"[46] „in dankbarer Verehrung" gewidmet hatte – stand, ist hier nicht zu untersuchen. Jedenfalls ist diese Gestalt des Gralsgefäßes im Vorspiel zu hören (als „Gralsmotiv") und damit sinnliche Realität als Kunstwerk; wie auch der Gralsritter Lohengrin, der bei hochstehender Sonne in einem Nachen – gezogen von einem Schwan – daherkommt, weshalb es sehr fraglich ist, ob er durch das liebesbrünstige Gebet der Elsa „gesetzt" wird. Darauf wird später noch kurz einzugehen sein. Zunächst interessiert dieser „göttliche Inhalt", den der „Gral" – hier von Wagner immer unter Anführungszeichen geschrieben – in das Herz seines Ritters ergießt. Wagner spricht hier von „Sonnenstrahlen erhabenster Liebe, gleich dem Leuchten eines himmlischen Feuers", dann davon, dass der Gral „seinen Segen aus[gießt]" „über den in Liebeswonne Verlorenen": so als ginge es hier um einen vergeistigten Liebessegen, der die Seele erfüllt. Doch ergießt sich dieser göttliche Inhalt (zumindest auch) in das Herz des Geweihten.

Wie handfest dies gemeint sein könnte, zeigt sich in der näheren Umschreibung des „Grals", wie sie diese „Programmatischen Erläuterungen" im Mai 1853 – also immerhin fünf Jahre nach der Fertigstellung des „Lohengrin" – enthalten:

> [Der] „heilige[] Gral[]" war das kostbare Gefäß, aus dem einst der Heiland den Seinen den letzten Scheidegruß zutrank, und in welchem dann sein Blut, da er am Kreuze aus Liebe zu seinen Brüdern litt, aufgefangen und bis heute in lebensvoller Wärme als Quell unvergänglicher Liebe verwahrt wurde.[47]

Der „Gral" als dieser „Quell der Liebe" wird hier offenbar von dem Blut des Heilands her aufgefasst. Die Initiation lässt - wie man interpretieren kann - das göttliche Blut in das Herz des auserwählten Menschen fließen. Und die Musik kann dieses Fließen sinnlich-hörbar zum Ausdruck bringen. Es wird sich im

---

46 *Richard Wagner:* Das Kunstwerk der Zukunft. Leipzig (Wigand) 1850. Mikrofiche-Ausg. München u.a. (Saur) 1990-1994. Bibliothek der deutschen Literatur.

47 *Richard Wagner:* „Programmatische Erläuterungen" zu „Lohengrin", wie Anm. 38, S. 172.

Abschnitt III. zeigen, dass Wagner zumindest während der Zeit der Arbeit am „Parsifal“ ein solches Gralsverständnis tatsächlich hatte.

Dieses Bild des Gralsritters Lohengrin galt für Zürich 1853. Ob es auch der 1848 geschaffenen romantischen Oper „Lohengrin“ zugrunde lag, ist schwer zu sagen.[48] Obwohl es nicht zum eigentlichen Thema gehört, sei jedoch kurz auf diese Frage eingegangen. Zunächst ist von der Textdichtung her eindeutig nur der Gral das Wunder, das auch verantwortlich ist für das „Wunder“, von dem die Brabanter bei Anblick des in dem von einem Schwan gezogenen Nachen stehenden strahlenden Helden singen. Wunderbar ist diese Ankunft, noch dazu (gerade noch) zur richtigen Zeit, um im Gottesgericht zu kämpfen. Aber Wunder ist nicht Lohengrin selbst und auch nicht der Schwan. Letzterer ist ein Tier, in das der Herzogsohn Gottfried von der heidnischen Magierin Ortrud - die ihn eigentlich töten wollte – verzaubert wurde; wenn man will, kann man ihn daher - wie es Telramund tut - als „Zaubertier[]“[49] bezeichnen. Aber er selbst bewirkt keinerlei Zauber, sondern steht in den Diensten des Grals, wodurch er nach einem Jahr in den Menschen zurückverwandelt werden wird. Freilich bleibt unerklärt, wieso das Tier den Weg nach Montsalvat fand und dabei sogar einen Nachen ziehen konnte. Aber jedenfalls ist es nicht begründet, Wagners Lohengrin als „Schwanritter“ auszuzeichnen. Er ist Gralsritter, daher darf er – solange er nicht Nachfolger des Gralskönigs Parzival, seines Vaters, ist – „nie der Weibesliebe pflegen“[50] (wie der Prosa-Entwurf ausdrücklich feststellte); Wagner wiederholt diesen Gedanken ausdrücklich in dem Brief vom 30. Mai 1846 an Hermann Franck, wonach „man an diesem Lohengrin faktisch die Erfahrung mache, daß die weltlichen Liebesbande streng genommen einem Grals-Ritter nicht zukämen“[51]. Lohengrin wird einfach vom Gral ausgewählt und ausgeschickt, um für die unschuldige Elsa zu kämpfen und dann solange für sie ihr Volk zu behüten – als „Schützer von Brabant“[52] –, bis die Jahresfrist um ist und Gottfried als neuer Herzog zurückkehren wird. Dann wird Lohengrin zum Gral zurückkehren. Doch passiert bei der Ankunft des Gralsritters etwas, das Wagner in diesem Brief an Hermann Franck herausstellte, dabei jedoch zugab, dass es nicht in der Textdichtung

48 Zum Ungenügen des Werkes im Vergleich zu den in »Oper und Drama« entwickeltem Gesamtkunstwerk vgl. *Richard Wagner:* Brief vom 31. Mai 1851 an Adolf Stahr. In: *Richard Wagner:* Lohengrin. Hrsg. von Attila Csampai und Dietmar Holland. Reinbek: Rowohlt, 1989. rororo 8466. rororo-Opernbücher. S. 155 - 159.

49 *Richard Wagner:* Lohengrin. Textbuch, wie Anm. 15, S. 68.

50 *Richard Wagner:* [Lohengrin.] Prosa-Entwurf, wie Anm. 13, S. 156.

51 *Richard Wagner:* Brief vom 30. Mai 1846 an Hermann Franck, wie Anm. 40, S. 108.

52 *Richard Wagner:* Lohengrin. Textbuch, wie Anm. 15, S. 63.

selbst, aber in der Musik zum Ausdruck gebracht werde: nämlich Lohengrin erlebt eine „Ueberraschung bei Elsa's Anblick, das *unvermuthete* und schnell entflammte Feuer der Liebe“[53]. Doch finden sich auch in der Textdichtung für dieses Erlebnis eindeutige Hinweise. Schon im Prosa-Entwurf von 1845 kann man die verzweifelten Abschiedsworte Lohengrins lesen: „Als ich dich sah, fühlt' ich mein Herz erbeben von einer Gluth, die ich noch nie gefühlt: dies schien die höchste Wonne meines himmlischen Beruf's, durch heil'ge Kraft gestärkt, des erhebensten Bewußtsein's voll, dir, deinem reinen Herz all die hohen Gaben zu weihen, die mir mein Geheimnis bewahrte.“[54] In der dramatischen Auseinandersetzung im Schlafgemach betont Lohengrin die unmittelbare Sinnlichkeit dieses Erlebnisses: „[I]ch brauchte dich nur zu erblicken, um deine Engelsreine schnell zu begreifen u[nd] den Besitz deiner Liebe so hoch zu schätzen, daß ich das höchste Glück der Welt dir gern zu opfern mich gedrängt fühlte.“[55] Und:

> [A]thmest du nicht die süßen Düfte, die durch die milde Nacht herauf sich drängen aus der Blumen Kelch? 0, wie hold berauscht er meine Sinne, seinem geheimnisvollen Zauber geb' ich mich hin, u[nd] forsche nicht nach dem Namen noch der Gattung der Blume, die ihn mir entsendet; so ist der süße Zauber, den du über mich gegossen, als ich zuerst dir in das Auge blickte: ich frug nicht, woher der Zauber kam; der Zweifel, der gräßliche Verdacht, der dich umgab, was kümmerte er mich? Ich wußte, du seist rein, denn so wie mir (du) da erschienst, kann Unwerth u[nd] Untreue dem Edlen nie erscheinen.[56]

Das Textbuch folgt der Vorlage im Wesentlichen: „Als meine Augen dich zuerst ersahn, zu dir fühlt ich in Liebe mich entbrannt“[57]. Und:

> [D]ein Auge sagte mir dich rein von Schuld,
> mich zwang dein Blick zu dienen deiner Huld.
> [...]
> So ist der Zauber, der mich dir verbunden,
> da ich zuerst, du Süße, dich ersah;
> nicht deine Art ich brauchte zu erkunden,
> dich sah mein Aug', mein Herz begriff dich da.
> Wie mir die Düfte hold den Sinn berücken,
> nahn sie mir gleich aus rätselvoller Nacht,

[53] *Richard Wagner:* Brief vom 30. Mai 1846 an Hermann Franck, wie Anm. 40, S. 106.

[54] *Richard Wagner:* [Lohengrin.] Prosa-Entwurf, wie Anm. 13, S. 157.

[55] Ebenda, S. 150.

[56] Ebenda, S. 151.

[57] *Richard Wagner:* Lohengrin. Textbuch, wie Anm. 15, S. 82.

so deine Reine mußte mich entzücken,
traf ich dich auch in schwerer Schuld Verdacht.[58]

Diese Worte sind mehr als seltsam. Denn sie legen eindeutig den Schluss nahe, dass Lohengrin von der Unschuld Elsas überzeugt war nicht aufgrund seines Auftrages (vom Gral geschickt zu sein), sondern aufgrund ihrer Erscheinung und ihrer Augen, in die er blickte. Sie (er)schien ihm so rein und schuldlos, dass für ihn jeder Zweifel ausscheiden musste: „mein Herz begriff dich da“, weshalb er nicht nachzudenken brauchte. Dieser die Sinne berauschende und unmittelbar überwältigende Anblick ließ ihn offenbar seinen Auftrag vergessen: er kämpfte nicht im Namen des Grals, sondern im Namen der neu entflammten Liebe.

In der Urschrift der Dichtung wurde Wagner deutlicher. Dort gibt Lohengrin in der Abschiedszene zu:

O Elsa! Was hast du mir angetan!
Als meine Augen dich zuerst ersahn,
fühlt ich zu dir in Liebe schnell entbrannt,
mein Herz, des Grales keuschem Dienst entwandt.
Nun muß ich ewig Reu' und Buße tragen,
weil ich von Gott zu dir mich hingesehnt,
Denn ach, der Sünde muß ich mich verklagen,
daß Weibeslieb' ich göttlich rein gewähnt![59]

Aber noch das Textbuch enthält sein Bekenntnis: „und schnell hatt ich ein neues Glück erkannt: die hehre Macht, die Wunder meiner Art, die Kraft, die mein Geheimnis mir bewahrt, wollt ich dem Dienst des reinsten Herzens weihn“[60].

Von daher ist die Parallele zu den „Programmatischen Erläuterungen“ auffällig. Es geht um entzückende und bezaubernde Düfte, die durch die Lüfte nahend die Sinne gefangen nehmen und berauschen, denen man sich fraglos hingeben muss. Oder in den Worten im Schlafgemach: „Fühl ich zu dir so süß mein Herz entbrennen, atme ich Wonnen, die nur Gott verleiht.“[61] Was hier bei der Ankunft und der ersten Begegnung Lohengrins mit Elsa geschah, lässt sich von diesen Äußerungen her einfach erzählen. Der Gralsritter wird vom Liebreiz des Mädchens unmittelbar verzaubert, in ihm entbrennt eine göttliche Liebe; genauer: es entbrennt die göttliche Liebe nun zu diesem Mädchen, das an die Stelle des Grals tritt. Lohengrin erweist sich darin als Mensch, als

58 Ebenda, S. 74 f.

59 Ebenda, S. 82 Fußnote.

60 Ebenda, S. 82.

61 Ebenda, S. 73.

liebender Mann, der nicht grundlos sehnsuchtsvoll die Hochzeitsnacht im Schlafgemach erwartet. Doch ist er nach der oben dargestellten Initiation menschgewordene göttliche Liebe, wie sie sich in diesem totalen Hingeben an den Anblick des Mädchens zeigt. Seine Liebe kann nur total sein, weil sie nur unmittelbar (und daher reflexions- und fraglos) ist. Lohengrin betont diese Qualität seiner Liebe ausdrücklich: aller Verdacht, alle möglichen Zweifel an ihrer Unschuld wurden durch ihren Anblick (und seine Hingebung) vernichtet, zerfielen in anbetender Vernichtung; sie war die reine Frau, der er sich liebend-berauscht und entzückt hingab, ohne nach ihrem Namen, ihrer Herkunft oder ihrer Art fragen zu müssen, ja zu können. Deshalb aber war auch nicht mehr der Auftrag des Grals für ihn maßgebend, sondern diese seine Liebe zu ihr. Er kämpfte nicht als Gralsritter, sondern als liebender Mann für sie; er griff daher auch nicht auf die übermenschlichen Wunderkräfte des Grals zurück, sondern setzte sein Leben für sie ein. Das Gottesgericht erinnert von daher stark an den Kampf in Kleists Novelle „Der Zweikampf“[62] aus dem Jahre 1811[63]. Lohengrin kann Liebe nur von seinem Gralserlebnis her verstehen und leben. Daher erwartet er auch von Elsa eine solche fraglose, total sich hingebende, alle Reflexion (und damit: jeden Zweifel) ausschließende, letztlich: göttliche Liebe. Das Frageverbot ist sein eigenes Verbot, das aus seiner Identifikation mit dem Gral folgt. Er selbst wird durch die Frage Elsas verletzt, herausgerissen aus dieser Liebe eines Mannes zu einer Frau; zugleich wird ihm aber auch bewusst, was er getan hat: nämlich eigentlich den Gral betrogen zu haben. Denn sein in Liebe zu Elsa entbranntes Herz hatte er „des Grales keuschem Dienst entwandt“[64]. Eine totale Liebe muss ausschließlich sein, Lohengrin kann nur den Gral oder Elsa lieben. Oder an beiden scheitern, was den Schluss dieser romantischen Oper ausmacht. Ein verzweifelter Lohengrin muss die geliebte Frau verlassen, zurückgehen zum zürnenden Gral, wo er sicherlich als ein anderer ankommen wird.

Auch der Gral selbst ist anders geworden: nämlich durch die Erzählung Lohengrins ist für alle Zukunft sein Geheimnis (und das seiner Ritter) offengelegt

---

62 *Heinrich von Kleist:* Der Zweikampf. In: Ders.: Erzählungen. [2 Bände.] Berlin: (Realschulbuchhandlung) 1810 - 1811. Bd. 2, S. 163 - 240. Neusausg. in: Heinrich von Kleist: dtv Gesamtausgabe. [8 Bände.]. München (Deutscher Taschenbuch Verlag) 1964 - 1969. Bd. 4: Erzählungen. 1964. S. 214 – 243.

63 Dazu und zu einigen Konsequenzen für die Interpretation des „Lohengrin“ vgl. *Wolfgang Schild:* Das Gottesurteil des Zweikampfs in Wagners „Lohengrin“. In: Heiner Lück und Bernd Schildt (Hrsg.): Recht - Idee - Geschichte. Beiträge zur Rechts- und Ideengeschichte für Rolf Lieberwirth anläßlich seines 80. Geburtstags. Köln, Weimar, Wien (Böhlau) 2000. S. 25 - 52. (Wiederabdruck in *diesem* Band unter Nr. 7).

64 *Richard Wagner:* Lohengrin. Textbuch, wie Anm. 15, S. 82 Fußnote.

und entlarvt. Ob darin nicht auch die Vergeltung für das Frageverbot liegt, an dessen Konsequenz Lohengrin in ebendem Maße wie Elsa leidet? Ist denn nicht auch dieses Frageverbot gegenüber den Menschen lieblos, weil es eine totale göttliche Liebesbeziehung – die jede andere Liebe ausschließt (und damit Lieblosigkeit bedeutet) – fordert? Steht dieser Gral nicht eher für den eifersüchtigen Gott des Alten Testaments als für den christlichen Heiland?

Es bleiben Fragen über Fragen, die nicht aufgelöst werden können. Wagner hat die Schwierigkeiten selbst erkannt, wie die brieflichen Auseinandersetzungen mit seinen Freunden noch während der Entstehungszeit des Werkes zeigen.[65] Vor allem die Einschätzung der Elsa schwankte (und schwankt bei den Interpreten bis heute). Ist sie nun dumm oder misstrauisch oder böse, weil sie ihren Schwur bricht? Zweifelt sie denn – durch Ortrud aufgestachelt – an Lohengrin (was freilich im Ansatz bereits höchst fragwürdig ist, da er doch auf ihr Gebet an Gott als ihr Retter gesandt worden ist)? Oder muss sie die verbotene Frage stellen, gerade weil sie als Frau nur einen Mann lieben kann, dessen menschliche Individualität sie kennt, und nicht einen offensichtlich Gottgesandten, der nach eigenen Angaben „aus Glanz und Wonne"[66] (wohl engelsgleich oder gar göttlich aus dem Himmel) herkam? Die so kluge Frage der Isolde nach dem süßen Wörtchen „und" (bezogen auf die Liebesbeziehung „Tristan *und* Isolde") steht auch hier im Raum, nämlich im Schlafgemach. Ist eine wirklich menschliche Liebe nicht nur denk- und lebbar als Liebe zwischen einer Elsa und einem Lohengrin, nämlich zwischen zwei Individuen (und damit auch Namen), und nicht in totaler gegenseitiger Selbsthingabe und Selbstaufgabe in einem rauschhaften Entzücken einer blind(geworden)en Unmittelbarkeit? So kann man vielleicht dionysischen Orgasmus – der mehr ist als nur der „kleine Tod" – preisen, aber nicht wirkliche Liebe leben (und überleben).

An dieser Stelle ist noch auf zwei Interpretationen hinzuweisen, die Wagner in späteren Jahren selbst mitgeteilt hat. Zunächst die erste Interpretation: In seiner Schrift „Eine Mitteilung an meine Freunde" aus dem Jahre 1851 bezog er (wie alle bisher geschaffenen Werke, so auch) den „Lohengrin" auf seine eigene Künstlergeschichte, weshalb auch dieser Stoff eine „durchaus neue Erscheinung für das moderne Bewußtsein[...] eines künstlerischen Menschen"[67] sei.

65 Vgl. die Abdrucke in: *Richard Wagner:* Lohengrin. Hrsg. von Attila Csarnpai und Dietmar Holland. S. 100 – 140, 155 – 161.

66 *Richard Wagner:* Lohengrin. Textbuch, wie Anm. 15, S. 76.

67 *Richard Wagner:* Eine Mitteilung an meine Freunde. In: Ders.: Drei Operndichtungen nebst einer Mitteilung an seine Freunde als Vorwort. Leipzig (Breitkopf & Härtel) 1852. Auszugsweise Neuausg.: Aus „Eine Mitteilung an meine Freunde" (1851). In: *Ders.*: Lohengrin. Texte, Materialien, Kommentare. Hrsg. von Attila Csarnpai und

Dieser Künstler, also er selbst, habe „das notwendigste und natürlichste Verlangen [...], durch das Gefühl rückhaltslos aufgenommen und verstanden zu werden“[68], könne dies aber in dem gegenwärtigen Zustand des kritischen, reflektierenden Verstandes nicht erreichen, weshalb „das Tragische seiner Situation“[69] offenbar werden müsse: eben in dieser Geschichte des Lohengrin. Daher dürfe man nicht annehmen, dass Lohengrin aus einem glänzenden Reiche leidenlos unerworbener, kalter Herrlichkeit herabsteige in das irdische Reich der Leidenschaften, dann durch den Bruch des auferlegten Gesetzes (des Frageverbotes) froh sei, wieder in sein göttliches Reich zurückzukehren; sondern Lohengrin sehne sich in seinem bewussten, willkürlichen (männlichen) Wesen nach dem Unbewussten und Unwillkürlichen, eben dem Weiblichen und nach seiner Erlösung in diesem, wobei dieses Sehnen selbst wiederum das unbewusste Notwendige, Unwillkürliche in Lohengrin darstelle.

Wagner verwies auf den „Mythos des Volkes“ von Zeus und Semele[70], wonach der Gott ein menschliches Weib liebe und sich um dieser Liebe willen selbst in menschlicher Gestalt ihr nahe; doch die Liebende erfahre, dass sie den Geliebten nicht nach seiner Wirklichkeit erkennen könne, und verlange nun, vom wahren Eifer der Liebe getrieben, der Geliebte solle in seiner vollen sinnlichen Erscheinung seines Wesens sich ihr kundgeben, was dieser in dem Bewusstsein vollziehe, damit gemeinsam mit ihr vernichtet zu werden. Wagner sah darin den Ausdruck des Reinmenschlichen, der menschlichen Natur, die die Liebe selbst sei: nämlich – unter offensichtlicher Berufung auf Feuerbach – eine Liebe als „Verlangen nach voller sinnlicher Wirklichkeit, nach dem Genusse eines mit allen Sinnen zu fassenden, mit aller Kraft des wirklichen Seins selbst und innig zu umschließenden Gegenstandes.“[71]

Wagner meinte weiter, dass er sich bei der Ausarbeitung dieses Werkes

> so vollständig in dieses weibliche Wesen zu versetzen [vermochte], daß ich zu gänzlichem Einverständnisse mit der Äußerung desselben in meiner liebenden Elsa kam. Ich mußte sie so berechtigt finden in dem endlichen Ausbruche ihrer Eifersucht, daß ich das rein menschliche Wesen der Liebe gerade in diesem Ausbruche erst ganz verstehen lernte [...]. Dieses Weib, das sich mit hellem Wissen in ihre Vernichtung stürzt um des notwendigen Wesens der Liebe willen das, wo es mit schwelgerischer Anbetung empfindet, ganz auch untergehen will, wenn es nicht

---

Dietmar Holland. Reinbek (Rowohlt) 1989. rororo 8466. rororo-Opembücher. S. 162 – 171, hier: S. 166.

68 Ebenda, S. 166.

69 Ebenda, S. 167.

70 Vgl. ebenda, S. 162.

71 Ebenda, S. 163.

ganz den Geliebten umfassen kann; dieses Weib, das in ihrer Berührung gerade mit Lohengrin untergehen mußte, um auch diesen der Vernichtung preiszugeben; dieses so und nicht anders lieben könnende Weib, das gerade durch den Ausbruch ihrer Eifersucht erst aus der entzückten Anbetung in das volle Wesen der Liebe gerät, und dies Wesen dem hier noch Unverständnisvollen an ihrem Untergange offenbart; dieses herrliche Weib, vor dem Lohengrin noch entschwinden mußte, weil er es aus seiner besonderen Natur nicht verstehen konnte – ich hatte es jetzt entdeckt[72], [nämlich das] wahrhaft Weibliche[] [...], das mir und aller Welt die Erlösung bringen soll, nachdem der männliche Egoismus, selbst in seiner edelsten Gestaltung[73], sich selbstvrnichtend vor ihm gebrochen hat. [...] [D]as Weib [...] – diese notwendigste Wesensäußerung der reinsten sinnlichen Unwillkür – hat mich zum vollständigen Revolutionär gemacht. [Elsa] war der Geist des Volkes, nach dem ich auch als künstlerischer Mensch zu meiner Erlösung verlangte.[74]

Nun zur zweiten Interpretation: Anfang August 1860 schrieb Wagner einen Brief an Mathilde Wesendonck, in dem er berichtete, dass er wegen einer französischen Übersetzung seine bisherigen Werke „mit allem Detail" angesehen habe:

Gestern ergriff mich der Lohengrin sehr, und ich kann nicht umhin, ihn für das allertragischeste Gedicht zu halten, weil die Versöhnung wirklich nur zu finden ist, wenn man einen ganz furchtbar weiten Blick auf die Welt wirft. Nur die tiefsinnige Annahme der Seelenwanderung konnte mir den trostreichen Punkt zeigen, auf welchen endlich Alles zur gleichen Höhe der Erlösung zusammenläuft, nachdem die verschiedenen Lebensläufe, welche in der Zeit getrennt neben einander laufen, ausser der Zeit sich verständnisvoll berührt haben. Nach der schönen buddhistischen Annahme wird die fleckenlose Reinheit des Lohengrin einfach daraus erklärlich, dass er die Fortsetzung Parzifals – der die Reinheit sich erst erkämpfte – ist. Ebenso würde Elsa in ihrer Wiedergeburt bis zu Lohengrin hinanreichen. Somit erschien mir der Plan zu meinen „Siegern" als die abschließende Fortsetzung von Lohengrin. Hier erreicht „Sawitri" (Elsa) den „Ananda" vollständig. So wäre alle furchtbare Tragik des Lebens nur in dem Auseinanderliegen in Zeit und Raum zu finden: da aber Zeit und Raum nur *unsre* Anschauungsweisen sind, ausserdem aber keine Realität haben, so müsste dem vollkommen Hellsehenden auch der höchste tragische Schmerz nur aus dem Irrthum des Individuums erklärt werden können: ich glaube, es ist so! Und in voller Wahrheit handelt es sich durchaus nur um das Reine und Edle, das an sich schmerzlos ist.[75]

---

72 Ebenda, S. 170.

73 Also als Lohengrin.

74 *Richard Wagner:* Aus „Eine Mitteilung an meine Freunde" (1851), wie Anm. 67, S. 170 f.

75 *Richard Wagner:* [Brief aus] (Paris) (Anfang August 1860) [an Mathilde Wesendonck]. In: Richard Wagner an Mathilde Wesendonck. Tagebuchblätter und Briefe 1853 - 1871. Berlin: Duncker, 1904. S. 240 - 244, hier: S. 242.

Das heißt: nun sollte Lohengrin Ananda (beziehungsweise dieser ein wiedergeborener Lohengrin) sein, der in diesem Dramenentwurf „Die Sieger"[76] mit Hilfe Buddhas dem Liebesverlangen der schönen Pankriti – einem jungen Tschandalamädchen – widerstehen kann und das Keuschheitsgelübde leistet. Elsa soll als dieses Mädchen wiedergeboren sein, die von den Qualen ihrer Liebe zu Ananda ebenfalls mit Hilfe Buddhas erlöst wird: auch sie legt das Gelübde der Keuschheit ab und wird in der Gemeinde Buddhas von Ananda als Schwester begrüßt. Lohengrin und Eisa als füreinander in Keuschheit bestimmte Geschwister im Geiste; und ersterer die Wiedergeburt Parzifals! Dies macht die Schwierigkeiten im Schlafgemach zwar verständlich. Doch ist auch diese Interpretation des Jahres 1860 – also mehr als zwölf Jahre nach dem Entstehen des Werkes – nicht allzu ernst zu nehmen. Zumindest nicht von dem Wagner, der am 25. Juni 1877 an Carl Friedrich Glasenapp aus Bad Ems schrieb: „[Sie] werden [...] sich [...] [bei der Lektüre der Dichtung des 'Parsifal'] davon überzeugen, daß der Parsifal mit dem Lohengrin, als dessen nachgespieltes Vorspiel man ihn betrachten wollte, gar nicht das Mindeste zu tun hat.[77]

III. Gral und „Parsifal"

Dieser Unterschied, den Wagner in diesem Brief vom 25. Juni 1877 betonte, ist nun in der Darstellung des Grals im „Parsifal" herauszuarbeiten. Doch ist darauf hinzuweisen, dass sich – nach meiner Interpretation – Ansätze zu diesem späteren Gralsverständnis Wagners bereits in den „Programmatischen Erläuterungen" zum Vorspiel des „Lohengrin" im Mai 1853 finden. Ob dieses Verständnis in der ersten Prosaskizze im April 1857 – auf deren Verbindung mit der „Karfreitagslegende" bereits unter I. hingewiesen wurde – bereits ausgearbeitet war, kann nicht gesagt werden, da diese Vorarbeit verschollen ist.[78] Erhalten hat sich der erste Prosa-Entwurf, den Wagner auf Drängen

76 *Richard Wagner:* Die Sieger. Prosaskizze [1856]. In: Ders.: Entwürfe. Gedanken. Fragmente. Aus nachgelassenen Papieren zusammengestellt. Leipzig (Breitkopf & Härtel) 1885. S. 97 – 98. Neuausg. in: *Ders.*: Nachgelassene Schriften und Dichtungen. Leipzig (Breitkopf & Härtel) 1895. S. 161 – 162.

77 *Richard Wagner:* Brief vom 25. Juni 1877 an Carl Friedrich von Glasenapp. In: Richard Wagner: Sämtliche Werke. [50 Bände.] Hrsg. von Carl Dahlhaus u.a. Mainz (Schott) 1970 – 2004, Hier: Bd. 30: Dokumente zur Entstehung und ersten Aufführung des Bühnenweihfestspiels Parsifal. Herausgegeben von *Martin Geck / Egon Voss*. 1970. S. 23 (Nr. 49).

78 Einige Hinweise auf den Inhalt ergeben sich aus Briefen, die Wagner in den Jahren 1858 bis 1860 an Mathilde Wesendonck schrieb (abgedruckt in: *Richard Wagner:* Parsifal. Texte, Materialien, Kommentare. Hrsg. von Attila Csampai und Dietmar Holland.

Ludwigs II. vom 27. bis 30. August 1865 niederschrieb.[79] Dann dauerte es bis 25. Januar 1877, bis Wagner den zweiten Prosa-Entwurf verfasste (und diesen am 23. Februar vollendete).[80] Vom 14. März bis 19. April desselben Jahres wurde die Dichtung niedergeschrieben und noch in diesem Jahr veröffentlicht.[81] Die Kompositionsarbeit dauerte von September 1877 bis 13.Januar 1882.[82]

Anzumerken ist noch, dass Wagner ursprünglich (und noch in den beiden Prosa-Entwürfen) die Schreibweise „Parzival", „Anfortas" und „Gurnemans" verwendete; erst Mitte März 1877 – also während der Niederschrift der Dichtung – entschied er sich für „Parsifal", „Amfortas" und „Gurnemanz", wobei er bezüglich ersterem der (falschen) Worterklärung durch Joseph Görres folgte[83], dass nämlich – wie erstmals in einem Brief an Judith Gautier im Jahre 1877 erläutert – dieser Name arabisch sei: „Die alten Troubadours haben ihn nicht mehr verstanden. 'Parsi-fal' bedeutet: 'parsi', denken Sie an die das Feuer

---

Reinbek: Rowohlt, 1984. rororo 7809. rororo-Opembücher. S. 117 - 126). Danach sollte offensichtlich Amfortas - als gesteigerter Tristan – „Mittelpunkt und Hauptgegenstand" sein, auch sollte der Karfreitagsszene im 3. Aufzug wesentliche Bedeutung für die Konzeption des „Mitleidens" (als des Tragens des Leides der lebendigen Welt, also auch der Tiere und der Pflanzen) zukommen. Betrachtet man allerdings die Bemerkung Wagners im Brief vom April 1860, wonach er sich immer noch in dem „Zeugungsprozeß" dieses Werkes befindet, wird fraglich, wieweit eine solche Prosaskizze inhaltlich wirklich durchdacht war.

79 *Richard Wagner:* Parzival. [1. Prosa-Entwurf 1865]. In: Ders.: Das braune Buch. Tagebuchaufzeichnungen 1865 bis 1882. Hrsg. von Joachim Bergfeld. Zürich und Freiburg i.Br.: Atlantis Verlag, 1975. S. 53 - 70. Neuausg.: Erster Prosa-Entwurf zum „Parsifal". In: Ders.: Parsifal. Texte, Materialien, Kommentare. Hrsg. von Attila Csampai und Dietrnar Holland. Reinbek: Rowohlt, 1984. rororo 7809. rororo-Opembücher. S. 88 - 104.

80 *Richard Wagner:* Parzival. [2. Prosa-Entwurf 1877]. In: Ders.: Parsifal. Hrsg. von Michael von Soden. Frankfurt a. M.: Insel Verlag, 1983. it 684. S. 126 - 159.

81 *Richard Wagner:* Parsifal. [Dichtung.J Mainz: Schott, 1877. Neuausg. in: Ders.: Sämtliche Werke. [50 Bände.] Hrsg. von Carl Dahlhaus u.a. Mainz: Schott, 1970 - 2004. Bd. 30: Dokumente zur Entstehung und ersten Aufführung des Bühnenweihfestspiels Parsifal. Hrsg. von Martin Geck und Egon Voss. 1970. S. 90 - 134.

82 *Richard Wagner:* Parsifal. [Partitur]. Mainz: Schott, 1883. Neuausg.: Parsifal. Ein Bühnenweihfestspiel in drei Aufzügen. Textbuch (Wortlaut der gedruckten Partitur). In: Ders.: Parsifal. Texte, Materialien, Kommentare. Hrsg. von Attila Csampai und Dietrnar Holland. Reinbek: Rowohlt, 1984. rororo 7809. rororo-Opembücher. S. 35 - 84.

83 Vgl. Lohengrin, wie Anm. 3, S. 152.

anbetenden Parsen, 'rein'; 'fal' bedeutet 'törig'"[84] ; damit also – wie Kundry im 2. Aufzug singt (und dabei die Namensgebung dem sterbenden Vater Gamuret zuweist) – „tör'ger Reiner, Fal parsi"[85] beziehungsweise als „Parsifal" eben der „reine Tor"[86] , auf den das Gralsorakel hinweist. Aber letztlich war Wagner auch die Theorie von Joseph Görres gleichgültig, wie er in dem Briefwechsel mit Judith Gautier – die diese Interpretation anzweifelte – ausdrücklich festhielt:

> Der 'Arabi-Dialekt', worin „Fal" Narr, Ungeschliffener bedeuten sollte, war meine Erfindung. (...) Görres (...) muß seiner Sache ganz sicher sein. Vermutlich hat er nicht Arabisch gekonnt, aber er wird das von einem Orientialisten gehört haben. Im übrigen stört mich das nicht.[87]

Woraus sich ergibt, dass sowohl die Gestalt des Titelhelden wie auch die Gralsvorstellung in diesem Werk die eigene Erfindung Wagners sind. Auch in der Benennung der einzigen Frauengestalt dieses Werkes schwankte Wagner längere Zeit: ursprünglich „Kundry", dann – gegenüber Cosima am 14. März 1877 – „Gundrigia, Strickerin des Krieges"[88], schließlich aber endgültig „Kundry"; und auch sie ist (diesmal unbestritten) Wagners Erfindung.[89]

Die Gralsvorstellung Wagners im „Parsifal" knüpfte allerdings in einem Punkt an die Gralserzählung des Lohengrin an: nämlich in der Ablehnung der Gralsdarstellung in Wolframs Werk. In dem im Abschnitt I. zitierten Brief vom 30. Mai 1859 an Mathilde Wesendonck lobte Wagner

> mit völligem Entzücken diesen schönen Zug christlicher Mythenbildung, der das tiefsinnigste Symbol erfand, das je noch als Inhalt des sinnlich-geistigen Kernes einer Religion erfunden werden konnte. Wen schauert es nicht von den rührendsten und erhabensten Gefühlen, davon zu hören, dass jene Trinkschale, aus der der Heiland seinen Jüngern den letzten Abschied zutrank, und in der endlich das unvertilgbare Blut des Erlösers selbst aufgefangen und aufbewahrt ward, vorhanden sei, und wem es beschieden, dem Reinen, der könne es selbst schauen und anbeten. Wie unvergleichlich! Und dann die doppelte Bedeutung des einen Gefässes, als

---

84 *Richard Wagner:* Brief an Judith Gautier, [ohne Datum] 1877. In: Richard *Wagner:* Parsifal. Herausgegeben von Attila Csarnpai und Dietmar Holland. Reinbek (Rowohlt) 1984. rororo 7809. rororo-Opembücher. S. 115 - 116, hier: S. 115.

85 *Richard Wagner:* Parsifal. Textbuch, wie Anm. 82, S. 65.

86 Ebenda, S. 44 u.a.

87 Zitiert nach: Zeittafel. In: *Richard Wagner:* Parsifal. Herausgegeben von Attila Csarnpai und Dietmar Holland. Reinbek: Rowohlt, 1984. rororo 7809. rororo-Opembücher. S. 70 - 274, hier: S. 270.

88 *Cosima Wagner:* Die Tagebücher, wie Anm. 9, Bd. 2, S. 1037.

89 Um Missverständnisse zu vermeiden, wird im Folgenden immer die letzte Schreibweise, die also auch der Partitur zugrunde liegt, verwendet; nur die Zitate folgen dem Original.

> Kelch auch beim heiligen Abendmahl –, offenbar dem schönsten Sacramente des christlichen Cultus! Daher denn auch die Sage, dass der Gral [...] die fromme Ritterschaft einzig ernähre, und zu den Mahlzeiten er Speise und Trank gewähre.[90]

Auch der erste Prosa-Entwurf stellte am 27. August 1865 klar:

> Der Gral ist die krystallene Trinkschale, aus welcher einst der Heiland beim letzten Abendmahl trank und seinen Jüngern zu trinken reichte: Joseph von Arimathia fing in ihr das Blut auf, welches aus der Speerwunde des Erlösers am Kreuze herabfloss. Sie ward als heiligstes Heiligthum lange Zeit der sündigen Welt geheimnissvoll entrückt. Als in rauhester, feindseligster Zeit endlich unter der Bedrängniss durch die Ungläubigen, die heilige Noth des Christenthums am Höchsten stieg, trieb die Sehnsucht, das wundervoll stärkende Heiligthum, von dem alte Kunde vorhanden war, gottbegeisterte, von heiligem Liebesverlangen ergriffene Helden, zum Aufsuchen des Gefässes, in welchem das Blut des Heilands [...] lebendig und göttlich belebend sich der heilsbedürftigen Menschheit erhalten hatte. Titurel und seinen Treuen ist das Heiligthum wunderbar entdeckt und in Pflege übergeben worden. Er schaarte um sich die heilige Ritterschaft zum Dienst des Grales, baute die Burg Monsalvat, in wildem, unnahbar entlegenem Gebirgswald, die niemandem aufzufinden war, als wer zur Pflege des Grales sich würdig erwies. Seine Wunderkraft bekundete das Heiligthum zunächst dadurch, dass es seine Hüter jeder irdischen Sorge überhob, indem es für Speise und Trank der Gemeinde sorgte: durch geheimnissvolle Schriftzeichen, welche beim Erglühen des Krystalls an dessen Oberfläche sich zeigten, und nur dem würdigen Hüter der Ritterschaft verständlich waren, meldet der Gral die härtesten Bedrängnisse Unschuldiger in der Welt, und ertheilt seine Weisungen an diejenigen der Ritter, welche zu ihrem Schutze entsendet werden sollen. Die Ausgesandten begabt er mit göttlicher Kraft, so dass sie überall siegen. Den Tod bannt er von seinen Geweihten: wer das göttliche Gefäss erblickt, kann nicht sterben. Nur aber, wer vor den Verlockungen der Sinneslust sich bewahrt, erhält sich die Kraft des Segens des Grales: nur dem Keuschen offenbart sich die beseligende Macht des Heiligthumes.[91]

Die Nähe zur Gralserzählung im „Lohengrin“ ist augenfällig, auch darin, dass hier nur von dem Gralsgefäß die Rede ist und nicht auch vom Gralsspeer (auf welches Problem noch eingegangen werden wird). Nur das Keuschheitsgebot (als Sichbewahren vor den Verlockungen der Sinneslust) ist nun umfassend, betrifft also auch den König (besser und eigentlich: den „Hüter der Ritterschaft“), weshalb ein Lohengrin – als Sohn des Parsifal – nun nicht mehr denkbar ist. Offensichtlich gilt dieses Gebot aber erst seit der Berufung des Titurels, der selbst einen Sohn – Amfortas – hat (und diesen wohl vor dieser Berufung bereits gezeugt hatte).

---

90 *Richard Wagner:* [Brief vom] 30. Mai [1859 an Mathilde Wesendonck], wie Anm. 11, S. 147.

91 *Richard Wagner:* Erster Prosa-Entwurf zum „Parsifal“, wie Anm. 79, S. 89.

Diese Sorge des Grals für Speise und Trank geschieht im ersten Prosa-Entwurf von 1865 durch einen „heiligen Zauber“. Amfortas berührt das heilige Gefäß, „auf sein Gebet muss der göttliche Inhalt der Schale in leuchtendem Purpur fliessen, auf sein Fürwort sich der nährende Segen den geweihten Rittern erschliessen.“[92] „Er erhebt den Gral mit beiden Händen und lässt ihn nach jeder Seite hin leuchten. [...] Dämmerung lagert sich über den ganzen Saal; nur der Gral leuchtet hell. Als es wieder hell wird, sind die Tische mit Wein u[nd] Brod versehen; der Gral ist erbleicht, und wird wieder im Schrein verwahrt.“[93]

Drei Tage nach der Beendigung des Entwurfs – am 2. September 1865 - schrieb Wagner in sein „Braunes Buch“ für seine damalige (noch mit Hans von Bülow verheiratete) Geliebte und Lebensgefährtin Cosima ein Problem nieder, das ihm nun offensichtlich aufgefallen war: „Was soll ich mit der blutigen Lanze machen?“[94] Wie bereits erwähnt, stand im ersten Prosa-Entwurf die Gralsschale im Zentrum. Eindeutig ist sie „das Heiligthum“, das dem Titurel in Pflege übergeben wurde und das die Wunderkraft ausübt. Der Speer (die Lanze) wurde sogar anfangs überhaupt ohne Bezug auf das Drama eingeführt. Beim Auftritt des Amfortas schrieb Wagner nämlich: „dem Anfortas wird eine hochgerichtete Lanze mit blutiger Spitze nachgetragen“[95]. Diese Stelle hat Wagner dann nachträglich gestrichen. Denn in der Schilderung des zweiten Aufzuges am 29. August 1865 kam Wagner auf den Speer zu sprechen.[96] Auf die Schreie der Kundry

> erscheint [Klingsor] auf dem Thurme des Schlosses: Gewaffnete stürzen herbei: Parzival erkennt die Lanze, mit der Anfortas verwundet ward, entreisst sie dem Ritter: „mit diesem Zeichen bann’ ich euch! Wie sich die Wunde schliesse die diese Speerspitze stach, vergehet alle hier, und in Trümmer stürze diese Pracht!“ – Er schwingt die Lanze: mit einem furchtbaren Krach stürzt das Schloss zusammen[97].

In einer Anmerkung schrieb Wagner: „Es ist die Lanze, mit welcher einst Longinus des Heilands Schenkel durchstach, und deren sich Klingsor als

---

92 Ebenda, S. 91.

93 Ebenda, S. 96.

94 [Richard Wagners Tagebuchaufzeichnung vom] 2. Sept. [1865]. In: *Richard Wagner:* Das Braune Buch. Tagebuchaufzeichnungen 1865 bis 1882. Hrsg. von Joachim Bergfeld. Zürich (Atlantis Musikbuch Verlag) 1975. S. 75 – 77. Neuausg.: Eine Tagebuchnotiz Richard Wagners zum „Parsifal“-Stoff. In: *Richard Wagner:* Parsifal. Texte, Materialien, Kommentare. Hrsg. von Attila Csampai und Dietmar Holland. Reinbek (Rowohlt) 1984. rororo 7809. rororo-Opernbücher. S. 106 – 107, hier: S. 106.

95 *Richard Wagner:* Erster Prosa-Entwurf zum „Parsifal“, wie Anm. 79, S. 95.

96 Vgl. ebenda, S.101.

97 Ebenda, S. 101.

werthvollstes Zaubermittel bemächtigt hatte."[98] Mit dieser Lanze (diesem Speer) irrt Parsifal mehrere Jahre umher, bis er das Gralsgebiet wieder findet. Dann stößt er sie in den Boden, kniet vor ihr nieder und „heftet sein Auge inbrünstig auf die blutige Lanzenspitze, und betet eifrig."[99] Schließlich tritt Parsifal in der Gralsburg an Amfortas heran: „Er berührt mit dem Speer Anfortas's Schenkel"[100], der dadurch gesundet.

Da war doch vieles ungereimt und nicht verständlich; wie Wagner in dieser Notiz im „Braunen Buch" festhielt: „Hier ist grosse Confusion."[101] Er berief sich auf Wolfram: „Das Gedicht sagt: mit dem Gral sei zugleich die Lanze aufgeführt worden; an ihrer Spitze hing ein Blutstropfen. [...] Die Lanze gehört, als Reliquie, zu der Schale; in dieser wird das Blut aufbewahrt, welches durch die Lanzesspitze dem Schenkel des Heilands entfloss. Beide ergänzen sich."[102] Wagner notierte zwei Möglichkeiten, wie die Lanze in das dramatische Geschehen einbezogen werden könnte. Entweder sei sie mit dem Gral(sgefäß) der Ritterschaft übergeben worden, von Amfortas gegen Klingsor eingesetzt worden, der sie ihm – „[w]ährend er der Verführung erlag"[103] – entwendet und ihn durch sie verwundet habe; mit der Konsequenz: „Die Heilung und Erlösung des Amfortas' ist nun folgerichtig nur möglich, wenn die Lanze aus unheiligen Händen befreit, und wieder dem Gral beigesellt wird."[104]

Oder die Lanze sei nicht übergeben, sondern den Gralsrittern nur verheißen, aber von Klingsor gefunden worden; Amfortas sei ausgezogen, um sie zu erringen, dabei aber von Klingsor verwundet worden; Konsequenz: „bleibt nun dieselbe: sie muss in den Besitz der Ritterschaft kommen."[105] Und Wagner fragte Cosima: „Was ist besser, Cos?"[106] Das Problem verschärfte sich, als Wagner erkannte, was das Drama erforderte: „Parzival [...] weiss von [dem Speer] und kennt seinen Zauber, seine Bedeutung"[107]. Aber wie sollte der Tor zu diesem Wissen kommen?

---

98 Ebenda, S. 101.

99 Ebenda, S. 102.

100 Ebenda, S. 104.

101 Eine Tagebuchnotiz Richard Wagners zum „Parsifal"-Stoff, wie Anm. 94, S. 106.

102 Ebenda, S. 106.

103 Ebenda, S. 106.

104 Ebenda, S. 106.

105 Ebenda, S. 106.

106 Ebenda, S. 106.

107 Ebenda, S. 106.

Der zweite Prosa-Entwurf – der am 23. Februar 1877 (also zwölf Jahre später) fertiggestellt wurde – gab darauf eine Antwort, indem er den Speer nicht nur neben dem Gralsgefäß erwähnte, sondern sogar in den Mittelpunkt stellte. So erzählt Gurnemanz, dass die „Boten des Heilands" dem Titurel zwei „höchste Wundergaben" übergaben: „den Gral, daraus der göttliche letzten Abschied trank, der sein heiliges Blut auffing, den Speer, der seiner Seite es entschlug"; diesen zwei Wundergaben „baute [Titurel] das Heiligtum"[108]. Und das Gralsorakel lautet nicht mehr (wie im ersten Prosa-Entwurf von 1865): „mitleidend leidvoll wissend ein Thor wird dich erlösen"[109], sondern: „Mitleidvoll leidend ein wissender Tor soll durch den Speer dich heilen."[110] Parsifal hört diese Bedeutung des Speers, weil die versammelten Gralsritter den klagenden Amfortas trösten mit den Worten: „Vertraue dem Speer, wenn, mitleidvoll leidend, ein wissender Tor ihn wiedergewann."[111] In der Kundry-Szene erkennt Parsifal diesen Speer, weil sie ihm mitgeteilt hat, dass Amfortas durch eben diese Waffe verwundet worden sei; er fängt ihn – von Klingsor geschleudert – auf und „schwingt [...] ihn schwebend über seinem Haupte nach der Gestalt eines Kreuzes. 'Mit diesem Zeichen bann' ich euch. Wie sich die Wunde schließe, die dieses Speeres Spitze stach, vergehe Alles hier und in Trümmer stürze diese Pracht!"[112]

Diesen Speer stößt Parsifal im Gralsgebiet vor sich in den Boden, kniet vor ihm nieder und „erhebt [...] im brünstigen Gebete das Haupt zu der Speeresspitze auf"[113]. Zugleich erzählt er, dass er seine vielen Wunden erhalten habe, weil er den „heiligen Speer"[114] nicht als Waffe eingesetzt habe: all sein Bemühen galt „dem Heiltum [...], um das zu schützen und es zu wahren"[115]. Und schließlich berührt er Amfortas - dessen Wunde nun nicht am Schenkel, sondern „in der Seite" lokalisiert wird[116] - mit der Spitze des Speeres an dieser offenen Wunde, mit den Worten: „Nur eine Waffe taugt: die Wunde schließe dir die Spitze die sie stach! [...] Die heilige Lanze bring' ich euch zurück ... 0 Wunder, sieh! ihre Spitze blutet heilig nun zur Sühne, da deine Wunde sie

108 *Richard Wagner:* Parzival [2. Prosa-Entwurf], wie Anm. 80, S. 131.

109 *Richard Wagner:* Erster Prosa-Entwurf zum „Parsifal", wie Anm. 79, S. 92.

110 *Richard Wagner:* Parzival [2. Prosa-Entwurf], wie Anm. 80, S. 132.

111 Ebenda, S. 138.

112 Ebenda, S. 150.

113 Ebenda, S. 153.

114 Ebenda, S. 154.

115 Ebenda, S. 154.

116 Ebenda, S. 130.

schloß. Sehnsucht erfaßte sie nach dem verwandten heiligen Balsam. - Öffnet den Schrein!“[117] Und alle singen kaum hörbar: „Erlösung dem Erlöser! Höchsten Heiles Wunder!“[118]

Wagner hatte sich also für die erste der beiden Möglichkeiten entschieden. Doch war damit die „Confusion“ nicht endgültig bereinigt. Denn weiterhin wurde als „Gral“ nur die Schale bezeichnet, nicht auch der Speer. Zudem war die Schlussszene unverständlich: warum sollte die Speerspitze „heilig nun zur Sühne“ bluten? Und was sollte die Formel „Erlösung dem Erlöser“?

Die eigentliche Konsequenz der von Wagner gewählten Lösung konnte nur in der Gleichstellung von Schale und Speer bestehen: Gralsschale und Gralsspeer. Oder noch deutlicher: in der gleichen Beziehung von Schale und Speer auf den eigentlichen Gral, nämlich auf den „heiligen Balsam“, der sowohl die Schale als auch den Speer (die Speerspitze) betrifft: das heilige Blut des Erlösers.

Dieses Verständnis des Grals als „Blut des Heilands“ lag bereits in dem Brief vom 30. Mai 1859 an Mathilde Wesendonck nahe. Denn hier führte Wagner das Wort „Gral“ auf „Sang Rèal“, woraus dann „San(ct)Gral“ geworden sei[119], zurück, und damit auf das „königliche Blut“ – das Blut des Heilands. Damit konnte das Heiligtum aber eigentlich nicht mehr das Gefäß sein, dieses konnte auch nicht ernähren und so weiter; sondern die Reliquie musste immer dieses „unvertilgbare Blut des Erlösers“, das man als Reiner „selbst schauen und anbeten“ kann[120], sein. Der erste Prosa-Entwurf vom 27. August 1877 wiederholte und erläuterte diese Etymologie ausdrücklich: im Gefäß werde „das Blut des Heilands (Sangue rèale – woraus San Grèal – Sanct Gral – der heilige Gral entstand)“[121] aufbewahrt. Dieses Blut erglüht im goldenen Purpur[122], lässt also – auch wenn von der leuchtenden Schale gesprochen wird[123] – diese von innen her erglühen; das Blut leuchtet hell und spendet den nährenden Segen: es allein ist die wirkliche Reliquie. In diesem Sinne wird Amfortas als „Hüter des göttlichen Erlösungsbalsams“[124] bezeichnet. Auch Parsifal erkennt dies nach

117 Ebenda, S. 159.

118 Ebenda, S. 159.

119 *Richard Wagner:* [Brief vom] 30. Mai [1859 an Mathilde Wesendonck], wie Anm. 11, S. 147.

120 Ebenda, S. 147.

121 *Richard Wagner:* Erster Prosa-Entwurf zum „Parsifal“, wie Anm. 79, S. 89.

122 Vgl. ebenda, S. 91.

123 Vgl. ebenda, S. 96, 104.

124 Ebenda, S. 91.

dem Kuss der Kundry: „Er ruft den Gral an, das Blut des Erlöser's“[125], er weiß um die „Göttlichkeit [des] welterlösenden Balsam's“[126].

Der zweite Prosa-Entwurf von 1877 enthielt in diesem Sinne eine veränderte Gestaltung der Gralszene. Zwar sollte immer noch die Schale in leuchtendem Purpur erglühen; aber Wein und Brot wurden nun auf das Blut in der Schale zurückgeführt. Wie der Heiland beim letzten Abendmahl Wein und Brot in Blut und Leib verwandelt habe, so „wandelt [...] in Mitleids Milde der Erlöser [nun Blut und Leib seines Opfertodes] zu heil'ger Labung [...] in Wein, den ihr trinkt, in Brot, das ihr esset.“[127] Die Gralsritter trinken diesen Wein und essen dieses Brot und verwandeln es selbst in ihr eigenes Blut und ihren eigenen Leib, wodurch sie gestärkt werden zum Kampf für die Unschuldigen und zugleich in Glauben und Liebe vereint werden. Zwar passen nur das Blut in der Schale und der Wein in den Bechern zusammen, da von einem Leib – der zu Brot werden könnte – nicht die Rede ist: aber die wesentliche Gleichsetzung von Reliquie „Gral“ und Blut des Heilands ist eindeutig.

Die Dichtung von 1877 und die gestochene Partitur von 1883 vollendeten diese Gleichsetzung in der Erzählung des Gurnemanz von der Geschichte der Gralsburg. Es heißt hier:

> daraus der trank beim letzten Liebesmahle,
> das Weihgefäß, die heilig edle Schale,
> darein am Kreuz sein göttlich Blut auch floß,
> dazu den Lanzenspeer, der dies vergoß
> – der Zeugengüter höchstes Wundergut, –
> das gaben sie in unsres Königs Hut.
> Dem Heiltum baute er das Heiligtum[128].

Hier ist eindeutig unterschieden zwischen den „Zeugengüter[n]“ – Schale und Speer – und dem „höchste[n] Wundergut“, das nur das Blut des Heilands sein kann, das in der Schale aufbewahrt ist und an der Spitze des (blutigen) Speeres haftet; und diesem Wundergut als „Heiltum“ (also dem Blut) erbaute Titurel das „Heiligtum“ der Gralsburg. Diese Stelle (und damit auch Wagner) ist eindeutig, auch wenn Gurnemanz auf die Frage Parsifals nach dem Gral nur mit dem Hinweis antwortet: „Das sagt sich nicht; doch bist du selbst zu ihm erkoren, bleibt dir die Kunde unverloren.“[129] Es kann aber nur meinen: das

---

125 Ebenda, S. 100.

126 Ebenda, S. 100.

127 *Richard Wagner:* Parzival [2. Prosa-Entwurf], wie Anm. 80, S. 139.

128 *Richard Wagner:* Parsifal. Textbuch, wie Anm. 82, S. 42.

129 Ebenda, S. 48.

höchste Wundergut, das eigentliche Heiltum, die Reliquie, und damit eben: der Gral ist das Blut des Heilands.

Freilich ist zuzugeben, dass Wagner in der Dichtung von 1877 und der Partitur von 1883 eine missverständliche Terminologie verwendet, was vielleicht auf die genannte Geschichte der Werkentstehung zurückzuführen ist. Denn einerseits wird in den Regieanweisungen ausdrücklich festgehalten: „Die Knaben nehmen die Decke vom goldnen Schreine, entnehmen ihm eine antike Kristallschale“[130]; andererseits wird doch zwischen „Schale“ und dem „Gral“ selbst unterschieden, was dadurch unterstrichen wird, dass Wagner in den Regieanweisungen „Gral“ unter Anführungszeichen setzt.

Jedenfalls wird dieses Gralsverständnis – „Gral“ als das Blut des Heilands – in der inhaltlichen Ausgestaltung des Parsifal-Dramas offensichtlich. Dies zeigt die bereits genannte Schlussszene des Werkes in der Fassung des zweiten Prosa-Entwurfes von 1877. Parsifal bringt den Speer zurück und heilt Amfortas: „O Wunder, sieh! [Der Lanze] Spitze blutet heilig nun zur Sühne, da deine Wunde sie schloß. Sehnsucht erfaßte sie nach dem verwandten heiligen Balsam“[131], nämlich: dem Blut des Heilands, das sich in der Schale ebenso befindet wie auf der Spitze des Speeres. In der Dichtung einerseits und der Partiturfassung andererseits wurde Wagner noch deutlicher. Nun singt Parsifal, der nach der Regieanweisung zur Speeresspitze aufschaut, in Begeisterung: „Oh! Welchen Wunders höchstes Glück! - Die deine Wunde durfte schließen, ihr seh' ich heil'ges Blut entfließen, in Sehnsucht (nach) dem verwandten Quelle, der dort fließt in des Grales Welle!“[132]; bzw.: „Oh! Welchen Wunders höchstes Glück! - Der deine Wunde durfte schließen, ihm seh' ich heil'ges Blut entfließen, in Sehnsucht (nach) dem verwandten Quelle, der dort fließt in des Grales Welle“[133]. Zwar wird als „Gral“ immer noch die Schale voller Blut bezeichnet; doch der Sache nach ist es eindeutig: das Blut auf der Spitze des Speeres wird fließend und vereinigt sich mit dem Blut in der Schale; und dieses Blut ist Gegenstand der Anbetung, wie sich aus der ersten Szene des 3. Aufzuges ergibt: „Parsifal erhebt jetzt seinen Blick andachtsvoll zu der Lanzenspitze auf“[134]-

130 Ebenda, S. 51 f.

131 *Richard Wagner:* Parzival [2. Prosa-Entwurf], wie Anm. 80, S. 159.

132 *Richard Wagner:* Parsifal. [Dichtung], wie Anm. 81, S. 134: „Die“ und „ihr“ in der zweiten und dritten Zeile beziehen sich auf die Lanze.

133 *Richard Wagner:* Parsifal. Textbuch, wie Anm. 82, S. 83: „Der“ und „ihm“ in der zweiten und dritten Zeile beziehen sich auf den Speer.

134 Ebenda, S. 75.

Damit ist die Heilandsklage, die Parsifal in der Kundry-Szene in seinem Inneren hört – „rette, erlöse mich aus schuldbefleckten Händen“[135] beziehungsweise „erlöse, rette mich aus schuldbefleckten Händen!“[136] –, aufgehoben, das Blut des Heilands ist wieder vereinigt und in den richtigen Händen, nämlich des neuen Gralskönigs Parsifal (worauf noch einzugehen ist). Dies meint ebenso eindeutig die genannte Schlussformel „Erlösung dem Erlöser!“[137] Im Übrigen ist damit auch klargestellt, wem diese „schuldbefleckten Hände[...]“ zuzuordnen sind: nämlich dem Klingsor, der den Speer (und an dessen Spitze: das Blut des Heilands) besitzt, wie sich zum Beispiel aus der Notiz im „Braunen Buch“ vom 2. September 1865 für Cosima ergibt, wo es heißt, dass die Lanze „aus unheiligen Händen befreit“ werden müsse[138], deshalb unheilig, weil Klingsor sich selbst entmannt hat, um der sexuellen Begierde zu entgehen. In diesen Händen gehalten, ist das Heiligtum entweiht (die Partiturfassung der Heilandsklage spricht vom „entweihte[n] Heiligtum“[139]). In der Dichtung (wie bereits im zweiten Prosa-Entwurf) hieß es „verratene[s] Heiligtum“[140], wodurch ein Bezug zu Amfortas hergestellt werden kann: er hat das Heiligtum dadurch verraten, dass er den Speer als Waffe gegen Klingsor einsetzen wollte. Erneut bezieht sich die Heilandsklage dann aber auf den Speer. Nicht ersichtlich ist, dass mit diesen „schuldbefleckten Händen“ auf Amfortas selbst angespielt wird. Das Gralsblut erglüht in dessen Händen ohne irgendwelche Schwierigkeiten.

Verständlich wird auch die Szene der Gralsenthüllung im 1. Aufzug. Im Gegensatz zu den Rittern – denen, wie gezeigt, Blut (und Leib) in Wein (und Brot) verwandelt werden, das sie zu sich nehmen sollen, um es in das eigene Blut (und den eigenen Leib) zurückzuverwandeln – nimmt Amfortas (wie auch sein im Grabe liegender Vater Titurel) am Mahl selbst nicht teil. Ihn stärkt der Gral – also das Blut des Heilands – auf unmittelbare Weise. Die Formulierungen, die Wagner dafür wählt, sind erstaunlich. Während der Brief vom 30. Mai 1859 an Mathilde Wesendonck noch unbestimmt(er) von dem „Segen des

135 *Richard Wagner:* Parzival [2. Prosa-Entwurf], wie Anm. 80, S. 148.

136 *Richard Wagner:* Parsifal. [Dichtung], wie Anm. 81, S. 120; *Richard Wagner:* Parsifal. Textbuch, wie Anm. 82, S. 68.

137 *Richard Wagner:* Parzival [2. Prosa-Entwurf], wie Anm. 80, S. 159.

138 Eine Tagebuchnotiz Richard Wagners zum „Parsifal“-Stoff, wie Anm. 94, S. 106.

139 *Richard Wagner:* Parsifal. Textbuch, wie Anm. 82, S. 68.

140 *Richard Wagner:* Parzival [2. Prosa-Entwurf], wie Anm. 80, S. 148; *Richard Wagner:* Parsifal. [Dichtung], wie Anm. 81, S. 120: „verrat'ne[s] Heiligtum“.

Blutes“ des Heilands schrieb[141], wurde der erste Prosa-Entwurf von 1865 deutlicher: nicht nur, dass Amfortas sich danach sehnt, „immer wieder die Glut dieses göttlichen Glanzes[142] in sein Innerstes dringen zu lassen“; sondern: „ach! Jetzt, wenn das himmlische Blut des Erlösers segenvoll in sein eigenes Herz sich ergiesst“[143]. Ebenso eindeutig formulieren der zweite Prosa-Entwurf von 1877: „der [...] Quell des heiligsten Blutes muß sich in mein Herz ergießen“[144], und die Dichtung sowie die Partitur: „durchzückt von seligsten Genusses Schmerz, des heiligsten Blutes Quell fühl ich sich gießen in mein Herz“[145] sind eindeutig wie handfest.

Wagners Konzeption ist somit geklärt. Mag er auch mit „Gral“ die Schale bezeichnen: die Reliquie des Grales selbst ist das Blut des Heilands, das in dieser Schale aufgefangen wurde – und auch noch an der Spitze des Speeres haftet, mit dem nach der von Wagner übernommenen Legende in Anknüpfung an das Evangelium des Johannes[146] Longinus dem am Kreuz hängenden Jesus die Seitenwunde zufügte, aus der dann Blut (und Wasser) flossen. Dieses Blut des Heilands wird von Wagner im zweiten Prosa-Entwurf ebenso wie in Dichtung und Partitur von dem „Erlöser in göttlichem Glanze selbst“[147] beziehungsweise „in göttlichem Glanz [der] Erlöser Selbst“[148] unterschieden, wenn er im 3. Aufzug den verzweifelten Amfortas um die Gnade des Sterbenkönnens bittet und dabei seinen toten Vater Titurel anfleht, eben bei diesem „göttlichen Erlöser selbst“, den der Verstorbene offensichtlich nun „erschaut“, für ihn einzutreten. Fast scheint es, als würde Wagner damit von der Idee einer Auferstehung (des verstorbenen Titurel) ausgehen und zugleich von einem Göttlichen, das ein solch Auferstandener „erschauen“ könne. Dies widerspricht aber sämtlichen überlieferten Ausführungen und Andeutungen Wagners, der diesen Inhalt des christlichen Glaubensbekenntnisses – ebenso wie zum Beispiel die Trinitätsvorstellung oder den Schöpfungsglauben (also den Glauben an den „Vater“ als den Schöpfer) – immer abgelehnt hat.

---

141 *Richard Wagner:* [Brief vom] 30. Mai [1859 an Mathilde Wesendonck], wie Anm. 11, S. 145.

142 Gemeint ist: das Leuchten des Gralsgefäßes.

143 *Richard Wagner:* Erster Prosa-Entwurf zum „Parsifal“, wie Anm. 79, S. 91.

144 *Richard Wagner:* Parzival [2. Prosa-Entwurf], wie Anm. 80, S. 138.

145 *Richard Wagner:* Parsifal. [Dichtung], wie Anm. 81, S. 105; *Richard Wagner:* Parsifal. Textbuch, wie Anm. 82, S. 51.

146 Johannes-Evangelium Kap. 19, Vers. 34.

147 *Richard Wagner:* Parzival [2. Prosa-Entwurf], wie Anm. 80, S. 159.

148 *Richard Wagner:* Parsifal. [Dichtung], wie Anm. 81, S. 133; *Richard Wagner:* Parsifal. Textbuch, wie Anm. 82, S. 82.

Wagner wollte ein Christentum, das von diesen Inhalten befreit sein sollte, auch und vor allem befreit von den kirchlichen Dogmen (der Jesuiten); nämlich einen Glauben, der – in Nachfolge ähnlicher Überlegungen von Arthur Schopenhauer – das Gemeinsame von Christentum und Buddhismus herausstellt. In der 1880 verfassten Abhandlung „Religion und Kunst" findet sich eine Art Zusammenfassung dieser Wagnerschen Religionslehre. Es heißt dort: „Die tiefste Grundlage jeder wahren Religion sehen wir [...] in der Erkenntnis der Hinfälligkeit der Welt und der hieraus entnommenen Anweisung zur Befreiung von derselben ausgesprochen"[149]; in der christlichen Überlieferung „offenbart sich die Verneinung der Welt als ein um der Erlösung willen vorbildlich geopfertes Leben"[150], nämlich in der „Tat des freiwilligen Leidens"[151]. Für Wagner ist der am Kreuz hängende und leidende (und daher sein Blut vergießende) Jesus der Heiland oder der Erlöser; deshalb nämlich, weil er das menschgewordene „sündenlose göttliche Wesen"[152] ist, das – als göttlich – jenseits des irdischen Lebenszusammenhangs als Leidenszusammenhang, der auf dem Willen zum Leben gegründet ist (weshalb dieser Wille zum Leben als „sündig" – weil das Leiden begründend – charakterisiert wird), in Raum und Zeit nicht selbst leiden muss oder kann. „Da der Heiland selbst als durchaus sündenlos, ja unfähig zu sündigen erkannt ist, mußte in ihm schon vor seiner Geburt der Wille vollständig gebrochen sein, so daß er nicht mehr leiden, sondern nur noch mitleiden konnte [...]."[153] Mit anderen Worten bedeutet dies, dass für Wagner das Leiden des Gekreuzigten nur Mitleiden war oder nur als Mitleiden begriffen werden kann, worunter nicht irgendein Gefühl des „Mitleids" zu verstehen ist, sondern das (Mit-)Tragen des Leidens eines anderen. Schon in einem Brief vom 1. Oktober 1858 an Mathilde Wesendonck hatte Wagner diese Bedeutung des Mitleidens herausgestellt, wobei er primär an Tiere dachte – die als lebende Wesen leiden müssten, ohne die Chance zu haben, wie der Mensch durch Weltflucht (Askese) den Leidenszusammenhang zu distanzieren. Der Mensch müsste nun dieses „verfehlte Dasein des Thieres in sich auf[nehmen] [...] und zum Erlöser der Welt [werden], indem er über-

---

149 *Richard Wagner:* Religion und Kunst nebst einem Nachtrage „Was nützt diese Erkenntnis?". Bayreuth (Bayreuther Patronatsverein) 1881. Beigabe der Bayreuther Blätter. Neuausg. in: Ders.: Parsifal. Hrsg. von Michael von Soden. Frankfurt a. M. (Insel Verlag) 1983. it 684. S. 188 – 245, hier: S. 189.

150 Ebenda, S. 195.

151 Ebenda, S. 190.

152 Ebenda, S. 176.

153 Ebenda, S. 195.

haupt den Irrthum alles Daseins erkennt“[154]; und Wagner fügte an Mathilde hinzu: „Diese Bedeutung wird Dir einmal aus dem dritten Akte des Parzival, am Charfreitagsmorgen, klar werden.“[155]

Wagner sah somit das Wesen des Erlösers (des Heilands) in seinem Mitleiden des Leides der Welt: der Menschen, aber auch der Tiere und sogar der Pflanzen, also alles Lebendigen. Damit trägt das Göttliche das irdische Leiden der Welt, nimmt den leidenden Lebewesen sozusagen das Leid ab und erlöst sie dadurch von eben diesem. Wagner nennt diesen Willen zu „höchstem Mitleiden“ „mitleidvolle[] Liebe“[156]. Zugleich bietet der Heiland durch seine mitleidende Tat das Vorbild für die Menschen, ihm nachzufolgen und ebenfalls das Leiden der anderen mitzutragen und ebenfalls ihr Leben aufzuopfern für diese Aufgabe, was voraussetzt, dass auch sie erkennen, dass der Wille zum Leben das Leiden aller überhaupt erst gebiert und daher „sündig“ ist. „Heilig“ dagegen ist ein Leben im Mitleiden und Aufopfern des eigenen Lebens, im Hingeben des eigenen Blutes für die anderen, im Wissen (in der Erkenntnis) von der Sündhaftigkeit des Willens zum Leben; als Tat der mitleidvollen Liebe. Deshalb steht im Mittelpunkt der Karfreitag, an dem diese Tat des aufopfernden Mitleidens des Erlösers geschah und immer wieder von den ihm nachfolgenden Menschen erinnert wird.

Das Blut des Heilands, das in der Schale aufgefangen und auf der Spitze des Speeres haftet, ist somit Hinweis auf den Heiland (Erlöser) als das Göttliche, das sich mitleidend kreuzigen ließ und dieses Blut für die leidende Welt hingab, ist fortwährend (und sogar vergegenständlicht) erinnerter und somit ewig-gegenwärtiger Karfreitag. Aber als dieses Blut ist das Göttliche vergegenständlicht, eben eine Reliquie in der Schale und am Speer. Daher ist es von dem Göttlichen selbst – das außer Raum und Zeit und auch jenseits des Lebens- als des Leidenszusammenhangs gedacht ist – unterschieden, aber dennoch in einer notwendigen Beziehung zu diesem, weil das Göttliche selbst sich aus dieser mitleidvollen Liebe in Raum und Zeit und in den (Mit-) Leidenszusammenhang hineingegeben hat: schon als Mensch Jesus, dann aber als dieses Blut. Durch diese Selbst-Hingabe hat sich das Göttliche selbst-entfremdet, hat sich abhängig gemacht von den Menschen, die es als Reliquie betreuen sollen. Daher ist auch diese Heilandsklage möglich: als der Ausdruck dieser Zerrissenheit, dieses Auseinandergerissenseins, des Verlustes der Einheit, will doch

---

154 Vgl. *Richard Wagner:* [Brief vom] 1. Oktober [1858 an Mathilde Wesendonck]. In: Richard Wagner an Mathilde Wesendonck. Tagebuchblätter und Briefe 1853 - 1871. Berlin: Duncker, 1904. S. 49 - 54, hier: S. 53.

155 Ebenda, S. 53.

156 *Richard Wagner:* Religion und Kunst, wie Anm. 149, S. 194.

Klingsor den Speer mit dem Blut als Waffe gegen die Gralsritter einsetzen. Die Reliquie benötigt deshalb den Menschen als Erlöser, der sie wieder mit sich selbst vereint und zu ihrem eigenen Wesen führt. Ob nun der Heiland in göttlichem Glanze klagt oder das Blut als solches (und in sich lebendig), ist Spekulation; mehr spricht für letzteres.

Diese Erlösung des Erlösers beziehungsweise seines Blutes als der Reliquie kann nur durch einen Menschen gelingen, der dem Heiland nachfolgt: in einem Akt der mitleidvollen Liebe, die das Wissen um den Lebens- als Leidenszusammenhang voraussetzt; somit nur durch einen Menschen, der durch Leiden wissend wird und dann in diesem Wissen die mitleidende (und erlösende) Tat setzen kann. Das Orakel spricht im ersten Prosa-Entwurf von 1865 von dem „mitleidend leidvoll wissend[en] [...] Thor[en]“[157]; der zweite Prosa-Entwurf von 1877 bringt die Formel: „[m]itleidvoll leidend ein wissender Tor“[158]; in Dichtung und Partitur heißt es: „durch Mitleid wissend der reine Tor“[159]. Vor allem die letzte Formulierung macht deutlich, dass der notwendige menschliche Erlöser das eigene Leiden als fremdes, das er mitleidet, empfinden muss. Denn nur auf diese Weise ist er nicht selbst in den Lebenszusammenhang – der durch den das Leiden begründenden Willen gekennzeichnet ist - eingebunden, sondern steht zu diesem in einer gewissen Distanz, die es ihm ermöglicht, durch sein (Mit-)Leiden wissend zu werden und diesen Zusammenhang von Willen zum Leben und Leiden zu erkennen, damit diesen Willen zu distanzieren und nur mehr mitleidend zu sein.

Dieses Orakel ist eigentlich nur die Offenbarung des Notwendigen. Es stellt aber nicht die Berufung des Parsifal dar, sondern diese geschieht durch die Namensgebung des sterbenden Vaters Gamuret, der ihn – wie gezeigt – „parsifal“ (also: „reiner Tor“) nennt und aus der Ferne grüßt. Dieser Junge lernt das Leiden immer in dieser doppelten Gestalt kennen: als Leiden des von ihm getöteten Schwans, das ihm selbst leidensvolle Gewissensqualen bereitet, als Leiden der durch seinen Weggang getöteten Mutter, das ihn leidvoll zusammenbrechen lässt, und schließlich als Leiden des sich in sexueller Leidenschaft aufzehrenden Amfortas, das er in seinem eigenen Herzen brennen fühlt, als Kundry durch ihren Kuss sein Begehren weckt. Richard Wagner gab Ludwig II. in einem Brief vom 7. September 1865 eine Interpretation dieser Schlüsselszene im 2. Aufzug:

---

157 *Richard Wagner:* Erster Prosa-Entwurf zum „Parsifal“, wie Anm. 79, S. 92.

158 *Richard Wagner:* Parzival [2. Prosa-Entwurf], wie Anm. 80, S. 132.

159 *Richard Wagner:* Parsifal [Dichtung], wie Anm. 81, S. 98; *Richard Wagner:* Parsifal. Textbuch, wie Anm. 82, S. 39: „[d]urch Mitleid wissend[...] der reine Tor“.

> Der Kuß, der Anfortas der Sünde verfallen läßt, er weckt in Parzival das volle Bewußsein jener Sünde, nicht aber als die seinige, sondern die des jammervollen Leidenden, dessen Klagen er zuvor nur dumpf empfand, davon ihm nun aber, am eigenen Mitgefühl der Sünde, der Grund hell aufging: mit Blitzesschnelle sagte er sich gleichsam: „ach! das ist das Gift, an welchem Jener siecht, dessen Jammer ich bisher nicht verstand!" – So weiß er mehr als alle andren, namentlich auch als die gesamte Gralritterschaft, welche doch immer nur meinte, Anfortas klage um der Speerwunde willen! Parzival blickt nun tiefer.[160]

In diesem Brief stellte Wagner eine „Vergleichung", ein „Gleichnis" zu den biblischen Gestalten her:

> Adam und Eva wurden 'wissend'. Sie wurden 'der Sünde sich bewußt'. An diesem Bewußtsein hatte das Menschengeschlecht zu büßen in Schmach und Elend, bis es durch Christus erlöst ward, der die Sünde der Menschheit auf sieh nahm. [...] [K]ann ich in so tiefsinnigen Materien anders als im Gleichnis, durch Vergleichung sprechen? Den inneren Sinn kann doch nur der Hellsehende sich selbst sagen. Adam – Eva: Christus. – Wie wäre es, wenn wir zu ihnen stellten: – „Anfortas – Kundry – Parzival?" Doch mit großer Behutsamkeit![161]

Denn Parsifal ist nicht der Heiland, nicht das menschgewordene Göttliche, sondern nur ein Mensch, der aber als reiner (und kindlicher) Tor eingeführt wird und der das Leiden als Mitleiden erfährt, wodurch er wissend wird und dem Heiland in einem mitleidvoll-liebenden Leben nachfolgen kann. Daran ändert auch die Konstellation des 3. Aufzuges nichts. Parsifal wird mit Gurnemanz und Kundry nicht *als* Jesus (mit Johannes dem Täufer und Maria Magdalena) dargestellt, sondern nur *wie* dieser.

Freilich wird Parsifal offensichtlich durch diesen Wandel zum mitleidvoll wissenden Nachfolger des Heilands zu einem „Heiligen", wie Wagner in der Abhandlung „Heldentum und Christentum" einen solchen „Heldenmärtyrer der Wahrhaftigkeit" charakterisierte: als einen Menschen, in dessen „Adern[...] sich [das Blut des Erlösers selbst] heiligend ergossen hatte"[162]; oder wie die „Programmatischen Erläuterungen" zum Vorspiel des „Lohengrin" bereits im Mai 1853 – in meiner oben gebrachten Interpretation – den initiierten Gralsrit-

---

160 Brief Richard Wagners an Ludwig II. vom 7. September 1865. Zitiert nach: Briefe Wagners über „Parsifal" an König Ludwig II. In: *Richard Wagner:* Parzival. Texte. Materialien, Kommentare. Hrsg. von Attila Csarnpai und Dietmar Holland. Reinbek (Rowohlt) 1984. rororo 7809. rororo-Opembücher. S. 107 – 113, hier: S. 108.

161 Ebenda, S. 108.

162 *Richard Wagner:* Heldentum und Christentum. In: Bayreuther Blätter. Nr. 4, H. 9, September 1881. S. 249 – 258. Neuausg. in: *Ders.*: Parsifal. Hrsg. von Michael von Soden. Frankfurt a. M: (Insel Verlag) 1983. it 684. S. 277 – 292, hier: S. 286.

ter Lohengrin kennzeichneten[163]. Von daher und (nur) in dieser Weise ist Parsifal göttlich: erfüllt mit dem „Blute des Heilands [...], das als göttliches Mitleiden durch die ganze menschliche Gattung, als Urquell derselben, sich ergießt."[164]

Parsifal ist in dieser Erfülltheit mit dem mitleidvoll-liebenden Blut des Göttlichen (aber Mensch gewordenen Jesus) der wirkliche Nachfolger des Heilands und „erlösende christliche Liebe", wie Wagner sie in der Abhandlung „Was nützt diese Erkenntnis?" umschrieb als die „dem Mitleiden entkeimte und im Mitleiden bis zur vollen Brechung des Eigenwillens sich betätigende Liebe"[165]. Die dem in der Reliquie sich hingebenden Erlöser gewährte Erlösung ist endgültig und ewig gesichert, damit unendliche Gegenwart: die Geschichte des Amfortas kann sich mit Parsifal – dem nun wissenden Heiligen – nicht mehr wiederholen. Parsifal ist nicht Amfortas, der eben nicht in diesem Sinne heilig war, da sein Blut nicht in dieser Weise das göttliche Blut war. Wagner setzte seit dem zweiten Prosa-Entwurf von 1865 dem Blut des Heilands – das sich in der Tat der mitleidvollen Liebe am Kreuz in die Schale ergoss und an der Spitze des Speeres haftete – ein anderes Blut entgegen, das er mit diesem Willen zum Leben, der dieses damit zu dem Leidenszusammenhang alles Lebendigen macht, gleichsetzte. Dadurch konnte er die Wunde des Amfortas, die sich nicht schließen will, erklären.

Diese Wunde faszinierte bereits den an Mathilde Wesendonck am 30. Mai 1859 schreibenden Wagner. Denn

> [m]ir wurde [...] plötzlich schrecklich klar: [Anfortas] ist mein Tristan des dritten Aktes mit einer undenklichen Steigerung. Die Speerwunde, und wohl noch eine andere – im Herzen, kennt der Arme in seinen fürchterlichen Schmerzen keine andre Sehnsucht, als die zu sterben; diess höchste Labsal zu gewinnen, verlangt es ihn immer wieder nach dem Anblick des Grals, ob der ihm wenigstens die Wunden schlösse [...]. Aber der Gral giebt ihm immer nur das Eine wieder, eben dass er *nicht* sterben kann; gerade sein Anblick vermehrt aber nur seine Qualen, indem er ihnen noch Unsterblichkeit giebt. [...] Welche furchtbare Bedeutung gewinnt nun hier das Verhältniss des Anfortas zu diesem Wunderkelch[166]; *er,* mit derselben Wunde behaftet, die ihm der Speer eines Nebenbuhlers in einem leidenschaftlichen

163 Vgl. *Richard Wagner:* „Programmatische Erläuterungen" zu „Lohengrin", wie Anm. 38, S.172.

164 *Richard Wagner:* Heldentum und Christentum, wie Anm. 162, S. 287.

165 *Richard Wagner:* „Was nützt diese Erkenntnis?". ln: Ders.: Religion und Kunst nebst einem Nachtrage „Was nützt diese Erkenntnis?". Bayreuth (Bayreuther Patronatsverein) 1881. Beigabe der Bayreuther Blätter. Neuausg.: „Was nützt diese Erkenntnis?" Ein Nachtrag zu: Religion und Kunst. ln: Ders.: Parsifal. Hrsg. von Michael von Soden. Frankfurt a. M. (Insel Verlag) 1983. it 684. S. 245 – 260, hier: S. 256.

166 Also der Trinkschale, in welcher das Blut des Heilands aufgefangen wurde.

> Liebesabenteuer geschlagen, – er muss zu seiner einzigen Labung sich nach dem Segen des Blutes sehnen, das einst aus der gleichen Speerwunde des Heilands floss, als dieser, Weltentsagend, Welterlösend, Weltleidend am Kreuze schmachtete! Blut um Blut, Wunde um Wunde – aber hier und dort, welche Kluft zwischen diesem Blute, dieser Wunde! Ganz hingerissen, ganz Anbetung, ganz Entzückung bei der wundervollen Nähe der Schale, die im sanften, wonnigen Glanze sich röthet, giesst sich neues Leben durch ihn aus – und der Tod kann ihm nicht nahen! Er lebt, lebt von neuem, und furchtbarer als je brennt die unselige Wunde ihm auf, *seine* Wunde.[167]

Es ging Wagner in diesem Brief (und damit zu dieser Zeit - 1859) eindeutig nur um diese Zerrissenheit des Amfortas, dessen Wunde sich nicht schließen will, der daher sterben will, aber wegen der lebensspendenden Kraft des Grals - die er zugleich aus tiefster Anbetung ersehnt - nicht sterben kann. Parsifal wird nur als der Erlöser des Amfortas gedacht. Von einem Blut des Heilands ist überhaupt nicht die Rede. Auch die Parallele der Wunde des Amfortas mit der des Heilands - aus der dann das Blut in die Schale floß - ist rein äußerlich und noch sehr von den mittelalterlichen Vorlagen geprägt. Amfortas ist sie von einem Nebenbuhler in einem leidenschaftlichen Liebesabenteuer beigebracht worden. Mehr an dramatischem Zusammenhang findet sich hier noch nicht. Auch der erste Prosa-Entwurf von 1865 erwähnte ein solches „geheimnisvolle[s] Liebesabenteuer“[168], das aber bereits mit Klingsor in Verbindung gebracht wurde; allerdings derart, dass Amfortas bei diesem Sexualakt mit Kundry von den Mannen des Zauberers überfallen wurde, er ihnen zwar entkommen konnte, dabei aber „jenen Speerstich in die Seite erhalten“[169] hat - wobei Klingsor dem Gefangenen „dieselbe Schmach zugedacht [hatte], die er sich einst selbst in rasender Verblendung zugefügt“[170], also die Kastration.

Offensichtlich bestimmte diese Vorstellung Wagner in großem Maße. Denn er lokalisierte die Wunde des Amfortas – entgegen dem oben Zitierten – am Schenkel[171]; noch mehr: er nahm auch an, dass der Speer des Longinus „einst [...] des Heilands Schenkel durchstach“[172]. Dies machte freilich wenig Sinn, weshalb der zweite Prosa-Entwurf von 1877 (und Dichtung sowie Partitur) zu der im Johannes-Evangelium angegebenen Seitenwunde Jesu zurückkehrten.

---

167 *Richard Wagner:* [Brief vom] 30. Mai [1859 an Mathilde Wesendonck], wie Anm. 11, S. 144 f.

168 *Richard Wagner:* Erster Prosa-Entwurf zum „Parsifal“, wie Anm. 79, S. 88.

169 Ebenda, S. 91.

170 Ebenda, S. 98.

171 Vgl. ebenda, S. 104.

172 Ebenda, S. 101.

Doch brachte bereits der erste Prosa-Entwurf von 1865 eine Uminterpretation der Wunde des Amfortas, die täglich neu aufbricht, nicht geheilt werden kann und ihm unsägliche Qualen bereitet:

> Nicht aber die Schmerzen der Wunde sind es, die Anfortas' Seele umnachten: sein Leiden ist tiefer. Er ist der Erlesene, der das Wundergefäss zu pflegen hat: er und kein anderer hat den heiligen Zauber zu üben, der die ganze Ritterschaft erquickt, stärkt und leitet, während nur Er einzig zu leiden hat, zu leiden um des schrecklichsten Selbstvorwurfes willen, sein Gelübe [der Keuschheit] verraten zu haben [...].[173]

Doch auch das körperliche Leiden wird nun verständlich:

> Jetzt, wenn das himmlische Blut des Erlösers segenvoll in sein eigenes Herz sich ergießt, wie muss vor der göttlichen Berührung da sein eigenes frevelhaftes Blut sich flüchten! [D]as sündenvolle drängt sich verzweiflungsvoll scheu aus dem Herzen, sprengt die Wunde von Neuem und ergiesst sich in die Welt der Sünde, – dort durch dieselbe Wunde, wie sie einst der Erlöser am Kreuze empfing durch die er sein Blut ergoss aus mitleidender Liebe für die jammervolle, sündige Menschheit, und wo ihm, dem sündigen Hüter des göttlichen Erlösungsbalsams, das heisse Sündenblut unversiegbar entströmt, zur ewigen Mahnung an seinen Frevel[174],

wodurch seine seelische Qual ebenfalls vertieft und perpetuiert wird. Der zweite Prosa-Entwurf von 1877 wiederholt diese Schilderung des Leidens des Amfortas, nun allerdings in seinen eigenen Worten vor der ersehnten und zugleich gefürchteten Enthüllung des Grals selbst:

> [D]er [...] Quell des heiligsten Blutes muß sich in mein Herz ergießen, mein eigenes frevelhaftes Blut muß vor der göttlichen Berührung sich flüchten, das sündenvolle drängt in wahnsinniger Scheu sich aus dem Herzen, sprengt von neuem die Wunde auf, um wild sich in die Welt der Sünde zu ergießen; - doch, durch dieselbe Wunde, die derselbe Speer schlug, der einst auch den Erlöser am Kreuze stach, die Wunde, durch die der jammervoll sündigen Menschheit das Blut des himmlischen Mitleides floß, und aus der nun mir, dem frevelnden Hüter des göttlichen Erlösungsbalsams, das heiße Sündenblut unversiegbar entströmt, ewig erneuert aus dem Quelle des ungebüßten sündigen Verlangens![175]

Auch Dichtung und Partitur halten diese Klagerufe fest:

> des heiligsten Blutes Quell fühl' ich sich gießen in mein Herz: des eig'nen sündigen Blutes Gewell' in wahnsinniger Flucht muß mir zurück dann fließen, in die Welt der Sündensucht mit wilder Scheu sich ergießen: von Neuem sprengt es das Tor, daraus es nun strömt hervor, hier durch die Wunde, der Seinen gleich, geschlagen von desselben Speeres Streich, der dort dem Erlöser die Wunde stach, aus

---

173 *Richard Wagner:* Erster Prosa-Entwurf zum „Parsifal", wie Anm. 79, S. 91.

174 Ebenda, S. 91.

175 *Richard Wagner:* Parzival [2. Prosa-Entwurf], wie Anm. 80, S. 138. *Richard Wagner:* Parzival [2. Prosa-Entwurf], wie Anm. 80, S. 138.

> der mit blutigen Tränen der Göttliche weint' ob der Menschheit Schmach in Mitleid's heiligem Sehnen, – und aus der nun mir, an heiligster Stelle, dem Pfleger göttlichster Güter, des Erlösungsbalsams Hüter, das heiße Sündenblut entquillt, – ewig erneu't aus des Sehnen's Quelle, das, ach! keine Büßung je mir stillt![176]

Die Wunde erklärt sich also ganz handfest durch einen Zusammenprall des heiligen (göttlichen) und des sündigen Blutes. Letzteres ist eindeutig als das Blut des sexuellen Begehrens bestimmt, wie es auch Parsifal in der Szene mit Kundry im 2. Aufzug erkennt: als „der Verdammnis Quell"[177]; und damit als das Leiden, das der Wille zum Leben begründet - der sich in dem sexuellen Begehren am deutlichsten äußert, sich aber wohl auch in dem Lachen der Herodias (der früheren Gestalt der Kundry) über das mitleidende Sterben des Heilands zeigt. Es ist das heiße Sündenblut, das im Herzen brennt und daher verwundet; also die Wunde bringt, die Parsifal nach dem Kuss der Kundry in sich spürt: als „das furchtbare Sehnen, das alle Sinne mir faßt und zwingt! Oh! - Qual der Liebe! Wie Alles schauert, bebt und zuckt in sündigem Verlangen! ...".[178] Offensichtlich ist – wie die obigen Zitate zeigen – dieses sexuelle Begehren in Amfortas weiterhin drängend, noch nicht gestillt, weil noch nicht gebüßt. „[E]wig erneuert [sich das heiße Sündenblut] aus dem Quelle des ungebüßten sündigen Verlangens"[179]; immer wieder bildet sich in Amfortas das Blut des Begehrens und Sehnens vielleicht nach dem Anblick des Blutes des Heilands, nach der sich purpurrot erleuchtenden Schale? Oder hat Parsifal nach der Erleuchtung zum Wissen richtig gesehen, wenn er das „Weltenwahns Umnachten" der Menschen darin sieht: „in höchsten Heiles heißer Sucht nach der Verdammnis Quell zu schmachten"[180]? Dies würde bedeuten, dass durch das Liebesabenteuer in Klingsors Garten die Sehnsucht des Amfortas, die immer dem Gral galt und auch weiterhin diesem gilt, zu einer sexuellen Liebe geworden ist, deren Erfüllung er nun durch den Anblick des Grals ersehnt; was aber schiefgehen muss, da das heilige Blut des Mitleidens diese nicht bieten kann, sondern im Gegenteil die Wunde immer wieder von neuem aufreißt. Amfortas wäre dann vergleichbar dem Gralsritter Lohengrin, der - wie unter II. gezeigt - ebenfalls seine Liebe zum Gral auswechselt zugunsten der Liebe zu Elsa, gleichfalls mit einem leidvollen Ende.

---

176 *Richard Wagner:* Parsifal. [Dichtung], wie Anm. 81, S. 105; *Richard Wagner:* Parsifal. Textbuch, wie Anm. 82, S. 51 [mit geringen orthographischen Abweichungen].

177 *Richard Wagner:* Parsifal. Textbuch, wie Anm. 82, S. 70.

178 Ebenda.

179 *Richard Wagner:* Parzival [2. Prosa-Entwurf], wie Anm. 80, S. 138.

180 *Richard Wagner:* Parsifal. Textbuch, wie Anm. 82, S. 70. *Richard Wagner:* Parsifal. Textbuch, wie Anm. 82, S. 70.

Es ist noch anzumerken, dass Kundry – die einzige Frauengestalt in diesem Stück – nur von diesem sündigen Blut erfüllt und damit von dem Willen zum Leben bestimmt konzipiert ist. Schon als Herodias hat sie das Leiden des Erlösers verlacht und war zugleich – in der Einheit mit ihrer Tochter Salome, mit der sie in der Überlieferung immer gleichgesetzt wurde – Personifikation der sexuellen Begierde. Auch als die Walküre Gundryggia (Gundrigia), die „Strickerin des Krieges“[181], war sie eine die (selbst befreundeten) Männer zum Kampf aufreizende Frau. Als Kundry dient sie dem Zauberer Klingsor als Werkzeug der Verführung, ist reine Sexualität (sofern sie nicht – als Gralsbotin – reine Dienerin ist). Sie kann nur gerettet werden, wenn dieser Wille zum Leben gebrochen wird: von einem Mann, der ihrer Sexualität widersteht und ihr Begehren vernichtet. Zugleich muss diese Erlösung vom Willen zum Leben ihren Tod (als das Sterben der Begierde) bedeuten.

Dem Gral als dem Blut des Heilands, als dem Blut der mitleidvoll sich hingebenden und aufopfernden Liebe, wird also von Wagner das Blut der sexuellen Begierde, die den Willen zum Leben verwirklicht und das Leiden alles Lebendigen – auch der Tiere (und für Wagner: auch der Pflanzen) – schafft, gegenübergestellt: in einem Dualismus von heilig (Leiden heilend, weil mitleidig getragen) und sündig (Leiden schaffend) oder erlösend und zerreißend, verbindend und isolierend. Offensichtlich geht es dabei nicht um die moralische Dimension: so als wäre das Mitleiden moralisch gut, das sexuelle Begehren moralisch böse. Wagner legt einen tiefergehenden, sozusagen ontologischen Dualismus zugrunde, der nicht nur für die Menschen, sondern für alles Lebendige gilt. Das Mitleiden ist göttlich, während das Begehren irdisch ist, ein Zeichen der Endlichkeit, wenn man will: der Erbsündigkeit alles Irdisch-Endlichen, das als Lebens- einen Leidenszusammenhang darstellt, sofern der Wille zu diesem Leben bestimmend ist. Doch der Mensch hat die Chance, diesen Zusammenhang zu erkennen und den Willen zum Leben durch den liebevollen Willen zum Verzicht auf dieses Leben und zum Mitleiden zu distanzieren; nach dem Vorbild des Heilands, dem der Mensch nachfolgen kann.

Vieles ließe sich von diesem Ansatz aus für die Interpretation des „Parsifal“ im Einzelnen sagen. Doch würde dies den Rahmen des Themas noch mehr sprengen, als es die bisherigen Ausführungen ohnehin schon getan haben. Es sollen nur zwei Bemerkungen als Abschluss angefügt werden.

Zunächst ist in der ersten Bemerkung festzuhalten, dass dieses handfeste Verständnis von zwei ontologisch verschiedenen Arten des Blutes mehr als

181 Siehe Anm. 88.

problematisch ist, vielleicht sogar an der Grenze zum Unsinn liegt. Freilich gilt dies nur, wenn die Ausführungen Wagners als wissenschaftliche Theorie aufgefasst werden. Nun hat Wagner immer seine Werke mit theoretischen Arbeiten begleitet, sie ästhetisch vorbereitet und interpretiert. Auch während der Komposition am „Parsifal" schrieb er vier Abhandlungen, die heute als „Regenerationsschriften" bezeichnet werden[182], weil sie den Aufweis einer „Degeneration" der damaligen, um 1880 lebenden, Menschheit durch die moderne Zivilisation (Sinnentleerung, Eigentum, Egoismus) und – vor allem – durch die „Entartung des menschlichen Geschlechtes durch seinen Abfall von seiner natürlichen Nahrung"[183] (hin zum Fleischkonsum) mit der Chance einer Rettung (eben: der „Regeneration") verbanden. Dafür sollten ideell eine neue Kunstreligion – auf die sogleich eingegangen wird – und politisch eine Verbindung von „Sozialisten,Tierschützern, Vegetariern, Friedens- und Mäßigkeitsvereinen"[184] sorgen. Es fällt schwer, diese Arbeiten wirklich als theoretisch zu bezeichnen und darin ernstzunehmende Thesen zu sehen. Doch muss zugleich anerkannt werden, dass sie selbstreflexiv das Wesen der Kunst, nämlich: Wagners eigener Kunst und hier primär des entstehenden „Parsifal", herausarbeiteten, wodurch auch diese doppelte Blutvorstellung in einem anderen Licht erscheinen kann und muss. Denn Wagner machte vor allem in seiner 1880 geschriebenen Abhandlung „Religion und Kunst" deutlich, dass er nun – und durchaus im Gegensatz zu früheren ästhetischen Ausführungen (wie etwa zum „Musikdrama" oder zu den „ersichtlich gewordenen Taten der Musik"[185]) – der Kunst die maßgebende Aufgabe der Regeneration zuerkennen wollte.

> Man könnte sagen, daß da, wo die Religion künstlich wird, der Kunst es vorbehalten sei, den Kern der Religion zu retten, indem sie die mythischen Symbole, welche die erstere im eigentlichen Sinne als wahr geglaubt wissen will, ihrem

---

182 *Richard Wagner:* Religion und Kunst, wie Anm. 149; „Was nützt diese Erkenntnis?", wie Anm. 165; „Erkenne dich selbst". In: Bayreuther Blätter. Nr. 4, H. 2-3, Februar-März 1881. S. 33 – 41. Neuausg.: „Erkenne dich selbst". Ausführungen zu: Religion und Kunst. In: Ders.: Parsifal. Hrsg. von Michael von Soden. Frankfurt a. M. (Insel Verlag) 1983. It 684. S. 261 – 277; Heldentum und Christentum, wie Anm. 162.

183 *Richard Wagner:* Religion und Kunst, wie Anm. 149, S. 230.

184 *Michael von Soden:* [Vorbemerkung zu:] „Regenerationsschriften". In: Richard *Wagner:* Parsifal. Hrsg. von Michael von Soden. Frankfurt a M. (Insel Verlag) 1983. it 684. S. 187.

185 Vgl. *Richard Wagner:* Über die Benennung „Musikdrama". In: Musikalisches Wochenblatt. Leipzig, 8. November 1872. Neuausg. in: Ders.: Dichtungen und Schriften. Jubiläumsausgabe. Hrsg. von Dieter Borchmeyer. Frankfurt a. M.: Insel Verlag, 1982. S. 271 – 277.

> sinnbildlichen Werte nach erfaßt, um durch ideale Darstellung derselben die in ihnen verborgene tiefe Wahrheit erkennen zu lassen.[186]

Die Kunst soll also die Religion ablösen, zumindest für die Gegenwart, weil dieser Zustand – dass die Religion nur mehr künstlich geworden ist, also die Menschen nicht mehr unmittelbar berührt, ergreift, bestimmt – eingetreten ist und weil nur mehr die Kunst diese Kraft hat. Doch: „Während dem Priester alles daran liegt, die religiösen Allegorien für tatsächliche Wahrheiten angesehen zu wissen, kommt es dagegen dem Künstler hierauf ganz und gar nicht an, da er offen und frei sein Werk als seine Erfindung ausgibt."[187] Die Kunst ist also selbst keine Religion, sondern bleibt immer insofern künstlich, als sie „Erfindung" des Künstlers ist. Doch „[leitet] sie durch ideale Darstellung des allegorischen Bildes zur Erfassung des inneren Kernes[188] desselben, der unaussprechlich göttlichen Wahrheit, [hin]."[189] Inhaltlich muss diese erfindende Kunst somit „wahr" sein, nämlich mit dem inneren Kern einer jeden wahren Religion übereinstimmen. Für Wagner besteht dieser – wie bereits zitiert – in der Erkenntnis der Hinfälligkeit der Welt, der Anweisung zur Befreiung von derselben und zur Nachfolge der mitleidvoll sich hingebenden göttlichen Liebe. Der wahre Kern des „Parsifal" als eines Kunstwerkes besteht von daher in nichts anderem als in dieser Botschaft aller wahren Religion(en). Alles andere sind Erfindungen Wagners, der diesen Kern mit einer künstlerischen (und damit immer auch: künstlichen) Rinde umgibt und einhüllt. Insgesamt stellt der „Parsifal" eine „künstlerische Wirklichkeit" dar, worunter Wagner das „Ausbilden des Bildlichen" versteht:

> [D]ie Kunst erfaßt das Bildliche des Begriffes, in welchem dieser sich äußerlich der Phantasie darstellt, und erhebt durch Ausbildung des zuvor nur allegorisch angewendeten Gleichnisses zum vollendeten, den Begriff gänzlich in sich fassenden Bilde diesen über sich selbst hinaus zu einer Offenbarung.[190]

Die religiöse Wahrheit wird in dem Kunstwerk sinnlich erfahrbar,

> deutlich hold erkennbar und klar erfaßlich, der edelsten Erfahrung unseres eigenen Daseins innig verwandt, und doch über alle Denkbarkeit der wirklichen Erfahrung hoch erhaben: so daß[...] der Bildner das durch Begriffe unfaßbare und somit unbezeichenbare Geheimnis des religiösen Dogmas in unverschleierter Offenbarung,

---

186 *Richard Wagner:* Religion und Kunst, wie Anm. 149, S. 188.

187 Ebenda, S. 188.

188 Des religiösen Symbols.

189 *Richard Wagner:* Religion und Kunst, wie Anm. 149, S. 189.

190 Ebenda, S. 192.

> nicht mehr der grübelnden Vernunft, sondern der entzückten Anschauung zuführte.[191]

Diese Kraft kommt dem Kunstwerk nur als „Gesamtkunstwerk" zu, also geschaffen und aufgeführt für alle Sinne, wobei die Musik das entscheidende Mittel ist. Denn während das Denken die religiösen Inhalte in Frage stellt, in ihnen nur unerklärliche Wunder sieht, die man höchstens als „Deutungen" akzeptieren kann:

> Die Musik aber sagt uns: 'das ist', – weil sie jeden Zwiespalt zwischen Begriff und Empfindung aufhebt, und dies zwar durch die der Erscheinungswelt gänzlich abgewendete, dagegen unser Gemüt wie durch Gnade einnehmende, mit nichts Realem vergleichliche Tongestalt.[192]

Denn in Übernahme der Kunsttheorie Schopenhauers sah auch der spätere Wagner – vor allem in der „Beethovenschrift" – die Musik als die einzige Kunstform, die außerhalb von Raum und Zeit ist und daher alle mit dem selben Inhalt anzusprechen in der Lage ist.

> Das vollendete Gleichnis des edelsten Kunstwerkes dürfte durch seine entrückende Wirkung auf das Gemüt sehr deutlich uns das Urbild auffinden lassen, dessen 'Irgendwo' notwendig nur in unserm zeit- und raumlos von Liebe, Glauben und Hoffnung erfüllten Innern sich offenbaren müßte.[193]

Streng genommen, verliert die Musik durch diese transzendente Sicht den Charakter eines Mittels. Doch muss zwischen dieser fundamentalen Musik außerhalb von Raum und Zeit und der in Raum und Zeit erklingenden Musik unterschieden werden. Die erstere verlässt in ihrem Erklingen die Raum- und Zeitlosigkeit, wird menschlich hör- und erlebbar, wird Mensch; wie das Göttliche, das in dem Erlöser (und seinem Blut) Mensch wurde. Die Musik ist somit dieses Göttliche, ist dieser Erlöser; weshalb auch die Musik die adäquate künstlerische Darstellung des Göttlichen ist.

Auf diese Ästhetik Wagners kann hier nicht näher eingegangen werden[194]. Klar wird aber jedenfalls, dass der „Parsifal" im Sinne seines Schöpfers nur als ein solches „edelste[s] Kunstwerk[]" aufgefasst werden kann. Hier wird das Wissen um den Lebens- als eines Leidenszusammenhanges und der daraus folgenden Tat der mitleidvoll sich hingebenden Liebe künstlerisch ausgebreitet

---

191 Ebenda, S. 196 f.

192 Ebenda, S. 203.

193 *Richard Wagner:* „Was nützt diese Erkenntnis?", wie Anm. 165, S. 258 f.

194 Siehe weiterführend: *Wolfgang Schild*: Hegel und Wagner. In: Martin Asiain (Hrsg.): Der Grund, die Not und die Freude des Bewußtseins. Beiträge zum Internationalen Symposion in Venedig zu Ehren von Wolfgang Marx. Würzburg (Königshausen & Neumann) 2002. S. 157 - 184. Wiederabdruck in *diesem* Band unter Nr. 3.

und in den Erfindungen eines „Blutmythos“ dargestellt. Das gegenständliche Blut in der Schale und an der Speeresspitze ist dabei ebenfalls künstlerische Phantasie wie das heiße Sündenblut, das der Wunde des Amfortas entspringt. Sie sind äußere Requisiten, die der Aufführung auf der Bühne dienen, weshalb das Blut sich rötet und die Schale purpurn leuchtet. Eigentlich kann äußerlich nur das Aufleuchten der Schale und der Speerspitze gesehen werden, das Blut bleibt den Blicken verborgen; und damit bleibt auch der Gral unsichtbar, kann nicht begrifflich bestimmt werden: „Das sagt sich nicht“[195]. Und doch wird der Gral wahrgenommen: nämlich in der Musik, die zugleich sein Wesentliches – das Fließen des in mitleidender göttlicher Liebe hingegebenen Blutes des Heilands – erklingen und damit in die Seele des Hörenden dringen lässt. Eigentlich (und letztlich) ist der Gral für Wagner ein musikalisches Motiv.

Als zweite Bemerkung kann nur mehr behauptet werden, dass nach dem Gesagten eine die Nähe zur Rassenideologie des Nationalsozialismus vertretende Interpretation des „Parsifal“ nicht wirklich möglich ist, d.h. nicht begründet vertreten werden kann. Es kann nur als grotesk qualifiziert werden, wenn der Text als Programm für Ausschwitz oder für die Züchtung eines reinrassigen Menschen – durch die Schale als Vulva und den Speer als Penis – interpretiert wird. Solche „Interpreten“ begeben sich auf das Niveau dessen hinab, den sie eigentlich als Vorwurf gegen Wagner gebrauchen wollen: nämlich auf *Adolf Hitler*, der folgende „Interpretation“ gegeben haben soll:

> Sie müssen übrigens den Parsifal ganz anders verstehen, als er so gemeinhin interpretiert wird, wie etwa von dem Flachkopf Wolzogen. Hinter der abgeschmackten, christlich aufgeputzten äußeren Fabel mit ihrem Karfreitagszauber erscheint etwas ganz anderes als der eigentliche Gegenstand dieses tiefsinnigen Dramas. Nicht die christlich-Schopenhauersche Mitleidsreligion wird verherrlicht, sondern das reine, adlige Blut, das in seiner Reinheit zu hüten und zu verherrlichen sich die Brüderschaft der Wissenden zusammengefunden hat. Da leidet der König an dem unheilbaren Siechtum, dem verdorbenen Blut. Da wird der unwissende, aber reine Mensch in die Versuchung gestellt, sich in dem Zaubergarten Klingsors der Lust und dem Rausch der verdorbenen Zivilisation hinzugeben oder sich zu der Auslese von Rittern zu gesellen, die das Geheimnis des Lebens hüten, das reine Blut. Wir alle leiden an dem Siechtum des gemischten, verdorbenen Blutes. Wie können wir uns reinigen und sühnen? Merken Sie, daß das Mitleid, durch das man wissend wird, nur dem innerlich Verdorbenen, dem Zwiespältigen gilt. Und daß dieses Mitleid nur eine Handlung kennt, den Kranken sterben zu lassen. Das ewige Leben, das der Gral verleiht, gilt nur den wirklich Reinen, Adligen! Mir sind die Gedankengänge Wagners aufs innigste vertraut [...]. Ich kehre auf jeder Stufe meines Lebens zu ihm zurück. Nur ein neuer Adel[196] kann uns die neue Kultur heraufführen.

195 *Richard Wagner:* Parsifal. Textbuch, wie Anm. 82, S. 48.

196 Gemeint ist: eine erlesene Schar von wirklich Wissenden, ein Orden, die Brüderschaft der Templeisen um den heiligen Gral des reinen Blutes.

> Streichen wir alles Dichterische ab, so zeigt sich, daß es nur in der fortgesetzten Anspannung eines dauernden Kampfes eine Auslese und Erneuerung gibt.[197]

Freilich scheint heute in der Geschichtswissenschaft klargestellt zu sein, dass die Quelle für diese Äußerungen – nämlich die „Gespräche mit Hitler" von Hermann Rauschning – mehr als unzuverlässig ist, weil sie im Wesentlichen eine Erfindung des Autors darstellt.[198]

Auch die Schriften, die Wagner während der Komposition dieses Werkes verfasst hat, sagen ausdrücklich nichts anderes, wobei nochmals betont werden muss, dass es sehr schwer fällt, in ihnen überhaupt ernstzunehmende Thesen zu sehen. Lässt man sich jedoch auf sie ein, dann zeigt sich in ihnen eindeutig Wagners feindselige Haltung gegenüber Menschen jüdischen Glaubens, die in diesem Glauben, aber auch kulturell, selbst moralisch abgewertet werden. Dabei verwendete Wagner abstoßende Formulierungen, wie zum Beispiel die Verbindung der behaupteten „Rassenkonsistenz"[199] der Juden mit ihrer Charakterisierung als „der plastische Dämon des Verfalles der Menschheit in triumphierender Sicherheit"[200]. Doch sah derselbe Wagner die Unmöglichkeit, von einer „jüdischen Rasse" etwa in einem Unterschied zu einer „deutschen Rasse"[201] zu sprechen, da „unsere ganze Zivilisation ein barbarisch-judaistisches Gemisch ist"[202]. Zudem „[i]st beim Überblick aller Rassen die

---

197 Zitiert in: *Hermann Rauschning*: Gespräche mit Hitler. Zürich, New York (Europa Verlag) 1940. S. 216 f – Zum Problem vgl. mit weiteren Nachweisen: *Michael Rißmann:* Hitlers Gott. Vorsehungsglaube und Sendungsbewußtsein des deutschen Diktators. Zürich, München (Pendo) 2001. S. 97 ff.

198 Vgl. dazu: *Wolfgang Hänel:* Hermann Rauschnings „Gespräche mit Hitler". Eine Geschichtsfälschung. Überarbeitete Fassung des ungekürzten Vortrages auf der Tagung der Zeitgeschichtlichen Forschungsstelle Ingolstadt am 14. Mai 1983. Ingolstadt (Zeitgeschichtliche Forschungsstelle) 1984; *Winfrid Halder:* Irrtum und Umkehr eines Konservativen. Hermann Rauschning und das Regime Hitlers. In: Frank-Lothar Kroll (Hrsg.): Deutsche Autoren des Ostens als Gegner und Opfer des Nationalsozialismus. Beiträge zur Widerstandsproblematik. Berlin (Duncker & Humblot) 2000. Literarische Landschaften, Bd. 3. S. 477 – 500; *Eckhard Jesse*: Hermann Rauschning – Der fragwürdige Kronzeuge. In: Ronald Smelser u.a. (Hrsg.): Die braune Elite. [2 Bände.] Darmstadt: Wissenschaftliche Buchgesellschaft, 1989 / 1993. Bd. 2, S. 193 – 205; *Fritz Tobias:* Auch Fälschungen haben lange Beine. Des Senatspräsidenten Rauschnings „Gespräche mit Hitler" In: Karl Corino (Hrsg.): Gefälscht! Betrug in Politik, Literatur, Wissenschaft, Kunst und Musik. Nördlingen (Greno) 1988. S. 91 - 105.

199 *Richard Wagner:* „Erkenne dich selbst", wie Anm. 182, S. 272.

200 Ebenda, S. 273.

201 Vgl. ebenda, S. 269.

202 Ebenda, S. 268.

Einheit der menschlichen *Gattung* unmöglich zu verkennen"[203]. Deshalb stellte er auf eben diese menschliche Gattung ab:

> Das Blut des Heilandes, von seinem Haupte, aus seinen Wunden am Kreuze fließend, – wer wollte frevelnd fragen, ob es der weißen oder welcher Rasse sonst angehörte? Wenn wir es göttlich nennen, so dürfte seinem Quelle ahnungsvoll einzig in dem, was wir als die Einheit der menschlichen Gattung ausmachend bezeichneten, zu nahen sein, nämlich in der Fähigkeit zu bewußtem Leiden. [...] Aus welchem Blute sollte nun der Genius der Menschheit, der immer bewußtvoller leidende, den Heiland entstehen lassen [...]? [...] Das Blut in den Adern des Erlösers dürfte so der äußersten Anstrengung des Erlösung wollenden Willens zur Rettung des in seinen edelsten Rassen erliegenden menschlichen Geschlechts, als göttliches Sublimat der Gattung selbst entflossen sein. [...] Das in jener wundervollen Geburt [des Erlösers] sich sublimierende Blut der ganzen leidenden menschlichen Gattung konnte nicht für das Interesse einer noch so bevorzugten Rasse fließen; vielmehr spendet es sich dem ganzen menschlichen Geschlechte zur edelsten Reinigung von allen Flecken seines Blutes.[204]

Deshalb „dürfte [auch] den niedrigsten Rassen der Genuß des Blutes Jesu, wie er in dem einzigen echten Sakramente der christlichen Religion symbolisch vor sich geht, zu göttlichster Reinigung gedeihen."[205] Für Wagner war es selbstverständlich und unbestreitbar, dass auch die Juden zu dieser menschlichen Gattung gehören, weshalb der Unterschied zur Rassenideologie des Nationalsozialismus fundamental ist.

Doch darf aber auch nicht übersehen werden, dass Wagner im deutschen Volk den Boden für diese ideelle Regeneration am besten vorbereitet sah. Durch die deutsche Sprache „reicht unser Fühlen und Erschauen bis in das Urmenschentum selbst hinab; [...] [wir] dürfen [...] in dem wahren väterlichen Boden unserer Sprache nach deren Wurzel graben, um sofort beruhigenden Aufschluß über uns, ja über das wahrhaft Menschliche selbst zu gewinnen."[206] Deshalb sprach Wagner von der „Möglichkeit, stets noch aus dem Urbronnen unserer eigenen Natur zu schöpfen, welche uns nicht mehr als eine Rasse, als eine Abart der Menschheit, sondern als einen Urstamm der Menschheit selbst fühlen läßt"[207].

Insgesamt fällt es schwer, sich als Leser dieser „Regenerationsschriften" mit dem Kunstwerk „Parsifal" zu befassen. Doch ist dieser Versuch hier unternommen worden, weil die Grundvoraussetzung in der angenommenen Mög-

203 *Richard Wagner:* Heldentum und Christentum, wie Anm. 162, S. 281.

204 Ebenda, S. 286, 288, 289, 289 f.

205 Ebenda, S. 290.

206 *Richard Wagner:* „Erkenne dich selbst", wie Anm. 182, S. 274.

207 Ebenda, S. 274 f.

lichkeit bestand, Wagner nur als Künstler zu sehen und ihn in seiner Kunst ernst zu nehmen.

9.

Anarchismus in Wagners „Ring des Nibelungen“

Im „Ring des Nibelungen“ Richard Wagners stehen Staat und Recht im Zentrum, allerdings in negativem Sinne: dieses Musikdrama in drei Teilen und einem Vorspiel (gedichtet 1848 bis 1852) ist das Hohelied des Anarchismus. Ekstatischer Höhepunkt dieser Überzeugung Wagners war der von ihm 1849 verfasste Aufruf, in dem sich die Göttin Revolution selbst vorstellt: „Ich will zerbrechen die Gewalt der Mächtigen, des Gesetzes und des Eigentums. Der *eigne* Wille sei der Herr des Menschen, die *eigne* Lust sein einzig Gesetz, die *eigne* Kraft sein ganzes Eigentum, *denn das Heilige ist allein* der freie Mensch“. Zerbrochen solle werden „des Menschen Werk, es ist leblos“; „zerstören bis auf die Erinnerung daran will ich jede Spur dieser wahnwitzigen Ordnung“ (wofür die Fackel in ihrer Hand steht).

Zerstört sollte werden der Staat, verstanden als „statisch“, also starr, steif, unnatürlich, unlebendig (tot). Wie die steinere Burg, die der Himmelsgott Wotan zum ewigen Ruhm seiner Herrschaft errichten lässt: ein äußeres Zeichen des Staates; wie der Speer, den er aus einem abgeschnittenen Ast der Weltesche schnitzt – wodurch der Baum beschädigt wird (wie auch Wotan eines seiner Augen hingibt) –, in dem die Vertragsrunen eingeritzt werden für ein Recht und einen Staat, der auf Vertrag beruht: also erneut ein äußeres Zeichen des Staates. Für diese leblose (Staats)Burg setzt Wotan Liebe und Leben (in Gestalt der Göttin Freia) aufs Spiel, verspricht sie den riesigen Erbauern Fasolt und Fafner als Belohnung; freilich mit dem geheimen Vorbehalt, einen anderen Preis zu zahlen, den ihm die unstete, über jeder Natur und ihrem Ethos stehende Feuergottheit Loge besorgt mit dem Hinweis auf den Goldschatz des Nibelungenherrschers Alberich. Wotan erweist sich zwar nicht als Betrüger, da er nicht schädigen will, aber doch als ein unehrlicher Lügner. Dem Burgbau hat die göttliche Gemahlin Fricka zugestimmt, um den die freie Liebe pflegenden Wotan ans Haus zu binden und so die Institution der Ehe zu retten; freilich nur als äußerliche und deshalb ebenfalls tote (und nur rechtliche) Zwangsbeziehung. Diese Charakterisierung macht Wagners Ablehnung der Ehe zugunsten der freien Liebe deutlich, wie er sie in der inzestiösen Liebe seiner Kinder Sieglinde und Siegmund preist.

In dem Riskieren der Liebe wird eine (auch in der Musik ausgedrückte) Ähnlichkeit Wotans mit dem Nibelungen Alberich offenbar, der aber dieses Tote

https://doi.org/10.1515/9783110689396-010

und Tödliche von staatlicher Macht noch ersichtlicher macht. Alberich verflucht wegen der angestrebten Macht die Liebe, zwingt das Rheingold als Substanz des Lebens zu einem metallenen Ring und zeigt durch seinen Plan, die Göttinnen zu vergewaltigen, das Lieblose in den geschlechtlichen Beziehungen auf. Dass er mit Gold die Götter kaufen möchte, vertieft den Vertragscharakter der rechtlichen Verhältnisse ins Negative. Die Errichtung der Zwangsherrschaft über die Nibelungen – die alleine von dem Ring beherrscht werden (können) – macht deutlich, dass Alberich für die Tyrannis steht.

Diese negative Dimension erreicht der Staat Wotans nicht. Der Gott strebt zwar auch nach dem Ring, aber weder als Eigentum noch als Herrschaftsmittel; er will ihn nur wieder als goldenes Zeichen seines Ruhms. Er nimmt Alberich den Ring ab: durch Gewalt, die aber mangels einer bestehenden Vertragsbeziehung zu diesem kein Unrecht darstellt, sondern ein kriegerischer Akt des Stärkeren ist. Die sich anschließende Verfluchung des Ringes durch den Nibelung, die ihn zu einem Objekt der Begierde machen soll, betrifft nur wiederum die Nibelungen (also Alberich und seinen Bruder Mime, dann auch Alberichs Sohn Hagen), die alle mit ihm nach Weltherrschaft durch die Macht des Goldes streben, betrifft also weder Wotan noch Siegfried noch Brünnhilde (die z.B. in ihm nur das Zeichen der Liebe Siegfrieds sehen wird). Wotan gibt auf Warnung der Muttergottheit Erda auch den Ring heraus, erkennt dann erschaudernd dessen tödlichen Charakter im Brudermord Fafners an Fasolt, wobei der Mörder allein aus Gier nach dem Gold handelt und sich in einen besitzenden Drachen verwandelt; und Wotan fasst einen „großen Gedanken“, den er freilich zunächst nicht in voller Tragweite erkennt. Erst das Schicksal des geliebten Sohnes Siegmund, den er wegen des Ehebruchs (und Inzests mit seiner Zwillingsschwester Sieglinde) selbst als rechtlicher Staat töten muss, macht ihm deutlich, dass auch sein Staat Liebe und Leben vernichtet. Deshalb beschließt er, als dieser Staat abzudanken zugunsten der Liebe, die er immer noch trotz seines Strebens nach Herrschaft auch war und sein wollte und die er in seinen Kindern Siegmund, Sieglinde und Brünnhilde (letztere gezeugt mit Erda) ins Leben setzte. Es sollen – wie sich nun dieser „große Gedanke“ (musikalisch mit dem Schwertmotiv begleitet) offenbart – die durch das Handeln gegen Wotans Befehl im Interesse der Liebe zu ihrem Halbbruder Siegmund durch den Verlust ihrer Göttlichkeit bestrafte und dadurch zum Menschen gewordene (ehemalige) Göttin Brünnhilde mit ihrem Wissen um den Charakter des Rings und der freie, weil im Inzest vom Göttergesetz befreit gezeugte und ohne Todesfurcht geborene neue Mensch Siegfried eine Ära der Liebesanarchie einleiten. Der Held wird den Drachen Fafner töten, den Ring an sich nehmen und ihn auf Rat der Brünnhilde dem Rhein zurückgeben. Der Staat Wotans wird durch diesen Verzicht Wotans auf seine Herrschaft zu existieren aufgehört haben. Im neuen Reich wird die Liebe lebendig wirken, wie Wagner der Brünnhilde in ihrem Schlussgesang in den Mund legte:

> Nicht Gut, nicht Gold,
> noch göttliche Pracht;
> nicht Haus, nicht Hof,
> noch herrischer Prunk;
> nicht trüber Verträge
> trügender Bund,
> noch heuchelnder Sitte
> hartes Gesetz:
> selig in Lust und Leid
> lässt – die *Liebe* nur sein!

Dieses Projekt scheiterte; schon allein deshalb, weil Wagner sich am Nibelungenlied orientierte und hier den Tod Siegfrieds als Heilmittel gegen den Staat sah, wobei er in seinen theoretischen Schriften Parallelen zu Jesus von Nazareth und Antigone zog. Dann übernahm er Thesen Ludwig Feuerbachs und sah die Lösung in dem Liebesverhältnis von Siegfried und Brünnhilde (als Mann und Frau), das aber in dem Nibelungenlied durch den Mord an Siegfried beendet wird. Wagner ließ daher auch Brünnhilde den Liebestod sterben und dabei dieses zitierte Hohelied der Liebe als Botschaft an die Welt richten. Nach der Lektüre Arthur Schopenhauers entdeckte er aber, dass diese Liebe letztlich Täuschung, Verrat, beleidigte Rache, also letztlich Lieblosigkeit war. Er strich dieses Hohelied und stellte nun mehr auf den entsagenden Herrschaftsverzicht Wotans ab, wodurch der Wille des Gottes zum eigenen Ende als Staat und Recht betont wurde. Er dichtete sogar einen neuen Schlussgesang der Brünnhilde, in der sie von dem nun im Tod zu erreichenden Nirvana schwärmt. Aber auch diesen „Schopenhauer“-Schluss komponierte er nicht, wie auch nicht den „Feuerbach“-Schluss mit dem Hohelied der Liebe, ließ aber beide in Anmerkungen in der Textdichtung stehen. In der schlussendlichen Komposition stirbt Brünnhilde nun ohne dieses Liebeslob. Zwar vollendet sie noch das anarchistische Projekt, indem sie Loge nach der Burg Wotans schickt, die in tödlichen Flammen aufgeht. Heißa, der Staat ist tot! Die Götterdämmerung ist die Staatsdämmerung! Was aber danach (also auch nach dem Tod der beiden Helden Brünnhilde und Siegfried) kommen wird, sagt Wagner nicht (mehr); was zu vielen mehr oder minder sinnvollen Interpretationen in Theorie und Aufführungspraxis führt. Mein eigener Versuch kann in dem Buch „Staatsdämmerung“ (2007) nachgelesen werden.

10.

Tönende Rechtsvorstellungen:
Till Eulenspiegel (Strauss), Wotans Speer (Wagner)

„Zeichen und Symbole des Rechts" waren und sind zentrale Forschungsgebiete von Gernot Kocher, wie auch der Titel eines seiner wichtigen Bücher zeigt[1]. Doch wurden rechtliche Phänomene nicht nur dem Augensinn vorgestellt; stets fanden sich auch Klänge und Töne im Rechtsleben[2]. Sie begleiteten rechtliche Handlungen und theatralische Szenen (vor allem im gerichtlichen Verfahren bis zur Hinrichtung[3] und / oder als Präsentation rechtlicher Herrschaft[4]), die sich dadurch als Gegenstand umfassender Sinnlichkeit den Beteiligten und Umstehenden tiefer einprägten als bloß durch das Vernehmen der lauten Stimmen, die mit der Mündlichkeit (und Öffentlichkeit) des Rechtslebens verbunden waren (wobei man durchaus diskutieren kann, ob nicht selbst diese rhetorischen Sprachhandlungen als „Tönen" aufgefasst werden könnten). Im Zeichen der modernen Schriftlichkeit tritt der Bezug auf das Rechtsleben in den Hintergrund zugunsten der theoretisch-wissenschaftlichen Beschäftigung mit Texten, von den feierlichen, auch von Musik begleiteten Zeremonien bei Staatsbesuchen abgesehen. Doch finden sich auch heute noch rechtliche (und auch unrechtliche) Phänomene[5] – nicht als Realität, aber als Vorstellungen von

1 Vgl. *Gernot Kocher*, Zeichen und Symbole des Rechts. München 1992.

2 Vgl. *Wolfgang Schild*, Klänge im Rechtsleben. Zu einer Rechts- als Klangwelt, in: Paragrana 16 (2007), 104-124 (m. w. N.).

3 Vgl. *Hans von Hentig*, Gerichtliche Klänge und Geräusche. Eine kriminalgeschichtliche Studie, in: Schweiz. Zeitschr. f. Strafrecht 63 (1948), 121-138.

4 Hier ist vor allem die Militärmusik zu nennen; vgl. dazu *Heinz Busch*, Vom Armeemarsch zum Großen Zapfenstreich. Leipzig 2005; *Armin Griebel / Horst Steinmetz* (Hgg.), Militärmusik und „zivile" Musik. Beziehungen und Einflüsse. Uffenheim 1993; *Manfred Hilpert*, Trompeter und Tambouren. Münsingen, Bern 1985; *Peter Moormann / Albrecht Riethmüller* (Hgg.), Paradestück Militärmusik: Beiträge zum Wandel staatlicher Repräsentation durch Musik. Bielefeld 2012.

5 Vor- und dargestellt werden auch Vertreter juristischer Berufe (Richter, Anwälte, Notare); vgl. dazu *Udo Bermbach*, Berufe und Berufsfelder in der Oper, in:Ders./ Wulf Konold (Hgg.), Gesungene Welten. Aspekte der Oper. Hamburg 1992, 137 – 160; *Christoph Schmitz-Scholemann*, Im Namen der Robe – Richterbilder in Oper und Literatur, in: Hermann Weber (Hg.), Literatur, Recht und Musik. Tagung im Nordkolleg Rendsburg vom 16. bis 18. September 2005. Berlin 2005, 11 – 47; *Klaus Jürgen Seidel*, O sancta justitia! Juristen in der Oper, in: Neue Juristische Wochenschrift 1985, 2126 – 2131.

https://doi.org/10.1515/9783110689396-011

Recht und Unrecht – in visueller und akustischer Form dargestellt, nämlich in musikalischen Werken (vor allem in Opern). Wir finden zivilrechtliche Vertragsverhandlungen und -abschlüsse, Eheschließungen[6], Gerichtsverhandlungen, Folter- und Hinrichtungsszenen und Ähnliches auf der Bühne oder zumindest in musikalischer Gestalt im Konzerthaus (oder niedergelegt in CDs oder DVDs) aufgeführt, daher in Verbindungen mit Texten (den Opernlibretti), aber auch nur als musikalisches, durch Texte oder zumindest durch die Titelgebung erläutertes Programm[7]. Die Musik begleitet nicht nur diese (vorgestellten) Rechtsphänomene, sondern gibt ihnen auch eine emotionale Tiefendimension, die eine intensivere Erfahrung von Recht und Unrecht ermöglicht: durch die Klang- und Tonartenfarben, die Tonhöhe, den Rhythmus, die Lautstärke, vielleicht auch durch den Charakter der Melodie. Ohne auf die Diskussion über die Sprachlichkeit der Musik einzugehen[8], scheint es doch möglich und sinnvoll, die Bedeutung der Töne für diese Erfahrung der vor- und dargestellten Rechtsphänomene herauszuarbeiten (vor allem dann, wenn der Komponist selbst sein Werk interpretiert, was freilich vor weitere mögliche Schwierigkeiten [etwa der Glaubwürdigkeit] stellen kann). Selbstverständlich kann diese musikbezogene Interpretation nicht die gegenständliche Genauigkeit wie eine einen Text erläuternde sprachliche Auslegung beanspruchen; aber dennoch kann sie plausibel (und nicht nur im Subjektiven des eigenen emotionalen Gefühls verharrend) die zugrunde liegende Atmosphäre, Stimmung, etwa den Charakter der dargestellten Personen oder ihrer Herrschaft herausarbeiten[9]. Im Folgenden möchte ich diese theoretischen,

6 Dazu vgl. *Heinz Holzhauer*, Über Eheschließungsszenen in der Opernliteratur (1996), in:ders., Beiträge zur Rechtsgeschichte. Berlin 2000, 142-160.

7 Dazu *Hermann Weber*, Recht, Literatur und Musik. Aspekte eines Themas, in: Ders., Literatur, 1 – 10, 6 ff.

8 Vgl. *Peter Faltin*, Ist Musik eine Sprache?, in: Hans Werner Henze (Hg.), Die Zeichen. Neue Aspekte der musikalischen Ästhetik Bd. 2. Frankfurt/Main 1981; *Constantin Floros*, Musik als Botschaft. Wiesbaden 1989; *Christian Grünig* (Hg.), Musik und Sprache. Dimensionen eines schwierigen Verhältnisse. Weilerswist 2012; *Albrecht Riethmüller* (Hg.), Sprache und Musik. Perspektiven einer Beziehung. Laaber 1999; *Albrecht Wellmer*, Versuch über Musik und Sprache. München 2009.

9 Eine Hilfestellung können musiktheoretische Arbeiten zur Affektendarstellung oder zur Kompositionstechnik geben; vgl. nur beispielsweise die Instrumentationslehre von *Hector Berlioz*, ergänzt und revidiert von *Richard Strauss* (1905); oder (zum Thema Klangfarben) *Wolfgang Auhagen*, Studien zur Tonartencharakteristik in den theoretischen Schriften und Kompositionen vom späten 17. bis zum Beginn des 20. Jahrhunderts. Frankfurt/Main 1983; *Hermann Beckh*, Die Sprache der Tonart in der Musik von Bach bis Bruckner. Stuttgart 1977; *Géza Révész*, Die Tonartencharakteristik, in: ders., Einführung in die Musikpsychologie. Bern-München 1946, 134-145; Paul Mies, Der Charakter der Tonarten. Eine Untersuchung. Köln-Krefeld 1948; Alfred Stenger, Ästhetik der Tonarten. Charakterisierungen musikalischer Landschaften. Wilhelms-

allgemeinen Probleme nicht thematisieren[10], sondern einfach zwei Beispiele[11] für ein solches „tönende Recht" geben.

I. Prozess und Hinrichtung von Till Eulenspiegel bei Richard Strauss

Das erste Beispiel betrifft ein Werk, das keinen gesungenen Text vertont, sondern nur aus Tönen besteht. Es ist eine „sinfonische Dichtung", die Richard Strauss als Opus 28 von Herbst 1894 bis 6. Mai 1895 komponiert hat. Sie trägt den Titel „Till Eulenspiegels lustige Streiche nach alter Schelmenweise in Rondeauform für großes Orchester gesetzt". Die Charakterisierung als „Dichtung" zeigt, dass hier versucht wird, einen außermusikalischen Inhalt (eben die Schelmenstreiche des Till Eulenspiegel) mit musikalischen Mitteln zu be-

haven 2005; *Ursula Wilhelm*, „C-Dur ist heiter und rein" – Zur Tonartencharakteristik in der Musikgeschichte, in: Württembergische Blätter für Kirchenmusik. 4 (2006), 10 ff.

10 Allgemein vgl. dazu auch *Ulrich R. Haltern*, Musik (und Recht) heute. Eine rhapsodische Collage, in: Volker Epping/u. a. (Hgg.), Festschrift für Knut Ipsen zum 65. Geburtstag. München 2000, 651-709. – Zu einem vergleichbaren Problem der „Literaturoper", aber auch der „Historie als Oper" vgl. *Carl Dahlhaus*, Vom Musikdrama zur Literaturoper. München-Salzburg 1983. Ebenfalls nicht thematisiert werden musikalische Werke, die den Herrscher – in dessen Theater sie dann auch aufgeführt wurden – durch den Vergleich mit biblischen oder antiken Heroen glorifizieren sollten; vgl. beispielshaft *Juliane Hirschmann*, Gerichtsverhandlungen in dramatischer Musik (phil. Diss., Univ. Heidelberg 2007) (im Internet abrufbar; Thema: Salomonisches Urteil); *Robert M. Isherwood*, Music in the Service of the King. France in the Seventeenth Century. Ithaca, London 1973; *Silke Leopold*, Die Geburt der Oper aus dem Geist der Propaganda. Musikalisches Theater als Vehikel fürstlicher Selbstrepräsentation, in: Michael Jeismann (Hg.), Das 17. Jahrhundert. Krieg und Frieden. München 2000, 48 – 60; *Fritz Reckow*, Der inszenierte Fürst. Situationsbezug und Stilprägung der Oper im absolutistischen Frankreich, in: Klaus Hortschansky (Hg.), Traditionen – Neuansätze. Für Anna Amalie Abert (1906-1996). Tutzing 1996, 419-444.

11 Ein anderes Beispiel wäre das Gottesurteil in Opern; vgl. *Volker Mertens*, Durch Gottes Sieg … – Gottesurteile im Lohengrin und anderswo, in: Wagnerspectrum 10 (2014), H.1 (Würzburg 2014), 61 – 80; *Wolfgang Schild*, Das Gottesurteil des Zweikampfs in Wagners „Lohengrin", in: Heiner Lück (Hg.), Recht – Idee – Geschichte. Festschrift für Rolf Lieberwirth. Köln-Weimar-Wien 2000, 25 – 52 (auch in: *Thomas Vormbaum* [Hg.], Jahrbuch der Juristischen Zeitgeschichte, Band 5. Berlin 2004, 613 – 644); *Ders*., „Gott erbarm sich deiner Not!" Zum Gottesurteil in Marschners „Der Templer und die Jüdin", in: Stefan Chr. Saar (Hg.), Recht aus Erbe und Aufgabe. Festschrift für Heinz Holzhauer. Berlin 2005, 51 – 67. – Zu einem anderen Beispiel vgl. *Bertold Brecht*, Die Dreigroschenoper (1928) – Dreigroschenroman (1934) mit Kommentaren von Bodo Plachta und Iring Fetscher. Baden-Baden 2001. – Als weiteres interessantes Beispiel kann die 2005 auf der CD „Recht harmonisch" veröffentlichte Vertonung der 19 Grundrechtsartikel des Grundgesetzes durch *Thomas Bierling, Eva Weis und Peter Lehel* genannt werden.

schreiben, eben in Tönen zu erzählen (weshalb auch gerne der Begriff „Tondichtung“ verwendet wird; das Wort „sinfonische Dichtung“ wurde von Franz Liszt eingeführt). Sie gilt als eine Form der Programmmusik und ist vor allem von romantischen Komponisten des 19. Jahrhunderts geschaffen worden. Und Richard Strauss hat auch ein Programm für diese Komposition geschrieben, die es erleichtert, die rechtlich relevanten Passagen zu identifizieren und zu interpretieren.

Strauss suchte nach dem Misserfolg seiner im Stile Wagners geschaffenen Oper „Guntram“ (Uraufführung Mai 1894 in Weimar) nach einem neuen Opernstoff[12]. Unter anderem entstand die Idee, die Eulenspiegel-Geschichte des Volksbuches „Ein kurtzweilig lesen von Dil Ulenspiegel“ des Jahres 1515 oder Aktionen der Schildbürger zu vertonen; doch blieb es bei kurzen Textentwürfen. Deutlich wird, dass diese beiden Stoffe in ihrem „tollen Gemisch von Verrücktheiten, Absurditäten“ den 31 Jahre alten Künstler faszinierten, auch deshalb, weil sie seinem damaligen, von Nietzsche geprägten Lebensgefühl entsprachen. Hansen weist auf eine „auftrumpfende Antibürgerlichkeit“, eine in den Kompositionen „erstaunlich unverstellt hervorbrechende Aggressivität“ und auf eine „schwer zu definierende Mischung aus Respektlosigkeit bis zu schriller Verachtung und hingebungsvoller Preisung geglückter Leistungen (Mozart!)“ hin[13]. Gerade die Figur des Till Eulenspiegel stellte eine angemessene „Personifizierung dieses Lebensgefühls“ dar, weshalb Hansen ihn als „alter ego“ des Künstlers bezeichnet. Dieser „Narr“ habe einerseits eine ungehemmte intellektuelle Provokation des verhassten Spießbürgertums ermöglicht, aber andererseits die Verwurzelung des Komponisten im naturhaft Ursprünglichen zeigen und den Vorwurf der „Dekadenz“ widerlegen können[14].

Ursprünglich schrieb Strauss kein vorangehendes konkretes, ausformuliertes Programm, sondern entschied während der voranschreitenden Komposition – offensichtlich im Rückgriff auf Szenen der geplanten, als kurzer Entwurf vorliegenden Oper – über die näheren Handlungsdetails. Diejenigen Skizzen wurden musikalisch verwertet, die sich aus der befriedigenden Entwicklung des Materials selbst ergaben[15]. Deshalb wurde die Anfrage des Dirigenten der für 5. November 1895 in Köln geplanten Uraufführung, Franz Wüllner, vom

---

12 Dazu und zum Folgenden *Mathias Hansen*, Richard Strauss. Die Sinfonischen Dichtungen. Kassel 2003, 98 f. Vgl. auch *Ernst Krause*, Richard Strauss. Gestalt und Werk. München, Zürich 1988, 256-261.

13 So *Hansen*, Strauss, 100 f.

14 So *Hansen*, Strauss, 101.

15 So *Hansen*, Strauss, 104.

23. Oktober 1895 nach programmatischen Anhaltspunkten abschlägig beantwortet:

> Es ist mir unmöglich, ein Programm zu 'Eulenspiegel' zu geben: in Worte gekleidet, was ich mir bei den einzelnen Teilen gedacht habe, würde sich oft verflucht komisch ausnehmen u. vielen Anstoß erregen. Wollen wir diesmal die Leutchen selber die Nüsse aufknacken lassen, die der Schalk ihnen verabreicht[16].

Allerdings folgte dann noch ein Zugeständnis an Wüllner, indem Strauss die beiden „Eulenspiegel"-Themen notierte, die sich dann

> in den verschiedenen Verkleidungen u. Stimmungen, wie Situationen durchziehen bis zur Katastrophe, wo er aufgeknüpft wird, nachdem das Urteil [das in zwei Tönen gezeigt wird, WS] über ihn gesprochen wurde[17].

In der Partitur fanden sich – außer kurzen Hinweisen wie „liebeglühend" oder „kläglich" (in Bezug auf sein Geständnis) – keine weiteren sprachlichen Hinweise. Erst im Nachhinein (beginnend 1896 für eine von Wilhelm Mauke verfasste Werkeinführung) schrieb Strauss ein näheres Programm seiner sinfonischen Dichtung nieder, das schließlich über zwanzig unterschiedliche Szenen umfasste.

Das Stück[18] beginnt mit einer fünftaktigen Einleitung, die allerdings erst später hinzukam; ursprünglich sollte die Musik sogleich im vollen Zeitmaß seinen „ungebärdigen Helden" einsetzen. Die nachkomponierte Einleitung wirkt ein wenig wie das Öffnen eines Bühnenvorhangs, auf dem schon einmal die Grundzüge der Till-Motivik angebracht sind. Die besondere Stellung der Einleitung wird noch dadurch geschärft, dass sie im gesamten Stück keine weitere Rolle spielt; bis sie als Epilog erneut ertönt. Strauss überschrieb sie mit den Worten: „Es war einmal ein Schalksnarr"; dann ergänzt durch: „namens Till Eulenspiegel". Der Held wird uns durch das Horn vorgestellt; doch wandert seine Melodie durch das Orchester. „Der war ein arger Kobold"; „Auf zu neuen Streichen"; „Wartet nur ihr Duckmäuser". Offensichtlich entwickelt Till einen Streich, er führt etwas im Schilde: mithilfe der Klarinette schneidet er eine lustige Grimasse; mit frechen Tönen der Oboen streckt er uns seine Zunge

---

16 Zitiert in: *Hansen*, Strauss, 104 f.

17 Zitiert in: *Hansen*, Strauss, 105.

18 Ich folge hier – neben dem genannten Buch von *Hansen* (Anm.12) – der Darstellung in der Reihe „Abenteuer Klassik", abrufbar im Internet unter: www.abenteuer-klassik.de/downloads/Tills_Streiche.pdf. Vgl. dazu auch *Marko Simsa / Doris Eisenburger*, Till Eulenspiegels lustige Streiche. Sinfonische Dichtung von Richard Strauss. Berlin, Wien 2011. Sehr instruktiv sind auch die Erklärungen, die der Dirigent *Gerd Albrecht* in einer 2001 veröffentlichten CD – in der das Stück von den Wiener Symphonikern gespielt wird – gibt.

entgegen. Dann folgt dieser erste Streich („Hop! Zu Pferde mitten durch die Marktweiber“): die Musik charakterisiert nach einem Tusch von den Becken einen (musikalisch offensichtlich auf einem Esel) reitenden Till, der die Töpfe der Marktweiber zerbricht. Geschrei und Gezank werden durch instrumentale Turbulenz, verstärkt durch Trompetenlärm und Bratsche, drastisch gemalt. Der Held schüttelt sich vor Lachen und entschwindet. „Mit Siebenmeilenstiefeln kneift er aus“; „In einem Mauseloch versteckt“. Dann folgt der zweite Streich („Als Pastor verkleidet trieft er von Salbung und Moral“): die Musik lässt Till mit einem volkstümlichen Motiv als Moralprediger in der Kutte auftreten. Die Solovioline zeichnet die Frechheit seiner Ausführungen: „Doch aus der großen Zehe guckt der Schelm hervor“. Paukenwirbel und Streichertremolo beenden die Szene. Allerdings: es „faßt ihn ob des Spottes mit der Religion doch ein heimliches Grauen vor dem Ende“. In den Schalltrichtern der Trompeten und der Hörner stecken jetzt Dämpfer, die den Klang verzerren; am Ende dröhnt ein bedrohlicher Paukenschlag. Doch dann fängt Till sich wieder: für den dritten Streich („Till als Kavalier zarte Höflichkeit mit schönen Mädchen tauschend“). Er wirbt um die Gunst des weiblichen Geschlechts („Er wirbt um sie“). Die Kantilene des Horns klingt schmachtend, die Geigen singen; Till hat sich offenbar verliebt. Doch hat er mit seinem Werben keinen Erfolg; immer drängender klingt sein Werben: Klarinetten und Flöten stimmen ein. Schließlich blitzt Till ab, musikalisch erhält er sogar eine Ohrfeige; und wird wütend, was an dieser Stelle mit Posaunen und Trompeten verdeutlicht wird: „Schwört Rache zu nehmen an der ganzen Menschheit“. Eine energische Durchführung leitet den vierten Streich ein. Brummig erklingen Fagotte und die Bassklarinette, die die Philister darstellen, denen sich der Held vorstellt; nämlich den Professoren einer Universität (historisch: Prag), deren großes Wissen durch die tiefen Holzblasinstrumente (die Bassklarinette, die Fagotte und das Kontrafagott) deutlich erklingt. Seine Belehrungen führen zu einer musikalisch ausgeführten Verwirrung unter den Professoren, die zu stottern beginnen, schließlich zornig und daher sehr laut werden. Aber während sich noch das Gelehrtenmotiv noch in einen Kanon verstrickt, macht sich Till mit einer frechen Melodie davon. „Nachdem er den Philistern ein paar ungeheuerliche Thesen aufgestellt, überlässt er die Verblüfften ihrem Schicksal“. Die Musik zeigt seine „Grimasse von weitem“ und spielt „Tills Gassenhauer“, das in das „Till-Thema“ (in der Horn-Reprise) mündet. Die Musik gleicht einem Triumphzug mit festen Schritten und hochfliegendem Selbstbewusstsein. Offensichtlich ist Till überzeugt, der Größte zu sein; voller Hoch- und Übermut und Größenwahn. Er bläst sich auf wie ein Ochsenfrosch (G. Albrecht). Doch folgt der Einbruch auf dem Fuße. Die Trommeln des Triumphzuges verwandeln sich plötzlich in einen lauten und aggressiven Trommelwirbel.

Denn nun folgt die letzte, für mein Thema relevante Szene: Till wird vor das Tribunal gebracht. Die leere Quinte der Hörner, Posaunen und der tiefen Holzbläser stellt die Schuldfrage. „Das Gericht – Er pfeift gleichgültig vor sich hin", also weiter unbekümmert sein Thema. Doch setzen immer wieder die Blechbläser drohend ein. Allmählich bekommt Till Angst, was sich in der verzerrt gespielten Klarinette zeigt. Er versucht ein letztes Wort, das ihm aber erneut durch die Blechbläser abgeschnitten, weil übertönt wird. Die in den Posaunen abstürzende Septime verkündet den „Richterspruch: Der Tod", also das Todesurteil für Till Eulenspiegel, das sofort vollstreckt wird. „Hinauf auf die Leiter! Da baumelt er, die Luft geht ihm aus, eine letzte Zuckung – Tills Sterbliches hat geendet". Dieses Hinaufklettern bis zur letzten Zuckung wird von der Klarinette (in D) in die besonders „scharf" klingende höchste Tonlage der „Till-Akkorde" anschaulich gemacht[19]. Für G. Albrecht pfeifen Till wie seine Klarinette schließlich auf dem letzten Loch; in der großen Flöte ertönt dazu sein Zappeln und Todesröcheln. Nach einer Generalpause ertönt noch einmal das einleitende „Es war einmal", bevor mit triumphalen Schwung das zweite Eulenspiegelmotiv aufblitzt – als sollte gesagt werden: „Eulenspiegel ist tot, es lebe Till Eulenspiegel".

Für Hansen ist der musikalischen Schilderung des gerichtlichen Verfahrens bis zum Todesurteil und der Hinrichtung „ein hohes Maß an lautmalerischer Verständlichkeit eigen", weshalb er auf eine nähere Beschreibung der Komposition verzichtet[20]. Er erwähnt den „anhaltenden Trommelwirbel", aus dem „sich die drohenden Bläserakkorde des Gerichts [erheben], die allerdings bei Till nur auf Verachtung stoßen"[21]. Hört man genauer zu, dann wird deutlich, dass diese „Coolness" des Helden nur anfangs besteht[22]: er pfeift in der Klarinette zu Beginn des Prozesses gleichgültig vor sich hin. Doch die andauernden Blechblasinstrumente drücken ihn hörbar fortnehmend nieder, nehmen ihm den (Über-) Mut und die närrische Selbstsicherheit. Schließlich klingt seine Klarinette „schon sehr kläglich". Doch bleibt das Gericht ernst und hart: wieder ertönen „strenge Blechbläserworte", die im Richtspruch enden. Der anhaltende Trommelwirbel ohne jede Differenzierung der Töne und ohne jede melodische Struktur macht die strenge, herrschaftliche, unnachgiebige, nicht von Emotionen getragene Durchführung des Gerichtsverfahrens anschaulich. Ich habe in diesem Zusammenhang von „abschreckenden Klängen"[23] gespro-

19 So *Hansen*, Strauss, 116.

20 So *Hansen*, Strauss, 114 f.

21 So *Hansen*, Strauss, 115.

22 Vgl. *Sumsa / Eisenburger*, Streiche, 24 f.

23 Dazu *Schild*, Klänge, 119 f.

chen und auf den Einsatz der Trommeln bei militärischen Füsilierungen hingewiesen, wie sie auch in zahlreichen bildlichen Darstellungen zu finden sind. Sinn war jedenfalls, Aufmerksamkeit zu erregen und die Öffentlichkeit herbeizurufen. Der Rhythmus der Trommelschläge sollte wohl auch Ordnung sinnlich zum Ausdruck bringt, eine Ordnung, die herrschaftlich nun Ernst macht mit der Verwirklichung des Rechts (als des Sieges über das Unrecht). Man kann auch an die musikalische Einleitung eines Kunststücks im Zirkus denken, die die Aufmerksamkeit auf die entscheidende Szene lenkt, auch indem der Trommelwirbel einen Schallraum als Begrenzung / Abgrenzung erzeugt. Für die rechtliche Zielsetzung ist ein solcher Trommelwirbel deshalb gut geeignet, weil er keine differenzierte Melodie oder einen strahlenden Klang, keine rhythmische oder musikalische Abwechslung, sondern nur fast maschinelles Funktionieren anschaulich macht. Der schnelle und lautstarke Wirbel macht auch Angst, aber nicht vor einer unberechenbaren Gewalt, sondern einer rhythmisch geordneten Macht.

Verstärkt wird dieser Eindruck durch die laut tönenden, tiefen Blechblasinstrumente, die die Wucht der Herrschaft (vielleicht: der alten Autoritäten) in ihrer niederdrückenden Wirkung veranschaulichen. Auch hier wird – verstärkt durch die Wiederholungen auf die Einlassungen des Beschuldigten – ein Maschinenhaftes spürbar, das keine Emotionen kennt und zulässt, sondern kalt und sachlich das Urteil findet und spricht. Es agiert ein Zwangs-Apparat.

Trotzdem meine ich, dass Strauss in seiner musikalischen Darstellung des Tribunals bis hin zur Hinrichtung keine Kritik an dem Verfahren zum Ausdruck bringen will. Zwar ist Till sein Held, dem er lustige Streiche zuordnet; aber er zeigt ihn auch in seinem Über- und Hochmut, in seiner Selbstüberschätzung, auch in seiner Aggressivität (die sich nicht nur in der Schädigung der Markfrauen niederschlägt). Die Streiche sind nicht harmlos und kindliche Scherze, sondern durchaus Missetaten. Strauss zeigt allerdings, dass die Ordnung hart, sachlich-nüchtern, maschinenartig auf seine Taten reagiert. Aber dies kann auch die Blindheit der Justitia zum Ausdruck bringen, muss also keine Justiz- oder Rechtskritik sein. Vielleicht stellte er auch in diesen Szenen Till in den Mittelpunkt, weshalb der Charakter des Tribunals nicht wirklich für ihn von Interesse war.

II. Der Speer Wotans als Staatssymbol bei Richard Wagner

Für den Richard Wagner des „Ring des Nibelungen“, dem das zweite Beispiel gewidmet ist, stand die Kritik an einem solchen kalten und maschinenhaften Staat im Vordergrund. Er hat das Textbuch nach Vorarbeiten Oktober 1848

(„Die Nibelungensage [Mythus])“ und einem ersten Versuch Oktober/November 1848 („Siegfried’s Tod“) im Dezember 1852 abgeschlossen und im Februar 1853 als Privatdruck veröffentlicht. Im Mai 1854 war die Komposition des „Rheingoldes“, im März 1856 die der „Walküre“ abgeschlossen. Die im Dezember 1856 begonnene Komposition des „Siegfried“ wurde als Skizze (noch ohne Instrumentation) im Januar 1857 fertiggestellt. Doch brach Wagner die Instrumentierung im 2. Akt ab. Erst im Juni 1869 (auf Drängen Ludwigs II.) wurde „Siegfried“ vollendet, am 22. Juli 1872 auch die „Götterdämmerung“ (und damit das Gesamtwerk). Diese Zeitangaben sind deshalb wichtig, weil im Herbst 1854 die Lektüre von Schopenhauer das ursprüngliche Konzept – noch entstanden im Zusammenhang mit den revolutionär-anarchischen Bestrebungen Wagners, die zu seiner Teilnahme am Dresdner Aufstand im Mai 1849 und anschließend zu seiner Verbannung führten – Wagner zu einer kritischen Sicht brachten. Diese betraf vor allem den im Textbuch von 1853, aber auch noch in den Ausgaben von 1863 und 1873 enthaltenen Schlussmonolog der Brünnhilde, die in einem Loblied der Liebe gipfelte. Unter Einfluss Schopenhauers meinte Wagner nun, dass diese Liebe in seinem Werk eigentlich eine verhängnisvolle Rolle (in Verbindung mit Eifer- und Rachsucht) spielte. Offensichtlich deshalb hat er diesen Schlussmonolog nicht in Musik gesetzt (außer in einer Skizze für Ludwig II.), ihn aus der Partitur gestrichen; allerdings hat er auch nicht den im Juni 1856 gedichteten, das Leben verneinenden Schopenhauer-Schluss komponiert[24]. Doch blieb die kritische Sicht auf den Staat (trotz des Verhältnisses zu Ludwig II.) weiterhin aufrecht, auch wenn der revolutionär-anarchische Ton aufgegeben wurde[25]. Es wird sich zeigen, ob diese Kontinuität auch für das Staatssymbol des Speeres Wotans gelten kann.

Im Unterschied zur unter I. dargestellten sinfonischen Dichtung (mit einem kurzen nachträglich geschriebenen Programm) geht es hier um ein Musikdrama, das auf einer engen Verbindung von Text und Musik beruht, da Wort- und Tondichtung von Wagner stammen. Sein Verständnis dieses Verhältnisses hat sich im Laufe der Zeiten verändert: ursprünglich (jedenfalls bis zur Schopenhauer-Lektüre) sollte es entsprechend einer Liebesbeziehung gestaltet sein (Text als männlich zeugend und inhaltlich bestimmend, aber nur verständig, Musik als weiblich empfangend und inhaltlich fließend, aber nur gefühlshaft), weshalb nur ihre Vereinigung (zu der noch das Gestische hinzutreten müsse) das wahre Kunstwerk schaffen könne; später dann glich die Musik dem müt-

24 Vgl. *Wolfgang Schild,* Staatsdämmerung. Zu Richard Wagners „Der Ring des Nibelungen“. Berlin 2007, 3 f.

25 Dazu vgl. *Wolfgang Schild*, Staat und Recht im Denken Richard Wagners. Stuttgart 1994.

terlichen Schoß, aus dem nicht nur die einzelnen Töne, sondern dann auch die Worte geboren würden. Darauf ist hier nicht einzugehen, sondern nur auf die Leitmotivtechnik zu verweisen, die Wagner vor allem im „Ring" zur Vollendung entwickelte[26]. In einer bestimmten Szene oder zu bestimmten gesungenen Worten ertönt eine musikalische Figur (Motiv), die / das den Sinn des sichtbaren Geschehens vertiefend erfasst, auch deshalb, weil sie / es inhaltlich zu ihm passt (da der Wortsinn sich mit dem gefühlsmäßigen Eindruck der Töne bruchlos verbindet). So kann man dem musikalischen Motiv auch einen zu dem Wortsinn passenden Namen geben. Faszinierend ist es nun, wenn in der Musik neben einer zunächst in Wort und Ton (und Gestik) zusammenpassenden Szene im Orchester ein anderes Motiv erklingt, an das der Hörer sich erinnern kann, wodurch ein Verhältnis zu dem auf der Bühne erlebbaren Geschehen eintritt (eine Verstärkung, aber auch ein Widerspruch). Das Orchester erzählt daher in diesen Motiven mehr, vielleicht sogar etwas Anderes, als die Szene selbst zeigt; sei es ein Gedanke oder ein Wunsch, den der Darsteller nicht äußern kann oder will, sei es ein Hinweis auf einen über die Personen hinausgehenden und ihnen nicht bewussten Zusammenhang. Dabei ist selbstverständlich, dass dieses frühere Motiv in den nunmehrigen musikalischen Zusammenhang gestellt und damit durchaus verändert wird, was den Reiz und die Faszination für den kundigen Wagnerianer erhöht. Für unser Thema bedeutet dies, dass ein solches Leitmotiv (wie das des Speeres oder für den Speer) in der musikalischen (tonsprachlichen) Dichtung mit dem wortsprachlichen Sinn des Textes, den sie bei ihrem ersten Erklingen begleitet und vertieft, in Verbindung steht. Was im Folgenden zu zeigen versucht wird.

Am deutlichsten erklingt das Speermotiv (in Musik und Wort) in der sogenannten „Wissenswette" im 1. Akt des „Siegfried", in der der Nibelung Mime den ihn zu dieser Wette verführt habenden Wotan (in der Gestalt des „Wande-

---

26 Vgl. dazu *Melanie Wald / Wolfgang Fuhrmann*, Ahnung und Erinnerung. Die Dramaturgie der Leitmotive bei Richard Wagner. Kassel 2013 (m. w. N.). Hinweisen möchte ich auch auf die Ausgabe in neun CDs (samt Erläuterungsbuch), in der *Stefan Mikisch* im „Ring" insgesamt 261 Leitmotive gefunden hat und am Klavier einspielt. Ein kurzer informativer Aufsatz zu der Leitmotivtechnik kann unter www.mickisch.de/index.php?id=126 nachgelesen werden.

rers"[27]) nach dem Geschlecht fragt, das auf wolkigen Höhen wohne. Die ihn zufriedenstellende Antwort (V.4696 ff[28]) lautet:

> Auf wolkigen Höh'n wohnen die Götter:
> Walhall heißt ihr Saal.
> Lichtalben sind sie;
> Licht-Alberich, Wotan, waltet der Schar.
> Aus der Welt-Esche weihlichstem Aste
> schuf er sich einen Schaft:
> dorrt der Stamm, nie verdirbt doch der Speer;
> mit seiner Spitze sperrt Wotan die Welt.
> Heil'ger Verträge Treuerunen
> schnitt in den Schaft er ein.
> Den Haft der Welt hält in der Hand,
> wer den Speer führt,
> den Wotans Faust umspannt.
> Ihm neigte sich der Niblungen Heer;
> der Riesen Gezücht zähmte sein Rat:
> ewig gehorchen sie alle
> des Speeres starkem Herrn.

Zunächst also ist der Speer Träger der Vertragsrunen, die durch ihn bzw. seinem „starkem Herr[n]" gegen Vertragsbruch („Verrat") kraftvoll gesichert sind, was freilich für Wotan als den Herrn selbst in anderer Weise gelten muss. In seinen eigenen Worten im 2. Aufzug der „Walküre": bei Bruch des Vertrages „machtlos erläge mein Mut" (V.2882 f), d.h. der Speer würde seine Kraft verlieren, vielleicht sogar zersplittern. Doch treffen diese Vertragsrunen nur für das Verhältnis Wotans zu den Riesen (Fasolt, Fafner) zu: denn mit ihnen hat er vertraglich vereinbart (und sie dadurch nicht durch Gewalt, sondern durch „Rat gezähmt", also durch Vertragsverhandlungen), dass sie für den Bau der Götterburg die Göttin Freia als Lohn erhalten. Deshalb muss Wotan diesen Vertrag den Riesen gegenüber einhalten, wie im „Rheingold" mehrere Male betont wird; so wenn Wotan eine geplante Gewaltaktion des Gottes Donner mit den Worten abweist:

> Halt, du Wilder!
> Nichts durch Gewalt!

---

27 Dadurch wird zum Ausdruck gebracht, dass Wotan seinen Entschluss zur Aufgabe der Herrschaft (zuerst pessimistisch formuliert im 2. Aufzug der „Walküre") aufrechterhält, dadurch aber nun den Weg für die Liebe zwischen Brünnhilde und Siegfried (und damit für eine herrschaftsfreie, vom Fluch des Rings befreite Welt) freimachen will. Vgl. dazu *Schild*, Staatsdämmerung, 96 f.

28 Zitiert wird nach der Textfassung in: *Herbert Huber*, Richard Wagner. Der Ring des Nibelungen. Vollständiger Text und Kommentar. Weinheim 1988, da hier die Versnummern angegeben sind (und daher leicht zu finden sind).

Verträge schützt
meines Speeres Schaft (V.568 ff);

oder wenn Fasolt mahnend erinnert:

Was du bist, bist du nur durch Verträge:
bedungen ist,
wohl bedacht deine Macht
Bist weiser du
als witzig wir sind
bandest uns Freie
zum Frieden du:
all deinem Wissen fluch' ich
fliehe weit deinen Frieden,
weißt du nicht offen,
ehrlich und frei,
Verträgen zu wahren die Treu'! (V.492 ff).

Auch die 2. Norn erzählt im Vorspiel der „Götterdämmerung":

Treu berat'ner
Verträge Runen
schnitt Wotan
in des Speeres Schaft:
den hielt er als Haft der Welt (V.6942 ff).

Daher kann in dem Austausch des Lohns für die Riesen – statt Freia den Nibelungenhort (samt Tarnhelm und Ring) – kein Vertragsbruch gesehen werden: es wird nur ein neuer Vertrag geschlossen. Deshalb verstrickt Wotan sich in das aussichtslose Dilemma, den im vertraglich begründeten Besitz des Fafner befindlichen Ring nicht gegen dessen Willen wegnehmen zu dürfen, aber zur Rettung der Welt wegnehmen zu müssen. In seinem (Selbst-) Gespräch im 2. Aufzug der „Walküre":

Ihm müßt' ich den Reif entringen,
den selbst als Zoll ich ihm zahlte:
doch mit dem ich vertrug,
ihn darf ich nicht treffen;
machtlos vor ihm/ erläge mein Mut.
Das sind die Bande,
die mich binden:
der durch Verträge ich Herr,
den Verträgen bin ich nun Knecht (V.2878 ff).

Musikalisch zeigt sich das Gesagte in der Verwandtschaft des Speer- mit dem Vertragsmotiv, welch letzteres erstmals zu Beginn der 2. Rheingold-Szene erklingt (zu den Worten Frickas: „Die Burg ist fertig, verfallen das Pfand"

[V.348 f]). Uwe Faerber[29] sieht darin nicht eigentlich das Motiv des Vertrages (in seiner abstrakten Form), sondern die musikalische Gestaltung des „vertragsgemäßen Handelns“, durch das eine Situation des Streites bereinigt wird, indem die beiden Gegner sich „vertragen“ und eine gemeinsame Regelung ihrer Interessen beschließen. Daher weist dieses Motiv eine rhythmisch gestaltete „Bewegung durch die Zeit“ auf, entsprechend dem Ablauf von Streit, vertragsgemäßen Handeln und Handlungsziel, bis es in der Harmonie eines Dur-Dreiklangs endet, dessen Ruhe das erreichte Ziel der Sicherheit und Ungestörtheit verkörpert. Dieser sich schrittweise vollziehende Abstieg der Tonhöhen – durch seine gleichbleibende Richtung als Gerade – gestaltet eine Zielstrebigkeit, die nicht rückgängig gemacht oder verändert werden kann, die auch eine permanente Spannungsabnahme zum Ausdruck bringt, wie es dem erreichten Vertragsziel – Aufhebung des Streites, Zustand des Friedens – entspricht.

Ein solches Vertragsverhältnis besteht nicht zu den Nibelungen, vor allem nicht zu Alberich. Deutlich wird dies im 2. Aufzug des „Siegfried“, wenn Wotan ihm gegenüber klarstellt: „Durch Vertrages Treuerunen/ band er dich Bösen mir nicht:/ dich beugt’ er mir durch seine Kraft;/ zum Krieg drum wahr’ ich ihn wohl!“ (V.5348 ff) Daher kann in der Überlistung des Nibelungen, nämlich diesen zur Verwandlung in eine Kröte zu bringen und ihn in dieser Gestalt gefangen zu nehmen (um den Nibelungenhort als Lösegeld zu bekommen), kein Unrecht gesehen werden. Darüber hinaus handelt Wotan durchaus in einer Art Notwehr, hat doch Alberich vor, mit Hilfe des Rings – der ihm die Macht über die Nibelungen verleiht, die ihm die Bodenschätze holen und ihm so den Schatz aufbauen müssen – alles, was lebt und liebt (also auch die Götter und vor allem die Göttinnen), zu versklaven. Allerdings stimmt die Behauptung des Wanderers in der „Wissenswette“ nicht, dass dem Herrn des Speeres „sich der Nibelungen Heer [geneigt]“ habe: dieses gehorcht dem Herrn des Rings. Aber wie es auch sei: deutlich wird hier ein Charakter des Speeres, der die Waffenqualität betont (die freilich auch in dem Schutz der Verträge erforderlich ist) und damit auch die kriegerische Gewalt, die von ihm ausgeht. Der Träger des Speeres erweist sich so als „des Speeres starker Herr“, dem alle gehorchen (V.4721), dem Herrscher über die Welt (der den „Haft der Welt“ in der Hand hält und dadurch „mit seiner Spitze die Welt [sperrt]“ [V.4713, 4708]). Die Sanftheit des Vertragsmotivs im Sinne der Ausführungen von

29 So *Uwe Faerber*, Ersichtlich gewordene Taten der Musik. Musikalische Ausdrucksbestimmungen im Ring. Frankfurt/Main. 2003, 50 f. Faerber lehnt ein eigenes Speermotiv ab: der Speer sei nur als Mittel (Träger) der Vertragsrunen konzipiert (S.13), was nach meiner Sicht nicht richtig ist (wie im Text sogleich zu zeigen sein wird).

Faerber weicht dem eigentlichen Speermotiv, dessen Herrschaftscharakter unverkennbar ertönt; und sich auch darin zeigt, dass der Wanderer „mit dem Speer auf den Boden [stößt]", wodurch ein leiser, Mime erschreckender Donner ertönt (nach V.4722).

Auch das Verhältnis Wotans zu Loge, einer ambivalenten Gottheit, die einerseits als Gott des Feuers zur Natur gehört, andererseits als diese zerstörend die Personifikation von Geist, Wissen und Willen darstellt (und die in dieser Qualität der „think-tank" von Wotan ist, der auf seinen Rat hört), ist kein wirkliches Vertragsverhältnis. Zwar nahm Wotan Loge als „einz'ger Freund in der übeltrauenden Troß [der anderen Götter] auf" (V.614 ff). Die zweite Norn berichtet im Vorspiel der „Götterdämmerung" über Loge:

> Durch des Speeres Zauber
> zähmte ihn Wotan;
> Räte raunt' er dem Gott:
> an des Schaftes Runen
> frei sich zu raten,
> nagte zehrend sein Zahn" (V.6992 ff).

Loge selbst gesteht sein Unbehagen am Ende des „Rheingoldes" ein:

> Fast schäm' ich mich,
> mit ihnen [den Göttern, WS] zu schaffen;
> zur leckenden Lohe
> mich wieder zu wandeln,
> spür' ich lockende Lust.
> Sie aufzuzehren,
> die einst mich gezähmt,
> statt mit den Blinden
> blöd zu vergehn,
> und wären es göttlichste Götter,-
> nicht dumm dünkte mich das! (V.1820 ff)

Doch zunächst

> [bannt] mit des Speeres
> zwingender Spitze
> ihn Wotan,
> Brünnhildes Feld zu umbrennen (V.4998 ff),

wie die zweite Norn berichtet. In den Worten Wotans am Ende der „Walküre":

> wie ich dich band,
> bann' ich dich heut'! (V.4134 f).

Wotan zähmte Loge: die feurige Glut", als die „zuerst ich dich fand" (V.4130 f), also nicht durch Vertrag (wie die Riesen), sondern durch die Zaubermacht seines Speeres. Denn dieser Speer verleiht ihm die Macht über die Natur, die er durch Schaffung des Speeres sogar zerstört (wie sich selbst als Naturwesen, da er ein Auge hingibt):

> Aus der Welt-Esche
> weihlichstem Aste
> schuf er [Wotan, WS] sich einen Schaft:
> dorrt der Stamm,
> nie verdirbt doch der Speer:

so heißt es in der „Wissenswette" (V.4702 ff). Oder wie die erste Norn über die Weltesche und den bei ihr rauchenden Quell der Weisheit erzählt:

> Ein kühner Gott
> trat zum Trunk an den Quell;
> seiner Augen eines
> zahlt' er als ewigen Zoll:
> von der Welt-Esche
> brach da Wotan einen Ast;
> eines Speeres Schaft
> entschnitt der Starke dem Stamm (V.6919 ff),

mit der Wirkung, dass der Baum sein Leben verlor und die Quelle versiegte. Die Ordnung der Natur – wie sie noch die Gottheit Erda verkörpert(e) – zerfiel zugunsten der neuen Herrschaft des einäugigen Gottes, der mit Verstand und starkem Willen sich die Welt gewann (vgl. V.2771), denn nach Macht verlangte sein „Mut" (V.2768) (durchaus vergleichbar mit dem Begehren des Alberichs, doch mit dem wesentlichen Unterschied, dass Wotan nicht von der Liebe lassen wollte und will [V.2778 ff]). Die Herrschaft Wotans und – als Zeichen für sie – des Speeres war nun die neue Weltordnung, die mit Verträgen, aber auch durch die Kraft des Speeres entstand und an der Macht gehalten wurde[30]. Wotans Herrschaft war der Staat (geworden).

Das Vertragsmotiv ist in der „Wissenswette" eindeutig dem herrschaftlichen „Speermotiv" in hörbarer Aggressivität und Stärke, auch Selbstbewusstsein gewichen. Wolfgang Perschmann beschreibt es in eben dieser Weise: „Gleich einem Triumph schmettern Trompeten und Posaunen in reinem Des-Dur das Speermotiv"[31] Kurt Overhoff charakterisiert es treffend: „Das Speermotiv [...]

30 Vgl. die Erläuterung des Speermotivs (als 31. Motiv) durch *Stefan Mikisch*, der die absteigende Tonfolge als Umkehrung des aufsteigenden Werdemotivs in den Naturmotiven interpretiert.

31 So *Wolfgang Perschmann*, Die optimistische Tragödie. Sinndeutende Darstellung [von Richard Wagners „Der Ring des Nibelungen"] (1974). Graz 1986, 161. Das Problem, dass diese herrschaftlichen Worte nicht mehr Wotan, sondern der Wanderer – der eigentlich seinen Herrschaftsanspruch aufgegeben hat, um Siegfried und Brünnhilde den Weg freizumachen – singt, löst Perschmann, indem er auf den darin zum Ausdruck kommenden „leidenschaftlichen Wunsch des Speerherren, die Macht, der er entsagte,

ist eine herrisch niederbeugende, diatonische Skala im Unisono“[32]. Er sieht im Speer nun die Gesetze festgelegt, die an die Stelle des in der Weltesche (als Natur, die durch die „Gewalttat“ Wotans zerstört wurde) versinnbildlichten Naturrechts als neues „gesetzte Recht“ treten und ihm so die „Weltherrschaft um diesen Preis“ bringen[33].

Interessant ist Wotans Verhältnis zu den Menschen[34]. Seinen Sohn Siegmund liebt er, was ihn freilich nicht daran hindert, ihn im Elend aufwachsen zu lassen und ihn in die höchste Lebensnot zu bringen. Doch zwingt ihn seine Ehe mit Fricka – die wohl nicht auf Vertrag, sondern auf einem heiligen Eid beruht – dazu, den Ehebruch (und Inzest) als Verletzung der von Fricka getragenen (daher heiligen) Institution der Ehe rechtlich zu ahnden, was er ihr auch durch Eid verspricht (V.2725). Er setzt seinen Speer ein, um die Waffe – die er eigentlich für den Sohn geschaffen hat – zu zerschlagen, worauf ihn der gehörnte Hunding töten kann. Wotan spricht zwar davon, dass sein „Speer gerächt [hat], was Spott ihr [Fricka, WS] schuf“ (V.3392 f); doch ist darin ein Rechtsakt zu sehen, also eine „rächende Vergeltung“ (im Sinne einer rechtlichen Bestrafung) des Ehebrechers und Inzesttäters. Wotan agiert hier als Staat, der den Speer als Gewalt gegen Unrecht zur Vergeltung einsetzen muss. Gerade darin erkennt Wotan den Charakter seiner Herrschaft, die nämlich Liebe zerstört und verunmöglicht (weshalb er auf seine Herrschaft verzichtet [was hier aber nicht weiter zu verfolgen ist][35]).

Zu Hunding besteht überhaupt kein rechtliches Verhältnis. Wotan erweist sich hier als bloße (freilich emotional tief aufgewühlte) Gewalt. Er bezeichnet ihn als „Knecht“ (gemeint wohl: Frickas) (V.3989); „vor seinem verächtlichen Handwink sinkt Hunding tot zu Boden“ (nach V.3393). Bezeichnenderweise benutzt Wotan für diese Tötung nicht den Rechtsspeer.

Das Verhältnis zu den übrigen Menschen wird nicht klar. Interessant ist nur eine Bemerkung im (Selbst) Gespräch im 2. Aufzug der „Walküre“ zu Brünn-

---

möge nicht verfallen, sondern in dem Speer weiterleben“ (S.161). Die triumphale Ausgestaltung des Motivs interpretiert er dahingehend: „als gelte es Wotans energischen Willen zu betonen, den scheidenden Glanz seines Daseins vor der Wesenlosigkeit zu bewahren“ (S.161).

32 So *Kurt Overhoff*, Wagners Nibelungen-Tetralogie. Salzburg-München ²1976, 26.

33 So *Overhoff*, Tetralogie, 29.

34 Nicht näher einzugehen ist auf das Verhältnis Wotans zu den Walküren (auch zu Brünnhilde), seinen Töchtern, wobei Brünnhilde als Tochter der Gottheit Erda eine Halbgöttin ist. Es geht hier nicht um rechtliche Beziehungen, sondern einfach um die väterliche Gewalt über seine Kinder.

35 Vgl. Schild, Staatsdämmerung, 96 f.

hilde, die gemeinsam mit ihren Halbschwestern die im Kampf gefallenen Helden nach Walhall gebracht hat, wo diese sich auf den Endkampf mit Alberichs Heer vorbereiten:

> Daß stark zum Streit
> uns fände der Feind,
> hieß ich euch Helden mit schaffen:
> die herrisch wir sonst
> in Gesetzen hielten,
> die Männer, denen
> den Mut wir gewehrt,
> die durch trüber Verträge
> trügende Bande
> zu blindem Gehorsam
> wir uns gebunden –
> die solltet ihr nun stacheln,
> ihre Kraft reizen
> zu rauhem Krieg,
> daß kühner Kämpfer Scharen
> ich sammle in Walhalls Saal (V.2824 ff).

Die hier so funktionalisiert und als Objekte missbraucht werden, gehorchen zwar, aber nicht dem Gott, der in seinen Speer heilige Vertrags- als Treuerunen einschnitzt und sie schützt (so V.4709 ff), sondern „des Speeres starkem Herrn", also der Gewalt, die dieser Speer als Staatssymbol darstellt, damit den staatlichen Gesetzen, die die Menschen „herrisch [halten]" und zu „blindem Gehorsam [binden]" (V.2827, 2833).

Auch zu Siegfried besteht kein Verhältnis. Dieser wird außerhalb der Ordnung gezeugt (im Inzest und Ehebruch), schafft sich die Waffe selbst, ist ein Held aus eigener Kraft, getragen von einem natürlichen Lebens- und Liebesbedürfnis, daher auf der Suche nach einem Freund, dann nach der Frau. Er schert sich nicht um Recht oder Macht, an ihm „erlahmt selbst [der] Fluch [des Alberich über den Ring]" (V.7783 f); „lachend in liebender Brunst/ brennt er lebend dahin" (V.7789 f). Er ist Repräsentant der Gegenwelt, einer Welt der Liebe, die die Herrschaft Wotans zerstört: Siegfried „haut [dem Wotan] den Speer in Stücke" (nach V.6466). Dass dies durchaus im Sinne des so besiegten Herrn der Welt (und des Speeres) liegt, ist ein anderes Thema; wie auch, warum es mit der neuen Welt der Liebe nicht klappt[36].

Angesprochen soll zum Abschluss nur mehr diese Ähnlichkeit des Speer- zum Vertragsmotiv, die sich als „eine Tonleiter abwärts mit einem rhythmisch

---

36 Vgl. dazu *Schild*, Staatsdämmerung, 93 f.

markanten Anfang" darstellt[37] und „aus zwölf stufenförmig absteigenden Tönen" besteht[38]. Für Faerber war dies – wie zitiert – die musikalische Gestaltung des Sich-Vertragens, mit dem Ergebnis des Zustands von Ruhe, Frieden (als Streitaufhebung), Sicherheit und Ungestörtheit. Doch ist interessant, wie Wagner in seinen Schriften um 1848 seine ästhetisch-anarchische Ideologie und darin den zu bekämpfenden Staat umschreibt[39]. Dieser sei unnatürlich, daher ein künstliches, willkürliches Werk, von daher eine bloß „äußere Notwendigkeit für das Bestehen der Gesellschaft"; er sei leblos, „niet- und nagelfest" konstruiert, orientiert an „Stabilität", weshalb er eine „starre, nur durch äußeren Zwang erhaltene Vereinigung" darstelle, in der alles erstarrt und statisch „steht"; er sei deshalb ein mechanisches Gebilde, eine „knöcherne" „Staatsmaschine", in der Ruhe und Ordnung, Sicherheit und Schutz des Eigentums und als Grund „die Furcht und der Widerwille vor dem Ungewohnten" als Gewohnheit herrschen würden. Selbst die unmittelbar-natürlichen Familienbande seien zu „Banden der Gewohnheit" geworden, die nur mehr unter „Satzungen kalter Sittlichkeitsverträge" stehen würden. Ein solcher Staat, den Wagner (wie am Ende der „Götterdämmerung") verbrennen lassen wollte, sollte den freien, dem natürlichen Lebens- und Liebesbedürfnissen entsprechenden Verhältnissen der sich künstlerisch auslebenden Menschen weichen. Ein solcher Staat: passt für ihn nicht das Speermotiv?

---

37 So *Stefan Prey*, Zur Entwicklung der Leitmotivtechnik – Weber, Berlioz, Wagner (2006), www.stefanprey.de/Entwicklung_Leitmotivtechnik.pdf, S.13. Prey weist auch darauf hin, dass das Speer-Motiv im Vorspiel zum 3. Akt des „Siegfrieds" in symphonischer Bearbeitung erklingt (S.13). Interessant sind seine Ausführungen zur Szene, in der Siegfried den Speer zerschlägt (S.18).

38 So *Ursula Schulze*, Zur Bedeutung des Speeres. www.uni-salzburg.ac.at/fileadmin/oracle_file_imports/553705.pdf,, S.11. Sie zählt im „Rheingold" eine neunmalige, in der „Walküre" eine 14malige, im „Siegfried" mehr als 11malige Verwendung des Motivs auf (S.12).

39 Vgl. dazu *Schild*, Staat, 22 f.

11.

Siegfrieds Tötung des Fafner.
Strafrechtliches zu Wagners „Ring des Nibelungen“

Im Folgenden geht es um die juristische Beurteilung der Heldentat des Siegfried in dem gleichnamigen Musikdrama von Richard Wagner. Unter I. wird die Heldentat des Siegfried – also der zu beurteilende Sachverhalt – in Erinnerung gerufen. Dabei folge ich dem Text, wie er erstmals 1853 von Richard Wagner in einem Privatdruck des „Bühnenfestspiels (für drei Tage und einen Vorabend“ mit dem Titel „Der Ring des Nibelungen“ veröffentlicht wurde[1]. Damals hieß der zweite Tag noch „Der junge Siegfried“; inhaltlich bestehen aber keine nennenswerten Unterschiede zu dem endgültigen Text in der abschließenden Partitur[2]. Es folgt als II. die strafrechtliche Beurteilung, wobei nach einem Blick auf bisherige Lösungsversuche (unter 1.) vor allem das Problem des „Wesens“ des Fafner untersucht wird (als 2.). Die endgültige Frage nach der strafrechtlichen Verantwortung des Siegfried wird als Abschluss (und als 3.) nur mehr kurz einer Antwort, die mehr Behauptung ist, zugeführt. Dabei wird das gutachterliche Schema nicht eingehalten, sondern es werden die Probleme als solche erörtert.

I. Der Sachverhalt

Siegfried ist – da der Vater Siegmund[3] noch vor seiner Geburt erschlagen und die Mutter Sieglinde unmittelbar nach seiner Geburt verstorben sind – von

1 Zugrunde gelegt wird daher nur die dichterische Gestaltung durch Richard Wagner, der ausdrücklich von „meinem Mythus“ gesprochen hat. Nicht eingegangen wird auf die vielen Quellen, von denen Wagner in seiner Dichtung inspiriert wurde (dazu vgl. *Wolfgang Schild*, Staatsdämmerung. Zu Richard Wagners „Der Ring des Nibelungen“. Berlin 2007, S.7-11; in diesem Buch wird auch der Inhalt des Gesamtwerkes aus seiner Entstehung heraus dargestellt). Doch soll bezüglich des Gespräches zwischen dem sterbenden Fafnir und Sigurd auf „Das Lied von Fafnir“ in der Edda hingewiesen werden (dazu vgl. auch *Frank Piontek*, Plädoyer für einen Zauberer. Köln 2006, S.260).

2 Im Folgenden wird nur der Text herangezogen, nicht die musikalische Inszenierung der Szene. Dazu (und zum Einfluss des „Euryanthe“ von Carl Maria von Weber) vgl. *Piontek*, Plädoyer, S.253 ff.

3 Nur anzumerken ist, dass die älteste literarische Darstellung des Drachenkampfes von Sigurd / Siegfried sich im angelsächsischen Epos „Beowulf“ (um 700 n. Chr.) findet: dort wird der Held, der den Schatzhüter-Drachen besiegt, allerdings der Wälsinge Si-

https://doi.org/10.1515/9783110689396-012

Mime im Wald abseits der Menschensiedlungen aufgezogen worden; nicht aus Zuneigung, sondern in berechnender Absicht, weiß Mime doch von der Bestimmung des Kindes, der „herrlichste Held der Welt" zu werden. Er will Siegfrieds Kräfte nutzen, damit dieser den Besitzer eines ungeheuren Schatzes (mit einem Ring der Macht) – Fafner – für ihn töten soll; danach will er sich des Siegers entledigen, nämlich ihn einschläfern und töten; und mit dem Ring zum Herrn der Welt werden. Als die Waffe, die einzig zur Tötung Fafners taugt, von Siegfried selbst geschmiedet wird, sieht Mime die Zeit gekommen. Er redet Siegfried ein, auch das Letzte zu lernen, das ihm fehle, wie es die Mutter als Erziehungsauftrag dem Zwerg mitgegeben habe:

> Wenn einst mein Kind erwächst,
> hüte den kühnen im wald!
> Die welt ist tückisch und falsch,
> dem thör'gen stellt sie fallen:
> nur wer das fürchten gelernt,
> mag dort sich leidlich behüten[4].

Siegfried befolgt selbstverständlich das (vermeintliche) Gebot der unbekannten Mutter und folgt Mime in den Wald zu Fafner.

Es kommt zum Aufeinandertreffen von Siegfried und Fafner. Die Stimmung ist von vornherein aggressiv, da Fafner „in gestalt eines ungeheuren riesenwurmes (drachenschlange")[5], eines „eidechsenartigen schlangenwurmes (lindwurm)"[6] daher kommt, also als der menschlichen Sprache mächtiger Drache[7], der in dem jungen Helden ein geeignetes Fraßobjekt sieht, auch provoziert durch dessen lässige Fragen und das Ansinnen, von ihm das Fürchten erlernen zu wollen. Im Kampf wird Fafner von Siegfried mit dem Schwert tödlich getroffen. Im Sterben offenbart sich Fafner als ehemaliger und nun letzter Riese, der einst den Nibelungenschatz errungen und dafür seinen Bruder

---

gemund genannt (vgl. *Friedrich Wild*, Drachen im Beowulf und andere Drachen. Wien 1962, S.19).

4 So der Entwurf der Dichtung „Der junge Siegfried" von 1851, zitiert nach: *Otto Strobel* (Hg.), Richard Wagner: Skizzen und Entwürfe zur Ring-Dichtung. München 1930, S.113. Das Thema – das Fürchten auf Forderung der Mutter lernen zu wollen und zu müssen – findet sich noch in der Veröffentlichung von 1853, tritt aber in den späteren Ausarbeitungen stark in den Hintergrund; vor allem ließ Wagner später die Berufung auf die Mutter weg.

5 Vgl. *Strobel*, Skizzen, S.82.

6 Vgl. *Strobel*, Versdichtung, Skizzen, S.152.

7 Zur Abgrenzung „Drache" – „(Lind-)wurm" vgl. *Piontek*,, Plädoyer, S.263.

erschlagen hat, und warnt den Sieger vor den Gefahren des Schatzes in seiner Höhle.

Somit hat Siegfried ein „Wesen" getötet, das ein sprechender Drache war, das aber einst ein Riese gewesen ist. Zu fragen ist, wie diese Tat strafrechtlich zu beurteilen ist, wobei die Anwendbarkeit des geltenden deutschen Rechts zu unterstellen ist.

II. Die strafrechtliche Beurteilung

In Betracht kommen Bestimmungen (Tatbestände) des StGB, aber auch strafrechtlicher Nebengesetze (vor allem des Tierschutzgesetzes). Zunächst sind bisherige Lösungsversuche aufzuarbeiten (als 1.). Dann soll die rechtliche Einordnung des Fafner versucht werden (als 2). Als Abschluss (und 3.) wird diese Beurteilung kurz vervollständigt.

II.1. Bisherige Lösungsversuche

In der Literatur finden sich – wenn ich Recht sehe – zwei unterschiedliche Beurteilungen[8].

II.1.1. Ernst von Pidde

Die erste stammt von einem Autor, der unter dem Namen Ernst von Pidde ein Werk über die strafrechtliche Beurteilung des Wagnerschen „Ring des Nibelungen" verfasste. Dieser Jurist soll – so bereits die Angaben auf dem Umschlag der 1968 erschienenen ersten Veröffentlichung, die dann in den späteren Ausgaben wiederholt wurden – 1877 bei Wolfenbüttel geboren worden und 1966 in Gifhorn, wo er seit 1916 als Amtsrichter tätig gewesen sei, gestorben sein. Als Cellist und Liebhaber der Musik, aber als Feind der Wagnerschen Kunst habe er um 1933 das Manuskript geschrieben, das dann wegen der Nähe des Nationalsozialismus zu Wagner nicht veröffentlicht worden sei. Kurz vor seinem Tode (1966) habe er das Manuskript noch überarbeiten können (so die Angabe auf dem Umschlag 1968); es sei – so die Anmerkung „Zur Entstehungsgeschichte des Werkes" in der 2. verbesserten Ausgabe 1979 – vor der Drucklegung von einem „entfernten Verwandten, der dem auswärtigen Dienst angehört" überarbeitet und auf den neuesten Stand

8 *Frank Piontek* weist auf diese beiden juristischen Arbeiten nur hin, nimmt selbst aber keine eigene Stellung zu den Rechtsfragen; vgl. Plädoyer, S.266 f.

gebracht worden[9]. Wie auch immer: 1968 erschien erstmals das Buch mit diesem Autorennamen und dem Titel „Richard Wagners 'Der Ring des Nibelungen' im Lichte des deutschen Strafrechts".

In diesem Werk wird Fafner als Zwitterwesen zwischen Tier und Mensch angesehen, wie sie aus der Mythologie – Zentauren, Zyklopen, Fischmenschen (Nymphen) –, aus Märchen und Sagen, aus zeitgenössischen Berichten – v. Pidde erwähnt den Schneemenschen Yeti –, aber auch aus der Literatur (z.B. Kafkas „Die Verwandlung") bekannt seien[10]. Doch müsse eine Klärung und einzige Zuordnung versucht werden. Der Autor scheidet die Zuordnung zur Menschheit aufgrund der hochdeutsche Sprachfähigkeit des Fafner aus: auch der gestiefelte Kater und die Bremer Stadtmusikanten könnten sprechen und seien doch eindeutig Tiere. Maßgebend könne nur die Musik sein, obwohl diese bei Wagner eigentlich sonst nur die tatbestandliche Situation verdunkle; und hier zeige der tönende Ausruf „Pruh" zweifellos, dass dies ein Tierlaut und Fafner daher ein Tier sei[11].

Deshalb schied v. Pidde §§ 212, 211 StGB (Mord und Totschlag) aus, aber auch § 292 StGB (Jagdwilderei) – weil Fafner kein jagdbares Tier sei – und wollte Tierquälerei prüfen; nämlich zunächst (also 1933) § 9 TierschutzG[12] – „wer ein Tier [vorsätzlich] unnötig quält oder roh misshandelt" –, dann den 1968 bzw. 1979 geltenden § 17 Nr.1 TierschutzG[13]: „wer ein Wirbeltier ohne vernünftigen Grund [vorsätzlich] tötet". Dass Fafner ursprünglich ein Riese war, berücksichtigte v. Pidde nicht. Er bejahte im Ergebnis § 17 Nr.1 TierschutzG, ohne die Frage zu prüfen, ob die Tötung wirklich „ohne vernünftigen Grund" geschah (von dem – an sich konsequenten – Rechtfertigungsgrund des § 228 BGB ganz abgesehen).

II.1.2. Stefan Seiler

Der Strafrechtler Stefan Seiler legte in seiner 1993 veröffentlichen Salzburger Dissertation „Das Delikt als Handlungselement in Richard Wagners 'Ring des Nibelungen'" zwar das österreichische Strafrecht zugrunde; doch können bei der Ähnlichkeit der Rechtslage und bei der Allgemeinheit der Argumentation

9 So *Ernst von Pidde*, Richard Wagners „Der Ring des Nibelungen" im Lichte des deutschen Strafrechts. Hamburg 1979², S.7.

10 Vgl. *v. Pidde*, Ring , S.48

11 So *v. Pidde*, Ring, S.49.

12 So die 1. Auflage 1968, S.47.

13 So in der 2. Auflage 1979: vgl. *v. Pidde*, Ring, S.49.

seine Ergebnisse auch für die Beurteilung nach deutschem Recht herangezogen werden.

Seiler sah Fafner als Riesen und damit ohne nähere Begründung als Menschen[14] an. Dafür ging er allerdings von einer Voraussetzung aus: der Riese habe sich mit Hilfe des Tarnhelms in den Drachen verwandelt[15]. Er stellte damit eine Parallele zum zweiten Aufzug des „Rheingolds“ her, in dem Alberich den von ihm erdachten und ihm von Mime geschmiedeten Tarnhelm zur Verwandlung in einen „Riesenwurm“ („Riesenschlange“) (und dann auch in eine Kröte) verwendet. Diese Voraussetzung ist indes eindeutig unhaltbar; nicht nur, weil bei Wagner davon nichts zu finden ist[16], sondern weil es dem Wesen der Riesen und vor allem des Fafner widerspricht. Die Riesen kennen nur das Gold. Deshalb ist ihnen die zauberische Kraft des Rings ebenso fremd und unbekannt wie die des goldgewirkten Tarnhelms. Sie verlangen von Wotan diese beiden Zaubermittel nur als Goldschatz, nämlich als Teil des Lösegeldes für Freia bzw. als Lohn für ihre Arbeit der Errichtung der Götterburg. Sie kennen nur einen Zauber, in den Worten von Fafner zu seinem Bruder: „Glaub’ mir, mehr als Freia frommt das gleißende Gold: auch ew’ge Jugend erjagt, wer durch Goldes Zauber sie zwingt“. Liest man den Text des Vorabends „Rheingold“ genauer, so erkennt man, dass bei der Schilderung der Macht des Rings durch Loge die beiden Riesen gar nicht zuhören, sondern sich „bei Seite beraten“. Die Zauberkraft des Tarnhelms erfahren Wotan und Loge erst in dem unterirdischen Nibelheim, die Riesen erfahren und kennen sie daher überhaupt nicht. Zudem wirkt der Tarnhelm nur, wenn er über den Kopf getragen wird. Er liegt aber (wie auch der Ring) im Ganzen des Goldschatzes in Fafners Höhle – der nur den Besitz des Goldes genießt („Ich lieg’ und besitze: – lasst mich schlafen!“) –, aus der ihn (und den Ring) Siegfried nach der Tötung des Fafner auf Anraten des Waldvogels holt. Seiler gibt somit für seine Qualifizierung keinen zureichenden Grund an[17].

---

14 So auch für Fasolt, der von Fafner erschlagen wurde. Vgl. *Stefan Seiler*, Das Delikt als Handlungselement in Richard Wagners „Ring des Nibelungen“. Wien 1993, S.86.

15 Vgl. *Seiler*, Delikt, S.128.

16 Seiler dachte vielleicht an das „Lied von Fafnir“ in der „Edda“ (13. Jh.), in der berichtet wird, dass der drachengestaltige Riese Fafnir durch einen Schreckenshelm noch furchtbarer anzuschauen war.

17 Ähnlich ordnet z.B. auch *Albert Gier* in seinem Beitrag „Und lieblich brüllt das Ochsenvieh“ (in: Opernwelt 2005, H.7, S.33 – 38) Fafner ohne nähere Begründung den „verwandelten Menschen“ zu (S. 38).

Im Ergebnis schließt er allerdings Totschlag oder Mord durch Siegfried aus, weil der Held ohne den erforderlichen Vorsatz (auf Tötung eines Menschen, d.h. eines menschlichen Lebewesens) gehandelt habe. Das einzige Indiz, das für die Menschlichkeit des Fafner sprechen könnte, ist für Seiler dessen Fähigkeit zu sprechen. Aber Siegfried, „der fern jeglicher Zivilisation von Mime aufgezogen wurde",

> zieht daraus [...] den Schluss, dass es sich um ein Tier mit außergewöhnlichen Fähigkeiten handelt. Dieser Schluss ist auch aus objektiver Sicht näherliegend, da der Täter sein Tatobjekt wohl in erster Linie nach seinem äußeren Erscheinungsbild beurteilt und nicht nach seinem Verhalten.[18]

Siegfried glaube daher, ein – wie er selbst zum Ausdruck bringt – „Tier, das zum Sprechen taugt" zu töten. Seiler lehnt auch fahrlässige Tötung ab.

II.1.3. Offene Fragen

Beide Autoren können aber nicht überzeugen. Über die abzulehnende Voraussetzung des Tarnhelms bei Seiler wurde schon gehandelt. Ein Grund, warum der Riese Fafner ein Mensch ist, wird überhaupt nicht angegeben. Zu kurz und daher diskussionswürdig ist auch seine Lösung des Vorsatzproblems. Die Begründung v. Piddes, Fafners tönender Ausruf „Pruh" sei als Tierlaut zu kennzeichnen und Fafner deshalb als Tier aufzufassen, übersieht, dass Fafner ein langes Gespräch mit Siegfried vor und nach dem Kampf (vor und im Sterben) führt. Es bedarf also einer neuen rechtlichen Beurteilung.

II.2. Das „Wesen" des Fafner

Zu fragen ist somit (genauer), wie das „Wesen" des Fafner zu bestimmen ist. Dabei empfiehlt es sich, vier aufeinander aufbauende Dimensionen des Problems zu unterscheiden.

II.2.1. Mythologischer Drache oder Drachentier

Zunächst ist als Einstieg klarzustellen, dass Wagner in seinem Musikdrama „Siegfried" im Rahmen des seit 1848 an- und ausgedachten Nibelungendramas eindeutig den Drachen entmythologisiert hat.

Dies ist deshalb wichtig festzuhalten, weil ursprünglich (und noch unmittelbar vor der ersten Niederschrift des Projekts [„Nibelungensaga (Mythus)"] im Oktober 1848) Wagner eine höchst spekulative, nur „meinen Freunden –

---

18 So *Seiler*, Delikt, S. 129.

allerdings nicht der historisch-juristischen Kritik“ gewidmeten Studie mit dem Titel „Die Wibelungen. Weltgeschichte aus der Sage“ veröffentlichte, in der er in der Siegfried-Gestalt den naturmythischen Licht- und Sonnengott sehen wollte, der in dem Drachenkampf das „Ungethüm der chaotischen Urnacht“ besiegt und so den Sieg des Lichtes über die Finsternis, der Wärme über die Kälte, des Tages über die Nacht bewirkt habe[19]. Wagner verglich diesen Siegfried mit dem hellenistischen Apollo, der den Drachen Python besiegt habe.

Wagner knüpfte in dieser „Wibelungen“-Schrift somit an die Mythologie an, die dem Kampf zwischen einem lichten Gott oder einem göttlichen König und einem finsteren Ungeheuer die Bedeutung des Sieges der Ordnung über das Chaos zugeschrieben hatte. Man denke an den babylonischen Marduk, den assyrischen Ansar, den indischen Gott Indra, an die griechischen Helden Kadmos, Herakles, Perseus, Jason, Peleus, auch an die jüdisch-christliche Apokalypse (Erzengel Michael) oder an die christlichen Heiligen Georg, Adelphus, Lupus und Gozon[20]. Diese mythische Auseinandersetzung wurde in der daran sich anschließenden Tradition dem Gegensatz und Wechsel von Tag und Nacht, der Jahreszeiten, von Liebe und Tod, Sonne und Mond zugeschrieben und ritualisiert[21].

---

19 Vgl. *Richard Wagner*, Die Wibelungen. Weltgeschichte aus der Sage (Sommer 1848), abgedruckt in: Ders., Gesammelte Schriften und Dichtungen. Band II. Leipzig 1887^2, S. 115 ff., hier S. 131.

20 Vgl. dazu *Ludwig Rohner*, Drachenheilige, in: B. Schmelz / R.Vossen (Hg.), Auf Drachenspuren. Bonn 1995, S. 147 – 157; *Christa Tuczay*, Drache und Greif – Symbole der Ambivalenz, in: Mediaevistik 19, 1006, S.169-211, 175 ff. - Schließlich sind als menschliche Heroen noch Beowulf, Dietrich von Bern, Wigalois und Tristan zu nennen. – Zu Telramund aus Drachentöter vgl. *Piontek*, Plädoyer, S.108 f.

21 Vgl.. Zur Drachengestalt vgl. auch *Othenio Abel*, Die vorweltlichen Tiere in Märchen, Sage und Aberglaube. Karlsruhe 1923, S.5-21; *Wilhelm Bölsche*, Drachen. Sage und Naturwissenschaft. Stuttgart 1929; *John Cherry* (Hg.), Fabeltiere: Von Drachen, Einhörnern und anderen mythischen Wesen. Stuttgart 1997; *Wolfgang Hierse*, Das Ausschneiden der Drachenzunge und der Roman von Tristan. Diss. Tübingen 1969; *Ernest Ingersoll*, Dragon and Dragonlore. New York 1928; *Claude Lecouteux*, Der Drache, in: Zeitschrift für deutsches Altertum und deutsche Literatur 108, 1979, S.11-30; *Willy Ley*, Drachen, Riesen, seltsame Tiere von Gestern und Heute. Stuttgart 1953; *Lutz Mackensen*, „Drache“, in: Handwörterbuch des deutschen Aberglaubens. Band 2. Berlin 1930, Sp. 363 – 404; *Winder McConnell*, Mythos Drache, in: Ulrich Müller / Werner Wunderlich (Hg.), Mythen des Mittelalters. Band 2: Fabeltiere und Dämonen. St. Gallen 1999, S.171 – 185; *Heinz Mode*, Fabeltiere und Dämonen. Die Welt der phantastischen Wesen. Leipzig 2005, S. 123 – 142; *Joseph Nigg*, The Book of Dragons & Other Mythical Beasts. New York 2002; *Piontek*, Plädoyer, S.256 ff.; *Lutz Röhrich*, „Drache, Drachenkampf, Drachentöter“, in: Enzyklopädie des Märchens. Band 3. Berlin 1981,

Diese mythologische Dimension des Drachen und des Siegfried(gottes) fand sich aber in der von Wagner im Oktober 1848 konzipierten „Nibelungensage" – trotz ihrer ausdrücklichen Bezeichnung als „Mythus" - nicht mehr und wurde auch in den späteren Bearbeitungen des Stoffes nicht mehr aufgenommen. Im Gegenteil gestaltete Wagner nun (1848) den Drachen als (einfaches und selbstverständliches) Tier. Denn – so kann man lesen –: nachdem die Riesen den Schatz von Wotan erhalten hätten, „lassen [sie] den Hort u. den Ring auf der Gnitaheide von einem ungeheuren Wurm hüten. [...] Aber die Riesen verstehen nicht ihre Macht zu nützen [...]. So liegt der Wurm seit uralten Zeiten in träger Furchtbarkeit über dem Hort." Konsequent wurde der Drachenkampf gestaltet. Siegfried „erschlägt den Riesenwurm. Als er seine vom Blute des Wurmes erhitzten Finger zur Kühlung in den Mund führt, kostet er unwillkürlich von dem Blute u. versteht dadurch plötzlich die Sprache der Waldvögel, welche um ihn herum singen."[22]

Auch noch der Prosaentwurf zu dem ursprünglich als einziges Drama gedachten Werkes „Siegfried's Tod" (Oktober / November 1848) – das dann im Wesentlichen später den dritten Abend „Götterdämmerung" darstellt – kannte den Drachen nur als „Riesenwurm" oder als „der Riesen furchtbarer Wurm" oder als „grimmer Wurm"[23]. Er war ein namen- und sprachloses Tier, das die Riesen als Wächter des Schatzes benutzten[24], vielleicht – wie eine der Nornen in dem Entwurf zu einem Vorspiel zu „Siegfried's Tod" (vielleicht Ende Oktober 1848 geschrieben) mitteilt – als Wurm, den die „Riesen zeugten"[25].

Der Drache ist also nach den „Wibelungen" keine mythologische Gestalt mehr[26]. Dennoch kann auch die Konzeption des Drachen als eines Drachentieres nicht für die späteren und entscheidenden Dichtungen herangezogen werden.

Sp.787 – 820; *Geza Roheim*, Drachen und Drachenkämpfer. Berlin 1912; *Mary Shane*, Dragons. The Eternally Evil Beasts. Gettyburg College 1999; *K. Shuker*, Drachen. Mythologie – Symbolik – Geschichte. Augsburg 1997; *Uwe Steffen*, Drachenkampf. Der Mythos vom Bösen. Stuttgart 1989; *Joyce Tally*, The Medieval Dragon, Middelsex 1998; *B. Trubshaw*, Dragon slying Myths Ancient and Modern. London 1998; *Tuczay*, Drache; *Wild*, Drachen.

22 So *Wagner*, Wibelungen, S. 28.

23 Vgl. *Strobel*, Skizzen, S. 38 ff., hier S. 39, 44 f., 47.

24 Zu dieser Funktion des Drachen als Schatzhüter vgl. *Tuczay*, Drache, S.181 ff.

25 Vgl. *Strobel*, Skizzen, S. 56.

26 Im übrigen auch keine politische Metapher wie bei Heinrich Heine oder Friedrich Engels; vgl. dazu *Piontek*, Plädoyer, S.265 ff.

II.2.2. Drachentier oder Drachenperson

Denn im Mai 1851 änderte Wagner sein Projekt. Hatte er bis jetzt nur „Siegfried's Tod" erzählen wollen, ging er nun daran, das Leben des Helden – den er für den wahren Menschen der von ihm erhofften Zukunft ansah[27] – in einem selbständigen Drama (als „Der junge Siegfried") darzustellen. Im Zentrum sollte der Drachenkampf (verbunden mit der Gewinnung des Nibelungenschatzes samt des Ringes) und die Erweckung der Brünnhilde (des Weibes schlechthin) zur wonnigsten Liebesumarmung stehen, entsprechend der Biographie eines wirklichen Helden: Kampf, Reichtum, Liebe; und anschließend (im darauf folgenden Drama): Tod.

In einer schwer zu datierenden Notiz sah Wagner bereits die drei Aufzüge vor, wobei der zweite dem Drachenkampf gewidmet war. Und da hieß es: „Morgen. Fafner kommt: sein tod – gespräch."[28] Nun hatte plötzlich der Drache einen Namen und konnte auch bereits sprechen (wobei anzumerken ist, dass dadurch sich Wagner der literarischen Vorlage in der „Edda" [13. Jh.] annäherte, die das „Lied von Fafnir" enthält, in dem der Kampf Sigurds mit dem drachengestaltigen Riesen Fafnir – der durch einen Schreckenshelm noch furchtbarer erscheint – vor der Höhle auf der Gnitaheide und ein Gespräch des siegreichen Helden mit dem sterbenden Fafnir geschildert werden). In der Ausarbeitung des neuen Dramas (zunächst als Prosaentwurf Mai 1851) wurde die Drachengestalt deutlicher ausgeführt. Zunächst spricht zwar Alberich immer noch von dem von ihm begehrten Ring, „den ein riesenwurm unter seinem bauche jetzt als sein eigen behütet"[29]. Doch kennt er offensichtlich auch dessen Namen. Zudem spricht dieser Riesenwurm aus der finsteren Höhle mit furchtbarer Stimme, verkündet auch bereits sein Motto: „Ich liege und besitze; lasst mich schlafen!"[30] Vor Siegfried taucht dann Fafner „in gestalt eines ungeheuren riesenwurmes (drachenschlange)" auf und führt mit ihm vor und nach dem Kampf das Gespräch, das inhaltlich im Wesentlichen der endgültigen Fassung gleicht[31]. Siegfried ist erstaunt: „Ei, bist du ein thier, das sprechen kann, so mag ich von dir wohl was lernen."[32]

---

27 Dazu vgl. *Schild*, Staatsdämmerung, S.63 ff.

28 So *Strobel*, Skizzen, S.66.

29 So *Strobel*, Skizzen, S.77.

30 So *Strobel*, Skizzen, S.80.

31 So *Strobel*, Skizzen, S.82 f.

32 So *Strobel*, Skizzen, S.82.

Damit spricht Siegfried ein Problem an, das die Tierqualität des Drachen in Frage stellt. Denn dieses „Sprechen“ kann nicht der vieldiskutierten „Sprache der Tiere“[33] gleichgestellt werden. Fafner gibt keine Laute von sich, singt nicht, wie die Vögel im Wald singen; er stößt auch nicht nur den von v. Pidde herausgestellten Laut „Pruh“ heraus. Er ist vielmehr ein Tier, das „Ich“ zu sich sagen kann und sagt, das in dem Gespräch sich als ein handlungsfähiges und auch tatsächlich handelndes Wesen zeigt, das zum Kampf herausfordert und sich dem Kampf stellt[34], noch mehr: das sich als „Besitzendes“ selbst beschreibt: „Ich liege und besitze!“ Fafner hat auch dieses Wissen um sich selbst als dieses „Ich“, also ein Selbstbewusstsein von sich.

Fafner ist deshalb eindeutig wesentlich nicht ein Tier, sondern eine Person (in Tiergestalt). Er erfüllt die Voraussetzungen, die Thomas Gill in seinem 2004 erschienenen Buch „Personen“ als Charakteristika von Personalität angibt. „Personen [sind] sprachfähige Wesen“[35]. „Als sprachfähige Körper oder Tiere sind Personen in der Lage, ‘ich’ zu sich selbst zu sagen. Personen sind [...] ‘ich’-Sager, die auf der Basis dieses ‘ich zu sich selbst sagen können’ ein spezifisches Selbstbewusstsein und Selbstverhältnis, einen spezifischen Selbstbezug haben.“[36] Auch für Sandra Ausborn-Brinker und für Dieter Sturma muss Fafner eine Person sein: denn er ist „jemand, der aus Gründen verstehen und handeln kann“[37]. Ebenso erfüllt Fafner die von Robert Spaemann angegebenen Merkmale der Person: er ist „jemand“ oder nicht bloß „etwas“[38].

Diese Fähigkeiten übersteigen eindeutig die Dimension des Tierischen. Deshalb stellt sich nicht die Frage, wie der moralische Stellenwert eines Tieres zu

---

33 Dazu vgl. *Karl Bühler,* Sprachtheorie. Stuttgart 1934; *Erich Heintel*, Einführung in die Sprachphilosophie. 4. Aufl. Darmstadt 1991, S.185 ff.; *Friedrich Kainz*, Die „Sprache“ der Tiere. Stuttgart 1961; *Silke Labudda*, Über die Sprache der Tiere. Eine Revision älterer und neuerer Forschungsliteratur. Mag.Arbeit Hannover 2005; *Fritz Mauthner*, Zur Sprachwissenschaft. Stuttgart 1901. Für eilige LeserInnen vgl. *Dietmar Todt*, Haben Tiere eine Sprache? www.berlin-sciences.com/focus/index.php?ans=6.

34 Anfangs greift Siegfried an (so *Strobel*, Skizzen, S.82); später greift Fafner an.

35 So *Thomas Gill*, Personen. Berlin 2004, S. 18.

36 So *Gill*, Personen, S.19.

37 Vgl. *Sandra Ausborn-Brinker*, Person und Personalität. Versuch einer Begriffsklärung. Tübingen 1999, S.126; *Dieter Sturma*, Philosophie der Person. Paderborn 1997, S.188 ff., 203; *Ders.*, Person und Menschenrechte, in: Ders. (Hg.), Person. Philosophiegeschichte – Theoretische Philosophie – Praktische Philosophie. Paderborn 2001, S.337-362, 345, 351; *Ders.*, Philosophie des Geistes. Leipzig 2005, S.103 ff.

38 Vgl. *Robert Spaemann*, Personen. Stuttgart 1996, S.11.

sehen ist[39]. Im Ergebnis ist festzuhalten: Fafner ist kein Drachentier, sondern eine Drachenperson. Die Beurteilung von v. Pidde ist deshalb eindeutig unhaltbar. Für die Tötung Fafners durch Siegfried kommt nicht das TierschutzG in Betracht. Siegfried hat eine Drachenperson, d.h. eine Person in Drachengestalt, getötet. (Im übrigen würde diese Qualifikation auch für den von v. Pidde herangezogenen „gestiefelten Kater" und die „Bremer Stadtmusikanten" gelten: auch sie sind aufgrund ihrer sprachlichen und selbstbewussten Fähigkeiten als Personen und nicht als Tiere aufzufassen.)

II.2.3. Drachenperson oder drachengestaltiger Riese

Zur Drachenperson passt auch die Tatsache, dass der Drache einen Namen hat, auf den er auch hört, wie das Rufen von Wotan und Alberich in die Höhle zeigt: „Fafner". Wir erfahren aus der sogenannten „Wissenswette" zwischen Wotan und Mime, die Wagner ebenfalls in dem Prosaentwurf des „Jungen Siegfried" erstmals vorsah, dass mit diesem Namen zugleich „der riesen stärkster" genannt wurde[40]. Noch mehr: Wotan erzählt vom Geschick der Riesen, deren Geschlecht durch den Streit um den Nibelungenschatz aufgerieben worden sei. „es fiel durch sich das ganze geschlecht, nur einer lebt noch, der riesen stärkster: Fafner hütet den ring."[41] In der im Juni 1851 ausgeführten Dichtung des „Jungen Siegfried" formuliert Wagner/ Wotan: „Fafner, der riesen stärkster, der hütet als wurm den ring!"[42]

Offensichtlich wird mit diesen Hinweisen eine Identität behauptet: zwischen Fafner, dem Riesen, und Fafner, dem Drachen. Deutlich wird dies in dem Gespräch nach der tödlichen Verletzung. Die sterbende Drachenperson teilt dem siegreichen Siegfried mit:

> lass deine that dir künden: du hast eine welt gemordet! Über die welt herrschten die riesen einst; den Nibelungen Hort gewannen sie: um das gold erhob sich streit; wer es besaß fiel durch den bruder, der es begehrte: alle würgten sich hin, den letzten bruder erschlug ich; doch den letzten riesen mordetest du! Einsam hütete ich den hort [...]: nun fand auch ich des neides lohn: unwissend vollbrachtest du die

39 Vgl. dazu nur *Thorsten Gerdes*, Der Tierschutz – ein staatstheoretischer Problemfall, in: Rechts- als Geisteswissenschaft. Festschrift für Wolfgang Schild. Hamburg 2007, S.155 – 172; *Ders.*, Tierschutz und freiheitliches Rechtsprinzip. Frankfurt a. M. 2007; *Nicole Gerick*, Recht, Mensch und Tier. Baden-Baden 2005; *Thomas Benedikt Schmidt*, Das Tier – ein Rechtssubjekt? Eine rechtsphilosophische Kritik der Tierrechtsidee. Regensburg 1996; *Ursula Wolf*, Das Tier in der Moral. Frankfurt a. M. 1990.

40 Vgl. *Strobel*, Skizzen, S.74.

41 Vgl. *Strobel*, Skizzen, S.74.

42 Vgl. *Strobel*, Skizzen, S.122.

that [...] Zu ende ist nun der riesen weisheit, zu ende vorwissender rath, lebe wer lebt – ich sterbe![43]

Die Frage stellt sich, wie dieses dem Fafner selbst-bewusste Verhältnis zu denken ist[44].

Wieder hilft zunächst das Buch von Thomas Gill weiter, der unterschiedliche Konzepte des Personenverständnisses vorstellt[45]. Möglich wäre es, auf eine bloß bewusste / geistige Personalität des Ich abzustellen, wie dieses sich in dem selbstbewusst identischen Namen ausdrückt, und eine unmittelbare, lineare Identität zugrunde zu legen; in dem Sinne, dass Fafner immer derselbe bliebe, völlig unabhängig von der körperlichen Substanz oder Gestalt. Dieses Verständnis, das in der Philosophiegeschichte etwa von John Locke vertreten wurde, berücksichtigt nur das Bewusstsein, also die Seele oder den Geist, und sieht von dem Körperlichen völlig ab. „Fafner hütet den ring"; und es wäre gleichgültig, ob er dies als Riese oder als Drache vollzieht. Die Gegenposition dreht das Verhältnis von Seele / Geist und Körper – oft auch verstanden als Verhältnis von Immateriellem und Materiellem – um. Maßgebend sei das Körperliche, vor allem das Gehirn, weshalb von dem Selbstbewusstsein abgesehen werden könne und müsse. Diese Position, wie sie etwa Bernhard Williams vertritt (und wohl auch einige Hirnforscher), würde also eigentlich von zwei unterschiedlichen Personen ausgehen: der Drachenperson und der Riesenperson. Eine Identität könnte daher nicht über den Körper hergestellt werden, die völlig unterschiedlich sind, sondern eventuell nur über dasselbe Hirn hergestellt werden, das dann Drachen- und Riesenhirn zugleich sein müsste.

Nun wissen wir seit Hegel, dass das abstrakte Gegenteil die Identität ist, weshalb es erforderlich ist, ein solches Gegeneinander aufzuheben und von einer Einheit von Seele / Geist und Körper auszugehen, einer Einheit, die aber nicht unmittelbar Eines ist, sondern durchaus Unterschiede in sich enthält, die sich aber nicht zu getrennten Elementen ausgestalten, sondern als „Momente" des Ganzen und im Ganzen stets aufeinander verwiesen bleiben (und auch nur in dieser Weise gedacht werden können) Der Körper wird in dieser Sicht zu

---

43 Vgl. *Strobel*, Skizzen, S.83.

44 Wobei nochmals angemerkt sei, dass ich mich auf den Text des Musikdramas beschränke. Eine Betrachtung der Musik, also der musikalischen Leitmotive für die Riesen und für den lebenden und sterbenden Fafner, würde durchaus weitere, interessante Zusammenhänge ergeben; vgl. *Piontek*, Plädoyer, S.255 ff..

45 Vgl. *Gill*, Personen, S.49 ff.

einem „Leib", der immer schon von der ihn prägenden und gestaltenden Seele/ Geist gedacht ist, wie auch Seele / Geist stets nur als leibbezogen zu denken ist[46]. Auch Thomas Gill vertritt – freilich ohne Bezug auf Hegel und einen „Leib"begriff – dieses Konzept.

> Für das Personsein [...] ist aber der Körper fundamental. Deswegen macht es viel Sinn zu behaupten, dass Körper Personen 'konstituieren' bzw. ausmachen. Ohne materielle Körper gibt es keine Personen. Aber nicht alle [...] Körper sind Personen. [...] Für eine Person ist das Haben eines Körpers deren Konstituiert-Sein durch diesen Körper.[47] [...] Wenn ein lebender Organismus personale Merkmale und Eigenschaften hat, dann ist er eine Person. Die Person, die er ist, ist aber nicht eine Verdoppelung seiner selbst, ein anderes Selbst. Die Person ist nicht ein Duplikat des Organismus, sondern ist durch diesen konstituiert. Es gibt nicht zwei Personen, und auch nicht zwei Organismen, sondern eine Person, die durch den Organismus konstituiert ist.[48]

Diese Hinweise von Gill helfen zwar weiter, können aber noch nicht unser Problem der Identität des Fafner lösen. Denn Fafner wäre danach eine einheitliche Person, die durch zwei unterschiedliche Organismen konstituiert sein müsste, was so nicht gedacht werden kann: denn dann wäre Fafner eigentlich leiblos, was gerade dem Ansatz widersprechen würde. Doch kann ein Hinweis von Richard Wagner selbst das entscheidende Kriterium aufzeigen. Der sterbende Fafner erzählt dem Sieger im Prosaentwurf auch noch Folgendes: „Einsam hütete ich den hort, nahm dieses wurmes gestalt [an], und schreckte so die neider vom golde."[49] In diesem Sinne berichtet die Walküre Schwertleite im 3. Aufzug der „Walküre" ihren Schwestern: „Wurmes-Gestalt schuf sich der Wilde: in einer Höhle hütet er Alberich's Reif."

---

46 Vgl. *Wolfgang Schild*, Die chinesische Lehre von Qigong Yangsheng als Thema westeuropäischer Philosophie (am Beispiel G.W.F. Hegels). In: Gisela Hildebrand / Manfred Geißler / Stephan Stein (Hrsg), Das Qi kultivieren - Die Lebenskraft nähren. Uelzen 1998, S.77 – 96. - Zu diesem „holistischen Ansatz" vgl. auch *Ausborn-Brinker*, Person, S.17, 57 ff., 93; *Ludwig Siep*, Der Begriff der Person als Grundlage der biomedizinischen Ethik: Zwei Traditionslinien, in: Dieter Sturma (Hg.), Person. Philosophiegeschichte – Theoretische Philosophie – Praktische Philosophie. Paderborn 2001, S.445 – 460, 454 ff.; *Sidney Shoemaker*, Verkörperung und Verhalten, in: Ludwig Siep (Hg.), Identität der Person. Basel, Stuttgart 1983, S.96 – 95 (dazu *Siep* in der Einleitung S.15); *Spaemann*, Personen, S.18 ff.

47 So *Gill*, Personen, S. 16.

48 So *Gill*, Personen, S. 18.

49 Vgl. *Strobel*, Skizzen, S.83. – Darin folgte Wagner im übrigen der Volsungasage der Edda, in der erzählt wird, dass Fafnir „wegen seiner Größe und Bösartigkeit" zu einer Heideschlange wurde. „Er wurde so unleidlich, dass er in die Wildnis ging und sonst niemanden den Schatz genießen ließ und seitdem ist er der übelste Wurm geworden und liegt auf dem Hort." Vgl. *Tuscay*, Drache, S.182; *Wild*, Drachen, S.20 Fn.89.

Mit anderen Worten: der Riese Fafner verwandelte sich selbst durch eine ihm offensichtlich gegebene Fähigkeit in den Drachen[50]. Er blieb sich selbst dabei treu, noch mehr: er verwirklichte nun in diesem neuen Leib sein Wesen[51]: durchaus angemessen, ja vielleicht sogar nach dem Töten seines Bruders noch passender. Er hat seinen eigenen Bruder aus Habgier (bei Wagner: „aus Neid") erschlagen, er wollte das Gold nur für sich besitzen als Eigentümer, der alle anderen von dessen Genuss mit allen Mitteln (auch Zwang durch Gewalt oder Drohung) auszuschließen strebte[52]. Fafner war bereits als Riese beseelt[53] von dieser Gier nach dem Gold, in der er bereit war, über Leichen zu gehen. Bereits als Riese war er seelisch ein tödliches, neidisches, besitzendes Wesen, für das die Drachengestalt maßgeschneidert war. So gab er sich diesen neuen Leib, nicht um sich eine neue Identität zu geben, sondern gerade um seine gleichbleibende Identität angemessen zur leiblichen Wirklichkeit zu bringen. Fafner verwandelte den Riesenleib zu dem riesigen Drachenleib; er blieb dabei, was er seinem Wesen, seinem seelischen Charakter, seiner geistigen Einstellung nach war.

Nähere Betrachtung zeigt aber, dass diese Sprechweise eigentlich nicht aufrechterhalten werden kann: Fafner verwandelte nicht den Riesenleib zu einem Drachenleib. Denn erinnern wird uns an die Einheit von Seele / Geist und Leib: Fafner *war* dieser Riesenleib! Der Leib war sein Leib als Riese. Durch diese Verwandlung wurde das Wesen des Fafner als Riese nicht aufgehoben. Im Gegenteil: diese leibliche Verwandlung war zugleich sein Werk, das Werk von ihm als Riese, daher auch sein leibliches Werk. Er hatte als Riese getötet, als Riese den Hort an sich gerafft; und er hatte als Riese die Leibverwandlung vorgenommen. Es geschah ihm diese Verwandlung nicht von außen, sondern er wollte sie selbst leiblich durchführen, um „die neider vom golde" abzuschrecken, um zu verhindern, dass ihm jemand den Besitz des Schatzes streitig machen könnte. Fafner wurde nicht verzaubert, sondern er verzauberte sich

50 Unterschied zu der von v.Pidde im Vergleich herangezogenen Erzählung von Kafka. – Zum Begreifen einer solchen Verwandlung vgl. *Spaemann*, Personen, S.18 ff., 158 ff.

51 Vgl. *Piontek*, Plädoyer, S.264 f. (mit Hinweisen auf George Bernard Shaw und Lynn Snook).

52 Vgl. wiederum die Volsungasaga der Edda, in der es heißt: „Fafnir war bei weitem der größte und grimmigste und wollte alles, das da war, sein Eigentum nennen lassen." (*Wild*, Drachen, S.20 Fn.90).

53 Zu dieser „Seele" vgl. *Spaemann*, Personen, S.158 ff.

selbst[54]. Er wechselte daher nicht seinen Riesenleib, sondern er gab nur seine Riesen*gestalt* auf, indem er sich, d.h. sich als Leib, daher seinen riesigen Leib drachengestaltig verwandelte. Nicht der Leib wurde verändert, sondern die äußere leibliche Gestalt, also das Äußerliche; wenn man terminologisch sauber bleiben will: nicht der Leib, sondern der Körper (als das Äußere des Leibes) veränderte sich. Dies vollbrachte Fafner aber als der, der er ursprünglich war und der es auch blieb; nämlich in der Einheit von Seele / Geist und Leib: der Riese Fafner.

Daher kann man im Ergebnis festhalten, dass Fafner nicht wesentlich als Drachenperson bestimmt werden kann, auch nicht als Person, die einmal ein Riese war, nun ein Drache ist. Es ist die Riesenperson, die auch leiblich einheitlich ein Riese war und dies bleibt, die dann diesen Leib in seiner äußeren Gestalthaftigkeit verändert hat. Die Drachengestalt ist nur äußerlich; im Inneren bleibt es der Riesenleib (als die Verleiblichung der Riesenseele / des Riesengeistes), der dadurch eine andere äußere Gestalt angenommen hat, aber kein anderer Leib geworden ist. Es bleibt somit der Riese Fafner, der sich weiterhin in seinem Leib und als sein Leib verwirklicht, aber nicht mehr in Riesen-, sondern in Drachengestalt. Der Drache ist die Gestalt des Riesenleibes des Fafner, also des Riesen Fafner als der Einheit von Seele/ Geist und Leib, die die Identität begründet.

Der sterbende Fafner bringt diese in unterschiedlicher Gestalthaftigkeit bei sich bleibende (dialektische) Identität auf den Begriff: „doch den letzten riesen mordetest du!“[55], wie es im Prosaentwurf heißt; oder in der Dichtung: „Fafner, den letzten riesen, fällte ein rosiger held.“[56]. Siegfried hat deshalb keine Drachenperson getötet, sondern einen drachengestaltigen Riesen getötet, das Schwert in einen drachengestaltigen Riesenleib hineingestoßen. Dass ein Riese nach den oben angegebenen Kriterien eine Person ist, braucht nicht gesondert dargetan zu werden. Es liegt auf der Hand.

Im Übrigen wird durch diese Erkenntnis die Personalität des Fafner in seiner Drachengestalt endgültig deutlich. Denn eigentlich stellt sich noch ein weiteres Problem der Personalität, wenn man bedenkt, wie Thomas Gill Personen charakterisiert, nämlich durch weitere Merkmale:

---

54 Vgl. zu diesem Problem bei der Verwandlung eines Menschen in einen Wolf: *Wolfgang Schild*, Missetäter und Wolf. In: Wirkungen europäischer Rechtskultur. Festschrift für Karl Kroeschell. München 1997, S.999 – 1031.

55 Vgl. *Strobel*, Skizzen, S.83.

56 Vgl. *Strobel*, Skizzen, S.155.

> Sie können überlegen, nachdenken und mehrere Handlungsoptionen entwickeln und prüfen [....] Sie können [...] 'Nein' sagen. Sie können sich also im Sinne von Ja- oder Nein-Stellungnahmen zur Welt verhalten. Dies alles macht ihre sogenannte Rationalität, ja ihre konkrete Freiheit aus[57]. [...] Sie sind [...] sprachfähige Körper, die in der Lage sind, sich reflexiv zu sich selbst zu verhalten, Evaluationen zu entwickeln sowie andere als ihresgleichen zu behandeln.[58]

Gill ordnet in diesem Sinne den Personen „Autonomie" zu: sie sind „Seiende an sich und Seiende, die etwas mehr werden können, d. h. Seiende, die 'für sich' werden können, indem sie sich vergegenwärtigen, wer sie sind und wie sie geworden sind."[59] „Sie existieren immer jenseits ihres Wesens, indem sie dieses negieren und sich selbst auf das hin prospektiv entwerfen, was sie nicht oder noch nicht sind."[60] „Deswegen ist ihr Leben ein frei zu führendes Leben. Ihre Identität ist eine frei zu schaffende Identität."[61] „Personen können wünschen, andere Personen als die Personen, die sie gerade sind, zu sein, einen anderen Willen als den Willen zu haben, den sie jetzt gerade haben."[62] Auch andere Autoren definieren eine Person durch diese Fähigkeiten zu Selbstreflexion (auch bezüglich gewünschter Wünsche), zu vernünftiger Lebensplanung und zu Selbstachtung[63]; oder durch die Fähigkeiten, Handlungen bzw. Entscheidungen aus Gründen verständlich zu vollziehen, was Selbstreflexion, Rationalität, Interaktionskompetenz voraussetzt[64]; oder durch die Fähigkeit zu einer freien Willensbestimmung[65].

Nimmt man diese Voraussetzungen an, dann wird einerseits klar, dass sie dem Fafner – verstanden als einer (bloßen) Drachenperson – für sich genommen nicht wirklich zuerkannt werden können. Die Drachenperson will besitzen und schlafen, den Besitz alleine und unter Ausschluss aller anderen genießen und ab und zu fressen und saufen, weshalb ihr der junge Siegfried auf dem Weg zur Quelle gerade recht kommt. Eine Freiheit, anders zu sein und zu handeln, ist ihr nicht zuzuschreiben. Aber andererseits ist Fafner eben nicht Drachenperson, sondern die äußere Drachengestaltigkeit ist die leibliche Gestalt

57 So *Gill*, Personen, S.20.

58 So *Gill*, Personen, S.22.

59 So *Gill*, Personen, S.64.

60 So *Gill*, Personen, S.65.

61 So *Gill*, Personen, S.66.

62 So *Gill*, Personen, S.79.

63 Vgl. *Sturma*, Person, S.188 ff., 287 ff., 316 ff.

64 Vgl. *Ausborn-Brinker*, Person, S.104 ff., 164 ff., 222 ff.

65 Vgl. *Spaemann*, Personen, S.219 ff., 230 ff.

geworden, die ihr bereits als Riese angemessen war. Der Riese Fafner war in seinem Willen, seinem Charakter, seinem Wesen immer schon gierig, neidisch und tödlich. Doch kam ihm als Riese noch die Kraft der Selbstreflexion, Selbstbestimmung, Freiheit, also die genannten personalen Voraussetzungen zu, sich vielleicht zu verändern, seinen Bruder als gleichberechtigten Partner im Besitz des Schatzes (wie auch in der Arbeit am Bau der Götterburg) anzuerkennen[66]. Er war auch taugliches Vertrags- und damit Rechtssubjekt bezüglich der Errichtung der Götterburg, er konnte wählen zwischen der versprochenen Freia oder dem sie ersetzenden Schatz. Die Plumpheit und Schwerfälligkeit der Riesen – die sich im übrigen auch in ihrem musikalischen Motiv zeigt – steht der Personalität nicht entgegen, noch dazu, wo sie dies selbst erkennen und dadurch übersteigen. Kennzeichnend ist die Kritik des Bruders Fasolt an Wotan: „Ein dummer Riese räth' dir das: du Weißer, wiss' es von ihm", nämlich dass „was du bist, bist du nur durch Verträge". Die Riesen träumen von einem bürgerlichen Leben: „Wir Plumpen plagen uns schwitzend mit schwieliger Hand, ein Weib zu gewinnen, das wonnig und mild bei uns Armen wohne!"; Fasolt weiß, was er will; was auch für Fafner gilt. Doch hat Fafner sich dieser dunklen Seite seines Wesens ausgeliefert, sich der Habgier und dem Mord verschrieben; und schließlich die leibliche Gestalt gefunden, in der bei sich sein und sein gewolltes Wesen verwirklichen konnte. Freiheit ist wie Seele und Geist niemals ohne das leibliche Moment zu denken, sie ist nie als eine absolute Willensfreiheit aufzufassen, die letztlich nur einem Würfeln um eine Entscheidung gleichkäme[67]. Fafner war als Riese in dem Maße frei, wie wir selbst es in unserem Handeln sind, auch wenn wir die leiblichen Voraussetzungen und Begrenzungen anerkennen. Er hat sich des größten Teils dieser Freiheit begeben, indem er sich in den Drachen verwandelte, seinem Leib die körperliche Gestalt des Drachen gab. Dadurch wurde er in seiner Gier und Mordlust verhärtet, insofern unfrei und äußerlich, in einem gewissen Sinne eben auch „tierisch". Aber er hat diese Unfreiheit in Freiheit selbst herbeigeführt, weshalb sie dieser Freiheit zuzurechnen ist; also verwandt der Denkfigur, die die Juristen alle kennen: der actio libera in causa, sed

---

66 Auf diese Anerkennungsdimension wird einheitlich abgestellt; vgl. nur *Ausborn-Brinker*, Person, S.164 ff., 222 ff.; *Spaemann*, Personen, S.191 ff. Zur Person-Konzeption Hegels vgl. *Wolfgang Schild*, Anerkennung als Thema in Hegels "Grundlinien der Philosophie des Rechts". In: Ders. (Hg.), Anerkennung - Interdisziplinäre Dimensionen eines Begriffs. Würzburg 2000, S.37 -72.

67 Dazu vgl. *Wolfgang Schild*, (Un)Freiheit in rechtlicher Sicht. In: Thomas Buchheim / Torsten Pietrek (Hrsg.), Freiheit auf Basis von Natur? Paderborn 2007, S.155 – 178; NK-*Schild* § 20 Rn.4 ff.; *Spaemann*, Personen, S.219 ff.

illibera in actu[68]. Daher ändert diese Vertierung und Verrohung nichts daran, dass er als nun drachengestaltig lebender Riese und damit als Riesenperson aufzufassen ist.

Es bleibt beim Ergebnis: Siegfried hat in Fafner einen drachengestaltigen Riesen (und damit eine Riesenperson) getötet.

II.2.4. Riese und „Mensch" (§§ 212 I, 222 StGB)

Es bleibt die Frage, ob er damit auch den strafgesetzlichen Tatbestand des Totschlags[69] oder der fahrlässigen Tötung erfüllt hat, also die Frage, ob ein Riese als „Mensch" aufzufassen ist. Dies leitet bereits in die strafrechtliche Beurteilung über, soll aber dennoch in diesem Rahmen der Untersuchung des Wesens des Fafner behandelt werden.

Diese Frage wird von den beiden oben zitierten Autoren v. Pidde und Seiler ohne weitere Begründung bejahend beantwortet, allerdings in einem anderen Zusammenhang, nämlich für die Tötung des Riesen Fasolt durch den Bruder Fafner, die als Mord qualifiziert wird[70]. Dabei wird freilich sehr oberflächlich mit dem Problem der Menschqualität umgegangen. So soll nach v. Pidde auch der Nibelung Mime ohne weiteres als „Mensch" zu bewerten sein: „trotz seiner Kleinheit fraglos"[71]; auch die Götter sollen „Menschen" sein aufgrund eines Argumentum a minore ad maius[72].

Doch so einfach ist die Sache nicht[73]. Es ist näher und genauer zu untersuchen, ob ein Riese – der unbezweifelbar eine Person darstellt – auch im rechtlichen Sinne (der §§ 212 I, 222 StGB) als „Mensch" zu behandeln ist. Dabei ist als Vorfrage nur darauf hinzuweisen, dass die Novellierung des § 223 StGB durch das Verbrechensbekämpfungsgesetz 1994 keine wirkliche Veränderung der Fragestellung gebracht hat. Zwar stellt nun § 223 StGB darauf ab, dass „eine andere Person" verletzt wird, wodurch die frühere Regelung, die auf einen „anderen" (im Sinne von: einen anderen Menschen) abgestellt hatte, ersetzt

---

68 Vgl. dazu NK-*Schild* § 20 Rn.98 ff.

69 Oder konsequent dann auch des Mordes, der hier aber nicht thematisiert wird.

70 Vgl. *v.Pidde*, Ring, S.26 f.; *Seiler*, Delikt, S.86 f.

71 So *v.Pidde*, Ring, S.51.

72 So *v.Pidde*, Ring, S.23.

73 Ohne Begründung der Menschqualität des Fafner auch *Gier*, Ochsenvieh, S.38. Vgl. auch *Tuczay*, Drache, S.182, die die Volsungasaga der Edda übersetzt mit: „Fafnir ist ein verwandelter Mensch."

wurde. Doch zeigt sich darin – wie die Materialien angeben[74] – nur der bereits früher beschrittene Weg, „Strafvorschriften soweit wie möglich geschlechtsindifferent zu formulieren". Zwar ist auch „Person" nicht geschlechtsindifferent, sondern Femininum. Aber es ist festzuhalten, dass es nicht um eine Ersetzung von „Mensch" durch „Person" gehen, sondern nur klargestellt werden sollte, dass unter „Mensch" „menschliche Person" zu verstehen sei. Dies kann durchaus auch für §§ 212 I, 222 StGB gelten. Zu fragen ist deshalb, ob ein Riese als Person auch als menschliche Person aufzufassen ist, somit als „Mensch" im Sinne der §§ 212 I, 222 StGB (was eine Erörterung des Problems der Abgrenzung von befruchteter Eizelle, Fötus und geborener Mensch überflüssig macht: es geht von vornherein nur um den geborenen Menschen). Zu fragen ist deshalb nach den Kriterien eines solchen Menschseins.

II.2.4.1. Das Kriterium der Menschengestaltigkeit

Dafür könnte man zunächst auf die Menschengestalt abstellen, was für den Riesen Fafner die Menschqualität begründen würde. Doch wird bei näherer Betrachtung klar, dass dieses Kriterium (allein) nicht maßgebend sein kann; vor allem dann nicht, wenn man die Neuregelung des § 131 I StGB betrachtet, in der seit 2003 „Menschen und menschenähnliche Wesen" unterschieden werden. Für letztere soll nach h.L. entscheidend sein, dass sie in ihrer äußeren Gestalt und ihrem äußeren Verhalten als Menschen erscheinen, damit aber eben keine Menschen sind[75]. Gedacht ist bei diesen Nicht-Menschen, aber menschenähnlichen Wesen an Androide, künstliche Menschen, Außerirdische, Untote, Zombies; ausdrücklich werden meist Dracula und Frankenstein genannt[76]. Nicht darunter sollen fallen Tierwesen mit menschlichen Zügen (wie

---

74 Vgl. BT-Dr 12/6853, S.26.

75 Vgl. MüKo-*Miebach / Schäfer* Rn.20; NK-*Ostendorf* S.2776; Sch/Sch-*Lenckner / Sternberg-Lieben* Rn. 6; *Köhne*, Zombies und Kannibalen. Zum Tatbestand der Gewaltdarstellung (§ 131 Abs.1 StGB), GA 2004, S.180-187; SK-*Rudolphi / Stein* Rn.6c.

76 Dies schließt freilich nicht aus, dass sie (vor allem: künstliche Menschen, Maschinen) als Personen (aber eben nicht als: Menschen im Sinne der §§ 212 I, 222 StGB) anzusehen sind; zu diesem Problem vgl. *Ausborn-Brinker*, Person, S.15 ff., 62, 93 ff., 108, 153 ff.; *Dieter Birnbacher*, Selbstbewusste Tiere und bewusstseinsfähige Maschinen – Grenzgänge am Rand des Personenbegriffs, in: Dieter Sturma (Hg.), Person. Philosophiegeschichte – Theoretische Philosophie – Praktische Philosophie. Paderborn 2001, S.301 – 321, 304 ff.; *John Cohen*, Golem und Roboter. Über künstliche Maschinen. Frankfurt a. M. 1968; *Rudolf Drux* (Hg.), Menschen aus Menschenhand. Zur Geschichte der Androiden. Stuttgart 1988; *Peter Gendolla*, Anatomien der Puppe. Zur Geschichte der Maschinenmenschen. Heidelberg 1992; *Horst Glaser / Wolfgang Kaempfer* (Hg.), Maschinenmenschen. Frankfurt a. M. 1988; *Klaus Haefner / Joseph Weizen-*

Fix und Foxi, Micky Maus, Donald Duck) – „ansonsten läuft das Strafrecht Gefahr, sich lächerlich zu machen“[77] – oder zweiköpfige Wesen oder Roboter[78].

Diese Regelung des § 131 StGB betrifft nun allerdings das Vergehen der „Gewaltdarstellung“, weshalb die Orientierung an der äußeren Menschengestaltigkeit zusammen mit einem äußeren Verhalten, das Rückschlüsse auf eine Person zulässt, verständlich ist. Sie bzw. ihre Entstehungsgeschichte passt aber trotzdem auch für das Problem des „Mensch“-Begriffes in §§ 212 I, 222 StGB, weil die Reform 2003 durch eine Entscheidung des Bundesverfassungsgerichts vom 20. Oktober 1989 hervorgerufen wurde, in der der Begriff des „Menschen“ angesprochen wurde. Es heißt in BVerfGE 87, 209, 225, dass mit diesem Wort „unmissverständlich an den biologischen Begriff des Menschen angeknüpft wird“ (und dass es deshalb nicht bloße Phantasiewesen meinen kann). „Biologisch“ bedeutet demnach „wirklicher, lebender Mensch“. Köhne versteht die Äußerung des Bundesverfassungsgerichts dahingehend, dass „biologischer Mensch“ bedeute: „auf biologischem Wege von Menschen erzeugt“[79].

Unserem Problem, ob ein wirklicher lebender Riese wie Fafner ein „Mensch“ ist, hilft der Hinweis auf § 131 StGB jedenfalls nicht weiter. Dabei ist das bisherige Ergebnis zu erinnern: Fafner ist eine (Riesen-) Person in menschlicher Gestalt. Die Frage muss deshalb lauten, ob eine Person in Menschengestalt immer und notwendig ein Mensch ist.

II.2.4.2. Das Kriterium der biologischen Gattungs- und Artzugehörigkeit

Nach BVerfGE 87, 209, 225 ist der biologische Begriff des Menschen maßgebend. Das Verhältnis von einem solchen „Menschen“ zu einer „Person“ wird

---

baum, Sind Computer die besseren Menschen? Ein Streitgespräch. München/ Zürich 1992; *Sybille Krämer* (Hg.), Geist – Gehirn – künstliche Intelligenz. Berlin/ New York 1994; *Käte Meyer-Drawe*, Menschen im Spiegel ihrer Maschinen. München 1996; *Christel Schachner*, Geistmaschine. Frankfurt a. M. 1993; *Helmut Swoboda*, Der künstliche Mensch. München 1987; *Manfred Tietzel*, L'homme machine. Künstliche Menschen in Philosophie, Mechanik und Literatur, in: Zeitsch. f. allgemeine Wissenschaftstheorie 15, 1984, S.34-71; *Sherry Turkle*, Die Wunschmaschine. Hamburg 1986; *Norbert Wiener*, Mensch und Menschmaschine. Frankfurt a. M. ^{3}1966.

77 So NK-*Ostendorf* S.2776.

78 Vgl. *Köhne* GA 2004, S.187.

79 So *Köhne* GA 2004, S.182.

in der Philosophie höchst strittig diskutiert. Dieter Sturma unterscheidet fünf gegenwärtige Theorietypen, die er essenzialistische und speziesistische Theorie, den Lebensinteresse- und Fähigkeitenansatz und den szientistischen Eliminativismus bezeichnet[80]. Sie sind hier nicht einzeln vorzustellen, sondern eine gröbere Gliederung vorzunehmen. Nämlich: manche Autoren gehen von einer teilweisen Begriffsidentität aus, d.h.: jeder Mensch sei eine Person; aber nicht jede Person müsse ein Mensch sein, weshalb es einerseits keine menschliche Nicht-Person, andererseits aber auch nicht-menschliche Personen geben würde[81]. Deshalb könnte Fafner eine Person und trotzdem kein Mensch sein. Andere Autoren nehmen eine Trennung an: „Mensch" sei ein deskriptiver Begriff, der auf biologische Kriterien abstelle; „Person" sei ein normativer Begriff, der auf Zuschreibung aufgrund bestimmter Fähigkeiten abstelle, wobei häufig weiter differenziert wird, indem die Frage nach Rechtssubjektivität unabhängig von der Personqualität beantwortet wird. Danach gibt es einerseits menschliche Nicht-Personen, die aber trotzdem Rechtssubjekt sein können, aber nicht müssen; und andererseits nicht-menschliche Personen, die nicht notwendig auch Rechtssubjekte zu sein brauchen[82]. Auch für diese Auffassung könnte Fafner eine Person, aber kein Mensch sein. Eine vermittelnde Ansicht lehnt eine Trennung als zu weitgehend und zu scharf ab, will aber trotzdem zwischen Mensch und Person unterscheiden: „Mensch" werde als „animal rationale" (oder auch als „animal sociale") bestimmt und damit nach der Logik von Gattungs- und Artbegriff gedacht[83]; „Person" dagegen sei ein Individualbegriff. Auch nach dieser Auffassung gibt es nicht-personale Menschen und nicht-menschliche Personen[84], was für Fafner bedeuten würde, dass er eine Riesenperson, aber kein Mensch sein könnte.

Für die juristische Beurteilung des „Menschen" wird meist die erstgenannte Theorie einer Zuerkennen der Personalität für jeden Menschen zugrunde gelegt. Dabei wird selbst die Menschengestaltigkeit nicht für wesentlich gehalten. Es sei[85] nicht erforderlich, dass das menschliche Wesen in seinem

---

80 Vgl. *Sturma*, Philosophie, S.104 ff.

81 Vgl. z.B. *Ludger Honnefelder*, Der Streit um die Person in der Ethik, in: Phil. Jahrbuch 100, 1993, S.246 – 265; *Siep*, Begriff, S.447 ff.; *Spaemann*, Personen, 196, 259 ff.

82 Vgl. z.B. *Birnbacher*, Tiere, S.310; *Sturma*, Person und Menschenrechte, S.342 ff.

83 Wobei allerdings fraglich ist, ob dieses Merkmal der Rationalität nicht immer bereits die biologische Dimension springt; vgl. *Heintel*, Einführung, S.185 ff.

84 So *Ausborn-Brinker*, Person, S.106, 276 ff.

85 Anders *Reinhard Frank*, Das Strafgesetzbuch für das Deutsche Reich. 8. Aufl., Tübingen 1931, S. 461: erforderlich sei eine „menschenähnliche Bildung"; *Maurach-*

äußeren Erscheinungsbild dem Normalbild eines wohlgestalteten Menschen nahekommt. Deshalb fallen auch Missgeburten und Monstren unter das Tötungsverbot, selbst wenn sie nicht lebensfähig sind oder ihnen aufgrund angeborener Schäden die Fähigkeit zu einer personalen Existenz (im Sinne einer sittlich-geistigen Entfaltung) fehlt[86]. Vertieft zeigt sich der biologische Begriff in den immer wieder zitierten Feststellungen von Franz von Liszt: „Mensch" sei „das vom Weibe geborene Lebewesen"[87] oder „das von Menschen gezeugte Lebewesen" ab Beginn der Geburt[88].

Freilich liegt hier eine Zirkelbestimmung vor: Mensch ist, wer von einem Menschen gezeugt und geboren worden ist. Zu fragen ist, ob wenigstens der Erzeuger oder die Gebärerin menschliche Gestalt aufweisen müssen, zumindest was den Zeugungs- und Gebärakt betrifft. Betrachtet man die moderne Medizin und denkt deren Möglichkeiten ins Utopische weiter, dann könnte ein Wesen durch künstliche Befruchtung erzeugt, in einer künstlichen Gebärmutter heranreifen[89] und dann durch Aufschneiden zur Welt gebracht werden. Wäre dieses Wesen dann als „Mensch" aufzufassen?

Die Antwort fällt leicht, wenn es Menschengestalt und personale Existenz hätte. Selbstverständlich wäre dann ein lebender Mensch anzunehmen. Dies muss aber auch nach dem Gesagten gelten, wenn es keine Menschengestalt und keine personale Fähigkeiten hätte, aber durch diesen „Quasi-Geburtsakt" lebend zur Welt gebracht worden wäre. Oder denken wir an das Erlanger Baby, wenn die an Gehirntod verstorbene Schwangere weiterhin am Leben hätte gehalten werden können, bis die Leibesfrucht die erforderliche Reife erlangt hätte, um herausoperiert zu werden.

Entscheidend kann daher nicht sein, dass der Mensch durch eine menschliche Frau oder aus einer menschlichen Frau *geboren* wird. Der biologische Begriff

---

Schroeder-Maiwald, Strafrecht Besonderer Teil Teilband 1. 9.Aufl., Heidelberg 2003, § 1 III Rn.10: aber es sei nicht erforderlich, dass die Missgeburt wenigstens „Menschenantlitz" trägt.

86 Vgl. LK-*Jähnke* Vor § 211 Rn.6; Sch/Sch-*Eser* Vorbem. §§ 211 ff. Rn.14; so schon *Liszt / Schmidt*, Lehrbuch des Deutschen Strafrechts. 25. Aufl. Berlin 1927, S.459. – Zum Ganzen vgl. *Ralph Ingelfinger*, Grundlagen und Grenzbereiche des Tötungsverbots. Köln 2004.

87 So *Liszt*-Schmidt, Lehrbuch, S.458, 459.

88 So *Liszt / Schmidt*, Lehrbuch, S.458.

89 Zu dieser „Ektogenese" vgl. *Ingelfinger*, Grundlagen, S.122.

des Menschen – als des „animal rationale“ oder des „animal sociale“[90] – stellt einzig auf die Entstehung des Lebewesens aus einer menschlichen Samen- und einer menschlichen Eizelle ab. Sind diese menschlichen Zellen zu einer neuen Einheit verschmolzen, ist ein menschliches Lebewesen entstanden; ist dieses Lebewesen lebend auf die Welt gekommen, hat es eine abgetrennte, selbständige, äußere Existenz erhalten, ist es ein Mensch.

Nicht relevant ist somit, wie sich dieses entstandene menschliche Lebewesen entwickelt, ob es die Menschengestalt oder die leiblichen Voraussetzungen der personalen Existenz ausbildet oder nicht. Es ist sogar theoretisch denkbar, dass dieses menschliche Wesen – zuletzt: die befruchtete menschliche Eizelle – einen künstlichen, technischen, maschinellen, einen vergleichbar einer Gesamtprothese hergestellten Körper (als Leib) ausbildet oder erhält. Noch mehr: könnte es gelingen, den Verschmelzungsvorgang zu ersetzen durch das Klonen einer Zelle, die sich dann weiter entwickelt zu einem Wesen, dann müsste auch dieses nach der Verselbständigung zu einem eigenständigen Lebewesen (also nach der „Geburt“) als „Mensch“ angesehen werden.

Maßgebend ist – in den Worten von Robert Spaemann – das genealogische Verhältnis, die Fortpflanzungsgemeinschaft, das „menschliche Geschlecht“, die / das aber für ihn immer mehr ist als nur ein biologisches Phänomen. Gemeint ist stets die „Menschheitsfamilie“, ein Verwandtschaftsverhältnis, in das „der Mensch“ als immer schon anerkannte Person hineingeboren wird[91]. Aber dies gilt ebenso für die Auffassungen, die zwischen „Mensch“ und „Person“ trennen[92], da der erstere Begriff nur biologisch-deskriptiv verstanden wird.

Der Riese Fafner wäre von dieser Argumentation her ein Mensch, wenn er in dieser Fortpflanzungsgemeinschaft des menschlichen Geschlechts stehen würde. Dazu müssen wir uns nochmals dem Werk Richard Wagners zuwenden.

90 Dazu vgl. z.B. *Ausborn-Brinker*, Person, S.106, 276 ff.; *Birnbacher*, Tiere, S.310; *Sturma*, Person und Menschenrechte, S.342 ff.

91 Vgl. *Spaemann*, Personen, S.255 ff.

92 Vgl. z.B. *Ausborn-Brinker*, Person, S.106, 276 ff.; *Birnbacher*, Tiere, S.310; *Sturma*, Person und Menschenrechte, S.342 ff.

II.2.4.3. Die Geschlechter der Götter, Riesen, Nibelungen und Menschen

Der erste Entwurf „Die Nibelungensage (Mythus)" kennt vier Geschlechter: einmal das Geschlecht der Nibelungen; dann das Geschlecht der Riesen, „der trotzigen gewaltigen, urgeschaffenen"; dann das Geschlecht der Götter, das neue Geschlecht, das die beiden anderen in Kraft und Wissen übertrumpft und die Herrschaft über das All angetreten hat; und schließlich das „Menschengeschlecht", das offensichtlich von den Göttern in die Welt gesetzt wurde, um das Unrecht – das der Nibelung Alberich durch die Verknechtung seines Geschlechts mit Hilfe des Rings aus dem Rheingold geschaffen hat und das die Götter durch die vertragliche Übergabe des Ringes an die Riesen aufrechterhalten haben – durch ihre selbstbewusste Freiheit vom Göttergesetz aufzuheben. Wagner schrieb von „mächtige[n] menschliche[n] Geschlechter[n], von göttlichem Samen befruchtet"[93]; und er meinte damit sowohl die Wälsungen (also Siegmund, Sieglinde, Siegfried) als auch die Gibichungen am Rhein (also Gunther und Gudrun). An diesem Gibichungenhof lebt auch Hagen, der Sohn der Gibichungenmutter Kriemhild und des Nibelungen Alberich[94].

Dies bedeutet offensichtlich, dass die Götter die Menschen geschaffen haben, dass sie und auch die Nibelungen mit einer menschlichen Frau einen (weiteren) Menschen zeugen können. Der Hinweis auf das „Geschlecht" der Götter bzw. der Nibelungen soll also keine biologische Abgeschlossenheit zum Ausdruck bringen; sie bringen eher eine Verwandtschaftsordnung in Sicht, was sich auch in dem angefügten Hinweis auf Herkunft und Siedlung zeigt: die Nibelungen entstammen dem Schoß der Nacht und des Todes[95];sie wurden von Nebel gezeugt und von der Nacht geboren , sie leben in Nibelheim (Nebelheim)[96]; die Riesen wurden von Frost gezeugt und von Hitze geboren, sie leben in Riesenheim[97]; die Götter wurden vom „der Erde hirn" gezeugt und von „Licht und Luft" geboren, sie leben in Walhall[98]. Die Götter und die Nibelungen können auch mit Menschen geschlechtlich verkehren und Menschen zeugen. Ob umgekehrt Menschen mit Göttinnen oder weiblichen Nibe-

93 So *Strobel*, Skizzen, S.26 f.

94 Vgl. *Strobel*, Skizzen, S.28.

95 Vgl. *Strobel*, Skizzen, S.26.

96 Vgl. *Strobel*, Skizzen, S.120.

97 Vgl. *Strobel*, Skizzen, S.121.

98 Vgl. *Strobel*, Skizzen, S.122.

lungen Menschen (oder Götter oder Nibelungen) zeugen können, wird von Wagner nicht gesagt, ist aber für unser Thema auch nicht interessant.

Bemerkenswert ist die Tatsache, dass die Wälsungen, Gibichungen und Hagen eindeutig Menschen sind, nicht also Halbgötter oder Halbnibelungen, auch wenn sich der göttliche bzw. nibelungische Charakter in ihnen leiblich niederschlägt. Die Wälsungen sind Wotanskinder und haben viel von seiner Kraft in sich; auch die Gibichungen sind ein vornehmes und starkes Herrschergeschlecht; Hagen ist fahl, blutleer, depressiv, ebenso gierig nach dem Schatz wie sein Vater.

Dies bedeutet: Aus göttlichem Samen entstand und kann entstehen ein Mensch. Deshalb erscheint es angemessen, die Götter (auch) als Menschen anzusprechen. Freilich ist zuzugeben, dass sie selbst nicht in dem Zeugungszusammenhang der Menschheit stehen, weil sie selbst nicht von einem Menschen gezeugt oder geboren sind. Aber dennoch ist dieser Zeugungszusammenhang an sie gebunden: denn sie haben die ersten Menschen geschaffen (und ihn damit überhaupt erst ins Leben gerufen). Wer einen Menschen erschaffen kann, kann mehr als nur ihn erzeugen oder gebären. Die Götter sind deshalb mehr als nur Menschen, sind es aber jedenfalls auch. Dazu kommt noch als äußeres (an sich nicht relevantes) Kriterium ihre Menschengestaltigkeit. Deutlich wird dies im Geschick der Brünnhilde. Sie ist als Tochter des Gottes Wotan und der Erda eine Göttin. Doch verliert sie diese Göttlichkeit durch Urteil des göttlichen Vaters und wird zu einer menschlichen Frau. Dies ist nur denkbar, wenn sie immer schon als Göttin auch dieser Mensch war. – Vergleichbares muss für die Nibelungen gelten, wenn man bedenkt, dass Alberich mit der menschlichen Kriemhild seinen Menschensohn Hagen zeugte.

Zu fragen ist, ob dieser Schluss auch für das Geschlecht der Riesen gilt. Bei Wagner findet sich von einem Schaffungs- oder Zeugungsprozess von Menschen durch die Riesen nichts. Sie selbst sind „urgeschaffen“[99], deshalb Brüder; von weiblichen Riesinnen ist bei Wagner nicht die Rede (auch wenn er von dem „ganzen geschlecht“ der Riesen spricht[100]). Nun gibt es andere Erzählungen von Riesen, in denen diesen Verhältnisse mit Menschen nachge-

99 Vgl. *Strobel*, Skizzen, S.26.

100 Vgl. *Strobel*, Skizzen, S.74.

sagt werden, auch dass sie mit diesen Menschen Kinder zeugten[101]. Aber Wagner hat seinen eigenen Mythus geschaffen!

Im Prosaentwurf „Der junge Siegfried" findet sich erstmals die Wissenswette zwischen Wotan und Mime. Thema sind wiederum die „Geschlechter", erneut Nibelungen (jetzt als „Schwarzalben" bezeichnet), Riesen, Götter (als „Lichtalben" bezeichnet); und dann das Geschlecht der Wälsungen, als das „Geschlecht, das Wotan zeugte"[102]. Deutlich wird die örtliche Zuordnung: der Nibelungen zur Erdtiefe, der Riesen zur Erdoberfläche, der Götter zu den „lichten Höhen". Die Menschen fallen hier aus dem Rahmen heraus, sie gehören eigentlich örtlich zu den Riesen. Diese werden nun auch von dem sterbenden Fafner als das Geschlecht bezeichnet, das einst die Welt beherrscht habe[103]: in der Versdichtung mit den Worten: „der welt waltete einst der riesen weises geschlecht"[104]. Es ist offensichtlich durch das Geschlecht der Götter überwunden worden, die die neuen Herren der Welt sind (während der Nibelung Alberich vergebens versucht, seine Herrschaft zu begründen). Über irgendeine Geschlechtlichkeit der Riesen ist nicht die Rede. Interessant ist, dass in dem Prosaentwurf und in der Versdichtung auch noch nicht von Freia die Rede ist: die Riesen streben unmittelbar nach dem Nibelungenring, den die Götter ihnen für den Bau der Burg verschaffen und übergeben.

Doch ändert sich dies in der Konzeption des „Rheingolds" (im November 1851). Nun kann man in den Skizzen lesen: „Riesen (Windfahrer u. Reiffrost) haben die burg gebaut. Sie begehren Freia – endlich begnügen sie sich mit so

---

101 Vgl. *Ernst Herwig Albrecht*, Der Riese in der mittelhochdeutschen Epik. Diss. Rostock 1932; *John R. Broderius*, The Giant in Germanic Tradition, Diss. Chicago 1932; *Christoph Daxelmüller / Rudolf Simek*, „Zwerg, Riese, Troll", in: Lexikon des Mittelalters. Band 9, München 1995, Sp.727 – 730; *Hanni Hässler*, Zwerge und Riesen in Märchen und Sage. Diss. Tübingen 1957; *Walther Müller-Bergström*, „Zwerge und Riesen", in: Handwörterbuch des deutschen Aberglaubens. Band 9. Berlin 1941, Sp.1008 – 1138, 1121 ff.; *Lutz Röhrich* „Riese, Riesin", in: Enzyklopädie des Märchens. Band 11, München, Zürich 2004, Sp.668 – 682; *Karl Weinhold*, Die Riesen im germanischen Mythus. Sitzungsberichte der Akademie Berlin 26, 1858, S. 225 – 306. – Hinzuweisen ist in diesem Zusammenhang auch auf den „Liber de nymphis (usw), Tractatus V: De gigantibus, von den Riesen" von *Theophrastus Paracelsus* (1493-1541), in dem die Riesen als „monstra" gekennzeichnet werden, die von den Wald- und Luftleuten gezeugt werden, deshalb keine Seele haben, aber doch Menschen sind, die auch mit Menschen Kinder haben können. Vgl. *Theophrastus Paracelsus*, Werke Band III. (hgg. Will-Erich Peuckert). Darmstadt 1967, S.490 ff.

102 Vgl. *Strobel*, Skizzen, S.74 f.

103 Vgl. *Strobel*, Skizzen, S.83.

104 So *Strobel*, Skizzen, S.154.

viel Gold als Freia“[105]. Der Prosaentwurf (März 1852) verwendet die Namen Fafner und Fasolt für die Riesen; und macht aus dem Riesen Fasolt einen liebenden, die holde Göttin Freia begehrenden Mann. Er gibt als Motiv, die Burg mühevoll erbauen zu wollen, an „die gunst zu gewinnen, dass ein schönes weib in holder nähe uns weile“[106]. Fafner schilt ihn sogar ausdrücklich als „einen verliebten gecken, dem es mehr an der maid als an dem golde gelegen“ sei[107]. Die endgültige Dichtung des „Rheingolds“ betont dieses liebende Begehren des Riesenmannes für die göttliche Frau noch tiefer[108].

II.2.5. Ergebnis: Fafner als Mensch

Daraus lässt sich ableiten: wie Nibelungen und Götter sind auch Riesen fähig zu Geschlechtsverkehr mit Frauen: denn auch Freia steht (jedenfalls auch) für „Mensch“ (wie Wotan auch). Daher ist ein Riese als Mensch anzusehen. Daran ändert die Tatsache nicht, dass dieser Schluss allein von dem Verhalten des Fasolt gezogen wird. Fafner selbst war an Freia als einer Frau von vornherein nicht interessiert, er hielt das liebende Begehren seines Bruders für ein „faules Schwatzen“. Er wollte die Göttin des Lebens und der Liebe nur deshalb in seiner Gewalt bringen, um die Götter zu schwächen und zu vernichten. Denn Freia verschafft mit ihren Äpfeln den Göttern neue Frische und Kraft; scheiden diese Gaben aus, müssen die Götter altern und schwinden. Doch gehört auch Fafner dem Geschlecht der Riesen an, weshalb das zu Fasolt Gesagte auch für ihn gilt. Auch Fafner ist als Riese als Mensch aufzufassen; als riesiger Mensch, genauer: als drachengestaltiger riesiger Mensch.

Deshalb ist das erste Ergebnis festzuhalten: Siegfried hat einen Menschen im Sinne der §§ 212 I, 222 StGB getötet. Nicht relevant ist, dass Fafner nicht mehr in Riesengestalt lebt, sondern als Drache auftritt. Die Gestalt des Menschen ist nach dem Gesagten nicht maßgebend. Siegfried hat somit den äußeren Tatbestand der §§ 212 I, 222 StGB erfüllt.

---

105 Vgl. *Strobel*, Skizzen, S.203.

106 Vgl. *Strobel*, Skizzen, S.218.

107 Vgl. *Strobel*, Skizzen, S.228.

108 Vgl. *Piontek*, Plädoyer, S.263 (der auch auf die musikalische Gestaltung der Sehnsucht Fasolts als mozartnahe Kantilene hinweist).

II.3. Vorsätzliche oder fahrlässige Tötung eines Menschen (§§ 212 I, 222 StGB)

Nun müsste sich die Frage nach den weiteren Voraussetzungen einer strafrechtlichen Verantwortung anschließen. Doch ist es in diesem Rahmen nicht mehr möglich, sie fundiert zu beantworten. Nur als Behauptung sei angemerkt, dass Siegfried die Umstände, die zu dem Tatbestandsmerkmal „Mensch" gehören, im Sinne des § 16 I StGB nicht gekannt hat. Zwar ist es nicht erforderlich, dass der Täter die juristisch exakte Subsumtion durchführt, was dem im Wald außerhalb der menschlichen Zivilisation aufgewachsenen und von dem Nibelungen Mime erzogenen Siegfried sicherlich nicht möglich war. Er kannte allerdings den Unterschied von Tier und Mime und sich selbst, machte auch einen Unterschied zwischen dem Nibelungen und sich selbst, aber nicht in einem reflektierten Sinne, sondern nur dahingehend, dass ein Zwerg nicht sein Vater sein könnte. Ob Mime oder er selbst ein „Mensch" sei, hat er sich niemals gefragt. Mit Selbstverständlichkeit sah er in Mime seinen Lehrer.

Doch muss der Täter zumindest die Lebenssachverhalte kennen, die die juristische Subsumtion überhaupt erst ermöglichen. Bezüglich des Menschen Fafner setzt dies zumindest die Kenntnis voraus, dass dieser Drache eigentlich ein Riese ist. Siegfried sah in ihm vielleicht noch eine Person; fiel ihm doch auf, dass dies ein „thier [ist], das sprechen kann"[109]; sieht er in ihm sogar einen tauglichen Lehrer (das Fürchten betreffend)[110]. Es kennt aber die Riesenqualität des drachengestaltigen Wesens nicht, weshalb er im besten Fall von einer Drachenperson ausgeht. Deshalb handelt Siegfried im Sinne des § 212 I StGB nicht vorsätzlich.

Ebensowenig kann ihm eine fahrlässige Verkennung der Menschqualität des Fafner vorgeworfen werden. Siegfried kannte aufgrund seiner mangelnden Sozialisation in das Weltbild seiner Zeit nicht einmal Riesen und Götter. Er kannte nur Mime (als Person). Es war ihm nicht möglich, das Wesen der Drachenperson als Mensch zu erkennen.

So bleibt Siegfried für seine Tat straflos, ist kein „Schlagetot"; und damit der strahlende Held, so wie Wagner ihn konzipiert hat.

---

109 Vgl. *Strobel*, Skizzen, S.82.

110 Vgl. *Strobel*, Skizzen, S.82: „so kann ich von dir wohl was lernen."

12.

Kunst als „Wahrtraumdeuterei"? Zu einer Wagnerschen Ästhetik

Träume finden sich auch in den Werken von Richard Wagner. Doch trifft das Urteil von Jürg Stenzl zu, dass sie „keine wesentliche Rolle [spielen]"[1]. Er erwähnt nur vier Träume: die Erzählung Eriks von seinem Traum, bei der Senta (laut Regieanweisung Wagners) „wie in magnetischem Schlaf [versinkt], so daß es scheint, als träume sie den von ihm erzählten Traum ebenfalls"; die Erzählung Elsas von ihrem Traum, in dem ein strahlender Ritter mit züchtigem Gebaren zu ihr tritt; dann das Träumen von Hagen, in der das unmittelbare Traumgeschehen als Dialog mit dem Vater Alberich in Szene gesetzt ist; und schließlich den Traum, den Walther von Stolzing am Morgen des Johannistages in Nürnberg im Haus des Hans Sachs – Schuh-Macher und Poet dazu – träumt. Um den zuletzt genannten Traum soll es im Folgenden gehen.

I.

Betrachten wir zuerst den Text, den Wagner erst in der letzten Fassung (also dem Textbuch) vom Januar 1862 gedichtet hat; in den drei Prosafassungen von 1845 und zweimal 1861 findet sich diese Szene nicht, da hier Konrad – wie der junge Ritter noch heißt – im Schlafgemach ein Liebesgedicht geschrieben hat, das er dem Sachs gibt, der es still liest, während das Orchester die Melodie spielt[2]. Walther teilt nunmehr (1862 in dieser Fassung des Textbuches) mit, dass er in dem kurzen, aber festen und guten Schlaf am Morgen einen „wunderschönen Traum" gehabt habe, den er nicht in Worte fassen und denken wolle, weil er fürchte, „ihn mir vergehn zu sehen" (V.1915 ff.[3]). Darauf Sachs:

> Mein Freund, das grad ist Dichters Werk,
> daß er sein Träumen deut' und merk'.
> Glaubt mir, des Menschen wahrster Wahn
> wird ihm im Traume aufgetan:
> all Dichtkunst und Poeterei
> ist nichts als Wahrtraum-Deuterei (V.1919 ff.).

---

1 Vgl. *Jürg Stenzl*, Traum und Musik. In: Musik und Traum. Musik-Konzepte 74, 1991, 8-102, 48 ff.

2 Vgl. *Richard Wagner*, Die Meistersinger von Nürnberg. Prosaentwürfe. In: ders., Dichtungen und Schriften. Jubiläumsausgabe in zehn Bänden, hgg. Dieter Borchmeyer. Band 4, 1983, 223-278, 232, 248, 273 f.

3 Das Textbuch wird in der von *Egon Voss* 2002 herausgegebenen Ausgabe zitiert.

https://doi.org/10.1515/9783110689396-013

Nach längerem Gespräch über das Wesen eines einer selbst aufgestellten Regel folgenden Meisterliedes (V.1955 ff.) bittet Sachs erneut um die Erzählung des Traumes; Walther zögert noch: „Durch Eurer Regeln gute Lehr'/ ist mir's, als ob verwischt er wär" (V.2001 f.) Darauf Sachs: „Grad nehmt die Dichtkunst jetzt zur Hand:/ mancher durch sie das Verlorne fand"; wieder Walther: „Dann wär's nicht Traum, doch Dichterei?"; und erneut Sachs: „Sind Freunde beid', stehn gern sich bei". Walther sammelt sich und singt in zwei Strophen den Inhalt seines Traumes (V.2011 ff., 2065 ff.), wobei Sachs ihm hilft, die Struktur – zwei Stollen und einen Abgesang – zu halten; die zu befolgende Regel solle Walther selbst stellen. Sachs ist von dem Lied gerührt und meint: „Freund, Eur' Traumbild wies Euch wahr" (V.2090); und bittet um die dritte Strophe, die nämlich „des Traumes Deutung würd' berichten" (V.2093). Doch Walther bricht ab. Erst als er später die geliebte Eva im Brautkleid sieht und durch ihren Anblick wie gebannt stehen bleibt (Regieanmerkung vor V.2319), kann er der nochmaligen Aufforderung des Sachs – „Säng' mir nur wenigstens einer dazu!" (V.2332) – folgen und singt die dritte Strophe. Sachs lobt das gesamte Traumgedicht als „Meisterlied" (V.2361) und schreitet mit den beiden verliebten Pärchen – Eva und Walther, Magdalene und David – „nach Meister-Weis' und Art" (V.2433) zur Taufe des Liedes, dem er einen „guten Namen, dran jeder sie erkennen mag" (V.2434 f.), nämlich: den Namen „die selige Morgentraumdeut-Weise" (V.2457) gibt. Es folgt das berühmte Quintett, das sogar Eduard Hanslik als wunderschöne Musik anerkannte[4].

Mehr ist zu diesem Traumlied nicht zu sagen; außer dass es erstens von Beckmesser – der den Text in die Hände bekommt (V.2111 ff.) – in seinem öffentlichen Vortrag auf der Festwiese kläglich entstellt wird (V.2660 ff.) und dass es zweitens nicht das Preislied ist, mit dem Walther das Volk und die Meister begeistert und dadurch die Hand der geliebten Eva erhält (V.2741 ff.). Walther beginnt zwar mit den ersten sechs Zeilen des Textes, dann fährt er „in freier Fassung" fort und singt ein neues Lied, offensichtlich da er gemerkt hat, dass die Meister „ergriffen das Blatt fallen [lassen]", auf dem der Text niedergeschrieben steht (vgl. die Regieanmerkung vor V.2747). Sein Glück ist also, dass sie nicht weiterlesen, denn dann hätte er erneut versungen; allerdings ist er durch seinen schönen ergreifenden Gesang der Schmied dieses Glücks.

4 Vgl. *Eduard Hanslik*, in: Attila Csampai / Dietmar Holland (Hg.), Richard Wagner: Die Meistersinger von Nürnberg. Reinbek 1981, 217 ff.

II.

Kehren wir zum Beginn der Szene in der Schusterstube zurück und zu der Behauptung von Sachs: „All' Dichtkunst und Poeterei/ ist nichts als Wahrtraum-Deuterei" (V.1923 f.). Was soll dies bedeuten?

1.

Zunächst meint „Dichtkunst und Poeterei" das Schaffen eines Meisterliedes, also eines Kunstwerks in der Einheit von Text (Wortsprache), Ton(sprache) und Gebärde(nsprache), also des vorgetragenen Liedes (weshalb auch das Auftreten des Künstlers notwendig dazugehört)[5]. Dieser Schaffensprozess folgt gewissen Regeln, die einerseits eine Struktur und Form bringen (mehrere Bar, jeweils aus zwei Stollen [mit derselben Melodie und einem Reim am Ende] und einem Abgesang [mit einer anderen Melodie]) (vgl. V.653 ff.), die Sachs mit der bürgerlichen Familie (Mann und Frau als Eltern, Kind) vergleicht (V.2034 ff.), die andererseits aber auch dafür sorgen, dass das Lied voller Leben sein kann und bleibt. Denn diese Regeln ermöglichen es den in den Sorgen des Lebens stehenden, erwachsenen Menschen, trotzdem zu

> bewahren,
> was in der Jugend Jahren
> in holdem Triebe
> Lenz und Liebe
> [ihnen] unbewußt ins Herz gelegt,
> daß [sie] das unverloren heg[en können] (V.1975 ff.);
>
> in ihrer Nöten Wildnis
> sie [schaffen] sich ein Bildnis,
> daß ihnen bliebe
> der Jugendliebe
> ein Angedenken klar und fest,
> dran sich der Lenz erkennen läßt (V.1984 ff.).

Deutlicher findet sich dies in den beiden Prosafassungen des Jahres 1861, wo es heißt: „Der rechte Dichter ist immer das, was der gewöhnliche Mensch nur in der Liebesexstase ist, wo er dann auch zuzeiten schön dichtet"[6]; bzw.: „Ein rechter Dichter wäre ja eigentlich immer das, was andere Menschen nur im Jugendwahn der Minne werden, wo es dann käme, daß sie dann dichteten, gar schön und herrlich, zum Muster für alle, und zwar oft in höchster Not und

---

5 Daher ein wesentlicher Unterschied im Auftreten des Beckmesser und des Walther (auch in der musikalischen Begleitung); vgl. V.2646 ff. gegen V.2725 ff.

6 So Wagner, Meistersinger (Fn.2) 248 Anm.

Pein"[7]. D.h. diese Regeln halten das Meisterlied auch am Leben, weil es von anderen nachgesungen werden kann.

Ein Kunstwerk stellt also nicht das Natur-Schöne dar, sondern das Kunst-Schöne, das aber nur von Natur her – dem Lenz und den Trieben der Liebesbegeisterung – zu verstehen ist. Es ist gezügelte, zivilisierte, auch sozialisierte und sozialisierende Natur, die Liebe in dem und als der „liebselige[n] Ehestand" (und nicht das Liebesfeuer, das junge Menschen zum Abenteuer verführt [V.1945 ff.]). Kunst beruht auf Natur, lässt sie insofern kommen und frei; sie bindet sie aber zugleich in eine geistige Form, die sie nicht abtötet, sondern leitet und führt und so den Liebeswahn positiv und in Schönheit lebbar gestaltet. Denn diese Liebesleidenschaft zwischen Walther und Eva ist zunächst Wahn(sinn): sie überfällt die beiden jungen Menschen und reißt sie aus dem bisherigen Leben als Ritter bzw. als brave Goldschmiedtochter, bis hin zum Versuch einer damals – weil Verbrechen – mit dem Tod bestraften Entführung; und dies alles gegen ihre eigene Lebensplanung, ja gegen ihren Willen; in den Worten der Eva: „Das war ein Müssen, war ein Zwang!", „nun hat's mich gewählt zu nie gekannter Qual", es „war ohn' alle Wahl!" (V.2414 ff.).

Im berühmten „Wahnmonolog" (V. 1855 ff.) vor dieser Szene mit Walther erkennt Sachs – der nicht nur „Stadt- und Weltchroniken" durchforscht hat, sondern auch Arthur Schopenhauer vorwegnimmt –, dass das gesamte menschliche Leben in Vergangenheit und Gegenwart von diesem Wahn getragen ist:

> Wahn, Wahn!
> Überall Wahn;
> […]
> ohn' den nichts mag geschehen,
> 's mag gehen oder stehen:
> steht's wo im Lauf,
> er schläft nur neue Kraft sich an;
> gleich wacht er auf;

nichts kann „ohn' ein'gen Wahn gelingen". Möglich sei nur, diesen Wahn zu „bemeistern" und ihn „fein [zu] lenken, ein edler Werk zu tun". Also nach dem Beispiel und Vorbild der Meistersinger, die durch ihre selbstgeschaffenen Kunstregeln – darin vergleichbar den bürgerlichen Sittlichkeitsregeln – die Natur binden und die Wildheit der Raserei bis hin zur Gewalttätigkeit – wie sie in der Johannisnacht durchaus unter tätiger Mitwirkung von Sachs selbst (des Schusters, der „an des Wahnes Faden [zieht]") zu erleben war und die er nun auf die Mithilfe eines Kobolds zurückführt – zähmen und in die fröhliche und

7 So *Wagner*, Meistersinger (Fn.2) 273.

friedliche Gemeinschaft eines Volks- als eines Kunstfestes aufheben. So weist der Wahn unterschiedliche Qualitäten auf: einmal als „unnütz tolle Wut“, die „in Flucht geschlagen, meint zu jagen“ und die „wähnt Lust sich zu erzeigen“ dadurch, dass sie „sich wühlt ins eigne Fleisch“ mit „Schmerz-Gekreisch“ (vgl. V.1862 ff.); sodann als Liebesbekenntnis, wie Wagner in den Prosafassungen 1861 das von dem Ritter geschriebene Liebesgedicht charakterisiert: als „Wahn! so hold und zart, so leidenreich, so wild und mild!“[8]; und schließlich auch als „edler Wahn“, der nach den beiden Prosafassungen 1861 es vermag, „den Sinn der Menschen für eine kurze Frist aus seinem trägen Geleise [zu] rücken“[9]. Diese befeuernde, fröhlich und glücklich machende Fähigkeit kommt also der Kunst zu. Sie ist - wie Wagner in den Schriften für Ludwig II. im Umfeld der Entstehung der „Meistersinger“ niederschrieb - der „freundliche Lebensheiland, der zwar nicht wirklich und völlig aus dem Leben hinausführt, dafür aber innerhalb des Lebens über dieses erhebt und es selbst uns als ein Spiel erscheinen läßt“, der „uns als solches tröstet und der gemeinen Wahrhaftigkeit der Not entrückt“[10]. Von daher ist auch die Taufe des Liedes – als des Heilands – durch Sachs – als Johannes (Hans) den Täufer – verständlich; im Übrigen dreht sich das ganze Stück um diesen Täufer (Beginn mit Choral über Johannes, dann Johannisnacht und Johannistag).

Diese Kunst ist ebenfalls Wahn, aber ein „vollkommen aufrichtiger“: „er muß sich von vornherein als Täuschung bekennen“, „den bewußten Wahn an die Stelle der Realität setzen“. Das Kunstwerk ist ein „Wahngebilde“, das die Welt als Spiel erscheinen lässt: „die Nichtigkeit der Welt, hier ist sie offen, harmlos, wie unter Lächeln zugestanden: denn, daß wir uns willig täuschen wollten, führte uns dahin, ohne alle Täuschung die Wirklichkeit der Welt zu erkennen“[11]. Wie die auf das Innerste des Menschen beschränkte Religion zeigt auch die Kunst diese Welt „als eine[n] nur auf einer Täuschung beruhenden, flüchtigen und traumartigen Zustan[d]“; sie macht klar, „daß das Wesen der Welt ... Blindheit ist, und nicht die Erkenntnis ihre Bewegung veranlaßt, sondern eben ein völlig dunkler Drang, der sich gerade nur soweit Licht und Erkenntnis verschafft, als es zur Stillung des augenblicklich gefühlten drängenden Bedürfnisses nottut“[12]. Dieser Drang ist der Erreger und Bildner des Wahns: er

8 So *Wagner*, Meistersinger (Fn.2) 248, 274.

9 So *Wagner*, Meistersinger (Fn.2) 248, 274.

10 So *Richard Wagner*, Über Staat und Religion (1864). In: Ders., Dichtungen (Fn.2) Band 8, 217-246, 245.

11 So *Wagner*, Staat (Fn.10) 245 f.

12 So *Wagner*, Staat (Fn.10) 236, 222.

beruht auf dem „Geist der Gattung selber, welcher als allmächtiger Lebenswille für das beschränkte Erkenntnisvermögen des Individuums eintritt". Er täuscht dem Individuum die Erfüllung seiner egoistischen Wünsche und Bedürfnisse vor, während er in Wahrheit nur das Bestehen der Gattung bezweckt[13].

2.

Diese Kunst – als edler Wahn – deutet nun „Wahrträume", d.h. Träume, in denen „des Menschen wahrster Wahn ihm aufgetan" wird. Voraussetzung der Kunst ist somit ein solcher Traum.

Zunächst freilich ist ein Traum eine unmittelbare Anschauung: ein „Traumbild" (V.1928, 2090), das sich der Reflexion des Denkens (und des Sprechens) sperrt. Walther hat Angst, dass ein denkendes Erfassen seinen Traum vergehen lassen, dass die an die Regeln der Sprache sich bindende Erzählung ihn verwischen könnte (V.1918, 2002). Diese Gefahr sieht auch Sachs, zieht dann aber den gegenteiligen Schluss: gerade deshalb „nehmt die Dichtkunst jetzt zur Hand:/ mancher durch sie das Verlorne fand" (V.2003 f.), weshalb Traum und Dichterei Freunde seien, die einander beistehen würden (V.2006). Die Kunst verhindert also das Entschwinden und das Auflösen des Traumbildes in seiner Unmittelbarkeit – die gerade deshalb immer Vergehen, weil stets neue Unmittelbarkeit bedeutet –, hält es fest, indem es ihm eine Form und damit eine Standhaftigkeit gibt, macht es zu einem Gedicht, das erzählt und gesungen werden kann auch für die und von den andere[n], wodurch es seine Lebendigkeit bewahrt. Zugleich schafft die Kunst damit kommunikative Gemeinschaft, die sich auch in der politischen Gemeinschaft des Volkes am Liedfest zeigt[14].

Nähere Überlegung zeigt, dass auch das Traumbild nicht dem entspricht, was wirklich geträumt worden ist. Wagner folgte in der 1870 (also zwei Jahre nach der Uraufführung der „Meistersinger") veröffentlichen „Beethoven"-Schrift der Traumtheorie von Arthur Schopenhauer, dessen Philosophie er 1854 kennen gelernt und als seiner eigenen Auffassung verwandt erkannt hatte. Zu

---

13 Vgl. *Wagner*, Staat (Fn.10) 222, 226, 228. – Zur Philosophie des Wahns bei Schopenhauer vgl. die Angaben in: *Wolfgang Schild*, Wagners *Meistersinger* als NS-Festoper. In: Das (Musik-) Theater in Exil und Diktatur, hgg. Peter Csobadi u.a., 2005, 239 – 261, 243 Fn.14.

14 Zu dieser von Wagner angestrebter Einheit von künstlerischer und politischer Gemeinschaft vgl. *Wolfgang Schild*, Hegel und Wagner. In: Der Grund, die Not und die Freude des Bewusstseins. Festschrift für Wolfgang Marx, 2002, 157-184; *Ders*., Meistersinger (Fn.13).

unterscheiden sei der „Traum des tiefsten Schlafes", der nicht mitteilbar sei (den Schopenhauer nach Artemidoros als „theorematischen Traum" bezeichnete[15]), von dem „dem Erwachen unmittelbar vorangehende[n], allegorische[n] Traum" (eine Bezeichnung von Schopenhauer); der erstere sei in dem und als der letztere[n] erfassbar, werde somit „übersetzt" und könne so in das wach(werdend)e Bewusstsein übergehen[16]. Das Traumbild – von dem Walther spricht (V.1928) – entspricht diesem allegorischem Traum; und dieser ist bereits eine Deutung, weil Übersetzung: aber noch nicht in Denken und Sprache, sondern in der sprachlosen Unmittelbarkeit der Anschauung als Bild, noch getragen von Gefühl, mit fließendem Inhalt, undeutlich; und daher in der bereits genannten Gefahr des Zerfließens und Entschwindens.

Zugleich bedeutet für Wagner diese Unmittelbarkeit als Abwesenheit der Reflexion (in Denken und Sprache) die Garantie der Wahrheit; worin deutlich wird, wie stark sich Wagner der Romantik verpflichtet fühlte[17] (und wie wenig er als Vorläufer der Psychoanalyse aufgefasst werden kann[18]). Denn diese „Unmittelbarkeit" zeigt ihm, dass die Übersetzung in und durch das Traumbild keine Verzerrung (oder gar eine Zensurierung) darstellt, sondern den unaussagbaren und auch bildlosen „Traum des tiefsten Schlafes" bildhaft umfängt und einbindet, ihn „er-innert", ihn damit in einer ersten Weise bestimmt und bewusst macht: eben als gefühlsmäßig besetztes und getragenes Bild, als Stimmung und Atmosphäre. Die im tiefsten Schlaf geträumte Wahrheit wird in diesem Bild offenbar, nämlich indem sie sich selbst offenbart (und nicht durch das menschliche Denken oder Sprechen dazu gezwungen und zugleich verändert, ja vielleicht sogar abgetötet wird).

Vorausgesetzt wird damit allerdings, dass dieser „Traum des tiefsten Schlafes" wahr ist; freilich eine Wahrheit ist, die nicht Denken, aber die auch nicht Bild ist, sondern die nicht bewusst ist. Wagner folgt auch hier Schopenhauer, der den theorematischen Traum auf ein „rätselhaftes, in unserem Innern verborge-

---

15 Vgl. *Arthur Schopenhauer,* Versuch über das Geistersehn und was damit zusammenhängt. In: Ders., Parerga und Paralipomena. Kleine philosophische Schriften. Band 1. Sämtliche Werke Band 5, hgg. Arthur Hübscher. 1946, 239-330, 271, 273. – Dazu vgl. m.w.N. *Rüdiger Görner*, Das gespenstische Absolute. Schopenhauers *Versuch über das Geistersehen.* In: Aurora 63, 2003, 63-73.

16 Vgl. *Richard Wagner*, Beethoven (1870). In: Ders., Dichtungen (Fn.2) Band 9, 38-109, 51.

17 Zur Traumtheorie die Romantik vgl. *Peter-André Alt*, Der Schlaf der Vernunft. 2002, 243 ff., 265 ff.

18 Dazu vgl. *Alt*, Schlaf (Fn.17) 306 ff.

ne[s], durch die räumlichen und zeitlichen Verhältnisse nicht beschränkte[s] und insofern allwissende[s], ... gar nicht ins gewöhnliche Bewußtsein fallende[s], sondern für uns verschleierte[s] Erkenntnisvermögen" zurückführt[19], das einen Gegenstand erkenne, der nicht durch die Kategorien des Bewusstseins – Raum, Zeit, Kausalität – geformt sei[20]: damit das Ding an sich – also jenseits der Vorstellung, die nur die Erscheinung als Schein erfasse –, das für Schopenhauer das innerste Wesen des Menschen selbst – der Wille – ist, der ebenfalls außerhalb von Raum und Zeit (also der Individuation) steht[21]. Oder anders: in diesem theorematischen Traum erkennt der Wille sich selbst als das Ding an sich. In dem Traum des tiefsten Schlafes findet der Träumende also sein Wesen, ruht in sich und ist bei sich als seinem Wesen. Deshalb ist dieser Traum wahr, ein „Wahrtraum"[22].

Das Ding an sich/ der Wille / der Wahrtraum drängt – so Schopenhauer weiter[23] – von diesem tiefsten Inneren nach außen hin zum Bewusstsein, dem diese Wahrheit dann in den Kategorien erscheint, was zugleich bedeutet: dass diese Erscheinungen in den Nervenbahnen und letztlich in Gehirnfunktionen ihren kategorialen (Kausalitäts-) Grund haben[24]. Neben den Sinnesorganen, die nach außen gerichtet sind und Sinnesreize empfangen (die dann durch die Tätigkeit des Gehirns kategorial erfasst und bestimmt werden), nimmt Schopenhauer ein „Traumorgan" an, das nach innen gerichtet ist, aus dem Inneren des Organismus erregt wird und diese Reize aufgrund der „Tätigkeit der anschauenden Gehirnfunktion" als Bild anzuschauen vermag[25]; freilich in einer umgekehrten räumlichen Richtung, einer umgekehrten Zeitfolge und einer umgekehrten Ursache-Wirkung-Beziehung[26]. Dadurch ist dieses Traumbild – gemessen an den Anschauungen der äußeren Welt – verrückt[27].

---

19 So *Schopenhauer*, Versuch (Fn.15) 297.

20 Vgl. *Schopenhauer*, Versuch (Fn.15) 251.

21 Vgl. *Schopenhauer*, Versuch (Fn.15) 281 ff., 297, 319 ff.

22 So *Schopenhauer*, Versuch (Fn.15) 254, 255.

23 Vgl. *Schopenhauer*, Versuch (Fn.15) 276 f., 281.

24 Vgl. *Schopenhauer*, Versuch (Fn.15) 247, 264 ff.

25 Vgl. *Schopenhauer*, Versuch (Fn.15) 256, 264.

26 Vgl. *Schopenhauer*, Versuch (Fn.15) 266.

27 Vgl. *Schopenhauer*, Versuch (Fn.15) 245 f.

3.

Bei Schopenhauer ist dieses Traumorgan auf das Anschauen bezogen und wird daher auch als das „zweite Gesicht" bezeichnet (und in eine metaphysische Theorie des Hellsehens und des Geistersehens eingearbeitet, auf die hier nicht eingegangen werden kann), weshalb die Bezeichnung als „Traum*bild*" konsequent ist. Hieran knüpfte Wagner 1870 an, wobei manche Ausführungen widersprüchlich und unklar bleiben. Doch lässt sich zumindest das Ziel dieser Arbeit über „Beethoven" klarstellen: es geht um eine Begründung des musikalischen Schöpfungsprozesses.

Deshalb stellt Wagner zunächst neben die Lichtwelt des Auges die Schallwelt des Gehörs[28], mit der Konsequenz, dass es eigentlich neben dem als zweites Gesicht (für die Anschauung) charakterisierten Traumorgan ein zweites, dem Hören gewidmetes Organ geben müsse, darin vergleichbar, dass beide Organe nicht nach außen, sondern nach innen gerichtet und somit für das Wesen / das Ding an sich / den Willen offen seien. Im Originalton Wagners: wir

> müssen als das eigentliche Organ [für die Schallwelt], wie dort [für die Lichtwelt] das Traumorgan, eine zerebrale Befähigung annehmen, vermöge welcher der [Mensch] zuerst das aller Erkenntnis verschlossene innere An-sich wahrnimmt, ein nach innen gewendetes Auge, welches nach außen gerichtet zum Gehör wird[29].

Diese Gleichstellung mit einem „Auge" ist nicht verständlich, konsequent müsste ein nach innen gerichtetes Ohr angenommen werden. Doch bezieht Wagner offensichtlich dieses dem Traumorgan an die Seite gestellte Organ sowohl auf das Träumen als auch auf das Wachen, sieht die Vergleichbarkeit mit dem Traumorgan daher darin, dass diese durch das Gehör wahrnehmbare, durch den Schall sich kundgebende Welt zur Lichtwelt sich ebenso verhalte wie der Traum zum Wachen[30]. Deshalb kann Wagner die Traumtheorie Schopenhauers für das Wahrnehmen der Schallwelt überhaupt heranziehen.

Aber wie es auch sei: jedenfalls wird diese Gegenüberstellung von Organ für die Lichtwelt und Organ für die Schallwelt mit der Musikauffassung Schopenhauers in eine Verbindung gebracht, die Wagner bereits bei seiner ersten Lektüre 1854 fasziniert (und überzeugt) hatte[31]: wonach nämlich das Sehen sich an den Erscheinungen als Objekten in dem „Schein des Lichtes" und

---

28 Vgl. *Wagner*, Beethoven (Fn.16) 46 f.

29 So *Wagner*, Beethoven (Fn.16) 58.

30 Vgl. *Wagner*, Beethoven (Fn.16) 46.

31 Vgl. *Richard Wagner*, Mein Leben, hgg. Martin Gregor-Dellin, München 1963, 521 f.

somit an dem täuschenden Sein (als Schein) – wie er sich auch als Schönheit zeige – orientiere, während das Hören an der Einheit des Subjekts und Objekts, der Einheit des inneren Wesens und der äußeren Welt ausgerichtet sei[32], weshalb die Musik als Kunst von den bildenden (d.h. am Bild ausgerichteten) Künsten qualitativ unterschieden sei. Für letztere seien die Erscheinungen (der Schein), für erstere die Idee der Welt selbst maßgebend, in welcher diese ihr Wesen unmittelbar darstelle, jenseits der Individuation in Raum und Zeit, weshalb die musikalische Sprache universal und jedem verständlich sei: eben die Selbstdarstellung des Willens (als des Dinges an sich)[33].

Von daher kann dieser Wille (als Ding an sich und Wesen) als Sein jenseits von Zeit, Raum und Kausalität nicht nur in bezug auf das Sehen, sondern auch in bezug auf das Hören bestimmt werden. Er ist daher ein ewiges, unendliches, grundlos-in sich begründetes Sein ebenso wie ein ewiges, unendliches, grundlos-in sich begründetes Tönen, das erklingt, ohne gehört zu werden. Wagner spricht von der „weder dem Raume noch der Zeit angehörige[n] Harmonie der Töne“[34], spricht somit in diesem Zusammenhang von einer „göttlichen“[35] und metaphysischen Musik[36]. In dieser Weise wird die Musik (auch) in dem „Traum des tiefsten Schlafes“ geträumt; und wird ebenfalls in den allegorischen Traum übersetzt, indem der „Drang nach einer verständlichen Mitteilung des innersten Traumbildes“ (besser, da noch zu sehr der Anschauung verhaftet: Trauminhaltes) sie in die Vorstellung der Zeit bindet und so dem Bewusstsein annähert: als rhythmische Anordnung der Töne[37]. Dadurch entsteht die Möglichkeit, diese Töne zu hören, weil sie so in die Welt der Erscheinungen treten. Die metaphysische Musik wird zur hörbaren (empirischen)[38], die göttliche zur menschlichen[39] Musik, die dadurch in eine „Berührung mit der anschaulichen plastischen Welt“ tritt, „nämlich vermöge der Ähnlichkeit der Gesetze, nach

32 Vgl. *Wagner*, Beethoven (Fn.16) 48 f.

33 Vgl. *Wagner*, Beethoven (Fn.16) 50 f. – Zu dieser Musikkonzeption Schopenhauers vgl. *Christoph Asmuth*, Musik als Metaphysik. In: Philosophischer Gedanke und musikalischer Klang, hgg. Ders. u.a., 1999, 111 – 125. Vgl. auch *Görner*, Absolute (Fn.15), 82 f., der auf die ähnliche Charakterisierung der Musik als „dämmernde Vermittlerin zwischen Geist und Materie“ bei Heinrich Heine hinweist.

34 So *Wagner*, Beethoven (Fn.16) 54.

35 So *Richard Wagner*, Über Franz Liszts Symphonische Dichtungen (1857). In: Ders., Dichtungen (Fn.2), Band 8, 22-39, 32.

36 So *Carl Dahlhaus*, Wagners Konzeption des musikalischen Dramas. 1971, 120.

37 Vgl. *Wagner*, Beethoven (Fn.16) 54.

38 So die Gegenüberstellung bei *Dahlhaus*, Konzeption (Fn.36) 120.

39 So die Gegenüberstellung bei *Wagner*, Dichtungen (Fn.35), 32.

welchen die Bewegung sichtbarer Körper unserer Anschauung verständlich sich kundgibt", was bedeutet: dass sie zur sinnlich wahrnehmbaren (anzuschauenden) Gebärde wird. Aber die nun rhythmisch zur Gebärde ertönende Musik „spricht das innerste Wesen der Gebärde mit solch unmittelbarer Verständlichkeit aus, daß sie, sobald wir ganz von der Musik erfüllt sind, sogar unser Gesicht für die intensive Wahrnehmung der Gebärde depotenzieren, so daß wir sie endlich verstehen, ohne sie selbst zu sehen". Freilich bedeutet diese Bindung an den Rhythmus zugleich die Fesselung an die äußerliche Regelmäßigkeit (bis hin zur Gebärde).

> Die Musik tritt hierdurch aus dem Stande ihrer erhabenen Unschuld; sie verliert die Kraft der Erlösung von der Schuld der Erscheinung, d.h. sie ist nicht mehr Verkünderin des Wesens der Dinge, sondern sie selbst wird in die Täuschung der Erscheinung der Dinge außer uns verwebt. Denn zu *dieser* Musik will man nun auch etwas *sehen*,

wobei die Gefahr entstehe, dass dieses Zu-Sehende sogar zur Hauptsache werden kann, wie es in dem Spektakel der „Oper" als Entartung auch Realität geworden sei. Erforderlich sei jedenfalls der fortwährende Rückbezug des Zu-Sehenden auf das Zu-Hörende und letztlich auf den „inneren Geist der Musik"[40].

4.

Was Wagner hier 1870 durch eine ergänzende Interpretation von Schopenhauer entwickelte, ist zugleich eine Theorie des künstlerischen Schaffensprozesses, vor allem der Musik, nach dem Vorbild der Traumdeutung (was verständlich macht, dass Wagner auch für das musikalische Schaffen von „Bild" und von „Anschauung" spricht). Wie dem Träumenden in tiefstem Schlafe das Wesen/ Ding an sich/ Wille offenbar wird und er es/ihn im allegorischen Traum als Bild deutet, so wird dem Musiker (d.h. dem musikalischen Genie) die metaphysische Musik in seinem Inneren jenseits der Erscheinungswelt von Raum und Zeit (Individuation) und Kausalität offenbar; und er deutet sie allegorisch, indem er sie in die Zeit (und damit in die empirische Welt) stellt und damit in eine rhythmische Anordnung von Tönen umwandelt, die in der – nun auch räumlichen – Erscheinungswelt auch hörbar sind (und von außen an das Sinnesorgan des Ohres dringen); darin vergleichbar dem Erzählen des Traumbildes in der Sprache. Genauer ist es das metaphysische tönend-harmonische Wesen/ Ding an sich/ der Wille selbst, das/der sich in die Er-

---

40 So *Wagner*, Beethoven (Fn.16) 59.

scheinungswelt der Zeit verendlicht (verzeitlicht) und sogar – wie bereits zitiert – sich in eine Beziehung zum Raum (und zum Sehen) bringt; zusammengefasst: das / der sich damit individualisiert: nämlich zu bestimmten einzelnen Melodien, die dann gehört und auch gesehen werden können und wollen. Das musikalische Genie ist dafür das Medium, in dem dieser Prozess geschieht, weil dieser Mensch sich dafür öffnet und hingibt.

Fraglich wird und bleibt das Verhältnis der Musik zu den anderen Künsten, vor allem zu der wortsprachlichen Dichtung in der Unmittelbarkeit der Aufführung (also auch in der Gebärde). Bekannt ist die frühere, 1850/51 in der Schrift „Oper und Drama" vertretene These von der Gleichordnung von Wort- und Tonsprache nach dem Bild der Liebesbeziehung (und Elternschaft) von Mann und Frau: die dem Männlichen zugeordnete Wortsprache als inhaltlich bestimmender und bestimmter Gedanke (Begriff), die dem Weiblichen (und dem alles verschlingenden Meer) zugeordnete Tonsprache als inhaltlich fließendes, unbestimmtes, allen Inhalt auflösendes Gefühl, deren Vereinigung als Einswerdung von Verstand und Gefühl; und das Kunstwerk als deren Kind[41]. Gerne wird übersehen, dass Wagner diese Auffassung (oder besser: diese Bilder) nicht für die spätere Zeit vertreten hat, dass also diese Theorie in „Oper und Drama" nur eines seiner ästhetischen Konzepte war. Man kann sagen, dass er diese Auffassung der Jahre 1850/51 für den „Ring den Nibelungen" konzipiert hat, der sich (zumindest in den von 1853 bis 1857 fertiggestellten Teilen bis zum 3. Aufzug des „Siegfried[s]") deutlich unterscheidet von den ab 1858 geschaffenen Werken „Tristan und Isolde", den „Meistersingern" und „Parsifal" (und auch von dem ab 1869 fertiggestellten 3. Aufzug des „Siegfried[s]" und der „Götterdämmerung"), weshalb man etwas überspitzt sagen kann, dass – wenn man die theoretischen Schriften im jeweiligen Umfeld der einzelnen Werke betrachtet – jedes Werk eine eigene, spezifische ästhetische Begründung hat und findet; was bedeutet, dass in dieser Arbeit eigentlich nur auf die Ästhetik der „Meistersinger" eingegangen werden kann. Allgemein kann aber festgehalten werden, dass Wagner bereits 1857 – also drei Jahre nach der Schopenhauer-Lektüre (1854) und 6 Jahre nach „Oper und Drama" – in seinem veröffentlichten Brief an Marie Wittgenstein über die Symphonischen Dichtungen von Franz Liszt (und eindeutig von diesen Werken beeinflusst) seinen „Glauben" bekannte: „die Musik kann nie und in keiner Verbindung, die sie

41 Vgl. *Richard Wagner*, Oper und Drama (1850/51). In: Ders., Dichtungen (Fn.2), Band 7, 105 ff.

eingeht, aufhören die höchste, die erlösendste Kunst zu sein“[42], was für den Vorrang der Musik spricht. Doch blieb in diesem Brief ebenso eine andere „Gewißheit“, nämlich

> daß die Musik sich nur in Formen vernehmen läßt, die einer Lebensbeziehung oder einer Lebensäußerung entnommen sind, welche, ursprünglich der Musik fremd, durch diese eben nur ihre tiefste Bedeutung erhalten, gleichsam vermöge der Offenbarung der in ihnen latenten Musik. Nichts ist (wohlgemerkt: für seine Erscheinung im Leben) weniger absolut, als die Musik[43].

Deutlich wird in diesem Zitat die Gegenüberstellung bzw. das Verhältnis von metaphysischer (göttlicher) und hörbarer Musik, ausdrücklich sogar formuliert: „daß der göttlichen Musik in dieser menschlichen Welt ein bindendes, ja – wie wir sahen – bedingendes Moment für die Möglichkeit ihrer Erscheinung gegeben werden mu[ß]“[44]. So scheint Wagner sein Konzept in „Oper und Drama“ festhalten zu wollen; deutlich wird aber die wesentlich andere Gewichtung. Es geht zwar um eine „Lebensbeziehung“ und „Lebensäußerung“, um die „Erscheinung im Leben“, wie sie die Musik nicht inhaltlich zum bestimmten Ausdruck bringen kann, aber um ein Lebendiges (in Raum und Zeit der Individuation), das in sich eine „latente Musik“ enthält: diese „latente Musik“ ist das Wesen des Lebendigen, das Göttliche, das sich in der jeweiligen Erscheinung offenbart (und nur in dieser Gestalt auch erscheinen, d.h. sinnlich wahrnehmbar werden kann). So kann 1857 das Kunstwerk (wie 1850/51 in „Oper und Drama“) nur die Einheit von Ton- und Wortsprache (und Gebärdensprache in der Aufführung) sein, die aber nun zutiefst in der sich in diesen drei Sprachen offenbarenden metaphysischen Musik gründet. Dafür bietet sich ein anderes Bild an, das Wagner tatsächlich auch verwendet[45]: Ton- und Wortsprache nicht als Mann und Frau, durch deren Vereinigung das Kunstwerk entsteht, sondern die metaphysische (göttliche) Musik als die Mutter, die ihr Kind – das Kunstwerk – für die Welt und als Welt (in Raum und Zeit) gebiert, wobei dieses Kind dann die Einheit dieser Sprachen darstellt.

Drei Jahre später (also 1860 [und damit im zeitlichen Umfeld der „Meistersinger“]) betonte Wagner in dem Vorwort zu einer Prosa-Übersetzung ins Französische – gerichtet an einen französischen Freund – dieses Verhältnis. Zugleich ging er auch auf den Grund für diesen Geburtsakt des Kunstwerkes

---

42 So *Wagner*, Dichtungen (Fn.35), Band 8, 22-39, 31.

43 So *Wagner*, Dichtungen (wie Fn.35), 32.

44 So *Wagner*, Dichtungen (Fn.35), 32.

45 Vgl. *Richard Wagner*, Über die Benennung „Musikdrama“ (1872). In: Ders, Dichtungen (wie Fn.2), Band 9, 271-277, 274.

aus der metaphysischen (göttlichen) Mutter ein. Dafür bietet sich das (männliche) Genie an, der Dichter (im Vollsinn des schaffenden Künstlers), der durch seine Stoffidee diesen Prozess des Gebärens in sich selbst initiiert: nämlich durch den dafür geeigneten Stoff. Dieser „ideale Stoff des Dichters" ist das „ursprünglich namenlos entstandene Gedicht des Volkes" – also ebenfalls einer Mutter –, der „Mythus", in dem „die konventionelle, nur der abstrakten Vernunft erklärliche Form der menschlichen Verhältnisse fast vollständig [verschwindet], um dafür nur das ewig Veränderliche, rein Menschliche, aber eben in der unnachahmlichen konkreten Form zu zeigen"[46]. Dieser „Mythus" ist für Wagner das wortsprachliche Gedicht, das die Wortsprache aber in einer noch musikalischen Gestalt enthält, die alle Motive als „Motive des rein menschlichen Gefühles" darstellt[47]. In dieser Sprache wird der „abstrakten, konventionellen Bedeutung der Worte ihre ursprünglich sinnliche unter[stellt]", wodurch die Wortsprache durch die „rhythmische Anordnung" und dem „Schmuck des Reimes im Verse" sich der musikalischen Tonsprache annähert. Der Dichter, der diesen Mythos des Volkes neu zu gestalten beginnt (weil er als Genie den Geist des dichtenden Volkes repräsentiert)[48], gelangt in der Wortdichtung an die „Grenze seines Kunstzweiges", „auf welcher die Musik unmittelbar bereits berührt wird"; deshalb „[müßte] als das gelungenste Werk des Dichters uns ... dasjenige gelten, welches in seiner letzten Vollendung gänzlich Musik würde"[49]. Wort- und Tonsprache verschmelzen also auch jetzt ineinander[50], wobei das Kunstwerk unmittelbar entsteht: das Wortgedicht des Mythos „[dringt] in die feinsten Fasern des musikalischen Gewebes [ein]", wodurch „der ausgesprochene Begriff gänzlich in das Gefühl sich auflösen kann": in der „Dichtungsform ..., in welcher der Dichter nicht mehr beschreibt, sondern seinen Gegenstand zur wirklichen, sinnfällig überzeugenden Darstellung bringt; und dies ist nur das Drama"[51]. Also erneut das Bild der Vereinigung von Mann und Frau – „diese innige Verschmelzung der Musik mit der

46 So *Richard Wagner*, „Zukunftsmusik". An einen französischen Freund (1860). In: Ders, Dichtungen (wie Fn.2), Band 8, 45-101, 64.

47 Vgl. *Wagner*, Zukunftsmusik (wie Fn.46), 64.

48 Vgl. in diesem Sinne die Charakterisierung von Hans Sachs als „die letzte Erscheinung des künstlerisch produktiven Volksgeistes" bereits 1851 in „Eine Mitteilung an meine Freunde", abgedruckt in: Dichtungen (wie Fn.2), Band 6, 199-325, 259.

49 So *Wagner*, Zukunftsmusik (wie Fn.46), 64. – Im Übrigen wurde nach Wagner diese Einheit im ursprünglichen Volksmythus auch gelebt: denn die erste Sprache der Menschen sei noch voller Gefühl und in großer Ähnlichkeit mit dem Gesang gewesen (71).

50 Vgl. *Wagner*, Zukunftsmusik (wie Fn.46), 72.

51 So *Wagner*, Zukunftsmusik (wie Fn.46), 73.

Poesie im Drama"[52] –, aber nun doch mit eindeutigem Vorrang der Musik: nicht nur als sinnliche Tonsprache, sondern auch als der hinter allem stehende Urgrund. Wagner spricht vom „Geist der Musik", der die dichterische Konzeption in Wort und Ton (und Gebärde) bestimmt[53], und nennt als geglücktes Beispiel seinen „Tristan und Isolde"[54]. Er stellt ausdrücklich diesen Schöpfungsprozess aus dem Geist der Musik klar, in Worten, die zum Thema dieser Arbeit zurückführen: der Dichter (das Genie) werde in seinem „Geist" durch den Stoff des Mythus, genauer: durch dessen „sagenhaften Ton" in „denjenigen träumerischen Zustand versetzt, in welchem er bald bis zu dem völligen Hellsehen gelang[t], wo er dann einen neuen Zusammenhang der Phänomene der Welt gewahrt"[55]; dieser „hellsehend machende Zauber" werde dann durch die Tonsprache der Musik vollständig entfaltet[56], mit der Wirkung auch für das Publikum, dessen

> sympathisches Gefühl ... selbst in den Zustand von Ekstase gerät, wo es [das] verhängnisvolle Warum? vergißt, und somit in höchster Anregung willig sich der Leitung jener neuen Gesetze überläßt, nach welchen die Musik sich so wunderbar verständlich macht und – in einem tiefen Sinne – zugleich einzig richtig jenes Warum? beantwortet[57].

So werde das Innere des Dramas (d.h. der Handlung), also die inneren Motive der Handelnden, als notwendig erfasst und in dem aufgeführten Kunstwerk dem Gefühl (dem „innersten Herzen") und der Sympathie (also dem Mitleiden) unbezweifelbar nahegebracht[58]; wie im „Tristan":

> Jeder Zweifel war mir ... entnommen, als ich mich dem 'Tristan' hingab. Mit voller Zuversicht versenkte ich mich hier nur noch in die Tiefen der inneren Seelenvorgänge, und gestaltete zaglos aus diesem intimsten Zentrum der Welt ihre äußere Form; [...] im Gewebe der Worte und Verse [war] bereits die ganze Ausdehnung der Melodie vorgezeichnet, nämlich diese Melodie dichterisch bereits konstruier[59].

---

52 So *Wagner*, Zukunftsmusik (wie Fn.46), 73.

53 Vgl. *Wagner*, Zukunftsmusik (wie Fn.46), 79.

54 Vgl. *Wagner*, Zukunftsmusik (wie Fn.46), 80.

55 So *Wagner*, Zukunftsmusik (wie Fn.46), 83.

56 Vgl. *Wagner*, Zukunftsmusik (wie Fn.46), 83.

57 So *Wagner*, Zukunftsmusik (wie Fn.46), 73.

58 Vgl. *Wagner*, Zukunftsmusik (wie Fn.46), 83.

59 So *Wagner*, Zukunftsmusik (wie Fn.46), 85 f.

Im Wortgedicht ist bereits die musikalische Form vollständig enthalten, in der Einheit als dramatischer Aktion[60]. In den Worten, die der Ästhetiker Wagner dem Wortdichter in den Mund legt, gerichtet an den Tondichter:

> Stürze dich zaglos in die vollen Wogen des Meeres der Musik; Hand in Hand mit mir, kannst du nie den Zusammenhang mit dem jedem Menschen Allerbegreiflichsten verlieren; denn durch mich stehst du jederzeit auf dem Boden der dramatischen Aktion, und diese Aktion im Moment der szenischen Darstellung ist das unmittelbar Verständlichste aller Gedichte. Spanne deine Melodie kühn aus, daß sie wie ein ununterbrochener Strom sich durch das ganze Werk ergießt: in ihr sage du, was ich verschweige, weil nur du es sagen kannst, und schweigend werde ich alles sagen, weil ich dich an der Hand führe.

Und Wagner fügt hinzu:

> In Wahrheit ist die Größe des [Wort-] Dichters am meisten danach zu ermessen, was er verschweigt, um uns das Unaussprechliche selbst schweigend uns sagen zu lassen; der Musiker ist es nun, der dieses Verschwiegene zum hellen Ertönen bringt, und die untrügliche Form seines laut erklingenden Schweigens ist die *unendliche Melodie*[61].

Mehr kann auf diese Ästhetik hier nicht eingegangen werden; bekannt ist die 1860 ausdrücklich ausgesprochene Kennzeichnung des Kunstwerkes als des „musikalischen Dramas“[62], die Wagner 1872 in Frage stellte: besser müsse es heißen „ein in Musik gesetztes wirkliches Drama“[63]; am besten und die eigentliche aber sei die Kennzeichnung des Kunstwerkes als „ersichtlich gewordene Tat der Musik“[64] (d.h. als ersichtlich gewordenes Drama der Musik). Denn die Musik sei

> in Wahrheit „der Teil, der Anfang alles war“, und ihre alte Würde als Mutterschoß auch des Dramas wieder einzunehmen, dazu fühlt sie ... sich berufen. In dieser Würde hat sie sich weder vor, noch hinter das Drama zu stellen; sie ist nicht sein Nebenbuhler, sondern seine Mutter. Sie tönt, und was sie tönt, möget Ihr dort auf der Bühne erschauen; dazu versammelt sie Euch: denn was sie ist, das könnt Ihr stets nur ahnen; und deshalb eröffnet sie Euren Blicken sich durch das szenische Gleichnis, wie die Mutter den Kindern die Mysterien der Religion durch die Erzählung der Legende vorführt[65].

---

60 Vgl. *Wagner*, Zukunftsmusik (wie Fn.46), 86, 91.

61 So *Wagner*, Zukunftsmusik (wie Fn.46), 92 f.

62 So *Wagner*, Zukunftsmusik (wie Fn.46), 94.

63 Vgl. *Wagner*, Musikdrama (wie Fn.45), 272.

64 So *Wagner*, Musikdrama (wie Fn.45), 276.

65 So *Wagner*, Musikdrama (wie Fn.45), 274; vgl. auch *Richard Wagner*, Über Schauspieler und Sänger (1872). In: Ders., Dichtungen (wie Fn.2), Band 9, 183-263, 229.

III.

Ich komme zurück zum Text in den „Meistersingern", also zu der Charakterisierung der Kunst als Wahrtraum-Deuterei; oder – wie 1860 formuliert – als „vollständige Ausführung des hellsehend machenden Zaubers" in dem musikalischen Drama, also der dramatischen Szene, die der Wort- und Tondichter (das Genie) in einem „träumerischen Zustand ... bis zu dem völligen Hellsehen"[66] erschaut (und erhört) hat.

So geschieht es auch Walther in seinem Traum im Haus des Sachs; und es ist klar, dass er ein solches Genie ist, in dem dieser Schöpfungsprozess sich ereignet (und mit der Hilfe des älteren Freundes und Führers Sachs als Kunstwerk auch gelingt). Und es ist ebenso klar, dass er sein Traumbild nur als Mythos denken und erfassen kann in der Einheit von Wort und Ton. Zugleich ist das Traumbild die Ver-Dichtung seines inneren Wesens, der Wahrheit seines Inneren. Er deutet das Geträumte als Mythos seiner selbst und daher als sein Wesen als Wille! und gestaltet deshalb ein wirkliches Kunstwerk, eben ein Meisterlied.

Denn er deutet bzw. dichtet zunächst seinen Traum als Szene an einem Morgen: ein Garten, eine Frau, eine Frucht, ein Lebensbaum. Dann deutet / dichtet er die Szene an einem Abend: ein Himmel, zwei Sterne, ein Sternenheer, ein Lorbeerbaum. Walther muss dann innehalten, er kann diese beiden Szenen nicht zusammenbringen, sie sind ihm noch fremd. Erst der Anblick der geliebten Eva – der ihn „wie festgebannt" (vor V.2319) in einen der Realität entrückten Zustand bringt – zeigt ihm die Deutung und vollendet die Dichtung: er hat – so nun seine Deutung – von seiner Liebe geträumt, also einen Liebestraum erfahren. Die zwei Sterne sind die Augen der Geliebten, die ihm nicht nur die Lebensfrucht, sondern auch den Lorbeerkranz reicht, ihn also als Mann und Dichter auszeichnet: als den Meistersinger, der ihr Gemahl sein wird.

Sachs anerkennt in dieser „Morgentraumdeut-Weise" ein Meisterlied; und damit zugleich in Walther den Meistersinger. Doch dieser Charakter kommt in noch größerem Maße dem Lied auf der Festwiese (und seinem Schöpfer) zu, wo Walther nicht nur den Traum in distanzierterer, kürzerer, gestraffter Form vorträgt, sondern ihn auch vollständig begreift: nämlich nun in dieser dramatischen Szene, in der er „aus Dichters Traum erwacht" ist. Die 1. Strophe gibt die Deutung der geträumten Morgenszene: die Frau als Eva im Paradies

66 Vgl. *Wagner*, Zukunftsmusik (wie Fn.46), 83.

(V.2741 ff.); die 2. Strophe deutet die Abendszene: die Frau als Muse des Parnass (V.2760 ff.); die 3. Strophe – der Abgesang – betrifft nun das gegenwärtige Fest am Johannistag, dem „huldreichsten Tag, dem ich aus Dichters Traum erwacht“ (V.2779 f.). Das geträumte Paradies liege nun vor ihm; die dort geborene, lieblichste Frau sei ihm zur Muse geworden, die bzw. deren Liebe ihm das Lied eingegeben habe, das ihm nun den Sieg bringe: Parnass und Paradies (V.2779 ff.). So geschieht es ja auch tatsächlich: Walther gewinnt Eva zur Ehefrau! Sein Traumbild wies ihn – wie Sachs behauptet hat (V.2090) – wahr: „Es gab der Traum Euch ein, / wie heut Ihr sollet Sieger sein“ (V.1925 f.).

Und dieses wahre Singen – in Wort, Ton und Geste (Auftreten) – auf der Festwiese macht den Mythus des Volkes lebendig, weshalb die versammelten Menschen (auch die Meistersinger) mit „sympathische[m] Gefühl ... selbst in den Zustand der Ekstase“ geraten[67]: „So hold und traut, wie fern es schwebt, / doch ist's als ob man's mit erlebt“ (V. 2773 f.); „gewiegt wie in den schönsten Traum, / hör' ich es wohl, doch fass' es kaum!“ (V.2794 f.). Und die Regieanmerkung vor V.2794 lässt das Volk „sehr leise den Schluß [des Liedes] begleitend“ mitsingen. Nur Sixtus Beckmesser steht als Nur-Jurist, Stadtschreiber, Rationalist und Kritiker außerhalb dieser mitträumenden und mitschwingenden Volksgemeinschaft, die im gemeinsamen Singen ihre Einheit findet[68]. Es ist im übrigen selbstverständlich, dass er – in Wort, Ton und Geste (Auftreten) – versingen, das fremde, liebesträumende Lied (dessen Deutung er überdies noch gar nicht lesen konnte, weil der ihm überlassene Text erst aus den zwei ersten Strophen bestand) verhunzen musste!

Auf der Festwiese singt Walther nicht nur seine Traum-Deutung, sondern bezieht – aus diesem Traum und aus seinem Gebanntsein beim Anblick der Geliebten erwacht – sie auf die unmittelbare Gegenwart seiner Situation auf der Festwiese (weshalb ja auch sein Lied das gemeinsame Lied des festlich versammelten Volkes ist und sein kann). Sein Preislied ist nicht nur Traum-Deuterei, sondern auch Erfassung (Deutung) seines inneren Lebens, seiner Liebe zu dieser Frau, zudem und zugleich aber auch Zeugnis seiner Meisterschaft (und damit der Liebe zur Kunst): denn das Lied ist künstlerisch-geregelte Form und wache, aus dem Traum erwachte Deutung des vergangenen Traumes, daher Er-Innerung und Gestaltung der erinnerten Vergangenheit (wie Sachs ihm in der Schusterstube die wahren Meister charakterisiert hatte [V.1957 ff.]). Es ist daher auch ein Lied für das Volk (und die Meistersinger),

67 Vgl. *Wagner*, Zukunftsmusik (wie Fn.46), 73.

68 Vgl. dazu *Schild*, Meistersinger (Fn.13).

um sie an diese Trauminhalte zu erinnern und sie mitträumen und mitschwingen zu lassen. Walther erkennt denn auch seine Zugehörigkeit zum Volk als dessen Meistersinger, wobei es dann freilich dem Zureden von Sachs bedarf, um ihn auch diese Einheit von Volk und Meistersingern erkennen zu lassen.

Trotzdem ist es nicht so einfach, wie es scheint! Denn müsste nicht von der zugrunde liegenden Ästhetik Wagners die Dichtung dieser Szene, ja die Dichtung der gesamten „Meistersinger" durch Wagner selbst in Wort und Ton ebenfalls Traum-Deuterei sein? müsste sie nicht auch einen „Mythus" erklingen und als Kunstwerk in der Welt erscheinen lassen, als Mythus, dessen sagenhafter Ton im Genie den Schöpfungsprozess initiierte, der zu dem Kunstwerk als der „ersichtlich gewordenen Tat der Musik" führte? und wenn ja: welchen Traum hätte Wagner hier gedeutet? – Oder ist diese ästhetische Theorie selbst ein Kunstwerk, ein Mythus, das / den Wagner für sich und seine Freunde selbst gemacht hat, wie er auch die Entstehung des Vorspiels des „Rheingolds" in einem mythischen Licht[69] und offensichtlich entgegen der historischen Realität erscheinen ließ?

So einfach ist es offensichtlich mit Wagner nicht!

69 Vgl. *Wagner*, Leben (Fn.31), 511 f.: „Am Nachmittage [des 5. Septembers 1853 in Spezia bei Genua in das Gasthaus] heimkehrend, streckte ich mich todmüde auf ein hartes Ruhebett aus, um die langersehnte Stunde des Schlafes zu erwarten. Sie erschien nicht; dafür versank ich in eine Art von somnambulem Zustand, in welchem ich plötzlich die Empfindung, als ob ich in ein stark fließendes Wasser versänke, erhielt. Das Rauschen desselben stellte sich mir bald im musikalischen Klange des Es-dur-Akkordes dar, welcher unaufhaltsam in figurierter Brechung dahinwogte; diese Brechungen zeigten sich als melodische Figurationen von zunehmender Bewegung ... [Ich] erwachte in jähem Schreck aus meinem Halbschlaf. Sogleich erkannte ich, dass das Orchester-Vorspiel zum 'Rheingold', wie ich es in mir herumtrug, doch aber nicht genau hatte finden können, mir aufgegangen war."

13.

Wagners „Meistersinger" als NS-Festoper

Die am 21. Juni 1868 am Münchner Königlichen Hof- und Nationaltheater München uraufgeführten „Meistersinger von Nürnberg" von Richard Wagner sind sicherlich die Festoper schlechthin! Allerdings mischen sich in die Aufführungsgeschichte auch dunkle Schatten. Die Nationalsozialisten feierten mit diesem Werk an der Berliner Staatsoper den „Tag von Potsdam" (22. März 1933); seit dem „Parteitag der Freiheit" zu Nürnberg 1935 waren die „Meistersinger" die regelmäßig zu diesen Anlässen aufgeführte Oper; sie blieben 1943 und 1944 das einzige Werk der in Bayreuth durchgeführten „Kriegsfestspiele", welche Inszenierung in das Programm der Charlottenburger Oper zu Berlin übernommen und hier zum Symbol großdeutschen Durchhaltewillens gegen eine Welt voll Feinden wurde[1]. Oft wird heute versucht, diese Geschichte in

1 Vgl. *Reinhold Brinkmann*, Wagners Aktualität für den Nationalsozialismus, in: Paul Friedländer / Jörn Rüsen (Hrsg.), Richard Wagner im Dritten Reich. München 2000,109-141, 126 ff.; *David B. Dennis*, „The most German of All German Operas": *Die Meistersinger* through the Lens of the Third Reich, in: Vazsonyi (Anm.2), 98-119; *Thomas S. Grey*, Selbstbehauptung oder Fremdmißbrauch? Zur Rezeptionsgeschichte von Wagners *Meistersingern*, in: H. Danuser / H. Münkler (Hrsg.), Deutsche Meister – böse Geister? Nationale Selbstfindung in der Musik. Schliengen 2001, 303-325; *Ernst Hanisch*, Die politisch-ideologische Wirkung und „Verwendung" Wagners, in: Müller / Wapnewski (Anm.2), 625-646; *Harald Kisiedu*, Zur politischen Rezeptionsgeschichte der *Meistersinger von Nürnberg*, in: Viertel (Anm.2), 89-118, 102 ff.; *Thomas Koebner*, Richard Wagner und der deutsche Nationalismus, in: G. Heldt (Hrsg.), Richard Wagner: Mittler zwischen Zeiten. Salzburg 1990, 159-181; *Herfried Münkler*, Kunst und Kultur als Stifter politischer Identität. Webers *Freischütz* und Wagners *Meistersinger*, in: Danuser / Münkler (s.o.), 45-60; *Hans Rudolf Vaget*, Wagner-Kult und nationalsozialistische Herrschaft, in: Friedländer / Rüsen (s.o.), 264-282; *ders.*, Wehvolles Erbe. Zur „Metapolitik" der *Meistersinger von Nürnberg*, in: Musik & Ästhetik 6 (2002), Heft 22, 23-39, 26 ff.; *Peter Wapnewski*, Richard Wagners Lichtgestalten und der deutsche Nationalmythos, in: Danuser / Münkler (s.o.), 75-50. - Allgemein zum Problem Wagner – Nationalsozialismus vgl. die Beiträge in dem oben genannten Buch von *Friedländer / Rüsen*. Zur tatsächlichen Situation der Wagner-Aufführungen im NS-Regime (auch im Vergleich zu anderen Opern) vgl. *Jens Malte Fischer*, Wagner-Interpretationen im Dritten Reich, in: Friedländer / Rüsen (s.o.), 142-164. – Allgemein zur Rezeptionsgeschichte vgl. *Oswald G. Bauer*, Die Aufführungsgeschichte in Grundzügen, in: Müller / Wapnewski (Anm.2), 647-674; *Gerhard Bott* (Hrsg.), Die Meistersinger und Richard Wagner. Die Rezeptionsgeschichte einer Oper von 1868 bis heute. Katalog einer Ausstellung des Germanischen Nationalmuseums. Nürnberg 1981; *Michael Karbaum*, Studien zur Geschichte der Bayreuther Festspiele 1876–1976. Regensburg 1976; *Dietrich Mack*, Der Bayreuther Inszenierungsstil 1876–1976. Regensburg

https://doi.org/10.1515/9783110689396-014

die Inszenierung selbst hinein zu nehmen, wodurch selbstverständlich das Werk bis zur Unkenntlichkeit verfremdet werden muss. Auf diese Versuche und auf das dahinter stehende Kunstverständnis ist hier nicht einzugehen. Gefragt soll nur werden, ob in diesem Werk selbst - so wie es von Wagner geschaffen wurde - Gründe für diese Aufführungsgeschichte liegen. Zur Beantwortung dieser Frage findet sich ausreichendes Material, da Wagner sich als „denkender Künstler“ verstand und daher sein künstlerisches Schaffen mit theoretischen Schriften zu erfassen und zu begründen suchte. Auch für die Zeit der Entstehung der „Meistersinger“ - Oktober 1861 bis Oktober1867 - verfasste er einschlägige Texte. Es soll - selbstverständlich nur in einem groben Überblick - gezeigt werden, dass dieses Werk in der Tat unterschiedliche Dimensionen einer Festoper aufweist[2].

1976; *Frederic Spotts*, Bayreuth. Eine Geschichte der Wagner-Festspiele. München 1994.

2 Literatur zu den „Meistersingern“ wird angegeben in: *Attila Csampai / Dietmar Holland* (Hrsg.) Richard Wagner, Die Meistersinger von Nürnberg. Reinbek 1981, 274–276. An neuerer Literatur ist beispielhaft zu nennen: *Udo Bermbach* Der Wahn des Gesamtkunstwerks. Richard Wagners politisch-ästhetische Utopie. Frankfurt 1994; *ders*., Die Utopie der Selbstregierung. Zu Richard Wagners Die Meistersinger von Nürnberg, in: ders., Wo Macht ganz auf Verbrechen ruht. Politik und Gesellschaft in der Oper. Hamburg 1997, 238–270; *ders*., Die Meistersinger von Nürnberg. Politische Gehalte einer Künstleroper, in: Danuser / Münkler (Anm.1), 274-285; *ders*, Die Meistersinger von Nürnberg. Poetische Regeln demokratischer Selbstregierung, in: ders., „Blühendes Leid“. Politik und Gesellschaft in Richard Wagners Musikdramen. Stuttgart, Weimar 2003, 247–280; *Dieter Borchmeyer,* Das Theater Richard Wagners. Idee, Dichtung, Wirkung. Stuttgart 1982, 207–230; *ders*., Die Götter tanzen Cancan. Richard Wagners Liebesrevoluten. Heidelberg 1992, 145 ff.; *ders*., Nürnberg als Reich des schönen Scheins. Metamorphosen eines Künstlerdramas, in: Danuser / Münkler (Anm.1), 286–302; *ders*., Nürnberg als ästhetischer Staat. *Die Meistersinger*: Bild und Gegenbild der Geschichte, in: ders., Richard Wagner. Ahasvers Wandlungen. Frankfurt 2002, 235–275; *Reinhold Brinkmann*, Lohengrin, Sachs und Mime oder Nationales Pathos und die Pervertierung der Kunst bei Richard Wagner, in: Danuser / Münkler (Anm.1), 206–221; *Catherina Clément*, Die Frau in der Oper. Besiegt, verraten und verkauft. Stuttgart 1992, 174 ff.; *Carl Dahlhaus / John Deathridge*, Wagner. Stuttgart 1984, 140 ff.; *Carl Dahlhaus*, Richard Wagners Musikdramen. Zürich 1988, 67 ff.; *Peter Gay*, Eine Lanze für Beckmesser. Eduard Hanslick – Opfer und Prophet, in: ders., Freud, Juden und andere Deutsche. München 1989, 263–335; *Lydia Goehr*, Die Meistersinger: Wagners's *Exemplary Lesson*, in: dies., The Quest for Voice. Oxford 1998, 48–87; *Arthur Groos*, Constructing Nuremberg: Typological and Poleptic Communities in *Die Meistersinger*, in: Nineteenth Century Music 16 (1992) 18-34; *Gernot Gruber*, Die Ambivalenz von Kunst und Leben in den „Meistersingern von Nürnberg“, in: Richard Wagner und die Musikhochschule München ua. Regensburg 1983, 83-101; *Wolf-Daniel Hartwich*, „Deutsche Mythologie“. Die Erfindung einer nationalen Kunstreligion. Berlin 2000, 120–138; *Joachim Kaiser*, Die Meistersinger von Nürnberg, in: ders., Leben mit Wagner. München 1990, 116-148; *Ulrike Kienzle*, Nürnberg als „Wille und Vorstellung“. Auf den Spuren der Philosophie Schopenhauers in Wagners „Meis-

Theaterfest

Dabei darf als erstes nicht vergessen werden, dass die „Meistersinger" einfach eine tolle Oper sind, die bei guter Aufführung begeistern kann. Sie hat wohl alles, was das Publikum ansprechen, unterhalten und ergreifen kann.

Vom Textbuch - dessen Inhalt Wagner aus zahlreichen Quellen in mehreren Vorstufen (Prosaentwürfe 1846, zweimal 1861)[3] erst 1862 (mit Änderungen noch bis 1867) zu einer einheitlichen Geschichte gestaltet hat[4] - her handelt es sich um eine dramatische Story, die in einem jubelnden Volksfest endet und mit einem glücklichen jungen und schönen Paar, das trotz großer Schwierigkeiten zueinander finden darf (wie auch - eine soziale Stufe tiefer - die Haus-

---

tersinger"-Dichtung, in: Programmheft für die Bayreuther Festspiele 1997, 106–116; *Klaus Kirschbaum*, Die „verkaufte Braut" - Zur Vorgeschichte einer Auslobung, in: ders., Recht wagnerisch. Köln 2002, 57–85; *Peter Jona Korn*, Anmerkungen zu den Beckmesser-Variationen, in: N. Düchtel u.a. (Hrsg.), Peter Jona Korn. Tutzing 1989, 49–54; *Barry Millington* (Hrsg.), Das Wagner-Kompendium. München 1996, 326 ff.; *U. Müller / P. Wapnewski* (Hrsg.), Richard-Wagner-Handbuch. Stuttgart 1986; *Peter Peil*, Die Krise des neuzeitlichen Menschen im Werk Richard Wagners. Köln 1990, 420–447; *Klaus Peter*, Nürnbergs krumme Gassen. Zum Deutschlandbild bei Wackenroder, Rieck und Richard Wagner, in: Aurora 57 (1997) 129–147; *Peter Philipp Riedl*, Demosthenes auf der Festwiese. Öffentliche Rede in Richard Wagners „Die Meistersinger von Nürnberg", in: Resonanzen. Festschrift für Hans Joachim Kreutzer. Würzburg 2000, 391–403; *Peter Schnaus*, Ein Preislied? Zur Textgestalt der *Morgentraumdeut-Weise* in Richard Wagners *Meistersinger*, in: Zwischen Wissenschaft und Kunst. Festgabe für Richard Jakoby. Mainz 1995, 235–244; *Nobert Schöll / Rudolf Weber*, Richard Wagners „Meistersinger von Nürnberg" – ein Beispiel deutscher Ideologie, in: Zeitschrift für Musikpädagogik 3 (1978) H.5, 11–21; *Bernhard Schubert*, Wagners „Sachs" und die Tradition des romantischen Künstlerselbstverständnisses, in: Archiv für Musikwissenschaft 40 (1983) 212–253; *Nicholas Vazsonyi* (Hrsg.), Wagner's Meistersinger. Performance, History, Representation. Rochester 2002; *M. Viertel* (Hrsg.), Achtet mir die Meister nur! Die Meistersinger von Nürnberg im Brennpunkt. Evangelische Akademie Hofgeismar 1997; *Egon Voss*, „Wagner und kein Ende". Betrachtungen und Studien. Zürich 1996; *Nike Wagner*, Wahn und Witz in den *Meistersingern*, in: dies., Wagner Theater. Frankfurt 1998, 126–164; *Peter Wapnewski*, Die Oper Richard Wagners als Dichtung, in: Müller / Wapnewski (s.o.), 223–352, 318 ff.; *John Warrack* (Hrsg.), Richard Wagner *Die Meistersinger von Nürnberg*. Cambridge 1994.

3 Die drei Prosa-Entwürfe sind abgedruckt in (und werden daher zitiert nach): *Richard Wagner*, Dichtungen und Schriften. Jubiläumsausgabe in zehn Bänden (hrsg. von Dieter Borchmeyer). Frankfurt 1983, Band 4, 223 ff.

4 Das Textbuch wird in der Reclam-Ausgabe von Egon Voss (Stuttgart 2002) zitiert, da hier die Verse numeriert und daher leicht zu finden sind. Anzumerken ist allerdings, dass Voss zwar den Anspruch erhebt, das Textbuch (und nicht den Text in der Partitur) abzudrucken (vgl. 204 ff.); doch leider sind die wesentlich abweichenden Fassungen des Wahnmonologs, des Traum- und Preisliedes sowie der Schlussansprache im Textbuch 1862 nicht abgedruckt (vgl. die Gegenüberstellung in Voss [Anm.2] 299 ff.).

hälterin Magdalene und der Schustergeselle David). Es liegt die alte Lustspielkonstellation zugrunde: das reiche Mädchen zwischen einem jungen und einem alten Bewerber, wobei letzterer dann (selbstverständlich) mit Hilfe eines väterlichen Freundes übertölpelt wird. Von daher sind die Figur des Sixtus Beckmesser und sein Geschick nicht ungewöhnlich: die Blamage des eitlen, selbstgefälligen Intellektuellen und des pedantisch regelanwendenden trockenen Beamten (Stadtschreibers), der sich auf das ihm ungewohnte und auch vom Alter her nicht mehr angemessene Gebiet der Liebe begibt und dort jämmerlich und zur Schadenfreude des Publikums versagt. Dieses freut sich auch über die Überlistung der (anderen) Meistersinger durch den „Schuh-Macher und Poet dazu“ Hans Sachs (V.1405)[5]. Diese Mitglieder der Meistersingerzunft sind als drollige Spießbürger gezeichnet, die in feierlichen und altmodischen Ritualen ihre Zusammenkünfte abhalten und sich in ihrem Kunstverständnis nicht viel von dem Lehrbuben David unterscheiden, dessen Rolle wohl zu den beliebtesten der Opernliteratur gehört. „Darauf ist’s ja mit dem wunderlich pedantischen Kram abgesehen: lachen soll man“ (schrieb Wagner am 12.3.1862 an Mathilde Wesendonck)[6]. Zum Lachen ist auch der parodistische Vergleich des Probeliedes des jungen Ritters vor dem Merker Beckmesser (und den anderen Meistern) mit dessen Probeständchen vor dem als „Schuhmacher und Merker dazu“ agierenden Sachs und des Traumliedes von Walther mit der unsäglichen Version des Beckmesser. Köstlich ist der Vergleich des von Dürer gemalten strahlenden König David „das Schwert im Gurt, die Schleuder zur Hand“ - der Walther so ähnlich schaut, weshalb sie sich in ihn auf den ersten Blick verliebt hat (wie Eva singt) - mit dem Lehrjungen David, der „ein Lineal im Gürtel und ein großes Stück weißer Kreide an einer Schnur in der Hand schwenkend“ die Bühne betritt (vgl. V.79 ff.). Auch die „Dramaturgie der Unaufrichtigkeiten“ (E. Voss[7]) gehört – wenn man das Stück mit anderen Werken vergleicht – zum Lustspielcharakter dazu, wohl auch die Prügelszene, die man nicht unbedingt auf den autoritären Charakter der (prä)faschistischen Deutschen beziehen muss. Denn bei aller verbalen Drastik („Ach sie haun ihn tot“ [vgl. V.1640]) beendet ein Wasserguss auf die Streitenden zugleich „mit dem besonders starken Tönen des Horns“ des Nachtwächters (nach V.1767) - im Übrigen auch eine drollige Figur - sofort die Auseinandersetzungen.

5 Diese Formel wurde im Übrigen in der deutschen Aufklärung als Spottvers auf Hans Sachs erfunden.

6 Abgedruckt in: *Csampai / Holland* (Anm.2), 150.

7 So *Voss* (Anm.2), 126.

Doch machen diese und andere Szenen darauf aufmerksam, dass die „Meistersinger“ trotz allem nicht (nur) lustig konzipiert sind. Dabei geht es nicht nur um die Resignation des Sachs, der auf seinen „schönen Abendtraum“ (vgl. V.2499) - nämlich trotz seines Alters (jedenfalls über die Fünfzig)[8] um die junge Eva zu werben und sie zu freien - verzichtet und den beiden jungen Liebenden hilft. Wichtiger ist der Grund für diesen Verzicht: nämlich seine Erkenntnis vom „Wahn“, der das Leben der Menschen beherrscht und sie aus Blindheit (d.h. Nichterkenntnis) zu unsinniger Raserei führen kann, wie sich vor allem in der nächtlichen Prügelei gezeigt hat. Sachs nennt als Gründe für diesen Ausbruch von Gewalt den Flieder (gemeint: Holunder), einen Glühwurm (der sein Weibchen nicht gefunden habe), letztlich einen Kobold; und die Johannesnacht, in der die Triebe (auch der „Johannistrieb“ der Alten) erweckt wurden (vgl. V.1855 ff.). Aber auch die Liebe zwischen Eva und Walther ist Wahn, freilich ein „Wahn, so hold und zart, so leidenreich, so wild und mild“ (3.Prosaentwurf)[9]. Dies zeigt sich darin, dass diese Liebe nicht auf freier und bewusster Wahl beruht, sondern die beiden mit einem nicht bezwingbaren Gefühl auf den ersten Blick überfallen hat. Liebe ist „ein Müssen, ein Zwang“ (V.2418), drängt existentiell nach Erfüllung (Vereinigung) und ruft so eine „nie gekannte Qual“ (V.2415) hervor: „Leben oder Tod“, „Licht und Lust oder Nacht und Tod“ (V.16, 21). Wagner schrieb hier die Liebesqual seines „Tristan und Isolde“ (fertiggestellt 1859) weiter, aber nun ohne die Konsequenz des Liebestodes beider. Sachs will nicht König Marke sein, weshalb er auf Eva/Isolde verzichtet und ihre Verbindung mit Walther/Tristan herbeiführt (vgl. V.2421 ff.). Ob diese Liebe das Paar glücklich machen wird, wird sich erst nach dem Ende des Stückes herausstellen, das in dem freudigen Jubel der beiden gipfelt. Auch Magdalene und David sind am Ziel ihrer Wünsche, vor allem, wenn - wie heute üblich - die Braut als junge und schöne Frau inszeniert wird. Bei Wagner selbst ist sie die Amme von Eva, also eine „Alte“ (im 3.Prosaentwurf: eine Witwe, der die Stimmlage Alt zugewiesen wurde[10], während sie nun Sopran ist [was daher für die heute übliche Inszenierungspraxis sprechen könnte]), weshalb der junge Lehrjunge (dann Geselle) von den Lehrbuben verspottet wird (in Parallelität zu seinem Lehrmeister Sachs: „Der

8 Der historische Sachs (1494-1576) wurde im Alter von 66 Jahren Witwer (als der er in den „Meistersingern“ auftritt); Wagner selbst war zu Beginn der Ausarbeitung der „Meistersinger“ 48 Jahre alt (1868 bei der Uraufführung daher 55 Jahre). Die Theorie von *Wapnewski*, dass die Resignation des Sachs mit der Wagners angesichts der schwangeren Mathilde Wesendonck (in Venedig 1861) zusammenhänge, ist wohl unhaltbar; vgl. *Voss* (Anm.2), 281 ff.

9 So *Wagner* (Anm.3) Bd. 4, 274.

10 Vgl. *Wagner* (Anm.3) Bd. 4, 261, 272.

Alte freit die junge Maid, der Bursche die alte Jumbfer!" [V.954 ff.]) und am Volksfest mit dem letzten Tanz mit jungen „hübschen Dingern" traurigen Abschied vom Junggesellendasein feiert (vgl. V.2570 ff.). Aber durch die Verheiratung wird es ihm möglich sein, „daß ich Meister bald heiß'" und die Magdalene „Meist'rin" (vgl. V.2515 ff., 2526 ff.), dürfte sie doch einiges Geld angespart haben und sicherlich auch eine Mitgift von ihrem Arbeitgeber - dem Goldschmied Pogner – erhalten. So bleibt es trotz der genannten Traurigkeiten beim Lustspiel, weshalb auch der Verzicht des Sachs „beruhigt und beschwichtigt" in die „äußerste Heiterkeit einer milden und seligen Resignation" mündet[11]. Sachs ist nicht mehr Marke, aber auch noch nicht der im Mitleiden aufgehende Parsifal (dessen Bühnenweihfestspiel Wagner 1882 fertigstellen wird). Das Publikum kann sich dem allgemeinen Jubel des Volkes anschließen und die Feststimmung nach Hause mitnehmen: wie es nach einer solchen Festoper auch sein soll.

Denn auch und vor allem von der Musik her sind die „Meistersinger" eine faszinierende und begeisternde Oper. Auf den ersten Blick scheint kein „typischer Wagner" vorzuliegen: keine in schwer verständlicher Sprache (Stabreim) gekleideter Mythos, sondern offensichtlich ein historisches Stück, für dessen Zeit - nämlich angegeben: Mitte des 16. Jahrhunderts und ableitbar: 24. Juni 1560[12] – die altmodische Sprache passt; keine unendliche Melodie mit dem Klanggewebe von Leitmotiven, sondern eine an Bach orientierte, klar strukturierte Musik und sogar eine Reihe von Liedern. Dadurch erhält das Werk den Charakter des Volkstümlichen, des Einfachen, des Wohl-Bekannten. Doch lasse man/frau sich nicht täuschen! Um die Einschätzung des Probeliedes Walthers durch Sachs abzuwandeln (vgl. V.1041): „Es klingt so alt -, und ist doch so neu". Die Musik soll diese Erinnerung an Choräle und Volkslieder erzeugen, unmittelbar-gefühlsmäßig diese Atmosphäre des Altvertrauten herstellen. Aber: die „Meistersinger" sind bei näherer Betrachtung selbstverständlich „echter" Wagner (mit dem musikalischen Können des Schöpfers von „Tristan und Isolde" [fertiggestellt 1859]); und damit einerseits (noch) ein „Musikdrama"[13], wie es Wagner in seinen frühen ästhetischen Schriften (vor allem in „Oper und Drama" [1850]) charakterisiert hatte: als das Wort-, Ton- und Gebärdensprache zur gleichberechtigten Einheit vermittelndes Gesamtkunstwerk, dessen einziger Zweck die Aufführung eines die Zuschau-

11 So Wagner in seinen „Programmatischen Erläuterungen" zum Vorspiel des dritten Aktes (um 1869), abgedruckt in: *ders.* (Anm.3) Bd.4, 279 +280, 280.

12 Denn der historische Sachs wurde 1560 Witwer; und Johannestag ist der 24. Juni.

13 Zur Problematik dieses Begriffs rückblickend aus 1872 vgl. *Wagner* (Anm.3) Bd. 9, 271 ff.; vgl. auch Bd.8, 94.

er/hörerInnen in Intellekt und Gefühl bannenden Dramas (d.h. einer „Handlung") sein sollte und konnte; andererseits bereits eine „ersichtlich gewordene Tat der Musik"[14], womit in den späteren Schriften (ab 1870) der Vorrang der Musik als der Tonsprache klargestellt wurde, die sich aber im Genie weiter entfaltet und konkretisiert in der Wortsprache (dem Text) und in der Gebärdensprache der Künstler eben mit dem Ergebnis, dass die Aufführung letztlich von der Musik(sprache) hervorgebracht wird[15]. Insgesamt sind die „Meistersinger" ein in dieser vermittelten Einheit von Wort- und Tonsprache (und der in den Regieanmerkungen angegebenen Gebärdensprache) gedichtetes Werk, in das auch die alt-klingenden Stücke raffiniert eingearbeitet sind, ein Klangteppich von Leitmotiven, deren Verwendung aber einfach, vordergründig, naiver erscheint als bei Wagner sonst. Maßgebend ist die Musik, die die seelische Situation und den Charakter der Handlungsfiguren ertönend dar- und vorstellt, woraus dann ihre Handlungen (d.h. ihr Singen und Gebaren) verständlich werden. Dies gilt auch, ja vor allem für die Lieder, die nicht Arien sind - die man auch im Konzerthaus singen könnte –, sondern sich aus der konkreten dramatischen Szene ergeben und diese festmachen bzw. weitertreiben (wie in allen drei Liedern des Walther – Probelied, Morgentraumdeutweise, Preislied – oder im Schusterlied des Sachs) – oder aus dem Charakter des Betreffenden folgen (wie in den beiden Liedern des Beckmesser-Ständchen, Werbelied –, weshalb dieser lieb- und leblose Jurist und Beamte an Liebesliedern scheitern muss). Jedenfalls ist diese Musik ein Genuss für alle: nicht nur für die „Wagnerianer", sondern auch für die Wagner-Unerfahrenen, die sich an schönen Melodien erfreuen können. Selbst der zum bedeutendsten Wagner-Gegner gewordene Wiener Kritiker Eduard Hanslick anerkannte bei aller sonstigen beißenden Ablehnung musikalische Glanzpunkte: die Ansprache des Pogner und die Antworten des Walther auf die Frage nach seinen Lehrern im 1.Aufzug, sein Traum- und Preislied und (vor allem) das „sehr wohlklingende, schön abgerundete Vokalquintett" im 3.Aufzug[16]. Aber das Gesagte gilt auch für dieses Quintett (vgl. V.2461 ff.), das nur auf den ersten Blick der ästhetischen Theorie Wagners zu widersprechen scheint, da dieses Durcheinandersingen das Postulat der Verständlichkeit der Wortsprache verletzt. Aber dafür

14 So die Begriffsbestimmung aus 1872 in: *Wagner* (Anm.3) Bd.9, 276. Dieses gegenüber „Oper und Drama" doch unterschiedene Konzept wurde vor allem in der 1870 veröffentlichten Schrift „Beethoven" unter starker Bezugnahme auf die Musiktheorie Schopenhauers entwickelt; vgl. Bd. 9, 38 ff.

15 Zu dem Kunst(werk)verständnis Wagners vgl. *Wolfgang Schild*, Hegel und Wagner, in: Der Grund, die Not und die Freude des Bewußtseins. Festschrift für Wolfgang Marx. Würzburg 2002, 157–184.

16 Diese Kritik ist abgedruckt in: *Csampai / Holland* (Anm.2) 217 ff.

gibt es einen dramatischen Grund, da die fünf Figuren in dieser Szene aus dem Handlungsgeschehen heraustreten und auf die Vergangenheit und die Zukunft, auf die zurückliegenden Probleme und die nun begründeten Hoffnungen reflektieren und daher sich auf sich selbst besinnen (und zu sich und dem gebannten Publikum singen). - Im Übrigen muss das Verhältnis dieses bekannten Kritikers zur Figur des Merkers sehr differenziert gesehen werden. Es ist zwar anzunehmen, dass Wagner beide gleichsetzen und damit seinen Gegner treffen und verspotten wollte. Denn in dem 2. und 3. Prosaentwurf 1861 trug der Merker den Namen „Hanslich“ bzw. „Veit Hanslich“[17]. Doch griff Wagner im 1862 fertiggestellten Textbuch auf den Namen des historischen Meistersingers Sixt Beckmesser – den er offensichtlich aus dem Buch von Wagenseil kennengelernt hatte (das er erst nach dem 3. Prosaentwurf studiert und ausgewertet hatte) – zurück. Vor den in der Wohnung Dr. Standhartners am 23. November 1862 versammelten Menschen (darunter auch Eduard Hanslick) las Wagner dieses (neue) Textbuch vor, verwendete also dabei den Namen „Hanslich“ nicht. Deshalb ist die in seiner für Ludwig II. gedachten Autobiographie „Mein Leben“ diktierte Bemerkung, Hanslick habe „diese ganze Dichtung als ein gegen ihn gerichtetes Pasquill“ empfunden und entsprechend beleidigt reagiert[18], mehr Wunschdenken als Realitätsbeschreibung. Denn in der Kritik an der Wiener Aufführung 1870 der „Meistersinger“ findet sich keinerlei Betroffenheit. Hanslick stellte den Merker als einen „boshafte[n] alte[n] Geck[en]“ vor und beschrieb dessen Ständchen als „Serenade, die, anfangs recht charakteristisch, sich nur zu bald verkünstelt“; überhaupt singe Beckmesser sowohl in seinem Zorn als auch dann in seiner Freude in der Schusterstube „ebenso barbarisch und unnatürlich“; dann auf der Festwiese „beginnt [er] sich mit den fremden Federn (Walthers) zu schmücken. Aber verwirrt und furchtsam, wie er ist, vergißt er den Text und verdreht jeden Satz zu Unsinn, so daß er unter Spott und Gelächter abtreten muß“. In seiner Autobiographie nannte Hanslick sogar den Merker die „verständlichste Figur“ Wagners überhaupt: er sei

> der Typus eines an lauter Kleinlichkeiten und Nebensachen hängenden Pedanten, ein Philister ohne Schönheitssinn und geistigen Horizont, ein bornierter Silbenstecher, der jede [...] von der „Regel“ abweichende Note als ein Verbrechen an der Kunst ankreidet und mit der Addition dieser einzelnen Fehler den Sänger vernichtet zu haben glaubt.

Irgendeine Gleichstellung seiner eigenen Person mit diesem Typ – wie sie einige Wagnerianer behaupten würden – lehnte Hanslick ausdrücklich ab: denn

17 Vgl. *Wagner* (Anm.3) Bd.4, 236, 261.

18 So *Richard Wagner*, Mein Leben. München 1963, 720:

ihm sei es in seiner Kritik an Wagner niemals um „einzelne Regelwidrigkeiten“ gegangen, sondern stets um „fundamentale Forderungen der Tonkunst“[19]. Dies zeigte sich auch in der Kritik von 1870, in der Hanslick die Struktur der „Meistersinger“ als eines Werkes des „musikalischen Reformprinzips“ – wie es den „Tristan“ vollständig durchdringe – erkannte (für ihn: als „das bewußte Auflösen aller festen Form in ein gestaltloses, sinnlich berauschendes Klingen, das Ersetzen selbständiger, gegliederter Melodien durch ein unförmlich vages Melodisieren“) und als bewusst reflektierte „dramatische Polyphonie“ abwertete, der er die aus dem Unbewussten geborene „musikalisch gedachte Polyphonie“ – wie er es in seinem ästhetischen Hauptwerk „Vom musikalisch Schönen“ (1854) entwickelt hatte[20] – entgegenstellte.

Fest, weil Lobpreis der Kunst

Die „Meistersinger“ sind aber mehr als nur begeisterndes Theater. Sie sind zugleich eine Oper über Kunst. Und das jubelnde Volksfest am Ende gilt auch der Kunst: „Verachtet mir die Meister nicht und ehrt mir ihre Kunst!“ (V.2813 f.) In diese Lobpreisung durch Sachs fallen alle – mit Ausnahme des Beckmesser – ein, auch das Publikum, das einen schönen Theaterabend erleben konnte. Es ist klar, warum die Künstler gerne die „Meistersinger“ als Festoper aufführen.

Aber Wagner wäre nicht der „denkende Künstler“[21], wenn er nicht seine eigenen theoretischen Gedanken über diese Kunst in den Text hineingestellt hätte. In der Belehrung des Walther durch Sachs in der Schusterstube des 3.Aufzuges kann man lesen und hören: „All Dichtkunst und Poeterei ist nichts als Wahrtraum-Deuterei“ (V.1923 f.), also das in Wort- und Tonsprache verdichtete Deuten von Träumen[22]. „Des Menschen wahrster Wahn wird ihm im Traume aufgetan“ (V.1921 f.). Erneut dieser „Wahn“, der alles menschliche Handeln bestimmt: „überall Wahn“ (V.1856), „ohn’ den nichts mag geschehen“ (V.1873), weshalb man ihn nicht beseitigen, sondern nur „fein lenken kann, ein edler Werk zu tun“ (V.1904 f.) (als sich in der Johannisnacht zu prügeln).

19 Vgl. *Eduard Hanslick*, Aus meinem Leben. Mit einem Nachwort herausgegeben von P. Wapnewski. Kassel/ Baden 1987, 357.

20 Dazu vgl. *Werner Abegg*, Musikästhetik und Musikkritik bei Eduard Hanslick. Regensburg 1974.

21 So die eigene Charakterisierung in: *Wagner* (Anm.3) Bd.7, 149 Anm., 191.

22 So bereits 1860; vgl. *Wagner* (Anm.3) Bd.8, 83.

Was Wagner mit diesem „Wahn" meinte, ist trotz des ausdrücklichen Bezugs auf Schopenhauer nicht einfach zu klären[23]. 1864 schrieb er darüber für Ludwig II. - der ihn in diesem Jahr aus finanzieller Not gerettet hatte - am Beispiel des tierischen Instinkts: dem Tier werde ein Zweck vorgespiegelt, welchen es für die Befriedigung seines eigenen Bedürfnisses halte, während er in Wahrheit nicht dem Individuum, sondern der Gattung angehöre und deren Erhaltung diene (also den kommenden Geschlechtern); und damit auf Kosten des so getäuschten Individuums gehe, das sogar zur Selbstaufopferung gebracht werde. „Bildner dieses Wahns" sei somit der „Geist der Gattung selber, welcher als allmächtiger Lebenswille [...] eintritt" und verhindere, dass die an sich gegebene „beschränkte egoistische Selbstsorge [dem] eigenen einzelnen Bestehen zuliebe willig die Gattung aufopfer[t]"[24]. Wagner nannte für das politische Leben den „patriotischen Wahn" als die Bereitschaft, für den Staat sogar sein Leben hinzugeben, was gefährlich, weil blind für die Interessen der gesamten Menschheit (für die Menschenwürde aller – und nicht nur der Staatsbürger) sei[25]. Ein „edlerer" Wahn sei deshalb die Religion, die die politische Dimension des Staates übersteige und das „unendlich tiefere und umfassende Bedürfnis der Menschheit" empfinde[26]. Auf der gleichen Stufe stehe die Kunst[27]. – Für Arthur Schopenhauer war der Paradefall des Wahns die geschlechtliche Liebe, die dem Individuum persönliche Erfüllung vorgaukele, während es nur um die Zeugung eines neuen Individuums (und damit um das Leben der Gattung) gehe, weshalb sich „jeder Verliebte, nach endlicher Vollbringung des großen Werkes, sich angeführt [findet]: denn der Wahn ist verschwunden, mittels dessen hier das Individuum der Betrogene der Gattung war"[28]; und das – wie am Beispiel der Liebesqual von Eva/Isolde und Walther/Tristan gezeigt – auch von dem Gattungswillen zu Unfreiheit und zu unvernünftig-kopflosen Verhalten gezwungen wird. Man denke nur an die Szenen des 2.Aufzuges: die wilde Aggressivität des Walther, das derbe Ver-

---

23 Dazu vgl. *Lucy Beckett*, Sachs und Schopenhauer, in: Warrack (Anm.2) 66–82; *Peter Hofmann*, Richard Wagners politische Theologie. Paderborn 2003, 209 ff.; *Kienzle* (Anm.2) 111 ff.; *Peil* (Anm.2) 424 ff.; *Hartmut Reinhardt*, Richard Wagner und Schopenhauer, in: Müller / Wapnewski (Anm.2) 101-113; *Nike Wagner* (Anm.2).

24 So *Richard Wagner*, Über Staat und Religion, in: ders. (Anm.3) Bd.8, 217-246, 225 ff.

25 Vgl. *Wagner* (Anm.3) Bd.8, 227 ff.

26 Vgl. *Wagner* (Anm.3)Bd.8, 235 ff.

27 Vgl. *Wagner* (Anm.3) Bd.8, 245 f. - Dazu vgl. *Hermann Danuser*, „Heil'ge deutsche Kunst"? Über den Zusammenhang von Nationalidee und Kunstreligion, in: ders./ Münkler (Anm.1) 222-241, 235 ff.; *Hofmann* (Anm.23) 209 ff.; *Hans Mayer*, Parnass und Paradies, in: Programmheft München 1979, 23-38, 36.

28 Zur „Metaphysik der Geschlechterliebe" vgl. *Arthur Schopenhauer*, Sämtliche Werke (herausgegeben von A. Hübscher). Leipzig 1938, Band 3, 607 ff.

halten des Sachs, das im Ansatz bereits sinnlose Bemühen des Beckmesser (mit seinem leb- und gefühllosen Ständchen die Liebe eines jungen Mädchens zu gewinnen). Sie alle werden – wie der nach der Prügelei ernüchterte Sachs erkennt – zu unvernünftigem Handeln gebracht: jeder „hört nicht sein eigen Schmerzgekreisch, wenn er sich wühlt ins eigne Fleisch, wähnt Lust sich zu erzeigen!“ (V.1867 ff.) Getäuscht werde – so Schopenhauer und Wagner weiter – der Einzelne auch und sogar grundlegend über das Eigentliche des individuellen Lebens: das nämlich Leiden sei, was dem Einzelnen in seinem unmittelbaren, vermeintlich egoistischen Lebensvollzug verborgen bleibe. Auch hier sei der große Täuscher der Gattungswille, der sich in den isolierten Individuen in der Welt verwirkliche und diese Vereinzelung (und den Egoismus) in blinder Selbstbefangenheit aufrechterhalte. Nur dem dies Erkennenden sei das Heraustreten aus dem Leidenszusammenhang alles Lebendigen möglich: durch Brechung des Egoismus hin zum Mittragen des fremden Leidens (im Mitleiden) und letztlich zur Askese (dem Rückzug aus der handelnden Welt)[29].

In diesem Sinne schrieb Wagner 1864 über die Religion, dass sie in innerstem Kern „Verneinung der Welt“ sei, „Erkenntnis der Welt als eines nur auf einer Täuschung beruhenden, flüchtigen und traumartigen Zustands“ sowie „Erlösung von ihr“ darstelle[30] (was im Übrigen ihre Charakterisierung als „Wahn“ [in diesem grundlegenden Sinne – und nicht nur im alltäglichen Sprachgebrauch] sehr fragwürdig macht[31]). Er schrieb dies für Ludwig II. als den

---

29 Zu diesen Thesen *Schopenhauers* vgl. seine Schriften „Die Welt als Wille und Vorstellung“ (samt der Ergänzungen) und „Die beiden Grundprobleme der Ethik“, abgedruckt in: Ders., Werke (Anm.28) 2, 317 ff.; 3, 527 ff.; 4, 185 ff.. Dazu vgl. *Aleksander Bobko*, Schopenhauers Philosophie des Leidens. Würzburg 2001; *Kuno Fischer*, Schopenhauers Leben, Werke und Lehre. 4.Aufl. Heidelberg 1934; *Heinrich Günther*, Über den Begriff der Vernunft bei Schopenhauer. Frankfurt 1989; *Käte Hamburger*, Das Mitleid. Stuttgart 1985; *Michael Hauskeller*, Vom Jammer des Lebens: Einführung in Schopenhauers Ethik. München 1998; *Ludger Lütkehaus*, Schopenhauer: Metaphysischer Pessimismus und „soziale Frage“. Bonn 1980; *Rudolf Malter*, Der eine Gedanke. Darmstadt 1988; *ders.*, Arthur Schopenhauer: Transzendentalphilosophie und Metaphysik des Willens. Stuttgart-Bad Cannstatt 1991; *Gisela Sauter-Ackermann*, Erlösung durch Erkenntnis? Cuxhaven 1994; *Walter Schulz*, Philosophie des Übergangs. Grundtendenzen in Schopenhauers Ethik, in: Festschrift für Arthur Hübscher. Stuttgart-Bad Cannstatt 1982, 30–40. – Zur (teilweisen) Übernahme dieser Lehre in Wagners „Parsifal“ vgl. *Ulrike Kienzle*, Das Weltüberwindungswerk. Laaber 1992; *Wolfgang Schild*, „Mitleidvoll leidend ein wissender Tor soll durch den Speer dich heilen“. Notwendige Ergänzungen zu manchen Interpretationen von Wagners „Parsifal“, in: Programmheft „Parsifal“ Bayreuth 1993, 6-41.

30 Vgl. *Wagner* (Anm.3) Bd.8, 236 ff.

31 Dazu siehe *Wagner* (Anm.3) Bd.8, 237: diese „wunderwirkende Vorstellung [können wir] der gemeinen praktischen Vorstellungsweise gegenüber nur als Wahn auffassen.“

König, der über dem Staat (und dem patriotischen Wahn) stehe und daher in diesem Sinne religiös sei: was sich in seiner das staatliche Recht übersteigenden „Gnade“ zeige, die aus der Erkenntnis des „großen Leidens der [im Staat] unerlösten Menschheit“ entspringe und sich als „mitleidend“ bestimme[32]. Doch sei zugleich die Sehnsucht dieses Königs, dieser Welt gänzlich den Rücken zu wenden und ihr (und damit auch der Königsherrschaft) zu entsagen, anwachsend: wenn es nicht für ihn „eine gewisse Zerstreuung, eine periodische völlige Abwendung von dem [...] Ernste der Welt gäbe“. Nämlich die Kunst, die bewusst eine Welt als Täuschung, Illusion, d.h. als Wahn erzeuge und - darin aufrichtig - die(se) Welt als Spiel erscheinen lasse. „Die Nichtigkeit der Welt, hier ist sie offen, harmlos, wie unter Lächeln zugestanden“[33]. So zeigte Wagner dem königlichen Freund die Kunst „als den freundlichen Lebensheiland“, der als „Wahnspiel“ den religiösen Inhalt erfasse und künstlerisch darstelle: eben diese Nichtigkeit der Welt (als Schein). Die Kunst erfasse so „das unaussprechliche Traumbild der heiligsten Offenbarung“, das „göttliche Traumbild“[34], das in den Dogmen der Kirchen unkenntlich geworden sei[35] und nun durch die Kunst in seinem Wesen, zugleich als bewusst „erfundenes“ Kunstwerk, zum Ausdruck gebracht werde. Kunst ersetze so die religiösen Dogmen, sei insofern (nämlich von der Wahrheit ihrer Inhalte her) selbst „heilig“ (während die Religion als solche sich in das unaussprechliche Innere des Menschen zurückgezogen habe); vor allem als Musik, in der das Genie das Traumbild der Welt selbst (und diese damit in ihrem wahren transzendenten Wesen) erschaue und in Tonsprache – die dann zu Wortsprache und schließlich auf der Bühne zur ersichtlichen Tat (d.h. zum Musikdrama) werde –

32 Vgl. *Wagner* (Anm.3) Bd.8, 227 ff., 233 ff., 243. – Ähnlich Wagner auch in der 1867/68 zuerst in Zeitungsartikeln, dann als Buch veröffentlichten Schrift „Deutsche Kunst und deutsche Politik“; in: Bd.8, 247–352, 328 ff.

33 Vgl. *Wagner* (Anm.3) Bd.8, 245 f.

34 Vgl. *Wagner* (Anm.3) Bd.8, 246.

35 Vgl. *Wagner* (Anm.3) Bd.8, 238 ff. – Diese Thesen zum Verhältnis von Religion und Kunst wurden bereits 1864 niedergeschrieben. Wagner führte sie in den Schriften im Umkreis der Entstehung des „Parsifal“ weiter, vor allem in der 1880 veröffentlichten Abhandlung „Religion und Kunst“ (in: Bd.10, 117-163), die mit den Worten begann: „Man könnte sagen, daß da, wo die Religion künstlich wird, der Kunst es vorbehalten sei den Kern der Religion zu retten, indem sie die mythischen Symbole, welche die erstere im eigentlichen Sinne als wahr geglaubt wissen will, ihrem sinnbildlichen Werte nach erfaßt, um durch ideale Darstellung derselben die in ihnen verborgene tiefe Wahrheit erkennen zu lassen. Während dem Priester alles daran liegt, die religiösen Allegorien für tatsächliche Wahrheiten angesehen zu wissen, kommt es dagegen dem Künstler hierauf ganz und gar nicht an, da er offen und frei sein Werk aus seine Erfindung ausgibt. Die Religion lebt aber nur noch künstlich, wenn sie zu immer weiterem Ausbau ihrer dogmatischen Symbole sich genötigt findet.“

umsetze und so zur Mitteilung an alle bringe (offenbare). Diese stark an Schopenhauer ausgerichtete Musiktheorie[36] schrieb Wagner 1870 in der „Beethoven"-Schrift, also drei Jahre nach der Fertigstellung der „Meistersinger"; und daher noch in ihrem theoretischen Umkreis (obwohl anzumerken ist, dass sich diese theoretische Sicht des Verhältnisses von Religion und Kunst in gleicher Weise in den späten Schriften – im Umkreis des „Parsifal" – findet).

Darauf ist hier nicht näher einzugehen[37], sondern nur der Hintergrund für die Lobpreisung der Kunst durch Sachs zu erinnern. Sie ist dieser „freundliche Lebensheiland", der die menschlichen Bedürfnisse (als solche, also als Bedürfnisse der „Menschenwürde") dessen befriedigt, der sie in der Welt des Staates (und des Rechtes) notwendig nicht erfüllt bekommt. Wagner dachte dabei nicht nur an Ludwig II. als den König des Staates, sondern an alle Bürger, die an dieser Beschränktheit der staatlichen Ordnung – weil der Staat das menschliche Bedürfnis als solches nicht befriedigen könne – leiden, weil sie an der Menschheit (am „Reinmenschlichen") interessiert sind. 1867 schlug er vor, diese Menschen in einem „Orden" zusammenzufassen, der an die Stelle des Adels treten solle, und für sie Theaterfeste in einem würdigen Kunstbau zu veranstalten, „um hier [ihrer] höchsten Zwecke willen die Mühe des Lebens in einem edelsten Sinn zu vergessen"[38]. Die Kunst „[rückt] den Sinn der Menschen für eine kurze Frist aus seinem trägen Geleise"[39]. Sie erzeugt einen „edleren Wahn"[40]. Heute würden wir sagen: sie bietet gute bis faszinierende und das Leben verschönende Unterhaltung.

Den Staat in dieser seiner Beschränktheit akzeptierte Wagner nun (1864, 1867) ausdrücklich. Die Utopie einer anarchischen Liebesgemeinschaft auf Erden[41] – die ihn 1848/49 zum Dresdner Revolutionär gemacht hatte, der steckbrieflich gesucht dann für Jahre aus Deutschland verbannt war – war ausgeträumt! Die ehemalige Verneinung des Staates – die sich noch in dem Brand der Götterburg Walhall im „Ring des Nibelungen" (Textbuch fertiggestellt 1852) zum Ausdruck gebracht hatte[42] – war seiner nunmehrigen Anerkennung, aber

---

36 Vgl. *Arthur Schopenhauer*, Schriften über Musik. Im Rahmen seiner Ästhetik herausgegeben von K. Stabenow. Regensburg 1922

37 Vgl. dazu *Schild* (Anm.15).

38 So *Wagner* (Anm.3) Bd.8, 333 ff., 338 ff., 349.

39 So im 2.Prosa-Entwurf; vgl. *Wagner* (Anm.3) Bd.4, 248.

40 Ebenfalls 2. Prosa-Entwurf; vgl. *Wagner* (Anm.3) Bd.4, 253. – Zu der Kunst in den „Meistersingern" als „Bändigung des Wahns" vgl. *Peil* (Anm.2) 420 ff.

41 Dazu siehe *Wolfgang Schild*, Staat und Recht im Denken Richard Wagners. Stuttgart 1994, 30 ff.

42 Vgl. *Schild*, Staat (Anm.41) 22 ff.

zugleich Abwertung zum bloßen „Notstaat“ gewichen[43]. Denn er beruhe – wie Wagner 1864 für Ludwig II. niederschrieb[44] und dabei in vielem erneut Schopenhauer folgte[45] – auf der Not der egoistischen Einzelnen, die in Habgier und Genusssucht auf den eigenen Vorteil bedacht seien und daher auch (in diesem Wahn) vor Unrecht und Gewalt nicht zurückschrecken würden. Die Furcht vor diesen Zuständen zwinge sie, in ihrem eigenen Interesse einen Vertrag zu schließen, durch welchen sie sich bestimmten gesetzlichen Beschränkungen unterwerfen würden, um in Frieden und Ordnung zu leben. Der Staat sei auf diesen Zweck ausgerichtet, daher ein Gebilde der Zweckmäßigkeit (und nicht der „Autonomie“), sein Wesen somit Stabilität und Starrheit, auch Gesetzlichkeit (und damit Unfreiheit), letztlich Lieblosigkeit und Tod: aber als notwendiges Übel.

Fest, weil Lobpreis der Kunst als Institution

Doch schließen die „Meistersinger“ nicht nur mit dem Lobpreis auf die Kunst, sondern auch und vor allem auf die Meistersinger, nämlich: auf deren Zunft[46], somit als Institution (Korporation, Körperschaft). Dies fällt zunächst in vielem mit der Kunst als solcher zusammen. Man/frau soll eben die Menschen ehren, die für sie Kunst machen und so ihrem Leben einen schönen Sinn geben. Dafür bedarf es eines institutionellen Rahmens und Unterbaus, weshalb die Bürger sich für „ihr“ Theater engagieren (sollen). Das Fest der Kunst ist dann auch das Fest der Theaterfreunde (bis hin zu den Spendern), also ein Künstler und Publikum verbindendes Fest. Nur mit ihren Freunden zusammen, für die die Künstler spielen, ist die Kunst die Institution. Deshalb ist auch das Fest der Meistersingerzunft dieses Volksfest, ein Freisingen, das alle erfreuen soll.

---

43 Vgl. *Schild*, Staat (Anm.41) 98 ff.

44 Vgl. *Wagner* (Anm.3) Bd.8, 222 ff.; ähnlich auch 1867/68 in: Bd.8, 328 ff.

45 Vgl. *Schopenhauer*: „Wir haben also im Staat das Mittel kennen gelernt, wodurch der mit Vernunft ausgerüstete Egoismus seinen eignen, sich gegen ihn selbst wendenden schlimmen Folgen auszuweichen sucht, und Jeder das Wohl Aller befördert, weil er sein eigenes mit darin begriffen sieht“. Dazu vgl. *Karl Brinkmann*, Die Rechts- und Staatslehre Schopenhauers. Bonn 1958; *Rudolf Neidert*, Die Rechtsphilosophie Schopenhauers und ihr Schweigen zum Widerstandsrecht. Tübingen 1966; *Hannu Salmi*, „Die Herrlichkeit des deutschen Namens ...“. Die schriftstellerische und politische Tätigkeit Richard Wagners als Gestalter nationaler Identität während der staatlichen Vereinigung Deutschlands. Turku 1993,101 ff.

46 Vgl. z.B. V 335 („Schließt, Meister, in die Zunft mich ein“), 350 („Zunft“), 364 („Zunftberatung“), 455 („Meister-Zunft“), 489 („Zunft“), 784 („der Meister Zunft“), 1927 („Zunft und ihre Meister“). In V 2810 wird die „Meister Gild’“ genannt.

Für Wagner bedeutete diese Verfasstheit der Meistersinger als eigene Zunft aber mehr. Die Prosaentwürfe 1861 stellten diesen Gesichtspunkt deutlich heraus: die Meistersingerzunft

> versöhne auch allen Bürgerzwist; da wohl oft Bürger und Zünfte sich hart befehden, ja nächtlich sogar mitunter tollen Unfug auf den Straßen trieben, wie sei's da zu loben, daß alle Zünfte zu der einen holden sich dann die Hand reichten, um dort im edleren Wahne den Unsinn zu ersticken[47].

Noch das Textbuch von 1862 formulierte in diesem Sinne:

> findet sich [das Volk] in Haufen, gewöhnt sich's leicht ans Raufen: Gewerke, Gilden und Zünfte hatten üble Zusammenkünfte (wie sich's auf gewissen Gassen noch neulich hat merken lassen!) In der Meister-Singer trauten Zunft kamen die Zünft' immer wieder zur Vernunft[48].

1867 strich Wagner diese Verse zwar; doch findet sich das Wesentliche in dem Hinweis wieder: „dann bannt ihr gute Geister" (V.2848) – wenn die Meister geehrt würden -, nämlich diejenigen, die den „Koboldswahn"[49] – der für die Prügelei zuständig war – niederhalten würden. Nur als Fest der Meistersingerzunft (als Institution) gelingt das Volksfest nach dieser wilden und aggressiven Nacht so friedlich und harmonisch.

Der dahinter stehende Anspruch Wagners ist eindeutig und folgt aus der These von der Beschränktheit des Staates. Als bloßer Vertrag der Egoisten aus Not und Zweckmäßigkeit fehle ihm die innere Grundlage[50], das Band, das die Einzelnen zu einer wirklichen Gemeinschaft machen und einen könne. Zwar mag der patriotische Wahn[51] zu gemeinsamen Handeln führen: aber nur nach außen und gegenüber anderen Staaten; für die wahrhafte innere Ordnung helfe er nicht weiter, da ihm das wirkliche Interesse an der Menschheit (an der Menschenwürde aller) fehle, wie es Religion und Kunst erfassen würden. Erstere scheide als solche wegen ihrer Reduzierung auf das bloß Innere des

---

47 So der 2. Prosa-Entwurf, in: *Wagner* (Anm.3) Bd.4, 252 f.; ähnlich auch der 3. Prosa-Entwurf, in: Bd.4, 278.

48 *Wagner* (Anm3.) Bd.4, 222 f. (leider nicht in dem 2002 von Voss herausgegebenen Textbuch).

49 So noch in Übernahme der Prosa-Entwürfe (vgl. *Wagner* [Anm.3] Bd.4, 247, 273) das Textbuch, vgl. Bd.4, 214. In der Partitur-Fassung findet sich nur noch der Hinweis auf den „Kobold" (V. 1898) (offensichtlich ein Hinweis den Shakespearschen Puck).

50 Diese Unterscheidung von „äußerer" (Vertrags-, Not-) und „innerer" Staat (auch „Staatsverfassung") ist vor allem in der Philosophie Hegels ausgearbeitet. Vgl. auch *Wagner* (Anm.3) Bd.8, 351 („Staatsverfassung").

51 Dazu *Wagner*, Dichtungen (Anm.) 8, 227 ff.

Gewissens aus[52]; ihre wahren Inhalte aber würden als Gegenstand der Kunst in bewusster Erfindung (und damit als Schein) erfasst und dargestellt[53] . Dies zeigt sich in der Konzeption der „Meistersinger“ deutlich, in der der religiöse Rahmen bestimmend bleibt, aber inhaltlich auf die Kunst bezogen und mit ihr ausgefüllt wird. Nicht nur ist der Versammlungsort der Zunft die Katharinenkirche, in der auch der Choral auf Johannes den Täufer gesungen wird, mit dem die Oper beginnt. Zentral ist die „Taufe“ des Meisterliedes: auf den Namen „Selige Morgentraumdeut-Weise“ (V.2457). Freilich griff Wagner hier durchaus auf historische Daten zurück; doch erhalten diese durch seine Dichtung einen anderen Sinn. Denn getauft wird ein Lied, also die Kunst, die – wie Wagner für Ludwig II. schrieb – der „Lebensheiland“[54] ist, der „menschenerlösende Wahn“[55], der dafür sorgt, dass das Leben der Menschen „der gemeinen Wahrhaftigkeit der Not entrückt“ wird[56], dass – in den Worten des 2. Prosa-Entwurfs – „der Sinn der Menschen für eine kurze Zeit aus seinem trägen Geleise [gerückt]“ und „im edleren Wahn [der] Unsinn [erstickt]“ wird[57] bzw. dass die Menschen „[ihrer] höchsten Zwecke willen die Mühe des Lebens in einem edelsten Sinne [...] vergessen [können]“[58]. Das Lied des Walther ist der „Lebensheiland“, weil es die erstarrte Tabulatur-Kunst der Zunft mit neuem Leben erfüllt und zum Blühen und Wachsen bringt (vgl. V.509), zugleich auch wieder zur lebendigen Natur macht (vgl. V.495), nämlich dem Gesang der Vögel im Lenz (Frühling) ähnlich macht. Walthers Lieder sind immer in diesem Sinne Naturlieder (und Naturschönes). Er singt sie aus dem Gefühl in der konkreten Situation heraus und sieht sich im Probelied in einen Wald versetzt, der erfüllt ist von Leben und Liebe (V.675 ff.), bzw. in der Morgentraumdeutweise und dem Preislied in einen Garten mit Bäumen versetzt (V.2011 ff., 2741 ff.). Seine Lehrer im Singen waren nach eigenen Angaben die Vögel (V.587 f.), im Textdichten Walther von der Vogelweid’ (V.575); Er ist nicht Bürger, sondern Ritter, der in Naturverbundenheit auf seinem Landgut lebt. Entsprechend sieht Walther die Vertreter der Tabulatur-Kunst (vor allem den Merker Beckmesser): er vergleicht das Gemerk mit einer „Dornenhecke“

52 Vgl. *Wagner* (Anm.3) 8, 241: die Religion habe „ihren ursprünglichen Quell und einzig richtigen Sitz [...] im tiefsten, heiligsten Innern des Individuums [...], in der Nacht des tiefsten Innern des menschlichen Gemütes.“

53 Vgl. dazu Anm.35.

54 So *Wagner* (Anm.3) Bd.8, 245.

55 Vgl. *Wagner* (Anm.3) Bd.8, 245.

56 So *Wagner* (Anm.3) Bd.8, 245.

57 Vgl. *Wagner* (Anm.3) Bd.4, 253.

58 Vgl. *Wagner* (Anm.3) Bd.8, 349.

und die Meistersinger mit hohl stimmigen „Raben, Elstern, Krähen und Dohlen“ voller Neid und Gram; er singt vom „Winter“ und „dürren Laub“ (V.696 ff., 866 ff.).

> Es schwillt das Herz von süßem Schmerz, der Not entwachsen Flügel; es [d.h. das Gefieder, WS} schwingt sich auf zum kühnen Lauf, zum Flug durch die Luft aus der Städte Gruft, dahin zum heim'schen Hügel, dahin zur grünen Vogelweid', wo Meister Walther einst mich freit' (V.881 ff.).

Sachs bringt das Wesentliche auf den Begriff:

> Es klang so alt, und war doch so neu,
> – wie Vogelsang im süßen Mai: –
> wer ihn hört
> und wahnbetört
> sänge dem Vogel nach,
> dem brächt' es Spott und Schmach.
> – Lenzes Gebot,
> die süße Not,
> die legten's ihm in die Brust:
> nun sang er, wie er mußt'!
> Und wie er mußt', so konnt' er's (V.1041 ff.).

Auch die wirklichen Meister(singer) können solche Lieder schaffen: und zwar selbst dann, wenn sie nicht in dieser süßen Not sind, sondern im alltäglichen Leben, in Zwist und Streit, im Leiden, von „Lebensmüh' bedrängt“ (V.1957 ff.) stehen. Denn: „der rechte Dichter ist immer das, was der gewöhnliche Mensch nur in der Liebesextase ist, wo er dann auch zuzeiten schön dichtet.“[59]. Die Meister(singer) bleiben in der Liebe, ihr Leben (und Leiden) lang (V.2974 ff., 1986 ff.): weil sie nämlich die Regeln gelernt haben, die sie darin „getreulich geleiten“ (V.1974). Die Kunstregeln sind darin vergleichbar den religiösen Geboten, die das Leben heil(ig) machen sollen. Walther ist ein Meister(singer) einer neuen Art, weil sein Natursingen von Anfang an regelhaft ist (vgl. V.1039 f.), aber zunächst noch zu wild und zu schwellend ist. Indem er sich (sein Singen, seine Natur und Ritterlichkeit) zivilisiert und bändigt (und verbürgerlicht – was sich allein bereits im Umfang der einzelnen Lieder (von Probelied über „Morgentraumdeutweise“ zum Preislied) zeigt –, wird das Naturschöne zum Kunstschönen, das schöne Lied zum Meisterlied (vgl. V.1955), das auch nachgesungen werden kann und daher für andere ebenfalls die Er-Innerung an das Liebesgefühl (der süßen Not im Lenz) begründen kann.

---

59 So der 2. Prosa-Entwurf; vgl. *Wagner* (Anm.3) Bd.4, 248 Anm. Ähnlich auch im 3. Prosa-Entwurf, ebenda Bd.4, 273: „Ein rechter Dichter [ist] ja eigentlich immer das, was andere Menschen nur im Jugendwahne der Minne werden, wo es dann [kommt], dass sie dann dichteten, gar schön und herrlich, zum Muster für alle, und zwar oft in höchster Not und Pein.“

Dies zeigt sich deutlich auf der Festwiese, wo das versammelte Volk in das Preislied einfällt und Walther im Schlussteil singend begleitet: „So hold und traut, wie fern es schwebt, doch ist's als ob man's mit erlebt!“ (V.2773, 2793). – Nur zur Klarstellung sei angemerkt, dass der Heiland nicht Walther selbst ist (obwohl er indirekt durch die Taufe seines Liedes zum Meistersinger erhoben wird). Hans Sachs – am Jordan „Johannes“ genannt (vgl. V.1829 f.) – ist Johannes der Täufer – der im Eingangschoral besungen wird, spielt doch das Drama am Vorband des bzw. am Johannistag(es) –, der Wegbereiter der heiligen Kunst (vgl. V.2852). Er selbst singt im Übrigen kein lebensheilendes Lied, sondern nur ein Lied über sich als Schuster und Poet, dessen Aufgabe im hilfreichen Handeln – nämlich dem Schuhmachen für die zarten Füße von Adam und Eva, die aus dem Paradies vertrieben nun auf hartem und schmerzenden Kies gehen müssen – (vgl. V.1314 ff.).

So bleibt für Wagner die Kunst die einzige Möglichkeit, die Einzelnen zu einer wirklichen menschlichen Gemeinschaft zu führen, die dann entstehe, wenn allen das Interesse an dem Reinmenschlichen – wie es in der Kunst erfasst werde[60] – gemein sei. Dann gilt das von Sachs Herausgehobene: „hier fragt sich's nach der Kunst allein, wer will ein Meistersinger sein“ (V.565 f.), weshalb „Herr“ oder „Bauer“ (oder - wie Walther - ein Ritter) in gleicher Weise in die Zunft aufgenommen werden könnten (V.564). Sie ist für Wagner somit eine Institution, die alle einzelnen Zünfte der Handwerker, aber darüber hinaus das gesamte Volk erfasst. Jeder kann ihr angehören, wenn er sich nur der Kunst widmet. Und durch die Einordnung bildet sich eine wahre und wirklich einige Gemeinschaft heraus.

Von daher liegt eine Verbindung von Kunst(institution) und Staat nahe. Zwar können sie – nach dem Gesagten – niemals zusammenfallen, die Kunst(institution) also nicht staatlich oder der Staat nicht ein Kunstwerk werden[61]. Aber für den Zweck des Staates, für Frieden und Ordnung zu sorgen, ist diese einheitsstiftende Wirkung der Kunst(institution) förderlich, ja sogar wegen seiner bloß äußerlich zwingenden Organisation erforderlich: er braucht – um an die bereits zitierte Formulierung zu erinnern – eine Grundlage, die er nicht selbst mit seinen äußeren Mitteln (dem Vertrag) herstellen kann. Es ist deshalb für ihn zweckmäßig, die Institution Kunst zu fördern und zu bewahren: als ihr Diener, weil er sie gut gebrauchen kann.

---

60 Vgl. *Wagner* (Anm.3) Bd.8, 245.

61 Zum Thema vgl. *Wolfgang Schild*, Staatsverfassung als Kunstleben, in: M. Fischer / G. Kreuzbauer (Hrsg.), Recht und Weltanschauung. Frankfurt 2000, 49-65 (zu Schiller, Hölderlin, Hegel und Wagner).

Diese Verbindung von Staat und Kunst(institution) zeigt sich zudem in der näheren Ausgestaltung der Meistersingerzunft. Singen kann jeder, wenn ihm danach ist, weil z.B. die Liebe wie der Frühling (Lenz) seine Lebensgeister weckt und er dann aus der „süßen Not" (dieses Wahns) in der Brust sein Gefühl herausschmettert; wie jeder Vogel auch. In dieser Unmittelbarkeit der Natur liegt noch keine Kunst, selbst wenn es schön klingen mag. Kunst bedarf der Regelhaftigkeit, die das Singen aus sich selbst heraus und in sich harmonisch-gesetzlich formt und leitet und es so zu der Einheit eines Meisterliedes gestaltet. Deshalb ist die Meistersingerzunft gegründet worden: zur „Pflege" der Kunst (V.2825), was bedeutet: zur Bewahrung (Tradition) und zur Weitergabe (Lehre) an die neuen Generationen. Dafür braucht sie Regeln (die „Tabulatur")[62] und Instanzen der Beurteilung und Durchsetzung („Sing-Gericht" [V.144], „Zunftgericht" [V.603], Merker-„Amt" [V.387, 635]), wodurch sie der staatlichen „Rechtspflege" (in Gesetzgebung, Rechtsprechung und Vollziehung) vergleichbar (in der Struktur sogar ähnlich) wird. Deshalb steht die Zunft auch immer in der Gefahr, wie der Staat starr und leblos zu werden. In Beckmesser ist diese Gefahr persönliche Realität geworden: nicht zufällig ist er Stadtschreiber und Ratsmitglied, daher sicher am – damals bestimmenden römischen – Recht ausgebildet (wie auch sein Vorname lateinisch ist) und im vollen Wortsinn Staatsorgan (Beamter)[63]. In ihm wird die Beschränktheit des Staates – wie Wagner sie sah – deutlich, weshalb er kein wirklicher (wahrer) Künstler ist: ihm fehlt die Lebendigkeit und Unmittelbarkeit, das Feuer der Improvisation, das Begeistertsein von der ihn erfüllenden Situation, das Gefühl (wie auch eine mögliche Erinnerung daran). Es ist daher auch ausgeschlossen, dass er aus Liebe um Eva wirbt, sondern – wie sein „Ständchen" im 2.Aufzug zeigt (V.1542 ff.) – aus finanziellem Interesse (am Erbe) und aus seiner Selbstgefälligkeit heraus. Wenn Wettsingen, dann: „Beckmesser! Keiner besser!" (V.2250 f.) Er kennt alle Meistertöne (als die regelgerechten „Weisen") auswendig und kann sein Wissen auf jeden (also auch auf einen fremden) Text anwenden. Doch kann er die innere, lebensvolle, mitreißende Einheit von Ton und Wort in einem Meisterlied nicht schaffen. Dabei ist – wie bereits erwähnt – die Musik primär, die das Wort- und Gebärdendrama als „ersichtlich gewordene Tat" aus sich heraus gestaltet. Deshalb muss der Text eines wahren Kunstwerks aus der Musik folgen, was konkret bedeutet: aus dem Charakter („Wesen") der betreffenden Handlungsfigur (aus ihrer „Leitmelodie").

---

62 Die auch als „Gesetze" bezeichnet werden (vgl. V.655, 657, 787). Zur „Tabulatur" vgl. V.653 ff.

63 Auf Beckmesser passt das Gedicht an den Staatsanwalt, das Wagner am 22. März 1849 dichtete; vgl. *ders.* (Anm.3) Bd.5, 270 ff. - Zum Thema vgl. *Schild* (Anm.41) 22 ff.

Walthers Lieder in Ton und Wort (und Gebärde – weshalb er z.B. beim Probelied aus dem Singstuhl springt [vgl. vor V.704]) sind in seiner Eigenart als Ritter begründet, Beckmessers Ständchen in der Eigenart des Stadtschreibers (weshalb hier Musik und Text zusammen passen, nämlich in ihrer Leb- und Lieblosigkeit[64]). Der fremde Text – begründet in der musikalischen Persönlichkeit des verliebten und gefühlvollen Walther – muss daher von Beckmesser nicht nur nicht „richtig“ gesungen, sondern sogar inhaltlich verändert, weil von seiner Persönlichkeit her bestimmt werden. Aus „Blüt' und Duft“ wird „Blut und Duft“, aus „voll aller Wonnen nie ersonnen“ „gewonnen wie zerronnen“, aus „Gast“ „garstig“, aus „dem seligen Raum“ „im selbigen Raum“, aus „heilsaft'ge Wucht“ „Bleisaft und Wucht“, aus „holdem Prangen“ der juristisch gefärbte „Pranger“ und aus „herrlich ein Baum“ „häng' ich am Baum“ (vgl. V.2011 ff. gegen V.2660).

Sachs erkennt als einziger der Meistersinger diese Gefahr der Erstarrung (letztlich: der Verstaatlichung) und damit der Selbstaufhebung der Kunst. Sie muss „gepflegt“ und „treu gehegt“ (V.2825, 2827) werden: wie die lebendige Natur durch einen Gärtner und Tierfreund, der sie nicht abtötet oder bricht, sondern sie zivilisiert. Sachs will dieser Gefahr dadurch begegnen, dass er das Volk befragen möchte, ob die Regeln der Tabulatur noch „Kraft und Leben“ hätten (V.491 ff.). Die anderen haben vor dieser Öffnung Angst – sie wollen als Bürger und Handwerker Stabilität (Staat) – und lehnen daher auch das Probelied des jungen verliebten Ritters Walther ab, der nicht nach der in der Tabulatur vorgeschriebenen Weise singt[65], aber – wie wiederum nur Sachs erkennt – dennoch in einer unmittelbaren Regelhaftigkeit, die aber noch zu sehr Natur (Wald, Vogelgesang) und Lenz und Überschwang ist (wie es einem nichtbürgerlichen Ritter – zudem jung und verliebt – wohl auch zukommt). Sachs gelingt es, dieses Naturgenie zu führen und einzugrenzen und auch die feurige Liebesleidenschaft – die „Töchter zum Abenteuer“ (sogar zu einer Entführung) verleite (vgl. V.1945 ff.) – in die Institution der Ehe einmünden zu lassen. Bezeichnend ist der Vergleich des Aufbaus eines Meisterliedes (zwei Stollen und Abgesang) mit den beiden Ehegatten und ihrem Kind (vgl. V.2021, 2034 ff.)[66]. Darin zeigt sich das Vorbild der Institution „Kunst“ für wirkliche Gemeinschaft deutlich. Schließlich gelingt es Sachs, diese Vermitt-

64 Dazu vgl. *Stefan Kunze*, Gegenfiguren: Walther von Stolzing und Beckmesser oder: Kunst und Antikunst, in: Programmheft München 1979, 41-51, 46 ff.

65 Was noch deutlicher in den Prosa-Entwürfen wird, in denen der Ritter sich aus den ihm genannten Weisen eine aussuchen muss; vgl. *Wagner*, Dichtungen (Anm.) 4, 240, 265.

66 Noch deutlicher in den Prosa-Entwürfen, in denen Sachs sich zuvor von den ernsten Eheabsichten des Ritters vergewissert; vgl. *Wagner* (Anm.3) Bd.4, 248, 273.

lung von Regelhaftigkeit und Unmittelbarkeit in der gesamten Zunft durchzusetzen. Zwar sind die Meistersinger wegen des Versingens ihres Merkers in gewisser Not (vgl. V.2701: „Skandal")[67]. Doch stimmen sie immerhin dem Volk zu und anerkennen Walther als neuen Meistersinger, den sie in die Zunft aufnehmen wollen. Deshalb ist das Lob des Sachs auf die Meistersingerzunft berechtigt: sie bewahrt die Kunst, indem sie die Regeln lebendig hält und an die Unmittelbarkeit des begeisternden Singens anpasst. Wie Wagner das Ende des Vorspiels in Worte fasst: „Pedanterie und Poesie sind versöhnt."[68] Für Beckmesser allerdings stellt sich nach diesem Fest eine veränderte Situation dar. Die Meistersingerzunft ist wiederum lebendig geworden und kann keinen an starren Regeln orientierten Merker mehr brauchen. Anzunehmen ist aber, dass er weiterhin in der Zunft bleibt und den Jungen die alten Weisen lehren kann als die Geschichte früheren, nun veralteten Singens. In der Versöhnung von „Pedanterie und Poesie" - mit der das Vorspiel und das Werk selbst endet - ist auch für ihn ein Platz vorgesehen, wie die Aufnahme seines Leitmotivs in der Musik zeigt.

Fest, weil Lobpreis des Kulturstaates?

Das Interesse des Staates an der Kunst wird durch diese von Wagner herausgestellte staatsähnliche Struktur der Meistersingerzunft noch gesteigert. Es ist zu fragen, ob der Staat deshalb nicht auch das Fest dieser Institution Kunst als seine eigene Feier inszenieren kann und wird: nämlich sich selbst preisen (und preisen lassen) als der die Kunst fördernde Kulturstaat.

Nun kann die Kunst(institution) durchaus für diese staatliche Förderung dankbar sein (so wie auch für die Förderung durch ihre Theaterfreunde) und daher das Fest für diesen Kulturstaat feiern. Trotzdem bleibt dieses Fest - gerade wegen der dienenden Funktion des Staates, der die Überlegenheit der Kunst(institution) in Sachen „Menschlichkeit" anerkennt, mit Notwendigkeit - ein solches der Kunst (und ihrer Institution). Auch wenn Staatsfunktionäre Eröffnungsreden halten, tun sie dies, um die Kunst(institution) zu ehren und deren Wichtigkeit zu betonen. Es wäre schön, wenn sie auch als Theaterfreunde sprechen würden.

---

67 Auch hier deutlicher in den Prosa-Entwürfen, in denen die Meistersinger „äußerst betreten [sind], ihre Ehre so auf dem Spiele zu sehen"; vgl. *Wagner* (Anm.3) Bd.4, 252, 277.

68 Vgl. *Wagner* (Anm.3) Bd.4, 279.

Manche Theoretiker (vor allem Udo Bermbach[69]) leiten aus der fehlenden Anwesenheit von Staats- d.h. Stadtfunktionären auf der Nürnberger Festwiese die These ab, dass Wagner die Meistersingerzunft als Staatsersatz angesehen und so eine anarchische Utopie eines schönen Kunstgemeinwesens – vergleichbar der antiken Polis (Athen)[70] – vertreten habe. Diese Interpretation übersieht den bereits angesprochenen Wandel des vom Scheitern der Revolution 1848/49 enttäuschten Wagner, der danach den Staat als notwendiges Übel (Not- und Vertragsstaat) anerkannte, ihn aber abwertete[71]: nämlich in der Weise, dass er in den „Meistersingern“ nicht auf der Bühne erscheint. Er steht aber im Hintergrund, wie sich aus der Ratsmitgliedschaft des Beckmesser und aus der Funktion des Nachtwächters (also der Polizei) ergibt. Man lasse sich nicht assoziativ zur These des Nachtwächterstaates verleiten! Wie sehr die staatliche Gewalt bestimmend ist, zeigt sich in der Reaktion der Sich-Prügelnden auf den „besonders starken Hornruf“ (Regieanmerkung nach V.1767). Dies schließt aber nicht aus, dass der Nachtwächter – eben wegen der genannten Abwertung – als drollige Figur gezeichnet ist: denn er kommt letztlich zu spät, kann aber die Gewalt nicht verhindern (und singt deshalb aus Angst zu hoch). Frieden stiften kann nur die Kunst(institution), die „Harmonie“ und den „Gleichklang“ der Menschen schafft, der sie „zusammenstimmen“ und „mitschwingen“ lässt. Das Lied von Walther erzeugt diese alle Einzelnen verbindende Einheit des Gefühls: „So hold und traut, wie fern es schwebt, doch ist’s als ob man’s mit erlebt“ (V.2773 f.). Seine in dem Lied zum Ausdruck gebrachte Liebe teilt sich allen mit, weshalb sie alle (auch die Meistersinger) an dieser Liebe teilnehmen und in den Schlussgesang einstimmen: „Gewiegt wie in den schönsten Traum, hör’ ich es wohl, doch fass’ es kaum!“ (V.2794 f.) Welch Regression vermag die Kunst zu bewirken! Das Fehlen eines Stadtfunktionärs erklärt sich daraus, dass dieses Volksfest ausdrücklich das traditionelle Fest der Meistersingerzunft ist, das ein Freisingen darstellt und von dem „Spruchsprecher“ (hier: Sachs [V.2596]) geleitet wird.

Der Staat bleibt also der Kunst(institution) vorausgesetzt, aber wesentlich von ihr unterschieden und sogar unverbindbar getrennt. Er kann sich daher auch

69 Vgl. die Angaben in Anm.2.

70 Die in der Tat ein Vorbild Wagners war (der darin in einer langen Tradition der Romantik und der deutschen Klassik stand), aber nicht das Ideal, da die Griechen noch Sklaven (Unfreiheit) kannten; deshalb sei es erforderlich, den griechischen Geist mit dem (wahren) Christentum zu verbinden; vgl. *Wagner* (Anm.3) Bd.5, 273 ff.. – Zum Thema vgl. *Christian Meier*, Die politische Kunst der griechischen Tragödie. München 1988.

71 Dazu siehe *Schild*, Staat (Anm.41).

nicht – wie Dieter Borchmeyer im Sinne Schillers meint[72] – zu einem „ästhetischen Staat" entwickeln. Eher gilt diese Konzeption für die Institution Kunst, die aber nur höchst missverständlich als „Staat" bezeichnet werden kann. Sie kann aber die von Schiller gemeinte Geselligkeit als Harmonie, die in der Schönheit und dem künstlerischen Geschmack der Menschen begründet ist, schaffen: als spielerischen und daher freien und schönen Umgang mit sich und den anderen, deren Grundgesetz in dem „Freiheit zu geben durch Freiheit" besteht.

Jedenfalls hat die Kunst(institution) nach Wagner (in dieser Zeit der Entstehung der „Meistersinger", also 1861 bis 1867) eine politische, weil einheitsstiftende Wirkung, aber gerade deshalb, weil sie nicht politisch-staatlich, sondern auf die Menschheit selbst ausgerichtet ist. Sie übersteigt die Sphäre des Staates, hilft ihm bei seiner Zweckerreichung, ist wertvoll für ihn, weshalb er sie fördern soll und wird. Genau zu diesem Zweck setzte Wagner die 1861/62 konzipierten „Meistersinger" ein: um den Staat (ab 1864 Ludwig II., dann Bismarck)[73] dafür zu gewinnen, seine Kunst zu institutionalisieren, vor allem ein Theater für seine Aufführungen zu bauen und zu finanzieren. Diese sollten ein Kunstfest sein, ein Fest seiner eigenen Kunst; und kein Fest des Staates (auch nicht als Kulturstaat). Konsequent gab Wagner – wohl auch wegen des Scheiterns seiner Pläne, den 1871 gegründeten deutschen Staat zu dieser seiner Kunst dienenden Funktion zu bringen – dieses Vorhaben auf und distanzierte sich von diesem Verhältnis Staat und Kunst(institution). Sein Festspielhaus in Bayreuth errichtete er ab 1871 (Eröffnung 1876) aus Spenden seiner Anhänger (Freunde) und einem Kredit des Verehrers Ludwig II. Der „Parsifal" (fertiggestellt 1882) thematisierte die politische Dimension überhaupt nicht (mehr), sondern gab den religiösen Inhalten der Weltverneinung und des Mitleidens künstlerischen Ausdruck. Auch heute versteht sich die Institution Kunst nicht mehr in dieser Weise.

Nationalstaatsfest?

Doch waren die „Meistersinger" in der Welt und nahmen nach Wagners Tod eine das Problem verschärfende Entwicklung, an der er freilich als „denkender Künstler" nicht unschuldig war. Denn er bezog in einer weiteren Schrift für

72 Vgl. die Angaben in Anm.2.

73 Dazu *Salmi* (Anm.45). Vgl. auch *Dieter Borchmeyer*, Wagner und Bismarck: eine epochale Unbeziehung, in: ders., Wagner (Anm.2) 432-444.

Ludwig II. aus dem Jahre 1865[74] das Wesen der Kunst auf das „deutsche Wesen“.

Zunächst freilich muss gesehen werden, dass Wagner an die romantische Tradition (seit Herder), aber auch in vielem an die Weimarer Klassiker anknüpfte und das „Deutsche“ als Kulturphänomen (des deutschen Volksgeistes) verstehen wollte[75]; man vergleiche nur den Gedichtsentwurf „Deutsche Größe“ von Schiller aus 1801[76]. Denn - so Wagner - der Mangel eines einheitlichen deutschen Staates habe den Vorteil gehabt, dass sich die deutsche Kultur (und Kunst) ohne irgendwelche staatlichen Begrenzungen und Beschränkungen über den Staat hinaus habe entfalten können[77], was auch dem deutschen Wesen

---

74 Die er unter dem Titel „Was ist deutsch“ in abgekürzter Fassung 1878 veröffentlichte; vgl. *Wagner* (Anm.3) Bd.10, 84–103. Zur ursprünglichen Fassung vgl. *Salmi* (Anm.45) 41 ff. – Zum Thema vgl. *Danuser* (Anm.27) 235 ff.; *Hofmann* (Anm.23) 209 ff.;*Thomas Koebner*, Die Deutschen bei Richard Wagner. Überlegungen am Beispiel der „Meistersinger“. Vortragsmanuskript Köln 1979; ders. (Anm.1) 170 ff.; *Adolf Nowak*, Vom „Trieb nach Vaterländischem“. Die Idee des Nationalen in der Musikästhetik des 18. und 19. Jahrhunderts, in: Danuser / Münkler (Anm.1), 151–165, 161 ff.; *Peter* (Anm.2) 129 ff.; *Theodor Schieder*, Richard Wagner, das Reich und die Deutschen, in: Staat und Gesellschaft im politischen Wandel. Festschrift für Walter Bussmann. Stuttgart 1979, 360–382; *Bernd Sponheuer*, Über das „Deutsche“ in der Musik. Versuch einer idealtypischen Rekonstruktion, in: Danuser / Münkler (Anm.1), 123–150; *Vaget*, Musik & Ästhetik 2002 (Anm.1), 29 ff.; *Nike Wagner*, „Letzte Frage an den deutschen Geist“: Die Bayreuther Festspiele, in: Danuser / Münkler, 95-105.

75 Vgl. *Sponheuer* (Anm.74). – Zum Problem des „Deutschen“ in der Barockzeit vgl. *Andreas Gardt*, Sprachreflexion in Barock und Frühaufklärung. Entwürfe von Böhme bis Leibniz. Berlin 1994. Anzumerken ist auch, dass Johann Christoph Wagenseil (1633-1705) in seiner 1697 erschienenen „Buch von der Meister-Singer holdseligen Kunst Anfang/ Fortübung/ Nutzbarkeiten/ und Lehr-Sätzen“ (als Anhang der Geschichte der freien Reichsstadt Nürnberg) - das Wagner 1862 als Quelle für sein Textbuch der „Meistersinger“ auswertete (vgl. dazu *Herbert Thomsen*, Wagner & Wagenseil. London 1927) – über ebendieses Thema geschrieben hat; vgl. *Wanda G. Klee / Sabine Koloch*, Kann man auf Deutsch schreiben? Ein Gespräch zwischen Madeleine de Scudéry und Johann Christoph Wagenseil über deutsche Sprache, Dicht- und Übersetzungskunst, in: Morgen-Glantz. Zeitschrift der Christian Knorr von Rosenroth-Gesellschaft 12 (2002) 37–402.

76 Vor allem die Zeilen: „Stürzte auch in Kriegesflammen/ Deutschlands Kaiserreich zusammen,/ Deutschlands Größe bleibt bestehn!“ und „Jedem Volk der Erde glänzt/ Einst sein Tag in der Geschichte,/ Wo es strahlt im höchsten Lichte/ Und mit hohem Ruhm sich kränzt./ Doch des Deutschen Tag wird scheinen,/ Wenn die Scharen sich vereinen/ In der Menschheit schönes Bild“ (vgl. *Robert Hering*, Schillers Gedichtsentwurf „Deutsche Größe“, in: Jahrbuch des Freien Deutschen Hochstifts 1903, 228-245; *Adalbert Rudolf*, in: Archiv für das Studium der neueren Sprachen und Litteraturen 71 [1884] 464-470). Im Übrigen bezog sich Wagner in den im Umkreis der „Meistersinger“ entstandenen Schriften häufig auch auf Schiller; vgl. z.B. *ders.*, (Anm.3) Bd.8, 250, 253, 261, 299, 312.

77 So 1865 in: *Wagner* (Anm.3) Bd.10, 87 f. Ähnlich 1867/68 in: Bd.8, 251.

entsprochen habe. „Es [war] dem deutschen Geist bestimmt, das Fremde, ursprünglich ihm Fernliegende, in höchster objektiver Reinheit der Anschauung zu erfassen und sich anzueignen“[78]. Vor allem sei der deutsche Geist durch die innige Aneignung der Antike (d.h. Griechenlands) „zu der Fähigkeit gelangt, das Reinmenschliche selbst wiederum in ursprünglicher Freiheit nachzubilden“[79]. So habe er sich und der Welt gezeigt, was Shakespeare sei, den sein eigenes Volk nicht verstehe[80]; er habe dem menschlichen Geist gezeigt, was die Natur und die Welt sei: aus seinem innersten Verlangen, sich seiner bewusst zu werden. „Und dieses Bewußtsein sagte ihm, was er zum ersten Male der Welt verkünden konnte, daß das Schöne und Edle nicht um des Vorteils, ja selbst nicht um des Ruhmes und der Anerkennung willen in die Welt tritt“, sondern um seiner selbst willen (in der Autonomie der Kunst) gepflegt werden müsse. „Deutsch“ bedeute daher, eine Sache um ihrer selbst und der Freude an ihr willen zu treiben, meine somit „das zwecklos Schöne“. Und: „Alles, was im Sinne dieser Lehre gewirkt wird, ist ‘deutsch’, und deshalb ist der Deutsche groß.“[81] D. h.: groß ist die deutsche Kunst, die freilich – wie Wagner 1867/68 schrieb – ohne die Fürsten entstanden sei und bestehe, weil diese sich dem deutschen Geist nicht erschließen, sondern vor allem französischer Lebensweise huldigen würden[82].

Diese seltsame Theorie musste einen Musiker wie Wagner vor das Problem stellen, dass die Tonsprache gerade nicht die deutsche Sprache ist, sondern – wie Wagners Leitphilosoph Schopenhauer festgestellt hatte – der ganzen Menschheit gleichmäßig zugehöre und deshalb die absolute (reinmenschliche) Sprache sei. In dieser Weise hatte Wagner auch 1860 in einer Schrift „an einen französischen Freund [nämlich Fr. Villot]“[83] die deutsche Musik als das Auffinden einer idealen, rein menschlichen, einer Nationalität nicht ausschließlich angehörenden Form bezeichnet; sie sei von der nationalen Sitte befreit, eben eine rein menschliche Sitte, die ewigen Gesetzen der Menschheit selbst gehorche. Die „Beethoven“-Schrift von 1870 dagegen unternahm das argumentative „Kunststück“, gerade aus dieser Charakteristik der „universalen

78 So *Wagner* (Anm.3) Bd.10, 88 f.

79 So *Wagner* (Anm.3) Bd.10, 89.

80 Vgl. *Wagner* (Anm.3) Bd.10, 97; ähnlich Bd.8, 298.

81 So *Wagner* (Anm.3) Bd.10, 97. Vgl. auch Bd.8, 320 f.

82 Vgl. *Wagner* (Anm.3) Bd.8, 251.

83 Unter dem Titel „Zukunftsmusik“ als „Vorwort zu einer Prosa-Übersetzung meiner Operndichtungen“; in: Wagner (Anm.3) Bd.8, 45-101, 52 f. – Im Übrigen beanspruchte Wagner auch für seine Textdichtungen, darin das Reinmenschliche erfasst zu haben, indem er sie als „Mythus“ (Volksgedicht) charakterisierte; vgl. ebenda 64, 83.

Anlage des deutschen Wesens"[84] die Kriterien für die deutsche Musik abzuleiten. Sei nämlich Musik reinmenschliche Sprache und sei das Wesen des Deutschen die Erfassung des Reinmenschlichen, so müssen Musik und deutsches Wesen zusammenfassen; auch in dem Sinne, daß die wirkliche (weil reinmenschliche) Kunst nur die (deutsche) Musik sein könne: nämlich[85] die transzendente, jenseits der Welt in Raum und Zeit erklingende Musik, die diese ihre Transzendenz aufgebe, indem sie sich im Inneren (der Seele) des deutschen Genies zum tonlosen Erklingen bringe und sich durch dessen Dichtertätigkeit der Menschheit offenbare in Tönen, die sich dann zu Worten und zu dramatischem Geschehen auf der Bühne verdichten würden: im Musikdrama als der „ersichtlich gewordenen Tat der Musik". Der deutsche Musiker - als Beispiel Beethoven (aber auch z. B. Bach, selbstverständlich Wagner selbst) – rede in der „reinsten Sprache aller Völker" und könne so als „deutscher Geist den Menschengeist [...] erlösen"[86], indem er die Autonomie der Kunst verwirkliche. Beethoven habe das Innere der Welt erschaut (und in sich als Klang vernommen) und diese Wahrheit allen Menschen geoffenbart: aus seinem eigenen Inneren heraus, ohne Rücksicht auf äußere Zwecke, daher in sich echt und wahrhaftig. Diese seine Welt habe ihre Kindesunschuld wiedergewonnen, sei ein Versprechen auf das Paradies, weil Befreiung von aller Schuld[87]; sein Reich sei nicht von dieser Welt[88], er – Beethoven – sei „Weltbeglücker", ein Rang, der weit über dem politisch-staatlichen „Welteroberer" stehe[89]. Vergleichbares gelte für jedes Genie – als das sich auch Wagner verstand –, da in ihm das „Wesen des Geistes" sich verwirkliche[90]. Dieser „tief innere Quell scheint dem Franzosen versiegt zu sein"[91], auch dem Italiener, letztlich allen Nicht-Deutschen[92]: denn ihnen ist diese Offenbarung des Reinmenschlichen verschlossen. Deshalb seien sie nicht in der Lage, wahre und wirkliche Kunst zu schaffen. Möglich sei ihnen nur die Erzeugung von gefälligen „Mode"produkten innerhalb einer „Zivilisation", die sich an äußerem

84 So die Charakterisierung in *Wagner* (Anm.3) Bd.8, 254.

85 Dazu vgl. *Wagner* (Anm.3) Bd.9, 50 ff. - Zum Thema vgl. *Schild* (Anm.15).

86 So *Wagner* (Anm.3) Bd.9, 63.

87 So *Wagner* (Anm.3) Bd.9, 71 ff.

88 So *Wagner* (Anm.3) Bd.9, 103.

89 So *Wagner* (Anm.3) Bd.9, 109.

90 So *Wagner* (Anm.3) Bd.10, 94.

91 So *Wagner* (Anm.3) Bd.9, 65.

92 Wobei für Wagner offensichtlich Shakespeare eine Ausnahme darstellte, also als Deutscher (in diesem Sinne) galt und dem Musiker Beethoven in der Textdichtung gleichgestellt wurde; vgl. *Wagner* (Anm.3) Bd.8, 298; Bd.9, 88; Bd.10, 97.

Luxus und an Genusssucht orientiere und ohne jede innere Substanz sei[93]. „Wir kommen von innen, ihr von außen; wir entstammen dem Wesen, ihr dem Schein der Dinge."[94] Verschärft sah Wagner diese Lage für die Juden[95], selbst wenn sie in Deutschland leben und die deutsche Sprache sprechen würden, da ihnen die Verwurzelung und Einbettung in das Wesen dieses deutschen Wesens (des „Volksgeistes") fehlen würden. Es sei ihnen im besten Fall nur möglich, deutsche Kunst in äußerlichen Formen nachzuäffen; notwendig fehle die innere Substanz.

Diese „Theorie" ist - schlicht gesagt - Unsinn, eine metaphysische Spekulation im schlimmsten Sinn dieser Worte[96]. Leider wirkt dieses negative Urteil in die „Meistersinger" hinein, da Wagner am 28.Januar1867 auf Anraten seiner Frau Cosima - trotz ihrer französischen Mutter Feindin Frankreichs und bekennende Antisemitin - in die Schlussansprache des Sachs die Konsequenzen aus diesen Thesen zog[97]. Denn mit dem „welschen Dunst mit welschem Tand" (V.2841)

---

93 Vgl. *Wagner* (Anm.3) Bd.8, 297, 315; Bd.9, 96 ff. - Zum Thema vgl. *Schild* (Anm.41) 11 ff. Anzumerken ist, dass Wagner in Bd.8, 273 inkonsequent von „deutscher Zivilisation" sprach.

94 So *Wagner* (Anm.3) Bd.9, 103.

95 Vgl. *Wagner* (Anm.3) Bd.10, 91 f.; und grundlegend seine antisemitische Schrift „Das Judentum in der Musik" (aus 1850 und 1869) (abgedruckt in: *Jens Malte Fischer*, „Das Judentum in der Musik". Eine kritische Dokumentation als Beitrag zur Geschichte des Antisemitismus. Frankfurt 2000). Anzumerken ist, dass Wagner keinen rassistisch-biologischen Antisemitismus vertrat. Zum Thema vgl. jeweils m. w. N. *Dieter Borchmeyer*, Richard Wagner und der Antisemitismus, in: Müller / Wapnewski (Anm.2) 137–161; *ders.* u.a. (Hrsg.), Richard Wagner und die Juden. Stuttgart 2000; *Dieter David Scholz*, Richard Wagners Antisemitismus. Würzburg 1993.

96 Was Wagner offensichtlich später selbst eingesehen hat, wenn er 1878 in seiner (Neu-) Veröffentlichung der Schrift „Was ist deutsch" (aus 1865) schrieb: „[ich] glaube mich zur weiteren Beantwortung der Frage: 'was ist deutsch?' für unfähig halten zu müssen" (und diese Frage an Constantin Frantz weitergab) (*Wagner* [Anm.3] Bd.10, 103). Zu seinem Hinweis auf das Deutsche als „reines Metaphysicum" vgl. *Nike Wagner* (Anm.1) 95-105.

97 Dazu vgl. *Voss* (Anm.2) 292 ff., 303 (mit Gegenüberstellung zum ursprünglichen Text aus 1862). – Zur dieser Schlussansprache des Sachs vgl. *Reinhold Brinkmann*, Über das Kern- und Schlußwort der „Meistersinger", in: Programmheft München 1979, 82–96; *ders.*, „... einen Schluß machen!" Über externe Schlüsse bei Wagner, Festschrift Heinz Becker. Laaber 1982, 181-190; *ders.* (Anm.2), 211; *Grey* (Anm.1), 306 ff.; *Volker Mertens*, „Die heil'ge deutsche Kunst". Richard Wagners Kunstauffassung in den „Meistersingern", in: D. Buschinger / W. Spiewok (Hrsg.), Perceval – Parzival. Greifswald 1994, 171–193; *Dieter David Scholz*, Ein deutsches Mißverständnis. Richard Wagner zwischen Barrikade und Walhalla. Berlin 1997, 103 ff.; *Ulrich Schreiber*, Die Kunst der Oper. Band II: Das 19. Jahrhundert. Frankfurt 1991, 538 ff.; *Klaus Schultz*, Zur Schlußansprache des Sachs, in: Bott (Anm.1), 65-68. Nach *Peil* (Anm.445 f.) soll darin die Theorie von Schopenhauer (Komödie mit gebrochenem Schluss wegen des Wahn-Themas) ihren Niederschlag finden.

ist diese französische Un-Kultur der bloß äußerlichen, substanzlosen, nur leeren Schein ausdrückenden „Zivilisation“ gemeint. Als Gegenüber wird die „heil’ge deutsche Kunst“ (V.2852) gestellt, die durch die Tradition der Meistersingerzunft den deutschen Geist – „was deutsch und echt“ (V.2843) - bewahrt (hat). So lange diese Institution geehrt wird, wird nach diesen Worten des Sachs die wahre Kunst lebendig bleiben; auch dann, wenn der Staat, selbst wenn das Volk vergeht und zerfällt, weil sie sich der welschen Un-Kultur anschließen[98]. Sachs meint mit der „falschen welschen Majestät“ (V.2839) den damals herrschenden Kaiser Karl V., der das Heilige Römische Reich von Spanien aus regierte und nicht deutsch sprach[99]. Wagner spielte aber auch auf die Fürsten seiner Zeit an, die sich dem französischen Einfluss ergeben hätten, mit Auswirkungen auch auf ihre deutschen Untertanen, die in gleicher Weise „zivilisiert“ würden. Unverständlich ist trotzdem der drohende Unterton dieser Worte, die auch musikalisch aus dem gesamten Stil der „Meistersinger“ herausfallen. Was Wagner sogar noch 1869 für die Schlussansprache des Sachs erreicht zu haben beanspruchte – eine „gemütlich ernste Lobrede“ auf die Meistersinger und einige Trostreime für die deutsche Kunst, die auf das Gemüt des Publikums heiter beruhigend wirken sollte[100] –, wird eindeutig nicht erreicht. Denn alle – d. h. zumindest das Publikum der Uraufführung im Jahre 1867 – sollen „acht haben“, da „uns dräuen üble Streich’“ (V.2837). Es wird die Gefahr heraufbeschworen, dass das „deutsche Volk und Reich zerfällt“ (V.2838). Dabei steht nach dem Gesagten doch unverrückbar fest: der Satz „zerging’ in Dunst das heil’ge röm’sche Reich, uns bliebe gleich die heil’ge deutsche Kunst“ (V.2849)[101] muss auch für den Staat gelten. Sein Untergang kann das Wesen der Kunst – die sich dem Reinmenschlichen widmet (was von Wagner als deutsches Wesen gleichgesetzt wird) und damit notwendig die Dimension des Staaten übersteigt – nicht betreffen, vielleicht sogar im Gegenteil ihre Wichtigkeit für das Leben der Menschen steigern.

So wird deutlich, dass Wagner in diesen Zeilen aus 1867 – also in der Zeit der kriegerischen Auseinandersetzungen um die und am Vorabend der Gründung des deutschen Reiches (1871) – entgegen seinen grundlegenden theoretischen Ausführungen nun deutsche Kunst und deutschen Staat in ein wechselseitiges Verhältnis setzt, trotz der beanspruchten Autonomie der Kunst selbst politisch

98 Vgl. *Wagner* (Anm.3) Bd.8, 251.

99 Vgl. *Wagner* (Anm.3) Bd.9, 74; Bd.10, 90.

100 So *Wagner* (Anm.3) Bd.8, 207.

101 Anzumerken ist, dass diese Schlussworte nicht erst 1867, sondern bereits zwischen 1845 – also der Erstellung des 1. Prosa-Entwurfs – und 1849 niedergeschrieben und erstmals 1851 von Wagner veröffentlicht wurden; vgl. *Voss* (Anm.2) 293.

agierte[102]. Deutsche Kunst benötigte nach dieser Auffassung in dieser existentiell nationalen Not offensichtlich den deutschen Staat, so wie dieser sie und ihre motivierende Kraft benötigte (und benötigen sollte). Wird aber das „Deutsche" nun (zumindest auch) politisch vom Nationalstaat her gedacht, muss die deutsche Kunst ihre Ausrichtung am Reinmenschlichen verlieren, selbst zu einer politisch-deutschen Institution werden, die gegen nicht-deutsche Kunst vorgeht (und damit den deutschen Staat in seinen Aktionen gegen andere Staaten unterstützt). Die Kriterien für diese Ab- und Ausgrenzung von „deutscher" und „un-deutscher" Kunst sind nicht begründbar und daher beliebige Festsetzungen, da es um das „Echte" und „Inner[lich]e" bzw. um das „Hohle" und „Äußer[lich]e" geht Letztlich versuchte Wagner, die wahre Kunst mit seiner eigenen gleichzusetzen und alle Kritiker, aber auch die Musiker anderer Richtungen und Stile zu Un-Deutschen zu machen.

Es tut weh, sehen zu müssen, wie diese in der Endphase der Werkentstehung eingefügten Zeilen den so positiven Charakter der „Meistersinger" beeinträchtigen, vielleicht sogar zu zerstören drohen. Denn die Konsequenzen für das jubelnde Volk auf der Festwiese liegen auf der Hand, selbst wenn Wagner sie nicht wirklich in dieser Schärfe gewollt hätte. Es jubelt das deutsche Volk, das in der deutschen Kunst (als Musik der Meistersinger) seine Einheit gefunden hat, die zugleich die Einheit des deutschen Staates begründet. Es ist eben das „deutsche Wesen", das sich in gleicher Weise in Kunst (Musik[drama]) und Staat zur lebendigen Entfaltung und Verwirklichung bringt. Es muss nochmals betont werden, dass diese Konsequenzen den grundlegenden theoretischen Ausführungen Wagners eindeutig widersprechen, sicherlich nur aus der politischen Situation dieser Jahre vor der Reichsgründung 1871 erklären lassen. Vielleicht war auch die Nähe zur politischen Macht (seit 1864 zu Ludwig II., dem König von Bayern) zu verführerisch. Zuvor und danach (zumindest seit 1871) hat Wagner diese Thesen auch in keiner Weise vertreten, weshalb es sich um einen zeitbedingten „Ausrutscher" handelt, was ihn nicht entschuldigen soll und kann. Am besten wäre es, wenn man diese Ergänzung der Schlussansprache streichen und sich mit dem Lob der Institution Kunst begnügen würde. Oder man versucht, den Ernst und die Härte dieser Worte durch die Inszenierung aufzubrechen, sie vielleicht sogar zu karikieren. Einen vernünftigen Sinn kann man in sie nicht hineinlegen!

102 Vgl. dazu *Salmi* (Anm.45).

Aber das Werk war in der Welt. Die national eingestellten Wagnerianer (auch im „Bayreuther Kreis"[103]) betonten diese Konsequenz des Schlusses der „Meistersinger". So wird verständlich, warum auch das Dritte Reich die Festoper (als Oper mit dem Volksfest als Schluss) auf sich beziehen und sie als festlichen Rahmen der Reichsparteitage vorsehen konnte; allerdings nur dann, wenn man berücksichtigt, dass die Ideologie dieses Reiches nach außen hin den Anspruch erhob, auch den schönen neuen Menschen zu schaffen und für ihn eine kunstvolle Welt aufzubauen. Diese ästhetische Seite des Nationalsozialismus als einer propagandistischen „Weltanschauung" darf man nicht übersehen[104]. Zugleich sollte nach diesem ideologischen Anspruch[105] ein „Reich" entstehen, das ausdrücklich von dem als Apparat und Mechanismus abgewerteten „Staat" der Gesetze und der Rechtsprechung unterschieden wurde. Von daher passte das Ende der „Meistersinger" hervorragend ins ideologische Konzept der ästhetischen Selbstdarstellung: die durch die deutsche Kunst zusammengeschweißte Volksgemeinschaft, die mehr war als der äußerliche Zwangs- und Vertragsstaat, weil in dem deutschen Wesen gründend. Mehr interessierte die NS-Propaganda nicht, weshalb auch nicht mehr erwartet wurde: so fehlen in den „Meistersingern" alle anderen Inhalte dieser Weltanschauung (wie vor allem das Führerprinzip); mehr durfte auch nicht gezeigt werden. Verborgen bleiben mussten die Zwangsstrukturen und der tödliche Mechanismus dieses Gewaltapparates ebenso wie die Vernichtung der ausgegrenzten, weil willkürlich-beliebig als un-deutsch definierten Menschen. Gefragt war der schöne Schein! Von daher wurde Beckmesser nicht als Judengestalt oder -karikatur[106] aufgefasst: denn in der deutschen Kunst konnten

---

103 Dazu vgl. *Annette Hein*, „Es ist viel 'Hitler' in Wagner": Rassismus und antisemitische Deutschtumsideologie in den „Bayreuther Blättern" (1878-1938). Tübingen 1996; *Winfried Schüler*, Der Bayreuther Kreis von seiner Entstehung bis zum Ausgang der Wilhelminischen Ära: Wagnerkult und Kulturreform im Geiste völkischer Weltanschauung. Münster 1971.

104 Zu dieser „Ästhetisierung des politischen Lebens" (Walter Benjamin) vgl. *Udo Bermbach*, Liturgietransfer. Über einen Aspekt des Zusammenhangs von Richard Wagner mit Hitler und dem Dritten Reich, in: Friedländer/ Rüsen (Anm.1), 40-65; *Vaget*, Musik & Ästhetik 2002 (Anm.1), 23 ff. Allgemein: *Peter Reichel*, Der schöne Schein des Dritten Reiches. Frankfurt 1993; und den Film „Architektur des Untergangs. Schönheitskult und Barbarei im Dritten Reich" von *Peter Cohen*. Ich hoffe, bald zu diesem Thema eine größere Abhandlung vorlegen zu können.

105 Vgl. dazu *Wolfgang Schild*, Die nationalsozialistische Ideologie als Prüfstein des Naturrechtsgedankens, in: Das Naturrechtsdenken heute und morgen. Gedächtnisschrift für René Marcic. Be3rlin 1983, 437–453.

106 Zu diesem Problem vgl. *Borchmeyer*, Nürnberg (Anm.2), 255-275; *ders*., Beckmesser – der Jude im Dorn? in: Programmheft für die Bayreuther Festspiele 1996, 89-99; *Danuser* (Anm.95) 93 ff.; *Ulrich Drüner*, Schöpfer und Zerstörer. Richard Wagner als

keine un-deutschen Figuren auftreten, weil sie diesen schönen Schein der Harmonie der Volksgemeinschaft stören würden[107]. Im Übrigen ist auch vom Musikverständnis Wagners her diese heute oft aufgestellte Behauptung eindeutig zu widerlegen[108]. Beckmesser ist als Staatsbeamter und Jurist gezeichnet; und dies genügte Wagner für seine Abwertung und Schmähung.

Freilich ist diese letzte Feststellung nur ein kleiner Trost für denjenigen, der dieses Werk als würdigen Rahmen eines Theaterfestes und eines Festes für die Kunst(institution) überhaupt sieht. Seine Verwendung als NS-Festoper muss ein bleibender Schatten bleiben, auch wenn sie sich im Grunde nur auf einige wenige, 1867 eingefügte Zeilen in der Schlussansprache des Sachs gründen konnte. Mehr wollten die Nationalsozialisten von diesem Werk auch nicht, konnten auch nicht mehr von ihm gewinnen.

Künstler. Weimar 2003, 265 ff.; *Grey* (Anm.1) 319 ff.; *Dietmar Holland*, Aspekte der „Meistersinger", in: Programmheft München 1979, 67-70, 69; *David J. Levin*, Reading Beckmesser Reading: Antisemitism and Aesthetic Practice in *The Mastersingers of Nuremberg*, in: New German Critique 69 (1996) 127–146; *ders*., Reading a Staging/ Staging a Reading, in: Cambridge Opera Journal 9/1 (März 1997) 47–72 ; *ders*., Die Dramaturgie der Alterität, in: Friedländer / Rüsen (Anm.1), 92-108, 99 ff.; *Mertens* (Anm.97) 171 ff.; *Barry Millington*, Nuremberg Trial: Is there Anti-Semitism in 'Die Meistersinger', in: Cambridge Opera Journal 3/3 (1991) 247-260; *Paul Lawrence Rose*, Richard Wagner und der Antisemitismus. Zürich 1999, 173 ff.; *Scholz* (Anm.95) 44 ff., 113 ff.; *ders*., Ein deutsches Mißverständnis. Richard Wagner zwischen Barrikade und Walhalla. Berlin 1997,107 ff.; *Schreiber* (Anm.97 541; *Hans Rudolf Vaget*, „Der Jude im Dorn" oder: Wie antisemitisch sind „Die Meistersinger von Nürnberg", in: Deutsche Vierteljahrsschrift für Literaturwissenschaft und Geistesgeschichte 69 (1995), 271-299; *ders*., Musik & Ästhetik 2002 (Anm.1), 35; *Peter Wapnewski*, Vom mehrfachen Grund der Meistersinger, in: Programmheft München 1979, 7-21, 15; *Marc A. Weiner*, Antisemitische Fantasien. Die Musikdramen Richard Wagners. Berlin 2000, 150 ff. – Anzumerken ist, dass Wagner selbst am 16. März 1873 die Figur des Beckmessers mit den Deutschen in Verbindung brachte: „mit der ehrwürdigen Pedanterie, dacht ich mir den Deutschen in seinem wahren Wesen, in seinem besten Lichte" (dazu *Scholz* [Anm.95] 115 f.

107 Die Behauptung von *Ulrike Köhler* und *Jürgen Gauert* (in: Bott [Anm.1] 299), dass in der NS-Aufführungspraxis der jüdische Charakter des Querulanten Beckmesser betont worden sei, ist durch nichts zu belegen; ablehnend auch *Grey* (Anm.1) 324 Anm.29.

108 Vgl. nur als Beispiel *Wagner* (Anm.3) Bd.9, 179 f. (wonach Musik den „realen Schrecken der Wirklichkeit" nicht enthalten könne, sondern immer versöhnend sei); dazu Schild (Anm.15). Dies gilt auch für die musikalische Darstellung des Beckmesser. Es ist unverständlich, wie man in dieser Musik – die die Sänger mit Begeisterung vortragen – eine Persiflierung jüdischen Synagogengesanges sehen kann (vgl. *Scholz* [Anm.95] 117 f.). Bezeichnend ist, dass diese These in der Regel von Textwissenschaftlern oder Historikern vertreten wird, die sich auf die ästhetische Theorie Wagners (und des darin entwickelten Zusammenhanges von Wort- und Tonsprache) nicht einlassen; vgl. nur die Bemerkung von *Paul Lawrence Rose* zur Musik Wagners (in: Borchmeyer ua. [Anm.95] 223 f.).

14.

„Mitleidvoll leidend ein wissender Tor soll durch den Speer dich heilen“.

Notwendige Ergänzungen zu manchen Interpretationen von Wagners „Parsifal“

„Durch Mitleid wissend der reine Tor; harre sein, den ich erkor“ – diese gerne als „Orakelspruch des Grals“ bezeichnete Weissagung gehört von Text und musikalischem Motiv her zu den eindrucksvollsten Momenten in Wagners „Parsifal“. Bewundernswert erscheint die Konzentration auf das Wesentliche: durch das Mitleiden der Wunde des Amfortas wird der Tor Parsifal wissend um den Leidenszusammenhang von Liebe und Leben, weshalb er der Geschlechtsliebe zu Kundry entsagt und so der Reine bleibt!

Doch wird dabei in der Regel vergessen, dass Wagner diese Formulierung erst in der Reimdichtung März /April 1877 gewählt hat. Noch zwei Monate zuvor schrieb er in dem 2. Prosa-Entwurf einen anderen Spruch nieder: „Mitleidvoll leidend ein wissender Tor soll durch den Speer dich heilen“. Wagner hat - wenn ich recht sehe! - nirgends diese Änderung begründet; offensichtlich ging er davon aus, dass die beiden Formulierungen deckungsgleich seien und dass die neue Fassung nur einprägsamer und wohl auch besser in Musik zu fassen sei. Aber auch diese ursprüngliche Fassung 1877 hat einen Vorläufer mit wiederum anderem Inhalt. Im 1. Prosa-Entwurf formulierte Wagner am 27.8.1865: „Mitleidend leidvoll wissend ein Tor wird dich erlösen“.

Im Folgenden wird die Geschichte dieser drei Orakelsprüche im Schaffensprozess Wagners in groben Zügen nachgezeichnet. Deutlich soll dabei werden, dass die Fassung des 2. Prosa-Entwurfs die entscheidende ist! Darüber hinaus sollen einige Konsequenzen für die Interpretation des „Parsifal“ entwickelt werden.

Die ersten Versuche.

Zu beginnen ist mit Hinweisen auf die Entstehungsgeschichte von Wagners „Parsifal“ bis zum 1. Prosa-Entwurf 1865, die einen Zeitraum von 20 Jahren überbrücken müssen. Denn Wagner lernte bereits 1845 während seines Mari-

https://doi.org/10.1515/9783110689396-015

enbader Kuraufenthaltes den Parsifal-Stoff kennen, vor allem das Epos „Parzival“ von Wolfram von Eschenbach (geschrieben 1200 – 1210). Hier findet sich ebenfalls ein Orakelspruch des Grals, der freilich in diesem Epos ein makellos reiner Stein ist, der wundertätige Kräfte hat. Auf dem Rand dieses Steines – so schreibt Wolfram! – zeigte sich den betenden Rittern eine Schrift: „Dar solde ein ritter komen: wurde des vrâge aldâ vernommen, so solde der kumber ende hân“. Wolfram charakterisierte diese notwendige Frage des Ritters nicht als mitleidiges Handeln; obwohl sicherlich im Hintergrund die christliche Tugend des Mitleidens gegen die Sitten des ritterlichen Handelns steht. Bei Wolfram bleibt darüber hinaus vieles fraglich und ungeklärt, vor allem warum diese Frage den siechen Gralskönig heilen soll und kann. Es ist bei dem zweiten und entscheidenden Aufenthalt des Parzival die Szene der Heilung denn auch eigentlich anders geschildert: es ist der barmherzige Gott selbst, der Anfortas auf das Gebet des als neuer Gralskönig bestimmten Ritters Parzival hin genesen lässt. Aber hier soll keine Interpretation des Wolframschen Epos gegeben werden!

Maßgebend ist hier nur, dass Wagner mit diesem Orakelspruch bei Wolfram nichts anzufangen wußte. Am 29./30. Mai 1859 schrieb er an Mathilde Wesendonk: „Das mit der ‘Frage’ ist so ganz abgeschmackt und völlig bedeutungslos“. Dies muss er schon 1845 so gesehen haben. Denn er schrieb (nur) den „Lohengrin“; und folgte in der Gralserzählung nicht der Konzeption Wolframs, sondern bestimmte den Gral als

> ein Gefäß von wundertät’gem Segen, […] als das kostbare Gefäß, aus dem einst der Heiland den Seinen den letzten Scheidegruß zutrank, und in welchem dann sein Blut, da er am Kreuze aus Liebe zu seinen Brüdern litt, aufgefangen und bis heute in lebensvoller Wärme als Quell unvergänglicher Liebe verwahrt wurde

(wie Wagner in den im Mai 1853 verfaßten „Programmatischen Erläuterungen“ zum Vorspiel des „Lohengrin“ formulierte).

Jedenfalls interessierte Wagner der Parsifal-Stoff, wie er ihn seit 1845 von Wolfram her kannte, zunächst nicht. Erst die Liebesbeziehung zu Mathilde Wesendonck, die der neununddreißigjährige Wagner 1852 kennengelernt hatte (Mathilde war damals vierundzwanzig Jahre alt, freilich auch seit 1848 verheiratet und seit 1849 Mutter), ließ eine Figur interessant werden, mit der der unglücklich verheiratete Wagner sich offensichtlich identifizieren konnte: den qualvoll dahinsiechenden Amfortas. Wagner setzte ihn mit dem an der Wunde leidenden und nicht sterben könnenden Tristan gleich, dessen (und Isoldes) Drama er gerade skizzierte. Im Oktober 1854 dachte er daran, den nach dem Gral umherirrenden Parsifal am Siechbett Tristans auftreten zu lassen. So schrieb er es jedenfalls in seiner Autobiographie „Mein Leben" nieder, die er seit 1865 seiner Frau Cosima diktierte. Wagner ließ den Plan aber bald wieder fallen.

Doch ging ihm das Leidvolle am Parsifal-Stoff nicht mehr aus dem Sinn; und wurde von ihm nicht nur auf seine Beziehung zu Mathilde bezogen (weshalb gerade in den Briefen an sie und den Tagebuchnotizen für sie immer wieder auf den „Parsifal" eingegangen wurde), sondern von dieser ausgehend auf das ganze Elend des menschlichen Lebens und der Welt selbst ausgedehnt.

So war der nächste Anlass, sich intensiver mit dem Parsifal-Stoff zu beschäftigen, der Karfreitag des Jahres 1857; wie er in seiner Autobiographie mitteilt. Anlass sei das Erlebnis eines frühlingshaften, wunderschönen Morgens in neuer beglückender Umgebung gewesen. Gerade hätten die Wagners das von Otto Wesendonck zur Verfügung gestellte Haus („Asyl") bezogen und so endlich eine Heimstatt gefunden.

> Das Gärtchen war ergrünt, die Vögel sangen, und endlich konnte ich mich auf die Zinne des Häuschens setzen, um der langersehnten verheißungsvollen Stille mich zu erfreuen. Hiervon erfüllt, sagte ich mir plötzlich, daß heute ja 'Karfreitag' sei, und entsann mich, wie bedeutungsvoll diese Mahnung mir schon in Wolframs *Parzival* aufgefallen war ... Jetzt trat sein [d.h.: dieses Werkes] idealer Gehalt in überwältigender Form an mich heran, und von dem Karfreitags-Gedanken aus konzipierte ich schnell ein ganzes Drama, welches ich, in drei Akte geteilt, sofort mit wenigen Zügen flüchtig skizzierte.

Diese erste Prosa-Skizze ist verschollen. Dieser Hinweis auf einen Zusammenhang des „Parsifal" mit dem Karfreitags-Gedanken ist sehr missverständlich; und oft auch missverstanden worden, so als hätte Wagner damit den christlichen Ursprung seines Werkes klarstellen wollen; wie er sicherlich der Szene im Epos des Wolfram zugrunde liegt. In einem Brief vom 14.4.1865 an Ludwig II. begann Wagner auch mit feierlichen Worten über den (damals auf diesen Tag fallenden) Karfreitag; doch hieß es dann weiter: „Ein warmer, sonniger Karfreitag gab mir durch seine heilige Stimmung einst den 'Parsifal' ein: er lebt seitdem in mir fort und gedeiht wie ein Kind im Mutterschoß." Wagner wurde gegenüber Cosima noch desillusionierender. Am 13.1.1878 gestand er einen Irrtum in seiner Autobiographie ein – der Karfreitag 1857 fiel nämlich auf den 10. April, die Wagners zogen erst anfangs Mai in das Asyl ein! –, doch meinte er, „daß nur die Stille im Garten des Asyls die Karfreitags-Stimmung zurückrief". Und am 22.4.1879 gedachte Wagner nochmals dieses „Eindruckes, welcher ihm den Karfreitags-Zauber eingegeben; er lacht, 'denn es war kein Karfreitag, nichts, nur eine hübsche Stimmung in der Natur, von welcher ich mir sagte: So müßte es sein am Karfreitag'". Also nur ein beglückendes und befriedigendes Naturerleben?

Im Tagebuch, das Wagner nach dem zwangsweisen Auszug aus dem Asyl für Mathilde Wesendonck in Venedig geführt hat, findet sich unter dem Datum 1.10.1858 ein Hinweis auf ein (anderes, aber mit dem Karfreitag in Verbindung gebrachtes) Erlebnis, das zum Ausgangspunkt für die Skizzierung des „Parsifal" diente. Wagner knüpfte an ein Erlebnis in Venedig an: ein Gemüsehändler habe einem Huhn den Kopf abgeschlagen; er werde diesen entsetzlichen Eindruck nicht los! Und Wagner schloss eine Theorie des Mitleid(en)s an, die stark von Schopenhauer – den er September 1854 kennengelernt hatte! – beeinflusst war. Dieses Mitleiden sei der stärkste Zug seines moralischen Wesens und vermutlich auch der Quell seiner Kunst. Doch gehe es dabei nicht um eine Identifizierung mit dem Anderen;

> es handelt sich hier nicht darum, was der Andere leidet, sondern was *ich* leide, wenn ich ihn leidend weiß. Wir kennen ja alles außer uns Existierende nur insoweit, als wir es uns vorstellen, und wie ich es mir vorstelle, so ist es für mich. Veredle ich es, so ist es, weil ich edel bin, fühle ich sein Leiden als ein tiefes, so ist es, weil ich tief fühle, indem ich sein Leiden mir vorstelle ... Somit macht mein Mitleiden das Leiden des andren zu einer Wahrheit.

Dies bedeutet, dass das Mitleiden – auch als „Mitgefühl" charakterisiert! – nicht von den individuellen Beschaffenheiten des leidenden Gegenstandes bestimmt werde, sondern „durch das wahrgenommene Leiden selbst". „Wir begegnen in unsrem so ausgeübten Mitleiden dem Leiden überhaupt, abgesehen von jeder Persönlichkeit". – Daraus zog Wagner zunächst eine doppelte Konsequenz. Zunächst versuche er, niemandem ein Leid zuzufügen. Sodann müsse er bekennen, daß er Mitleiden eher mit niedrigen Wesen habe als mit höheren. Denn er stelle sich das Leiden z.B. der Tiere als unermeßlich schwer vor, zumal wenn sie gequält würden; deshalb nämlich, weil diese Tiere sich nicht dieses Leidens bewusst werden und so sich nicht durch Resignation vom Leiden erlösen könnten. D.h. er sehe dann deren Leiden mit eigener (vorgestellter) Verzweiflung. Gegenüber anderen Menschen dagegen könne er kein Mitleiden aufbringen: denn diese hätten die Fähigkeit, sich durch Resignation zu erlösen, indem sie nämlich das gesamte Leben als Leiden - weil Wille und Streben! - erkennen und distanzieren könnten. Würden sie sich dieser Erkenntnis verschließen, dann wolle er – Wagner – ihnen mit Grausamkeit dieses Leiden bewusstmachen und zu fühlen geben! „Hier wäre jedes Mitleid Mitschuld". So könne sich eigentlich nur jeder Mensch aus sich selbst heraus durch Erkenntnis und Resignation erlösen. Durch das Mitleiden könne er die

Natur (vor allem die Tiere) erlösen: indem er deren nur an-sich gegebenes (niemals für-sie bewußt werdendes) Leiden sich vorstellt, es damit erkennt und „dadurch das verfehlte Dasein des Tieres in sich aufnimmt". So werde der Mitleidende „zum Erlöser der Welt, indem er überhaupt den Irrtum alles Daseins erkennt". Und Wagner fuhr fort: „Diese Bedeutung wird Dir einmal aus dem dritten Akte des Parsifal, am Karfreitagsmorgen, klar werden". – Wagner schrieb für Mathilde eine dritte Konsequenz nieder. „In der Liebe ist es anders: in ihr steigern wir uns bis zur Mit-Freude", in der wir die Freude des Anderen teilen: und zwar durch Identifizierung. „Es gibt keine wahre, echte Freude als die Übereinstimmung im Mitleiden". Diese Differenzierung in Mitleiden mit bewußtloser Natur, in Mitfreude mit dem selbst-leidenden und mit-leidenden Anderen und in das aggressive Bewußtmachen des elenden Lebens dem (bewusstseinsfähigen) Anderen gegenüber, um diesen zur Erkenntnis und zum Mitleid zu führen, war freilich nicht vollständig. Selbstverständlich kannte Wagner auch das Mitleiden mit dem Du (d.h. mit dem leidenden Menschen): wie er es etwa in dem Trost für Mathilde am 24.10.1858 formulierte, nachdem deren dreijähriger Sohn einige Tage zuvor verstorben war: „Ich kann mit Dir leiden und trauern. Könnte ich etwas Schöneres tun, wenn Du leidest und trauerst?" Und – so muss doch konsequent gefragt werden! – war dieses Mitleiden des Leidens des Anderen nicht selbst schon Freude, nämlich dem Anderen damit das Leiden erleichtern (eben: es mit ihm gemeinsam tragen) zu können?! Jedenfalls konnte Wagner nur mit einem so mitleidenden Du diese Mitfreude erleben, die er nannte; diese Mitfreude war deshalb notwendig verbunden mit Mitleiden mit dem anderen leidenden (und selbst mitleidenden) Du, nahm damit sozusagen das mitleidende Leiden in sich auf, weil das Leiden ja auch von dem Anderen mitgelitten wurde. Damit war zugleich klar, dass dieses Mitleiden im Grunde von Wagner auch als Identifizierung – darin im übrigen dann Schopenhauer folgend! –gedacht wurde.

Exkurs: Schopenhauer und Wagner.

Diese Theorie des Mitleidens, versteckt in der Tagebuchnotiz, ist (wie erwähnt) stark von Schopenhauer beeinflußt, erschöpft sich aber nicht bloß in der Übernahme dieser Philosophie, sondern geht in wesentlichen Punkten in eine andere Richtung; und zwar m.E. durchaus in verbessernder Weise. Die wesentlichen Probleme, vor die der „Parsifal"-Stoff Wagner stellen musste, können an ihr festgemacht und verdeutlicht werden; weshalb kurz auf einige

Thesen Schopenhauers und ihre Aufnahme durch Wagner eingegangen werden muss.

Wagner war September 1854 durch Vermittlung von Georg Herwegh auf die 1844 erschienene zweite Auflage des Hauptwerkes „Die Welt als Wille und Vorstellung“ (ursprünglich erschienen 1819) des weithin unbekannt gebliebenen Philosophen Arthur Schopenhauer gestoßen; und hatte sein „Schopenhauer-Erlebnis“. Bereits Mitte Dezember 1854 schrieb er an Franz Liszt voller Begeisterung über dieses „Himmelsgeschenk in meine[r] Einsamkeit“, für ihn sei Schopenhauer der größte Philosoph seit Kant. Wagner entdeckte in dessen Hauptgedanken – die Verneinung des Willens zum Leben! – sein eigenes Empfinden wieder: „Mir kam er natürlich nicht neu, und niemand kann ihn überhaupt denken, in dem er nicht bereits lebte. Aber zu dieser Klarheit erweckt hat ihn erst dieser Philosoph“. D.h. Wagner selbst hatte zu dem Ergebnis gefunden, dass das Leben keinerlei Freude und Befriedigung für ihn darstellen könne. Im Brief an Franz Liszt vom 15.1.1854 klagte er über seine verzweifelte Situation: „Keines meiner letzten Lebensjahre ist an mir vorübergegangen, ohne daß ich nicht *einmal* darin am äußersten Ende des Entschlusses gestanden hätte, meinem Leben ein Ende zu machen. Es ist alles darin so verfahren, so verloren!“ Wagner erwähnte seine unglückliche Ehe, durch die er „ein fürs Leben Verfemter geworden“ sei; die wahre, eigentliche, wirkliche Liebe habe er nicht kennengelernt. Zehn Tage später schrieb Wagner an August Röckel ein Preislied auf diese Liebe: sie sei der einzige Weg zur Wahrheit des Seins und der Erkenntnis der Erscheinungen überhaupt. „*Wirklich* ‘*begreifen*’ können wir eine Erscheinung nur, wenn wir uns völlig von ihr einnehmen lassen können, wie wir sie völlig in uns aufzunehmen vermögen müssen“. Dieser „wundervolle Prozeß“ geschehe am vollständigsten in der Liebe: „alles, was ich nicht lieben kann, bleibt außer mir, und ich bleibe außer ihm“. Diese Liebe – die also Erkenntnis (Begreifen) ermöglicht! – sei „in vollster Wirklichkeit [nur] innerhalb des Geschlechtes möglich: nur als *Mann* und *Weib* können wir Menschen am wirklichsten lieben.“ Aber Wagner fügte die Einsicht an, dass es diese Liebe für ihn nicht gegeben habe und auch nicht geben werde. Deshalb bleibe ihm nur ein Fluchtweg: in das Schaffen von Kunstwerken für die Menschheit.

Jedenfalls lernte Wagner also in diesem Zustande Schopenhauer kennen. Und war sofort gebannt von dessen These, dass das Leben Leiden sei, was aber dem Menschen in seinem unmittelbaren Lebensvollzug verborgen bliebe: denn hier scheine ihm das Leben Befriedigung seiner Bedürfnisse zu sein, zumindest bestünde der Sinn des Lebens in dieser (daher anzustrebenden) Erfüllung. Aber dem Erkennenden entlarve sich diese Vorstellung als Schein: erzeugt von dem zugrunde liegenden (und als „Ding an sich" außerhalb der Kategorien von Raum und Zeit seienden) Willen, der sich als leibliches Individuum in einer Welt setzt und aufrechterhält. Dieser Wille kenne in seiner Selbstbefangenheit und Blindheit nur sich in diesem und als dieses Individuum und verstricke sich in diesem egoistischen Drange vollkommen. Dadurch entgehe ihm aber sein eigenes Elend: ein unendliches Getriebenwerden nach Befriedigung und damit nach einem Ziel, das nicht erreicht werden kann. Mit raffinierten Theorien des Verstandes verstehe es dieser Wille aber immer wieder, diese Verfangenheit festzuspinnen und den Willen zum Leben (also sich selbst) fester zu machen. Dabei könne das Individuum soweit gehen, dass es die Anderen als ebenso leiblich erscheinenden Willen negiert und ihnen Gewalt (d.h.: Unrecht) antut. Die immer tiefere Verstricktheit in dieser Eigengesetzlichkeit des Willens könne – von ihm selbst her! – nicht aufgelöst werden. Doch gebe es Augenblicke (im wahren Sinne des Wortes), wo unmittelbar-intuitiv dem Einzelnen dieser Zusammenhang schlagartig bewusst wird und er das Leben selbst als Leiden erkennt. Diese Erkenntnis zerbreche den Schein, den der Wille um das Individuum errichtet hat, und lasse den Einzelnen plötzlich hellsichtig werden: der Intellekt trete aus der dienenden Funktion gegenüber dem Willen heraus und erkenne – als Vernunft – dessen Wesen. Schopenhauer spricht vom Mysterium und von Gnadenwirkung (Prädestination) und der Genialität, die manchem Individuum eben eigen ist. Doch würden solche Augenblicke durchaus auch dem „normalen" Menschen geschehen, nämlich in der unmittelbaren Erfahrung des Anderen als Leidenden und seiner selbst als Mitleidenden. Wie ein Blitz durchleuchte dann plötzlich ein Wissen den Betroffenen: auch der Andere ist Wille wie er selbst, ist ebenso ein Ich, also das Ich nochmals. Der Betroffene identifiziere sich mit dem Anderen und leide mit ihm mit: das Leiden des Anderen sei sein eigenes Leiden; freilich nun nicht mehr als individuelles Selbstleiden, sondern als Leiden in seiner Welt selbst. Dadurch trete der dieses Leiden als solches Mitleidende notwendig in eine Distanz zu dem Anderen, dessen Anblick ihn zu der unmittelbaren Identifizierung gebracht hat. Das Mitleiden gehe in eine (eher distanzierende) Erkenntnis über. Der Mitleidende erkenne in dieser Identifizierung seiner selbst mit dem Anderen zugleich die Einheit der Welt, wie sie als seine Vorstellung in Raum und Zeit gelebt wird, und so die Einheit des Leidens als solchem. So gehe es wirklich und wesentlich um ein Erkennen: der Einzelne nehme zwar zunächst am speziellen Leiden eines individuellen Anderen teil und leide damit, aber überschreite diese Teilnahme in der Erleuchtung durch diese Erkenntnis. Er werde durch dieses Mitleiden erkennend, wissend nun, dass die Welt selbst – als vom Willen gesetzt! – Leiden überhaupt ist und dass er selbst als dieser Wille damit eigentlich der Grund dieser Leiden der Welt selbst ist. Diese Erkenntnis sei ihm deshalb zugleich der Spruch des Weltgerichts: er selbst als Wille trage Schuld an diesem Leiden der Welt (und darin auch am Leiden dieses Anderen), in einer Willensschuld, die nicht auf irgendein Handeln aus Freiheit zurückgeht (und zurückgehen kann), sondern aus dem Wesen des Willens selbst (als zugrunde liegendes Ding an sich) notwendig folgt. Diese Erkenntnis gebe dem Individuum nun die Kraft, diesen Schuld- und Leidenszusammenhang zu zerbrechen: der egoistische, selbstsüchtige Wille werde verdrängt oder niedergedrückt. Zunächst bemühe sich der so Erkennende, das Leiden des Anderen nicht zu vergrößern, vor allem ihm kein Unrecht anzutun; d.h.: der Erkennende handle rechtlich (in der Tugend der Gerechtigkeit). Noch mehr: er strebe danach, dem Anderen zu helfen, ihm das Leiden zu erleichtern, ihm wohlzutun. D.h.: der Erkennende handle liebevoll (in der Tugend der Menschenliebe). Schopenhauer spricht in diesem Zusammenhang von der ruhigen, zuversichtlichen Heiterkeit und Fröhlichkeit, die den so tugendhaften Handelnden erfüllen kann, wenn „das Wohl [des Anderen] sein eigenes“ ist. In diesem Sinne anerkennt Schopenhauer also ein moralisches Handeln aus Mitleid, nämlich getragen von dem Motiv, das fremde Wohl zu wollen und zu fördern, dem Anderen zu helfen, bis hinein in die Haltungen von Edelmut und Großmut, ja bis hinein zum Opfer des eigenen Lebens zum Wohle des Anderen, vor allem mehrerer Anderer. Um Missverständnisse zu beseitigen, muss klargestellt werden: dieses Handeln aus Mitleid ist nach Schopenhauer tugendhaft (und deshalb gut), weil dadurch das Leid der Welt verringert und so die eigene Schuld an diesem Leidenszusammenhang gesühnt wird; und wenn dadurch Freude aufkommt bei dem mitleidig Handelnden, dann nur wegen dieser reinigenden und sühnenden Bedeutung. Nicht kann das Wohl des Anderen motivieren, schon gar nicht in irgendeiner Identifizierung des Handelnden mit diesem Wohl: denn dies wäre gerade wieder die Bejahung des egoistischen Willens und Lebens selbst! Im übrigen meint Schopenhauer, daß das Wohl des Anderen als solches dem Einzelnen ohnehin gleichgültig sei, außer es bestünden gerade individuelle Beziehungen (z.B. Freundschaft, Verwandtschaft, Geschlechtsliebe) zu ihm, die aber letztlich wieder auf Identifizierung hinauslaufen würden und somit wieder auf egoistische Willensbejahung! Deshalb geht es auch bei dieser Tugend der Menschenliebe für Schopenhauer um das Wohl überhaupt und damit um die Verringerung des

Leidens, das dieses Leben in der Welt ausmacht! Die sich in der mitleidigen Handlung zum Ausdruck bringende Liebe ist die allgemeine Menschheitsliebe, genauer sogar die noch allgemeinere Liebe zu allem Lebendigen überhaupt, die in der Erkenntnis des Leidenszusammenhanges allen Lebens (also auch der Tiere und Pflanzen) gründet.

Das Genie aber, der wahrhaft Erkennende, kann bei dieser tugendhaften Haltung des mitleidig Liebenden nicht stehenbleiben. Denn letztlich und im Ganzen gesehen kann selbst dieses dem/den Anderen wohltuende Handeln das Leiden nicht wirklich aufheben! Was dem Erkennenden damit bleibt, ist die Verneinung selbst dieses Willens zur Hilfe für Andere; er muss aufhören, tugendhaft zu sein und handeln zu wollen – tugendhaftes Handeln könne nicht der Zweck des Lebens sein! – und deshalb die Dimension der Tugend übersteigen und hinter sich lassen. Er muss – gezwungen aus dieser Erkenntnis des Leidenszusammenhanges heraus – danach trachten, heilig zu werden und die Welt dadurch zu erlösen! Die eigentliche Konsequenz der Erkenntnis – die im Mitleiden einsetzt! – muss so die Abwendung vom Leben, die freiwillige Entsagung, Resignation, gänzliche Willenslosigkeit, Askese sein. Dadurch wendet sich der Heilige vom Leben ab und vernichtet damit den Leidenszusammenhang, der diese Welt und das Leben bestimmt; ja er vernichtet damit diese Welt selbst, hebt sie auf in das Nichts! und erlöst damit alles – auch die Anderen, auch die Tiere und Pflanzen! –, die in dieser Welt (seiner Welt als Vorstellung) leiden! Der Heilige ist der Erlöser der Welt; und damit ist er ein ganz Anderer geworden, weshalb Schopenhauer von Wiedergeburt spricht.

Freilich bleibt diese letzte Konsequenz der Erkenntnis bei Schopenhauer nicht begründet und begründbar. Denn wie soll diese Welt- und Willensverneinung anders gedacht werden können als Handlung: eben z.B. der Askese, des Fastens, der Kasteiung, der Selbstpeinigung, des Vergebens allen Unrechts (das einem angetan worden ist), des Sehnens nach dem erlösenden Tod – alles Umschreibungen bei Schopenhauer selbst?! Dazu bedarf es aber doch der Handlungsmotive und des Willens selbst: nicht die Erkenntnis als solche kann die Kraft haben, den Willen zum Leben zu verneinen; sondern der Wille selbst muss diese Erkenntnis wollen und ihre Konsequenzen umsetzen wollen, wozu er sich selbst widersprechen muss, sich selbst in den Gegensatz von egoistisch-bejahendem und verneinendem Willen bringen und als stets schon gebracht erkennen. Die Theorie Schopenhauers schreit förmlich nach Dialektik (als der Aufhebung und Vernichtung dieses Gegensatzes in einem Willen, der sich eben nicht als egoistischen will, sondern sich als wahren / eigentlichen /

wirklichen will, sich also im wörtlichen Sinne „verwirklichen“ will)! Aber sein unbändiger Haß auf Hegel und seine unverständige Ablehnung jeder Dialektik hat ihm diese Einsicht versperrt; auch sein Vor-Urteil von der Schlechtigkeit der Welt hat ihn davon abgehalten, einen solchen wahren Willen etwa in diesem mitleidig-liebenden Willen für die/alle Anderen zu thematisieren, also einen Willen, der die Welt trotz der Erkenntnis des Leidens bejaht, weil er sich in ihr als Mitleidender für Andere verwirklichen will! Dabei anerkennt Schopenhauer selbst, dass die Welt als dieser Leidenszusammenhang den Weg zur Selbsterlösung eröffnet; weshalb sie doch gerade als dieses Leiden zugleich die „Heilsordnung“ darstellt, deren Erkenntnis dem Heiligen seine Askese erst ermöglicht. Schopenhauer selbst hat in einem Brief an einen seiner Anhänger zugestehen müssen, dass er letztlich diese resignative Haltung philosophisch nicht zu begründen vermag. Dies zeigt sich auch in den Bemerkungen bei Schopenhauer, die die Weltverneinung in die Nähe einer Handlung bringen. So erfülle den Heiligen Abscheu vor der Welt, ihn schauere vor dem Leben: ist damit nicht ein Motiv angesprochen? Andererseits empfinde der „erfolgreiche“ Heilige unerschütterlichen Frieden, tiefe Ruhe, innige Heiterkeit; er sei erfüllt von innerer Freudigkeit und lächelnder Himmelsruhe: ist damit nicht eine Bejahung dieses Lebensvollzuges angesprochen und damit zugleich die Möglichkeit eines Lebens in Sicht gebracht, das nicht mehr leidet, sondern das Leiden selbst als Freude und erfüllten Sinn will? Und wie soll man dieses Sehnen des Heiligen nach dem erlösenden Tod begreifen?

Oder in Worten Wagners (im Brief Mitte Dezember 1854 an Franz Liszt): Wie kann ein Heiliger erfüllt sein von „herzlicher und inniger Sehnsucht nach dem Tod“? wie kann dieses Sehnen zugleich die Tiefe innerer Ruhe und Gelassenheit darstellen? das Quietiv-sein, welches nichts mehr begehrt und gänzliche Willenslosigkeit bedeutet? Diese Sehnsucht lässt doch keine Willensverneinung zu; sie begründet im Gegenteil geradezu einen Willen – ja sogar: eine Sucht?! –, freilich: zu sterben! Nicht der Wille wird aufgehoben; sondern er wird nur in seinem Gegenstand verändert und zugleich verstärkt: nicht mehr will er das Leben, sondern den Tod. Der Heilige will sterben! und damit ein Leben, das vergeht und sich im Tod auflöst. Im Sterben erfährt der Heilige endlich das Glück; und zwar noch als Lebender, der gerade dieses Leben verliert; sozusagen an der Grenze zum Tod erlebt der Heilige das höchste Glück. Wagner schrieb an Liszt weiter: „Es ist da oben [in der Schweiz] wonnevoll, so schön - daß ich voll Sehnsucht bin, wieder hinaufzugehen – dort zu sterben!“ und mit der schwarzen Flagge seines „Tristan“ zugedeckt zu werden. Wagner schlug deshalb im Brief vom 6.7.1858 der Mathilde vor: „Laß uns [und das heißt doch: unser Leben? – W.S.] diesem schönen Tode weihen, der all unser Sehnen und Begehren birgt und stillt! Laß uns selig dahinsterben, mit ruhig verklärtem Blick und dem heiligen Lächeln schönster Überwindung!" Man kann von einer Liebessehnsucht nach dem Tod sprechen: vor allem als Sehnsucht, mit der Geliebten gemeinsam zu sterben, in sie hinein zu sterben und so in der Vereinigung mit ihr die Befriedigung dieser Sehnsucht (und damit die Erlösung) zu finden. Wie schrieb Wagner am 25. /26.1.1854 an Röckel: von dem Aufhören des Egoismus einzig durch das Aufgehen des „Ich" in das „Du"? wenn also damit die Grenze des eigenen Ich überschritten und aufgehoben wird in der Vereinigung mit dem Anderen, der sich ebenfalls aufgibt und Eines wird mit dem Einen; mit allem, mit dem Weltall? Und Wagner setzte hinzu: dies sei nur als geschlechtliche Liebe volle Wirklichkeit, also in der geschlechtlichen Vereinigung; im Orgasmus! „Vereinigung" muß auch sprachlich ernst und beim Wort genommen werden; und meint dann das Hineinfließen in den Anderen und zugleich das Aufgenommenwerden in dem Anderen, der sich in gleicher Weise hingibt und zerfließt, wodurch beide verschmelzen. Raum und Zeit vergehen in diesem unendlich wirkenden Feuer, das auch die Individualität (und damit den Egoismus) vernichtet! Nicht ohne Grund nennt man den Orgasmus gerne den „kleinen Tod!" Aber umso ernüchternder ist dann das Erwachen aus dieser Allheit und das Zu-sich-Kommen als Individuum dem Anderen gegenüber: ein endliches und begrenztes Individuum sinkt Einem dann in die Arme! und wie wächst in den sich aufs Neue gegenüberstehenden Individuen die Sehnsucht nach dem endgültigen Aufgehen in einem „großen Tod", in der „heil'gen Nacht, wo urewig, einzig wahr, Liebeswonne ... lacht", der „Nacht der Liebe" – die die Loslösung von der hellen, bewussten Tageswelt mitbringt! –; „in dem wogenden Schwall, in des Welt-Atems wehendem All – ertrinken, versinken – unbewußt – höchste Lust": damit in dem „sehnend verlangten Liebestod", wie ihn Wagner in „Tristan und Isolde" gedichtet und in Raserei komponiert hat!

„Tristan" ist wirklich Raserei, Wahnsinn; eine ekstatische Askese oder eine asketische Ekstase, ein vom Kopf auf die Füße gestellter Schopenhauer!

> Jagendes Blut,
> jauchzender Mut!
> Lust ohne Maßen,
> freudiges Rasen!
> [...]
> Mit blutiger Wunde
> erjag' ich mir heute Isolden!
> Heia, mein Blut!

Lustig nun fließe
[...]
Vergeh' die Welt
meiner jauchzender Eil'!

Ein Triumph des siegreichen Willens, der den Tag, das Bewusstsein, die Welt, das Leben vernichtet und seine Verwirklichung im sterbenden Blick auf den zum Sterben treu bereiten Anderen findet! eine Selbstvernichtung des Willens, der dafür seine gesamte Kraft und Liebesenergie (Libido) einsetzt und in einem wie ein Blitz auflodernden Feuerstrahl verbrennt. Hat Wagner damit in seinem (vorgestellten?) Erleben der leidvollen Liebesqualen zu Mathilde den Asketen Schopenhauers und damit dessen Philosophie nicht besser begriffen als dieser selbst? der sich dieses Mangels bewusst war: seine Darstellung des Heiligen sei „nur abstrakt und allgemein und daher kalt"; der aber auf das Beispiel der christlichen Mystiker verweist und doch wohl deren ekstatische Liebeszustände weiß.

Wagner hat Schopenhauer hier aber nicht nur besser verstanden als dieser sich selbst, sondern auch zugleich widerlegt; und deshalb kam Wagner auch nach der Aus-Raserei im „Tristan" zur Besinnung. Der Liebestod kann doch nicht die Erlösung sein; lebten er und Mathilde nicht auch noch weiter, endete ihre Liebesqual nicht auch? nämlich als Liebesqual, aber nicht als eine Liebesbeziehung, in der – so zumindest in der Welt als Vorstellung! – der Wille zur vollkommenen Beruhigung gekommen war?! und zugleich zur Mitfreude in gemeinsamem Mitleiden? Wagner hat die Dimension der Liebe niemals aufgegeben und verlassen: so wie es Schopenhauer getan hat in der Ablösung der Tugend der Menschheitsliebe durch die metaphysische Heiligkeit des Asketen, der (auch) nicht mehr liebt und zwar nicht einmal mehr in dieser tugendhaften Form (von Geschlechtsliebe ganz abgesehen)! Wagner hat die Schopenhauersche Metaphysik in diese Liebesdimension einbezogen und damit eine metaphysische Liebeslehre entwickelt, die bereits in den früheren Schriften (vor allem im Drama-Entwurf „Jesus von Nazareth" 1848) ausgearbeitet war. Diese metaphysische Weihe strahlte auch auf die unterste Form der Liebe aus, die Geschlechtsliebe (die für Wagner von Zeugung/Gebären her gedacht war und deshalb immer mehr war als bloße leidenschaftliche Sexualität). Wagner hat diesbezüglich die Einschätzung Schopenhauers niemals übernommen. Für Schopenhauer ging es von vornherein nur um die egoistische Befriedigung des Geschlechtstriebes, in dessen Heftigkeit sich die entschiedene Bejahung des Willens zum Leben ausspreche. Deshalb sei zentral eigentlich nur die Zeugung eines neuen Individuums; alles andere sei Nebensache, Illusion, Täuschung, Wahn.

> Die Befriedigung... kommt eigentlich nur der Gattung zugute und fällt deshalb nicht in das Bewußtsein des Individuums, welches hier, vom Willen der Gattung beseelt, mit jeglicher Aufopferung, einem Zwecke diente, der gar nicht sein eigener war. Daher also findet jeder Verliebte, nach endlicher Vollbringung des großen Werkes, sich angeführt: denn der Wahn ist verschwunden, mittels dessen hier das Individuum der Betrogene der Gattung war.

Eigentlich stünden im Mittelpunkt die Genitalien als „der eigentliche Brennpunkt des Willens und folglich der entgegengesetzte Pol des Gehirns". – Für Wagner dagegen ist die Geschlechtsliebe als diese unendliche, Raum und Zeit (und Welt und Tag) aufhebende Vereinigung die „Liebe in vollster Wirklichkeit"! Daran kann auch die Lektüre Schopenhauers nichts ändern! Wagner will nicht auf die Geschlechtsliebe verzichten, er will sie nicht nur vernichtet sehen. Zwar räumt er Schopenhauer ein, dass die Geschlechtsliebe nicht die höchste Form der Liebe sei; aber sie sei doch die konkrete, „wirkliche" Liebe! So kam er auf die Idee eines „Heilsweges", der bei der Geschlechtsliebe ansetzt und durch sie hindurch über sie hinausgeht zu einem Ziel, das der Verneinung des Willens durch den erkennenden asketischen Heiligen zumindest nahekommt, nämlich zur Beruhigung des Willens in dem bzw. als der Gattungs-Wille(n). In diesem Sinne schrieb Wagner am 1.12.1858 in das Tagebuch für Mathilde von diesem von Schopenhauer nicht erkannten „Heilsweg zur vollkommenen Beruhigung des Willens durch die Liebe", einsetzend bei der Geschlechtsliebe, die sich aber als ungenügend (vielleicht als egoistisch) erkennt und dadurch

> zu jener Erhebung über den individuellen Willenstrieb [gelangt], wo, nach gänzlicher Bewältigung dieses, der Gattungs-Wille sich zum vollen Bewußtsein kommt, was auf dieser Höhe dann notwendig gleichbedeutend mit vollkommener Beruhigung ist.

Wagner konzipierte sogar den Anfang eines Briefes an Schopenhauer selbst, indem er diesem die Ergänzung seines Systems durch diesen „in der Anlage des Geschlechtstriebes [liegenden] Heilsweg zur Selbsterkenntnis und Selbstverneinung des Willens, und zwar nicht eben nur des individuellen Willens" vorschlagen wollte.

Diese Ergänzung Schopenhauers durch Wagner ist nicht nur theoretisch interessant, sondern auch höchst aufschlussreich für den Entstehungsprozess des „Parsifal"; und natürlich für Wagners Verhältnis zu Mathilde. Denn dadurch gelang es ihm, ein Verhältnis zu ihr aufzubauen und aufrechtzuerhalten, das die vergangene Liebesbeziehung nicht zu vergessen brauchte – und noch am 5.6.1863 schrieb Wagner an Eliza Wille über Mathilde: „Sie ist und bleibt meine erste und einzige Liebe!" –, es als Vergangenheit erinnern konnte und trotzdem nun ein freudiges Miteinander darstellen kann; in dem Sinne der „wahren, echten Freude als [der] Übereinstimmung im Mitleiden". Am 12.10.1858 schrieb Wagner ihr ins Tagebuch:

> Und jetzt, nachdem wir alle Leiden gelitten, kein Schmerz gespart blieb, jetzt muß sich klar der Kern des höheren Lebens zeigen, den wir durch die Leiden dieser schmerzlichen Geburtswehen gewonnen. In Dir lebt er schon so rein und sicher, daß ich Dir jetzt zu Deiner Freude, zu Deiner Mitfreude, nur zeigen darf, wie auch in mir er sich gestaltet. – Die Welt ist überwunden: in unserer Liebe, in unseren Leiden hat sie sich selbst überwunden. […] Mir ist das Gefühl einer heiligen Sättigung zu eigen. Der Drang ist ertötet, weil er vollkommen befriedigt ist. – Von diesem Bewußtsein beseelt blicke ich nun von neuem in die Welt, die mir somit in einem ganz neuen Lichte aufgeht;

nämlich: sie habe ihr Leiden verloren, sei ein „ganz objektives Schauspiel" geworden! Das Verhältnis zwischen ihnen beiden (und zur Welt) sei bereinigt. Nachrichten „können uns jetzt nur noch erfreuen, denn zwischen uns ist Alles licht und rein, und kein Mißverständnis, kein Irrtum kann uns mehr beschweren. So leb' denn wohl, Du mein Himmel, meine Erlöserin, mein seliges, reines, liebes Weib!" So hätten sie ihre Liebesbeziehung nicht verloren, sondern eine höhere Liebe gefunden; in den Worten des Briefes vom 6.7.1858: „Keiner soll dann *verlieren*, wenn wir - - *siegen*."

In der Tat stellt diese Konzeption des „Heilsweges" einen Sieg dar: nämlich über die Sehnsucht nach dem Tod, wie sie oben beschrieben worden ist und wie Wagner sie in seinem „Tristan und Isolde" auch künstlerisch dargestellt hat. Zugleich vermag sie dem Problem des Heiligen bei Schopenhauer zu entgehen, auf das ebenfalls oben hingewiesen wurde. Denn der Heilsweg bleibt stets in der Dimension der Liebe: von Geschlechtsliebe zur allgemeinen Menschheitsliebe; in der Terminologie Schopenhauers: in der Dimension des Willens: von egoistisch-triebhaftem zum Gattungs-willen! und bleibt damit in der Sphäre des Handelns. Nicht ist es jetzt eine Erkenntnis, die den Willen auf mysteriöse Weise vernichtet, was philosophisch so gar nicht denkbar ist; sondern es ist ein Wille, der sich denkend-erkennend mit sich selbst befasst und der sich nach dieser Erkenntnis bestimmen kann, d.h. ein Wille, in dem diese Erkenntnis auch praktisch werden kann. Dafür braucht er freilich ein Motiv: und dieses kann nur seine Wahrheit / Richtigkeit / Wesentlichkeit selbst sein. Der Wille erkennt seine Begrenztheit in der Geschlechtsliebe, hebt deren Grenze in der Orientierung (bloß) auf das Du hin auf und bestimmt sich auf die Menschheit selbst hin, um in diesem Willen sich zugleich selbst (eben: als menschlichen) wiederzufinden. Der wahre Wille will sich selbst in der Welt, daher in jedem anderen Menschen, der in dieser Qualität – Wille zu sein! – gleich ist. So kommt es auch nun zur Identifizierung: aber nicht im Leiden oder im Wohl, sondern in dieser Qualität als Willen selbst; auch der Andere (jeder Andere) ist als Wille (Willenssubjekt) anzunehmen und zu behandeln.

Der Unterschied zu Schopenhauer liegt auf der Hand. Es geht nicht um eine Verneinung des Willens, sondern um eine Läuterung des Willens vom Egoismus zur allgemeinen Menschenliebe! Oder anders: Es bedarf nicht der Überschreitung der Ethik (Tugendlehre) in das Metaphysische hinein; sondern die Ethik selbst – als Tugendlehre (mit der Menschenliebe als höchster Form) – wird metaphysisch begründet: mit diesem Akt der Anerkennung, der Annahme, der ebenso unmittelbar gegeben ist wie das Schopenhauersche Mitleiden! Genauer gesagt zeigt sich der Grund dieses Mitleidens gerade in dem Anerkennen und dem Annehmen, in der Terminologie Schopenhauers: in der Identifizierung mit dem Anderen! Deshalb ist es unhaltbar, Wagner als Schopenhauerianer aufzufassen. Er blendet eigentlich die Heiligkeit im Sinne der Schopenhauerschen Metaphysik völlig aus! und beschränkt sich auf eine metaphysische Tugendlehre des Handelns aus allgemeiner Menschenliebe. Freilich bleibt in vielem Schopenhauer für Wagner bestimmend; die Tagebuchnotizen Cosimas belegen dies fast Tag für Tag. Aber trotzdem ist dieser Bezug auf den Philosophen eher Theorie und Rässonement! Wagners Werke nach dem „Tristan" widerlegen ihn für jeden, der Ohren und Sinne überhaupt hat! Der Künstler Wagner überbietet den philosophierenden Schopenhauer-Fan Wagner in eindeutiger Weise!

Deutlich wird dies (auch) in dem Projekt „Die Sieger", dessen Skizze Wagner am 16.5.1856 niederschrieb. Schon der Titel gibt den entscheidenden Hinweis: auf den Sieg über die Geschlechtsliebe, der nicht im Liebestod von Tristan und Isolde besteht, sondern in einem Zusammenleben in vollkommen beruhigtem Gattungs-Willen, so wie Wagner es der Mathilde versichert hat: „Keiner soll dann *verlieren*, wenn wir -- *siegen*!" (6.7.1858). Wagner sieht den Zusammenhang (und die Gegensätzlichkeit) von „Tristan" und diesen „Siegern": in Brief an Röckel am 23.8.1856 nennt er ihm seine aktuellen Projekte: „Einen Tristan und Isolde (die Liebe als furchtbare Qual) und einen neuesten Stoff 'die Sieger' (höchste Erlösung, buddhistische Legende)". Aber wie sieht diese höchste Erlösung aus: als Willenverneinung und Entsagung?

Das Projekt handelt von Buddha, der auf seiner letzten Wanderung mit dem Begehren des Tchandalamädchens Prakriti konfrontiert wird, das ihn um

Vereinigung mit seinem Jünger Ananda bittet; hat sich doch das Mädchen heftig in diesen verliebt, ein Rendezvous unter Einschaltung ihrer Mutter erschlichen und dem das Gelübde der Keuschheit abgelegt habenden Ananda ihr heftiges Liebesleiden geschildert. „Großer Liebeskampf: Ananda bis zu Tränen ergriffen und geängstigt“! Der Buddha teilt dem Mädchen mit, dass sie das Gelübde des Ananda ertragen müsste, was sie so erschüttert, daß sie zusammenbricht. Böswillige Brahmanen machen dem Buddha Vorhaltungen wegen seines Umgangs mit einem Tchandalamädchen, die der Heilige zurückweist. Er erzählt von dem früheren Leben der Prakriti: sie sei selbst einmal die Tochter eines Brahmanen gewesen, die „aus Stolz und Hochmut“ die Liebe eines Tchandalaprinzen höhnisch zurückgewiesen habe. „Dies hatte sie zu büßen und ward nun als Tchandalamädchen wiedergeboren, um die Qualen hoffnungsloser Liebe zu empfinden; zugleich aber zu entsagen und der vollen Erlösung durch Aufnahme unter Buddhas Gemeinde zugeführt zu werden“. Als Prakriti dies hört, beantwortet sie Buddhas Frage nach Akzeptierung des Gelübdes Anandas mit einem freudigen Ja. „Ananda begrüßt sie als Schwester“. Und Buddha zieht dem Orte seiner Erlösung zu!

Soweit diese Skizze vom 16.5.1858. Wagner hat sich offensichtlich intensiv mit diesem Stoff weiter beschäftigt; wieder im Zusammenhang mit Mathilde. So kommt er in einer Notiz in dem für sie bestimmten Tagebuch in Venedig am 5.10.1858 auf diese „Sieger“ zu sprechen. Er habe gerade die „Geschichte der Religion“ von Köppen gelesen und an sein Projekt gedacht. Dabei sei ihm ein Problem aktuell geworden, das ihn schon lange beschäftige: denn „das Schwierige [ist], diesen vollkommen befreiten, aller Leidenschaft enthobenen Menschen, den Buddha selbst, für die dramatische und namentlich musikalische Darstellung geeignet zu machen“; sei doch der Buddha ein der Welt entsagender Heiliger! Das Problem ließe sich aber dadurch lösen, dass Buddha noch in einem Entwicklungsprozeß sich befinde. Zunächst habe er nämlich die Meinung vertreten, dass Frauen von ihrer Natur her unfähig seien, zur Erlösung zu kommen. Doch Ananda sei von dem Liebesverlangen der Prakriti so erschüttert und gerührt worden, dass er von dem Verlangen erfüllt worden sei, das Mädchen „zu sich heranzuziehen, auch ihr das letzte Heil teilhaftig werden zu lassen“. Der Buddha habe dies zunächst für unmöglich erklärt; doch dann habe sein Mitleiden mit dem Mädchen auch zu seiner Vollendung geführt, indem er erkannt habe, dass auch eine Frau durch Erkenntnis des Leidenszusammenhanges der Welt (und ihres eigenen Lebens in all den Wiedergeburten) eine Heilige werden könne. So habe er Prakriti „wie zu letzter eigener Verklärung“ unter seine Heiligen aufgenommen und damit „seinen erlösenden, allen

Wesen zugewendeten Weltlauf als vollendet" angesehen; so sei Buddha also selbst ein Sieger! Aber noch mehr seien es Ananda und Prakriti; und es ist interessant, wie Wagner ihr weiteres Schicksal umschreibt: „Glückliche Sawitri [d.h. Prakriti]! Du darfst nun dem Geliebten überall hin folgen, stets um ihn, mit ihm sein. Glücklicher Ananda! sie ist Dir nun nah, gewonnen, um nie sie zu verlieren!"

Diese Aufzeichnungen machen das Verhältnis (die Nähe und die Differenz) zu Schopenhauer deutlich. Es geht um Distanzierung der Geschlechtsliebe: so wie bei dem Philosophen auch! aber zugunsten eines Zusammenlebens, das von glücklicher Liebe zueinander - ohne triebhaftes sexuelles Begehren in reiner Keuschheit; und doch in einem Verhältnis von Mann und Frau! - geprägt ist! Zugrunde liegt eine Liebe, die die Geschlechtsliebe aufgehoben hat, sie ihrer Triebhaftigkeit (und Selbstsucht, Egozentrizität) entkleidet und ihrer Blindheit entzogen hat: zugunsten einer allgemeinen Menschenliebe, die aber nicht abstrakt bleibt, sondern sich dem Du (auch in seiner Geschlechtlichkeit) zuwendet in zärtlicher Mitmenschlichkeit. „Ananda begrüßt sie als Schwester." Heilig sind die Jünger des Buddha nicht als Asketen im Sinne Schopenhauers, die resignieren und die Welt fliehen; sondern die sich freudig auf die Welt einlassen und aufeinander zugehen in glücklichem Zusammenleben! und zwar nicht nur als Bruder und Schwester (also in der Form einer aufgehobenen Geschlechtsliebe), sondern auch in Brüderlichkeit selbst. Wagners Eros-Lehre kennt nämlich nicht nur Geschlechtsliebe – als unterste Form – und allgemeine Menschheitsliebe – als Vollendung –, sondern drei Zwischenformen auf diesem Heilsweg zum Ziel: einmal die Liebe zum Kind, dann die Freundschaft – Wagner denkt dabei an die Männerliebe der Griechen, aber anerkennt auch die Möglichkeit einer echten Freundschaft zwischen Mann und Frau! – und die Liebe zum eigenen Volk, die aber ebenso noch durch das Überschreiten auf die gesamte Menschheit hin aufzuheben ist! – Nur der Buddha selbst bleibt draußen vor; er entzieht sich der Welt und dem menschlichen Glück; er ist der Asket im wirklichen Sinne der Schopenhauerschen Metaphysik! seine Entwicklung ist nur die Erkenntnis eines Irrtums, also die Gewinnung besserer Erkenntnis!

Dieses Projekt „Die Sieger" ist aber nicht nur interessant für das Verständnis Wagners von glücklichen Heiligen! Für die Frage nach der Entstehung des „Parsifal" ist eine Einsicht Wagners noch viel relevanter: Es sei nicht möglich, über einen Schopenhauerschen Heiligen ein Kunstwerk zu dichten! Nicht ohne Grund hat Wagner das Projekt „Die Sieger" ernstlich niemals in Angriff genommen; doch die Parallele der Thematik hat er ausdrücklich gesehen und anerkannt: so etwa gegenüber Cosima am 5.4.1882 mit der Bemerkung, dass der „Parsifal“ gewiß sein letztes Werk zu sein habe; „Die Sieger“ könnten nur in unbedeutender, schwächlicher Weise das wiederholen. Aber ist denn ein „Parsifal“ möglich?

Möglichkeit und Unmöglichkeit eines „Parsifal“-Dramas

Erinnern wir uns: „Das Schwierige [ist], [einen] vollkommen befreiten, aller Leidenschaft enthobenen Menschen ... für die dramatische und namentlich musikalische Darstellung geeignet zu machen“. Wagner formuliert mit diesen ästhetischen Bemerkungen die fundamentale philosophische Kritik an der Konzeption des Heiligen bei Schopenhauer, über die oben bereits gesprochen wurde. Die Weltverneinung des Asketen kann eigentlich im System Schopenhauers nicht als Handlung gedacht werden, kann keine Motive haben, nicht auf die Individualität des Betreffenden zurückgeführt werden; kurz: sie ist nur als Mysterium behauptbar! Wagner hat diesen Mangel der Schopenhauerschen Philosophie nicht theoretisch begriffen; dazu war er viel zu wenig selbst Philosoph. Aber sein Genie als Künstler wies ihn genau auf diese Schwachstelle hin; und deshalb sollte man seine theoretischen Bekenntnisse zu Schopenhauer für sekundär erachten und sein künstlerisches Werk für primär halten!

Konkret für den Parsifal-Stoff kann das bisher Gesagte zusammengefaßt werden in der Frage, wie überhaupt für einen Wagner, der unter dem „Schopenhauer-Erlebnis“ stand, aus den Motiven bei Wolfram (und in den übrigen Gralsdichtungen) ein Kunstwerk möglich sein konnte. Amfortas als Tristan: dies war vereinbar, aber zugleich zu distanzieren, wenn einmal der Liebestod nicht als die wirkliche Lösung des Lebens- und Liebesproblems erkannt war! Zudem konnte Amfortas nicht diesen Liebestod sterben: er musste doch geheilt und erlöst werden, musste also "Sieger" werden! Aber wie sollte dies denn gedichtet werden von einem Künstler, der die Erlösung bisher im Rahmen der Philosophie Schopenhauers gesehen hatte, wie es die Mitleidstheorie in der Tagebuchnotiz vom 1.10.1858 zum Ausdruck brachte: den Erlöser als denjenigen, der den Irrtum des Dasein erkennt und so das Leiden der Tiere in sich aufnimmt?! Eigentlich war Amfortas aufgerufen, sich durch diese Erkenntnis des Leidenszusammenhanges der Welt / des Lebens selbst zu erlösen. Diese Selbsterlösung war aber vom Parsifal-Stoff her nicht möglich: Amfortas mußte durch den mitleidigen Parsifal erlöst werden! Gefordert war also eine Mitleidshandlung des Parsifal, die den Amfortas erlösen konnte. Wie konnte aber ein Erlöser Parsifal konzipiert werden? als Heiliger im Sinne des Buddha (und im Sinne Schopenhauers) sicherlich nicht, da dieser nur negativ sich resignierend der Welt entzieht. Möglich war nur der von Wagner propagierte „Heilsweg" von der Geschlechtsliebe (über die Männerfreundschaft) zur allgemeinen Menschenliebe. Nun könnte so ein Läuterungsweg des Parsifal gedichtet werden: aber dazu bräuchte man zunächst ein geschlechtliches Liebesverhältnis! Und dann weiter: wie kann zuletzt ein Handeln aus allgemeiner Menschenliebe die Wunde des Amfortas schließen?

Wagner stand dem Parsifal-Stoff damit hilflos gegenüber; was seine vorsichtigen Näherungen an ihn in den Briefen an Mathilde deutlich zeigen. Zwar äußert er sich ihr gegenüber auch optimistischer; aber ist es wirklich Zufall, dass er ihr in diesem Zusammenhang nur von einem „wunderbar weltdämonischen Weib" vorschwärmt, das seine „Parsifal"-Dichtung sehr originell gestalten würde (2.3.1859), und damit den Doppelcharakter der (später „Kundry" genannten) Gralsbotin meint, die auch das verführerische Weib des zweiten Aktes sein soll (so Anfang 1860 von Paris aus?! Er hofft: „Seitdem mir dies aufgegangen, ist mir fast alles an diesem Stoffe klar geworden". Selbstverständlich ist dies nur wieder so eine Prophezeiung, die Wagner beruhigen, ihm zumindest Zuversicht geben soll: denn das Problem eines „Parsifal"-Dramas wird durch diese doppelte Kundry in keiner Weise gelöst, nicht einmal erleichtert. Am 10.8.1860 ist Wagner auch wieder skeptischer: „Da geht alles noch embryonisch und unaussprechlich her". Hier wirkt wohl die Resignation im Brief vom 29./30.5.1859 noch weiter, in dem Wagner zum ersten Male ausführlich auf die Schwierigkeiten eines „Parsifal"-Dramas zu sprechen kommt.

Darin berichtet Wagner zunächst über seine kompositorische Arbeit am 3. Aufzug des „Tristan": es sei ein „wahres Wechselfieber: – tiefstes, unerhörtestes Leiden und Schmachten, und dann unmittelbar unerhörtester Jubel und Jauchzen". Und dann plötzlich der Hinweis auf „Parsifal". Klar ist in diesem Zusammenhang, dass Amfortas „der Mittelpunkt und Hauptgegenstand" sein muss, nämlich als der Tristan dieses dritten Aktes mit einer undenklichen Steigerung. Wie Tristan leide Amfortas aus einem Liebesabenteuer an einer leiblichen Wunde und an einer Herzenswunde, also empfinde Liebesqual, wie Tristan sehne er sich nach dem Tod. Die „undenkliche Steigerung" betrifft das Objekt dieser Liebe: Es ist nicht eine Frau wie Isolde, sondern der Gral; und erinnern wir uns an die „Programmatischen Erläuterungen" zum Vorspiel des „Lohengrin" (aus 1853): Diese dort genannte Liebesbrünstigkeit, Liebeswonne, ungeahnte Beseeligung der Gralssucher trifft in vollem Sinne auf den

Gralskönig zu, wenn Wagner nun schreibt: „Seine ganze Seele [drängt] immer wieder nach dem Anblick [des Grals]“, der ihm himmlisches Heil, Segen, höchstes Labsal schenkt; „ganz hingerissen, ganz Anbetung, ganz Entzückung bei der wundervollen Nähe der Schale, die im sanften, wonnigen Glanz sich rötet, gießt sich neues Leben durch ihn aus“ und in ihn ein. Dadurch werde die Wunde – gegenüber Tristan – noch undenklicher gesteigert: denn sogleich bereite ihm dieser Anblick „ewige Verdammnis“ und unsterbliche Schuldqualen, erinnere ihn doch die leibliche Wunde an sein sündhaftes Liebesabenteuer! Welch Widerspruch zwischen der unendlichen Menschheitsliebe und der triebhaften Geschlechtsliebe! ein Widerspruch, der sich sogar leiblich-sinnlich zum Ausdruck bringt, nämlich in der gleichen Wunde: einmal die Seitenwunde des Heilands, „als dieser, Weltentsagend, Welterlösend, Weltleidend am Kreuze schmachtete“, dann die Speerwunde aus dem Liebesabenteuer. Nun ist auch verständlich, „welch furchtbare Bedeutung... das Verhältnis des Amfortas zu diesem Wunderkelch [gewinnt]“. „Blut um Blut, Wunde um Wunde - aber hier und dort, welche Kluft zwischen diesem Blute, dieser Wunde!“: einmal der Quell der beseligenden, segnenden und lebensspendenden Menschheitsliebe, dann die Konsequenz sündhafter Geschlechtsliebe. „Ganz hingerissen, ganz Anbetung, ganz Entzückung bei der wundervollen Nähe der Schale ...Er lebt, lebt von neuem, und furchtbarer als je brennt die unselige Wunde ihm auf, *seine* Wunde“; d.h. die Wunde seiner Schuld!

Der Unterschied zur Konzeption im Epos des Wolfram ist offenbar. Der Gral kann für Wagner nicht ein Wunderstein sein! „so sinnlos unverstanden“ bei Wolfram, klagt Wagner. Der Gral sei „die Trinkschale des Abendmahles, in welcher Joseph von Arimathia das Blut des Heilands am Kreuze auffing“. Wolfram habe die zeitlich frühesten Quellen übernommen, nämlich die arabischen der spanischen Mauren, die von der Kaaba in Mekka berichteten. Doch erst die christliche Umformung im Zusammenhang mit dem Reliquienenthusiasmus habe „Sinn und Verstand“ hineingebracht.

> Wirklich bewundere ich mit völligem Entzücken diesen schönen Zug christlicher Mythenbildung, der das tiefsinnigste Symbol erfand, das je noch als Inhalt des sinnlich-geistigen Kernes einer Religion erfunden werden konnte. Wen schauert es nicht von den rührendsten und erhabendsten Gefühlen, davon zu hören, daß jene Trinkschale, aus der der Heiland seinen Jüngern den letzten Abschied zutrank, und in der endlich das unvertilgbare Blut des Erlösers selbst aufgefangen und aufbewahrt ward, vorhanden sei, und wem es beschieden, dem Reinen, der könne es selbst schauen und anbeten. Wie unvergleichlich! Und dann die doppelte Bedeutung des einen Gefäßes, als Kelch auch beim heiligen Abendmahl – offenbar dem schönsten Sakramente des christlichen Cultus! Daher denn auch die Sage, daß der Gral (Sang Réal) (daraus San[ct] Gral) die fromme Ritterschaft einzig ernähre.

Aber nach diesem Entzücken über den Gralsmythos folgt in diesem Brief vom 29./30. 5. 1859 die Ernüchterung. Wie soll Parsifal eingearbeitet werden?

> Er ist unerläßlich nötig als der ersehnte Erlöser des Amfortas: soll Amfortas aber in das wahre, ihm gebührende Licht gestellt werden, so wird er von so ungeheuer tragischem Interesse, daß es fast mehr als schwer wird, ein zweites Hauptinteresse gegen ihn aufkommen zu lassen, und doch müßte dieses Hauptinteresse sich dem Parsifal zuwenden, wenn er nicht als kalt lassender Deus ex machina eben nur schließlich hinzutreten sollte. Somit ist Parsifals Entwicklung, seine erhabenste Läuterung, wenn auch prädestiniert durch sein ganzes sinniges, tief mitleidsvolles Naturell, wieder in den Vordergrund zu stellen.

Aber selbst dann bleibt das Grundproblem der Heilungstat des Parsifal an Amfortas: die Frage ist dafür einfach „ganz abgeschmackt und völlig bedeutungslos. Hier müßte ich also rein Alles erfinden", und zwar

> Alles in *drei* Hauptsituationen von drastischem Gehalt so zusammendrängen, daß doch der tiefe und verzweigte Inhalt klar und deutlich hervortritt; denn *so* zu wirken und darzustellen, das ist nun einmal *meine* Kunst. Und – solche eine Arbeit sollte ich mir noch vornehmen? Gott soll mich bewahren! Heute nehme ich Abschied von diesem unsinnigen Vorhaben.

Dieser Hinweis Wagners auf das Wesen seiner Kunst muss ernst genommen werden, ernster, als es in der Regel geschieht. Denn gerade seine Kunst sperrte sich (wie erwähnt) der Philosophie Schopenhauers! und ließ nicht zu, daß Wagner einen Heiligen (wie Buddha) dichten und komponieren konnte. Wie im übrigen auch ein Drama über Jesus Christus unmöglich war, das Wagner 1848 konzipiert hatte. Aber Wagner erkannte bald die Unmöglichkeit eines solchen Dramas. Diese Einsicht verstärkte sich für den späteren Wagner, der auch in der Einschätzung des Christentums (und – was häufig übersehen wird! – des Judentums) in vielem Schopenhauer folgte. Für Schopenhauer war Jesus Christus ein Heiliger im Sinne seines Asketenbildes, also einer, der in Erkenntnis des Leidenszusammenhanges der Welt sich von dieser abgewendet und den Tod gesucht habe. Doch sei er zugleich als Religionslehrer für das „normale" einfache Volk vorzustellen, also für Menschen, die nicht zu dieser höchsten Haltung der Weltverneinung kommen könnten; für diese sei er das Vorbild eines Gottes, der aus Mitleid für die Menschheit Mensch geworden und zur Sühne für die Willensschuld aller (die Schuld aller, die Wille sind) gestorben sei. Freilich sah Schopenhauer darin wirklich nur ein Bild: er lehnte eine volle Menschwerdung des Gottes ab und sprach – auch im Zusammenhang mit der Jungfrauengeburt – von einem Scheinleib! In diesem Gehalt anerkannte Schopenhauer die Lehre des Christentums für das einfache Volk. Dagegen lehnte er alle anderen Inhalte des christlichen Glaubensbekenntnisses ab, vor allem die Trinitätsvorstellung: Gott als Schöpfer der Welt und als Vater sei jüdischer Irrweg, geprägt von einem optimistischen Willen zum Leben in einer guten Welt, was nur mit Abscheu erfüllen könne! – Wagner übernahm diese Vorbehalte gegen das Alte Testament (und damit gegen den jüdischen Glauben), sah daher in Jesus Christus auch nicht den Sohn Gottes, sondern das Göttliche selbst, das – und hierin unterschied er sich wesentlich von Schopenhauer! – wirklich Mensch geworden und für die Menschheit in mitleidender Liebe gestorben sei. Aber – und damit war im Ansatz die Möglichkeit eines Dramas ausgeschlossen! – Jesus Christus sei als göttlicher Mensch (als menschliches Göttliche) notwendig sündenlos zu denken. Deshalb sei er – worauf auch die Lehre von der Jungfrauengeburt hinweise! – Mensch geworden nicht als Erscheinung des Willens zum Leben; weshalb er auch nicht die Schuld des Daseins zu tragen habe. Jesus Christus habe vielmehr einen solchen Willen nicht, sei von vornherein kein solcher Wille; daher sei er auch nicht zum Leiden fähig gewesen! Das Göttliche sei deshalb nur aus liebendem Willen (aus Menschheitsliebe selbst) Mensch geworden, um durch das Leben und Sterben das Leiden der (sündig-schuldigen, weil vom Willen gesetzten) Menschen mitzutragen, also für deren Schuld zu sühnen. Damit ist klargestellt: das Leben des Heilands könne nicht als irgendein Läuterungsweg dramatisch dargestellt werden; sondern Kunstwerk könne nur das Abbild der mitleidenden Liebe sein, am sinnfälligsten im Bild des am Kreuze leidenden und blutenden Heilands am Karfreitag; d.h. aber nur als dieses „Haupt voll Blut und Wunden“, das für ein Drama auszuscheiden habe.

Möglich blieb für ein Wagnersches Kunstwerk im Sinne des Dramas nur die Darstellung des Läuterungsweges eines Menschen, der am Ende (am Ziel) die Lebensform erreichen kann, die ihn wie Jesus Christus erscheinen läßt. Jesus Christus selbst kann er nicht werden: denn er ist ein Mensch (und nicht das Göttliche). Er kann am Ende seines Heilsweges nur so sein *wie* Jesus Christus, aber durch seine eigene Entwicklung dahingebracht, also als Erlöser seiner selbst. Der Held eines Dramas muss dann ein Mensch sein, der den Heilsweg durchschreitet und bei einem mitleidenden Handeln für andere endet, wodurch er – wie Jesus Christus für die gesamte Menschheit! – diese Anderen erlösen, d.h. deren Leid mittragen kann. Freilich ist dieser Erlösungsheld nicht mehr der Erlöser der Welt, wie Wagner ihn in der Tagebuchnotiz am 1.10.1858 meinte, damals noch ganz im Banne des Schopenhauerschen Asketen stehend. Der Held des Dramas ist kein Schopenhauerscher Heiliger, sondern der vollkommen-tugendhafte Mensch der mitleidigen Menschheitsliebe!

Dieser Held eines möglichen Dramas könnte durchaus Parsifal sein, wie er von Wolfram her zumindest auch gemeint war: stand doch auch in diesem Epos das Mitleid im Hintergrund! Aber wie sollte die Wunde des Amfortas sich schließen? wie kann Parsifal nicht nur der mitleidende Erlöser, sondern auch der aktiv Heilende sein? Die Frage als Wundermittel wie bei Wolfram ist wirklich zu abgeschmackt; aber hatte Wolfram die Heilung nicht auf mehr oder gar auf etwas anderes zurückgeführt als auf diese Frage (nämlich auf die Gnade der göttlichen Trinität, die freilich Wagner von vornherein als alttestamentlich-jüdisch ablehnte und nicht zugrundelegen konnte)? Deshalb sah Wagner nur diese Frage; und stand damit vor einer großen Schwierigkeit.

Erster Prosa-Entwurf 27. bis 30.8.1865

Die Zeit drängte, als Ludwig II. im August 1865 um eine Skizze des „Parsifal" bat. Wagner schrieb den 1. Prosa-Entwurf in seinem „Braunen Buch" in vier Tagen nieder.

Am Anfang – freilich nicht mehr als Mittelpunkt und Hauptgegenstand! – steht Amfortas; und zwar wie ihn Wagner im Brief an Mathilde vom 29. /30.5.1859 bereits gesehen hat. „Amfortas, der Hüter des Grals, siecht an einer unheilbaren Speerwunde, die er in einem geheimnisvollen Liebesabenteuer empfangen". Hier folgt Wagner im Übrigen dem Epos des Wolfram. Denn eindeutig und unbezweifelbar dachte Wolfram nicht an die Heilige Lanze, also an die Lanze, mit der nach alter Überlieferung der Soldat Longinus dem am Kreuz gestorbenen Jesus die Seitenwunde zufügte; sondern Wolfram beschrieb die Szene des ersten Besuchs Parzivals auf der Gralsburg nur wie folgt:

> Zur Tür herein kam ein Knappe gelaufen, in der Hand trug er eine Lanze, aus deren Spitze Blut quoll und den Schaft hinabrann bis zu Ärmel und Hand. Da begann im weiten Palast ein solches Weinen und Klagen, daß nicht einmal dreißig Völker so viele Tränen vergießen könnten! Der Knappe trug die Lanze rings durch den Palast und eilte durch die gleiche Tür wieder hinaus,

worauf das Wehklagen verstummte. Vom Einsiedler Trevrizent – dem Bruder des Burgherrn (und Parzivals Oheim) – erhält Parzival schließlich Aufklärung. Die Lanze sei deshalb blutgerötet gewesen, weil sie in die Wunde des Anfortas gestoßen worden sei. Denn Anfortas habe in einem Zweikampf mit einem heidnischen Helden – der den Gral zu erringen trachtete! – eine Wunde davongetragen, die nicht heilen konnte, weil die Spitze der Lanze vergiftet war; zu manchen Zeiten verschlimmerte sich unter dem Einfluß des Planeten Saturn der Zustand der Wunde: der Verletzte findet keine Ruhe, ein innerer Frost befällt ihn, sein Körper wird kälter als der Schnee; dann legt man ihm das Lanzeneisen auf die Wunde, das brennende Gift zieht die Kälte aus dem Körper, so, daß die Lanze sich mit Eis bedeckt, das dann mit zwei besonderen Silbermessern entfernt werden kann; nähert sich der Saturn seinem höchsten Stand, dann verschärft sich der frostige Zustand des Verletzten: man muß nun sogar die giftige Lanze in die Wunde selbst stoßen, damit dieser Schmerz den anderen betäube. – Wagner übernimmt also diese Version der Lanzenwunde; und geht doch bereits einen Schritt über Wolfram hinaus, indem er von einem „geheimnisvollen" Liebesabenteuer spricht und dieses in folgender Weise (dabei ein in völlig anderem Zusammenhang im Epos des Wolfram vorkommenes Motiv aufnehmend) näher umschreibt: Amfortas sei gegen den bösen Klingsor ausgezogen, um dessen Zauber (durch ein Schloß voll verführerischer Frauen) zu bekämpfen; dafür aber selbst in die Schlinge der Verführung gefallen, von einem seltsamen, wunderschönen Weibe abseits gelockt und dort tückisch von Bewaffneten überfallen worden, die ihn binden und zu Klingsor bringen wollten; Amfortas habe sich aber befreien können und dabei den Speerstich in die Seite erhalten. Doch stellt Wagner (ebenso) klar, dass das Leiden des Amfortas über die Schmerzen dieses Speerstiches hinaus und damit tiefer gehe. Er leide „um des schrecklichen Selbstvorwurfes willen, sein Gelübde [der Keuschheit] verraten zu haben"; er fühle sich unwürdig zu diesem Amt: aber er müsse es weiterhin ausführen; nicht nur weil er es gelobt habe, sondern weil ihn zum Anblick des Grales „die inbrünstige Sehnsucht der Seele" zwinge. „Auf sein Gebet muß der göttliche Inhalt der Schale in leuchtendem Purpur fließen", wodurch „die Glut dieses göttlichen Glanzes in sein Innerstes [dringt]", „das himmliche Blut des Erlöser segensvoll in sein eigenes Herz sich ergießt"; vor der göttlichen Berührung flüchte das eigene frevelhafte Sündenblut aus dem Herzen: und sprenge dadurch die Wunde von neuem „zur ewigen Mahnung an seinen Frevel". Nun ist klargestellt, warum die Speerwunde unheilbar ist: nicht wegen der vergifteten Spitze (wie bei Wolfram), sondern wegen dieses existentiellen Problems des Amfortas selbst. Er ist einerseits Gralskönig, weil er der Beste der Gralsritter ist und – wie schon in dem Brief 1859 angegeben! – „keiner wie er tief und innig das Wunder des Grals erkannt hat", weshalb er auch die höchste Sehnsucht nach dem Gral hat: also einerseits der am heftigsten „gottbegeisterte, von heiligem Liebesverlangen ergriffene Held" ist! Andererseits ist Amfortas wegen seines Fehltritts der einzige Sünder unter allen Gralsrittern, damit der Unwürdigste aller. Diese Zerrissenheit des Amfortas ist damit die eigentliche Wunde; und ihre Lokalisation untermauert diesen Zustand: es ist

> dieselbe Wunde, wie sie einst der Erlöser am Kreuze empfing, durch die er sein Blut ergoß aus mitleidender Liebe für die jammervolle, sündige Menschheit, und wo ihm, dem sündigen Hüter des göttlichen Erlösungsbalsams, das heiße Sündenblut unversiegbar entströmt.

Diese Wunde kann freilich geheilt werden: nämlich dadurch, dass Amfortas von seinem Amt abgelöst wird durch einen „Würdigeren" (so die Formulierung bei Wagner), d.h. durch einen wirklich reinen und sündenlosen Gralskönig (nicht ohne Grund schrieb Wagner diesen Entwurf für Ludwig II.). Denn dann braucht Amfortas den Gralskelch mit dem Blut des Heilands nicht mehr zu berühren und dieses in sich einfließen zu lassen; und das Sündenblut braucht nicht mehr nach außen abzufließen, die Wunde kann sich schließen! Freilich: das Problem des Amfortas ist damit nicht gelöst, vor allem ist er von seiner Schuld nicht erlöst. Jedenfalls bittet der Elende den Gral um ein Zeichen, ob er auf Erlösung hoffen dürfe und wer ihn zu erlösen berufen sei. Die rätselvolle Antwort erscheint: „mitleidend leidvoll wissend ein Tor wird dich erlösen!" Wagner erläutert: also jemand, „der nur durch Mitleiden leidet, und ohne zu wissen weiser ist als andere". Auf diese Formulierung wird noch zurückzukommen sein!

Dieser Erlöser ist Parsifal, der der Enthüllung des Grals beiwohnen kann und bei der Klage des Amfortas hastig nach dem Herzen greift; der 1. Prosa-Entwurf enthält diesbezüglich bereits im wesentlichen den Inhalt der Endfassung. Nur dass offensichtlich Wagner – trotz der Ablehnung des Epos von Wolfram! – doch noch an der Frage orientiert zu sein scheint: denn der Gral erglüht so hell wie seit dem Sündenfall des Amfortas nicht, weshalb ein Lichtstrahl der Hoffnung in die Seele des Amfortas fällt: ist der Erlöser da? Doch: „Der Erlöser blieb noch stumm". Hätte Parsifal also doch fragen sollen? aber welche Frage hätte dies sein sollen? was überhaupt hätte Parsifal denn tun sollen? und warum reagiert Gurnemanz auf das Schweigen Parsifals so missmutig und beleidigend?

Dieser Mangel oder gar Widerspruch zeigt deutlich das Problem der Konzeption, vor dem Wagner stand. Wie kann sich Parsifal als der neue, würdigere Gralskönig erweisen? Bei Wolfram offenbarten die Schrift am Gralsstein und die wunderbare Heilung auf die Mitleidsfrage hin seine Berufung. Aber darauf wollte Wagner gerade verzichten! Wie sollte denn nun Amfortas so unmittelbar und unzweifelhaft geheilt werden, dass Parsifal ohne Frage legitimiert sein könnte?

Wagner zog „die Lanze, mit der Amfortas verwundet ward" heran; und dachte vielleicht an den griechischen Mythos des Telephos, den Achilles am Schenkel verwundete, welche Wunde nach einem Orakelspruch nur durch den Speer geheilt werden konnte: „Wer die Wunde schlug, wird sie schließen!" Jedenfalls ging Wagner nun vom Epos des Wolfram ab; denn dort vermag das brennende Gift an der Speerspitze die Qualen der Wunde nur zu mildern! So konzipierte Wagner die Szene des 2. Aufzuges am 29.8.: Parsifal widersteht den Verführungskünsten der Kundry, die um Hilfe ruft.

> Klingsor erscheint auf dem Turme des Schlosses: Gewaffnete stürzen herbei: Parsifal erkennt die Lanze, mit der Amfortas verwundet ward, entreißt sie dem Ritter: 'mit diesem Zeichen bann' ich euch! Wie sich die Wunde schließe, die diese Speerspitze stach, vergehet alle hier, und in Trümmer stürze diese Pracht!' – Er schwingt die Lanze: mit einem furchtbaren Krach stürzt das Schloß zusammen, der Garten verdorrt zur Einöde.

Diese Formulierung am 29.8.1865 ist nicht leicht verständlich; außer daß klar ist, dass Wagner sie nicht von Wolfram haben kann. Rätselhaft ist, wie Parsifal diese Lanze erkennen kann; und wie bzw. warum diese Lanze sowohl die Kraft hat, die Wunde des Amfortas zu schließen als auch die Zauberwelt Klingsors zusammenstürzen zu lassen. Selbst wenn an Telephos gedacht wurde: warum ist diese Lanze in den Händen des ungetreuen Gralsritters – wie Wagner in der Reinschrift für Ludwig II. ergänzte! - vergleichbar dem Speer des Achilles?

Wagner führte die weitere dramatische Geschichte so fort. Parsifal tritt an den um seinen Tod flehenden Amfortas heran mit den Worten: „Lebe, Amfortas, lebe in Reue und Buße. Deine Wunde schließe ich so". Er berührt mit dem Speer Amfortas Wunde. Auch diesbezüglich ist auf einen Widerspruch hinzuweisen. In der Niederschrift des 1. Tages (27.8.) sprach Wagner von dem Speerstich in die Seite, nun am 29.8. lokalisierte er die Wunde am Schenkel (vielleicht nun nach dem Vorbild des Wolfram, der eine Wunde „an den Hoden" bzw. „am Schambein" kennt). Dann kann Parsifal den Amfortas endgültig erlösen. „Ich darf des Amtes walten, ich soll es, damit Du erlöst seiest". Was – wie bereits erwähnt – auch konsequent ist: Amfortas braucht nicht mehr das göttliche Blut zu erschauen, weshalb die Wunde sich schließen kann. Freilich bleibt ihm – zur Sühnung seiner Schuld – ein Leben „in Reue und Buße".

„Die große Confusion"

Soweit der 1. Prosa-Entwurf für Ludwig II., wie er am 30.8.1865 vollendet war. Doch schon drei Tage später schrieb Wagner in das „Braune Buch": „Was soll ich mit der blutigen Lanze machen? ... Hier ist große Confusion".

Dies zeigt der 1. Prosa-Entwurf selbst. Wagner hatte die Gralsszene des 1. Aufzuges am 28.8. noch eng an Wolfram gehalten: dem Amfortas voran – so hieß es dort! – werde eine hochaufgerichtete Lanze mit blutiger Spitze nachgetragen. Doch hatte Wagner diesen Hinweis offensichtlich noch am selben Tag gestrichen: ist doch die Lanze bei dem Ritter Klingsor! Diese Szene – also als Parsifal die Lanze erkennt ! – wurde später von Wagner mit einer Anmerkung ergänzt: „Es ist die Lanze, mit welcher einst Longinus des Heilands Schenkel durchstach, und deren sich Klingsor als wertvollstes Zaubermittel bemächtigt hatte". Offensichtlich lokalisierte Wagner die Wunde des Heilands am Schenkel; wohl deshalb berührt Parsifal den Amfortas mit dem Lanzenspeer ebenfalls an dieser Stelle, da Wagner doch von der gleichen Wunde ausging. Als Wagner dann korrekt eine Seitenwunde Jesu zugrunde legte, konnte er bezüglich des Amfortas zur ursprünglichen Wunde in der Seite zurückkehren. – Geändert wurde nachträglich auch die Szene der Wiederankunft Parsifals im Gralsgebiet zu Beginn des 3. Aufzuges. Parsifal hängt nicht mehr nur einfach Helm, Schild und Schwert an den Speer, den er in den Boden gestoßen hat, und kniet dann betend nieder (so die ursprüngliche Fassung); sondern nun legt er Schild und Schwert vor dem Speer nieder, kniet nieder und „heftet sein Auge inbrünstig auf die blutige Lanzenspitze, und betet eifrig": d.h. Parsifal betet nun die Lanzenspitze an (bzw. das Blut an ihrer Spitze).

Also: „Hier ist große Confusion" (so am 2.9.1865)! Wagner erkannte nun freilich den Zusammenhang: „Die Lanze gehört, als Reliquie, zu der Schale; in dieser wird das Blut aufbewahrt, welches durch die Lanzenspitze dem Schenkel des Heilands entfloß. Beide ergänzen sich". Wagner fragte seine damalige Lebensgefährtin Cosima, welches der zwei möglichen Konzepte ihr besser gefiele: entweder hätten die Gralsritter Gral und Lanze gleichzeitig erhalten und Amfortas habe sie beim Kampf gegen Klingsor verloren (und sei durch sie verwundet worden) (wobei Wagner mit dem Gedanken spielte, dass dieser Speer nicht töten, sondern nur verwunden könne); oder aber: bei Übergabe des Grales sei den Rittern auch die Lanze verheißen, die aber erst zu erkämpfen sei; was Amfortas versucht habe, da Klingsor diese Lanze aufgefunden habe; mit dem selben Ergebnis der Verwundung des Amfortas.

Selbstverständlich ist die erste Alternative dramatisch besser; kann sie doch die Schuld des Amfortas noch vertiefen, der sogar eine der beiden Reliquien verlor. Aber noch offenbarer kann so der Zusammenhang von Verwundung und Heilung werden. Amfortas wurde durch den Speer verletzt, weil er ihn als

Waffe eingesetzt hat (und damit die Reliquie sozusagen missbraucht hat): er kann geheilt werden, wenn dieser Speer wieder als lebensspendende (und damit heilende) Reliquie wirksam werden kann. Daher ist die Tagebuchnotiz vom 2.9.1865 konsequent: „Die Heilung und Erlösung des Amfortas ist nun folgerichtig nur möglich, wenn die Lanze aus unheiligen Händen befreit, und wieder dem Gral beigesellt wird"; was voraussetzt, daß Parsifal die Bedeutung (den Zauber) dieses Speeres, den Klingsor auf ihn schleudert, kennt und den Speer in seine Gewalt bringt.

Der Mythos vom Sang Réal

Diese Neubewertung des Speeres hatte eine weitreichende Konsequenz. Denn nun veränderte sich der Sinn der Heilandsklage, die Parsifal nach dem Kuss der Kundry in seinem Inneren hört; in den Worten des 1. Prosa-Entwurfes: „Er hört die göttlichen Klagen über den Fall des Auserwählten; er vernimmt den Ruf des Heilands nach Befreiung des Heiligtums aus der Pflege befleckter Hände!"

Ursprünglich war diese Klage sicherlich ein Hinweis auf die Hände des auserwählten, aber gefallenen (der Geschlechtsliebe verfallenen) Amfortas! Nun aber muss die Heilandsklage (zumindest auch, jedenfalls intensiver) auf die Hände des Klingsor bezogen werden, des bösen Zauberers, der mit den teuflischen Frauen die Gralsritter zu verführen trachtet, vor allem der sich selbst (eigenhändig) entmannt hat, „um die sinnliche Sehnsucht in sich zu ertöten, welche zu bekämpfen durch Gebet und Buße ihm nie vollständig gelungen sei". Wagner bezeichnet Klingsor als „Dämon der verborgnen Sünde" und als „das Wüten der Ohnmacht gegen die Sünde". In solchen dämonisch-sündhaften Händen befindet sich also der Speer; doch unvergleichbar mehr befleckt als die Hände des Amfortas, der immerhin noch zutiefst erfüllt ist von der Gralsliebessehnsucht, weshalb er weiter zum Gralsdienst berufen ist und bleibt; außerdem glüht die Gralsschale weiterhin in seinen Händen.

Diese notwendige Um-Interpretation der Heilandsklage wird in der Regel übersehen; und zwar nicht nur von Autoren, die ohnehin nur am Tristan-Schicksal des Amfortas interessiert sind und deshalb alles andere für überflüssige, aufgeblähte Spekulation des Romantikers und Ideologen Wagner halten (und dann höchstens in Amfortas die Christus-Gestalt sehen wollen, was ohne jede Begründung bleiben muss); sondern auch von denen, die den Charakter als Bühnenweihfestspiel ernst nehmen wollen und den Gral als Schale in den Mittelpunkt stellen. Die Heilandsklage wird so mit der Gralsschale in Verbindung gebracht; und damit auf die diese haltenden schuldbefleckten Hände des Gralskönigs zurückgeschlossen. Doch muss dieses Verständnis zurückgewiesen werden! Im Brief an Mathilde vom 29./30.5.1859 leitet Wagner begrifflich „Gral“ von „Sang Réal“ und damit vom „Heiligen Blut“ ab. Deshalb muß – um dem häufigen Missverständnis entgegenzutreten! – betont werden: Wagner ging es überhaupt nicht um den Gral als Gefäß. Ausdrücklich folgte er der Auffassung, die z.B. Gotthold E. Lessing vertrat – „Gral“ heiße „sanctus cruor“! – und die Karl Immermanns Drama „Merlin“ zugrunde lag. D.h. der Gral („San(ct) Gral“) war für Wagner selbst (und ausdrücklich nur im 1. Prosa-Entwurf) nur „Sangue reale“, also das Heilige Blut Christi selbst. Das Gefäß selbst ist damit sekundär, nur die Schale, in der die eigentliche Reliquie ruht: nämlich eben dieses Blut Christi, wie es der Volksglauben des Mittelalters verehrte (in den katholischen Ländern bis heute, man denke nur z.B. an Weingarten) und wie es gerade auch zu den Gralsdichtungen (jenseits des Epos von Wolfram) geführt hat! Es wurde bereits erwähnt, daß Wagner nicht die Gralsvorstellung Wolframs – Gral als Wunderstein! – übernahm, sondern der älteren Überlieferung (bei Robert von Boron und Chretiens de Troyes) im Zusammenhang mit dem Blut Christi folgte (weshalb es schon von daher unvertretbar und unverständlich ist, darin eine an NS-Rassenideologie gleichkommende Blutmetaphysik eines arischen Jesus sehen zu wollen). Nur wegen dieser Einheit von Form (Gefäß) und Inhalt (Blut) konnte Wagner in dieser allgemeinen Weise von „Gral“ sprechen! Doch muss sich dies ändern, wenn der Lanzenspeer in eine Beziehung zum Gral gebracht wird; wie es Wagner in der zitierten Notiz vom 2.9.1865 getan hat: „Die Lanze gehört, als Reliquie, zu der Schale; in dieser wird das Blut aufbewahrt, welche durch die Lanzenspitze dem Schenkel des Heilands entfloß. Beide ergänzen sich“. Genauer müsste es heißen: Gralsschale und Lanzenspeer sind gar nicht die eigentlichen Reliquien, sondern nur die Gnaden- und Wunderdinge, die dieses Wesentliche tragen: das Blut Christi. Für das Gralsgefäß liegt es auf der Hand. Aber auch das Maßgebende des Lanzenspeeres ist das Blut an seiner Spitze, das aus der Seitenwunde des gekreuzigten Heilands auf sie floss. Der Heiland, dessen Klage Parsifal vernimmt, ist somit das Blut Christi – also „das heiligste Heiligtum“ –, das als Reliquie den gottbegeisterten, von heiligem Liebensverlangen ergriffenen Helden unter Führung des Titurel von Engeln übergeben wurde. Die wundervolle Stärkung der Gralsritter und alle anderen Wunderkräfte – die Wagner im Entwurf 1865 nach Wolframs Epos aufzählt! – folgt nicht aus der Hostie (dem wahren Leib des Heilands) wie bei Wolfram, sondern aus dem wahren Blut. Diese segens- und lebensbringende Wirkung zeigt sich in dem Aufglühen des

Blutes in der Gralsschale ! Es ist deshalb anzunehmen, dass das Blut Christi an der Spitze des in sündigen Händen befindlichen Lanzenspeeres verhärtet, eingetrocknet, geronnen war, seine Segens- und Lebenskraft verloren hat; wohl schon durch die Tat des Amfortas, der diesen Lanzenspeer als Waffe einzusetzen gedachte! Deshalb konnte Amfortas mit ihr auch verwundet werden; deshalb nun aber auch die Heilandsklage an Parsifal.

Freilich kann diese Heilandsklage nicht in der Weise verstanden werden wie etwa die Klage des Amfortas über sein Leiden (auch als Schulderleiden). Der Heiland kann – als sündenlos-göttlich – überhaupt nicht leiden, sondern nur mitleiden! Deshalb ist einerseits die Klage über Amfortas konsequent: so wird nach dem Glauben der Christen auch am Jüngsten Tage der Weltenrichter über die Sündenschuld der Menschen klagen und anklagend auf seine Wunden weisen! Aber sonst stellt andererseits die (weitere) Heilands-Klage nur die Einsetzung des Parsifal zum neuen Gralskönig dar, der Amfortas ablösen soll; in den Worten des 1. Prosa-Entwurfes: Parsifal „vernimmt den Ruf des Heilands nach Befreiung des Heiligtums“ aus schuldbefleckten Händen. Freilich stellt in gewisser Weise auch die Einsetzung des Parsifal durch den „Ruf des Heilands“ eine Bitte oder Aufforderung nach Erlösung dar; wie dann auch der 2. Prosa-Entwurf 1877 formulierte („erlöse mich aus schuldbefleckten Händen, - so rief die Klage furchtbar laut mir in die Seele“) und die Endfassung nach klarer enthält. Damit muss die Reliquie als solche schon erlöst werden, obwohl der Heiland selbst nicht leidet. Aber der Sinn dieser Reliquie selbst – und weshalb sie den liebesbrünstigen Menschen von Engels übergeben wurde! – ist durch die Tat des Amfortas und das Dazwischentreten des Klingsor gestört. Und dieser Sinn soll durch Parsifal als den neuen Gralskönig wieder hergestellt werden, insoferne also die Reliquie – das Heilige Blut des Erlösers! – erlöst werden. Parsifal kann deshalb neuer Gralskönig nur werden, wenn er die Heilandsklage befolgt und den Speer zurückbringt; und damit das Blut Christi in Gralsgefäß und an der Spitze des Lanzenspeeres wieder zusammenfügt und vereinigt. Dadurch wird der Heiland (der Erlöser) als Reliquie selbst erlöst! Am 30.8.1865 freilich kannte Wagner diesen Schluß noch nicht! Aber die Veränderung des Textes von diesem Tag bezüglich der (erneuten) Ankunft Parsifals im Gralsgebiet deutete schon in diese Richtung, wenn er verbesserte: Parsifal „heftet sein Auge inbrünstig auf die blutige Lanzenspitze und betet eifrig“, nämlich: betet das Heilige Blut an, wie es – offensichtlich – an der Spitze des Lanzenspeeres des Longinus wieder rötlich fließt und glüht, seit es aus den Händen des Klingsor genommen und nun sich in den Händen des zum neuen Gralskönigs bestimmten Parsifal befindet.

Selbstverständlich ist der Inhalt des „Parsifal" damit ein Blutmythos: wie Wagner ihn im Brief vom 29./30.5.1859 an Mathilde in der Überlieferung der Gralsvorstellung charakterisierte als christlichen Mythos: „wirklich bewundere ich mit völligem Entzücken diesen schönen Zug christlicher Mythenbildung, der das tiefsinnigste Symbol erfand, das je noch als Inhalt des sinnlich-geistigen Kernes einer Religion erfunden werden konnte". Wie man ihn ernsthaft, sogar mit Anspruch auf Wissenschaftlichkeit mit der Rassenideologie Hitlers vergleichen, ja sogar gleichsetzen kann, ist mir nicht verständlich! Das Blut Christi war für Wagner seit 1859 bis zu seinem Tode immer das Symbol für Weltentsagung, Welterlösung, Weltleiden einerseits und für unendliche Menschenliebe (auch des Mitleidens) andererseits. Der Heiland „ergoß sein Blut aus mitleidender Liebe für die jammervolle, sündige Menschheit": heißt es im 1. Prosa-Entwurf 1865. Immer galt für Wagner dieses Opfer der gesamten Menschheit, d.h. jedem Menschen, ohne Ansehen des Geschlechts, der Herkunft, des Alters, der Rasse. Trotz aller judenfeindlichen Äußerungen war für Wagner ihre Wesensbestimmung als Mensch unbezweifelbar: deshalb sollten die Juden ja ihren Glauben vernichten, um Menschen überhaupt zu werden; wie im Übrigen auch die Deutschen selbst: denn nur als Menschen überhaupt könnte das Zusammenleben gelingen!

Zudem übersieht diese jede mögliche (d.h. sinnvolle) Interpretation des „Parsifals" sprengende Auffassung, dass Wagner mit diesem Blutmythos ein Kunstwerk schaffen wollte. Schon der christliche Mythos des Mittelalters war ihm (im Brief 1859) eine „Erfindung". In der 1880 verfaßten Schrift „Religion und Kunst" betonte Wagner diese Dimension noch: die mythischen Symbole der Religion würden von der Kunst ihrem sinnbildlichen Werte nach erfaßt, um durch ideale Darstellung derselben die in ihnen verborgene tiefe Wahrheit erkennen zu lassen; aber eben nicht als Wahrheit, sondern „offen und frei" als „Erfindung" des Künstlers. Deshalb kann z.B. der Mythos des Heiligen Blutes – wie ihn das gläubige Volks des Mittelalters erfunden hat! – als solcher nicht wahr sein, sondern stellt selbst schon ein Kunstwerk (eine Dichtung) dar. Dies gilt noch mehr für das Kunstwerk Wagners! Es ist immer seine Schöpfung und sein Werk; und kann doch nur als Kunstwerk in dieser Verdichtung nacherlebt werden. Doch – so Wagner! – sei sein Kern eine Erkenntnis, die allen Religionen – Wagner denkt dabei vor allem an Buddhismus und Christentum! –, aber auch z.B. der Philosophie Schopenhauers zugrunde liege: nämlich die Erkenntnis der Hinfälligkeit der Welt, woraus sich die Aufgabe der Religion ergebe, den Weg anzugeben, wie der Mensch sich von diesem Zustand des Leidens befreien könne. Dabei erweise sich der Hinweis auf die Nachfolge des am Kreuz aus mitleidiger Liebe gestorbenen Jesus am überzeugendsten, weil auch das Gefühl und die Phantasie mehr ansprechend (als die eher kühle Weisheitslehre des Buddha). Diese Inhalte der christlichen Religion würden die bloße Theorie (als Theologie) weit übersteigen und seien so geeignet für die künstlerische Ausgestaltung für die „entzückte Anschauung". Aus diesem Grunde dichtete Wagner auch den Kunstmythos des Grales (als des Heiligen Blutes Christi); und verzichtete auf die Ausarbeitung des buddhistischen Projekts „Die Sieger".

Freilich dichtete Wagner nicht ein Drama vom Heiligen Blut; die Gründe dafür sind schon genannt worden! Das Thema seines Dramas ist der Entwicklungsgang des Parsifal: von ursprünglicher Unrechtstat (Tötung des Schwanes, Tötung der Mutter) über Geschlechtsliebe und Männerfreundschaft zu allgemeiner Menschheitsliebe, die ihn mitleidend-wissend auch mitleidig handeln läßt, wodurch er am Ende seines Weges wie Jesus Christus geworden ist! Für dieses Drama ist eigentlich der Mythos des Blutes nicht erforderlich. Wagner kam zu diesem Mythos auch auf einem anderen Wege (und schon lange vor der eigentlichen Konzeption der Parsifal-Handlung): nämlich durch die ambivalente Interpretation der Wunde des Amfortas. Die Zerrissenheit des Gralskönigs, seine Berufung und seine Schuld, kann mit diesem Mythos des Blutes sehr anschaulich und unmittelbar einprägsam dargestellt werden, wobei auf die vielfältige symbolische Bedeutung des Blutes in der Tradition aufgebaut werden kann. „Blut" steht einmal für die Heilstat Christi; wie bereits besprochen. Daneben ist „Blut" ein Symbol für geschlechtliche Leidenschaft: und damit ein Hinweis für das Versagen des Amfortas. Aber noch mehr: das Blut Christi steht – wie auch der Leib (von dem es ja eigentlich nur ein Teil ist)! – für das Liebesmahl, das die Teilnehmer in ihrem Glauben und ihrer Liebe stärken und ihnen so die Kraft zu liebendem Leben geben soll. Wagner brachte offensichtlich zunächst vor allem diese letzte Bedeutung des Blutes mit der Gralsvorstellung in Verbindung, wie es auch in der Tradition in der Regel anzutreffen ist. Schon in dem von ihm vertonten und aufgeführten „Liebesmahl der Apostel" (1843) stand dieser Gedanke im Vordergrund. „Um euch zu stärken, opferte er sein Fleisch und Blut": so dichtete der Entwurf; die Endfassung lautete: „zu stärken euch, beut Er sein Fleisch und Blut". Wagner stellte sich diese Stärkung im 1. Prosa-Entwurf 1865 durchaus real vor: die Gralsreliquie – die Amfortas nach allen Seiten hin leuchten lässt! – füllt die leeren Teller und Becher mit Brot und Wein, die die Gralsritter verspeisen, nur Amfortas und Titurel – also die Könige! – werden durch den Anblick der Reliquie bzw. durch deren unmittelbare Berührung gesättigt. Auch der

2. Prosa-Entwurf 1877 (und die 1. Reimfassung) sah dieses Wunder der Speisung – das stark an Wolfram erinnert! – vor; doch ist nun diese Szene äußerst kompliziert gestaltet. Zwar nehmen nun die Ritter Brot und Wein zu sich; aber die Knaben in der Höhe weisen auf das letzte Abendmahl hin; die Jünglinge in mittlerer Höhe machen deutlich, dass auch dieses Mahl auf der Verwandlung von Leib und Blut des Erlösers beruht; doch sollen diese Gaben von den Gralsrittern selbst verwandelt werden zu kräftigem Leibe und zu feurigem Blute, um für ihre Aufgabe als Gralsritter freudig kämpfen und sterben zu können. Erst die Endfassung lässt Brot und Wein schon vor der Gralsenthüllung in zwei Krügen und Körben vorhanden sein, die nur durch die Reliquie gesegnet werden. Also offensichtlich dichtete hier Wagner das Thema der Nachfolge Christi in einen Blutmythos um: die Gralsritter werden – durch diese erwähnte Verwandlung! – erfüllt nun vom Blute Christi, das ihnen die Kraft zur sterbenden Nachfolge gibt. So ist auch die Qual des Amfortas verständlich: auch ihn erfüllt dieses Heilige Blut, vor dem das sündige Blut der geschlechtlichen Leidenschaft flieht. Amfortas hat diese Schuld noch nicht sühnen dürfen (weil er ja weiterhin Hüter des Grals zu sein hat): deshalb ist er weiterhin Sünder, weshalb sich stets erneut das Sündenblut bildet. Auf diese Weise kommt auch die dramatische Entwicklungsgeschichte des Parsifal selbst mit dem Blut Christi in Berührung: ist er doch der neue Gralskönig! der die Wunderkraft der Reliquie wieder restituiert, weshalb das Heilige Blut erneut Brot und Wein so segnend verändern wird, dass die Gralsritter sie zu heiligem Leib und Blut verwandeln können. Auch Parsifal wird von diesem lebensspendenden Heiligem Blut erfüllt werden; ihm wird kein Sündenblut entfließen! Sogar im Gegenteil ist Parsifal selbst wie Jesus Christus geworden, ist erfüllt wie dieser von diesem liebend-mitleidigem Blut.

So geht es im „Parsifal“ im Wesentlichen um einen vielfältigen Mythos vom Blut, vielfältig auch in Bezug auf das Heilige Blut Christi. Es ist nicht das Thema der dramatischen Handlung; aber es begleitet diese, liegt ihr zugrunde, leitet sie ein und schließt sie ab! Es ist außerhalb von Raum und Zeit der dramatischen Handlung; die so oft kritisch bemerkten langen, oft in epischer Breite ausgestalteten Erzählungen des Gurnemanz deuten genau darauf hin, daß es im „Parsifal“ immer um mehr geht als nur um die dramatische Handlung selbst. Stets muss an etwas erinnert werden, das nicht mehr ist und doch noch unmittelbar gegenwärtig ist und die dramatische Handlung entscheidend bestimmt. Der jüngere Wagner hätte dies abgelehnt: alles Relevante müsse auch dramatisch dargestellt und so unmittelbar wahrgenommen werden können. Der ältere Wagner, darin auch bestärkt durch die Musikphilosophie

Schopenhauers, dagegen konnte durchaus solche längere Erzählungen in Worte fassen; weil er sie zugleich dramatisierte durch die Tonsprache. Die Erzählungen des Gurnemanz sind deshalb nicht nur epische Erinnerungen, die eine Geschichte mitteilen, sie sind eingehüllt und durchdrungen von einer Musik, die das Wesentliche als unmittelbar gegenwärtig dem sich ihr öffnenden „Zuschauer" vor die Sinne stellt! Insofern kommt der Musik der Vorrang zu: bezogen auf den mythischen Gehalt des Werkes (eben den Mythos des Heiligen Blutes, mit dem es beginnt und endet). Für die dramatische Handlung selbst steht dagegen die Entwicklung des Parsifal im Zentrum, die durch Erzählungen rückbezogen ist auf den Mythos. Nähere Betrachtung zeigt, daß der „Parsifal" nicht nur die Erzählungen des Gurnemanz enthält, sondern auch Erzählungen des Klingsor, der Kundry, ja auch des Helden selbst (im 3. Aufzug). Nur Amfortas erzählt nicht! sondern er leidet unmittelbar an einer blutenden Wunde, in ihm ist der Mythos gegenwärtig erlebbar! – Als Reliquie ist das Gralsblut selbstverständlich in Raum und Zeit; und als Moment der dramatischen Handlung muss es auch so dargestellt werden, z.B. im Erglühen des Gralsgefäßes! Doch als wesentliches Thema läßt es Raum und Zeit verschwinden! Deshalb wird es nur in der Musik – die diese Dimension erfassen kann! – ergriffen und in die Welt des Kunstwerkes gebracht. Der eigentliche Blutmythos zeigt sich im Fließen der Musik, der unterschiedlichen Töne, Rhythmen, Farben usw.; ist also eine der von Wagner beanspruchten „Taten der Musik". Nur von ihr her gewinnt auch das Blut – in all seinen Bedeutungen und Formen! – die eigentliche mythische und d.h.: künstlerisch-dramatische Substanz! Ausdrücklich verlangte Wagner, dass der Mythos nur musikalisch dargestellt werden könne: weil die moderne Zeit des abstrakt-theoretischen Verstandes der Wortdichtung alleine soviel Distanz und Kälte entgegenbringen müsste; die gegenständliche Bestimmung des Wortdramas müsse durch die musikalische Tondichtung dem Gefühl, der Empfindung, der Un-Willkürlichkeit der totalen Sinnlichkeit nahegebracht werden. Die Musik in ihrer Wahrheit – als vollendete Darstellung des Mythos als der Gestaltung des Allgemein-Menschlichen! – vermöge die Kritik und Reflexion des Verstandes niederzuhalten und so unmittelbar zu überzeugen! „Die Musik sagt uns: 'das ist' - weil sie jeden Zwiespalt zwischen Begriff und Empfindung aufhebt". Das Heilige Blut erklingt in einer Tongestalt, in einem tönenden Begriff, der zugleich künstlerisches Abbild ist; deshalb dem, der sich dieser Sprache öffnet, das wesentliche Gemeinte (und Gedichtete) unmittelbar wahrnehmen lässt; freilich ohne jeden Anspruch auf den philosophischen Begriff (d.h. auf begriffliche Wahrheit) stellen zu können.

> Die Kunst erfaßt das Bildliche des Begriffes, in welchem dieser sich äußerlich der Phantasie darstellt, und erhebt durch Ausbildung des zuvor nur allegorisch angewendeten Gleichnisses zum vollendeten, den Begriff gänzlich in sich fassenden Bilde diesen über sich selbst hinaus zu einer Offenbarung.

Der zweite Prosa-Entwurf Februar 1877

Diese „Confusion" mit der Lanze hatte Wagner bereits durch die genannten Veränderungen im 1. Prosa-Entwurf 1865 beseitigt. Mehr als zehn Jahre vergingen, bis er am 25.1.1877 den Entschluss fasste, den „Parsifal" zu vollenden. Dabei entschied sich Wagner endgültig für die oben angegebene erste Alternative bezüglich der Lanze. Am 30.1.1877 – also fünf Tage nach dem Entschluss zur Fertigstellung! – teilte er Cosima mit, er sei über das Schwerste im Parsifal hinaus; „keine Frage, sondern die Wiedergewinnung der Lanze sei es, worauf es ankomme"; die Szene mit Gurnemanz im ersten Aufzug würde den Mythos darlegen.

Die Änderungen zu 1865 waren konsequent. Der Gralsspruch lautete nun: „Mitleidvoll leidend ein wissender Tor soll durch den Speer dich heilen"; und auch Amfortas klagt auf dem Weg zum Bad:

> Nur eines hilft, nur eines bringt Erlösung: der Speer, der die Wunde schlug, ich habe ihn schmählich verloren; verloren sind alle, die um ihn wiederzugewinnen in jenen Zauberbann sich wagen; keiner gewinnt ihn wieder, als den der Gral dazu erkor: den wissenden Toren.

So erhält die dramatische Geschichte den Sinn, den auch die Endfassung aufweist. Klingsor stürzt auf den Hilferuf der Kundry herbei und schwingt die Lanze mit den Worten: „Halt da! Dich bann' ich mit der rechten Waffe. Erfahre Knabe, wer deinen Meister schlug!" Doch Parsifal fängt den Speer mit der Hand auf; mit einer Gebärde der höchsten Entzückung schwingt er ihn schwebend über seinem Haupte nach der Gestalt eines Kreuzes. „Mit diesem Zeichen bann' ich euch. Wie sich die Wunde schließe, die dieses Speeres Spitze stach, vergehe alles hier und in Trümmer stürze diese Pracht!" Wie durch Erdbeben versinkt das Schloß, der Garten verdorrt zur Einöde: die Mädchen liegen als verwelkte Blumen auf dem Boden umhergestreut. – Schließlich berührt Parsifal die Wunde des Amfortas mit der Spitze des Speeres:

> Nur eine Waffe taugt: die Wunde schließe dir die Spitze, die sie stach! - Erhebe dich, sei heil zu Reu' und Buße. Des Amtes soll für dich ich nun walten. Gesegnet sei dein Leiden, das Mitleids höchste Kraft dem Zagen, reinsten Wissens Macht dem Toren gab. Die heilige Lanze bring' ich euch zurück ... O Wunder, sieh! ihre Spitze blutet heilig nun zur Sühne, da deine Wunde sie schloß. Sehnsucht erfaßt sie nach dem verwandten heiligen Balsam. - Öffnet den Schrein!

Der Schrein wird geöffnet, Parsifal spricht leise die Andacht; das Gefäß erglüht in Purpur. Titurels Leiche hat sich segnend auf dem Sarge erhoben. Aus der Kuppel schwebt eine weiße Taube auf den Gral herab. Und alle singen kaum hörbar: „Erlösung dem Erlöser! höchsten Heiles Wunder!"

Insgesamt ist das Motiv der Zurückbringung des Lanzenspeeres ausführlich eingearbeitet. Deutlich ist nun auch, warum der Lanzenspeer die Wunde des Amfortas heilen kann. Genauer ist es das Heilige Blut an seiner Spitze, das die Wunde schließt, weil es eben das heilende erlösende Blut ist und weil es nun auch als diese Reliquie eingesetzt wird; und das deshalb – gerade in dieser heilenden Wirkung! – zu seiner eigentlichen und wesentlichen Bestimmung zurückgeführt und damit erlöst worden ist. Deutlich wird nun auch in der Schlussszene, wen dieses Drama eigentlich während der gesamten Geschichte, besser: während all der Geschichten des Gurnemanz, der Kundry, des Klingsor meinte, um wen es eigentlich stets ging: nämlich um das Heilige Blut als Reliquie selbst!

Parsifal erweist sich deshalb bis zuletzt als wirklicher Tor. Denn er glaubt, dass er zu Amfortas müsse, um ihn zu retten! Deshalb fleht er Kundry an – selbst nachdem er die Heilandsklage gehört und sich auch als ihr Erlöser erkannt hat! –, ihm den Weg zu Amfortas zu weisen. Dümmer geht es in der Tat nicht, unvorstellbar töricht ist doch dieser Reine! Er hat in der Gralsszene – wie sie der 2. Prosa-Entwurf schildert! – ausdrücklich die Knabenstimmen aus der Kuppel vernommen, die das Gralsorakel wiederholend dem verzweifelten Amfortas verkünden: „Vertraue dem Speer, wenn, mitleidvoll leidend, ein wissender Tor ihn wiedergewann!"; und die Ritter dies leise bestätigten. Und jetzt will Parsifal ohne diesen Speer zu Amfortas! damit doch ohne jede Aussicht auf dessen mögliche Heilung.

Deshalb ist jede Interpretation unhaltbar, die das Wesentliche der Entwicklung des Parsifal im Negieren der Geschlechtsliebe (und damit der Zurückweisung der Kundry) und deshalb im Kuß der Kundry sieht. Nur in sehr eingeschränktem Maße wird Parsifal dadurch „durch Mitleid wissend"! nämlich nur im Negativen, nur zu der Erkenntnis geführt, dass die Geschlechtsliebe nicht die Erlösung ist, so wie Kundry sie ersehnt. Zu diesem Wissen führt ihn freilich nicht – wie es die Tagebuchnotiz vom 1.10.1858 noch meinte! – die bloße Vorstellung, dass Amfortas leide; sondern er fühlt die Wunde des Amfortas in sich selbst, identifiziert sich deshalb eindeutig mit ihm. Noch mehr: auch der Grund für diese Identifizierung wird offensichtlich. Parsifal selbst erfährt die Geschlechtsliebe, er kennt das Sehnen und die süße Qual der Leidenschaft; der

Kuss macht ihn zum Mann und damit zum Geschlechtswesen, zum Subjekt der Geschlechtsliebe. Nur so kann der Heilsweg – den Wagner entgegen Schopenhauer stets vertreten hat! – überhaupt beginnen: als Erleben und Aufheben der Geschlechtsliebe, mit dem Ziel nicht seiner Vernichtung als einer bloßen Negation, sondern der Beruhigung und Vertiefung in der und als die Menschheitsliebe. Parsifal soll wie Ananda und damit ein „Sieger" werden! Deshalb ist die Erläuterung, die Wagner selbst dem Orakelspruch im 2. Prosa-Entwurf gegeben hat, unhaltbar: dass der auserwählte Erlöser des Amfortas „nur" durch Mitleiden leide und deshalb der reine Tor sei! Dies würde Parsifal mit dem sündenlosen Jesus Christus gleichsetzen, was Wagner ausdrücklich zurückgewiesen hat: Parsifal sei ein sündiger Mensch (der deshalb auch mit dem Begehen von Unrechtstaten – Tötung des Schwanes, Tötung der Mutter, Gewalt gegen Kundry – vorgestellt wird), der erst den Läuterungsweg gehen müsse. Deshalb ist das Erleben der Geschlechtsliebe für Parsifal notwendig: die Liebesqual, dieses Tristan-Erlebnis, überfällt ihn; er erleidet sie selbst, so wie Amfortas sie erlitten hat. Doch die Identifizierung mit dem siechen Gralskönig führt zugleich zum Mitleiden an dessen Wunde und an dessen Schuld: Parsifal erkennt den Zusammenhang zwischen der quälenden Liebessehnsucht und den nunmehrigen Qualen des Amfortas, er wird durch sein Leiden und das Mitleiden wissend! und findet in dieser Erkenntnis die Kraft, die Geschlechtsliebe zu distanzieren und Kundry zurückzuweisen. Dadurch ist er bereits der bessere Gralskönig als Amfortas; weshalb er auch die Heilandsklage erfährt und seine Berufung, Amfortas abzulösen und so – wie er meint! – den Gral aus unheiligen Händen zu erlösen. Aber sein Flehen, zu Amfortas geführt zu werden, ist ohne Speer töricht; Parsifal ist also nur ein (bloß negativ) wissender Tor!

Gott sei Dank – so muss man sagen! – beharrt Kundry auf ihrer Liebessehnsucht und ruft Klingsor und den Speer herbei. Parsifal kann – als der die Geschlechtsliebe überwunden habende Reine – der bloß sinnlichen Scheinwelt des Klingsor widerstehen und den Speer an sich bringen; sich auch dann mit Amfortas noch identifizierend, indem er den Speer als Waffe einsetzt. So mag Parsifal ein besserer (und erfolgreicherer) Gralsritter (geworden) sein! Der wirkliche Gralskönig ist er aber noch nicht; noch weiß er nicht, was seine eigentliche Bestimmung ist! Deshalb muss er in die Irre: nicht weil Kundry die Zaubermacht des Verfluchens hätte, schon gar nicht, weil der Heiland ihn verfluchen würde (was er auch bei Kundry nicht getan hat, da nur sein Blick ihr Wesen offenbart hat); sondern weil er noch selbst irre ist, nicht weiß, worum es wirklich geht!

In dieser Irre kommt Parsifal zunächst zu einer tieferen Erkenntnis: nicht nur die Geschlechtsliebe, sondern das gesamte Leben ist Leiden! Diese Erkenntnis bildet sich durch eigene Leidenserfahrung (was im Übrigen auch Schopenhauer als den zweiten Erkenntnisweg – neben dem Mitleiden! – anerkannt hat). In der Regel wird übersehen, dass Parsifal nicht nur mitleidet (mit dem Leid anderer), sondern unmittelbar selbst eigenes Leiden erfährt: nämlich die schmerzliche Erfahrung seiner Schuld. Die Tötung des Schwanes, die Tötung der Mutter, das Versagen gegenüber Amfortas (und dem Heiland), das Herumirren, während alles zugrunde geht (und sogar – wie der 1. Prosa-Entwurf ausdrücklich angibt! – die Reliquie des heiligen Blutes ihre Lebenskraft verliert, das Erglühen verlischt): bei all dem geht es um eigene Schuld, um eigenes Leiden an dieser Schuld. Parsifals Irrweg ist der Weg in die Verzweiflung: nicht – wie bei Wolfram! – in den Zweifel an Gott und die hasserfüllte Ablehnung Gottes; sondern in die Erkenntnis des Leidenszusammenhanges der Welt. Parsifal droht, zu einem Schopenhauerschen Heiligen zu werden, noch mehr: eigentlich stirbt er den Tod dieses Heiligen! Wagner betont gegenüber Cosima, dass das Vorspiel zum 3. Aufzug – das diese Irre zum Ausdruck bringen soll! – dunkelste Hoffnungs- und Trostlosigkeit und tiefste Verzweiflung darstellen müsse (so z.B. am 24.10.1878 und am 31.10.1878).

Aber Wagner ist nicht Schopenhauer; vor allem dem Künstler ist klar, dass diese Metaphysik der Heiligkeit nicht darzustellen ist, nicht einmal in bloßer musikalischer Dichtung (wie in diesem Vorspiel zum 3. Aufzug). Denn Parsifal erkennt in dieser Irre nicht nur den Leidenszusammenhang der Welt; sondern er erkennt plötzlich – als er das Gralsgebiet wieder, und zwar an einem Karfreitag, erreicht hat! – dass all sein Leiden einen Sinn hatte: nämlich der Heilandsklage gerecht zu werden zumindest dadurch, dass er den Lanzenspeer wirklich als Reliquie achtet und verehrt. Dass er selbst aus unzähligen Wunden blutend, in der schwarzen Rüstung eines Toten, zerschlagen, verzweifelt, zweifelnd am Karfreitag bei Gurnemanz ankommt, hat doch den Grund darin, dass Parsifal nicht kämpfen, den Speer nicht als Waffe einsetzen wollte! So hat er das Niveau des Amfortas als eines Gralsritters überboten! Parsifal hat gelitten für die Reliquie; dies war damit wirklich nur mehr Mitleiden! in dem Sinne, dass nicht mehr der Wille zum Leben beherrschend war (und zu Leiden führte), sondern der Wille zur Erlösung: der Reliquie aus unheiligen Händen und des Amfortas. Für sie beide hat er gelitten! und auch für die Gralsritterschaft, für Kundry; selbst an die Blumenmädchen denkt Parsifal nun (zumindest in der Endfassung)! Auf diese Weise erhält das Leiden bis zum Tod in der Irre einen Sinn, wird als Sinnlosigkeit selbst negiert; und

Wagner legt eine Art Dialektik zugrunde: der Wille als Begehren (vor allem als Geschlechtsliebe) zeige sich als Leiden, d.h. negiere sich darin selbst; die Negation dieser Negation sei die Aufhebung des Willens durch Erkenntnis; und daraus folge die Affirmation, nämlich das dem Leiden entkeimende Mitleiden. So problematisch diese Vorstellung einer dialektischen Logik bei Wagner auch sein mag: deutlich wird jedenfalls, dass er nicht bei der Negation stehenbleibt. Parsifal muss den Weg zum Mitleiden finden; aber in echtem Sinne: zu einem Leiden nicht für sich, sondern für den Anderen. Mitleiden bedeutet dann: das Mit-Tragen des Leidens des Anderen, wodurch dieser Andere entlastet und von diesem Leid erlöst wird. Dann hat dieses Leiden auch einen Sinn, nämlich dem Anderen zu helfen. Und es kann sogar zu dem kommen, was Wagner bereits am 1.10.1858 der Mathilde ins Tagebuch schrieb: nämlich zu einer Übereinstimmung im Mitleiden, die die wahre und echte Freude ausmache; ja noch mehr: zu einer Mit-Freude, in der der Eine sich mit dem Anderen identifiziert!

Parsifal ist damit zu einem Menschen geworden, der nur mehr für die Anderen leidet und insofern im wirklichen Sinne der Tugendlehre aus allgemeiner Menschheitsliebe mit-leidet. Damit ist Parsifal wie Jesus Christus am Karfreitag geworden; nicht mit ihm gleich – denn Parsifal ist nicht göttlich! –, auch nicht eigentlich durch gläubige Nachfolge: sondern durch Anerkennung seiner Bestimmung und seines Auftrags. Insofern hat Parsifal den Heilsweg selbst eröffnet und beschritten, sich selbst erlöst; aber nur, weil der Heiland ihn dazu erkoren hat, ihn in der Heilandsklage dazu aufgerufen hat, weshalb von diesem Gesichtspunkt Parsifal der wirkliche und eigentliche Nachfolge des Heilands ist: wie er (und nicht als ein zweiter Gott). Parsifal ist damit selbst der vollkommene Mensch geworden, in dem die Menschheitsliebe (der Gattungs-Wille Schopenhauers) sich verwirklicht. Parsifal ist deshalb der wirkliche König des Grals. Wie abwegig ist es da - ein anderes Wort fällt mir nicht ein! - , Parsifal als Arier und Judenvernichter sehen zu wollen!

Im eigentlichen Sinne braucht Parsifal die Stärkung durch die Gralsreliquie nicht: er ist wie der Heiland geworden. Deshalb wird er auch sein Amt als Gralskönig nur für die Anderen ausüben; und dafür auch auf Kundry verzichten. Der sein Karfreitagserlebnis reflektierende Parsifal kann nicht im bloßen Negativen zu irgend jemandem oder irgend etwas bleiben: auch das Erleiden der Liebessehnsucht ist sinnvoll, weil es den Heilsweg eröffnet. Parsifal hat im 3. Aufzug die Geschlechtsliebe wirklich überwunden: nicht durch blinde Negation, sondern durch ein menschlicheres Verhältnis zu Kundry, ein zärtliches, liebevolles Umgehen mit ihr; wie auch von ihr mit ihm! Es gibt keinen Grund, diese Zärtlichkeit nicht auch in geschlechtlicher Vereinigung auszuleben. Trotzdem müssen beide auf ein Zusammenleben verzichten! Denn Parsifal ist der neue Gralskönig; und damit auserkoren, den Gralsrittern vorzustehen und mit ihnen zu leben, gebunden an das Gebot der Keuschheit.

Denn die Gralsritter sind – wie Amfortas auch! – als Ritter charakterisiert, die für ihren Glauben bereit sind zu sterben und dafür durch die Gralsreliquie gestärkt werden in Geist und Leib! weshalb sie so sehr am Leben interessiert sind und diese Stärkung auch benötigen. Wagner hat die Gralsritterschaft nicht negativ gezeichnet, nicht als Gewalttäter oder Heuchler; sie sind in aller Würde dargestellt. Aber doch leben sie diesen eigenartigen Widerspruch, der in dem Kämpfen für ihren Glauben (qua Ritter!) liegt: bereit zu sein zum Sterben (und damit erfüllt von allgemeiner Menschheitsliebe), aber eben nur kämpfend und deshalb angewiesen zu sein auf körperliche Lebenskraft (und damit erfüllt von egoistischem Willen zum Leben). Titurel – im Sarge lebend und nach Weiterleben verlangend! – ist Ausdruck dieses Widerspruchs. In Amfortas selbst bricht dieser Widerspruch auf in der existentiellen Wunde!

Aber die Konzeption des Gralsbereiches selbst ist bereits von dem Widerspruch geprägt und im Innersten getragen: das Heilige Blut als Abbild der mitleidigen Menschheitsliebe gibt sich als Gralsreliquie in die Hand von Rittern, die für den Kampf um ihren Glauben Stärkung benötigen. Das Heilige Blut der Mitleidsliebe verwandelt sich in kämpferische Lebenskraft, gibt sich (nochmals) hin für diese Welt des Kampfes ohne mitleidige Liebe, liefert sich der Welt aus: so sehr, dass es selbst des Erlösers bedarf. So ist die Gralsreliquie in sich ein Widerspruch: gesetzt von der mitleidigen Liebe selbst, vom Heiland, der deshalb mehr ist als nur die Reliquie, den deshalb Amfortas in letzter Verzweiflung anruft gegen das Heilige Blut im Gralsgefäß mit der Bitte um die Gnade des Todes; der deshalb Parsifal auswählt, den reinen Toren, der schließlich den Widerspruch um die Reliquie überwindet; der erkennt, dass das Wesen auch der Gralsreliquie die mitleidige Liebe ist! was die Gralsritter nicht begreifen.

Doch wäre es verfehlt, nun wirklich faschistoid, wenn diese Erkenntnis des Königs sofort alle Gralsritter verändern würde! Parsifal ist kein Führer, kein Wunderheiler! Amfortas wird durch das heilige Blut der mitleidigen Liebe geheilt (und in der Endfassung sogar entsühnt); die Gralsreliquie leuchtet in altem Glanze und in alter Stärke. Die Gralsritter bleiben, was sie sind; für sie leuchtet auch der Gral, behütet nun von Parsifal, der sein Amt für sie übernommen hat!

Für Kundry kann es daher keinen Platz geben an der Seite von Parsifal. Er ist nur Gralskönig in diesem Ritterorden; das Reich Gottes auf Erden ist nur in Parsifal verwirklicht, aber nicht in dieser Welt sonst; was freilich viele Interpreten nicht einsehen wollen! Der Bühnentod Kundrys ist die einzige Konsequenz: auch dies ein Liebestod, aber getragen von der auf Geschlechtsliebe verzichtenden, allgemeinen Menschheitsliebe heraus, nicht ohne Grund im Angesicht der Gralsreliquie!

Auch die Reliquie des heiligen Blutes wird sich nicht ändern! Weder wird der Schrein nun immer offen stehen, noch wird der Glanz auf alle Menschen erstrahlen. Noch wird die Reliquie aufhören, Reliquie zu sein; und z.B. nur mehr im Handeln der Menschen (im Geiste der Liebe) aufgehen. Wagner bleibt in der Dimension des Mythos! er geht zwar mit „Parsifal“ an die Grenzen heran – mit dem Erlösungsgedanken! –, aber er hebt ihn nicht auf etwa in menschengerechte Politik oder in eine neue Zeit des Logos! Die allgemeine Menschheitsliebe bleibt mythisch gebunden; und bleibt damit verdinglicht als Reliquie! und somit auch als sinnlich-sinnhaft erfahrbare Realität im verdunkelten Saal des Theaterraumes.

Deshalb ist es nur konsequent (und von der Gesamtkonzeption so einleuchtend und überzeugend, weil alle Inszenierungsprobleme des Schlusses wegfallen würden), dass Wagner am 22.12.1881 seiner Frau gegenüber seine „Erfindung“ mitteilt: das Blut in der Gralsschale und auch an der Spitze des Lanzenspeeres müsste rötlich erglühen; „nach dem Erglühen des Blutes würde er den Vorhang schließen, dunkel im Zuschauerraum werden lassen und die Musik also bis zum Schluß spielen“.

Endfassung 1877

Die der Komposition im Wesentlichen zugrunde liegende Endfassung des Textes entstand sehr schnell nach dem 2. Prosa-Entwurf. Die einzelnen Aufzüge waren am 29.3., 13.4. und 20.4.1877 fertiggestellt. An der Konzeption ändert sich nichts Wesentliches. Doch sind zumindest drei Probleme noch zu erörtern.

Zunächst und vor allem verkürzte Wagner den Orakelspruch des Grals, indem er den Hinweis auf den Lanzenspeer strich. Diese Änderung ist einerseits sehr zu begrüßen, weil das Verhalten des Parsifal im 2. Aufzug (die Aufforderung an Kundry, ihn zu Amfortas zu führen) sonst unverständlich ist. Allerdings wird dadurch fraglich, wie Parsifal überhaupt im 2. Aufzug auf den Speer aufmerksam werden kann. Erwähnt wird er von Kundry – „Ihn traf ja der eigene Speer!“ –, aber von Parsifal sofort als „heil’ge Wehr“ bezeichnet: sinnvoll nur zu interpretieren damit, dass Parsifal sich an die Klage des Amfortas im 1. Aufzug erinnert, in der auch der Speer (des Longinus) genannt wurde, und die Heilandsklage in diesem Sinne auf den Speer als heilende Reliquie bezieht. Sachlich an der Bedeutung des Lanzenspeeres änderte sich nichts. Der Spruch lautet nun: „Durch Mitleid wissend der reine Tor“ soll der Erlöser sein, „den ich erkor“. Die Formel ist einprägsam, wohl auch besser in Musik zu fassen. Ihre Verkürzung bringt aber andererseits (zusätzliche) Interpretationsprobleme. Zunächst dürfte Wagner wieder mehr an einen Helden gedacht haben, der „nur“ mitleidet; wohl deshalb übernahm er nun die (fehlerhafte) Erläuterung des Joseph Görres für – nun geschrieben – „Parsifal“ als den „reinen Toren“. Noch näher zu untersuchen wäre der (ebenso neue) Hinweis darauf, dass dieser Name (und damit die Bestimmung zur Einheit) durch den sterbenden Vater Gamuret gegeben wurde! Von der dramatischen Handlung her ist diese Kurzfassung mehr als missverständlich, da sie nur auf die Negation der Geschlechtsliebe des 2. Aufzugs bezogen scheint und so weder die Irre noch den 3. Aufzug (mit dem Karfreitag) begründen kann.

Sodann veränderte Wagner das weitere Schicksal des Amfortas dahingehend, dass keine Reue und Buße mehr notwendig sein sollen. Denn das heilige Blut am Lanzenspeer heilt nicht nur die Wunde, sondern auch Amfortas selbst wird „entsündigt und entsühnt“. Dieses Ergebnis ist nicht verständlich, zumal Amfortas unmittelbar zuvor wohl die schlimmste Sünde begangen hat, die denkbar ist (und über die Taten des Klingsor hinausgeht): er bittet darum, dass das heilige Blut ihm den Tod spenden solle! Konsequenter wäre wohl, wenn Amfortas nicht nur als König abgelöst würde, sondern auch die Gralsritterschaft verlassen müsste, um seine Verfehlung etwa als Einsiedler zu bereuen und zu sühnen.

Drittens ist nur darauf hinzuweisen, daß Parsifal den Speer nun nicht mehr mit der Hand auffängt (und auffangen kann); sondern dass er über seinem Haupt schweben bleibt. Dies erhöht sicherlich die Heiligkeit des der Geschlechtsliebe widerstanden habenden Parsifal!

Nachweis der Erstveröffentlichungen

1. Das Recht des Menschen bei Richard Wagner. In: Sandra Markewitz / Jean-Christophe Merle (Hg.), Jahrbuch Forum Vormärz Forschung 24 (2018): Menschenrechte im Vormärz. Bielefeld 2019, 149 – 217, Aisthesis Verlag.

2. Staatsverfassung als Kunstleben. In: Michael Fischer / Günther Kreuzbauer (Hg.), Recht und Weltanschauung, Frankfurt 2000, 49 – 65. Peter Lang Verlag.

3. Hegel und Wagner. In: Martin Asiain u.a. (Hg.), Der Grund, die Not und die Freude des Bewußtseins. Beiträge zum Internationalen Symposion in Venedig zu Ehren von Wolfgang Marx. Würzburg 2002, 157 – 184. Königshausen & Neumann,

4. Tiergestalten im Werk Richard Wagners. In: Richard Wagner Kulturverband Helsinki (Hg.), GRANE Richard Wagner – Kulturzeitschrift 1/2008, Helsinki 2008, 4 – 19.

5. Wagners Tannhäuser in moralisch-ethischer und rechtlicher Beurteilung (unveröffentlichter Vortrag am Symposium „Recht und Moral konkret“ aus Anlass des 80. Geburtstages von Prof. Dr. Gerhard Otte. Bielefeld 12.6.2015).

6. Holda zwischen und jenseits von Göttin und Hexengestalt. Eine christliche Geschichte. In: Zur Geschichte des Rechts. Festschrift für Gernot Kocher zum 65. Geburtstag. Graz 2006, 393 – 406 (ergänzt in: Meininger Museen [Hg.], Frau Holle. Mythos, Märchen und Brauch in Thüringen. Meiningen 2010, 46 – 69)

7. Das Gottesurteil des Zweikampfs in Wagners „Lohengrin“. In: Thomas Vormbaum (Hg.), Jahrbuch der Juristischen Zeitgeschichte 5, 2003/2004, 613 – 644. Berliner Wissenschafts-Verlag (eine gekürzte Fassung auch in: Heiner Lück u.a. [Hg.], Recht – Idee – Geschichte. Festschrift für Rolf Lieberwirth anläßlich seines 80. Geburtstages. Köln 2000, 25-52)

8. Das Gralsmotiv bei Richard Wagner. In: Sieglinde Hartmann u.a. (Hg.), Artus-Mythen und Moderne, Aspekte der Rezeption in Literatur, Kunst, Musik und in den Medien, Tagungsband 2001, Schriftenreihe und Materialien der Phantastischen Bibliothek Wetzlar, Band 70, Wetzlar 2005, 89-142; Phantastische Bibliothek.

9. Anarchismus in Wagners „Ring des Nibelungen“. In: NJW-aktuell 11/2011, 14; Beck Verlag

https://doi.org/10.1515/9783110689396-016

10. Tönende Rechtsvorstellungen. In: Borut Holcman / Markus Steppan (Hg.), Festschrift für Gernot Kocher zum 75. Geburtstag. Maribor 2017, 353 – 370; University of Maribor Press

11. Siegfrieds Tötung des Fafner. Strafrechtliches zu Wagners „Ring des Nibelungen". In: Justizprüfungsamt bei dem Oberlandesgericht Hamm (Hg.), Juristenausbildung mit Herz und Verstand. Hamm 2008, 65 – 100 (Teilabdruck auch als: Wagners Fafner. Zum Verhältnis von Tier, Person und Mensch. In: Andrzej Gulczynski [Hg.], Leben nach dem Tod. Rechtliche Probleme im Dualismus: Mensch – Rechtssubjekt. Graz 2010, 307 – 322).

12. Kunst als „Wahrtraumdeuterei"? Zu einer Ästhetik Richard Wagners. In: Peter Csobadi u.a. (Hg.), Traum und Wirklichkeit in Theater und Musiktheater. Salzburg 2006, 416 – 432. Verlag Mueller-Speiser.

13. Wagners Meistersinger als NS-Festoper. In: Peter Csobadi u.a. (Hg.), Das (Musik-)Theater in Exil und Diktatur. Salzburg 2005, 239-261. Verlag Mueller-Speiser.

14. „Mitleidvoll leidend ein wissender Tor soll durch den Speer dich heilen". Notwendige Ergänzungen zu manchen Interpretationen von Wagners „Parsifal" In: Bayreuther Programmheft „Parsifal", Bayreuth 1993.

FSC
www.fsc.org
MIX
Papier | Fördert
gute Waldnutzung
FSC® C083411

Kolibri 360 GmbH
Ferdinand-Jühlke-Straße 7
99095 Erfurt, Deutschland
produktsicherheit@kolibri360.de